U0946477

2012

江西统计年鉴

Jiangxi Statistical Yearbook

江西省统计局　国家统计局江西调查总队 · 编

总第30期

(京)新登字041号

图书在版编目(CIP)数据

江西统计年鉴. 2012 : 汉英对照 / 江西省统计局, 国家统计局江西调查总队编. -- 北京 : 中国统计出版社, 2012.8
ISBN 978-7-5037-6648-0

Ⅰ. ①江… Ⅱ. ①江… ②国… Ⅲ. ①统计资料-江西省-2012-年鉴-汉、英 Ⅳ. ①C832.56-54

中国版本图书馆CIP数据核字(2012)第191607号

江西统计年鉴-2012

作　　者/ 江西省统计局　国家统计局江西调查总队
责任编辑/ 佘竞雄　洪　安　黄　珺
装帧设计/ 周锦萍
出版发行/ 中国统计出版社
通信地址/ 北京市西城区三里河月坛南街57号　邮编 100826

办公地址/ 北京市丰台区西三环南路甲6号
电　　话/ (010)63376907
网　　址/ http://csp.stats.gov.cn
印　　刷/ 江西昌和特种票证有限公司
经　　销/ 新华书店
开　　本/ 890×1240毫米 1/16

字　　数/ 1100千字
印　　张/ 35
印　　数/ 1-2800册
版　　别/ 2012年8月第1版
版　　次/ 2012年8月第1次印刷
书　　号/ ISBN 978-7-5037-6648-0/C·2712
定　　价/ 380元

本书附同版本CD-ROM一张，光盘内容以书面文字为准。
中国统计版图书，如有印装错误，本社发行部负责调换。

《江西统计年鉴2012》编辑委员会

《江西统计年鉴2012》编辑部

经济总量
Economic Aggregate

Gross Domestic Product
地区生产总值

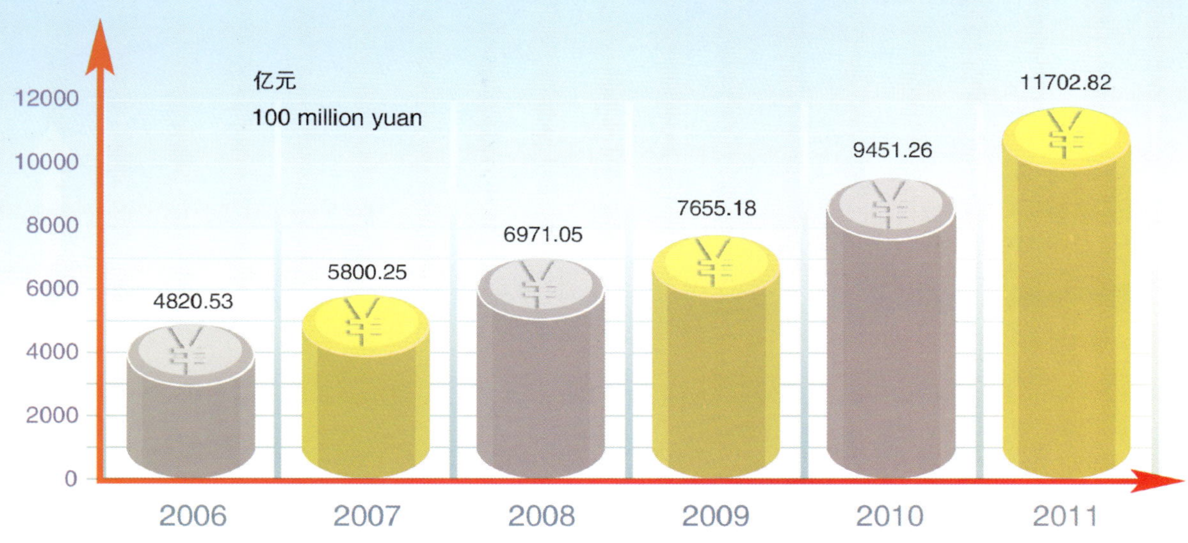

Government Revenue
财政总收入

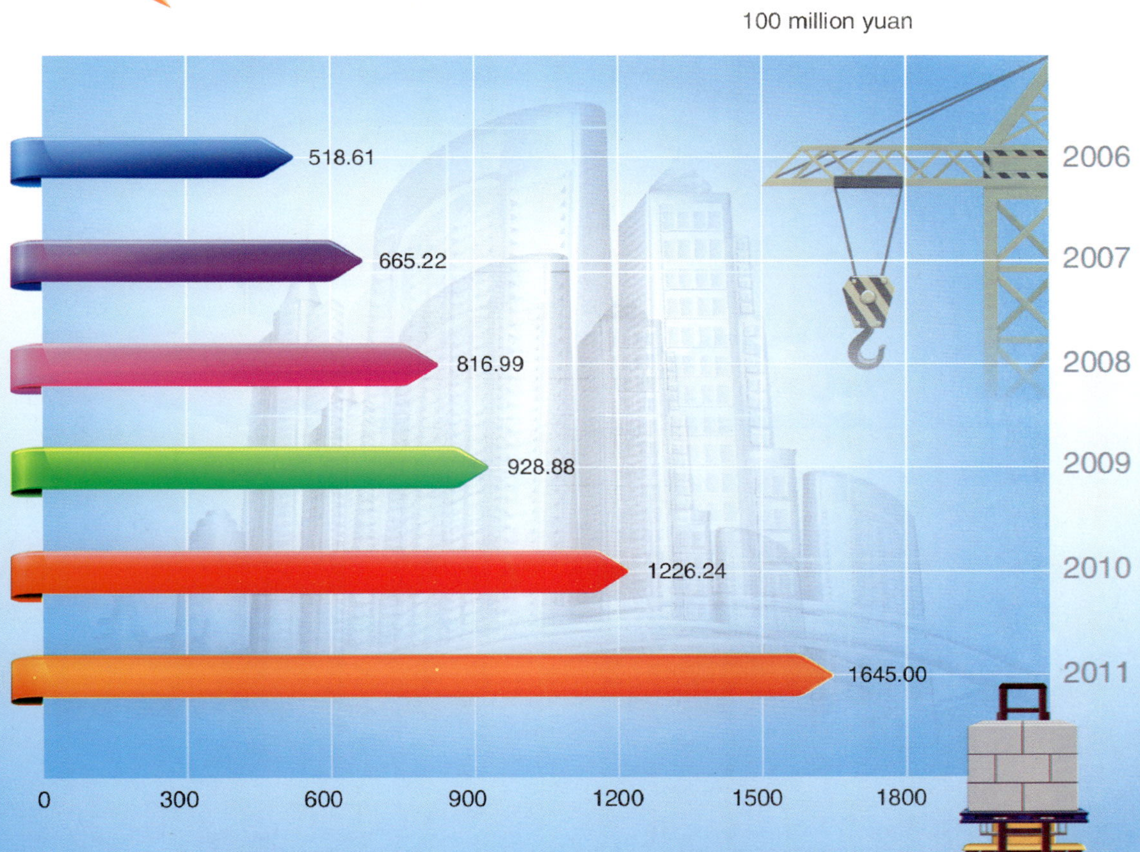

产业结构
Industrial Structure

Three Industrial Structure
三次产业结构

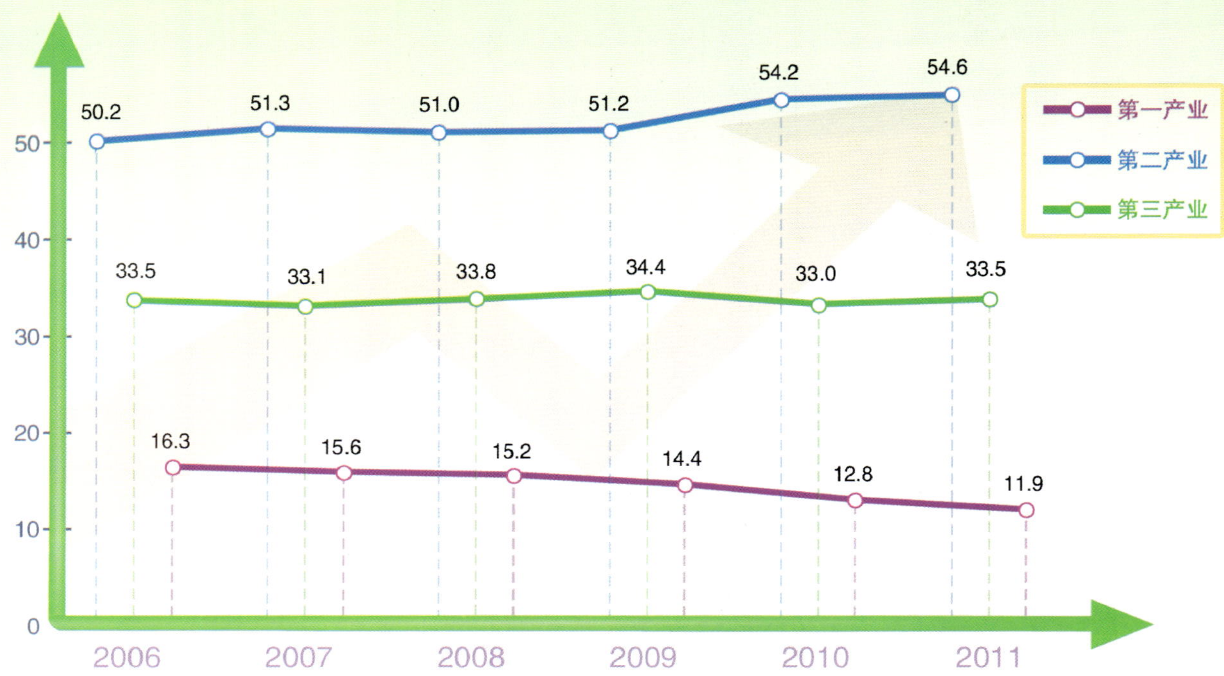

Agricuitural Output & Industrial Output
农业总产值与工业增加值

亿元
100 million yuan

基础设施
Infrastructure Construction

Total Investment in Fixed Assets in the Whole Country
全社会固定资产投资

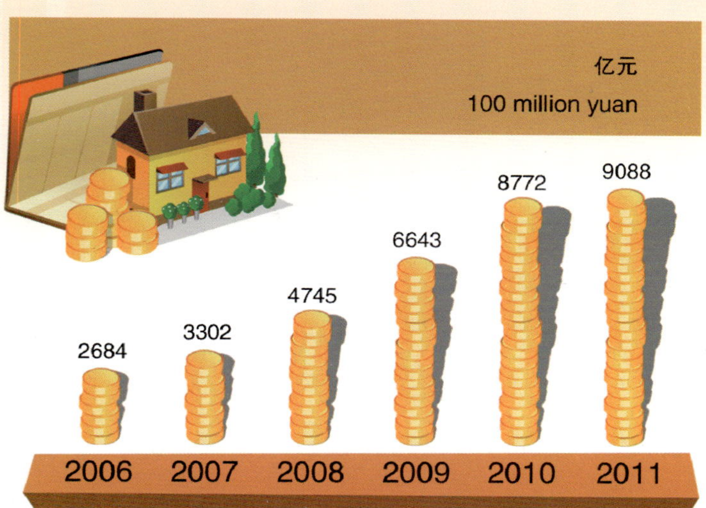

Length of Highways
高速公路

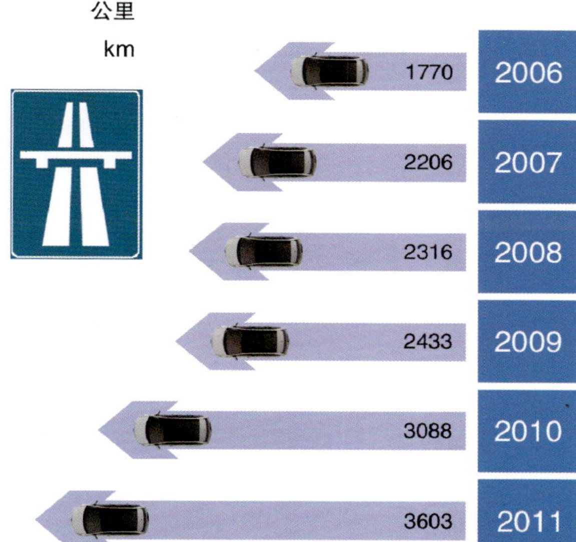

Urbanization Rate
城镇化率

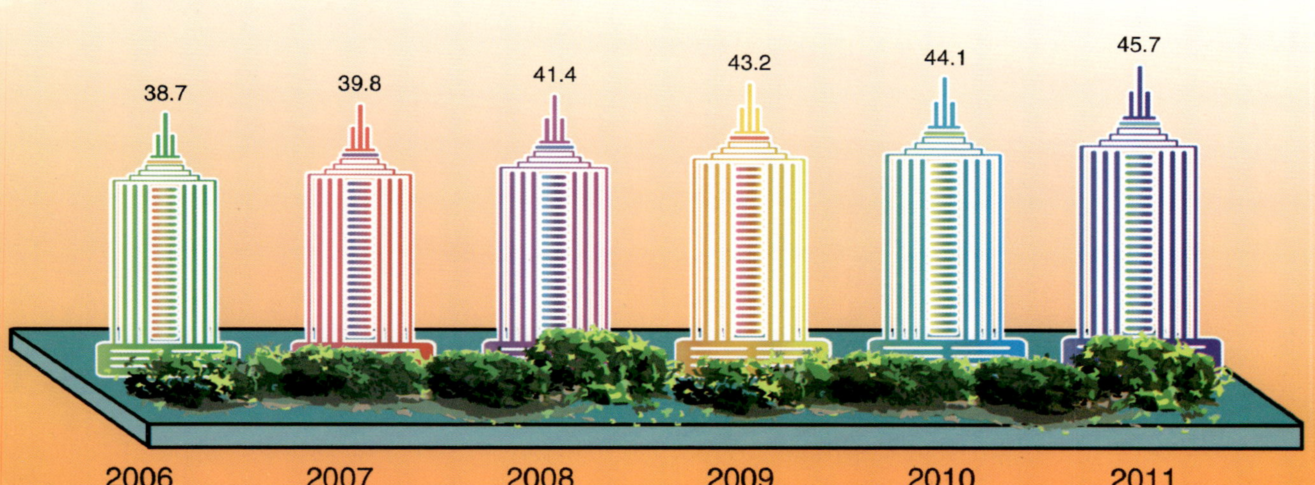

对外开放
Open to the Outside World

Total Value of Imports and Exports
进出口总额

亿美元
USD 100 million

2006	2007	2008	2009	2010	2011
61.9	94.5	136.2	127.8	216.1	314.7

Direct Foreign Investment Actually Used
实际利用外商直接投资

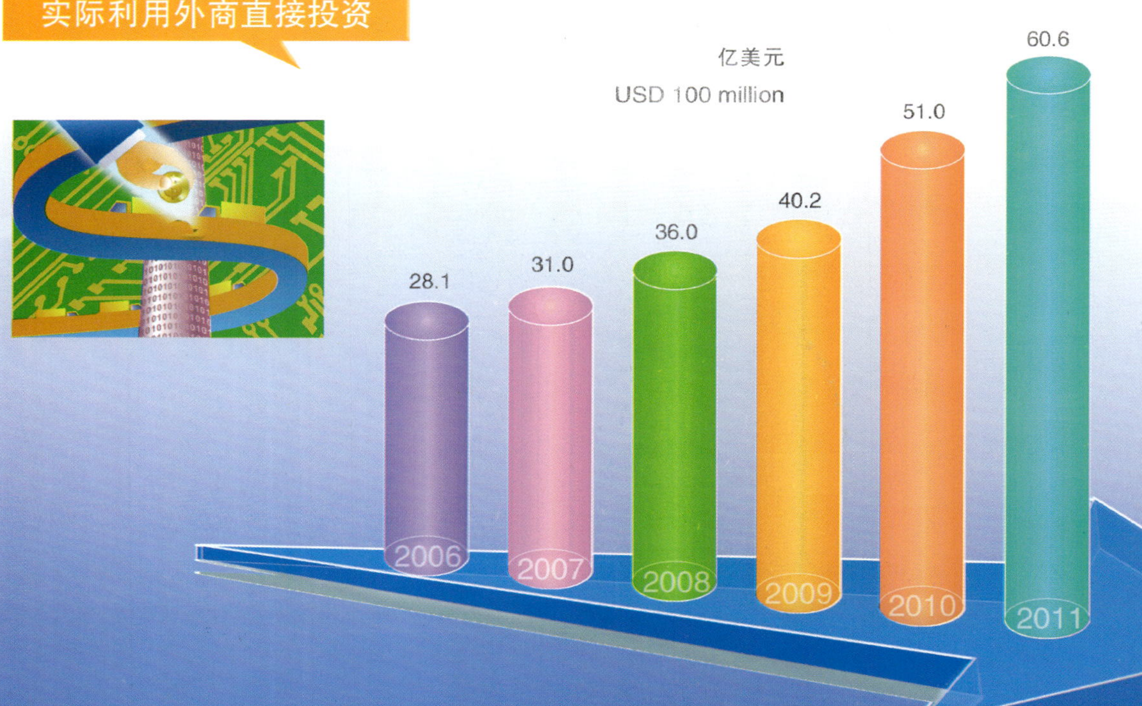

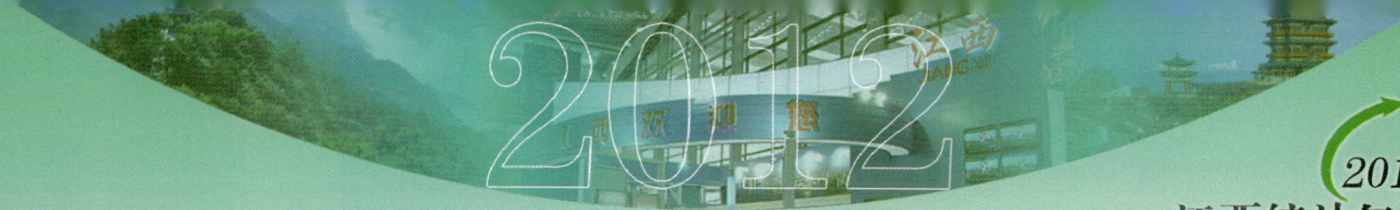

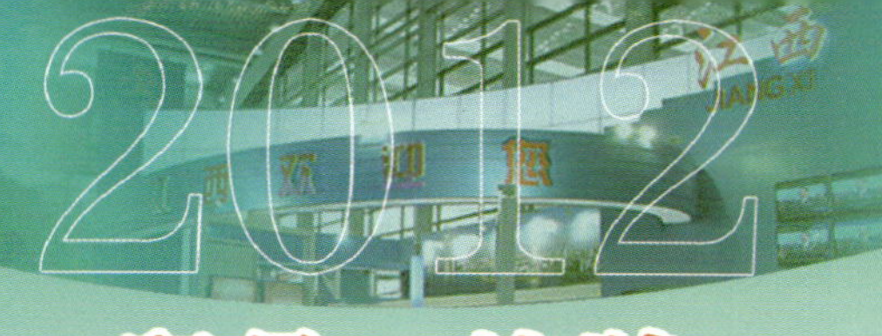

贸易、旅游
Trade and Tourism

Total Retail Sales of Consumer Goods
社会消费品零售总额

亿元
100 million yuan
2011
3485.06
2010
2956.21
2009
2484.43
2008
2141.79
2007
1718.93
2006
1448.19

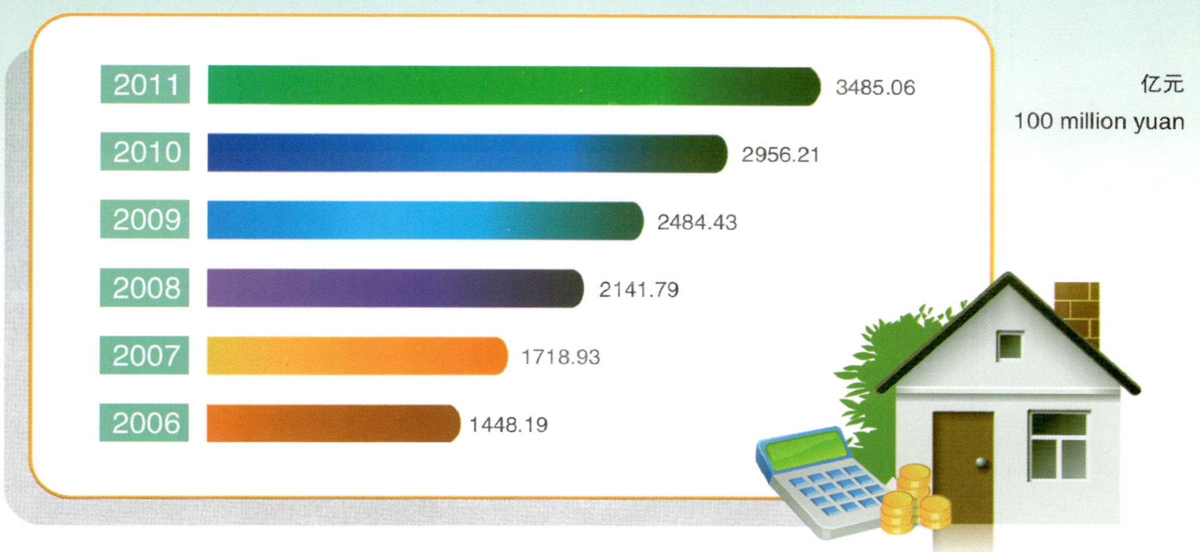

Tourist Arrivals & Foreign Exchange Eamings from International Tourism
入境旅游人数与旅游外汇收入

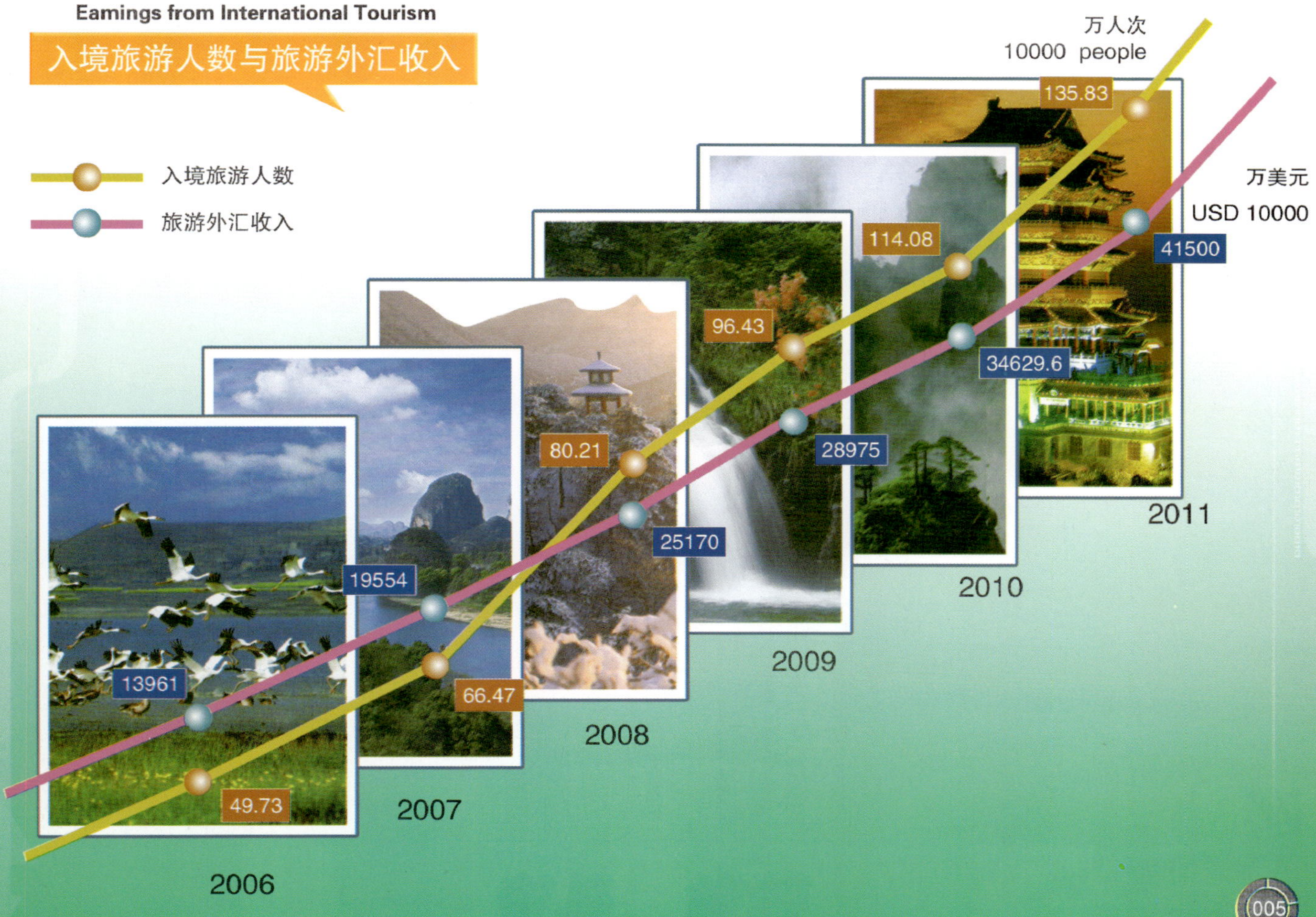

入境旅游人数
旅游外汇收入
万人次
10000 people
万美元
USD 10000
2006
49.73
13961
2007
66.47
19554
2008
80.21
25170
2009
96.43
28975
2010
114.08
34629.6
2011
135.83
41500

人民生活
People's Livelihood

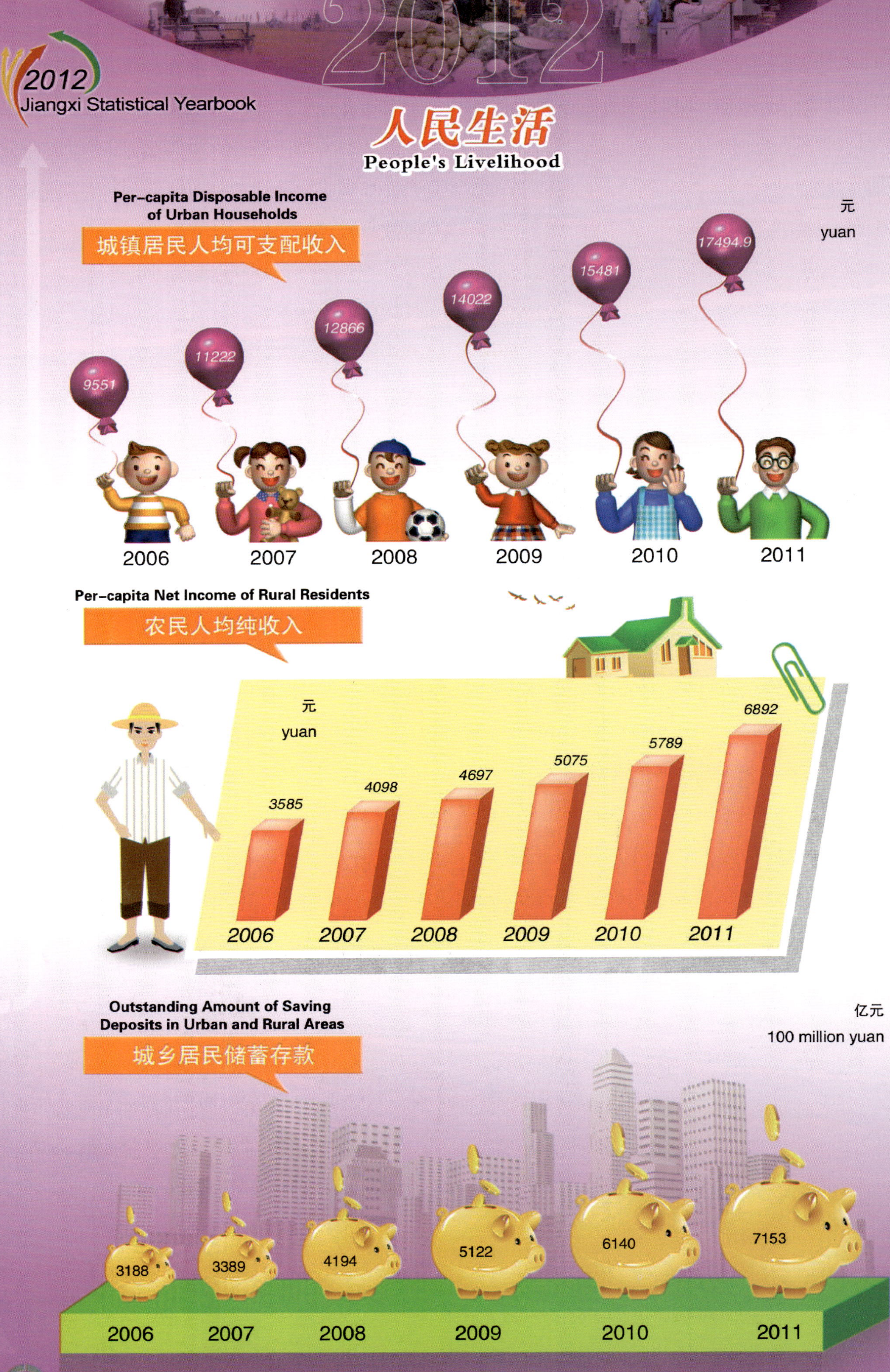

社会事业

Social Undertakings

Students Enrollment of Higher Education

高等学校在校学生数

万人
10000 persons

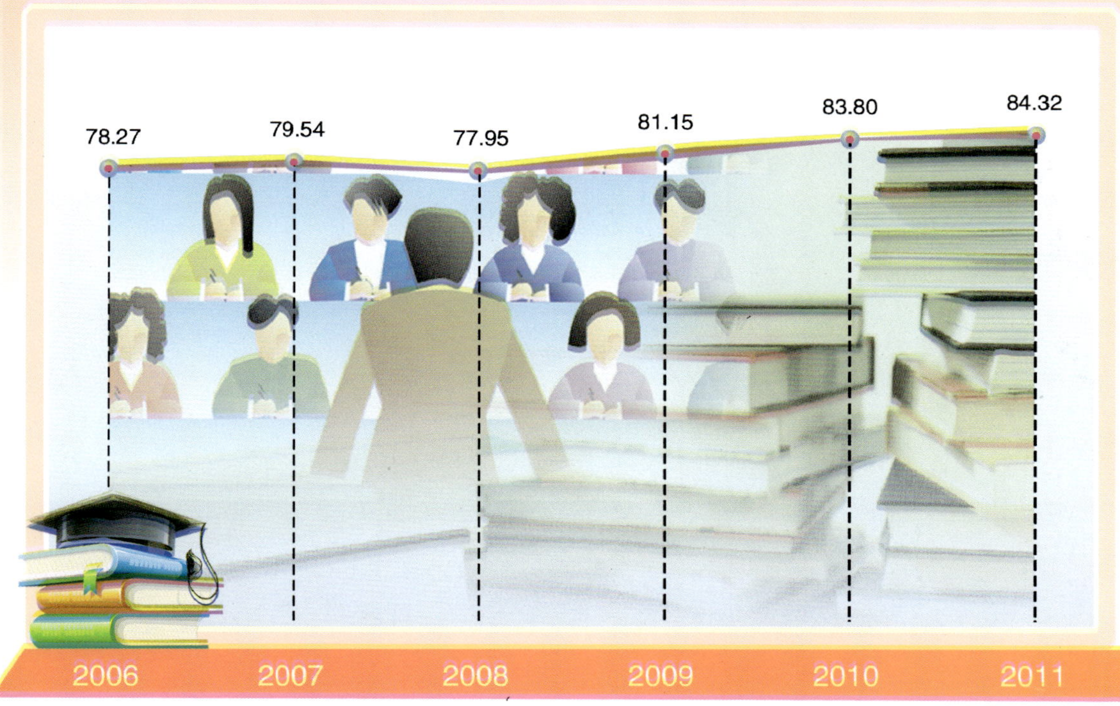

Number of Medical Technical Personnel

卫生技术人员

万人
10000 persons

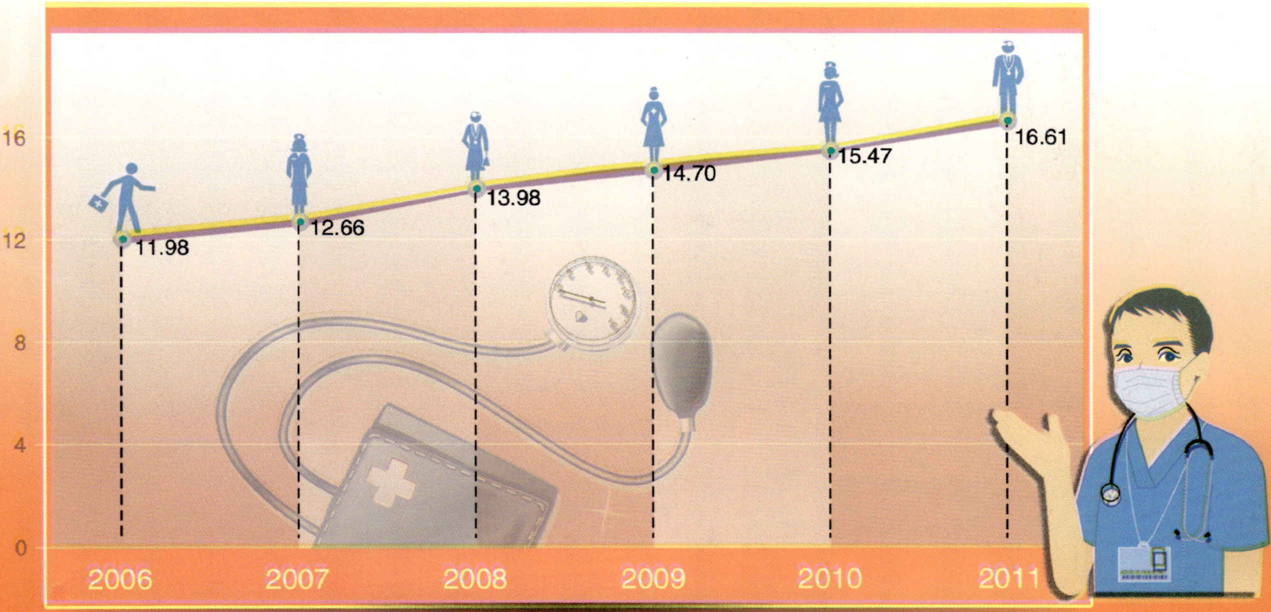

生态建设
Ecological Construction

Forest Coverage

森林覆盖率

2006: 60.05

2011: 63.1

Energy Consumed for Each 10,000 yuan of GDP

万元GDP能耗

吨标准煤

2010: 0.6724

2011: 0.6517

Treatment Rate of Urban Sewage

城镇污水集中处理率

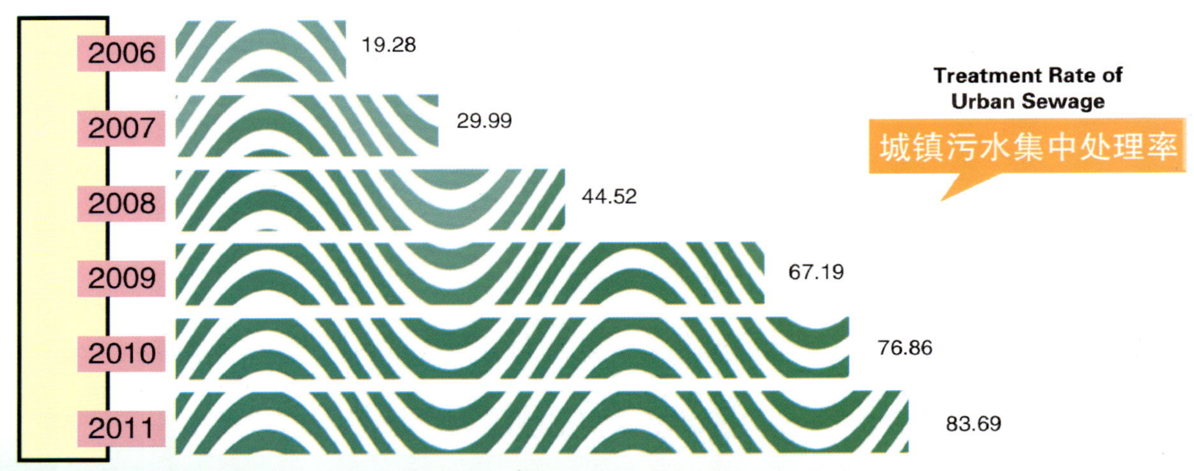

Harmless Disposal Rate of Living Garbage

生活垃圾无害化处理率

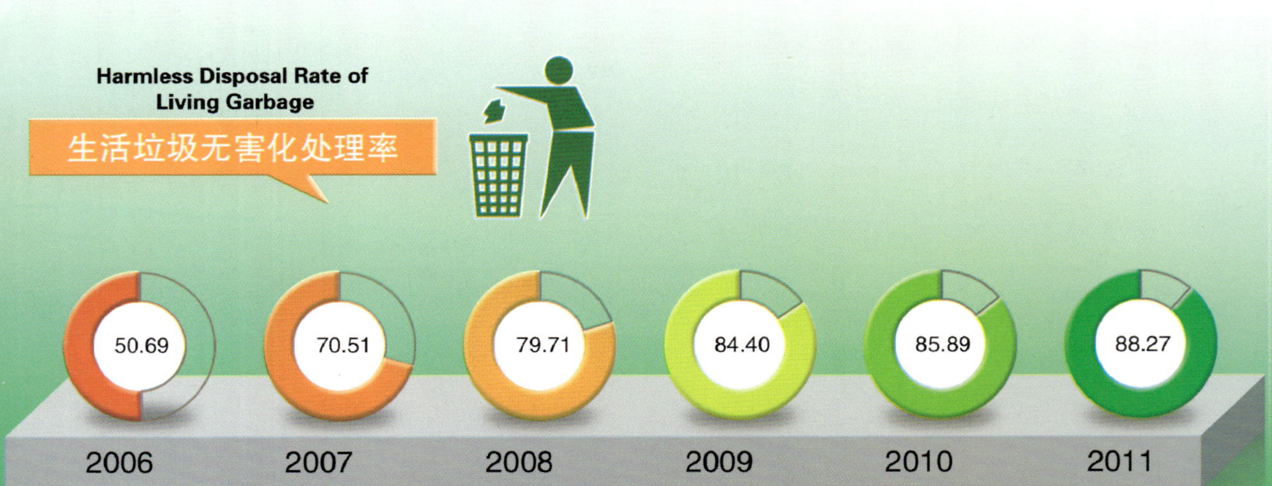

编者说明

一、《江西统计年鉴-2012》系统收录了全省和 11 个设区市 2011 年经济、社会各方面的统计数据，改革开放以来和其他历史重要年份的全省主要统计数据，以及全国各省市部分主要指标数据。是一部全面反映江西省经济和社会发展情况的资料性年刊。

二、本年鉴正文内容分为 22 个篇章，即：综合，人口，就业人员和职工工资，固定资产投资，对外经济贸易，能源，财政，价格指数，人民生活，城市建设，林业建设和生态环境，农业，工业，建筑业，交通运输、邮电通讯业，国内贸易和旅游，金融业，房地产开发，科技、教育、文化，卫生、体育、社会福利及其他，企业调查，各省、市、自治区主要经济指标及 2011 年江西统计调查工作大事记。为方便读者使用，各篇章前设有《简要说明》，对本篇章的主要内容、资料来源、统计范围、统计方法等予以简要概述，篇末附有《主要统计指标解释》。

三、本《年鉴》对以前发表的统计资料重新予以审核，凡与本《年鉴》资料有出入的，均以本年鉴为准。

四、本年鉴所使用的度量衡单位，均采用国际统一标准计量单位。

五、本年鉴中部分数据合计数或相对数由于单位取舍不同而产生的计算误差，均未作机械调整。

六、符号使用说明:年鉴各表中的“空格”表示该项统计指标数据不足本表最小单位数、数据不详或无该项数据；“#”表示其中的主要项。

I Editor's Notes

I. *Jiangxi Statistical Yearbook 2012* is an annual statistics publication, which covers very comprehensive data in 2011 and some selected data series in historically important years and the most recent thirty years at level of province and other provinces and municipalities. Therefore, reflects various aspects of Jiangxi's social and economic development.

II. The yearbook contains the following twenty-two chapters, General Survey; Population; Employment and Wages; Investment in Fixed Assets; Energy; Price Indices; People's Livelihood; General Survey of Cities; Environment Protection; Water Resources and Meterology; Agriculture; Industry; Construction; Transport, Post and Telecommunication Services; Domestic Trade; Foreign Trade and Economic Cooperation; Tourism; Financial Intermediation; Insurance; Real Estate; Education, Science and Technology; Culture, Sports and Public Health; Social Welfare and Other Social Activities; Enterprise Surveys; Main Statistical Indictors on provinces, autonomous regions and municipalities and Notes of Jiangxi Statistical Events in 2010. For readers' convenience, in Brief Introduction at the beginning of each chapter, main coverage of this chapter, data sources, statistical coverage, statistical methods and historical changes are concerned. In addition, Explanatory Notes on Main Statistical Indicators are provided at the end of each chapter.

III. This Yearbook re-audited statistic data published previously, any data different from this yearbook, take this yearbook's as standard data.

IV. The units of measurement used in this yearbook are internationally standard measurement units.

V. Statistical discrepancies due to rounding are not adjusted in the yearbook.

VI. Notations used in the yearbook: blank space indicates that the figure is not large enough to be measured with the smallest unit in the table, or data are unknown or are not available; "#" indicates a major breakdown of the total.

目 录 Contents

一、综 合 CHAPTER 1 GENERAL SURVEY

二、人 口 CHAPTER 2 POPULATION

三、就业人员和职工工资
CHAPTER 3 EMPLOYMENT AND WAGE

四、固定资产投资
CHAPTER 4 INVESTMENT IN FIXED ASSETS

五、对外经济贸易
CHAPTER 5 FOREIAN ECONOMIC RELATIONS AND TRADE

六、能　源
CHAPTER 6 ENERGY

七、财 政
CHAPTER 7 GOVERNMENT FINANCE

八、价格指数
CHAPTER 8 PRICE INDICES

九、人民生活
CHAPTER 9 PEOPLE'S LIVELIHOOD

十、城市建设 CHAPTER 10 MUNICIPAL CONSTRUCTION

十一、林业建设和生态环境 CHAPTER 11 FORESTRY CONSTRUCTION AND ECOLOGY

十二、农　业
CHAPTER 12 AGRICULTURE

十三、工　业
CHAPTER 13　INDUSTRY

十四、建筑业 CHAPTER 14 CONSTRUCTION

十五、交通运输、邮电通讯业 CHAPTER 15 TRANSPORTATION,POSTAL AND TELECOMMUNICATIONS

十六、国内贸易和旅游 CHAPTER 16 DOMESTIC TRADE AND TOURISM

十七、金融业
CHAPTER 17 FINANCIAL INDUSTRY

十八、房地产开发 CHAPTER 18 REAL ESTATE DEVELOPMENT

十九、科技、教育、文化 CHAPTER 19 SCI-TECH,EDUCATION AND CULTURE

二十、卫生、体育、社会福利和其他
CHAPTER 20 PUBLIC HEALTH,SPORTS,SOCIAL WELFARE AND OTHERS

二十一、企业调查 CHAPTER 21 ENTERPRISE INVESTIGATION

二十二、各省、市、自治区主要经济指标 CHAPTER 22 MAIN ECONOMIC INDICATORS OF PROVICES,AUTONOMOUS REGIONS AND MUNICIPALITIES DIRECTLY UNDER THE CENTRAL GOVERNMENT

综 合

GENERAL SURVEY

◆1/26

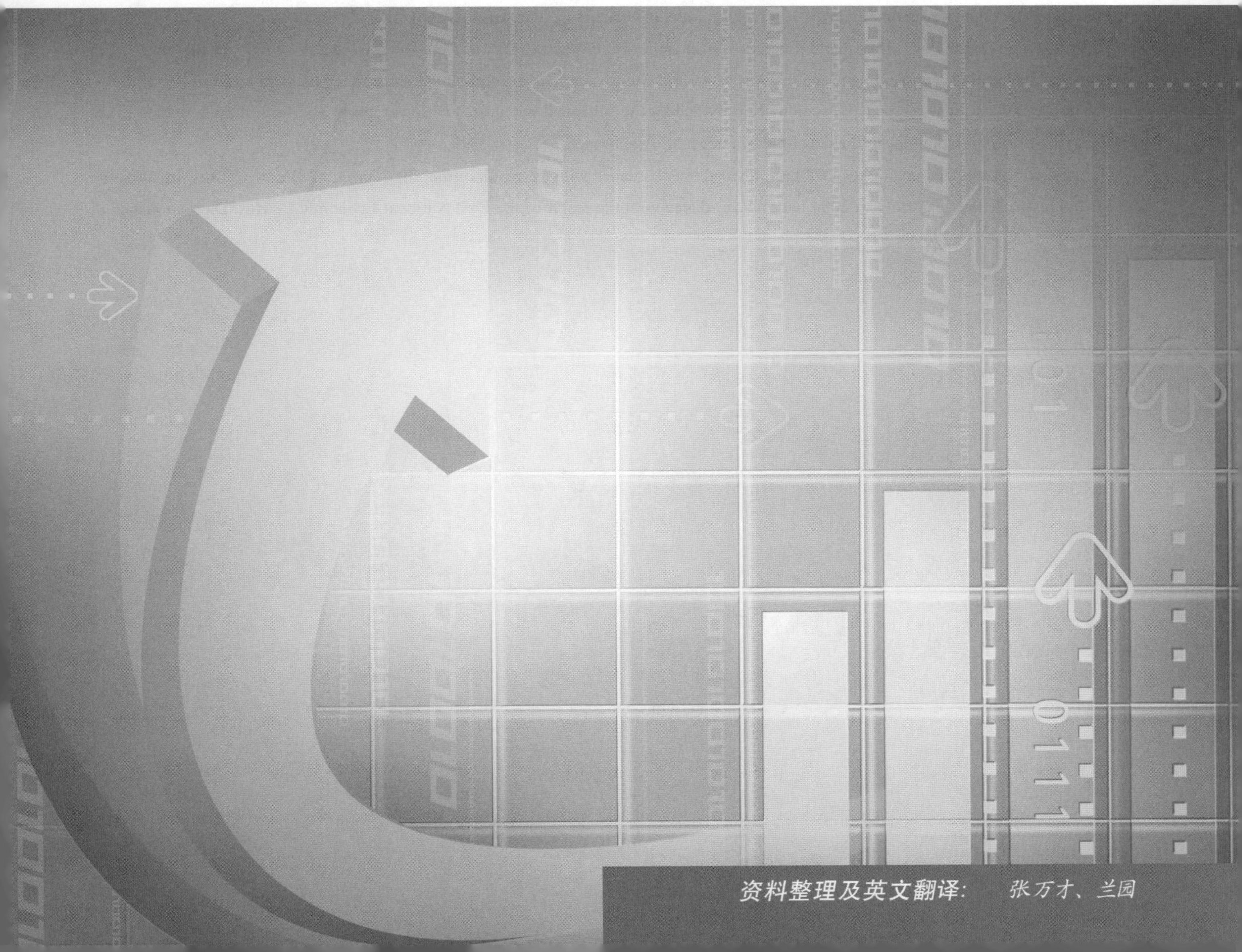

资料整理及英文翻译： 张万才、兰园

简要说明

本篇章由综合资料及国民经济核算资料两个部分组成。

综合资料主要包括国民经济和社会发展综合资料，通过对各篇章主要统计指标及其速度、结构、比例和效益等的加工计算，来反映国民经济和社会发展的总体情况。

国民经济核算资料主要包括地区生产总值及其有关资料。地区生产总值是根据不同产业部门、不同支出构成的特点和资料来源情况而分别采取不同方法计算的。

分设区市的国民经济核算数据由各设区市统计局提供，由于采取分级核算，各设区市数据相加不等于全省总计。

根据第一次第三产业普查结果，对1992年以前全省地区生产总值的历史数据做了调整；2005年根据全国第一次经济普查结果，对1993-2004年的全省地区生产总值历史数据做了调整，本年鉴的数据为调整后数据。

Brief Introduction

This chapter consists of two parts: The summary data and the data on national accounts.

The summary data on the national economy reflect the overall situation of the economic and social development by presenting further processed statistics including growth, structure, ratio and efficiency data derived from other chapters.

The data on national accounts mainly include Gross Domestic Product (GDP) and related data. Data on GDP are calculated with various approaches in accordance with the features of various sectors, various expenditure structures and the data resources.

The data on national accounts by region are provided by the statistical bureaus of various region. The sum of the city data is not equal to the provincial total due to the decentralized accounting approach.

The GDP figures of years up to 1992 been revised in accordance with the result of the First Tertiary Industry Census. In 2005, the GDP figures from the year 1993 to 2004 had in accordance with the result of the First National Economic Census. Data published in this yearbook have been revised.

自然地理资源

位　　置

江西省，简称赣。位于长江中下游交接处的南岸。地处北纬24°29′~30°04′、东经113°34′~118°28′之间，东邻浙江、福建，南连广东，西接湖南，北毗湖北、安徽。北控长江，上接武汉三镇，下通南京、上海，东南与沿海开放城市相邻近。京九铁路和浙赣铁路纵横贯通全境，交通便利，地理位置优越。

地势、面积

全省东南西三面群山环绕，内侧丘陵广亘，中北部平原坦荡，整个地势，由外及里，自南而北，渐次向鄱阳湖倾斜，构成一个向北开口的巨大盆地。全省面积16.69万平方公里。全境以山地、丘陵为主，山地占全省总面积的36%，丘陵占42%，岗地、平原、水面占22%。

山脉、河流、湖泊

主要山脉分布于省境边陲，山峰一般海拔1000米左右，少数海拔2000余米。省境东和东北有蜿蜒于赣闽、赣浙之间的武夷山和怀玉山；南有逶迤于赣粤之间的大庾岭和九连山；西有耸峙于赣湘之间的罗霄山脉，雄伟的井冈山就在罗霄山脉的中段；西北有盘亘于赣鄂之间的幕阜山，庐山即是它向东延伸的余脉。

全省有大小河流2400多条，总长约18400公里，大部分河流汇向鄱阳湖，再注入长江。主要河流有5条，即赣江、抚河、信江、修河、饶河。赣江全长751公里，为本省第一大川，水量为长江第二大支流，它自南而北流贯全省，从赣州至湖口而入长江，通航里程5000余公里。

鄱阳湖是全国最大的淡水湖，它是江西最大的聚水盆，长江水量的巨大调节器，也是沟通省内外各地航道的中转站。

气　　候

江西气候四季变化分明。春季温暖多雨，夏季炎热温润，秋季凉爽少雨，冬季寒冷干燥。2011年全省平均气温为18.4℃，降水量为1232.9毫米，日照为1645.1小时。全年气候温暖，光照充足,雨量充沛,无霜期长，具有亚热带湿润气候特色。

资　　源

2011年末，全省林业用地面积1072.22万公顷，活木蓄积量4.45亿立方米，森林覆盖率63.1%。

2011年，全省淡水面已养殖面积42.82万公顷。已查明鱼类155种，产量较多的有鲤、鲫、青、鲢等30余种，名贵鱼类有荷包红鲤鱼、玻璃鲤鱼、银鱼、石鱼、鲥鱼、鳜鱼等。省内还有众多的水禽和珍禽，其中不少是受到世界性保护的珍禽。

江西地下矿藏丰富，是我国矿产资源配套程度较高的省份之一。储量居全国前三位的有铜、钨、银、钽、钪、铀、铷、铯、金、伴生硫、滑石、粉石英、硅灰石等。铜、钨、铀、钽、稀土、金、银被誉为江西的“七朵金花”。

Nature, Geography and Resourcesrief

Position

Jiangxi Province, called Gan for short, lies in the southern bank of the middle and lower reaches of the Yangtze River. It is located at latitude 24°29′～30°04′ north, longitude 113°34′～118°28′ east. It borders Zhejiang and Fujian provinces to the east, Guangdong to the south, Hunan to the west, and Hubei and Anhui to the north. Jiangxi dominates the Yangtze River on the north, and connects the Wuhan in the upper stream, Nanjing and Shanghai in the downstream. And it closes to the coastal opening cities in the southeast. Both Beijing-Kowloon and Zhejiang¬-Jiangxi railways run through the whole province, which provided with the convenient transportation and superior location.

Topography and area

Mountains surround Jiangxi province on three sides. The southern half of the province is hilly with ranges and valleys interspersed; while the middle and northern half is flatter and lower in altitude. Stretching from south to north, the whole land is generally sloping towards Poyang Lake, which has formed a huge basin opening to the north. The total area of the province is 166,900 square kilometers. Within it are various land forms, with mountains and hills dominating. Mountains account for 36% of the province's total area, hills account for 42%, and mounds, plains, and water surface area for 22%.

Mountain ranges, rivers and lakes

The main mountain ranges are distributed by the border of the province, which generally have the altitude of about 1000m, and minority over 2000m. On the east and northeast of Jiangxi have Wuyi and iHuaiyu Mountains winding between Jiangxi and Fujian, Jiangxi and Zhejiang provinces. On the south have Dayu and Jiulian Mountains wriggling between Jiangxi and Guangdong provinces. In the west have Luoxiao Ranges standing between Jiangxi and Hunan provinces, where the magnificent Mt. Jinggang is situated at the middle. In the northwest have Mufu Mountains circling between Jiangxi and Hubei provinces. And its extending part on the east is namely the famous mountain—Mt. Lushan.

There are more than 2,400 rivers of various sizes in Jiangxi province, which have a combined total length of about 18,400 kilometers. Most of them enter Poyang Lake, which in turn empties into the Yangtze River. The five major rivers are Gan River, Fu River, Xin River, Xiu River, and Rao River. The Gan River winds along 751 kilometers, which is the biggest river of the province, and the second tributary of the Yangtze River in water volume. Flowing through the entire length of the province from south to north, it enters Ganzhou to Hukou, and then pours into the Yangtze River, with navigation mileage of over 5000 kilometers.

Poyang Lake is the largest fresh lake in China, and the biggest water assembling basin of Jiangxi province. It is the huge volume moderator of the Yangtze River, and also the intersection of linking up with all shipping lines in-and-out of the province.

Climate

The climate of Jiangxi province is four seasons alternating distinctively: warm with abundant rainfall in spring, hot and humid in summer, cool with little rainfall in autumn, chilly and dry in winter. In 2011, The average temperature of the whole province is about 18.4℃, with the annual precipitation of 1232.9mm and sunshine hours of 1645.1h. The whole year of Jiangxi has mild climate, with sufficient sunshine, plentiful rainfall and long frost-free period, which belongs to humid subtropical climate.

Resources

At the end of the year 2011, the total area of afforested land in Jiangxi is 10,720,220 hectares. The total standing forest stock is 445 million cubic meters, and the forest coverage rate of 63.1%.

In 2011, the total cultivated freshwater area of the whole province is 42.82 hectares. The identified species of the fishes are 155 and more than 30 types of them occupied the main production, such as carp, crucian carp, black carp, and silver carp etc. The valuable types are including lotus red carp, transparent carp, whitebait, reeves shad, and mandarin fish etc. There are also numerous birds and cherished ones in province, most of which belonged to world-protected species.

Jiangxi province has a rich reserve of underground minerals, which is one of the provinces with higher matching degree of mineral resources in China. The reserves of Copper, Tungsten, Silver, Tantalum, Scandium, Uranium, Rubidium, Caesium, Gold, and Associated Pyrite etc. rank the top three of the nation. Among all these minerals, Copper, Tungsten, Uranium, Tantalum, Rare Earths, Gold and Silver are called “the seven gold flowers of jiangxi”.

1-1 行 政 区 划（2011年末）
Administratives Divisions (end of 2011)

地 区	Region	设区市 Cities at Prefecture Level	县级市 Cities at County Level	县 Countries	市辖区 Districts Under the Jurisdication of Cities	市、县、区名称	Name of Cities at County Level, Countries and Districts Under the Jurisdication of Cities
全 省	**Total**	**11**	**11**	**70**	**19**		
南昌市	Nanchang	1		4	5	东湖区、西湖区、青云谱区、湾里区、青山湖区、南昌县、新建县、安义县、进贤县	Donghu,Xihu,Qingyunpu, Wanli,Qingshanhu,Nanchang, Xinjian,Anyi,Jinxian
景德镇市	Jingdezhen	1	1	1	2	昌江区、珠山区、浮梁县、乐平市	Changjiang,Zhushan,Fuliang, Leping
萍乡市	Pingxiang	1		3	2	安源区、湘东区、莲花县、上栗县、芦溪县	Anyuan,Xiangdong,Lianhua, Shangli,Luxi
九江市	Jiujiang	1	2	9	2	庐山区、浔阳区、九江县、武宁县、修水县、永修县、德安县、星子县、都昌县、湖口县、彭泽县、瑞昌市、共青城市	Lushan,Xunyang,Jiujiang, Wuning,Xiushui,Yongxiu, De'an,Xingzi,Duchang, Hukou,Pengze,Ruichang, Gongqingcheng
新余市	Xinyu	1		1	1	渝水区、分宜县	Yushui,Fenyi
鹰潭市	Yingtan	1	1	1	1	月湖区、余江县、贵溪市	Yuehu,Yujian,Guixi
赣州市	Ganzhou	1	2	15	1	章贡区、赣 县、信丰县、大余县、上犹县、崇义县、安远县、龙南县、定南县、全南县、宁都县、于都县、兴国县、会昌县、寻乌县、石城县、瑞金市、南康市	Zhanggong,Ganxian,Xinfeng, Dayu,Shangyou,Chongyi, Anyuan,Longnan,Dingnan, Quannan,Ningdu,Yudu, Xingguo,Huichang,Xunwu, Shicheng,Ruijin,Nankang
吉安市	Ji'an	1	1	10	2	吉州区、青原区、吉安县、吉水县、峡江县、新干县、永丰县、泰和县、遂川县、万安县、安福县、永新县、井冈山市	Jizhou,Qingyuan,Ji'an, Jishui,Xiajiang,Xingan, Yongfeng,Taihe,Suichuan, Wan'an,Anfu,Yongxin, Jinggangshan
宜春市	Yichun	1	3	6	1	袁州区、奉新县、万载县、上高县、宜丰县、靖安县、铜鼓县、丰城市、樟树市、高安市	Yuanzhou,Fengxin,Wanzai, Shanggao,Yifeng,Jing'an, Tonggu,Fengcheng,Zhangshu, Gao'an
抚州市	Fuzhou	1		10	1	临川区、南城县、黎川县、南丰县、崇仁县、乐安县、宜黄县、金溪县、资溪县、东乡县、广昌县	Linchuan,Nancheng,Lichuan, Nanfeng,Chongren,Le'an, Yihuang,Jinxi,Zixi, Dongxiang,Guangchang
上饶市	Shangrao	1	1	10	1	信州区、上饶县、广丰县、玉山县、铅山县、横峰县、弋阳县、余干县、鄱阳县、万年县、婺源县、德兴市	Xinzhou,Shangrao,Guangfeng, Yushan,Yanshan,Hengfeng, Yiyang,Yugan,Poyang, Wannian,Wuyuan,Dexing

1-2 国民经济和社会发展主要指标与发展速度

指 标	Item	1978
人口(万人)	**Population (10000 persons)**	
年末总人口	Population at Year-end	3182.82
#男性人口	Male	1642.78
女性人口	Female	1540.04
#城镇人口	Urban	533.12
乡村人口	Rural	2649.70
就业(万人)	**Employment (10000 persons)**	
年末社会就业人数	Employment at Year-end	1254.3
#职工人数	Staff and Workers	267.4
年末城镇登记失业人数	Registration Unemployment in Urban Areas at Year-end	21.38
地区生产总值(亿元)	**Gross Domestic Product (100 million yuan)**	**87.00**
第一产业	Primary Industry	36.18
第二产业	Secondary Industry	33.08
第三产业	Tertiary Industry	17.74
人均生产总值(元)	Per Capita GDP (yuan)	276
固定资产投资(亿元)	**Investment in Fixed Assets (100 million yuan)**	
全社会固定资产投资总额	Total Investment in Fixed Assets	8.13
#房地产开发投资	Investment in Real Estate Development	
新增固定资产	Newly Increased Fixed Assets	
财政(亿元)	**Government Finance (100 million yuan)**	
财政总收入	Government Revenue	12.22
地方财政收入	Local Government Revenue	
财政支出	Government Expenditures	16.27
能源生产与消费(万吨标准煤)	**Production and Consumption of Energy (10 000 tons of SCE)**	
能源生产总量	Total Energy Production	
能源消费总量	Total Energy Consumption	
价格指数(上年=100)	**Price Indices (preceding year=100)**	
居民消费价格指数	Consumer Price Index	
商品零售价格指数	Retail Price Index	100.1
工业品出厂价格指数	Producer Price Indices for Manufactured Goods	
工业生产者购进价格指数	Producer Price Indices for Purchasing Goods	
固定资产投资价格指数	Investment in Fixed Assets Price Indices	
人民生活	**People's Livelihood**	
在岗职工年平均工资(元)	Average Wage of Employed Staff and Workers(yuan)	552
城镇住户人均年可支配收入(元)	Per Capita Annual Disposable Income of Urban Households(yuan)	305.36
农村住户人均年纯收入(元)	Per Capita Net Income of Rural Residents (yuan)	140.70
城乡居民储蓄存款年末余额(亿元)	Outstanding Amount of Saving Deposits in Urban and Rural Areas (100 million yuan)	4.16
城镇住户人均住宅建筑面积(平方米)	Per Capita Gross Living Space in Cities (sq.m)	
农村居民人均住房面积(平方米)	Per Capita Net Floor Space of Rural Residents (sq.m)	
城市建设、环境保护	**City Construction ,Environmental Protection**	
人工煤气供气量(万立方米)	Coal Gas Supply(10000 cu.m)	
液化石油气供气量(吨)	Total Liquefied Petroleum Gas Supply (ton)	
道路长度(公里)	Length of Roads (km)	
排水管道长度(公里)	Length of Drainpipes (km)	
公共车辆(汽、电车)运营数(辆)	Operating Public Buses (Buses and Trolley Buses) (unit)	
绿化覆盖面积(公顷)	Coverage Area of Afforestation (hectare)	
工业用水重复利用率(%)	Re-use Rate of Industrial WasteWater (%)	

注：1.地区生产总值、农业总产值、工业增加值的发展速度均按可比价格计算。
2.1998年及以后职工人数和职工平均工资为在岗职工人数和平均工资。
3.从2011年起，固定资产投资项目统计起点由过去的计划投资50万元及以上提高到计划投资500万元及以上。

Major Indicators and Growth Rates on National Economic and Social Development

总量指标	Aggregate Data			速度指标（%）			Indices and Growth Rates (%)			
				指数 Index（2011年为以下各年）(2011 as Percentage of the Following Years)				平均增长速度 Average Annual Growth Rate		
1990	2000	2010	2011	1978	1990	2000	2010	1979–2011	1991–2011	2001–2011
3810.64	4148.54	4462.25	4488.44	141.0	117.8	108.2	100.6	1.0	0.8	0.7
1972.77	2157.02	2303.16	2313.38	140.8	117.3	107.2	100.4	1.0	0.8	0.6
1837.87	1991.52	2159.08	2175.06	141.2	118.3	109.2	100.7	1.1	0.8	0.8
775.47	1148.73	1966.07	2051.22	384.8	264.5	178.6	104.3	4.2	4.7	5.4
3035.18	2999.81	2496.18	2437.22	92.0	80.3	81.2	97.6	-0.3	-1.0	-1.9
1816.5	2060.9	2498.8	2532.6	201.9	139.4	122.9	101.4	2.2	1.6	1.9
386.2	291.6	279.6	311.3	116.4	80.6	106.8	111.3	0.5	-1.0	0.6
10.26	16.68	26.26	24.64	115.2	240.2	147.7	93.8	0.4	4.3	3.6
428.62	**2003.07**	**9451.26**	**11702.82**	**2617.2**	**929.7**	**362.1**	**112.5**	**10.4**	**11.2**	**12.4**
175.96	485.14	1206.98	1391.07	558.1	263.5	169.1	104.2	5.3	4.7	4.9
133.56	700.76	5122.88	6390.55	5933.3	1896.8	587.7	115.2	13.2	15.0	17.5
119.10	817.17	3121.40	3921.20	3750.6	979.5	282.1	111.1	11.6	11.5	9.9
1134	4851	21253	26150	1844.9	785.7	334.5	111.8	9.2	10.3	11.6
70.65	548.20	8772.27	9087.60	111778.6	12862.8	1657.7	126.8	23.6	26.3	30.8
2.88	42.37	706.82	867.03		30124.0	2046.3	122.7		33.1	35.6
32.5	453.31	4739.38	6515.62		20027.8	1437.4	137.5		28.7	27.4
40.62	171.69	1226.24	1645.00	13461.5	4049.7	958.1	134.2	16.0	19.3	22.8
	111.55	778.09	1053.43			944.3	135.4			22.6
50.76	223.47	1923.26	2534.60	15578.4	4993.3	1134.2	131.8	16.5	20.5	24.7
1282.42	1293.23	2204.40	2581.40		201.3	199.6	117.1		3.4	6.5
1732.29	2505.00	6248.45	6928.17		399.9	276.6	110.9		6.8	9.7
102.1	100.3	103.0	105.2		260.8	127.9	105.2		4.7	2.3
101.3	98.5	102.7	104.8	444.4	210.8	122.2	104.8	4.6	3.6	1.8
	101.0	115.3	111.3			177.5	111.3			5.4
	101.2	111.8	112.4			200.1	112.4			6.5
	101.4	104.8	108.4			144.1	108.4			3.4
1729	7014	29092	34055	6169.4	1969.6	485.5	117.1	13.3	15.2	15.4
1187.88	5103.60	15481.12	17494.87	5729.3	1472.8	342.8	113.0	13.1	13.7	11.9
669.90	2135.30	5788.56	6891.63	4898.1	1028.8	322.7	119.1	12.5	11.7	11.2
142.79	1243.15	6113.24	7123.53	171238.7	4988.8	573.0	116.5	25.3	20.5	17.2
		38.88	39.39				101.3			
20.58	27.79	40.26	46.82		227.5	168.5	116.3		4.0	4.9
1203	39463	58208	49641		4126.4	125.8	85.3		19.4	2.1
12182	164698	188847	194329		1595.2	118.0	102.9		14.1	1.5
1108	3033	5742	6086		549.3	200.7	106.0		8.4	6.5
878	2074	7340	8580		977.2	413.7	116.9		11.5	13.8
1091.0	4031	7048	9144		838.1	226.8	129.7		10.7	7.7
7044	20044	48924	49308		700.0	246.0	100.8		9.7	8.5
	55.05	76.83	76.95							

a) Growth rates of Gross Domestic Product, gross output value of agriculture and gross industrial value-added are calculated at constant prices.
b) Figures and average wage of workers and staff refer to fully employed workers and staff since 1998.
c)From 2011 onwards, the statistical starting point of the fixed assets investment projects from the previous plan to invest 500,000 yuan and above to p

1–2 续表1

指 标	Item	1978
一般工业固体废物综合利用量(万吨)	General Industrial Solid Wastes Utilized (10000 tons)	
一般工业固体废物综合利用率(%)	Ratio of General Industrial Solid Wastes Utilized (%)	
农业	**Agriculture**	
农业总产值(亿元)	Gross Output Value of Agriculture (100 million yuan)	49.29
主要农产品产量	Output of Major Farm Products	
粮食(万吨)	Grain(10000 tons)	1125.74
棉花(万吨)	Cotton(10000 tons)	3.48
油料折油(万吨)	Oil-bearing Crops Converted Into Oil(10000 tons)	6.63
油料(万吨)	Oil-bearing Crops(10000 tons)	13.49
黄红麻(万吨)	Jute and Ambary Hemp(10000 tons)	0.48
烟叶(万吨)	Tobacco(10000 tons)	0.61
茶叶(吨)	Tea(ton)	8878
蚕茧(吨)	Silkworm Cocoons(ton)	143
甘蔗(万吨)	Sugar Cane(10000 tons)	68.29
水果(万吨)	Fruits(10000 tons)	2.92
肉类总产量(万吨)	Total Output of Meat(10000 tons)	26.27
水产品(万吨)	Aquatic Products(10000 tons)	5.93
生猪年末存栏(万头)	Number of Slaughtered Fattened Hogs at Year-end(10000 heads)	944.27
生猪当年出栏(万头)	Number of Slaughtered Fattened Hogs of the Year(10000 heads)	574.00
工业	**Industry**	
主要工业产品产量	Output of Major Industrial Products	
化学纤维(万吨)	Chemical Fiber (10000 tons)	0.42
布(混合数)(万米)	Cloth(10000 m)	20173
机制纸及纸板(万吨)	Machine-made Paper and Paperboard (10000 tons)	9.26
日用瓷(万件)	Household Ceramics (10000 units)	32095
卷烟(万箱)	Cigarettes(10000 boxs)	19.14
原煤产量(万吨)	Coal(10000 tons)	1435.50
发电量(亿千瓦时)	Electricity(100 million kwh)	45.31
粗钢 (万吨)	Crude Steel (10000 tons)	25.64
钢材 (万吨)	Rolled Steel (10000 tons)	24.50
水泥(万吨)	Cement(10000 tons)	155.56
汽车(万辆)	Vehicles(10000 unit)	0.10
照相机(万架)	Cameras(10000 sets)	1.00
化学肥料(折合100%)(万吨)	Chemical Fertilezers(pure)(10000 tons)	15.97
化学农药(原药)(吨)	Chemical Pesticide(ton)	13539
规模以上工业企业主要指标(亿元)	Main Indicators of Industrial Enterprises above Designated Size (100 million yuan)	
工业增加值	Gross Industrial Value-added	
资产总计	Total Assets	
主营业务收入	Revenue from Principal Business	
利税总额	Total Profits	
建筑业(资级企业)	**Construction With Grade**	
建筑业企业人数(万人)	Number of Employed Persons(10000 persons)	
建筑业总产值(亿元)	Gross Output Value(100 million yuan)	
施工房屋面积(万平方米)	Floor Space of Buildings Under Construction(10000 sq.m)	
竣工房屋面积(万平方米)	Floor Space of Buildings Completed(10000 sq.m)	
交通运输业	**Transportation**	
铁路营业里程(公里)	Length of Railways in Operation(km)	1184
公路通车里程(公里)	Length of Highways(km)	30245

注：1.2000年及以后工业产品产量为规模以上产量。
2.公路通车里程从2006年开始包括村道。

continued

总量指标	Aggregate Data			速度指标（%）				Indices and Growth Rates (%)		
				指数 Index（2011年为以下各年）(2011 as Percentage of the Following Years)				平均增长速度 Average Annual Growth Rate		
1990	2000	2010	2011	1978	1990	2000	2010	1979-2011	1991-2011	2001-2011
	702.24	4379.14	6304.66			897.8	144.0			22.1
	14.64	46.54	55.27							
255.24	741.35	1900.58	2207.27	557.6	281.6	166.7	104.2	5.3	5.1	4.8
1658.20	1614.60	1954.70	2052.79	182.4	123.8	127.1	105.0	1.8	1.0	2.2
5.70	6.80	13.08	14.29	410.5	250.6	210.1	109.2	4.4	4.5	7.0
19.61	32.52	36.47	37.24	561.7	189.9	114.5	102.1	5.4	3.1	1.2
54.89	96.73	107.57	113.6	842.0	206.9	117.4	105.6	6.7	3.5	1.5
1.88	0.44	0.11	0.10	20.6	5.3	22.5	88.0	-4.7	-13.1	-12.7
2.31	1.82	3.76	4.55	746.0	197.0	250.0	121.1	6.3	3.3	8.7
19415	15703	29808	35039	394.7	180.5	223.1	117.5	4.2	2.9	7.6
2639	3266	7550	7230	5055.9	274.0	221.4	95.8	12.6	4.9	7.5
194.29	136.81	59.10	62.85	92.0	32.3	45.9	106.3	-0.3	-5.2	-6.8
23.30	42.34	297.13	387.65	13275.8	1663.8	915.6	130.5	16.0	14.3	22.3
111.74	192.31	308.20	316.75	1205.8	283.5	164.7	102.8	7.8	5.1	4.6
30.68	127.12	215.34	222.81	3757.3	726.2	175.3	103.5	11.6	9.9	5.2
1547.26	1473.50	1756.33	1827.51	193.5	118.1	124.0	104.1	2.0	0.8	2.0
1313.18	1992.27	2897.54	2961.54	515.9	225.5	148.7	102.2	5.1	3.9	3.7
2.00	7.08	17.92	31.47	7492.2	1573.4	444.5	174.6	14.0	14.0	14.5
30566	21710	80517	80754	400.3	264.2	372.0	124.7	4.3	4.7	12.7
25.59	24.02	186.59	219.39	2369.2	857.3	913.4	111.9	10.1	10.8	22.3
44969	57470	406806	296558	924.0	659.5	516.0	108.8	7.0	9.4	16.1
47.02	50.99	111.80	116.80	610.2	248.4	229.1	104.5	5.6	4.4	7.8
2027.11	1813.76	2830.21	2443.00	170.2	120.5	134.7	109.7	1.6	0.9	2.7
121.41	201.06	617.03	688.25	1519.0	566.9	342.3	115.1	8.6	8.6	11.8
112.09	319.86	1834.03	2067.41	8063.2	1844.4	646.3	112.7	14.2	14.9	18.5
92.32	282.90	1951.55	2247.36	9172.9	2434.3	794.4	115.3	14.7	16.4	20.7
469.13	1382.00	6220.54	6782.24	4359.9	1445.7	490.8	118.5	12.1	13.6	15.6
0.97	13.36	37.28	34.35	34657.6	3536.8	257.2	92.1	19.4	18.5	9.0
9.00	17.84	0.58	1.02	102.3	11.4	5.7	175.7	0.1	-9.8	-22.9
31.07	43.43	113.42	29.46	184.5	94.8	67.8	78.6	1.9	-0.3	-3.5
5146	13796	21213	34210	252.7	664.8	248.0	123.8	2.8	9.4	8.6
	269.81	3101.89	3910.88			788.1	119.1			20.6
	1835.86	8424.86	9964.06			542.7	118.3			16.6
	897.00	14196.68	18466.82			2058.7	130.1			31.6
	80.54	1445.95	1814.69			2253.1	125.5			32.7
12.58	29.80	86.10	85.02		675.8	285.3	98.7		9.5	10.0
13.76	116.41	1691.47	2096.72		15237.8	1801.1	124.0		27.0	30.1
487.50	2572.30	13669.67	15514.26		3182.4	603.1	113.5		17.9	17.7
192.50	1359.80	6488.09	7813.18		4058.8	574.6	120.4		19.3	17.2
1581	2197	2734	2734	230.9	172.9	124.4	100.0	2.6	2.6	2.0
33203	60292	140597	146618	484.8	441.6	243.2	104.3	4.9	7.3	8.4

a) Output of industrial products are above designated size since 2000.
b) The total length of highways have included the village road since 2006.

1-2 续表2

指 标	Item	1978
货物周转量(亿吨公里)	Freight Ton-kilometers (100 million ton-km)	128.63
铁 路(亿吨公里)	Railways (100 million ton-km)	108.48
公 路(亿吨公里)	Highways (100 million ton-km)	5.14
水 运(亿吨公里)	Waterways (100 million ton-km)	15.01
空 运(万吨公里)	Civil Aviation (10000 ton-km)	
旅客周转量(亿人公里)	Passenger-kilometers (100 million person-km)	44.67
铁 路(亿人公里)	Railways (100 million person-km)	26.73
公 路(亿人公里)	Highways (100 million person-km)	16.83
水 运(亿人公里)	Waterways (100 million person-km)	1.13
空 运(万人公里)	Civil Aviation (10000 person-km)	
邮电通信业	**Postal and Telecommunication Services**	
邮电业务总量(亿元)	Business Volume of Postal and Telecommunication Services (100 million yuan)	0.92
函 件(万件)	Number of Letters (10000 pcs)	7372
移动电话用户(万户)	Number of Mobile Telephone Subscribers (10000 subscribers)	
固定电话用户(万户)	Fixed Telephone Subscribers (10000 Subscribers)	5.59
城市	Urban	3.01
农村	Rural	2.58
计算机互联网用户(万户)	Number of Internet Services Subscribers (10000 subscribers)	
局用交换机容量(万门)	Capacity of Office Telephone Exchanges (10000 line)	10.21
内外贸易和旅游	**Domestic Trade , Foreign Trade and Tourism**	
社会消费品零售总额(亿元)	Total Retail Sales of Consumer Goods(100 million yuan)	33.93
海关进出口总额(万美元)	Total Value of Imports and Exports (USD 10000)	
出口额	Exports	
进口额	Imports	
外商直接投资合同金额(万美元)	Contracted Foreign Direct Investments (USD 10000)	
外商直接投资实际使用金额(万美元)	Actually Utilized Foreign Direct Investments (USD 10000)	
旅游总收入(亿元)	Total Tourism Earnings (100 million yuan)	
涉外旅游人数(人次)	Number of International Tourists (person-times)	
涉外旅游收汇(万美元)	Foreign Exchange Earnings from International Tourism (USD 10000)	
金融业(亿元)	**Financial Intermediation (100 million yuan)**	
金融机构人民币存款余额	Deposits of National Banking System	
金融机构人民币贷款余额	Loans of National Banking System	
教育、文化、卫生	**Education,Culture and Health Care**	
高等学校在校学生数(人)	Students Enrollment of Higher Education(person)	21847
中等专业学校在校学生数(人)	Students Enrollment of Specialized Secondary Schools(persons)	28926
普通中学在校学生数(万人)	Students Enrollment of Secondary Schools(10000 persons)	169.20
小学在校学生数(万人)	Students Enrollment of Primary Schools(10000 persons)	513.77
学龄儿童入学率(%)	Rate of School-age Children Enrollment (%)	94.15
报纸出版数量(万份)	Number of Newspapers Published(10000 copies)	14453
期刊出版数量(万册)	Number of Magazines Published(10000 copies)	378
图书出版数量(万册)	Number of Books Published (10000 copies)	8495
卫生机构数(个)	Number of Hospitals(unit)	5178
卫生技术人员(人)	Number of Medical Technical Personnels(person)	70247
医 生	Number of Doctors	30430
病 床 数(张)	Number of Hospital Beds(bed)	72289

注：1.邮电业务总量2000年以前按1990年不变价格计算，2001年以后按2000年不变价格计算。
2.卫生机构数1996年开始包括个体机构。
3.2007年卫生年报统计口径变动。
4.交通运输数据2008年开始按新口径计算
5.2009年互联网用户口径变化为宽带用户数。

continued

总量指标	Aggregate Data			速度指标（%）			Indices and Growth Rates (%)			
				指数 Index（2011年为以下各年）(2011 as Percentage of the Following Years)				平均增长速度 Average Annual Growth Rate		
1990	2000	2010	2011	1978	1990	2000	2010	1979–2011	1991–2011	2001–2011
299.06	746.93	2738.70	3004.02	2335.4	1004.5	402.2	109.7	10.0	11.6	13.5
204.27	563.82	705.90	733.77	676.4	359.2	130.1	103.9	6.0	6.3	2.4
62.83	147.19	1850.20	2066.83	40210.7	3289.6	1404.2	111.7	19.9	18.1	27.1
31.96	35.81	182.41	203.27	1354.2	636.0	567.6	111.4	8.2	9.2	17.1
56	1094	1923	1550.34		2768.5	141.7	80.6		17.1	3.2
170.37	453.07	912.76	962.56	2154.8	565.0	212.5	105.5	9.8	8.6	7.1
74.65	271.91	564.80	600.18	2245.3	804.0	220.7	106.3	9.9	10.4	7.5
93.88	171.33	330.48	340.90	2025.6	363.1	199.0	103.2	9.5	6.3	6.5
1.11	1.20	0.32	0.30	26.4	26.9	24.8	94.6	-4.0	-6.1	-11.9
7306	86356	171654	211766		2898.5	245.2	123.4		17.4	8.5
2.85	81.31	698.05	779.36	84556.8	27346.0	958.5	111.6	22.7	30.6	22.8
17162	14010	17971	13168.1	178.6	76.7	94.0	73.3	1.8	-1.3	-0.6
	140.29	1811	2362.7			1684.2	130.4			29.3
12.61	354.09	709.6	673.9	12055.5	5344.2	190.3	95.0	15.6	20.9	6.0
10.11	234.34	439.7	421.9	14016.6	4173.1	180.0	95.9	16.2	19.4	5.5
2.49	119.75	269.8	252	9767.4	10120.5	210.4	93.4	14.9	24.6	7.0
	26.95	253.4	318.3			1181.1	125.6			25.2
26.94	438.63	567.1	296	2898.6	1098.8	67.5	52.2	10.7	12.1	-3.5
151.94	704.87	2956.21	3485.06	10271.3	2293.7	494.4	117.9	15.1	16.1	15.6
71934	162399	2160007	3146771		4374.5	1937.7	145.7		19.7	30.9
58023	119736	1341606	2187496		3770.0	1826.9	163.1		18.9	30.2
13911	42663	818400	959275		6895.8	2248.5	117.2		22.3	32.7
2855	26478	749447	844545		29581.3	3189.6	112.7		31.1	37.0
621	22724	510084	605881		97565.4	2666.3	118.8		38.8	34.8
	134.6	818.32	1105.93			821.6	135.1			21.1
52875	163057	1140792	1358265		2568.8	833.0	119.1		16.7	21.3
418	6234	34630	41500		9928.2	665.7	119.8		24.5	18.8
	1966.78	11846.18	14240.29			724.0	120.2			19.7
	1739.87	7757.12	9175.16			527.3	118.3			16.3
57087	146411	837797	843180	3859.5	1477.0	575.9	100.6	11.7	13.7	17.3
61675	160022	238744	240788	832.4	390.4	150.5	100.9	6.6	6.7	3.8
181.06	259.22	273.96	279.26	165.0	154.2	107.7	101.9	1.5	2.1	0.7
450.44	422.68	426.02	434.05	84.5	96.4	102.7	101.9	-0.5	-0.2	0.2
98.24	99.58	99.93	99.76	106.0	101.5	100.2	99.8	0.2	0.1	0.0
58930	39929	70449	74425	514.9	126.3	186.4	105.6	5.1	1.1	5.8
2714	9060	7060	7325	1937.8	269.9	80.8	103.8	9.4	4.8	-1.9
19216	20300	16039	17201	202.5	89.5	84.7	107.2	2.2	-0.5	-1.5
5632	8048	7172	7121	137.5	126.4	88.5	99.3	1.0	1.1	-1.1
116786	123192	154733	166069	236.4	142.2	134.8	107.3	2.6	1.7	2.8
51994	54437	59264	62888	206.7	121.0	115.5	106.1	2.2	0.9	1.3
92274	90930	127915	136512	188.8	147.9	150.1	106.7	1.9	1.9	3.8

a) Business volume of post and telecommunication services before 2000 are calculated at constant prices of 1990 and at 2000 constant prices since 2000.
b) Number of hospitals include individual since 1996.
c) Statistical standards in health report have changed since 2007.
d)The datas of transportation are calculated according to new statistical scope since 2008.
e)Internet subscriber is adjusted to DSL subscriber in 2009.

1-3 国民经济主要比例关系

Principal Relations of Major Indicators on National Economic

单位：%　　　　(%)

指　　标	Item	1978	1980	1990	2000	2005	2010	2011
地区生产总值	**Gross Domestic Product**							
第一产业	Primary Industry	41.6	43.5	41.0	24.2	17.9	12.8	11.9
第二产业	Secondary Industry	38.0	36.9	31.2	35.0	47.3	54.2	54.6
工　业	Industry	26.6	27.8	27.2	27.2	35.9	45.4	46.2
建筑业	Construction	11.4	9.1	4.0	7.8	11.4	8.8	8.4
第三产业	Tertiary Industry	20.4	19.6	27.8	40.8	34.8	33.0	33.5
#交通运输邮电业	Transport,Postal and Telecommunication Services	2.9	3.5	5.9	9.7	7.4	4.7	4.3
批零贸易餐饮业	Wholesale, Retail Trades and Catering Services	5.6	5.2	4.6	9.1	8.4	9.2	9.4
金融保险业	Banking and Insurance	1.4	1.3	6.4	4.6	1.7	2.6	3.1
国内支出总额	**Total Domestic Consumption Expenditure**							
最终消费中	Final Consumption Expenditure							
居民消费	Resident Consumption		84.5	80.6	77.9	77.6	79.0	76.2
政府消费	Government Consumption Expenditure		15.5	19.4	22.1	22.4	21.0	23.8
资本形成总额中	Gross Capital Formation							
固定资本形成	Gross Fixed Capital	86.1	86.1	62.1	84.3	97.0	97.6	96.6
存货增加	Changes in Inventories	13.9	13.9	37.9	15.7	3.0	2.4	3.4
全省总人口	**Province Total Population**							
城镇人口	Urban				27.7	37.1	44.1	45.7
乡村人口	Rural				72.3	62.9	55.9	54.3
社会就业人员	**Total Employed Persons**							
第一产业	Primary Industry	77.2	77.7	65.7	46.6	39.9	35.6	34.4
第二产业	Secondary Industry	13.0	12.3	20.3	24.4	27.2	29.6	30.1
第三产业	Tertiary Industry	9.8	10.0	14.0	29.0	32.9	34.8	35.5
农业总产值	**Gross Agricultural Output Value**							
农　　业	Farming	74.0	70.7	60.1	46.5	44.7	42.2	41.6
林　　业	Forestry	11.9	14.1	9.4	7.8	7.7	9.8	9.3
牧　　业	Animal Husbandry	12.8	14.0	26.4	29.9	31.9	30.7	33.3
渔　　业	Fishery	1.3	1.2	4.1	13.5	14.2	13.5	12.3
服 务 业	Service in Support of Agriculture				2.3	1.5	3.8	3.5
规模以上工业增加值	**Gross Industrial Value-added Above Designated Size**							
轻 工 业	Light Industry				37.7	34.6	34.6	31.7
重 工 业	Heavy Industry				62.3	65.4	65.4	68.3
全社会固定资产投资	**Total Investment in Fixed Assets**							
第一产业	Primary Industry					3.3	2.9	2.6
第二产业	Secondary Industry					36.3	57.5	57.3
第三产业	Tertiary Industry					60.4	39.6	40.1
财政支出	**Government Expenditures**							
文教科学卫生事业费	Operating Expenses for Culture, Education, Science and Health Care	18.0	25.4	27.4	24.7	22.4	25.7	28.9
#科　学	Science	0.2	0.4	0.8	0.5	0.4	0.9	0.8
教　育	Education	10.6	15.6	16.4	17.1	15.6	15.5	18.7

1-4 主要指标每人年平均水平
Per Capita Average Annual Level of Major Indicators

指　　标	Item	1978	1980	1990	2000	2005	2010	2011
地区生产总值(元)	**Gross Domestic Product(yuan)**	**276**	**342**	**1134**	**4851**	**9440**	**21253**	**26150**
第一产业	Primary Industry	115	149	466	1175	1693	2714	3108
第二产业	Secondary Industry	105	126	353	1697	4462	11519	14279
第三产业	Tertiary Industry	56	67	315	1979	3286	7019	8762
财政总收入(元)	**Government Revenue (yuan)**	**39**	**38**	**107**	**416**	**991**	**2757**	**3676**
年末居民储蓄存款余额(元)	**Balance of Savings Deposit of Households at Year-end(yuan)**	**13**	**24**	**375**	**2997**	**6385**	**13746**	**15917**
主要农产品产量(公斤)	**Output of Major Farm Products(kg)**							
粮　　食	Grain	357.33	381.60	438.86	391.04	431.39	439.53	458.69
棉　　花	Cotton	1.10	1.32	1.51	1.65	2.03	2.94	3.19
油料折油	Oil-bearing Crops Converted into oil	2.10	2.09	5.19	7.88	6.10	8.20	8.32
甘　　蔗	Sugar Cane	21.68	26.38	51.42	33.13	18.22	13.29	14.04
水　　果	Fruits	0.93	1.73	6.17	10.25	30.32	66.81	86.62
肉类总产量	Total output of Meat	8.34	11.71	29.57	46.58	56.97	69.30	70.78
牛　　奶	Milk	0.16	0.28	0.59	1.36	2.91	2.67	2.83
水 产 品	Aquatic Products	1.88	2.32	8.12	30.79	39.25	48.42	49.79
主要工业产品产量	**Output of Major Industrial Products**							
化学纤维(公斤)	Chemical Fiber(kg)	0.13	0.41	0.53	1.71	4.20	4.03	7.03
布(混合数)(米)	Cloth(m)	6.40	9.24	8.09	5.26	6.53	18.10	18.04
机制纸及纸板(公斤)	Machine-made Paper and Paperboard(kg)	2.94	3.91	6.77	5.82	15.59	41.96	49.02
日 用 瓷(件)	Household Ceramics(unit)	10.19	10.18	11.90	13.92	14.40	91.47	66.26
原　　煤(公斤)	Coal(kg)	455.65	458.62	536.50	439.28	377.16	636.40	545.88
发 电 量(千瓦小时)	Electricity(kwh)	143.82	176.05	321.32	486.95	812.75	1387.46	1537.87
粗钢(公斤)	Crude Steel (kg)	8.14	11.93	29.67	77.47	224.14	412.40	461.96
钢材(公斤)	Rolled Steel(kg)	7.78	14.36	24.43	68.52	236.85	438.83	502.17
水　　泥(公斤)	Cement(kg)	49.38	61.85	124.16	334.71	809.09	1398.75	1515.47
化学肥料(公斤)	Chemical Fertilezers(kg)	5.07	7.92	8.22	10.52	11.08	25.50	6.58
化学农药(公斤)	Chemical Pesticide(kg)	0.43	0.54	0.14	0.33	0.34	0.48	0.76
主要消费品消费量	**Consumption of Major Consumer Good**							
农民生活消费量(公斤)	Living Consumption of Rural Households(kg)							
粮　　食	Grain		314.55	340.85	303.61	244.71	213.52	203.91
植 物 油	Vegetable Oils		2.03	4.76	8.73	5.62	6.57	8.22
猪牛羊肉	Pork, Beef and Mutton		6.60	11.99	12.64	15.61	12.71	13.70
蛋　　类	Eggs		1.04	1.95	3.26	3.50	3.28	4.56
水 产 品	Aquatic Products		1.54	2.02	3.73	5.43	5.23	5.77
城镇居民购买量(元)	Purchase of Urban Households(yuan)							
粮　　食	Grain					224.96	353.11	408.64
植 物 油	Vegetable Oils					114.52	163.41	189.34
猪牛羊肉	Pork, Beef and Mutton					385.19	616.94	777.14
蛋　　类	Eggs					56.72	89.11	104.28
水 产 品	Aquatic Products					140.48	254.69	260.95

1-5 江西的一天
One Day of Jiangxi

指标	Item	1978	2000	2005	2010	2011
全省每天创造的财富	**Province Daily Production**					
地区生产总值(万元)	Gross Domestic Product(10000 yuan)	2384	54879	111144	258939	320625
第一产业	Primary Industry	991	13292	19928	33068	38112
第二产业	Secondary Industry	907	19199	52533	140353	175084
工业	Industry	635	14788	39877	117445	148270
建筑业	Construction	272	4410	12657	22907	26813
第三产业	Tertiary Industry	486	22388	38683	85518	107430
#交通运输邮电业	Transport,Postal and Telecommunication Services	70	5342	8236	12225	13902
批零贸易餐饮业	Wholesale and Retail Trades and Catering Services	135	4985	9357	23770	30199
金融保险业	Banking and Insurance	32	2708	1905	6616	9793
财政总收入(万元)	Government Revenue(10000 yuan)	335	4704	11669	33596	45068
财政支出(万元)	Government Expenditures(10000 yuan)	446	6123	15451	52692	69441
布产量(万米)	Cloth(10000 meters)	55	59	77	221	221
机制纸及纸板(吨)	Machine-made Paper and Paperboard(ton)	254	658	1836	5112	6011
日用瓷(万件)	Household Ceramics(10000 units)	88	157	170	1115	812
原煤产量(吨)	Coal(ton)	39329	49692	44405	77540	66932
发电量(万千瓦小时)	Electricity(10000 kwh)	1241	5508	9569	16905	18856
粗钢(吨)	Crude Steel (ton)	702	8763	26389	50247	56641
钢材(吨)	Rolled Steel (ton)	671	7751	27885	53467	61572
水泥(吨)	Cement(ton)	4262	37863	95261	170426	185815
汽车(辆)	Vehicles(unit)	3	366	567	1021	941
照相机(架)	Cameras(set)	27	489	184	16	28
全省每天消费	**Province Daily Consumption**					
最终消费(万元)	Final Consumption(10000 yuan)	1558	34783	58008	122992	153258
居民消费	Resident Consumption		27101	44992	97136	116758
农村居民消费	Rural Households Consumption		15743	22379	30204	39555
城镇居民消费	Urban Households Consumption		11358	22613	66932	77203
政府消费	Government Consumption Expenditure		7682	13017	25856	36501
能源消费(万吨标准煤)	Energy Consumption(10000 tons of SCE)		6.86	11.74	17.41	18.98
社会消费品零售总额(万元)	Total Retail Sales of Consumer Goods (10000 yuan)	930	19312	33868	80992	95481
全省每天其他活动	**Province Other Daily Economic Activities**					
货物运输量(万吨)	Freight Traffic(10000 tons)	12.89	64.66	91.15	274.90	305.69
旅客运输量(万人)	Passenger Traffic(10000 persons)	17.69	98.14	114.31	209.95	216.82
出版报纸(万份)	Newspapers Published(10000 copies)	39.60	109.39	170.58	193.01	203.90
出版期刊(万册)	Number of Magazines Published(10000 copies)	1.03	28.70	15.41	19.34	20.07
出版图书(万册)	Books Published(10000 copies)	23.27	55.62	46.32	43.94	47.13
邮电业务总量(万元)	Business Volume of Postal and Telecommunication Services(10000 yuan)	21	2228	7108	19125	21352
邮寄函件(万件)	Letters Delivered(10000 pieces)	20.20	38.38	24.61	49.24	36.08
邮寄包裹(件)	Packages Delivered(piece)		6767	4986	3315	3419
结婚人数(对)	Number of Marriages(couple)	437	810	809	989	1022
离婚人数(对)	Number of Divorces(couple)	28	66	108	134	149

1-6 地区生产总值
Gross Domestic Product

本表按当年价格计算。
Data in this table are calculated at current prices.

单位：亿元 (100 million yuan)

年份 地区 Year Region	地区生产总值 Gross Domestic Product	第一产业 Primary Industry	第二产业 Secondary Industry	工业 Industry	建筑业 Construction	第三产业 Tertiary Industry	交通运输仓储和邮政业 Transport, Storage and Post	批发零售和住宿餐饮业 Whlesale and Retail Trades,Hotel and Catering Services	金融业 Financial Intermediation	人均地区生产总值 Per Capita GDP
1978	87.00	36.18	33.08	23.16	9.92	17.74	2.54	4.91	1.18	276
1980	111.15	48.31	41.00	30.84	10.16	21.84	3.92	5.78	1.39	342
1985	207.89	84.06	76.05	63.13	12.92	47.78	12.27	11.57	5.60	597
1990	428.62	175.96	133.56	116.50	17.06	119.10	25.18	19.74	27.33	1134
1991	479.37	183.27	154.77	135.82	18.95	141.33	26.73	27.86	31.17	1249
1992	572.55	200.81	199.40	168.14	31.26	172.34	31.61	35.80	38.83	1472
1993	723.04	225.58	282.46	233.76	48.70	215.00	39.43	44.68	48.44	1835
1994	948.16	314.35	338.23	269.16	69.07	295.58	55.93	57.76	61.71	2376
1995	1169.73	374.64	403.74	314.49	89.25	391.35	78.32	82.39	71.84	2896
1996	1409.74	440.00	481.30	375.83	105.47	488.44	101.64	108.31	86.32	3452
1997	1605.77	475.18	548.84	438.98	109.86	581.75	115.41	124.66	97.40	3890
1998	1719.87	450.44	608.22	477.15	131.07	661.21	145.40	143.54	100.50	4124
1999	1853.65	464.40	648.82	503.79	145.03	740.43	167.74	161.63	101.15	4402
2000	2003.07	485.14	700.76	543.88	156.88	817.17	194.98	181.96	92.97	4851
2001	2175.68	506.00	786.12	603.23	182.89	883.56	217.94	192.06	82.02	5221
2002	2450.48	535.98	941.77	702.42	239.35	972.73	248.61	214.19	76.51	5829
2003	2807.41	560.00	1204.33	863.31	341.02	1043.08	266.11	243.06	64.31	6624
2004	3456.70	664.50	1566.40	1140.00	426.40	1225.80	320.50	296.37	65.10	8097
2005	4056.76	727.37	1917.47	1455.50	461.97	1411.92	300.60	355.63	69.55	9440
2006	4820.53	786.14	2419.74	1905.15	514.59	1614.65	339.08	406.55	79.75	11145
2007	5800.25	905.77	2975.53	2412.30	563.23	1918.95	371.60	473.70	101.34	13322
2008	6971.05	1060.38	3554.81	2906.86	647.95	2355.86	388.42	596.97	130.57	15900
2009	7655.18	1098.66	3919.45	3196.56	722.89	2637.07	394.90	721.48	165.10	17335
2010	9451.26	1206.98	5122.88	4286.76	836.12	3121.40	446.22	867.60	241.49	21253
2011	11702.82	1391.07	6390.55	5411.86	978.69	3921.20	507.44	1102.26	357.44	26150
南昌市 Nanchang	2688.87	134.92	1579.29	1223.72	355.57	974.66	106.16	236.79	139.10	53023
景德镇市 Jingdezhen	564.71	44.73	355.74	315.25	40.49	164.24	29.05	55.56	4.56	35421
萍乡市 Pingxiang	658.15	48.97	433.44	399.23	34.21	175.74	35.08	50.68	5.93	35350
九江市 Jiujiang	1256.41	107.69	735.94	618.55	117.39	412.78	68.75	119.00	8.39	26464
新余市 Xinyu	779.21	44.06	522.01	470.74	51.27	213.14	46.50	73.16	8.73	68155
鹰潭市 Yingtan	427.59	38.14	276.17	260.40	15.77	113.28	29.46	32.71	11.30	37834
赣州市 Ganzhou	1336.00	232.70	631.16	548.43	82.73	472.14	66.65	97.40	56.50	15895
吉安市 Ji'an	879.06	163.78	465.94	404.32	61.62	249.34	36.66	66.98	13.45	18202
宜春市 Yichun	1077.98	185.00	637.79	576.33	61.46	255.19	37.06	69.14	10.98	19823
抚州市 Fuzhou	742.51	136.89	395.61	329.33	66.28	210.01	46.15	50.68	5.84	18907
上饶市 Shangrao	1110.58	176.50	598.98	505.42	93.56	335.10	44.59	94.06	16.31	16813

注：自2005年起，交通运输仓储和邮政业不含信息传输计算机服务和软件业。
a) Since 2005, transportation,storage and post has not included information transmission, computer service and software.

1-7 地区生产总值构成

Composition of Gross Domestic Product

本表按当年价格计算。
Data in this table are calculated at current prices.

单位：% (%)

年份 地区 Year Region	地区生产总值 Gross Domestic Product	第一产业 Primary Industry	第二产业 Secondary Industry	工业 Industry	建筑业 Construction	第三产业 Tertiary Industry	交通运输仓储和邮政业 Transport, Storage and Post	批发零售和住宿餐饮业 Whlesale and Retail Trades,Hotel and Catering Services	金融业 Financial Intermediation
1978	100.0	41.6	38.0	26.6	11.4	20.4	2.9	5.6	1.4
1980	100.0	43.5	36.9	27.8	9.1	19.6	3.5	5.2	1.3
1985	100.0	40.4	36.6	30.4	6.2	23.0	5.9	5.6	2.7
1990	100.0	41.0	31.2	27.2	4.0	27.8	5.9	4.6	6.4
1995	100.0	32.0	34.5	26.9	7.6	33.5	6.7	7.0	6.1
1996	100.0	31.2	34.1	26.6	7.5	34.7	7.2	7.7	6.1
1997	100.0	29.6	34.2	27.3	6.9	36.2	7.2	7.8	6.1
1998	100.0	26.2	35.4	27.8	7.6	38.4	8.5	8.3	5.8
1999	100.0	25.1	35.0	27.2	7.8	39.9	9.0	8.7	5.5
2000	100.0	24.2	35.0	27.2	7.8	40.8	9.7	9.1	4.6
2001	100.0	23.3	36.1	27.7	8.4	40.6	10.0	8.8	3.8
2002	100.0	21.9	38.5	28.7	9.8	39.6	10.1	8.7	3.1
2003	100.0	19.9	42.9	30.8	12.1	37.2	9.5	8.7	2.3
2004	100.0	19.2	45.3	33.0	12.3	35.5	9.3	8.2	1.9
2005	100.0	17.9	47.3	35.9	11.4	34.8	7.4	8.4	1.7
2006	100.0	16.3	50.2	39.5	10.7	33.5	7.0	8.4	1.7
2007	100.0	15.6	51.3	41.6	9.7	33.1	6.4	8.2	1.7
2008	100.0	15.2	51.0	41.7	9.3	33.8	5.6	8.6	1.9
2009	100.0	14.4	51.2	41.8	9.4	34.4	5.2	9.4	2.2
2010	100.0	12.8	54.2	45.4	8.8	33.0	4.7	9.2	2.6
2011	100.0	11.9	54.6	46.2	8.4	33.5	4.3	9.4	3.1
南昌市 Nanchang	100.0	5.0	58.7	45.5	13.2	36.3	3.9	8.8	5.2
景德镇市 Jingdezhen	100.0	7.9	63.0	55.8	7.2	29.1	5.1	9.8	0.8
萍乡市 Pingxiang	100.0	7.4	65.9	60.7	5.2	26.7	5.3	7.7	0.9
九江市 Jiujiang	100.0	8.6	58.5	49.2	9.3	32.9	5.5	9.5	0.7
新余市 Xinyu	100.0	5.7	67.0	60.4	6.6	27.4	6.0	9.4	1.1
鹰潭市 Yingtan	100.0	8.9	64.6	60.9	3.7	26.5	6.9	7.6	2.6
赣州市 Ganzhou	100.0	17.4	47.3	41.1	6.2	35.3	5.0	7.3	4.2
吉安市 Ji'an	100.0	18.6	53.0	46.0	7.0	28.4	4.2	7.6	1.5
宜春市 Yichun	100.0	17.1	59.2	53.5	5.7	23.7	3.4	6.4	1.0
抚州市 Fuzhou	100.0	18.4	53.3	44.4	8.9	28.3	6.2	6.8	0.8
上饶市 Shangrao	100.0	15.9	53.9	45.5	8.4	30.2	4.0	8.5	1.5

1-8 地区生产总值指数

Indices of Gross Domestic Product

本表按可比价格计算。
Data in this table are calculated at constant pieces.

(1978年=100) (year of 1978=100)

年份 Year	地区生产总值 Gross Domestic Product	第一产业 Primary Industry	第二产业 Secondary Industry	工业 Industry	建筑业 Construction	第三产业 Tertiary Industry	交通运输仓储和邮政业 Transport, Storage and Post	批发零售和住宿餐饮业 Whlesale and Retail Trades,Hotel and Catering Services	金融业 Financial Intermediation	人均地区生产总值 Per Capita GDP
1978	100.0	100.0	100.0	100.0	100.0	100.0	100.0	100.0	100.0	100.0
1979	115.8	115.4	115.9	120.9	104.2	116.6	141.6	108.2	83.3	113.8
1980	120.7	116.4	129.7	138.9	108.1	114.4	147.1	106.1	98.1	117.0
1981	127.5	128.3	127.8	142.2	93.6	125.0	152.0	120.4	107.2	122.2
1982	139.4	144.1	131.5	146.5	96.4	141.4	202.3	131.1	141.6	132.0
1983	148.9	144.2	150.6	165.5	115.4	154.8	221.7	149.1	155.1	139.1
1984	171.8	157.9	182.5	211.0	115.4	183.0	235.9	156.6	314.1	157.9
1985	197.2	169.1	218.3	258.7	123.5	222.9	303.1	182.8	382.9	178.3
1986	210.4	171.0	234.2	286.9	117.0	256.8	312.5	210.6	514.6	187.0
1987	227.9	186.6	250.4	310.4	115.5	280.2	320.9	199.9	761.6	199.2
1988	253.9	191.6	291.5	361.3	134.4	327.6	375.1	233.7	1077.7	218.7
1989	269.4	199.1	305.2	373.9	150.8	364.0	390.9	207.8	1353.6	228.5
1990	281.5	211.8	312.8	392.2	133.9	382.9	439.0	136.5	1368.5	234.8
1991	304.6	219.2	349.7	434.6	138.5	429.2	407.4	177.7	1467.0	250.1
1992	349.7	231.9	430.1	511.5	222.7	511.6	449.0	275.3	1665.0	283.4
1993	397.6	235.6	554.4	650.1	315.3	573.0	489.4	277.5	1981.4	318.0
1994	432.6	249.0	593.2	678.1	392.5	659.0	580.4	301.6	2211.2	341.5
1995	462.0	261.5	611.0	684.2	449.0	749.3	705.2	348.6	2339.4	360.4
1996	516.1	283.7	692.3	778.6	499.3	848.2	777.8	425.3	2470.4	398.2
1997	579.6	303.0	799.6	917.2	520.8	966.9	912.4	482.7	2670.5	442.4
1998	620.8	291.5	888.4	1013.5	597.4	1087.8	1121.3	562.3	2729.3	468.9
1999	669.2	309.0	946.1	1068.2	670.3	1204.2	1320.9	634.3	2786.6	500.5
2000	722.7	330.0	1009.5	1143.0	705.2	1329.4	1550.7	726.9	2549.7	551.5
2001	786.3	343.9	1139.7	1266.4	844.8	1434.4	1713.5	780.0	2412.0	594.8
2002	868.9	359.0	1350.5	1495.6	1012.9	1533.4	1895.1	862.7	2151.5	651.3
2003	981.9	368.7	1678.7	1787.2	1408.9	1646.9	2052.4	975.7	1912.7	730.1
2004	1111.5	398.2	1990.9	2114.3	1682.2	1808.3	2309.0	1097.7	1579.9	820.6
2005	1253.8	424.1	2331.3	2545.6	1826.9	2003.6	2593.0	1238.2	1668.4	919.9
2006	1408.0	451.7	2711.3	3029.3	1965.7	2202.0	2917.1	1386.8	1786.9	1026.6
2007	1593.9	470.2	3180.4	3683.6	2012.9	2459.6	3281.7	1547.7	1954.9	1154.9
2008	1804.3	492.8	3721.1	4427.7	2087.4	2742.5	3445.8	1767.5	2166.0	1298.1
2009	2040.7	515.0	4357.4	5242.4	2308.7	3035.9	3483.7	2068.0	2577.5	1457.8
2010	2326.4	535.6	5150.4	6285.6	2525.7	3375.9	3919.2	2336.8	2959.0	1650.2
2011	2617.2	558.1	5933.3	7373.0	2639.4	3750.6	4166.1	2612.5	3281.5	1844.9

1-9 地区生产总值指数
Indices of Gross Domestic Product

本表按可比价格计算。
Data in this table are calculated at constant prices.

(上年=100) (preceding year =100)

年 份 地 区 Year Region	地区生产总值 Gross Domestic Product	第一产业 Primary Industry	第二产业 Secondary Industry	工 业 Industry	建筑业 Construction	第三产业 Tertiary Industry	交通运输仓储和邮政业 Transport, Storage and Post	批发零售和住宿餐饮业 Whlesale and Retail Trades,Hotel and Catering Services	金融业 Financial Intermediation	人均地区生产总值 Per Capita GDP
1978	113.3	99.8	126.1			128.6				
1980	104.2	100.9	111.9	114.9	103.7	98.1	103.9	98.1	117.8	102.8
1985	114.8	107.1	119.6	122.6	107.0	121.8	128.5	116.7	121.9	112.9
1990	104.5	106.4	102.5	104.9	88.8	105.2	112.3	65.7	101.1	102.7
1991	108.2	103.5	111.8	110.8	103.4	112.1	92.8	130.2	107.2	106.5
1992	114.8	105.8	123.0	117.7	160.8	119.2	110.2	154.9	113.5	113.3
1993	113.7	101.6	128.9	127.1	141.6	112.0	109.0	100.8	119.0	112.2
1994	108.8	105.7	107.0	104.3	124.5	115.0	118.6	108.7	111.6	107.4
1995	106.8	105.0	103.0	100.9	114.4	113.7	121.5	115.6	105.8	105.5
1996	111.7	108.5	113.3	113.8	111.2	113.2	110.3	122.0	105.6	110.5
1997	112.3	106.8	115.5	117.8	104.3	114.0	117.3	113.5	108.1	111.1
1998	107.1	96.2	111.1	110.5	114.7	112.5	122.9	116.5	102.2	106.0
1999	107.8	106.0	106.5	105.4	112.2	110.7	117.8	112.8	102.1	106.7
2000	108.0	106.8	106.7	107.0	105.2	110.4	117.4	114.6	91.5	110.2
2001	108.8	104.2	112.9	110.8	119.8	107.9	110.5	107.3	94.6	107.8
2002	110.5	104.4	118.5	118.1	119.9	106.9	110.6	110.6	89.2	109.5
2003	113.0	102.7	124.3	119.5	139.1	107.4	108.3	113.1	88.9	112.1
2004	113.2	108.0	118.6	118.3	119.4	109.8	112.5	112.5	82.6	112.4
2005	112.8	106.5	117.1	120.4	108.6	110.8	112.3	112.8	105.6	112.1
2006	112.3	106.5	116.3	119.0	107.6	109.9	112.5	112.0	107.1	111.6
2007	113.2	104.1	117.3	121.6	102.4	111.7	112.5	111.6	109.4	112.5
2008	113.2	104.8	117.0	120.2	103.7	111.5	105.0	114.2	110.8	112.4
2009	113.1	104.5	117.1	118.4	110.6	110.7	101.1	117.0	119.0	112.3
2010	114.0	104.0	118.2	119.9	109.4	111.2	112.5	113.0	114.8	113.2
2011	112.5	104.2	115.2	117.3	104.5	111.1	106.3	111.8	110.9	111.8
南昌市 Nanchang	113.0	104.4	113.9	115.5	109.0	112.8	102.9	114.2	111.0	111.9
景德镇市 Jingdezhen	112.1	104.0	114.0	116.3	98.3	110.6	110.0	110.0	102.9	111.3
萍乡市 Pingxiang	114.3	104.3	116.4	116.6	114.1	112.5	105.0	112.6	102.0	113.7
九江市 Jiujiang	113.2	104.2	115.5	117.9	104.3	111.7	99.6	107.8	105.3	112.6
新余市 Xinyu	113.3	104.2	116.5	117.7	105.8	108.5	109.4	109.3	100.7	112.6
鹰潭市 Yingtan	112.3	104.3	113.1	112.6	122.7	113.0	130.9	109.4	95.0	111.4
赣州市 Ganzhou	112.5	104.0	116.1	118.0	105.1	112.4	104.5	106.1	148.1	111.9
吉安市 Ji'an	112.8	104.3	115.3	117.2	103.9	114.3	109.4	115.9	110.9	112.2
宜春市 Yichun	112.8	105.9	116.4	117.9	104.2	109.6	112.7	103.0	101.6	112.2
抚州市 Fuzhou	112.5	104.4	113.4	116.3	101.2	116.0	112.2	110.2	103.9	112.2
上饶市 Shangrao	113.1	104.2	116.7	119.3	104.2	112.0	103.0	109.7	113.6	112.4

1-10 收入法地区生产总值
Income Approach of Gross Domestic Product

本表按当年价格计算。
Data in this table are calculated at current prices.

单位：亿元 (100 million yuan)

年份 地区 Year Region	地区生产总值 Gross Domestic Product	劳动者报酬 Compensation of Employees	固定资产折旧 Net Taxes on Prduction	生产税净额 Depreciation of Fixed Assets	营业盈余 Operating Surplus
1978	87.00	57.36	8.19	7.62	13.83
1980	111.15	73.40	9.06	9.05	19.64
1985	207.89	134.11	17.82	19.79	36.17
1990	428.62	265.24	33.85	42.61	86.92
1991	479.37	277.58	44.06	45.52	112.21
1992	572.55	358.84	55.87	50.56	107.28
1993	723.04	462.89	61.49	80.65	118.01
1994	948.16	613.87	97.04	106.10	131.15
1995	1169.73	718.54	123.45	100.37	227.37
1996	1409.74	898.92	140.02	120.04	250.76
1997	1605.77	1044.68	192.38	160.07	208.64
1998	1719.87	1081.83	229.54	166.88	241.62
1999	1853.65	1151.31	282.15	180.32	239.87
2000	2003.07	1218.70	351.87	210.86	221.64
2001	2175.68	1274.14	419.36	280.09	202.09
2002	2450.48	1399.72	497.42	316.47	236.87
2003	2807.41	1555.45	567.25	374.23	310.48
2004	3456.70	1932.98	684.25	475.52	363.95
2005	4056.76	1845.67	488.88	502.26	1219.95
2006	4820.53	2140.24	568.14	624.30	1487.85
2007	5800.25	2544.29	677.27	778.30	1800.39
2008	6971.05	3006.32	1159.71	1300.32	1504.70
2009	7655.18	3118.08	1364.35	1488.80	1683.95
2010	9451.26	4258.71	1183.45	1616.83	2392.27
2011	11702.82	5143.98	1607.25	1965.45	2986.14
南昌市 Nanchang	2688.87	1151.26	416.82	394.81	725.98
景德镇市 Jingdezhen	564.71	252.97	87.29	86.88	137.57
萍乡市 Pingxiang	658.15	206.69	66.04	113.25	272.17
九江市 Jiujiang	1032.06	378.51	163.15	139.95	350.45
新余市 Xinyu	779.21	357.93	69.58	125.28	226.42
鹰潭市 Yingtan	427.59	120.79	85.38	55.07	166.35
赣州市 Ganzhou	1336.00	639.67	162.05	227.11	307.17
吉安市 Ji'an	879.06	438.86	130.49	101.19	208.52
宜春市 Yichun	1077.98	535.99	170.65	209.63	161.71
抚州市 Fuzhou	742.51	351.11	147.81	117.45	126.14
上饶市 Shangrao	1110.58	497.65	123.13	147.19	342.61

1-11　支出法地区生产总值

Gross Domestic Product by Expenditure Approach

本表按可比价格计算。

Data in this table are calcuated at current prices

单位：亿元 (100 million yuan)

年份 地区 Year Region	支出法地区生产总值 Gross Domestic Product by Expenditure Approach	最终消费支出 Final Consumption Expenditures	居民消费支出 Household Consumption Expenditures	农村居民 Rural Household	城镇居民 Urban Household	政府消费支出 Government Consumption Expenditures	资本形成总额 Gross Capital Formation	固定资本形成总额 Gross Fixed Capital Formation	存货增加 Change in Inventories	货物和服务净出口 Net Exports of Goods and Services
1978	87.00	56.88					34.52	29.71	4.81	-4.40
1980	111.15	81.02	68.45	49.22	19.23	12.57	36.34	31.28	5.06	-6.21
1985	207.89	151.31	126.30	90.76	35.54	25.01	68.83	52.05	16.78	-12.25
1990	428.62	310.12	250.02	172.83	77.19	60.10	126.99	78.87	48.12	-8.88
1991	479.37	341.79	270.89	185.27	85.62	70.90	147.60	86.56	61.04	-10.02
1992	572.55	381.98	299.37	196.36	103.01	82.61	219.50	136.93	82.57	-28.93
1993	723.04	460.22	349.29	222.92	126.37	110.93	298.34	222.47	75.87	-35.52
1994	944.75	597.07	471.91	291.17	180.74	125.16	368.62	282.84	85.78	-20.94
1995	1177.26	769.98	629.78	401.86	227.92	140.20	425.44	325.55	99.89	-18.16
1996	1413.70	919.59	758.36	495.80	262.56	161.23	507.63	395.85	111.78	-13.52
1997	1596.56	989.60	796.77	504.29	292.48	192.83	617.03	477.30	139.73	-10.07
1998	1719.01	1053.66	823.03	516.98	306.05	230.63	672.85	520.82	152.03	-7.50
1999	1831.25	1122.56	865.87	532.56	333.31	256.69	715.49	552.67	162.82	-6.80
2000	1982.17	1269.58	989.20	574.63	414.57	280.38	718.29	605.54	112.75	-5.70
2001	2161.75	1357.47	1041.96	578.29	463.67	315.51	800.83	696.70	104.13	3.45
2002	2460.49	1459.65	1114.58	602.72	511.86	345.07	999.28	931.80	67.48	1.56
2003	2815.35	1525.90	1171.27	628.50	542.77	354.63	1321.68	1269.92	51.76	-32.23
2004	3464.59	1822.14	1431.42	744.46	686.96	390.72	1697.01	1633.53	63.48	-54.56
2005	4061.76	2117.30	1642.20	816.84	825.36	475.10	1981.98	1922.10	59.88	-37.52
2006	4790.28	2348.66	1780.54	893.04	887.50	568.12	2494.67	2422.06	72.61	-53.05
2007	5783.14	2782.34	2036.02	976.65	1059.37	746.32	3060.96	2982.33	78.63	-60.16
2008	6993.94	3302.78	2545.08	829.47	1715.61	757.70	3760.50	3675.71	84.79	-69.34
2009	7647.76	3538.42	2743.30	907.65	1835.65	795.12	4163.37	4082.63	80.74	-54.03
2010	9458.73	4496.69	3552.93	1156.53	2396.40	943.76	4854.65	4740.28	114.37	107.39
2011	11702.82	5593.93	4261.66	1443.74	2817.92	1332.27	5989.05	5785.75	203.30	119.84
南昌市 Nanchang	2688.87	1392.74	1266.50	413.26	853.24	126.24	1400.02	1258.19	141.83	-103.89
景德镇市 Jingdezhen	564.71	260.76	215.15	68.25	146.90	45.61	304.64	279.06	25.58	-0.69
萍乡市 Pingxiang	658.15	262.54	179.84	68.83	111.01	82.70	378.95	372.55	6.40	16.66
九江市 Jiujiang	1256.41	557.80	423.74	134.47	289.27	134.06	688.98	603.57	85.41	9.63
新余市 Xinyu	779.21	243.69	140.92	26.18	114.74	102.77	495.28	484.04	11.24	40.24
鹰潭市 Yingtan	427.60	145.81	107.50	33.92	73.58	38.31	287.43	275.20	12.23	-5.64
赣州市 Ganzhou	1336.00	674.61	496.86	236.20	260.66	177.75	780.32	761.36	18.96	-118.93
吉安市 Ji'an	879.06	407.31	305.66	167.54	138.12	101.65	478.90	456.86	22.04	-7.15
宜春市 Yichun	1077.98	604.75	498.92	304.84	194.08	105.83	486.07	467.60	18.47	-12.84
抚州市 Fuzhou	742.51	277.81	203.33	100.96	102.37	74.48	458.20	339.38	118.82	6.50
上饶市 Shangrao	1110.58	465.33	409.20	235.03	174.17	56.13	691.20	661.97	29.23	-45.95

注：支出法生产总值不等于前表生产总值是由于计算误差的影响。

a) The gorss regional production by expenditure approach is not equal to gross domestic product due to statistical discrepancies.

1-12 支出法地区生产总值结构

Components of Gross Domestic Product by Expenditure Approach

本表按当年价格计算

Data in this table are calcuated at current prices

单位：% (%)

年份 地区 Year Region	最终消费率（消费率）Final Consumption Rate	资本形成率（投资率）Capital Formation Rate	最终消费支出＝100 Final Consumption Expenditures=100		资本形成总额＝100 Gross Capital Formation=100		居民消费支出＝100 Household Consumption Expenditures=100	
			居民消费支出 Household Consumption Expenditures	政府消费支出 Government Consumption Expenditures	固定资本形成总额 Gross Fixed Capital Formation	存货增加 Change in Inventories	农村居民 Rural Household	城镇居民 Urban Household
1978	65.38	39.68			86.1	13.9		
1980	72.89	32.69	84.5	15.5	86.1	13.9	71.9	28.1
1985	72.78	33.11	83.5	16.5	75.6	24.4	71.9	28.1
1990	72.35	29.63	80.6	19.4	62.1	37.9	69.1	30.9
1991	71.30	30.79	79.3	20.7	58.6	41.4	68.4	31.6
1992	66.72	38.34	78.4	21.6	62.4	37.6	65.6	34.4
1993	63.65	41.26	75.9	24.1	74.6	25.4	63.8	36.2
1994	63.20	39.02	79.0	21.0	76.7	23.3	61.7	38.3
1995	65.40	36.14	81.8	18.2	76.5	23.5	63.8	36.2
1996	65.05	35.91	82.5	17.5	78.0	22.0	65.4	34.6
1997	61.98	38.65	80.5	19.5	77.4	22.6	63.3	36.7
1998	61.29	39.14	78.1	21.9	77.4	22.6	62.8	37.2
1999	61.30	39.07	77.1	22.9	77.2	22.8	61.5	38.5
2000	64.05	36.24	77.9	22.1	84.3	15.7	58.1	41.9
2001	62.79	37.05	76.8	23.2	87.0	13.0	55.5	44.5
2002	59.32	40.61	76.4	23.6	93.2	6.8	54.1	45.9
2003	54.20	46.95	76.8	23.2	96.1	3.9	53.7	46.3
2004	52.59	48.98	78.6	21.4	96.3	3.7	52.0	48.0
2005	52.12	48.80	77.6	22.4	97.0	3.0	49.7	50.3
2006	49.03	52.08	75.8	24.2	97.1	2.9	50.2	49.8
2007	48.11	52.93	73.2	26.8	97.4	2.6	48.0	52.0
2008	47.22	53.77	77.1	22.9	97.7	2.3	32.6	67.4
2009	46.27	54.44	77.5	22.5	98.1	1.9	33.1	66.9
2010	47.54	51.32	79.0	21.0	97.6	2.4	32.6	67.4
2011	47.80	51.18	76.2	23.8	96.6	3.4	33.9	66.1
南昌市 Nanchang	51.80	52.07	90.9	9.1	89.9	10.1	32.6	67.4
景德镇市 Jingdezhen	46.18	53.95	82.5	17.5	91.6	8.4	31.7	68.3
萍乡市 Pingxiang	39.89	57.58	68.5	31.5	98.3	1.7	38.3	61.7
九江市 Jiujiang	44.40	54.84	76.0	24.0	87.6	12.4	31.7	68.3
新余市 Xinyu	31.27	63.56	57.8	42.2	97.7	2.3	18.6	81.4
鹰潭市 Yingtan	34.10	67.22	73.7	26.3	95.7	4.3	31.6	68.4
赣州市 Ganzhou	50.49	58.41	73.7	26.3	97.6	2.4	47.5	52.5
吉安市 Ji'an	46.33	54.48	75.0	25.0	95.4	4.6	54.8	45.2
宜春市 Yichun	56.10	45.09	82.5	17.5	96.2	3.8	61.1	38.9
抚州市 Fuzhou	37.41	61.71	73.2	26.8	74.1	25.9	49.7	50.3
上饶市 Shangrao	41.90	62.24	87.9	12.1	95.8	4.2	57.4	42.6

1-13 支出法地区生产总值指数

Indices of Gross Domestic Product by Expenditure Approach

本表按可比价格计算.

Data in this table are calculated at constant prices.

(1980=100) (year of 1980=100)

年份 Year	支出法地区生产总值 Gross Domestic Product by Expenditure Approach	最终消费支出 Final Consumption Expenditures	居民消费支出 Household Consumption Expenditures	农村居民 Rural Household	城镇居民 Urban Household	政府消费支出 Government Consumption Expenditures	资本形成总额 Gross Capital Formation	固定资本形成总额 Gross Fixed Capital Formation	存货增加 Change in Inventories
1980	100.0	100.0	100.0	100.0	100.0	100.0	100.0	100.0	100.0
1981	105.6	106.4	107.1	102.6	118.6	104.3	87.8	80.0	105.2
1982	115.4	122.8	121.9	121.8	122.2	129.2	113.0	105.2	145.7
1983	123.2	130.0	129.5	131.3	124.9	133.9	125.1	128.0	77.7
1984	142.2	146.6	141.5	143.5	136.6	180.0	149.0	140.9	163.0
1985	163.2	159.1	154.1	154.0	154.4	192.8	198.5	161.9	315.2
1986	174.1	168.3	158.6	156.0	165.5	233.9	216.4	212.4	204.6
1987	188.6	176.4	166.7	161.1	182.2	240.7	221.2	182.0	324.1
1988	210.1	187.5	177.5	166.4	208.4	252.7	291.8	145.6	815.8
1989	222.9	205.7	181.6	172.4	195.9	362.4	397.7	211.3	904.7
1990	232.9	219.5	193.9	184.8	207.5	385.6	371.8	205.8	811.5
1991	253.6	234.9	205.3	194.8	222.0	430.7	414.6	212.2	1018.4
1992	291.1	257.5	221.9	207.3	248.6	498.3	589.1	313.8	1367.7
1993	331.0	282.0	238.1	220.1	273.0	588.0	705.7	453.8	1131.1
1994	358.8	298.1	255.2	233.3	300.0	588.6	767.1	516.4	1079.1
1995	386.8	318.4	275.6	252.0	324.3	601.0	825.4	568.0	1081.3
1996	430.1	360.7	312.8	293.3	348.6	676.7	884.0	607.2	1164.6
1997	480.4	389.2	330.0	304.4	381.0	793.8	1035.2	700.7	1431.3
1998	516.9	412.6	338.9	310.5	397.0	935.1	1129.4	756.8	1610.2
1999	554.7	441.1	357.2	324.5	426.0	1042.6	1217.5	814.3	1742.2
2000	599.6	498.4	408.3	360.5	514.2	1137.5	1226.0	903.1	1210.8
2001	654.8	534.8	432.0	365.5	575.4	1280.8	1368.2	1040.4	1120.0
2002	726.8	566.9	455.3	375.4	626.0	1385.8	1637.7	1333.8	698.9
2003	821.3	592.4	478.5	389.3	641.7	1420.4	2088.1	1751.3	520.7
2004	929.7	645.7	530.7	424.7	724.5	1458.8	2516.2	2122.6	547.3
2005	1050.6	703.8	585.4	458.3	819.4	1518.6	2926.3	2485.6	507.3
2006	1180.9	777.7	635.7	492.7	898.9	1775.2	3353.5	2851.0	561.6
2007	1336.8	871.0	693.5	523.7	1005.9	2153.3	3829.7	3261.5	595.9
2008	1513.3	971.2	801.7	450.9	1437.4	2144.7	4385.0	3734.4	668.0
2009	1711.5	1080.0	906.7	500.0	1642.9	2249.8	5020.8	4279.6	748.8
2010	1951.1	1212.8	1021.9	565.0	1848.3	2497.3	5763.9	4913.0	852.1
2011	2195.0	1364.4	1147.6	640.7	2066.4	2856.9	6507.4	5532.0	959.5

1-14　支出法地区生产总值指数

Indices of Gross Domestic Product by Expenditure Approach

本表按可比价格计算.

Data in this table are calculated at constant prices.

(上年=100)　　(preceding year=100)

年份 地区 Year Region	支出法地区生产总值 Gross Domestic Product by Expenditure Approach	最终消费支出 Final Consumption Expenditures					资本形成总额 Gross Capital Formation		
			居民消费支出 Household Consumption Expenditures	农村居民 Rural Household	城镇居民 Urban Household	政府消费支出 Government Consumption Expenditures		固定资本形成总额 Gross Fixed Capital Formation	存货增加 Change in Inventories
1980	104.2	100.2	99.8	97.9	105.3	100.3	93.7	99.3	57.5
1985	114.8	108.5	108.9	107.3	113.0	107.1	133.2	114.9	193.4
1990	104.5	106.7	106.8	107.2	105.9	106.4	93.5	97.4	89.7
1991	108.9	107.0	105.9	105.4	107.0	111.7	111.5	103.1	125.5
1992	114.8	109.6	108.1	106.4	112.0	115.7	142.1	147.9	134.3
1993	113.7	109.5	107.3	106.2	109.8	118.0	119.8	144.6	82.7
1994	108.4	105.7	107.2	106.0	109.9	100.1	108.7	113.8	95.4
1995	107.8	106.8	108.0	108.0	108.1	102.1	107.6	110.0	100.2
1996	111.2	113.3	113.5	116.4	107.5	112.6	107.1	106.9	107.7
1997	111.7	107.9	105.5	103.8	109.3	117.3	117.1	115.4	122.9
1998	107.6	106.0	102.7	102.0	104.2	117.8	109.1	108.0	112.5
1999	107.3	106.9	105.4	104.5	107.3	111.5	107.8	107.6	108.2
2000	108.1	113.0	114.3	111.1	120.7	109.1	100.7	110.9	69.5
2001	109.2	107.3	105.8	101.4	111.9	112.6	111.6	115.2	92.5
2002	111.0	106.0	105.4	102.7	108.8	108.2	119.7	128.2	62.4
2003	113.0	104.5	105.1	103.7	106.9	102.5	127.5	131.3	74.5
2004	113.2	109.0	110.9	109.1	112.9	102.7	120.5	121.2	105.1
2005	113.0	109.0	110.3	107.9	113.1	104.1	116.3	117.1	92.7
2006	112.4	110.5	108.6	107.5	109.7	116.9	114.6	114.7	110.7
2007	113.2	112.0	109.1	106.3	111.9	121.3	114.2	114.4	106.1
2008	113.2	111.5	115.6	86.1	142.9	99.6	114.5	114.5	112.1
2009	113.1	111.2	113.1	110.9	114.3	104.9	114.5	114.6	112.1
2010	114.0	112.3	112.7	113.0	112.5	111.0	114.8	114.8	113.8
2011	112.5	112.5	112.3	113.4	111.8	114.4	112.9	112.6	112.6
南昌市 Nanchang	113.0	114.8	115.2	116.8	114.5	110.4	115.9	117.5	103.4
景德镇市 Jingdezhen	112.1	109.8	108.5	104.9	110.3	115.7	113.9	113.5	118.0
萍乡市 Pingxiang	114.3	108.8	103.4	102.6	103.9	122.6	118.9	121.9	52.1
九江市 Jiujiang	113.2	110.8	109.4	107.0	110.4	115.7	115.1	116.6	106.3
新余市 Xinyu	113.3	109.8	105.5	113.9	103.8	116.9	114.8	117.5	58.3
鹰潭市 Yingtan	112.3	102.0	99.7	122.1	91.9	109.5	97.1	102.7	44.4
赣州市 Ganzhou	112.5	102.2	101.7	101.1	102.3	103.5	121.8	122.2	106.7
吉安市 Ji'an	112.8	112.3	112.5	112.4	112.8	111.6	113.1	113.3	110.2
宜春市 Yichun	112.8	113.2	113.4	113.7	112.9	112.3	112.2	112.3	110.9
抚州市 Fuzhou	112.5	114.4	115.9	107.8	125.1	110.5	111.5	112.7	108.0
上饶市 Shangrao	113.1	112.4	113.0	124.4	100.9	108.0	108.8	109.0	104.3

主要统计指标解释

国内（地区）生产总值 指按市场价格计算的一个国家（或地区）所有常住单位在一定时期内生产活动的最终成果。地区生产总值有三种表现形态，价值形态、收入形态和产品形态。从价值形态看，它是所有常住单位在一定时期内所生产的全部货物和服务价值超过同期投入的全部非固定资产货物和服务价值的差额，即所有常住单位的增加值之和；从产品形态看，它是最终使用的货物和服务减去进口货物和服务。在实际核算中，国内（或地区）生产总值的有三种计算方法，即生产法，收入法和支出法。三种方法分别从不同的方面反映国内（或地区）生产总值及其构成。

地区收入总值 即国民生产总值，指一个国家（或地区）所有常住单位在一定时期内收入初次分配的最终成果，它等于地区生产总值加上来自国外的劳动者报酬和财产收入减去支付给国外的劳动者报酬和财产收入，与地区生产总值不同，地区生产总值是一个生产概念，而地区收入总值是一个收入概念。

支出法地区生产总值 是从最终使用的角度反映一个国家（或地区）一定时期内生产活动最终成果的一种方法，包括最终消费支出、资本形成总额及货物和服务净出口三部分。计算公式为：

支出法地区生产总值=最终消费支出+资本形成总额+货物和服务净出口

最终消费支出 指常住单位为满足物质、文化和精神生活的需要，从本国经济领土和国外购买的货物和服务的支出。它不包括非常住单位在本国经济领土内的消费支出。最终消费支出分为居民消费支出和政府消费支出。

居民消费支出 指常住住户在一定时期内对于货物和服务的全部最终消费支出。居民消费支出除了直接以货币形式购买的货物和服务的消费支出外，还包括以其他方式获得的货物和服务的消费支出，即所谓的虚拟消费支出。居民虚拟消费支出包括如下几种类型：单位以实物报酬及实物转移的形式提供给劳动者的货物和服务；住户生产并由本住户消费了的货物和服务，其中的服务仅指住户的自有住房服务；金融机构提供的金融媒介服务；保险公司提供的保险服务。

政府消费支出 指政府部门为全社会提供的公共服务的消费支出和免费或以较低的价格向居民住户提供的货物和服务的净支出，前者等于政府服务的产出价值减去政府单位所获得的经营收入的价值；后者等于政府部门免费或以较低价格向居民住户提供的货物和服务的市场价值减去向居民住户收取的价值。

资本形成总额 指常住单位在一定时期内获得减去处置的固定资本和存货的净额，包括固定资本形成总额和存货增加两部分。

固定资本形成总额 指常住单位在一定时期内获得的固定资产减处置的固定资产的价值总额。固定资产是通过生产活动生产出来的，且其使用年限在一年以上，单位价值在规定标准以上的资产，不包括自然资产。可分为有形固定资本形成总额和无形固定资本形成总额。有形固定资本形成总额包括一定时期内完成的建筑工程、安装工程和设备器具购置（减处置）价值，以及土地改良、新增役、种、奶、毛、娱乐用牲畜和新增经济林木价值。无形固定资本形成总额包括矿藏的勘探、计算机软件等获得减处置。

存货增加 指常住单位在一定时期内存货实物量变动的市场价值，即期末价值减期初价值的差额，再扣除当期由于价格变动而产生的持有收益。存货增加可以是正值，也可以是负值，正值表示存货上升，负值表示存货下降。包括生产单位购进的原材料、燃料和储备物资等存货，以及生产单位生产的产成品、在制品和半产品等存货。

货物和服务净出口 指货物和服务出口减货物和服务进口的差额。出口包括常住单位向非常住单位出售或无偿转让的各种货物和服务的价值；进口包括常住单位从非常住单位购买或无偿得到的各种货物和服务的价值。由于服务活动的提供与使用同时发生，一般把常住单位从非常住单位得到的服务作为进口，非常住单位从常住单位得到的服务作为出口。货物的出口和进口都按离岸价格计算。

三次产业 三产业的划分是世界上较为常用的产业结构分类，但各国的划分不尽一致。我国的三次产业划分是：

第一产业是指农业、林业、畜牧业、渔业和农林牧渔服务业。

第二产业是指采矿业、制造业、电力、煤气及水的生产和供应业，建筑业。

第三产业是指除第一、二产业以外的其他行业。

固定资产折旧 指一定时期内为弥补固定资产损耗按照规定的固定资产折旧率提取的固定资产折旧，或按国民经济核算统一规定的折旧率虚拟计算的固定资产折旧。它反映了固定资产在当期生产中的转移价值。各类企业和企业化管理的事业单位的固定资产折旧是指实际计提的折旧费。不计提折旧的政府机关、非企业化管理的事业单位和居民住房是按照统一规定的折旧率和固定资产原值计算的虚拟折旧。原则上，固定资产折旧应按固定资产当期的重置价值计算，但是目前我国尚不具备对全社会固定资产进行重估价的基础，所以暂时只能采用上述办法。

劳动者报酬 指劳动者因从事生产活动而获得的全部报酬。包括劳动者获得的各种形式的工资、奖金和津贴，既包括货币形式的，也包括实物形式的，还包括劳动者所享受的公费医疗和医药卫生费、上下班交通补贴、单位支付的社会保险费、住房公积金等。对于个体经济来说，其所有者所获得的劳动报酬和经营利润不易区分，这两部分统一作为劳动者报酬处理。

生产税净额 指生产税减生产补贴后的余额，生产税是指政府对生产单位从事生产、销售和经营活动以及因从事生产活动使用某些生产要素（如固定资产、土地、劳动力）所征收的各种税、附加费和规费。生产补贴与生产税相反，指政府对生产单位的单方面转移支出，因此视为负生产税，包括政策亏损补贴、价格补贴等。

营业盈余 指常住单位创造的增加值扣除固定资产折旧、劳动者报酬和生产税净额后的余额，它相当于企业的营业利润加上生产补贴，但要扣除利润中开支的工资、福利等。

Explanatory Notes on Main Statistical Indicators

Gross Domestic Product (GDP) refers to the final products at market prices produced by all resident units in a country (or a region) during a certain period of time. Gross domestic product is expressed in three different perspectives, namely value, income, and products respectively. GDP in its value perspective refers to the total value of all goods and services produced by all resident units during a certain period of time, minus the total value of input of goods and services of the nature of non-fixed assets; in other words, it is the sum of the value-added of all resident units. GDP from the perspective of income includes the primary income created by all resident units and distributed to resident and non-resident units. GDP from the perspective of products refers to the value of all goods and services for final consumption by all resident units minus the net exports of goods and services during a given period of time. In the practice of national accounting, gross domestic product is calculated from three approaches, namely production approach, income approach and expenditure approach, which reflect gross domestic product and its composition from different angles.

Gross National Income (GNI) also known as Gross National Product, refers to the final result of the primary distribution of the income created by all the resident units of a country (or a region) during a certain period of time. The value-added created by the resident units of a country engaged in production activities is distributed, during the primary distribution, mainly to the resident units of that country, while part of it is distributed to the non-resident units in the form of production tax and import duties (minus subsidies to production and import), labourers remuneration and property income. In the meantime, a part of the value-added created abroad is distributed to the resident units of the country in the form of production tax and import duties (minus subsidies to production and import), labourers remuneration and property income. The concept of Gross National Income is thus developed, which equals to Gross Domestic Product plus the net factor income from abroad. Unlike GDP which is a concept of production, GNP is a concept of income.

GDP by Expenditure Approach refers to the method of measuring the final results of production activities of a country (region) during a given period from the perspective of final uses. It includes final consumption expenditure, gross capital formation and net export of goods and services. The formula for computation is.:

GDP by expenditure approach = final consumption expenditure + gross capital formation + net export of goods and services

Final Consumption Expenditure refers to the total expenditure of resident units for purchases of goods and services from both the domestic economic territory and abroad to meet the needs of material, cultural and spiritual life. It does not include the expenditure of non-resident units on consumption in the economic territory of the country. The final consumption expenditure is broken down into household consumption expenditure and government consumption expenditure.

Household Consumption Expenditure refers to the total expenditure of resident households on the final consumption of goods and services. In addition to the consumption of goods and services bought by the households directly with money, the household consumption expenditure also includes expenditure on goods and services obtained by the households in other ways, i.e. the so-called imputed consumption expenditure, which includes the following: (a) the goods and services provided to households by employers in the form of payment in kind and transfer in kind; (b) goods and services produced and consumed by the households themselves, in which the services refer only to the owner-occupied housing; (c) financial intermediate services provided by financial institutions; (d) insurance services provided by insurance companies.

Government Consumption Expenditure refers to the consumption expenditure spent for the provision of public services provided by the government to the whole country and the net expenditure on the goods and services provided by the government to households free of charge or at reduced prices. The former equals to the output value of the government services minus the value of operating income obtained by the government departments. The latter equals to the market value of the goods and services provided by the government free of charge or at reduced prices to the households minus the value received by the government from the households.

Gross Capital Formation refers to the fixed assets acquired less disposals and the net value of inventory, thus including gross fixed capital formation and changes in inventories.

Gross Fixed Capital Formation refers to the value of acquisitions less those disposals of fixed assets during a given period. Fixed assets are the assets produced through production activities with unit value above a specified amount and which could be used for over one year. Natural assets are not included.Gross fixed capital formation can be categorized into total tangible fixed capital formation and total intangible fixed capital formation. Total tangible fixed capital formation includes the value of the construction projects and installation projects completed and the equipment, apparatus and instruments purchased (less those disposed) as well as the value of land improved, the value of draught animals, breeding stock and animals for milk, for wool and for recreational purposes and the newly increased forest with economic value. Total intangible fixed capital formation includes the prospecting of minerals and the acquisition of computer software minus the disposal of them.

Changes in Inventories refers to the market value of the change in the physical volume of inventory of resident units during a given period, i.e. the difference between the values at the beginning and at the end of the period minus the gains due to the change in prices. The changes in inventories can have a positive or a negative value. A positive value indicates an increase in inventory while a negative value indicates a decrease in inventory. The inventory includes raw materials, fuels and reserve materials purchased by the production units as well as the inventory of finished products, semi-finished products and work-in-progress.

Net Export of Goods and Services refers to the exports of goods and services subtracting the imports of goods and services. Exports include the value of various goods and services sold or gratuitously transferred by resident units to non-resident units. Imports include the value of various goods and services purchased or gratuitously acquired resident units from non-resident units. Because the provision of services and the use of them happen simultaneously, the acquisition of services by resident units from abroad is usually treated as import while the acquisition of services by non-resident units in this country is usually treated as export. The exports and imports of goods are calculated at FOB.

Three Strata of Industry Classification of economic activities into three strata of industry is a common practice in the world, although the grouping varies to some extent form country to country. In China economic activities are categorized into the following three strata of industry:

Primary industry refers to agriculture, forestry, animal husbandry and fishery and services in support of these industries.

Secondary industry refers to mining and quarrying, manufacturing, production and supply of electricity, water and gas, and construction.

Tertiary industry refers to all other economic activities not included in the primary or secondary industries.

Labourers Remuneration refers to the total payment of various forms to labourers for the productive activities they are engaged in. It includes wages, bonuses and allowances, which the labourers earn in cash and in kind. It also includes the free medical services provided to the labourers and the medicine expenses, transport subsidies and social insurance, and housing fund paid by the employers. As regards the individual economy, since labourers remuneration is not easily distinguishable from the operating profit, both parts are treated as labourer remuneration.

Net Taxes on Production refers to taxes on production less subsidies on production. The taxes on production refers to the various taxes, extra charges and fees levied on the production units on their production, sale and business activities as well as on the use of some factors of production, such as fixed assets, land and labour in the production activities they are engaged in. In contrast to taxes on production, subsidies on production refer to the unilateral government transfer to the production units and are therefore regarded as negative taxes on production. They include subsidies on the loss due to implementation of government policies, price subsidies, etc.

Depreciation of Fixed Assets refers to the depreciation of fixed assets in a given period, drawn in accordance with the stipulated depreciation rate for the purpose of compensating the wear-and-tear loss of the fixed assets or the depreciation of fixed assets imputed in accordance with the stipulated unified depreciation rate in the national economic accounting system. It reflects the value of transfer of the fixed assets in the production of the current period. The depreciation of fixed assets in various enterprises and institutions managed as enterprises refers to the depreciation expenses actually drawn. In government agencies and institutions not managed as enterprises which do not draw the depreciation expenses, as well as for the houses of residents, the depreciation of fixed assets is the imputed depreciation, which is calculated in accordance with the stipulated unified depreciation rate. In principle, the depreciation of fixed assets should be calculated on the basis of the re-purchased value of the fixed assets. However, currently the conditions in China do not facilitate the revaluation of all the fixed assets. Therefore, only the above-mentioned methods can be adopted at present.

Operating Surplus refers to the balance of the value added created by the resident units after deducting the labourers remuneration, net taxes on production and the depreciation of fixed assets. It is equivalent to the business profit of the enterprises plus subsidies to production, but the wages and welfare expenses paid from the profits should be deducted.

人 口

POPULATION

◆27/36

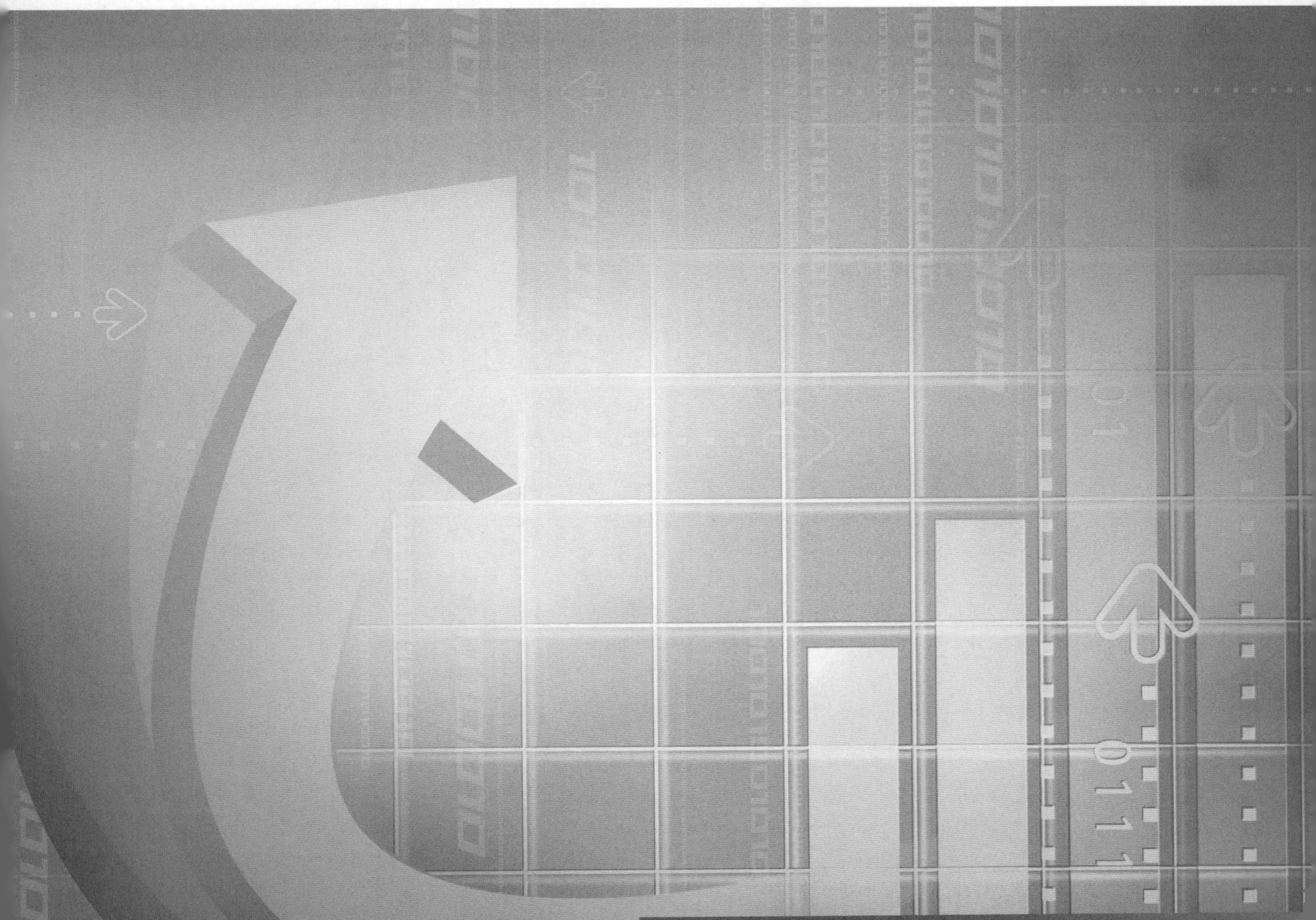

资料整理及英文翻译： 易鑫村

简要说明

一、本篇资料的主要内容

本篇资料反映全省2011年及历年人口方面的基本情况，包括全省及11个设区市的主要人口统计数据，如：全省历年人口数、城镇人口、乡村人口等；2011年各设区市人口数、出生率、死亡率、自然增长率、家庭户规模等。

二、本篇的资料来源

本篇资料由省统计局人口和就业统计处整理。资料来源为公安年报、人口普查和年度人口变动情况抽样调查数据，2010年数据根据第六次人口普查数据推算。其中表2-1中2001-2009年总户数根据2000年第五次人口普查数据进行推算。

Brief Introduction

Ⅰ. Main Contents

Data in this chapter show the basic condition of population in 2011 as well as previous years for the whole province and 11 municipalities. They include the sizes of the provincial population, urban population and rural population over the years, as well as size of the population, birth rate, death rate, natural growth rate and household size by region in 2011.

Ⅱ.Sources of Data

Data in this chapter are prepared by the Division of Population and Employment, Jiangxi Provincial Bureau of Statistics. The data sources from statistics of Public Security Year Report, National Population Census and Annual Sample Survey on Population Changes. Data in 2010 were estimated on The Sixth National Population Census. Data in Table 2-1, total number of households is adjusted according to data from 5th Population Census.

2-1 户数和人口数（年末数）

Households and Population (year-end)

年份 地区 Year Region	总户数 （户） Total Number of Households (household)	总人口 （人） Total Population (person)	按性别分 By Sex		以年末总人口为100 Total Population at year-end=100	
			男 Male	女 Female	男 Male	女 Female
1978	6153908	31828203	16427779	15400424	51.61	48.39
1980	6364176	32701960	16866769	15835191	51.58	48.42
1985	6986097	35097971	18155525	16942446	51.73	48.27
1990	8524926	38106418	19727708	18378710	51.77	48.23
1991	8748781	38646374	19978326	18668148	51.69	48.31
1992	8877008	39130927	20259917	18871010	51.77	48.23
1993	8987115	39660405	20500789	19159616	51.69	48.31
1994	9165092	40154459	20586009	19568450	51.27	48.73
1995	9422399	40625406	20837093	19788313	51.29	48.71
1996	9611344	41054635	21184192	19870443	51.60	48.40
1997	9784924	41503338	21345274	20158064	51.43	48.57
1998	10040894	41912074	21364925	20547149	50.98	49.02
1999	10318396	42311742	21810874	20500868	51.55	48.45
2000	10645841	41485447	21570202	19915245	51.99	48.01
2001	10934368	41857676	21840587	20017089	52.18	47.82
2002	11226475	42224273	21813059	20411214	51.66	48.34
2003	11524786	42542255	21807160	20735095	51.26	48.74
2004	11808762	42835667	22064652	20771015	51.51	48.49
2005	12084036	43112439	21935609	21176830	50.88	49.12
2006	12375753	43391287	22194643	21196644	51.15	48.85
2007	12664544	43684125	22388114	21296011	51.25	48.75
2008	12794161	44001038	22584130	21416908	51.33	48.67
2009	12925542	44321581	22717106	21604475	51.26	48.74
2010	11887821	44622489	23031644	21590845	51.61	48.39
2011	12097969	44884367	23133750	21750617	51.54	48.46
南昌市 Nanchang	1447895	5088996	2657133	2431863	52.21	47.79
景德镇市 Jingdezhen	449121	1599446	831157	768289	51.97	48.03
萍乡市 Pingxiang	495398	1867511	944554	922957	50.58	49.42
九江市 Jiujiang	1282943	4762683	2424825	2337858	50.91	49.09
新余市 Xinyu	362250	1147003	601335	545668	52.43	47.57
鹰潭市 Yingtan	309526	1133973	595066	538907	52.48	47.52
赣州市 Ganzhou	2174193	8427758	4281668	4146090	50.80	49.20
吉安市 Ji'an	1304090	4842875	2510533	2332342	51.84	48.16
宜春市 Yichun	1476356	5452800	2828991	2623809	51.88	48.12
抚州市 Fuzhou	1076727	3937787	2047610	1890177	52.00	48.00
上饶市 Shangrao	1719470	6623535	3410878	3212657	51.50	48.50

2-2 按农业和非农业分的人口数（年末数）

According to Agricultural and Non-agricultural Population(year-end)

年份 地区 Year Region	总人口 （人） Total Population (person)	按农业、非农业分 By Agricultural and Non-agricultural		以年末总人口为100 Total Population at year-end=100	
		非农业人口 Non-agricultural Population	农业人口 Agricultural Population	非农业人口 Non-agricultural Population	农业人口 Agricultural Population
1978	31828203	4594562	27233641	14.44	85.56
1980	32701960	5080910	27621050	15.54	84.46
1985	35097971	6247793	28850178	17.80	82.20
1990	38106418	7083983	31022435	18.59	81.41
1991	38646374	7228163	31418211	18.70	81.30
1992	39130927	7407802	31723125	18.93	81.07
1993	39660405	7601785	32058620	19.17	80.83
1994	40154459	7889735	32264724	19.65	80.35
1995	40625406	8224854	32400552	20.25	79.75
1996	41054635	8423556	32631079	20.52	79.48
1997	41503338	8659324	32844014	20.86	79.14
1998	41912074	8877268	33034806	21.18	78.82
1999	42311742	9065485	33246257	21.43	78.57
2000	41485447	9410159	32075288	22.68	77.32
2001	41857676	9765396	32092280	23.33	76.67
2002	42224273	10159160	32065113	24.06	75.94
2003	42542255	10614293	31927962	24.95	75.05
2004	42835667	11192960	31642707	26.13	73.87
2005	43112439	11329949	31782490	26.28	73.72
2006	43391287	11607169	31784118	26.75	73.25
2007	43684125	11663661	32020464	26.70	73.30
2008	44001038	11990283	32010755	27.25	72.75
2009	44321581	12046606	32274975	27.18	72.82
2010	44622489	12065921	32556568	27.04	72.96
2011	44884367	12138833	32745534	26.78	73.22
南昌市 Nanchang	5088996	2355694	2733302	46.29	53.71
景德镇市 Jingdezhen	1599446	623624	975822	38.99	61.01
萍乡市 Pingxiang	1867511	578742	1288769	30.99	69.01
九江市 Jiujiang	4762683	1300212	3462471	27.30	72.70
新余市 Xinyu	1147003	399845	747158	34.86	65.14
鹰潭市 Yingtan	1133973	321935	812038	28.39	71.61
赣州市 Ganzhou	8427758	1731904	6695854	20.55	79.45
吉安市 Ji'an	4842875	1086257	3756618	22.43	77.57
宜春市 Yichun	5452800	1531692	3921108	28.09	71.91
抚州市 Fuzhou	3937787	949794	2987993	24.12	75.88
上饶市 Shangrao	6623535	1259134	5364401	19.01	80.99

2-3 按城乡分的人口数（年末数）

According to The Urban and Rural Population(year-end)

年份 地区 Year Region	总人口 (人) Total Population (person)	按城乡分 By Residence		以年末总人口为100 Total Population at year-end=100	
		城镇人口 Urban Population	乡村人口 Rural Population	城镇人口 Urban Population	乡村人口 Rural Population
1978	31828203	5331228	26496975	16.75	83.25
1980	32701960	6145928	26556032	18.79	81.21
1985	35097971	6942379	28155592	19.78	80.22
1990	38106418	7754656	30351762	20.35	79.65
1991	38646374	8148201	30498173	21.08	78.92
1992	39130927	8537586	30593341	21.82	78.18
1993	39660405	8944215	30716190	22.55	77.45
1994	40154459	9350367	30804092	23.29	76.71
1995	40625406	9689159	30936247	23.85	76.15
1996	41054635	10092871	30961764	24.58	75.42
1997	41503338	10507815	30995523	25.32	74.68
1998	41912074	10918934	30993140	26.05	73.95
1999	42311742	11333623	30978119	26.79	73.21
2000	41485447	11487320	29998127	27.69	72.31
2001	41857676	12728919	29128757	30.41	69.59
2002	42224273	13596216	28628057	32.20	67.80
2003	42542255	14472875	28069380	34.02	65.98
2004	42835667	15240930	27594737	35.58	64.42
2005	43112439	15994715	27117724	37.10	62.90
2006	43391287	16783750	26607537	38.68	61.32
2007	43684125	17386282	26297843	39.80	60.20
2008	44001038	18198829	25802209	41.36	58.64
2009	44321581	19138059	25183522	43.18	56.82
2010	44622489	19660669	24961820	44.06	55.94
2011	44884367	20512156	24372211	45.70	54.30
南昌市 Nanchang	5088996	3421841	1667155	67.24	32.76
景德镇市 Jingdezhen	1599446	927039	672407	57.96	42.04
萍乡市 Pingxiang	1867511	1134886	732625	60.77	39.23
九江市 Jiujiang	4762683	2113679	2649004	44.38	55.62
新余市 Xinyu	1147003	729265	417738	63.58	36.42
鹰潭市 Yingtan	1133973	560636	573337	49.44	50.56
赣州市 Ganzhou	8427758	3315480	5112278	39.34	60.66
吉安市 Ji'an	4842875	1918747	2924128	39.62	60.38
宜春市 Yichun	5452800	2082424	3370376	38.19	61.81
抚州市 Fuzhou	3937787	1528649	2409138	38.82	61.18
上饶市 Shangrao	6623535	2764664	3858871	41.74	58.26

2-4 人口自然变动情况
Population Natural Change

年 份 地 区 Year Region	年平均人口(人) Average Population (person)	人口出生率 (‰) Birth Rate (‰)	人口死亡率 (‰) Death Rate (‰)	人口自然增长率 (‰) Natural Growth Rate(‰)	人口密度 (人/平方公里) Population Density (person/sq.km)
1978	31504121	27.01	7.39	19.62	191
1980	32495869	18.57	6.38	12.19	196
1985	34838425	20.29	5.39	14.90	210
1990	37784307	24.59	7.54	17.05	228
1991	38376396	21.20	7.13	14.07	231
1992	38888651	19.53	7.07	12.46	234
1993	39395666	20.33	6.89	13.44	238
1994	39907432	19.38	7.00	12.38	241
1995	40389933	18.94	7.28	11.66	243
1996	40840020	17.53	7.02	10.51	246
1997	41278987	17.43	6.56	10.87	249
1998	41707706	16.85	7.05	9.80	251
1999	42111908	16.51	7.02	9.49	253
2000	41289734	15.55	6.07	9.48	249
2001	41671562	15.44	6.06	9.38	251
2002	42040975	14.74	6.02	8.72	253
2003	42383264	14.07	5.98	8.09	255
2004	42688961	13.61	5.99	7.62	257
2005	42974053	13.79	5.96	7.83	258
2006	43251863	13.80	6.01	7.79	260
2007	43537706	13.86	5.99	7.87	262
2008	43842582	13.92	6.01	7.91	264
2009	44161310	13.87	5.98	7.89	266
2010	44472035	13.72	6.06	7.66	267
2011	44753428	13.48	5.98	7.50	269
南 昌 市 Nanchang	5071133	13.34	5.97	7.37	707
景德镇市 Jingdezhen	1594303	13.39	6.01	7.38	304
萍 乡 市 Pingxiang	1861765	13.43	6.00	7.43	488
九 江 市 Jiujiang	4747566	13.49	5.98	7.51	250
新 余 市 Xinyu	1143288	13.25	5.95	7.30	363
鹰 潭 市 Yingtan	1130216	13.46	6.00	7.46	319
赣 州 市 Ganzhou	8404929	13.53	6.01	7.52	214
吉 安 市 Ji'an	4829512	13.50	5.99	7.51	192
宜 春 市 Yichun	5438040	13.49	6.00	7.49	292
抚 州 市 Fuzhou	3927186	13.51	6.02	7.49	209
上 饶 市 Shangrao	6605490	13.53	6.03	7.50	291

2-5 各地区家庭户数和家庭户规模（2011年末）

Family Households Number and Family Households Size by Region(end of 2011)

地 区	Region	户 数 (户) Number of Households (household)	家庭户 Number of Family Households	人口数 (人) Population (person)	家庭户人口数 Population Family Households	家庭户规模 (人/户) Average Family Household Size (person/household)
全 省	**Provincial Total**	**12097969**	**11735030**	**44884367**	**42480809**	**3.62**
南昌市	Nanchang	1447895	1323914	5088996	4444988	3.36
景德镇市	Jingdezhen	449121	439506	1599446	1533877	3.49
萍乡市	Pingxiang	495398	488025	1867511	1789659	3.67
九江市	Jiujiang	1282943	1246644	4762683	4534145	3.64
新余市	Xinyu	362250	349623	1147003	1048870	3.00
鹰潭市	Yingtan	309526	302117	1133973	1093662	3.62
赣州市	Ganzhou	2174193	2114502	8427758	7985258	3.78
吉安市	Ji'an	1304090	1274193	4842875	4647154	3.65
宜春市	Yichun	1476356	1443666	5452800	5179172	3.59
抚州市	Fuzhou	1076727	1062362	3937787	3820902	3.60
上饶市	Shangrao	1719470	1690478	6623535	6403122	3.79

2-6 各地区家庭户规模构成（2011年末）

Family Households Size Composition by Region (end of 2011)

单位：% (%)

地 区	Region	合 计 Total	一人户 One Person	二人户 Two Persons	三人户 Three Persons	四人户 Four Persons	五人及以上户 Five Persons and Over
全 省	**Provincial Total**	**100**	**9.23**	**20.60**	**25.43**	**22.45**	**22.29**
南昌市	Nanchang	100	9.94	21.95	27.07	19.41	21.63
景德镇市	Jingdezhen	100	10.05	21.51	27.57	20.17	20.70
萍乡市	Pingxiang	100	7.08	16.85	26.57	23.32	26.18
九江市	Jiujiang	100	9.05	19.08	26.40	21.29	24.18
新余市	Xinyu	100	11.98	23.83	33.95	18.46	11.78
鹰潭市	Yingtan	100	10.16	21.48	25.86	19.05	23.45
赣州市	Ganzhou	100	9.29	18.32	24.39	22.77	25.23
吉安市	Ji'an	100	9.51	18.25	25.63	24.09	22.52
宜春市	Yichun	100	9.67	20.23	22.83	24.72	22.55
抚州市	Fuzhou	100	9.02	19.36	23.44	23.59	24.59
上饶市	Shangrao	100	9.14	19.26	23.63	22.24	25.73

2-7 分年龄、性别的人口构成（2011年末）

Population Composition by Age and Sex (end of 2011)

单位：% (%)

年　龄(岁) Age(year old)	人口构成合计 Population Composition Total	男 Male	女 Female	性 别 比 (女=100) Sex Rratio (Female=100)
总　计 Total	**100.00**	**51.54**	**48.46**	**106.36**
0—4	7.48	4.11	3.37	121.96
5—9	7.21	3.99	3.22	123.91
10—14	6.82	3.55	3.27	108.56
15—19	7.71	4.09	3.62	112.98
20—24	9.02	4.61	4.41	104.54
25—29	6.80	3.42	3.38	101.18
30—34	8.07	4.03	4.04	99.75
35—39	9.05	4.58	4.47	102.46
40—44	8.49	4.40	4.09	107.58
45—49	6.82	3.59	3.23	111.15
50—54	5.57	2.86	2.71	105.54
55—59	5.18	2.67	2.51	106.37
60—64	3.86	1.92	1.94	98.97
65—69	2.73	1.35	1.38	97.83
70—74	2.29	1.11	1.18	94.07
75—79	1.53	0.69	0.84	82.14
80—84	0.85	0.39	0.46	84.78
85—89	0.37	0.14	0.23	60.87
90-94	0.11	0.03	0.08	37.50
95+	0.04	0.01	0.03	33.33

2-8 6岁及以上人口的文化构成（2011年末）

Educational Attainment Composition of Population Aged 6 and above (end of 2011)

单位：% (%)

年　龄(岁) Age(year old)	不识字或识字很少 Illiterate	小　学 Primary School	初　中 Junior Secondary School	高　中 Senior Secondary School	大专以上 Junior College and Above
总　计 Total	**3.88**	**32.40**	**41.78**	**14.02**	**7.92**
6-9	0.12	5.42	0.06		
10-14	0.05	3.83	3.46	0.19	0.01
15-19	0.02	0.43	3.77	3.32	1.01
20-24	0.03	0.70	4.89	1.99	2.55
25-29	0.03	0.74	4.56	1.25	1.17
30-34	0.04	1.39	5.45	1.27	0.81
35-39	0.07	2.21	5.72	1.35	0.67
40-44	0.08	2.78	4.75	1.22	0.57
45-49	0.12	2.48	3.25	1.28	0.45
50-54	0.23	2.64	2.07	0.94	0.23
55-59	0.35	3.02	1.65	0.51	0.17
60-64	0.44	2.40	1.01	0.29	0.09
65+	2.30	4.36	1.14	0.41	0.19

2-9 15岁及以上人口的婚姻构成（2011年末）

Marital Composition of Population Aged 15 and above (end of 2011)

单位：% (%)

年　龄(岁) Age(year old)	未　婚 Never Married		初婚有配偶 First Married		再婚有配偶 Re-married		离　婚 Divorced		丧　偶 Widowed	
	男 Male	女 Female	男 Male	女 Female	男 Male	女 Female	男 Male	女 Female	男 Male	女 Female
总　计 Total	**10.25**	**7.13**	**36.67**	**37.99**	**0.66**	**0.73**	**0.64**	**0.41**	**1.53**	**3.99**
15-19	4.41	3.67	0.07	0.11			0.01			
20-24	3.46	2.67	0.78	1.96		0.01	0.01	0.01		
25-29	1.20	0.57	2.30	3.59	0.02	0.04	0.04	0.02		0.01
30-34	0.48	0.12	4.19	4.97	0.04	0.05	0.08	0.05	0.01	0.02
35-39	0.24	0.03	5.24	5.68	0.08	0.10	0.11	0.07	0.02	0.05
40-44	0.14	0.02	5.49	5.43	0.09	0.11	0.12	0.08	0.04	0.10
45-49	0.09	0.01	4.68	4.68	0.08	0.11	0.09	0.07	0.07	0.14
50-54	0.07	0.01	4.09	3.69	0.08	0.09	0.06	0.04	0.08	0.21
55-59	0.06	0.01	3.43	3.23	0.08	0.07	0.05	0.03	0.13	0.36
60-64	0.05	0.01	2.53	2.12	0.08	0.06	0.03	0.01	0.17	0.47
65+	0.05	0.01	3.87	2.53	0.11	0.09	0.04	0.03	1.01	2.63

2-10 育龄妇女分年龄的生育状况（2011年末）

Fertility Conditions of Childbearing Women by Age (end of 2011)

年　龄(岁) Age(year old)	平均育龄妇女比重(%) Average Proportion of Childbearing Women (%)	出生人口比重(%) Births Proportion (%)	育龄妇女生育率(‰) Fertility Rate of Childbearing Women (‰)			
				一　孩 1st Birth	二　孩 2nd Birth	三孩及以上 3rd Birth and Above
总　计 Total	**100.00**	**100.00**	**48.51**	**29.45**	**16.27**	**2.79**
15-19	12.43	2.42	9.45	8.78	0.67	
20-24	16.46	35.27	103.94	86.29	17.23	0.42
25-29	12.88	30.31	114.17	66.36	41.97	5.84
30-34	14.01	17.92	62.06	30.96	26.17	4.93
35-39	16.30	9.07	27.00	10.97	12.69	3.34
40-44	15.06	3.30	10.62	5.99	3.67	0.96
45-49	12.86	1.70	6.40	4.39	1.72	0.29

主要统计指标解释

人口数 指一定时点，一定地区范围内有生命的个人总和。

城镇人口和乡村人口 城镇人口是指居住在城镇范围内的全部常住人口；乡村人口是除上述人口以外的全部人口。

出生率（又称粗出生率） 指在一定时期内（通常为一年）一定地区的出生人数与同期内平均人数（或期中人数）之比，用千分率表示。本资料中的出生率指年出生率，其计算公式为:

$$出生率 = \frac{年出生人数}{年平均人数} \times 1000‰$$

式中：出生人数指活产婴儿，即胎儿脱离母体时（不管怀孕月数），有过呼吸或其他生命现象。年平均人数指年初、年底人口数的平均数，也可用年中人口数代替。

死亡率（又称粗死亡率） 指在一定时期内（通常为一年）一定地区的死亡人数与同期平均人数（或期中人数）之比，用千分率表示。本资料中的死亡率指年死亡率，其计算公式为:

$$死亡率 = \frac{年死亡人数}{年平均人数} \times 1000‰$$

人口自然增长率 指在一定时期内（通常为一年）人口自然增加数（出生人数减死亡人数）与该时期内平均人数（或期中人数）之比，用千分率表示。计算公式为:

$$人口自然增长率 = \frac{本年出生人数 - 本年死亡人数}{年平均人数} \times 1000‰$$

$$= 人口出生率 - 人口死亡率$$

Explanatory Notes on Main Statistical Indicators

Total Population refers to the total number of people alive at a certain point of time within a given area.

Urban Population and Rural Population Urban population refers to all people residing in cities and towns, while rural population refers to population other than urban population.

Birth Rate (or Crude Birth Rate) refers to the ratio of the number of births to the average population (or mid-period population) during a certain period of time (usually a year), expressed in ‰. Birth rate in the chapter refers to annual birth rate. The following formula is used:

$$\text{Birth Rate} = \frac{\text{Number of Births}}{\text{Annual Average Population}} \times 1000‰$$

Number of births in the formula refers to live births, i.e. when a baby has breathed or showed any vital phenomena regardless of the length of pregnancy. Annual average population is the average of the number of population at the beginning of the year and that at the end of the year. Sometimes it is substituted by the mid-year population.

Death Rate (or Crude Death Rate) refers to the ratio of the number of deaths to the average population (or mid-period population) during a certain period of time (usually a year), expressed in ‰. Death rate in the chapter refers to annual death rate.The following formula is used:

$$\text{Death Rate} = \frac{\text{Number of Deaths}}{\text{Annual Average Population}} \times 1000‰$$

Natural Growth Rate of Population refers to the ratio of natural increase in population (number of births minus number of deaths) in a certain period of time (usually a year) to the average population (or mid-period population) of the same period, expressed in ‰. The following formula is applied:

$$\text{Natural Growth Rate of Population} = \frac{\text{Number of Births - Number of Deaths}}{\text{Annual Average Popultion}} \times 1000‰$$

Natural Growth Rate of Population = Birth Rate-Death Rate

3

就业人员和职工工资

EMPLOYMENT AND WAGE

◆37/58

资料整理及英文翻译：　黄韶华、龚丹

简要说明

一、本篇资料的主要内容

本篇资料反映全省劳动经济方面的基本情况，包括11个设区市的主要劳动统计数据。如：就业人员、职工工资总额、职工平均工资等情况。

二、本篇资料的统计范围

《劳动统计报表制度》的调查范围为城镇辖区内独立核算法人单位（不包括乡镇企业、私营企业和个体工商户），自1998年起部分指标有所变动，职工人数为在岗职工；劳动力资源、全社会就业人员统计范围为城镇和乡村16岁以上人口，2002年及以后全社会就业人员、城镇和乡村就业人员的总计资料根据人口和劳动力调查资料推算，因此分地区、分类型、分行业的资料相加不等于总计；私营和个体工商户统计范围为全社会；《培训就业统计报表制度》的填报范围为全省就业服务和职业介绍机构。

三、本篇资料来源

1．就业基本情况及分组资料、职工工资总额等资料，是省统计局人口和就业处根据《劳动统计报表制度》、《人口变动情况抽样调查制度》、《劳动力调查制度》等资料，加工整理。

2．职业介绍服务机构、城镇登记失业人数是根据省人力资源和社会保障厅《培训就业统计报表制度》整理。

3．私营企业就业人数和个体劳动者根据省工商行政管理局报表整理。

四、本篇的统计调查方法

劳动统计采用全面调查方法，由各级统计部门和各直报单位逐级上报；劳动力调查采用抽样调查方法；培训、就业统计及私营企业和个体工商统计利用行政登记资料加工汇总。

Brief Introduction

I. Main Contents

Data in this chapter show the basic conditions of labour economy for the whole province, including main labour statistics on the 11 municipalities, such as number of employed persons, total wage bills and average wages of staff.

II. Scope of Statistics

The Reporting Form System on Labour Statistics covers independent corporate units within the urban areas (not including township enterprise, private units or self-employed individuals). Since 1998, some indicators varied, number of staff refers to working staff. Scope of statistics on labour force and whole society employment is refers to population above age 16 in urban and rural areas. Since 2002, statistics on whole society employment、urban and rural areas employment are complied according to Population and labour force survey data, thus the sum of region or category or sector does not necessarily equal the total number. Scope of Statistics on private and individual industrial and commercial households is the whole society. Scope of Training and Employment Statistics System is employment services and employment agencies in the whole province.

III. Sources of Data

1. Data on basic conditions of employment, data by groups, total wage bills of staff and workers are collected and compiled through The Reporting Form System on Labour System, The Sample Survey System on Demographic changes and The System of Labour Survey by Division of Population, and Employment Jiangxi Provincial Bureau of Statistics.

2. Data on the employment services and the exchanges of labour force and on the number of registered The Reporting Form System on Training and Employment Statistics, which provided by jiangxi Labour and Social Security Department.

3. Data on the number of employed persons in private enterprises and self-employed individuals are provided by the Provincial Administration for Industry and Commerce.

IV. Methodology of Survey

A complete reporting form from lower-level statistical bureaus to higher level statistical bureaus is used in the labour statistics. The Sampling Survey on Labour Force are conducted by using sampling methods. Statistics on training, employment, private enterprises and self-employed individuals are collected and complied on basis of administrative registering records.

3-1 劳动力资源

Labor Force Resources

单位：万人 (10000 persons)

年份 Year	劳动力资源总数 Total Number of Labor Force Resources	社会就业人数 Number of Employed Persons in Society	#职工人数 Number of Staff and Workers	国有经济单位 State-owned Units	城镇集体经济单位 Urban Collective-owned Units	其他各种经济单位 Units of Other Types of Ownership	劳动力资源总数占人口数的比重(%) Percentage of Total Number of Labor Force Resources to Population(%)	劳动力资源利用率(%) Utilization Ratio of Labor Force Resources (%)
1978	1448.1	1254.3	267.4	221.0	46.4		45.5	86.6
1979	1503.5	1307.0	269.6	219.6	50.0		46.6	86.9
1980	1559.6	1356.3	286.7	233.0	53.7		47.7	87.0
1981	1610.2	1409.8	301.9	242.2	59.7		48.7	87.6
1982	1638.9	1434.0	311.9	249.3	62.6		49.0	87.5
1983	1731.4	1498.2	311.1	245.6	65.5		51.2	86.5
1984	1824.8	1537.3	324.9	247.0	77.9		53.4	84.3
1985	1887.1	1584.8	341.6	261.4	80.1	0.1	54.5	84.0
1986	1934.6	1622.6	351.9	269.4	82.3	0.2	55.1	83.9
1987	1981.4	1668.4	365.3	281.4	83.7	0.2	55.7	84.2
1988	2055.3	1723.0	379.2	293.8	85.0	0.4	56.6	83.8
1989	2107.2	1760.4	380.1	298.3	81.3	0.5	57.0	83.5
1990	2175.3	1816.5	386.2	304.0	81.6	0.6	57.1	83.5
1991	2248.8	1874.5	398.9	313.9	83.9	1.1	58.2	83.4
1992	2354.0	1870.4	408.4	322.0	84.4	2.0	60.2	79.5
1993	2418.7	1903.7	412.0	326.9	80.4	4.7	61.0	78.7
1994	2636.1	2007.7	413.5	328.6	79.2	5.7	65.6	76.2
1995	2653.3	2100.5	411.3	332.7	71.4	7.2	63.3	79.2
1996	2735.4	2107.2	412.0	336.0	68.8	7.2	66.6	77.0
1997	2768.8	2120.6	409.4	334.0	67.6	7.8	66.7	76.6
1998	2809.1	2094.3	322.5	254.9	41.0	26.6	67.0	74.6
1999	2830.2	2089.0	305.9	242.8	36.3	26.8	66.9	73.8
2000	2898.2	2060.9	291.6	231.8	33.0	26.8	69.8	71.1
2001	2898.5	2054.8	279.3	222.2	27.9	29.2	69.2	70.9
2002	2911.6	2130.6	261.9	206.8	22.8	32.3	69.0	73.2
2003	3016.6	2168.2	256.7	196.1	20.0	40.6	70.9	71.9
2004	3073.5	2214.0	258.4	192.4	17.5	48.5	71.8	72.0
2005	3130.0	2276.7	264.8	191.3	17.6	55.9	72.6	72.7
2006	3210.4	2321.1	271.9	191.9	16.0	64.0	74.0	72.3
2007	3290.6	2369.6	275.0	190.5	16.3	68.2	75.3	72.0
2008	3353.0	2404.5	275.2	186.6	13.9	74.7	76.2	71.7
2009	3413.8	2445.2	273.8	187.4	12.6	73.8	77.0	71.6
2010	3417.6	2498.8	279.6	187.8	12.5	79.3	76.6	73.1
2011	3480.5	2532.6	311.3	185.3	15.7	110.2	77.5	72.8

注：自1998年起,职工人数为在岗职工人数。

a) Since 1998,number of staff and workers refers to number of employed staff and workers.

3-2 三次产业社会就业人员数(年末数)

Number of Employed Persons by Three Strata of Industry (year-end)

年 份 地 区 Year Region	合 计 (万人) Total (10000 persons)				构 成 (以合计数为100) Composition (Total=100)		
		第一产业 Primary Industry	第二产业 Secondary Industry	第三产业 Tertiary Industry	第一产业 Primary Industry	第二产业 Secondary Industry	第三产业 Tertiary Industry
1978	1254.3	968.7	163.4	122.2	77.2	13.0	9.8
1980	1356.3	1053.8	166.9	135.6	77.7	12.3	10.0
1985	1584.8	1057.2	320.5	207.1	66.7	20.2	13.1
1990	1816.5	1193.1	368.6	254.8	65.7	20.3	14.0
1991	1874.5	1224.2	388.7	261.6	65.3	20.7	14.0
1992	1870.4	1186.2	412.9	271.3	63.4	22.0	14.6
1993	1903.7	1085.9	462.5	355.3	57.3	24.3	18.4
1994	2007.7	1127.2	493.3	387.2	56.1	24.6	19.3
1995	2100.5	1071.7	525.1	503.7	51.0	25.0	24.0
1996	2107.2	1049.7	539.7	517.8	49.8	25.6	24.6
1997	2120.6	1000.9	549.8	569.9	47.2	25.9	26.9
1998	2094.3	975.5	548.8	570.0	46.6	26.2	27.2
1999	2089.0	969.3	530.7	589.0	46.4	25.4	28.2
2000	2060.9	960.9	502.8	597.2	46.6	24.4	29.0
2001	2054.8	949.6	482.6	622.6	46.2	23.5	30.3
2002	2130.6	964.5	483.8	682.3	45.3	22.7	32.0
2003	2168.2	910.7	568.0	689.5	42.0	26.2	31.8
2004	2214.0	907.7	598.4	707.9	41.0	27.0	32.0
2005	2276.7	907.5	619.5	749.7	39.9	27.2	32.9
2006	2321.1	907.4	639.5	774.2	39.1	27.5	33.4
2007	2369.6	900.8	663.3	805.5	38.0	28.0	34.0
2008	2404.5	900.1	675.0	829.4	37.4	28.1	34.5
2009	2445.2	892.6	710.1	842.5	36.5	29.0	34.5
2010	2498.8	888.6	741.1	869.1	35.6	29.6	34.8
2011	2532.6	870.5	763.3	898.8	34.4	30.1	35.5
南 昌 市 Nanchang	303.6	69.5	87.3	146.9	22.9	28.7	48.4
景德镇市 Jingdezhen	98.8	28.0	34.1	36.7	28.4	34.5	37.1
萍 乡 市 Pingxiang	109.0	26.6	49.2	33.2	24.4	45.1	30.5
九 江 市 Jiujiang	308.8	106.2	96.2	106.4	34.4	31.2	34.4
新 余 市 Xinyu	62.3	24.1	20.6	17.6	38.7	33.1	28.2
鹰 潭 市 Yingtan	71.4	27.2	19.6	24.7	38.1	27.4	34.5
赣 州 市 Ganzhou	491.7	191.3	154.0	146.5	38.9	31.3	29.8
吉 安 市 Ji'an	265.0	125.8	63.2	76.0	47.5	23.8	28.7
宜 春 市 Yichun	308.6	122.8	86.7	99.1	39.8	28.1	32.1
抚 州 市 Fuzhou	212.4	90.4	44.0	78.0	42.6	20.7	36.7
上 饶 市 Shangrao	405.3	129.0	144.6	131.7	31.8	35.7	32.5

3-3 社会就业人员数（年末数）

Number of Employed Persons in Society (year-end)

单位：万人 (10000 persons)

类 别	Type	2010	2011
总 计	**Total**	**2498.76**	**2532.63**
按经济类型分	**Classifed by Types of Ownership**		
城镇	Urban	802.02	845.69
#国有	State-owned	200.61	200.45
集体	Collective-owned	14.04	18.75
联营	Joint Ownership	0.40	0.26
股份合作	Cooperative	2.31	2.98
有限责任公司	Limited Liability Corporations	34.35	60.79
股份有限公司	Share-holding Corporations Ltd.	18.31	21.96
外商投资	Foreign Funded	12.34	14.10
港澳台投资	Funds from Hong Kong,Macao&Taiwan	10.06	19.47
私营和个体	Private Enterprises and Self-employed Individuals	247.54	334.85
乡村	Rural	1696.74	1686.94
私营和个体	Private Enterprises and Self-employed Individuals	287.60	296.69
按国民经济行业分	**Classified by Sector**		
农、林、牧、渔业	Farming,Forestry,Animal Husbandry and Fishery	888.56	870.55
采矿业	Mining	} 541.26	} 534.06
制造业	Manufacturing		
电力、燃气及水的生产和供应业	Production and Distribution of Electricity,Gas and Water	11.11	11.41
建筑业	Construction	188.75	217.81
交通运输、仓储和邮政业	Traffic, Transport, Storage and Post	84.88	82.60
信息传输、计算机服务和软件业	Information Transmission, Computer Services and Software	26.24	34.73
批发和零售业	Wholesale and Retail Trades	391.88	422.03
住宿和餐饮业	Hotels and Catering Services	117.69	128.66
金融业	Financial Intermediation	11.10	11.34
房地产	Real Estate	18.85	11.63
租赁和商务服务业	Leasing and Business Services	21.14	16.91
科学研究、技术服务和地质勘查业	Scientific Research, Technical Service and Geologic Prospecting	6.27	6.43
水利、环境和公共设施管理业	Management of Water Conservancy, Environment and Public Facilities	6.03	5.66
居民服务和其他服务业	Services to Households and Other Services	67.37	60.14
教育	Education	47.90	47.96
卫生、社会保障和社会福利业	Health, Social Security and Social Welfare	17.79	18.10
文化、体育和娱乐业	Culture, Sports and Entertainment	8.44	6.51
公共管理和社会组织	Public Management and Social Organization	43.50	46.10

注：就业人员总计是根据人口变动抽样调查资料推算，因此，分地区、分经济类型、分行业资料相加不等于总计。下表同。

a) The total mumber of employed persons have been estimated in accordance with the data from the national sample survey on population changes. As a result,the sum of the data by region,by ownership and by sector is not equal to the total.The same applies to the following tables.

3-4 城镇私营企业就业人数和城镇个体劳动者（2011年末）

Number of Employed Persons in Urban Private Enterprises and Urban Self-employed Individuals Laborers (end of 2011)

单位：人 (person)

行业	Sector	城镇私营企业就业人数 Number of Employed Persons in Urban Private Enterprises	城镇个体劳动者 Urban Self-employed Individual Laborers
总计	**Total**	**1380196**	**1968327**
农、林、牧、渔业	Farming,Forestry,Animal Husbandry and Fishery	41890	32539
采矿业	Mining	8963	5602
制造业	Manufacturing	361921	256173
电力、燃气及水的生产和供应业	Production and Distribution of Electricity,Gas and Water	8745	1472
建筑业	Construction	63628	4309
交通运输、仓储和邮政业	Traffic, Transport, Storage and Post	37805	77965
信息传输、计算机服务和软件业	Information Transmission, Computer Services and Software	32880	12179
批发和零售业	Wholesale and Retail Trades	545317	1065211
住宿和餐饮业	Hotels and Catering Services	28976	233956
金融业	Financial Intermediation	4277	138
房地产业	Real Estate	78495	963
租赁和商务服务业	Leasing and Business Services	82900	27997
科学研究、技术服务和地质勘查业	Scientific Research, Technical Service and Geologic Prospecting	7571	779
水利、环境和公共设施管理业	Service and Geologic Management Prospecting of Water Conservancy, Environment and Public Facilities	2566	64
居民服务和其他服务业	Services to Households and Other Services	42277	191873
教育	Education	1022	523
卫生、社会保障和社会福利业	Health, Social Security and Social Welfare	1683	3013
文化、体育和娱乐业	Culture, Sports and Entertainment	7201	15866
其他	Others	22079	37705

3-5 各地区城镇就业人员数（2011年末）

Number of Employed Persons in Urban Areas by Region (end of 2011)

单位：万人 (10000 persons)

地区	Region	合计 Total	单位就业人员 Employed Persons in Units of Types of Ownership	国有 State-owned	集体 Collective-owned	联营 Joint Ownership	股份合作 Cooperative
全省	**Provincial Total**	**845.69**	**344.40**	**200.45**	**18.75**	**0.26**	**2.98**
南昌市	Nanchang	169.29	91.42	41.62	6.33	0.04	1.20
景德镇市	Jingdezhen	44.09	19.25	10.03	0.94	0.01	0.01
萍乡市	Pingxiang	41.86	14.18	9.01	0.50		0.27
九江市	Jiujiang	99.07	39.41	21.64	4.40	0.13	0.69
新余市	Xinyu	31.96	10.22	4.58	0.22		0.18
鹰潭市	Yingtan	28.02	10.22	9.16	0.12		
赣州市	Ganzhou	103.82	45.01	27.25	1.37	0.02	0.24
吉安市	Ji'an	79.70	21.93	17.45	1.26	0.01	0.10
宜春市	Yichun	88.81	35.26	18.60	0.98		0.02
抚州市	Fuzhou	68.35	23.91	16.12	1.10	0.01	0.14
上饶市	Shangrao	90.72	31.16	22.57	1.53	0.04	0.13

3-5 续表 continued

单位：万人 (10000 persons)

地区	Region	有限责任公司 Limited Liability Corporations	股份有限公司 Shareholding Corporations Ltd.	外商投资经济 Foreign Funded	港澳台投资经济 Funds from Hong Kong, Macao&Taiwan	城镇私营企业就业人数 Number of Employed Persons in Urban Private Enterprises	城镇个体劳动者 Urban Selfviduals Laborers
全省	**Provincial Total**	**60.79**	**21.96**	**14.10**	**19.47**	**138.02**	**196.83**
南昌市	Nanchang	24.99	7.09	6.89	2.96	41.28	28.28
景德镇市	Jingdezhen	6.08	1.51	0.33	0.30	7.05	10.81
萍乡市	Pingxiang	1.29	1.44	0.10	0.01	9.80	13.95
九江市	Jiujiang	7.72	1.60	0.95	1.93	9.83	31.77
新余市	Xinyu	0.72	2.99		1.51	6.04	6.79
鹰潭市	Yingtan	0.36	0.36	0.03	0.08	4.98	5.48
赣州市	Ganzhou	4.91	1.05	2.23	7.06	20.29	33.27
吉安市	Ji'an	0.99	0.91	0.28	0.65	11.93	13.41
宜春市	Yichun	8.77	2.01	0.93	3.83	0.55	20.10
抚州市	Fuzhou	3.77	1.15	0.33	0.72	7.12	11.46
上饶市	Shangrao	1.19	1.84	2.03	0.42	19.15	21.51

3-6 城镇登记失业人数及登记失业率
Unemployed Persons and Unemployment Rate in Urban Areas

年 份 地 区 Year Region	城镇登记失业人数 (万人) Unemployed Persons in Urban Areas (10000 persons)	#失业青年 Unemployed-Youth	占城镇登记失业人数 (%) Percentage to Unemployed Persons in Urban Areas(%)	登记失业率 (%) Unemployment Rate (%)
1978	21.38			7.39
1979	15.17	13.35	88.0	5.31
1980	17.03	14.43	84.7	5.59
1981	14.58	11.61	79.6	4.57
1982	14.81	11.63	78.5	4.47
1983	13.26	10.60	79.9	3.98
1984	7.57	6.10	80.6	2.21
1985	5.21	4.74	91.0	1.45
1986	5.42	4.98	91.9	1.46
1987	5.56	4.83	86.9	1.45
1988	6.17	5.57	90.3	1.53
1989	6.95	6.60	95.0	1.69
1990	10.26	9.60	93.6	2.44
1991	10.56	10.14	96.0	2.40
1992	8.65	7.92	91.6	1.92
1993	8.65	8.29	95.8	1.82
1994	8.85	7.13	80.6	1.79
1995	8.66	7.48	86.3	1.57
1996	10.10	6.36	63.1	2.20
1997	14.22	8.52	60.0	2.32
1998	14.45	8.26	57.2	2.47
1999	15.50	5.95	38.4	2.60
2000	16.68	5.45	32.7	2.90
2001	17.28	3.39	19.6	3.30
2002	17.76	3.86	21.7	3.40
2003	21.62	4.21	19.5	3.80
2004	22.42	4.39	19.5	3.56
2005	22.84	3.87	16.90	3.48
2006	25.27	3.83	15.20	3.64
2007	24.34	2.41	9.90	3.37
2008	25.99	2.12	8.15	3.42
2009	27.30	1.36	4.98	3.44
2010	26.26	0.94	3.58	3.31
2011	24.64	1.44	5.84	3.20

注：自1999年起失业青年为长期失业者。
a) Unemployed youth are the long-term umemployed since 1999.

3-7 在岗职工年末人数、工资（2011年）

Number and Wage of Employed Staff and Workers at Year-end (2011)

类　　别	Type	在岗职工人数（人）Number of Employed Staff and Workers (person)	在岗职工工资总额（万元）Total Wage Bill of Employed Staff and Workers (10000 yuan)	在岗职工平均工资（元）Average Wage of Employed Staff and Workers(yuan)
总　计	**Total**	**3112692**	**9970075**	**34055**
按经济类型分	**Classified by Types of Ownership**			
国有单位	State-owned	1853345	6256416	36939
城镇集体单位	Collective-owned	156932	378133	24265
其他单位	Others	1102415	3335526	30939
#股份合作	Cooperative	24972	71420	28971
联营	Joint Ownership	2450	6624	26572
有限责任公司	Limited Liability Corporations	514059	1542432	30911
股份有限公司	Share-holding Corporations Ltd.	193955	700251	36662
港澳台商投资	Funds from Hong Kong,Macao&Taiwan	189977	469791	25111
外商投资	Foreign Funded	128105	403163	32049
其他	Others	48897	141845	29492
按隶属关系分	**Classified by Subordinative Relationship**			
中央	Central	143424	680506	51663
地方	Regional	2962531	9266871	33218
其他	Others	6737	22698	36568
按企业、事业、机关分	**Classified by Enterprises,Institutions and Agencies**			
#企业	Enterprises	1833508	5857428	33926
事业	Institutions	881010	2830562	34199
机关	Agencies	395403	1275849	34421
按国民经济行业分	**Classified by Sector**			
农、林、牧、渔业	Farming,Forestry,Animal Husbandry and Fishery	104385	197411	20153
采矿业	Mining	87200	304261	36995
制造业	Manufacturing	840102	2564657	31398
电力、燃气及水的生产和供应业	Production and Distribution of Electricity,Gas and Water	95584	416260	45010
建筑业	Construction	344081	879892	27495
交通运输、仓储和邮政业	Traffic, Transport, Storage and Post	124676	569216	49407
信息传输、计算机服务和软件业	Information Transmission,Computer Services and Software	23132	89598	41308
批发和零售业	Wholesale and Retail Trades	112145	329629	30743
住宿和餐饮业	Hotels and Catering Services	31990	65611	21673
金融业	Financial Intermediation	88510	447510	52850
房地产业	Real Estate	33632	108032	33943
租赁和商务服务业	Leasing and Business Services	31081	99797	34792
科学研究、技术服务和地质勘查业	Scientific Research, Technical Service and Geologic Prospecting	51382	182891	39124
水利、环境和公共设施管理业	Service and Geologic Management Prospecting of Water Conservancy,Environment and Public Facilities	46132	99942	23607
居民服务和其他服务业	Environment and Public Facilities Services to Households and Other Services	4581	12675	30265
教育	Education	465381	1526970	35590
卫生、社会保障和社会福利业	Health, Social Security and Social Welfare	162633	575154	38828
文化、体育和娱乐业	Culture, Sports and Entertainment	27252	83141	33503
公共管理和社会组织	Public Management and Social Organization	438813	1417428	35147
按地区分	**Classified by Region**			
南 昌 市	Nanchang	756582	2962726	39816
景德镇市	Jingdezhen	175987	507449	29049
萍 乡 市	Pingxiang	132833	403016	31023
九 江 市	Jiujiang	347084	1014170	29452
新 余 市	Xinyu	97706	350027	35370
鹰 潭 市	Yingtan	96822	297341	30696
赣 州 市	Ganzhou	425965	1166951	27775
吉 安 市	Ji'an	201805	550157	27505
宜 春 市	Yichun	340710	929871	27806
抚 州 市	Fuzhou	220008	588255	26895
上 饶 市	Shangrao	294795	807802	27625

3-8 各种分组的在岗职工人数（2011年末）
Number of Employed Workers by Types of Groups (end of 2011)

单位：人 (person)

类别	Type	合计 Total	国有单位 State-owned Units	城镇集体单位 Urban Collective-owned Units	其他单位 Units of Other Types of Ownership
总计	**Total**	**3112692**	**1853345**	**156932**	**1102415**
按企业、事业、机关分	**Grouped by Enterprises,Institutions and Agencies**				
#企业	Enterprises	1833508	600695	145838	1086975
#地方	Regional	1717872	485059	145838	1086975
事业	Institutions	881010	856732	10822	13456
#地方	Regional	862130	837852	10822	13456
机关	Agencies	395403	395131	272	
#地方	Regional	383639	383367	272	
按国民经济行业分	**Grouped by Sector**				
农、林、牧、渔业	Farming,Forestry,Animal Husbandry and Fishery	104385	100232	575	3578
农业	Farming	55221	53531	261	1429
林业	Forestry	29286	28869	110	307
畜牧业	Animal Husbandry	2602	882		1720
渔业	Fishery	2180	2032	122	26
农、林、牧、渔服务业	Services in Support of Agricultural	15096	14918	82	96
采矿业	Mining	87200	61430	3661	22109
制造业	Manufacturing	840102	122887	10670	706545
电力、煤气及水的生产和供应业	Production and Distribution of Electricity,Gas and Water	95584	57981	522	37081
建筑业	Construction	344081	102252	99680	142149
房屋和土木工程建筑业	Construction of Building & Civil Engineering	314098	92632	96678	124788
建筑安装业	Architectural Installation	19130	6215	2265	10650
建筑装饰业	Architectural Decoration	6565	2045	207	4313
其他建筑业	Other Construction	4288	1360	530	2398
交通运输、仓储和邮政业	Traffic, Transport, Storage and Post	124676	108075	3483	13118
铁路运输业	Transport Via Railway	54701	54511	41	149
道路运输业	Transprt Via Road	37123	25499	319	11305
城市公共交通业	Urban Public Traffic	12089	10197	713	1179
水上运输业	Water Transprot	3610	1650	1522	438
航空运输业	Air Transport	2689	2689		
管道运输业	Pipeline Transport	5		5	
装卸搬运和其他运输服务业	Loading,Unloading,Portage and Other Transport Services	1137	328	809	
仓储业	Storage	4565	4444	74	47
邮政业	Post	8757	8757		
信息传输、计算机服务和软件业	Information Transmission,Computer Services and Software	23132	14154	290	8688
电信和其他信息传输服务业	Telecom & Other Information Transmission Services	20315	13639	159	6517
计算机服务业	Computer Services	1629	515	131	983
软件业	Software Industry	1188			1188
批发和零售业	Wholesale and Retail Trades	112145	39336	8387	64422
批发业	Wholesale	56636	30475	4459	21702
零售业	Retail Trades	55509	8861	3928	42720
住宿和餐饮业	Hotel and Catering Services	31990	11424	587	19979
住宿业	Hotels	23384	10229	286	12869
餐饮业	Catering Services	8606	1195	301	7110
金融业	Finanacial Intermediation	88510	32506	15953	40051
银行业	Bank	67617	26954	15864	24799
证券业	Security Activities	732	254		478
保险业	Insurance	19384	4649	89	14646
其他金融活动	Other Financial Activities	777	649		128
房地产业	Real Estate	33632	12182	315	21135
#房地产开发经营	Development and Management of Real Estate	26503	5824	134	20545
物业管理	Property Management	2315	1875	55	385
房地产中介服务	Agency Services For Real Estate	1024	978	20	26
租赁和商务服务业	Leasing and Business Services	31081	25197	3815	2069
租赁业	Leasing	524	267	187	70
商务服务业	Business Services	30557	24930	3628	1999

3-8 续表 continued

单位：人 (person)

类别	Type	合计 Total	国有单位 State-owned Units	城镇集体单位 Urban Collective-owned Units	其他单位 Units of Other Types of Ownership
科学研究、技术服务和地质勘查业	Scientific Research,Technical Service and Geologic Prospecting	51382	50696	62	624
研究与试验发展	Research and Experimental Development	12465	12465		
自然科学研究与试验发展	Natural Science Research and Experimental Development	3833	3833		
工程和技术研究与试验发展	Engineering and Technology Research and Experimental Development	2301	2301		
农业科学研究与试验发展	Agricultural Science Research and Experimental Development	5270	5270		
医学研究与试验发展	Medicine Research and Experimental Development	582	582		
社会人文科学研究与试验发展	Social Science and Humanities Research and Experimental Development	479	479		
专业技术服务业	Professional Technical Services	14491	13852	30	609
#气象服务	Meteorology Services	1532	1532		
地震服务	Seism Services	184	184		
海洋服务	Marine Services				
测绘服务	Surveying & Mapping Services	1213	1213		
技术检测	Technology Examination	2442	2396	8	38
环境监测	Environment Monitor	894	894		
工程技术与规划管理	Engineering Technology and Planning Management	7569	7108	10	451
科技交流和推广服务业	Services of Science and Technology Exchanges and Promotion	2558	2511	32	15
地质勘查业	Geologic Prospecting	21868	21868		
水利、环境和公共设施管理业	Management of Water Conservancy,Environment and Public Facilities	46132	40749	3293	2090
水利管理业	Management of Water Conservancy	7607	7500	47	60
环境管理业	Environment Management	22648	19358	2874	416
公共设施管理业	Management of Public Facilities	15877	13891	372	1614
居民服务和其他服务业	Services to Households and Other Services	4581	3987	201	393
居民服务业	Services to Households	3218	3005	191	22
其他服务业	Other Services	1363	982	10	371
教育	Education	465381	458253	57	7071
#初等教育	Junior Education	213461	210414		3047
中等教育	Secondary Education	188016	184982		3034
高等教育	Senior Education	46247	45539		708
卫生、社会保障和社会福利业	Health, Social Security and Social Welfare	162633	155152	5211	2270
卫生	Health	155046	147717	5183	2146
社会保障业	Social Security	5324	5270		54
社会福利业	Social Welfare	2263	2165	28	70
文化、体育和娱乐业	Culture, Sports and Entertainment	27252	25574	40	1638
新闻出版社	Journalism and Publishing Activities	3907	3142		765
广播、电视、电影和音像业	Broadcasting,Movies,Television and Audiovisual	10314	10084		230
文化艺术业	Activities Cultural and Art Activities	9684	9466		218
体育	Sports Activities	2372	2372		
娱乐业	Entertainment	975	510	40	425
公共管理和社会组织	Public Management and Social Organization	438813	431278	130	7405
#中国共产党机关	Organs of Communist Party of China	18970	18970		
国家机构	Government Agencies	398310	398230	80	
人民政协和民主党派	People's Political Consultative Conference and Democratic Parties	3232	3232		
群众社团、社会团体和宗教组织	Non-governmental Organizations,Social Organizations and Religion Organizations	18301	10846	50	7405
按地区分	**Grouped by Region**				
南昌市	Nanchang	756582	359478	58365	338739
景德镇市	Jingdezhen	175987	91649	7260	77078
萍乡市	Pingxiang	132833	85037	4987	42809
九江市	Jiujiang	347084	195424	26155	125505
新余市	Xinyu	97706	44136	1942	51628
鹰潭市	Yingtan	96822	86850	1193	8779
赣州市	Ganzhou	425965	259337	12938	153690
吉安市	Ji'an	201805	163643	10894	27268
宜春市	Yichun	340710	177201	8992	154517
抚州市	Fuzhou	220008	154719	9805	55484
上饶市	Shangrao	294795	213421	14456	66918

3-9 工业企业在岗职工年末人数、工资（2011年）

Number and Wage of Employed Staff and Workers in Industrial Enterprises (2011)

类别	Type	在岗职工人数（人） Number of Employed Staff and Workers (person)	在岗职工工资总额（万元） Total Wage Bill of Employed Staff and Workers (10000 yuan)	在岗职工平均工资（元） Average Wage of Employed Staff and Workers (yuan)
总计	**Total**	**1022886**	**3285178**	**33132**
按经济类型分	**Classified by Types of Ownership**			
国有单位	State-owned	242298	966388	43127
城镇集体单位	Collective-owned	14853	32544	22319
其他单位	Others	765735	2286246	30389
按国民经济行业分	**Classified by Sector**			
采矿业	Mining	87200	304261	36995
煤炭开采和洗选业	Mining and Washing of Coal	63022	219232	37152
黑色金属矿采选业	Mining of Ferrous Metal Ores	2486	12268	49747
有色金属矿采选业	Mining of Non-ferrous Metal Ores	17627	62590	37161
非金属矿采选业	Mining and Processing of Nonmetal Ores	3830	9902	26626
其他采矿业	Mining of Other Ores	235	269	13063
制造业	Manufacturing	840102	2564657	31398
农副食品加工业	Processing of Food from Agricultural Products	30714	87899	29551
食品制造业	Manufacture of Foods	16742	51204	31497
饮料制造业	Manufacture of Beverage	17851	54474	30787
烟草制品业	Manufacture of Tobacco	6882	48855	78432
纺织业	Manufacture of Texile	56024	144669	25465
纺织服装、鞋、帽制造业	Manufacture of Textile Wearing Apparel,Footware, and Caps	38312	88970	23304
皮革、毛皮、羽毛(绒)及其制品业	Manufacture of Leather,Fur,Feather &Its Products	51793	109452	23482
木材加工及木、竹、藤、棕、草制品业	Processing of Timber, Manufacture of Wood,Bamboo, Rattan,Palm and Straw Products	9054	22200	23964
家具制造业	Manufacture of Furniture	6479	14183	21548
造纸及纸制品业	Manufacture of Paper and Paper Products	10429	27995	27470
印刷业和记录媒介的复制	Printing,Reproduction of Recording Media	9499	30518	33003
文教体育用品制造业	Manufacture of Articles for Culture,Education and Sport Activity	17239	41727	23949

3-9 续表 continued

类　　别	Type	在岗职工人数（人）Number of Employed Staff and Workers (person)	在岗职工工资总额（万元）Total Wage Bill of Employed Staff and Workers (10000 yuan)	在岗职工平均工资（元）Average Wage of Employed Staff and Workers (yuan)
石油加工、炼焦及核燃料加工业	Processing of Petroleum,Coking,Processing of Nuclear Fuel	12251	43467	39569
化学原料及化学制品制造业	Manufacture of Chemical Raw	45450	125376	27101
医药制造业	Manufacture of Medicines	36199	110833	30851
化学纤维制造业	Manufacture of Chemical Fiber	3290	9676	29501
橡胶制品业	Manufacture of Rubber	5571	12921	23888
塑料制品业	Manufacture of Plastic	24148	67993	29247
非金属矿物制品业	Manufacture of Nonmetallic Mineral Products	68462	188121	28086
黑色金属冶炼及压延加工业	Manufacture and Processing of Ferrous Metals	57774	235691	40731
有色金属冶炼及压延加工业	Manufacture & Processing of Non-ferrous Metals	49155	202684	42857
金属制品业	Manufacture of Metal Products	14617	34247	22984
通用设备制造业	Manufacture of General Purpose Machinery	27730	86638	33482
专用设备制造业	Manufacture of Special Purpose Machinery	29968	90059	31394
交通运输设备制造业	Manufacture of Transport Equipment	60160	274932	47167
电气机械及器材制造业	Manufacture of Electrical Machinery & Equipment	48889	141707	29004
通信设备、计算机及其他电子设备制造业	Manufacture of Communication Equipment,Computer and Other Electronic Equipment	49806	117837	26889
仪器仪表及文化、办公用机械制造业	Manufacture of Measuring Instrument and Machinery for Cultural Activity & Office Work	15654	46982	31261
工艺品及其他制造业	Manufacture of Artwork, Other Manufacture	19814	53175	26842
废弃资源和废旧材料回收加工业	Recycling and Disposal of Waste	146	174	28933
电力、燃气及水的生产和供应业	Production and Distribution of Electricity,Gas and Water	95584	416260	45010
电力、热力的生产和供应业	Production and Supply of Electric Power and Heat Power	79163	367266	47713
燃气生产和供应业	Production and Distribution of Gas	2758	8733	32249
水的生产和供应业	Production and Distribution of Water	13663	40261	31454
按地区分	**Grouped by Region**			
南 昌 市	Nanchang	249889	928368	38589
景德镇市	Jingdezhen	77489	239696	31241
萍 乡 市	Pingxiang	50202	180995	36062
九 江 市	Jiujiang	121208	357038	29289
新 余 市	Xinyu	53319	188737	34731
鹰 潭 市	Yingtan	33994	144678	42384
赣 州 市	Ganzhou	148287	394852	26356
吉 安 市	Ji'an	35115	96688	27563
宜 春 市	Yichun	144003	390487	27820
抚 州 市	Fuzhou	49856	142253	28701
上 饶 市	Shangrao	59524	176467	30386

3-10 职工工资总额和平均工资

Total Wages Bill and Average Wage of Staff and Workers

年 份 Year	工资总额（万元）Total Wages Bill (10000 yuan)	国有经济单位 State-owned Units	城镇集体经济单位 Urban Collective-owned Units	其他各种经济单位 Units of Other Types of Ownership	平均工资（元）Average Wage (yuan)	国有经济单位 State-owned Units	城镇集体经济单位 Urban Collective-owned Units	其他各种经济单位 Units of Other Types of Ownership
1978	145123	122929	22194		552	562	500	
1979	161102	135538	25564		603	624	512	
1980	199674	167220	32454		713	733	625	
1981	210974	175632	35342		719	745	613	
1982	223632	185973	37659		732	758	625	
1983	230035	190050	39985		747	774	640	
1984	284282	230178	54067	37	894	949	716	949
1985	329858	266560	63213	86	997	1052	817	1132
1986	394647	321560	72890	197	1147	1215	919	1190
1987	431756	352660	78895	202	1215	1286	974	1312
1988	533074	440107	92403	564	1446	1539	1121	1675
1989	583499	486785	95917	798	1562	1658	1205	1809
1990	656975	551602	104213	1160	1729	1843	1300	2079
1991	719291	598920	118234	2137	1842	1946	1446	2329
1992	860275	724646	131368	4261	2154	2295	1606	2414
1993	1042007	883776	144510	13720	2580	2753	1842	3114
1994	1407031	1207665	176282	23084	3450	3720	2268	4214
1995	1621603	1393677	189980	37946	4211	4427	2990	5623
1996	1858269	1588203	218857	51209	4852	5050	3562	7275
1997	1944011	1666516	219199	58297	5089	5303	3636	7843
1998	1739295	1400368	152032	186895	5384	5473	3720	7104
1999	2057811	1675969	170518	211325	6749	6930	4692	7913
2000	2047372	1681669	151720	213983	7014	7249	4676	7798
2001	2255433	1864519	144576	246339	8026	8346	5149	8349
2002	2437527	2001095	133577	302855	9262	9607	5859	9444
2003	2710865	2161536	137779	411551	10521	10918	6905	10359
2004	3054546	2367213	136642	550691	11860	12291	7873	11569
2005	3583091	2726459	157004	699628	13688	14276	8952	13140
2006	4170749	3136396	160449	873904	15590	16491	10102	14220
2007	4994197	3703412	203353	1087433	18400	19624	12574	16344
2008	5732519	4204570	192028	1335921	21000	22608	13934	18247
2009	6713864	4900030	205362	1608472	24696	26247	16624	22088
2010	8071398	5796975	223793	2050630	29092	30985	18194	26272
2011	9970075	6256416	378133	3335526	34055	36939	24265	30939

注：自1998年起，职工工资为在岗职工工资。

a) Since 1998,wage of staff and workers refers to wage of employed staff and workers.

3-11 职工平均工资指数
Average Wage of Staff and Workers and Related Indices

(以上年为100) (preceding year=100)

年份 Year	货币工资指数 Currency Wages Indices	国有经济单位 State-owned Units	城镇集体经济单位 Urban Collective-owned Units	其他各种经济单位 Units of Other Types of Ownership	实际工资指数 Actual Wages Indices	国有经济单位 State-owned Units	城镇集体经济单位 Urban Collectiv-owned Units	其他各种经济单位 Units of Other Types of Ownership
1978	106.8	105.4	102.0		106.6	105.2	101.8	
1979	109.2	111.0	102.4		107.0	108.7	100.3	
1980	118.2	117.5	122.1		112.0	111.4	115.7	
1981	100.8	101.6	98.1		97.1	97.9	94.5	
1982	101.8	101.7	102.0		98.7	98.6	98.9	
1983	102.0	102.1	102.4		100.1	100.2	100.5	
1984	119.7	122.6	111.9		116.7	119.5	109.1	
1985	111.5	110.9	114.1	119.3	102.5	101.9	104.9	109.7
1986	115.0	115.5	112.5	105.1	108.5	108.7	106.1	99.2
1987	105.9	105.8	106.0	108.0	98.1	98.1	98.2	100.1
1988	119.0	119.7	115.1	127.7	96.2	96.8	93.0	103.2
1989	108.0	107.7	107.5	108.0	92.2	91.9	91.7	92.2
1990	110.7	111.2	107.9	114.9	109.1	109.6	106.3	113.2
1991	106.5	105.6	111.2	112.0	102.0	101.1	106.5	107.3
1992	116.9	117.9	111.1	103.6	108.7	109.7	103.3	96.4
1993	115.9	115.9	111.5	127.8	100.1	100.1	96.3	110.4
1994	138.2	139.8	126.1	136.6	108.9	110.2	99.4	107.6
1995	122.1	119.0	131.8	133.4	104.4	101.8	112.7	114.1
1996	115.2	114.1	105.8	129.4	106.6	105.5	97.9	119.7
1997	104.9	105.0	102.1	107.8	101.8	101.9	99.1	104.7
1998	105.8	103.2	102.3	90.6	104.8	102.2	101.3	89.7
1999	125.4	126.6	126.1	111.4	127.2	128.4	127.9	112.9
2000	103.9	104.6	99.7	98.5	103.5	104.2	99.4	98.2
2001	114.4	115.1	110.1	107.0	114.9	115.7	110.7	107.5
2002	115.4	115.1	113.8	113.1	115.3	114.9	113.7	112.9
2003	113.6	113.6	117.9	109.7	112.7	112.7	117.0	108.8
2004	112.7	112.6	114.0	111.7	108.9	108.8	110.1	107.9
2005	115.4	116.2	113.7	113.6	113.5	114.3	111.8	111.7
2006	113.9	115.5	112.8	108.2	112.5	114.1	111.5	106.9
2007	118.0	119.0	124.5	114.9	112.6	113.5	118.8	109.6
2008	114.1	115.2	110.8	111.6	107.5	108.7	104.5	105.3
2009	117.6	116.1	119.3	121.1	118.4	116.9	120.1	122.0
2010	117.8	118.1	109.4	118.9	114.4	114.7	106.2	115.4
2011	117.1	119.2	133.4	117.8	111.3	113.3	126.8	112.0

3-12 各种分组的在岗职工工资总额（2011年）
Total Wages Bill of Employed Staff and Workers by Types of Groups (2011)

单位：万元 (10000 yuan)

类　别	Type	工资总额 Total Wages Bill	国有单位 State-owned Units	城镇集体单位 Urban Collective-owned Units	其他单位 Units of Other Types of Ownership
总　计	**Total**	**9970075**	**6256416**	**378133**	**3335526**
按企业、事业、机关分	**Grouped by Enterprises,Institutions and Agencies**				
#企业	Enterprises	5857428	2200558	355364	3301505
#地方	Regional	5318969	1662100	355364	3301505
事业	Institutions	2830562	2778301	22216	30045
#地方	Regional	2759894	2707633	22216	30045
机关	Agencies	1275849	1275297	552	
#地方	Regional	1224222	1223670	552	
按国民经济行业分	**Grouped by Sector**				
农、林、牧、渔业	Farming,Forestry,Animal Husbandry and Fishery	197411	188808	848	7755
农业	Farming	98658	94897	453	3307
林业	Forestry	59431	58750	164	518
畜牧业	Animal Husbandry	5338	1658		3680
渔业	Fishery	4378	4229	91	59
农、林、牧、渔服务业	Services in Support of Agricultural	29606	29274	140	192
采矿业	Mining	304261	224815	9564	69882
制造业	Manufacturing	2564657	474041	21985	2068631
电力、煤气及水的生产和供应业	Production and Distribution of Electricity,Gas and Water	416260	267532	994	147734
建筑业	Construction	879893	257511	235393	386989
房屋和土木工程建筑业	Construction of Building & Civil Engineering	786221	224517	225327	336376
建筑安装业	Architectural Installation	62264	21507	8604	32153
建筑装饰业	Architectural Decoration	18839	6334	445	12060
其他建筑业	Other Construction	12569	5153	1016	6400
交通运输、仓储和邮政业	Traffic, Transport, Storage and Post	569216	521554	6314	41348
铁路运输业	Transport Via Railway	351531	351228	81	222
道路运输业	Transprt Via Road	116959	80487	752	35720
城市公共交通业	Urban Public Traffic	35718	30849	1360	3508
水上运输业	Water Transprot	9118	4844	2514	1759
航空运输业	Air Transport	18712	18712		
管道运输业	Pipeline Transport	9		9	
装卸搬运和其他运输服务业	Loading,Unloading,Portage and Other Transport Services	2240	782	1458	
仓储业	Storage	9548	9269	139	139
邮政业	Post	25382	25382		
信息传输、计算机服务和软件业	Information Transmission,Computer Services and Software	89598	48068	637	40892
电信和其他信息传输服务业	Telecom & Other Information Transmission Services	80701	46780	357	33564
计算机服务业	Computer Services	3351	1288	281	1783
软件业	Software Industry	5545			5545
批发和零售业	Wholesale and Retail Trades	329629	138391	12204	179034
批发业	Wholesale	192536	116591	5110	70835
零售业	Retail Trades	137093	21800	7094	108199
住宿和餐饮业	Hotel and Catering Services	65612	24906	1066	39639
住宿业	Hotels	50538	22323	646	27569
餐饮业	Catering Services	15074	2583	420	12071
金融业	Financial Intermediation	447510	158506	64216	224788
银行业	Bank	353929	133910	63894	156125
证券业	Security Activities	3708	1757		1951
保险业	Insurance	82681	16237	323	66122
其他金融活动	Other Financial Activities	7192	6602		590
房地产业	Real Estate	108032	36944	890	70198
#房地产开发经营	Development and Management of Real Estate	87615	18646	346	68624
物业管理	Property Management	5549	4536	134	880
房地产中介服务	Agency Services For Real Estate	2761	2592	94	75
租赁和商务服务业	Leasing and Business Services	99797	88613	4991	6193
租赁业	Leasing	1127	715	214	198
商务服务业	Business Services	98669	87898	4777	5994

3-12 续表 continued

单位：万元 (10000 yuan)

类　　别	Type	工资总额 Total Wages Bill	国有单位 State-owned Units	城镇集体单位 Urban Collective-owned Units	其他单位 Units of Other Types of Ownership
科学研究、技术服务和地质勘查业	Scientific Research,Technical Service and Geologic Prospecting	182891	178498	145	4249
研究与试验发展	Research and Experimental Development	44678	44678		
自然科学研究与试验发展	Natural Science Research and Experimental Development	14227	14227		
工程和技术研究与试验发展	Engineering and Technology Research and Experimental Development	11798	11798		
农业科学研究与试验发展	Agricultural Science Research and Experimental Development	14254	14254		
医学研究与试验发展	Medicine Research and Experimental Development	1935	1935		
社会人文科学研究与试验发展	Social Science and Humanities Research and Experimental Development	2465	2465		
专业技术服务业	Professional Technical Services	57173	52935	61	4177
#气象服务	Meteorology Services	5173	5173		
地震服务	Seism Services	564	564		
海洋服务	Marine Services				
测绘服务	Surveying & Mapping Services	4278	4278		
技术检测	Technology Examination	8672	8543	18	111
环境监测	Environment Monitor	2931	2931		
工程技术与规划管理	Engineering Technology and Planning Management	32499	28661	13	3826
科技交流和推广服务业	Services of Science and Technology Exchanges and Promotion	6927	6772	83	72
地质勘查业	Geologic Prospecting	74113	74113		
水利、环境和公共设施管理业	Management of Water Conservancy,Environment and Public Facilities	99942	90648	4767	4527
水利管理业	Management of Water Conservancy	18651	18407	92	152
环境管理业	Environment Management	41049	36184	4031	833
公共设施管理业	Management of Public Facilities	40243	36057	644	3543
居民服务和其他服务业	Services to Households and Other Services	12675	11650	415	611
居民服务业	Services to Households	10339	9909	403	27
其他服务业	Other Services	2336	1740	11	584
教育	Education	1526970	1507178	92	19700
#初等教育	Junior Education	625074	617199		7875
中等教育	Secondary Education	607180	598253		8928
高等教育	Senior Education	244657	242300		2357
卫生、社会保障和社会福利业	Health, Social Security and Social Welfare	575154	555764	13334	6057
卫生	Health	550436	531496	13259	5682
社会保障业	Social Security	18169	17947		222
社会福利业	Social Welfare	6549	6321	75	153
文化、体育和娱乐业	Culture, Sports and Entertainment	83141	79107	97	3937
新闻出版社	Journalism and Publishing Activities	12838	10838		2000
广播、电视、电影和音像业	Broadcasting,Movies,Television and Audiovisual	29760	29299		461
文化艺术业	Activities Cultural and Art Activities	30241	29776		466
体育	Sports Activities	8131	8131		
娱乐业	Entertainment	2171	1064	97	1010
公共管理和社会组织	Public Management and Social Organization	1417428	1403884	181	13363
#中国共产党机关	Organs of Communist Party of China	63135	63135		
国家机构	Government Agencies	1290182	1290097	86	
人民政协和民主党派	People's Political Consultative Conference and Democratic Parties	11805	11805		
群众社团、社会团体和宗教组织	Non-governmental Organizations,Social Organizations and Religion Organizations	52306	38847	96	13363
按地区分	**Grouped by Region**				
南昌市	Nanchang	2962726	1570047	141242	1251437
景德镇市	Jingdezhen	507449	272173	21419	213857
萍乡市	Pingxiang	403016	242801	10858	149356
九江市	Jiujiang	1014170	595830	58088	360252
新余市	Xinyu	350027	158466	5330	186231
鹰潭市	Yingtan	297341	275102	2602	19636
赣州市	Ganzhou	1166951	754426	38298	374226
吉安市	Ji'an	550157	456571	24374	69211
宜春市	Yichun	929871	517652	21764	390455
抚州市	Fuzhou	588255	411848	22151	154257
上饶市	Shangrao	807802	609122	32073	166607

3-13 各种分组的在岗职工平均工资（2011年）

Average Wage of Employed Staff and Workers by Types of Groups (2011)

单位：元 (yuan)

类别	Type	平均工资 Average Wage	国有单位 State-owned Units	城镇集体单位 Urban Collective-owned Units	其他单位 Units of Other Types of Ownership
总计	**Total**	**34055**	**36939**	**24265**	**30939**
按企业、事业、机关分	**Grouped by Enterprises,Institutions and Agencies**				
#企业	Enterprises	33926	42398	24536	31068
#地方	Regional	33033	41278	24536	31068
事业	Institutions	34199	34577	20709	22363
#地方	Regional	34124	34509	20709	22363
机关	Agencies	34421	34431	20373	
#地方	Regional	34110	34120	20373	
按国民经济行业分	**Grouped by Sector**				
农、林、牧、渔业	Farming,Forestry,Animal Husbandry and Fishery	20153	20183	14751	20217
农业	Farming	19036	19028	17372	19524
林业	Forestry	21532	21612	14900	16860
畜牧业	Animal Husbandry	21106	20419		21432
渔业	Fishery	21599	22493	7418	23600
农、林、牧、渔服务业	Services in Support of Agricultural	21190	21218	17122	20591
采矿业	Mining	36995	39912	26196	31388
制造业	Manufacturing	31398	41684	21123	29864
电力、煤气及水的生产和供应业	Production and Distribution of Electricity,Gas and Water	45010	49517	19050	38947
建筑业	Construction	27495	29781	23699	28831
房屋和土木工程建筑业	Construction of Building & Civil Engineering	26947	28834	23371	28631
建筑安装业	Architectural Installation	33620	36601	38969	30809
建筑装饰业	Architectural Decoration	29762	35426	21597	27814
其他建筑业	Other Construction	36924	54933	20443	32505
交通运输、仓储和邮政业	Traffic, Transport, Storage and Post	49407	52876	18112	31595
铁路运输业	Transport Via Railway	70546	70755	19780	14893
道路运输业	Transprt Via Road	33377	34333	23571	31666
城市公共交通业	Urban Public Traffic	31381	32487	19079	29906
水上运输业	Water Transprot	26133	31681	16520	40169
航空运输业	Air Transport	76439	76439		
管道运输业	Pipeline Transport	18000		18000	
装卸搬运和其他运输服务业	Loading,Unloading,Portage and Other Transport Services	20110	25649	18021	
仓储业	Storage	22439	22438	18104	29638
邮政业	Post	33201	33201		
信息传输、计算机服务和软件业	Information Transmission,Computer Services and Software	41308	37521	22132	47599
电信和其他信息传输服务业	Telecom & Other Information Transmission Services	42609	37919	22732	52070
计算机服务业	Computer Services	20688	27167	21412	17568
软件业	Software Industry	49070			49070
批发和零售业	Wholesale and Retail Trades	30743	38224	15067	28457
批发业	Wholesale	35785	41583	11817	33037
零售业	Retail Trades	25665	26693	18787	26089
住宿和餐饮业	Hotel and Catering Services	21673	23581	18157	20728
住宿业	Hotels	22718	23538	22587	22097
餐饮业	Catering Services	18779	23964	13947	18157
金融业	Financial Intermediation	52850	53795	40569	57080
银行业	Bank	54781	54389	40596	64387
证券业	Security Activities	52224	75728		40816
保险业	Insurance	44419	40673	35833	45501
其他金融活动	Other Financial Activities	96798	106490		47943
房地产业	Real Estate	33943	33769	28719	34115
#房地产开发经营	Development and Management of Real Estate	34858	37158	27429	34327
物业管理	Property Management	27664	28944	23052	23102
房地产中介服务	Agency Services For Real Estate	30104	29757	47000	28731
租赁和商务服务业	Leasing and Business Services	34792	38862	13072	30003
租赁业	Leasing	22147	28604	11317	28329
商务服务业	Business Services	35020	38976	13163	30062

3-13 续表 continued

单位：元 (yuan)

类别	Type	平均工资 Average Wage	国有单位 State-owned Units	城镇集体单位 Urban Collective-owned Units	其他单位 Units of Other Types of Ownership
科学研究、技术服务和地质勘查业	Scientific Research,Technical Service and Geologic Prospecting	39124	38748	23306	68748
研究与试验发展	Research and Experimental Development	38689	38689		
自然科学研究与试验发展	Natural Science Research and Experimental Development	40019	40019		
工程和技术研究与试验发展	Engineering and Technology Research and Experimental Development	53919	53919		
农业科学研究与试验发展	Agricultural Science Research and Experimental Development	29335	29335		
医学研究与试验发展	Medicine Research and Experimental Development	38536	38536		
社会人文科学研究与试验发展	Social Science and Humanities Research and Experimental Development	55518	55518		
专业技术服务业	Professional Technical Services	42752	41550	20433	69262
#气象服务	Meteorology Services	38866	38866		
地震服务	Seism Services	35225	35225		
海洋服务	Marine Services				
测绘服务	Surveying & Mapping Services	40164	40164		
技术检测	Technology Examination	40655	40837	22000	33636
环境监测	Environment Monitor	37574	37574		
工程技术与规划管理	Engineering Technology and Planning Management	49033	46468	12500	85011
科技交流和推广服务业	Services of Science and Technology Exchanges and Promotion	29254	29177	26000	48067
地质勘查业	Geologic Prospecting	38091	38091		
水利、环境和公共设施管理业	Management of Water Conservancy,Environment and Public Facilities	23607	24513	14641	21558
水利管理业	Management of Water Conservancy	26561	26619	19660	25267
环境管理业	Environment Management	19837	20788	14095	19508
公共设施管理业	Management of Public Facilities	27526	28485	18438	21962
居民服务和其他服务业	Services to Households and Other Services	30265	32243	20730	16291
居民服务业	Services to Households	35216	36378	21221	12227
其他服务业	Other Services	18655	19575	11400	16544
教育	Education	35590	35726	16140	27688
#初等教育	Junior Education	31932	32020		26276
中等教育	Secondary Education	35083	35204		28550
高等教育	Senior Education	57457	57867		33237
卫生、社会保障和社会福利业	Health, Social Security and Social Welfare	38828	39496	25686	27234
卫生	Health	38999	39700	25680	27056
社会保障业	Social Security	37148	37103		41130
社会福利业	Social Welfare	31260	31654	26679	21857
文化、体育和娱乐业	Culture, Sports and Entertainment	33503	34177	24225	24155
新闻出版社	Journalism and Publishing Activities	35162	37617		25974
广播、电视、电影和音像业	Broadcasting,Movies,Television and Audiovisual	32596	32906		20407
文化艺术业	Activities Cultural and Art Activities	33887	34185		21762
体育	Sports Activities	36975	36975		
娱乐业	Entertainment	23806	23535	24225	24057
公共管理和社会组织	Public Management and Social Organization	35147	35471	13954	18134
#中国共产党机关	Organs of Communist Party of China	36505	36505		
国家机构	Government Agencies	35292	35297	10713	
人民政协和民主党派	People's Political Consultative Conference and Democratic Parties	39721	39721		
群众社团、社会团体和宗教组织	Non-governmental Organizations,Social Organizations and Religion Organizations	29985	38750	19140	18134
按地区分	**Grouped by Region**				
南昌市	Nanchang	39816	43606	24262	38406
景德镇市	Jingdezhen	29049	30029	28444	27947
萍乡市	Pingxiang	31023	28651	22682	36991
九江市	Jiujiang	29452	30540	22845	29094
新余市	Xinyu	35370	35761	27140	35348
鹰潭市	Yingtan	30696	31679	23550	22014
赣州市	Ganzhou	27775	29786	29354	24329
吉安市	Ji'an	27505	28138	22786	25570
宜春市	Yichun	27806	29340	24907	26162
抚州市	Fuzhou	26895	26703	22208	28295
上饶市	Shangrao	27625	28634	22264	25518

3-14 公共就业服务工作情况（2011年）

Operating Conditions of Public Employment Service (2011)

单位：人 (person)

指标	Item	本期办理就业登记人数 Registered Employed this Year	本期单位登记招聘人数 Registered Job Vacancies this year	本期登记求职人数 Registered Job-seekers this year	本期职业指导人数 Person times Vocational Guidance this Year	本期创业服务人数 Providing Imbark Service this Year	本期介绍成功人数 Placed Job-seekers this Year
合计	**Total**	**286863**	**378609**	**274565**	**125488**	**18230**	**156804**
市及以上公共就业(人才)服务机构	Public Employment Service Organization at City and Above	80764	158246	65321	25273	4789	40583
区(县)公共就业(人才)服务机构	Public Employment Service Organization at District(County)	155301	171479	157808	81409	10912	91996
街道公共就业服务机构	Public Employment Service Organization at Street Communities	13057	10164	13069	4433	183	5412
乡镇公共就业服务机构	Public Employment Service Organization at Township	32247	31314	32412	12095	2041	15932
社区公共就业服务窗口	Public Employment Service Organization at Community	3672	6127	5307	2217	286	2040
行政村公共就业服务窗口	Public Employment Service Organization at Administrative Village	1822	1279	648	61	19	841

3-15 城镇新增净增就业情况(年末数)

Situations of Newly Increased and Net Increased Employment in Urban Areas (year-end)

年份 地区 Year Region	新增就业人员（万人） Newly Increased Employed Persons (10000 persons)	净增就业人员（万人） Net Increased Employed Persons (10000 persons)
2003	35.00	26.60
2004	42.38	28.80
2005	43.16	29.36
2006	44.50	30.04
2007	45.15	32.48
2008	47.30	33.48
2009	47.51	32.62
2010	50.56	35.44
2011	52.66	43.67
南昌市 Nanchang	8.05	7.61
景德镇市 Jingdezhen	2.70	2.48
萍乡市 Pingxiang	3.01	2.02
九江市 Jiujiang	6.29	5.94
新余市 Xinyu	2.54	1.24
鹰潭市 Yingtan	2.25	1.09
赣州市 Ganzhou	7.15	6.62
吉安市 Ji'an	5.28	4.43
宜春市 Yichun	5.54	4.08
抚州市 Fuzhou	4.30	3.97
上饶市 Shangrao	5.55	4.19

主要统计指标解释

就业人员 指从事一定社会劳动并取得劳动报酬或经营收入的人员。包括(1)在岗职工；(2)再就业的离退休人员;(3)私营业主;(4)个体户主;(5)私营企业和个体就业人员;(6)乡镇企业就业人员;(7)农村就业人员;(8)其他就业人员。

单位就业人员 各单位的就业人员是指在各级国家机关、政党机关、社会团体及企业、事业单位中工作，取得工资或其他形式的劳动报酬的全部人员。包括在岗职工、再就业的离退休人员、民办教师以及在各单位中工作的外方人员和港澳台方人员、兼职人员、借用的外单位人员和第二职业者。不包括离开本单位仍保留劳动关系的职工。

在岗职工 指在本单位工作并由单位支付工资的人员，以及有工作岗位，但由于学习、病伤产假等原因暂未工作，仍由单位支付工资的人员。

私营企业就业人员 指在工商管理部门注册登记的私营企业就业人员，包括私营企业投资者和雇工。

个体就业人员 指在工商管理部门注册登记，经批准从事个体工商经营的就业人员，包括个体户主和在个体工商户劳动的家庭帮工和雇工。

单位就业人员劳动报酬 指各单位在一定时期内直接支付给本单位全部就业人员的劳动报酬总额。包括在岗职工工资总额和本单位其他从业人员劳动报酬两部分。

在岗职工工资总额 指各单位在一定时期内直接支付给本单位全部在岗职工的劳动报酬总额。包括：计时工资(含计时标准工资)、计件工资、计件超额工资、奖金、津贴和补贴、加班加点工资、特殊情况下支付的工资等。

津贴和补贴 包括:(1)补偿职工特殊额外劳动消耗的津贴及岗位性津贴；(2)保健性津贴；(3)技术性津贴；(4)年功性津贴；(5)地区津贴;(6)其他津贴包括伙食补贴、上下班交通补贴、洗理卫生费、书报费等。以及为保证职工工资不受物价上涨或变动影响而支付的各种补贴，如副食价格补贴(含肉类等价格补贴)、粮、油、蔬菜等价格补贴，煤价补贴、房贴、水电贴、房改补贴等。

在岗职工平均工资 指在企业、事业、机关单位的在岗职工在一定时期内平均每人所得的货币工资额。

$$\text{在岗职工平均工资} = \frac{\text{报告期实际支付的全部在岗职工工资总额}}{\text{报告期全部在岗职工平均人数}}$$

货币工资指数 指报告期在岗职工平均工资与基期在岗职工平均工资的比率。

$$\text{货币工资指数} = \frac{\text{报告期在岗职工平均工资}}{\text{基期在岗职工平均工资}} \times 100\%$$

实际工资指数 指扣除物价变动因素后的在岗职工平均工资。

$$\text{实际工资指数} = \frac{\text{报告期在岗职工货币工资指数}}{\text{报告期居民消费价格指数}} \times 100\%$$

城镇新增就业人员 指报告期内城镇累计新就业人员数减去自然减员人数。

城镇净增就业人员 指报告期城镇净增加的就业人员总数，等于报告期末城镇就业人数减去期初城镇就业人数。

Explanatory Notes on Main Statistical Indicators

Employed Persons refer to persons who are engaged in gainful employment and thus receive remuneration payment or earn business income. They include 1)employed staff and workers, 2) re-employed retirees, 3) owners of private enterprises,4)owners of self-employed individuals, 5)persons employed in private enterprises and self-employed individuals, 6) persons employed in township enterprises,7)employed persons in rural areas, 8)other employed persons.

Persons Employed in Various Units refer to all the persons working in government agencies of various levels, political and party organizations, social organizations, enterprises and institutions, and receiving wages or other forms of payment. They include fully-employed staff and workers, re-employed retirees, teachers in the schools run by the local people, foreigners and Chinese compatriots from Hong Kong, Macao, and Taiwan working in various units, part-time employees, employees of other units working temporarily at current posts, and employees holding the second job, but do not include persons who have left their working units while keeping their labour contract (employment relation) unchanged.

Employed Staff and Workers refer to persons who work in, and receive wages from their working units, including persons who have their work posts but are temporarily absent from work for reasons of study or on sick, injury or maternal leave and still receive wages from their working units.

Persons Employed in Private Enterprises refer to the persons employed in the private enterprises which have been registered at the departments of industrial and commercial administration, including investors of private enterprises and hired labourers.

Persons Employed in Self-Employed Individuals refer to persons employed in the self-employed individuals which have been registered at the departments of industrial and commercial administration and approved to be engaged in individual industrial or commercial business, including self-employed persons as well as helpers and hired labourers who work in individual households.

Earning of Persons Employed in Various Units refers to the total remuneration payment to all employees in various units during a certain period of time, including employed staff and workers and other employees.

Total Wage Bill of Employed Staff and workers refers to the total remuneration payment to all employed staff and workers in various units during a certain period of time. Including wage paid on a time basis (including standard wage paid on a time basis),wage paid on a piece basis, extra wage on a piece basis, bonus, allowance and subsidy, wage paid for working extra hours, wage paid in particular circumstance.

Allowance and Subsidy

Including1）allowance compensated for particular extra labour consume and position allowance to staff and workers,2)health care allowance,3)technical allowance,4)seniority allowance, 5)region allowance,6) other allowance including meals subsidy, traffic subsidy, hygiene subsidy, book and newspaper allowance, as well as all sorts of allowance which ensure the price rises or changes not affect the wage of staff and workers, i.e. non-staple food price subsidy(including meat and other foodstuffs price subsidy),grain, edible oil, vegetables and other food price subsidy, gas price subsidy, housing subsidy, water and electricity subsidy, housing reform subsidy.

Average Wage of Employed Staff and workers refer to average earning level in money terms per employee in the enterprise, institution and government organ during a certain period of time. Total Wage Bill of Employed Staff and Workers

$$\text{Staff and Workers} = \frac{\text{Total Wage Bill of Employed Staff and Workers at Reference Time}}{\text{Average Number of Employed Staff and Workers at Reference Time}}$$

Currency Wage Indices refers to the ratio of average wage of employed staff and workers at the reference period to that at the base period.

$$\text{Average Wage Indices} = \frac{\text{Average Wage of Employed Staff and Workers at Reference Time}}{\text{Average Wage of Employed Staff and Workers at Base Time}}$$

Average Real Wage Indices refers to the average wage of employed staff and workers after removing the effects of the price changes.

$$\text{Average Real Wage Indices} = \frac{\text{Average Wage Indices of Employed Staff and Workers at Reference Time}}{\text{Consumer Price Indices at Reference Time}}$$

Newly Increased Employed Persons in Urban Areas refer to the number of accumulated newly employed persons in urban areas minus natural wastages during the reporting period.

Net Increased Employed Persons in Urban Areas refer to the total number of net increased employed persons in urban areas during the reporting period, equal the number of employed persons in urban areas at the beginning of the period minus the number of employed persons in urban areas at the end of the period.

固定资产投资

INVESTMENT IN FIXED ASSETS

◆59/89

资料整理及英文翻译：　石　磊

简要说明

一、本篇资料的主要内容

本篇资料通过对一定时期全社会建造和购置固定资产活动的数量方面的描述，反映报告期内固定资产投资的规模和速度、固定资产投资的结构和比例关系、固定资产投资的资金来源及固定资产投资的效果等。

二、本篇资料的统计范围

全社会固定资产投资统计的范围包括：城乡计划总投资500万元及以上建设项目投资（含房地产开发投资），农村农户固定资产投资。

三、本篇的资料来源

农户固定资产投资资料来自国家统计局江西调查总队；除此以外的固定资产投资统计资料均来自省统计局固定资产投资统计处统计调查。

四、本篇的统计调查方法

除农户固定资产投资统计采用抽样调查方法外，其他均为全面统计报表。

五、附注

从2011年开始固定资产投资项目统计起点由过去的计划投资50万元及以上提高到计划投资500万元及以上，本年年鉴中相关投资数据和2010年年鉴中对应数据不可比。

Brief Introduction

I. Main Contents

Statistics in this chapter describe activities on the construction and purchase of fixed assets of the whole country during a given period of time, and reflect the size, growth, structure, financing and results of the investment in fixed assets during the reference period.

II. Scope of Statistics

Statistics on the total investment in Fixed Assets in the whole country covers total investments of 5，000,000 yuan and above (include investments in real estate development) in capital construction projects in urban and rural areas, and investments in fixed assets by rural households.

III. Sources of Data

Data on investments in fixed assets by individuals in rural areas are provided by Survey Office of the National Bureau of Statistics of Jiangxi, other data on investments in fixed assets are from surveys conducted by the Department of Investment & Construction Statistics of Jiangxi Provincial Bureau of Statistics.

IV. Methodology of Data Collection

All data on investments in fixed assets are collected by the system of reporting form with complete enumeration, except data on individual investments in fixed assets in rural areas, which are collected through sample surveys.

Ⅴ.NOTE

From 2011 onwards, the statistical starting point of the fixed assets investment projects from the previous plan to invest 500,000 yuan and above to plans to invest 5,000,000 million and above. This year related investment data of the Yearbook and the corresponding data of 2010 Yearbook is not available compare.

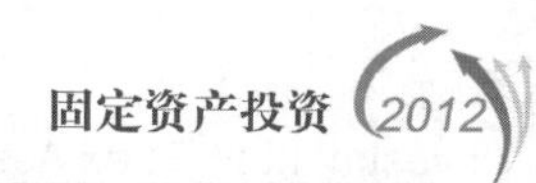

4-1 全社会固定资产投资
Total Investment in Fixed Assets in the Whole Country

年 份 Year	全社会固定资产投资 Total Investment in Fixed Assets in the Whole Country		房地产开发投资 Investment in Real Estate Development	
	绝对数 (万元) Absolute Figures (10000 yuan)	发展速度 (上年=100) Development Speed (preceding year=100)	绝对数 (万元) Absolute Figures (10000 yuan)	发展速度 (上年=100) Development Speed (preceding year=100)
1978	81316	157.7		
1979	83995	103.3		
1980	188219	224.1		
1981	170858	90.8		
1982	244972	143.4		
1983	280948	114.7		
1984	352080	125.3		
1985	440279	125.1		
1986	533527	121.2		
1987	587729	110.2		
1988	781751	133.0		
1989	732849	93.7		
1990	706532	96.4	28782	
1991	910773	128.9	47957	166.6
1992	1253607	137.6	76487	159.5
1993	1855038	148.0	137036	179.2
1994	2374548	128.0	187480	136.8
1995	2841825	119.7	258631	138.0
1996	3558519	125.2	263962	102.1
1997	3843045	108.0	251323	95.2
1998	4547650	118.3	271234	107.9
1999	4914811	108.1	335876	123.8
2000	5482004	111.5	423705	126.1
2001	6604942	120.5	635195	149.9
2002	9246027	140.0	1036441	163.2
2003	13799696	149.3	1774707	171.2
2004	18196590	131.9	2660196	149.9
2005	21689712	126.0	3010982	113.2
2006	26835744	123.7	3459564	114.9
2007	33019427	123.0	4354573	125.9
2008	47454333	143.7	5476570	125.8
2009	66431422	140.0	6345238	115.9
2010	87722717 〔71646250〕	132.1	7068222	111.4
2011	90875985	126.8	8670285	122.7

注：1. 本篇章各表均不含跨省中央项目和计划总投资500万元以下项目投资。
2. 农村农户投资为抽样调查数。
3. 从2011年起，固定资产投资项目统计起点由过去的计划投资50万元及以上提高到计划投资500万元及以上，2010年括号中的数据为与2011年同起点的对比基数。

a) Central project transprovincially and other investment of under 5,000,000 yuan project don't add up to the total.
b) Rural investment source in the sample census.
c)From 2011 onwards, the statistical starting point of the fixed assets investment projects from the previous plan to invest 500,000 yuan and above to plans to invest 5 million and above,the data in brackets of 2010 data is compared with the same starting point of 2011 base.

4-2 全社会固定资产投资

Total Investment in Fixed Assets in the Whole Country

指　　标	Item	2010	2011
全社会固定资产投资(万元)	**Total Investment in Fixed Assets in the Whole Country(10000 yuan)**	**71646250**	**90875985**
固定资产投资	Total Investment	68593453	87539281
#房地产开发投资	Real Estate Development	7068222	8670285
农户投资	Farm Households	3052797	3336704
按登记注册类型分	Grouped by Status of Registration	71646250	90875985
内　资	Domestic Funds	64022374	82285537
国　有	State-owned	17246884	19074918
集　体	Collective-owned	883589	962056
股份合作	Share Holding Cooperative	864066	1141000
联　营	Joint-owned	167502	270028
有限责任公司	Limited Liability Corporations	20274280	24606300
股份有限公司	Share Holding Enterprises	4958577	5756150
私　营	Private	18168454	28111460
其他内资	Others	1459022	2363625
港、澳、台投资	Funds from Hong Kong，Macao and Taiwan	1981100	2161768
外商投资	Foreign Funded	2061419	2131226
个体经营	Individuals	3581357	4297454
按构成分	Grouped by Use of Funds		
建筑工程	Construction	37009332	48281617
安装工程	Installation	5855370	8674172
设备、工器具购置	Purchase of Equipment and Instruments	17932284	22217630
其他费用	Others	10849264	11702567
按建设性质分	Grouped by Type of Construction		
#新　建	New Construction	49163122	61819271
扩　建	Expansion	7968937	10563341
改建和技术改造	Reconstruction and Technical Rennovation	10320858	13991975
按产业分	Grouped by Industry		
第一产业	Primary Industry	2188778	2350877
第二产业	Secondary Industry	40879729	52075587
#工　业	Industry	40501386	51499917
第三产业	Tertiary Industry	28577743	36449521

注：固定资产投资=计划投资500万元及以上项目固定资产投资+房地产开发投资，后同。全社会固定资产投资=固定资产投资+农户投资。
a)Investment in fixed assets in 5million yuan project investment added investment in real estate development equals investment in fixed assets. The same applies to the tables following. Investment in fixed assets added investment in farm households equals total investment.

4-2 续表 continued

指 标	Item	2010	2011
按行业分	Grouped by Sector		
农、林、牧、渔业	Farming, Forestry, Animal Husbandy and Fishery	2188778	2350877
采矿业	Mining	2077731	2286780
制造业	Manufacturing	35902278	46444059
电力、燃气及水的生产和供应业	Production and Supply of Electricity Gas and Water	2521376	2769078
建筑业	Construction	378344	575670
交通运输、仓储和邮政业	Transport, Storage and Post Services	3887362	4568303
信息传输、计算机服务和软件业	Information Transmission, Computer Services and Software	459723	445428
批发和零售业	Wholesale and Retail Trade	1658935	2835115
住宿和餐饮业	Hotel and Catering Services	1545214	2053814
金融业	Financial Intermediation	222079	236083
房地产业	Real Estate	10423900	13494136
租赁和商务服务业	Leasing and Business Services	571001	873643
科学研究、技术服务和地质勘查业	Scientific Reseach, Ploytechnic Services and Geological Prospecting	159379	236662
水利、环境和公共设施管理业	Management of Water Conservancy, Environment and Public Facilities	6359963	7440841
居民服务和其他服务业	Services to Households and Other Services	418854	529372
教 育	Education	915683	1062972
卫生、社会保障和社会福利业	Health Care, Social Security and Social Welfare	485510	742648
文化、体育和娱乐业	Culture, Sports and Entertainment	651683	1064990
公共管理和社会组织	Public Management and Social Organizations	818457	865515
资金来源合计(万元)	**Total Source of Funds(10000 yuan)**	**91587891**	**103436214**
上年末结余资金	Balance at last Year-end	5938867	5419973
本年资金来源小计	Subtotal Sources of Funds This Year	85649024	98016241
国家预算内资金	State Budget	4228873	4356608
国内贷款	Domestic Loans	7929884	7432996
债券	Bonds	13322	2050
利用外资	Foreign Investment	1631317	1762425
自筹资金	Self-raising Funds	62754492	74133548
其他资金	Others	9091136	10328614
新增固定资产(万元)	**Newly Increased Fixed Assets(10000 yuan)**	**46618996**	**65156200**
施工房屋建筑面积(万平方米)	**Floor Space of Buildings under Construction(10000 sq.m)**	**23383.12**	**22566.35**
#住宅	Residential Buildings	13530.17	12586.43
竣工房屋建筑面积(万平方米)	**Floor Space of Buildings Completed(10000 sq.m)**	**8842.06**	**8951.43**
#住宅	Residential Buildings	5958.67	5590.97

4-3 全社会固定资产投资构成

Composition of Total Investments in Fixed Assets

单位：% (%)

指　　标	Item	2010	2011
全社会固定资产投资	**Total Investment in Fixed Assets in the Whole Country**	**100.0**	**100.0**
固定资产投资	Total Investment	95.7	96.3
#房地产开发投资	Real Estate Development	12.1	9.5
农户投资	Farm Households	4.3	3.7
按登记注册类型分	Grouped by Status of Registration		
内　资	Domestic Funds	89.3	90.6
国　有	State-owned	23.9	21.0
集　体	Collective-owned	1.2	1.1
股份合作	Share Holding Cooperative	1.2	1.2
联　营	Joint-owned	0.3	0.3
有限责任公司	Limited Liability Corporations	28.4	27.1
股份有限公司	Share Holding Enterprises	7.0	6.3
私　营	Private	25.2	30.9
其他内资	Others	2.1	2.6
港、澳、台投资	Funds from Hong Kong，Macao and Taiwan	2.8	2.4
外商投资	Foreign Funded	2.9	2.3
个体经营	Individuals	5.0	4.7
按构成分	Grouped by Use of Funds		
建筑工程	Construction	51.7	53.1
安装工程	Installation	8.2	9.5
设备、工器具购置	Purchase of Equipment and Instruments	25.0	24.5
其他费用	Others	15.1	12.9
按建设性质分	Grouped by Type of Construction		
#新　建	New Construction	68.6	68.0
扩　建	Expansion	11.1	11.6
改建和技术改造	Reconstruction and Technical Rennovation	14.4	15.4
按产业分	Grouped by Industry		
第一产业	Primary Industry	3.0	2.6
第二产业	Secondary Industry	57.1	57.3
#工　业	Industry	56.5	56.7
第三产业	Tertiary Industry	39.9	40.1
按行业分	Grouped by Sector		
农、林、牧、渔业	Farming, Forestry, Animal Husbandy and Fishery	3.1	2.6
采矿业	Mining	2.9	2.5
制造业	Manufacturing	50.1	51.1
电力、燃气及水的生产和供应业	Production and Supply of Electricity Gas and Water	3.5	3.0
建筑业	Construction	0.5	0.6
交通运输、仓储和邮政业	Transport, Storage and Post Services	5.4	5.0
信息传输、计算机服务和软件业	Information Transmission, Computer Services and Software	0.6	0.5
批发和零售业	Wholesale and Retail Trade	2.3	3.1
住宿和餐饮业	Hotel and Catering Services	2.2	2.3
金融业	Financial Intermediation	0.3	0.3
房地产业	Real Estate	14.6	14.8
租赁和商务服务业	Leasing and Business Services	0.8	1.0
科学研究、技术服务和地质勘查业	Scientific Reseach, Ploytechnic Services and Geological Prospecting	0.2	0.3
水利、环境和公共设施管理业	Management of Water Conservancy, Environment and Public Facilities	8.9	8.2
居民服务和其他服务业	Services to Households and Other Services	0.6	0.6
教　育	Education	1.3	1.2
卫生、社会保障和社会福利业	Health Care, Social Security and Welfare	0.7	0.8
文化、体育和娱乐业	Culture, Sports and Entertainment	0.9	1.2
公共管理和社会组织	Public Management and Social Organizations	1.1	0.9

4-4 固定资产投资

Investment in Fixed Assets

指 标	Item	2010	2011
固定资产投资(万元)	**Total Investment(10000 yuan)**	**68593453**	**87539281**
按登记注册类型分	Grouped by Status of Registration		
内 资	Domestic Funds	64022374	82285537
国 有	State-owned	17246884	19074918
集 体	Collective-owned	883589	962056
股份合作	Share Holding Cooperative	864066	1141000
联 营	Joint-owned	167502	270028
有限责任公司	Limited Liability Corporations	20274280	24606300
股份有限公司	Share Holding Enterprises	4958577	5756150
私 营	Private	18168454	28111460
其他内资	Others	1459022	2363625
港、澳、台投资	Funds from Hong Kong，Macao and Taiwan	1981100	2161768
外商投资	Foreign Funded	2061419	2131226
个体经营	Individuals	528560	960750
按构成分	Grouped by Use of Funds		
建筑工程	Construction	34540062	45729243
安装工程	Installation	5854872	8674172
设备、工器具购置	Purchase of Equipment and Instruments	17479958	21877492
其他费用	Others	10718561	11258374
按建设性质分	Grouped by Type of Construction		
#新 建	New Construction	46110325	58482567
扩 建	Expansion	7968937	10563341
改建和技术改造	Reconstruction and Technical Rennovation	10320858	13991975
按产业分	Grouped by Industry		
第一产业	Primary Industry	1726663	1821226
第二产业	Secondary Industry	40791379	52065114
#工 业	Industry	40486628	51489444
第三产业	Tertiary Industry	26075411	33652941
资金来源合计(万元)	**Total Source of Funds(10000 yuan)**	**88535095**	**100099510**
上年末结余资金	Balance at last Year-end	5938867	5419973
本年资金来源小计	Subtotal Sources of Funds This Year	82596228	94679537
国家预算内资金	State Budget	4228873	4356608
国内贷款	Domestic Loans	7817388	7411341
债券	Bonds	13322	2050
利用外资	Foreign Investment	1631317	1762425
自筹资金	Self-raising Funds	59948155	70851746
其他资金	Others	8957173	10295367
新增固定资产(万元)	**Newly Increased Fixed Assets(10000 yuan)**	**43607087**	**61819496**
施工房屋建筑面积(万平方米)	**Floor Space of Buildings under Construction(10000 sq.m)**	**16696.53**	**18218.70**
#住宅	Residential Buildings	7449.01	8410.11
竣工房屋建筑面积(万平方米)	**Floor Space of Buildings Completed(10000 sq.m)**	**4772.24**	**5322.74**
#住宅	Residential Buildings	1984.42	2105.88

4-5 固定资产投资构成
Composition of Investment in Fixed Assets

单位：% (%)

指标	Item	2010	2011
固定资产投资	**Total Investment**	**100.0**	**100.0**
按登记注册类型分	Grouped by Status of Registration		
内资	Domestic Funds	93.3	94.0
国有	State-owned	25.1	21.8
集体	Collective-owned	1.3	1.1
股份合作	Share Holding Cooperative	1.3	1.3
联营	Joint-owned	0.2	0.3
有限责任公司	Limited Liability Corporations	29.6	28.1
股份有限公司	Share Holding Enterprises	7.2	6.6
私营	Private	26.5	32.1
其他内资	Others	2.1	2.7
港、澳、台投资	Funds from Hong Kong，Macao and Taiwan	2.9	2.5
外商投资	Foreign Funded	3.0	2.4
个体经营	Individuals	0.8	1.1
按构成分	Grouped by Use of Funds		
建筑工程	Construction	50.4	52.2
安装工程	Installation	8.5	9.9
设备、工器具购置	Purchase of Equipment and Instruments	25.5	25.0
其他费用	Others	15.6	12.9
按建设性质分	Grouped by Type of Construction		
#新建	New Construction	67.2	66.8
扩建	Expansion	11.6	12.1
改建和技术改造	Reconstruction and Technical Rennovation	15.0	16.0
按产业分	Grouped by Industry		
第一产业	Primary Industry	2.5	2.1
第二产业	Secondary Industry	59.5	59.5
#工业	Industry	59.0	58.8
第三产业	Tertiary Industry	38.0	38.4

4-6 分行业固定资产投资和构成
Investment and Expenditure in Fixed Assets by Sector

行业	Sector	投资额(万元) Investment (10000 yuan)		构成(%) Percentage (%)	
		2010	2011	2010	2011
总计	**Total**	**68593453**	**87539281**	**100.0**	**100.0**
农、林、牧、渔业	**Agriculture, Forestry, Animal Husbandry and Fishery**	**1726663**	**1821226**	**2.5**	**2.1**
采矿业	**Mining**	**2077731**	**2286780**	**3.0**	**2.6**
#煤炭开采和洗选业	Mining and Washing of Coal	483380	785618	0.7	0.9
黑色金属矿采选业	Mining and Processing of Ferrous Metal Ores	425651	273838	0.6	0.3
有色金属矿采选业	Mining and Processing of Non-Ferrous Metal Ores	516220	430581	0.8	0.5
非金属矿采选业	Mining and Processing of Nonmetal Ores	646310	788143	0.9	0.9
制造业	**Manufacturing**	**35889042**	**46433586**	**52.3**	**53.0**
#石油加工、炼焦加工业	Processing of Petroleum, Coking	116907	292917	0.2	0.3
非金属矿物制品业	Manufacture of Non-metallic Mineral Products	4870903	6093783	7.1	7.0
黑色金属冶炼及压延加工业	Smelting and Pressing of Ferrous Metals	781812	1242206	1.1	1.4
有色金属冶炼及压延加工业	Smelting and Pressing of Non-ferrous Metals	2853677	3299436	4.2	3.8
通信设备、计算机及其他电子设备制造业	Manufacture of Communication Equipment, Computers and Other Electronic Equipment	1866028	2288103	2.7	2.6
电力燃气水的生产供应业	**Production and Supply of Electricity, Gas and Water**	**2519855**	**2769078**	**3.7**	**3.2**
#电力、热力的生产和供应业	Production and Supply of Electric Power and Heat Power	1721763	1822784	2.5	2.1
水的生产和供应业	Production and Supply of Water	456341	538175	0.7	0.6
建筑业	**Construction**	**304751**	**575670**	**0.4**	**0.7**
交通运输、仓储和邮政业	**Transport, Storage and Post**	**3652655**	**4454936**	**5.3**	**5.1**
#铁路运输业	Railway Transport	208925	60803	0.3	0.1
道路运输业	Road Transport	2454383	3830905	3.6	4.4
城市公共交通业	Urban Public Transport	354796	86633	0.5	0.1
邮政业	Post	5211	8280	0.0	0.0
信息传输、计算机服务和软件业	**Information Transmission, Computer Services and Software**	**459723**	**445428**	**0.7**	**0.5**
#电信和其他信息传输服务业	Telecommunications and Other Information Transmission Services	254010	164173	0.4	0.2
批发和零售业	**Wholesale and Retail Trades**	**1644867**	**2835115**	**2.4**	**3.2**
住宿和餐饮业	**Hotels and Catering Services**	**1545214**	**2053814**	**2.3**	**2.3**
金融业	**Financial Intermediation**	**222079**	**236083**	**0.3**	**0.3**
房地产业	**Real Estate**	**8452987**	**10941762**	**12.3**	**12.5**
租赁和商务服务业	**Leasing and Business Services**	**549263**	**873643**	**0.8**	**1.0**
科学研究、技术服务和地质勘查业	**Scientific Research, Ploytechnic Services and Geological Prospecting**	**159379**	**236662**	**0.2**	**0.3**
水利、环境和公共设施管理业	**Management of Water Conservancy, Environment and Public Facilities**	**6359963**	**7440841**	**9.3**	**8.5**
水利管理业	Management of Water Conservancy	518262	494238	0.8	0.6
环境管理业	Environmental Management	421610	339370	0.6	0.4
公共设施管理业	Management of Public Facilities	5420091	6607233	7.9	7.5
居民服务和其他服务业	**Services to Households and Other Services**	**183027**	**398532**	**0.3**	**0.5**
教育	**Education**	**915683**	**1062972**	**1.3**	**1.2**
卫生、社会保障和社会福利业	**Health, Social Security and Social Welfare**	**462855**	**742648**	**0.7**	**0.8**
#卫生	Health	410725	671073	0.6	0.8
文化、体育和娱乐业	**Culture, Sports and Entertainment**	**649809**	**1064990**	**1.0**	**1.2**
公共管理和社会组织	**Public Management and Social Organization**	**817907**	**865515**	**1.2**	**1.0**

4-7 按行业和登记注册类型分固定资产投资（2011年）

单位：万元

行业	Sector	合计 Total	内资 Domestic Funds	国有 State-owned
总　计	**Total**	**87539281**	**82285537**	**19074918**
农、林、牧、渔业	**Agriculture, Forestry, Animal Husbandry and Fishery**	**1821226**	**1662336**	**398560**
农业	Farming	636734	575223	79508
林业	Forestry	283398	258189	124246
畜牧业	Animal Husbandry	538803	500626	16889
渔业	Fishery	116347	100729	22358
农、林、牧、渔服务业	Services in Support of Agriculture	245944	227569	155559
采矿业	**Mining**	**2286780**	**2149171**	**190687**
煤炭开采和洗选业	Mining and Washing of Coal	785618	716845	20676
黑色金属矿采选业	Mining and Processing of Ferrous Metal Ores	273838	270258	5000
有色金属矿采选业	Mining and Processing of Non-Ferrous Metal Ores	430581	412985	133710
非金属矿采选业	Mining and Processing of Nonmetal Ores	788143	740483	31301
制造业	**Manufacturing**	**46433586**	**43545378**	**1545281**
农副食品加工业	Processing of Food from Agricultural Products	1929624	1769629	52062
食品制造业	Manufacture of Foods	1152040	1127549	39426
饮料制造业	Manufacture of Beverages	779799	682302	2120
烟草制品业	Manufacture of Tobacco	63916	45416	4627
纺织业	Manufacture of Textile	1570693	1493493	
纺织服装、鞋、帽制造业	Manufacture of Textile Wearing Apparel, Footware and Caps	2884845	2635632	41213
皮革毛皮羽毛(绒)及其制品业	Manufacture of Leather, Fur, Feather and Related Products	881940	765443	2938
木材加工及木竹藤棕草制品业	Processing of Timber, Manufacture of Wood, Bamboo, Rattan,Palm and Straw Products	714133	671792	700
家具制造业	Manufacture of Furniture	641049	624049	2645
造纸及纸制品业	Manufacture of Paper and Paper Products	785099	732503	
印刷业和记录媒介的复制	Printing, Reproduction of Recording Media	716444	681370	108089
文教体育用品制造业	Manufacture of Articles For Culture, Education and Sport Activities	349696	314315	
石油加工、炼焦加工业	Processing of Petroleum, Coking	292917	246257	
化学原料及化学制品制造业	Manufacture of Raw Chemical Materials and Chemical Products	3935845	3744603	128248
医药制造业	Manufacture of Medicines	1264525	1237274	7320
化学纤维制造业	Manufacture of Chemical Fibers	100806	87206	
橡胶制品业	Manufacture of Rubber	244207	204660	
塑料制品业	Manufacture of Plastics	1105082	1069144	
非金属矿物制品业	Manufacture of Non-metallic Mineral Products	6093783	5930409	289932
黑色金属冶炼及压延加工业	Smelting and Pressing of Ferrous Metals	1242206	1204427	89166
有色金属冶炼及压延加工业	Smelting and Pressing of Non-ferrous Metals	3299436	3194695	417849
金属制品业	Manufacture of Metal Products	1831190	1796417	35141
通用设备制造业	Manufacture of General Purpose Machinery	1386983	1295221	41274
专用设备制造业	Manufacture of Special Purpose Machinery	1906671	1813893	34554
交通运输设备制造业	Manufacture of Transport Equipment	2057627	1890442	129664
电气机械及器材制造业	Manufacture of Electrical Machinery and Equipment	5524802	5020525	60496
通信设备、计算机及其他电子设备制造业	Manufacture of Communication Equipment, Computers and Other Electronic Equipment	2288103	1888650	32238
仪器仪表及文化、办公用机械制造业	Manufacture of Measuring Instruments and Machinery for Cultural Activity and Office Work	447205	447205	2754
工艺品及其他制造业	Manufacture of Artwork and Other Manufacturing	744997	732934	21125
废弃资源和废旧材料回收加工业	Recycling and Disposal of Waste	197923	197923	1700
电力、燃气及水的生产和供应业	**Production and Supply of Electricity, Gas and Water**	**2769078**	**2544559**	**1583872**
电力、热力的生产和供应业	Production and Supply of Electric Power and Heat Power	1822784	1641690	1168404
燃气生产和供应业	Production and Supply of Gas	408119	376434	79476
水的生产和供应业	Production and Supply of Water	538175	526435	335992
建筑业	**Construction**	**575670**	**568920**	**72417**
房屋和土木工程建筑业	Construction of Buildings and Civil Engineering	360700	360700	68169
建筑安装业	Building Installation	48530	48530	4248
建筑装饰业	Building Decoration	130458	126558	
其他建筑业	Other Construction	35982	33132	
交通运输、仓储和邮政业	**Transport, Storage and Post**	**4454936**	**4439376**	**3715278**
铁路运输业	Railway Transport	60803	60803	20300
道路运输业	Road Transport	3830905	3825675	3505376
城市公共交通业	Urban Public Transport	86633	86633	72491
水上运输业	Water Transport	25754	25754	11874

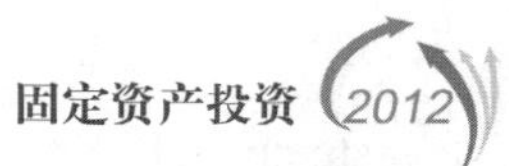

Investment in Fixed Assets by Sector and Registration Status (2011)

(10000 yuan)

集 体 Collective-owned	股份合作 Share Holding Cooperative	联 营 Joint-owned	有限责任公司 Limited Liability Corporations	股份有限公司 Share Holding Enterprises	私 营 Private	其 他 Others	港澳台商投资 Funds from Hong Kong, Macao and Taiwan	外商投资 Foreign Funded	个体经营 Individuals
962056	**1141000**	**270028**	**24606300**	**5756150**	**28111460**	**2363625**	**2161768**	**2131226**	**960750**
44547	**32810**	**2065**	**283680**	**59961**	**712458**	**128255**	**36255**	**51084**	**71551**
15882	12190	905	134377	21855	271586	38920	11755	27784	21972
8200	9600		28443	1950	60834	24916	12500	959	11750
7245		1160	86923	30866	310633	46910		16841	21336
			13680	2990	48077	13624		5500	10118
13220	11020		20257	2300	21328	3885	12000		6375
21859	**40065**	**29480**	**211789**	**193883**	**1319976**	**141432**	**19000**	**24756**	**93853**
17959	6370	8900	28191	89086	432321	113342		9600	59173
	18000		33350	22367	191541			1000	2580
900	9260	14580	50577	35400	156068	12490	5000	12596	
3000	6435	6000	99671	47030	533746	13300	14000	1560	32100
96801	**802042**	**93281**	**17047861**	**3682233**	**19062019**	**1215860**	**1225579**	**1469088**	**193541**
13850	9326	7100	675258	112194	862186	37653	57563	97442	4990
	4860	2900	486114	54818	479022	60409	7960	13531	3000
	43156		376048	18678	228329	13971	62410	35087	
		9915		20833	10041		18500		
	35081		609488	156772	668841	23311	19078	58122	
5725	15776	54109	987435	97289	1388153	45932	187961	37862	23390
2236			264411	56702	419171	19985	65699	50019	779
5510	22372		157993	25857	432614	26746	22988	4246	15107
		3690	218493	46586	328296	24339	11700		5300
	4000		262913	170769	277745	17076	34608	16708	1280
4036	2768	2157	287956	7232	237014	32118	26806	1718	6550
			84745	32700	185362	11508	31183	4198	
			66110	143300	36847		8860	37800	
16890	22529		1147272	269325	2051705	108634	26820	154474	9948
	2580	2900	596354	62692	505128	60300	24291	2960	
			29588	4607	53011		13600		
			79043	7870	110560	7187	21347	15000	3200
4196	2900	4200	379932	156245	511443	10228	16201	16737	3000
22775	29757	3660	2289008	419957	2699488	175832	80962	33732	48680
	21194		500787	240873	352207	200	34889		2890
	15736		615887	266707	1784334	94182	5850	96012	2879
500	4665		835652	95340	734937	90182	5670	9183	19920
7418	41898	2650	547415	79837	503186	71543	18242	72520	1000
2940	6000		774329	246217	693971	55882	52305	34463	6010
2864	19865		952980	74071	663986	47012	3095	130702	33388
2905	465546		2287240	605424	1506986	91928	42891	460756	630
4956	30133		913934	88476	763924	54989	322600	76853	
			190924	69148	169571	14808			
	1900		345847	41884	304463	17715	1500	8963	1600
			84705	9830	99498	2190			
18032	**5950**	**4859**	**435143**	**203994**	**272971**	**19738**	**32762**	**185877**	**5880**
4510	4600	4600	230245	93246	128585	7500		175914	5180
			146358	54390	89710	6500	25810	5875	
13522	1350	259	58540	56358	54676	5738	6952	4088	700
11596	**13770**		**276418**	**10470**	**174910**	**9339**			**6750**
6996	5170		177394	5430	94008	3533			
	8600		24966		7950	2766			
4600			58158	2620	58140	3040			3900
			15900	2420	14812				2850
19234	**759**		**261190**	**94705**	**277193**	**71017**	**2230**	**7000**	**6330**
1780				30580	3250	4893			
16374	759		125085	38220	107237	32624			5230
			6142		8000				
			11380			2500			

4-7 续表

单位：万元

行业	Sector	合计 Total	内资 Domestic Funds	国有 State-owned
航空运输业	Air Transport	23600	23600	20760
管道运输业	Transport Via Pipelines	1000	1000	
装卸搬运和其他运输服务业	Loading, Unloading and Other Transport Services	77185	76085	9342
仓储业	Storage	340776	331546	75135
邮政业	Post	8280	8280	
信息传输、计算机服务和软件业	**Information Transmission, Computer Services and Software**	**445428**	**369553**	**27643**
电信和其他信息传输服务业	Telecommunications and Other Information Transmission Services	164173	149319	27643
计算机服务业	Computer Services	118386	80315	
软件业	Software	162869	139919	
批发和零售业	**Wholesale and Retail Trades**	**2835115**	**2521457**	**251561**
批发业	Wholesale Trade	1157469	1113276	94452
零售业	Retail Trade	1677646	1408181	157109
住宿和餐饮业	**Hotels and Catering Services**	**2053814**	**1724986**	**141540**
住宿业	Hotels	1364473	1145141	118693
餐饮业	Catering Services	689341	579845	22847
金融业	**Financial Intermediation**	**236083**	**225083**	**108097**
银行业	Bank	147369	147369	88173
证券业	Security Activities	20070	20070	
保险业	Insurance	6540	6540	2300
其他金融活动	Other Financial Activities	62104	51104	17624
房地产业	**Real Estate**	**10941762**	**10238656**	**1825526**
租赁和商务服务业	**Leasing and Business Services**	**873643**	**743197**	**79353**
租赁业	Leasing	86963	86963	
商务服务业	Business Services	786680	656234	79353
科学研究、技术服务和地质勘查业	**Scientific Reseach, Ploytechnic Services and Geological Prospecting**	**236662**	**231666**	**71433**
研究与试验发展	Research and Experimental Development	71638	69502	24246
专业技术服务业	Professional Technical Services	101989	101989	36017
科技交流和推广服务业	Services of Science and Technology Exchanges and Promotion	45215	42355	1350
地质勘查业	Geologic Prospecting	17820	17820	9820
水利、环境和公共设施管理业	**Management of Water Conservancy, Environment and Public Facilities**	**7440841**	**7337113**	**6157949**
水利管理业	Management of Water Conservancy	494238	494238	443225
环境管理业	Environmental Management	339370	335824	266422
公共设施管理业	Management of Public Facilities	6607233	6507051	5448302
居民服务和其他服务业	**Services to Households and Other Services**	**398532**	**350115**	**16900**
居民服务业	Services to Households	240092	207803	8250
其他服务业	Other Services	158440	142312	8650
教　育	**Education**	**1062972**	**1046186**	**832615**
卫生、社会保障和社会福利业	**Health, Social Security and Social Welfare**	**742648**	**738032**	**629781**
卫　生	Health	671073	666457	572577
社会保障业	Social Security	12687	12687	12687
社会福利业	Social Welfare	58888	58888	44517
文化、体育和娱乐业	**Culture, Sports and Entertainment**	**1064990**	**987508**	**670141**
新闻出版业	Journalism and Publishing Activities	37695	37695	31555
广播、电视、电影和音像业	Broadcasting, Movies, Television and Audiovisual Activities	32076	29378	10965
文化艺术业	Cultural and Art Activities	410039	397186	316192
体　育	Sports Activities	264452	264452	254232
娱乐业	Entertainment	320728	258797	57197
公共管理和社会组织	**Public Management and Social Organization**	**865515**	**862245**	**756284**
#中国共产党机关	Organs of Communist Party of China	7138	7138	5178
国家机构	Government Agencies	748038	747478	703050
群众团体、社会团体和宗教组织	Non-Governmental Organizations, Social Organizations and Religion Organizations	72966	70256	40526
基层群众自治组织	Grass Roots Self-governing Organizations	37373	37373	7530

continued

(10000 yuan)

集 体 Collective-owned	股份合作 Share Holding Cooperative	联 营 Joint-owned	有限责任公司 Limited Liability Corporations	股份有限公司 Share Holding Enterprises	私 营 Private	其 他 Others	港澳台商投资 Funds from Hong Kong, Macao and Taiwan	外商投资 Foreign Funded	个体经营 Individuals
			2840						
					1000				
			15889		50854				1100
1080			99854	25905	98572	31000	2230	7000	
					8280				
	2850		**160393**	**97080**	**73214**	**8373**	**37942**	**14265**	**23668**
	2850		14775	80457	22014	1580	2638	11631	585
			31642	4290	38590	5793	13846	1142	23083
			113976	12333	12610	1000	21458	1492	
48473	**14858**	**10086**	**596750**	**175363**	**1264266**	**160100**	**10290**	**18919**	**284449**
11309	12404	6718	313105	49374	535098	90816	8500	2760	32933
37164	2454	3368	283645	125989	729168	69284	1790	16159	251516
30086	**31522**	**1000**	**338913**	**235816**	**885996**	**60113**	**131198**	**53055**	**144575**
17466	20032	1000	259205	185765	502471	40509	121058	42972	55302
12620	11490		79708	50051	383525	19604	10140	10083	89273
5010	**5890**	**12600**	**44736**	**24340**	**19480**	**4930**			**11000**
4290	5890	12600	7676	20240	8500				
			10380		4760	4930			
			2740	1500					
720			23940	2600	6220				11000
291759	**31639**	**57972**	**3970251**	**706347**	**3110497**	**244665**	**454623**	**237735**	**10748**
78267	**5000**	**4855**	**316133**	**27132**	**184502**	**47955**	**116690**	**500**	**13256**
			33213	5372	45778	2600			
78267	5000	4855	282920	21760	138724	45355	116690	500	13256
1015	**9620**		**62709**	**22313**	**57976**	**6600**		**4996**	
	6750		25676		6230	6600		2136	
1015	2870		21091	13105	27891				
			15942	1208	23855			2860	
				8000					
175471	**27817**	**47800**	**341730**	**172435**	**288460**	**125451**	**44707**	**56961**	**2060**
16636		10000	6559	1017	2850	13951			
18371			10210	1000	29400	10421	3546		
140464	27817	37800	324961	170418	256210	101079	41161	56961	2060
12559	**111530**		**32374**	**7620**	**151589**	**17543**	**1880**		**46537**
9759	107080		10530	4840	60482	6862	1880		30409
2800	4450		21844	2780	91107	10681			16128
32209	**1000**	**3300**	**39686**	**4884**	**104584**	**27908**		**1280**	**15506**
30360	**3878**		**12506**		**35066**	**26441**			**4616**
21989	3878		12506		29066	26441			4616
8371					6000				
21866		**780**	**136734**	**37574**	**115833**	**4580**	**48612**	**3000**	**25870**
			4109	2031					
				3583	14830				2698
14076			43148	2960	20810		12853		
					8020	2200			
7790		780	89477	29000	72173	2380	35759	3000	23172
22912		**1950**	**37304**		**470**	**43325**		**2710**	**560**
						1960			
		1950	28304			14174			560
1550			9000		470	18710		2710	
21362						8481			

4-8 固定资产投资资金来源（2011年）

单位：万元

行业	Sector	资金来源合计 Total Source of Funds	上年末结余资金 Balance of Funds Forward Brought from the Previous Year	本年资金来源小计 Subtotal Sources of Funds This Year
总计	**Total**	**100099510**	**5419973**	**94679537**
按行业分	**By sector**			
农、林、牧、渔业	Farming, Forestry, Animal Husbandy and Fishery	1899125	64221	1834904
采矿业	Mining	2349027	79342	2269685
制造业	Manufacturing	50321503	923861	49397642
电力、燃气及水的生产和供应业	Production and Supply of Electricity Gas and Water	3007080	196731	2810349
建筑业	Construction	584993	6000	578993
交通运输、仓储和邮政业	Transport, Storage and Post Services	4564230	167120	4397110
信息传输、计算机服务和软件业	Information Transmission, Computer Software and Services	552366	32314	520052
批发和零售业	Wholesale and Retail Trade	2870031	43765	2826266
住宿和餐饮业	Hotel and Catering Services	2102728	66932	2035796
金融业	Financial Intermediation	267049	22594	244455
房地产业	Real Estate	17834915	3241156	14593759
租赁和商务服务业	Leasing and Business Services	951705	52980	898725
科学研究、技术服务和地质勘查业	Scientific Reseach, Ploytechnic Services and Geological Prospecting	248334	5763	242571
水利、环境和公共设施	Management of Water Conservancy, Environment	7970430	416148	7554282
居民服务和其他服务业	Services to Households and Other Services	448492	2450	446042
教育	Education	1175036	35437	1139599
卫生、社会保障和社会福利业	Health Care, Social Security and Social Welfare	820935	27551	793384
文化、体育和娱乐业	Culture, Sports and Entertainment	1166422	13309	1153113
公共管理和社会组织	Public Management and Social Organizations	965109	22299	942810
按地区分	**By Region**			
南昌市	Nanchang	24105946	1962869	22143077
景德镇市	Jingdezhen	4546387	113687	4432700
萍乡市	Pingxiang	6145421	198104	5947317
九江市	Jiujiang	11841684	398666	11443018
新余市	Xinyu	6780550	192863	6587687
鹰潭市	Yingtan	3504925	72173	3432752
赣州市	Ganzhou	9210605	620870	8589735
吉安市	Ji'an	7768426	375824	7392602
宜春市	Yichun	9321113	554643	8766470
抚州市	Fuzhou	6106271	274713	5831558
上饶市	Shangrao	8916727	655561	8261166
不分地区	Not Classified by Region	1851455		1851455

Investment in Fixed Assets by Sources of Funds (2011)

(10000 yuan)

国家预算内资金 State Budget	国内贷款 Domestic Loans	债券 Bonds	利用外资 Foreign Investment	#外商直接投资 Foreign Direct Investment	自筹资金 Self-raising Funds	#企事业单位自有资金 Fund of Enterprises	其他资金 Others
4356608	**7411341**	**2050**	**1762425**	**1047847**	**70851746**	**17674951**	**10295367**
75929	50119		89480	77270	1396423	241278	222953
40736	30746		8260	6010	2095538	422522	94405
132734	3187796		1395313	796212	42899648	10030173	1782151
518102	326553	400	41830	33830	1750353	634177	173111
23689	36500		9600		462028	112388	47176
799988	904493		15300	15300	2476585	1103527	200744
1694	16592		2384		472154	161268	27228
120275	28756		2128	2128	2572233	659289	102874
9903	35400		78073	22000	1852871	540062	59549
14310	6100		1433	1433	212262	52849	10350
537797	1786186		64601	64601	6171911	2089927	6033264
11914	31821		350		751321	242600	103319
8190	5660		4330		204773	45753	19618
1269190	633636		33068	19100	4703010	716125	915378
	100000				332285	117634	13757
193167	38501		100	100	779195	123671	128636
110121	95838	1650			516286	147146	69489
263981	78109		12675	9863	680452	128748	117896
224888	18535		3500		522418	105814	173469
791118	1723244		463008	156941	16628533	4214890	2537174
76074	116568		82363	82363	3647861	288893	509834
58360	316241		89145	86345	5261275	1796274	222296
454864	168736		51531	35470	10353786	1805208	414101
657219	587253		283430	33400	4460967	1697402	598818
116643	939525		39060	25800	2151077	49266	186447
690727	1032673	1650	185417	153769	5612039	1568836	1067229
563947	519193		255845	232745	5328942	2145409	724675
227888	512622	400	194470	183020	7023603	1951545	807487
165059	171992		80080	41300	3947663	695504	1466764
219824	711103		38076	16694	5531621	618306	1760542
334885	612191				904379	843418	

4-9 固定资产投资建设项目和新增固定资产（2011年）

Projects Investment Construction and Newly Increased Fixed Assets (2011)

行业	Sector	施工项目（个）Number of Projects under Construction (unit)	全部建成投产（个）Number of Projects Completed and Put into Use (unit)	新增固定资产(万元) Newly Increased Fixed Assets (10000 yuan)
总计	**Total**	**15259**	**11081**	**61819496**
农、林、牧、渔业	**Agriculture, Forestry, Animal Husbandry and Fishery**	**580**	**409**	**1261801**
农业	Farming	186	117	430842
林业	Forestry	81	61	193359
畜牧业	Animal Husbandry	198	144	399244
渔业	Fishery	44	31	78128
农、林、牧、渔服务业	Services in Support of Agriculture	71	56	160228
采矿业	**Mining**	**450**	**328**	**1520937**
煤炭开采和洗选业	Mining and Washing of Coal	164	131	587649
黑色金属矿采选业	Mining and Processing of Ferrous Metal Ores	46	40	153148
有色金属矿采选业	Mining and Processing of Non-Ferrous Metal Ores	83	55	299560
非金属矿采选业	Mining and Processing of Nonmetal Ores	153	102	480580
制造业	**Manufacturing**	**7441**	**5440**	**34111014**
农副食品加工业	Processing of Food from Agricultural Products	414	306	1401566
食品制造业	Manufacture of Foods	222	182	905329
饮料制造业	Manufacture of Beverages	102	81	540051
烟草制品业	Manufacture of Tobacco	8	4	20515
纺织业	Manufacture of Textile	240	192	1389784
纺织服装、鞋、帽制造业	Manufacture of Textile Wearing Apparel, Footware and Caps	677	531	2341215
皮革毛皮羽毛(绒)及其制品业	Manufacture of Leather, Fur, Feather and Related Products	185	133	613789
木材加工及木竹藤棕草制品业	Processing of Timber, Manufacture of Wood, Bamboo, Rattan, Palm and Straw Products	175	130	531515
家具制造业	Manufacture of Furniture	142	101	400475
造纸及纸制品业	Manufacture of Paper and Paper Products	124	92	460972
印刷业和记录媒介的复制	Printing, Reproduction of Recording Media	131	112	592335
文教体育用品制造业	Manufacture of Articles For Culture, Education and Sport Activities	68	55	228045
石油加工、炼焦加工业	Processing of Petroleum, Coking	24	17	109743
化学原料及化学制品制造业	Manufacture of Raw Chemical Materials and Chemical Products	664	460	2696860
医药制造业	Manufacture of Medicines	216	173	967703
化学纤维制造业	Manufacture of Chemical Fibers	13	7	43465
橡胶制品业	Manufacture of Rubber	54	41	160751
塑料制品业	Manufacture of Plastics	251	189	879739
非金属矿物制品业	Manufacture of Non-metallic Mineral Products	930	672	4450967
黑色金属冶炼及压延加工业	Smelting and Pressing of Ferrous Metals	97	63	1079338
有色金属冶炼及压延加工业	Smelting and Pressing of Non-ferrous Metals	351	245	2818218
金属制品业	Manufacture of Metal Products	342	257	1350162
通用设备制造业	Manufacture of General Purpose Machinery	267	203	962329

4-9 续表1 continued

行　　业	Sector	施工项目（个）Number of Projects under Construction (unit)	全部建成投产（个）Number of Projects Completed and Put into Use (unit)	新增固定资产（万元）Newly Increased Fixed Assets (10000 yuan)
专用设备制造业	Manufacture of Special Purpose Machinery	309	209	1046313
交通运输设备制造业	Manufacture of Transport Equipment	289	206	1341806
电气机械及器材制造业	Manufacture of Electrical Machinery and Equipment	609	400	3789108
通信设备、计算机及其他电子设备制造业	Manufacture of Communication Equipment, Computers and Other Electronic Equipment	275	176	1916214
仪器仪表及文化、办公用机械制造业	Manufacture of Measuring Instruments and Machinery for Cultural Activity and Office Work	74	60	354129
工艺品及其他制造业	Manufacture of Artwork and Other Manufacturing	150	110	490630
废弃资源和废旧材料回收加工业	Recycling and Disposal of Waste	38	33	227948
电力、燃气及水的生产和供应业	**Production and Supply of Electricity, Gas and Water**	**429**	**300**	**2541974**
电力、热力的生产和供应业	Production and Supply of Electric Power and Heat Power	201	145	1941300
燃气生产和供应业	Production and Supply of Gas	49	34	206156
水的生产和供应业	Production and Supply of Water	179	121	394518
建筑业	**Construction**	**109**	**98**	**370056**
房屋和土木工程建筑业	Construction of Buildings and Civil Engineering	50	42	177432
建筑安装业	Building Installation	11	8	38648
建筑装饰业	Building Decoration	37	37	122473
其他建筑业	Other Construction	11	11	31503
交通运输、仓储和邮政业	**Transport, Storage and Post**	**522**	**330**	**2755522**
铁路运输业	Railway Transport	9	4	347116
道路运输业	Road Transport	393	247	1979790
城市公共交通业	Urban Public Transport	15	7	59898
水上运输业	Water Transport	8	5	20319
航空运输业	Air Transport	5	3	15097
管道运输业	Transport Via Pipelines	1	1	500
装卸搬运和其他运输服务业	Loading, Unloading and Other Transport Services	22	17	55266
仓储业	Storage	66	43	269836
邮政业	Post	3	3	7700
信息传输、计算机服务和软件业	**Information Transmission, Computer Services and Software**	**158**	**119**	**314482**
电信和其他信息传输服务业	Telecommunications and Other Information Transmission Services	54	40	122861
计算机服务业	Computer Services	46	39	94663
软件业	Software	58	40	96958
批发和零售业	**Wholesale and Retail Trades**	**908**	**790**	**2219856**
批发业	Wholesale Trade	364	310	731924
零售业	Retail Trade	544	480	1487932
住宿和餐饮业	**Hotels and Catering Services**	**560**	**439**	**1529186**
住宿业	Hotels	311	213	912553
餐饮业	Catering Services	249	226	616633
金融业	**Financial Intermediation**	**68**	**57**	**196410**

4-9 续表2 continued

行业	Sector	施工项目(个) Number of Projects under Construction (unit)	全部建成投产(个) Number of Projects Completed and Put into Use (unit)	新增固定资产(万元) Newly Increased Fixed Assets (10000 yuan)
银行业	Bank	41	31	90916
证券业	Security Activities	8	8	19550
保险业	Insurance	2	2	6540
其他金融活动	Other Financial Activities	17	16	79404
房地产业	**Real Estate**	**467**	**282**	**1434117**
租赁和商务服务业	**Leasing and Business Services**	**230**	**185**	**693838**
租赁业	Leasing	16	14	59980
商务服务业	Business Services	214	171	633858
科学研究、技术服务和地质勘查业	**Scientific Research, Ploytechnic Services and Geological Prospecting**	**70**	**55**	**209228**
研究与试验发展	Research and Experimental Development	19	14	62869
专业技术服务业	Professional Technical Services	30	26	99554
科技交流和推广服务业	Services of Science and Technology Exchanges and Promotion	16	11	31515
地质勘查业	Geologic Prospecting	5	4	15290
水利、环境和公共设施管理业	**Management of Water Conservancy, Environment and Public Facilities**	**2002**	**1371**	**5285517**
水利管理业	Management of Water Conservancy	175	118	329644
环境管理业	Environmental Management	118	90	290925
公共设施管理业	Management of Public Facilities	1709	1163	4664948
居民服务和其他服务业	**Services to Households and Other Services**	**113**	**100**	**240125**
居民服务业	Services to Households	59	51	119892
其他服务业	Other Services	54	49	120233
教　育	**Education**	**360**	**253**	**884473**
卫生、社会保障和社会福利业	**Health, Social Security and Social Welfare**	**233**	**150**	**449298**
卫　生	Health	197	125	402049
社会保障业	Social Security	4	1	1570
社会福利业	Social Welfare	32	24	45679
文化、体育和娱乐业	**Culture, Sports and Entertainment**	**239**	**157**	**825962**
新闻出版业	Journalism and Publishing Activities	7	5	40903
广播、电视、电影和音像业	Broadcasting, Movies, Television and Audiovisual Activities	15	12	32223
文化艺术业	Cultural and Art Activities	102	59	235107
体　育	Sports Activities	29	20	226864
娱乐业	Entertainment	86	61	290865
公共管理和社会组织	**Public Management and Social Organization**	**320**	**218**	**721003**
#中国共产党机关	Organs of Communist Party of China	2	2	16138
国家机构	Government Agencies	268	180	601993
群众团体、社会团体和宗教组织	Non-Governmental Organizations, Social Organizations and Religion Organizations	21	13	70483
基层群众自治组织	Grass Roots Self-governing Organizations	29	23	32389

4-10 农村农户固定资产投资
Farm Households Investment in Fixed Assets in Rural Area

指　　标	Item	2010	2011
农户固定资产投资(万元)	**Total Investment(10000 yuan)**	**3052797**	**3336704**
按资金来源分	Grouped by Sources of Funds		
国内贷款	Domestic Loans	112496	21655
自筹资金	Self-raising Funds	2806337	3281802
按构成分	Grouped by Use of Funds		
建筑工程	Construction	2469270	2552374
#水　利	Water Conservancy	4094	
房　屋	Building	2368057	2552374
#住　宅	Residential Buildings	2217983	2432958
安装工程	Installation	498	
设备、工器具购置	Purchase of Equipment and Instruments	452326	340138
#生产设备	Product Equipment	414539	226771
其　它	Others	130703	444193
按行业分	Grouped by Sector		
农业	Farming	462115	529651
采矿业	Mining		
制造业	Manufacturing	13236	10473
电力、燃气及水的生产和供应业	Production and Supply of Electricity Gas and Water	1521	
建筑业	Construction	73593	
交通运输、仓储和邮政业	Transport, Storage and Post Services	234707	113367
信息传输、计算机服务和软件业	Information Transmission, Computer Software and Services		
批发和零售业	Wholesale and Retail Trade	14068	
住宿和餐饮业	Hotel and Catering Services		
金融业	Financial Intermediation		
房地产业	Real Estate	1970913	2552374
租赁和商务服务业	Leasing and Business Services	21738	
科学研究、技术服务和地质勘查业	Scientific Reseach, Ploytechnic Services and Geological Prospecting		
水利、环境和公共设施管理业	Management of Water Conservancy, Environment and Public Facilities		
居民服务和其他服务业	Services to Households and Other Services	235827	130840
教　育	Education		
卫生、社会保障和社会福利业	Health Care, Social Security and Social Welfare	22655	
文化、体育和娱乐业	Culture, Sports and Entertainment	1874	
公共管理和社会组织	Public Management and Social Organizations	550	
按具体投资项目分	Grouped by Project		
房　屋	Building	2368057	2552374
#住　宅	Residential Buildings	2217983	2432958
道　路	Road	1298	
桥　梁	Bridge		
设　备	Equipment	462326	226771
水　利	Water Conservancy	4094	
其　他	Others	217022	557560
新增固定资产(万元)	**Newly Increased Fixed Assets(10000 yuan)**	**3011909**	**3336704**
施工房屋建筑面积(万平方米)	**Floor Space of Buildings under Construction(10000 sq.m)**	**6686.59**	**4347.65**
#住宅	Residential Buildings	6081.16	4176.32
竣工房屋建筑面积(万平方米)	**Floor Space of Buildings Completed(10000 sq.m)**	**4069.82**	**3628.70**
#住宅	Residential Buildings	3974.25	3485.09

注：本表资料来自国家统计局江西调查总队，为抽样调查数据。
a) Data in the table are provided by Survey Office of the National Bureau of Statistics in Jiangxi , Source in the sample census.

4-11 各地区固定资产投资（2011年）

Investment in Fixed Assets by Region (2011)

单位：万元 (10000 yuan)

地　区	Region	合计 Total	第一产业 Primary Industry	第二产业 Secondary Industry	#工业 Industry	第三产业 Tertiary Industry
全　省	**Provincial Total**	**87539281**	**1821226**	**52065114**	**51489444**	**33652941**
南昌市	Nanchang	20023279	283311	8731538	8463655	11008430
景德镇市	Jingdezhen	3819343	48468	2807484	2772564	963391
萍乡市	Pingxiang	5775365	126947	4588006	4588006	1060412
九江市	Jiujiang	10116879	94308	7288675	7288675	2733896
新余市	Xinyu	6269989	240116	4031698	4023898	1998175
鹰潭市	Yingtan	2768623	48748	1915353	1907764	804522
赣州市	Ganzhou	8196111	118276	3596177	3596177	4481658
吉安市	Ji'an	7406654	196688	5356522	5356522	1853444
宜春市	Yichun	7819683	142184	5915850	5915850	1761649
抚州市	Fuzhou	5541433	320570	3165217	3165217	2055646
上饶市	Shangrao	8291110	201610	4491505	4234027	3597995
不分地区	Not Classified by Region	1510812		177089	177089	1333723

注：本表统计范围为计划总投资500万元及以上项目投资和房地产开发投资，不含农村农户投资(后表同)。
a)The statistical scope of this table is more than 5000000 yuan project investment,including investment for real estate development,no-including farm households investment in fixed assets in rural area.The same applies to 4-12 table.

4-12 各地区固定资产投资增长速度（2011年）

Growth Rates of Investment in Fixed Assets by Region (2011)

地　区	Region	合计 Total	第一产业 Primary Industry	第二产业 Secondary Industry	#工业 Industry	第三产业 Tertiary Industry
全　省	**Provincial Total**	**27.6**	**5.5**	**27.6**	**27.2**	**29.1**
南昌市	Nanchang	26.1	31.1	35.1	34.4	19.6
景德镇市	Jingdezhen	11.4	-23.5	3.2	2.4	49.3
萍乡市	Pingxiang	39.2	127.3	43.3	43.3	18.8
九江市	Jiujiang	40.1	59.1	40.2	40.2	39.2
新余市	Xinyu	28.3	42.7	14.1	13.9	68.6
鹰潭市	Yingtan	23.0	-6.5	25.2	25.6	20.2
赣州市	Ganzhou	28.1	-38.2	21.7	21.7	37.7
吉安市	Ji'an	30.4	-35.5	28.9	29.0	52.2
宜春市	Yichun	30.4	-10.2	36.0	36.0	18.6
抚州市	Fuzhou	15.5	48.0	11.4	11.5	18.1
上饶市	Shangrao	26.0	-16.2	19.9	16.5	38.8
不分地区	Not Classified by Region	14.2		87.5	87.5	8.6

4-13 各地区按登记注册类型分的固定资产投资（2011年）

Investment in Fixed Assets by Region and Status of Registration (2011)

单位：万元 (10000 yuan)

地　区	Region	合　计 Total	内　资 Domestic Funds	国　有 State-owned	集　体 Collective-owned	股份合作 Share Holding Cooperative	联　营 Joint-owned
全　省	**Provincial Total**	**87539281**	**82285537**	**19074918**	**962056**	**1141000**	**270028**
南昌市	Nanchang	20023279	17713701	3627635	654890	257459	23457
景德镇市	Jingdezhen	3819343	3651486	543397	11131	4542	6010
萍乡市	Pingxiang	5775365	5672015	405027	14639	31919	8900
九江市	Jiujiang	10116879	9831807	2111497	24728	468197	67505
新余市	Xinyu	6269989	5616357	1432597	85690	162507	10000
鹰潭市	Yingtan	2768623	2733778	844822			
赣州市	Ganzhou	8196111	7737752	3080394	15798	85893	905
吉安市	Ji'an	7406654	6828078	1453803	8595	19501	8500
宜春市	Yichun	7819683	7502724	920949	41507	7200	4260
抚州市	Fuzhou	5541433	5361254	1140726	35441	5360	27657
上饶市	Shangrao	8291110	8125773	2003259	69637	98422	112834
不分地区	Not Classified by Region	1510812	1510812	1510812			

4-13 续表 continued

单位：万元 (10000 yuan)

地　区	Region	有限责任公司 Limited Liability Corporations	股份有限公司 Share Holding Enterprises	私　营 Private	其　他 Others	港澳台商投资 Funds from Hong Kong, Macao and Taiwan	外商投资 Foreign Funded	个体经营 Individuals
全　省	**Provincial Total**	**24606300**	**5756150**	**28111460**	**2363625**	**2161768**	**2131226**	**960750**
南昌市	Nanchang	6295328	1006799	5173398	674735	881071	783515	644992
景德镇市	Jingdezhen	987002	84955	1755536	258913	44226	119131	4500
萍乡市	Pingxiang	1300358	502692	3381867	26613	86020	5800	11530
九江市	Jiujiang	2991436	656366	3481451	30627	178104	106408	560
新余市	Xinyu	1910206	377754	1604033	33570	47975	456734	148923
鹰潭市	Yingtan	498913	57640	1094325	238078	17255	9800	7790
赣州市	Ganzhou	2009016	219568	2215134	111044	256619	161550	40190
吉安市	Ji'an	2097004	226790	2964051	49834	341442	232484	4650
宜春市	Yichun	3274717	682731	2484901	86459	111819	184919	20221
抚州市	Fuzhou	1709118	830730	1445485	166737	89532	30843	59804
上饶市	Shangrao	1533202	1110125	2511279	687015	107705	40042	17590
不分地区	Not Classified by Region							

4-14 各地区按行业分固定资产投资（2011年）

单位：万元

行业	Sector	全省 Total	南昌市 Nanchang	景德镇市 Jingdezhen
总计	**Total**	**87539281**	**20023279**	**3819343**
农、林、牧、渔业	**Agriculture, Forestry, Animal Husbandry and Fishery**	**1821226**	**283311**	**48468**
农业	Farming	636734	95036	13066
林业	Forestry	283398	13213	1000
畜牧业	Animal Husbandry	538803	92709	28812
渔业	Fishery	116347	46140	
农、林、牧、渔服务业	Services in Support of Agriculture	245944	36213	5590
采矿业	**Mining**	**2286780**	**23511**	**271382**
煤炭开采和洗选业	Mining and Washing of Coal	785618	2370	90161
黑色金属矿采选业	Mining and Processing of Ferrous Metal Ores	273838		
有色金属矿采选业	Mining and Processing of Non-Ferrous Metal Ores	430581	1610	16970
非金属矿采选业	Mining and Processing of Nonmetal Ores	788143	19531	164251
制造业	**Manufacturing**	**46433586**	**8173203**	**2274279**
农副食品加工业	Processing of Food from Agricultural Products	1929624	490245	78258
食品制造业	Manufacture of Foods	1152040	280126	21000
饮料制造业	Manufacture of Beverages	779799	214769	9039
烟草制品业	Manufacture of Tobacco	63916	17	
纺织业	Manufacture of Textile	1570693	237871	21600
纺织服装、鞋、帽制造业	Manufacture of Textile Wearing Apparel, Footware and Caps	2884845	908712	177100
皮革毛皮羽毛(绒)及其制品业	Manufacture of Leather, Fur, Feather and Related Products	881940	52469	4100
木材加工及木竹藤棕草制品业	Processing of Timber, Manufacture of Wood, Bamboo, Rattan, Palm and Straw Products	714133	133913	44234
家具制造业	Manufacture of Furniture	641049	119808	83296
造纸及纸制品业	Manufacture of Paper and Paper Products	785099	125608	17763
印刷业和记录媒介的复制	Printing, Reproduction of Recording Media	716444	354391	15549
文教体育用品制造业	Manufacture of Articles For Culture, Education and Sport Activity	349696	50216	14490
石油加工、炼焦加工业	Processing of Petroleum, Coking	292917	2986	51260
化学原料及化学制品制造业	Manufacture of Raw Chemical Materials and Chemical Products	3935845	304195	399023
医药制造业	Manufacture of Medicines	1264525	335104	63655
化学纤维制造业	Manufacture of Chemical Fibers	100806	8688	2 510
橡胶制品业	Manufacture of Rubber	244207	31864	12 500
塑料制品业	Manufacture of Plastics	1105082	198746	48160
非金属矿物制品业	Manufacture of Non-metallic Mineral Products	6093783	501369	526745
黑色金属冶炼及压延加工业	Smelting and Pressing of Ferrous Metals	1242206	371993	38150
有色金属冶炼及压延加工业	Smelting and Pressing of Non-ferrous Metals	3299436	307859	41620
金属制品业	Manufacture of Metal Products	1831190	327637	104473
通用设备制造业	Manufacture of General Purpose Machinery	1386983	456817	50684
专用设备制造业	Manufacture of Special Purpose Machinery	1906671	443843	83092
交通运输设备制造业	Manufacture of Transport Equipment	2057627	730261	112912
电气机械及器材制造业	Manufacture of Electrical Machinery and Equipment	5524802	536716	178865
通信设备、计算机及其他电子设备制造业	Manufacture of Communication Equipment, Computers and Other Electronic Equipment	2288103	318355	67301
仪器仪表及文化、办公用机械制造业	Manufacture of Measuring Instruments and Machinery for Cultural Activity and Office Work	447205	111574	
工艺品及其他制造业	Manufacture of Artwork and Other Manufacturing	744997	152507	6900
废弃资源和废旧材料回收加工业	Recycling and Disposal of Waste	197923	64544	
电力、燃气及水的生产和供应业	**Production and Supply of Electricity, Gas and Water**	**2769078**	**266941**	**226903**
电力、热力的生产和供应业	Production and Supply of Electric Power and Heat Power	1822784	133208	139987
燃气生产和供应业	Production and Supply of Gas	408119	42988	71800
水的生产和供应业	Production and Supply of Water	538175	90745	15116
建筑业	**Construction**	**575670**	**267883**	**34920**
房屋和土木工程建筑业	Construction of Buildings and Civil Engineering	360700	76333	34920
建筑安装业	Building Installation	48530	35210	
建筑装饰业	Building Decoration	130458	120358	
其他建筑业	Other Construction	35982	35982	
交通运输、仓储和邮政业	**Transport, Storage and Post**	**4454936**	**274838**	**124663**

Investment in Fixed Assets by Regin and Asector (2011)

(10000 yuan)

萍乡市 Pingxiang	九江市 Jiujiang	新余市 Xinyu	鹰潭市 Yingtan	赣州市 Ganzhou	吉安市 Ji'an	宜春市 Yichun	抚州市 Fuzhou	上饶市 Shangrao
5775365	**10116879**	**6269989**	**2768623**	**8196111**	**7406654**	**7819683**	**5541433**	**8291110**
126947	**94308**	**240116**	**48748**	**118276**	**196688**	**142184**	**320570**	**201610**
104682	40823	63223	7 619	30753	78000	82470	90354	30708
2 119	10800	90804	31083	19643	34253	12079	6256	62148
16396	29735	36514	450	46825	64058	36160	130886	56258
	12950	5 500		2800		3 500	28031	17426
3750		44075	9596	18255	20377	7975	65043	35070
331836	**138895**	**671960**	**25535**	**44172**	**202067**	**144648**	**81046**	**351728**
264658	13125	225109		8871	10 820	53386	4 420	112698
51318		153783			60297		2580	5860
1780	68970	29946	8310	32951	37 800	38812	15810	177622
14080	56800	263122	17 225	2350	93150	51350	50736	55548
4119356	**6754482**	**3142930**	**1786739**	**3188664**	**4729403**	**5604238**	**2944723**	**3697339**
30913	138649	125160	31662	214296	200912	338720	128996	151813
41350	30822	16642	68962	166334	50977	346263	60600	68964
25100	59155	17445		85101	149330	61435	75350	83075
18500				31674			3810	9 915
37012	311997	96044	23583	56565	142030	297582	285936	60473
200537	326368	16066	39080	288685	288325	132848	224541	282583
165471	94621	9000	6085	63600	231703	102179	73277	79435
23367	32270	20262	34 155	52603	141011	99633	55475	77210
22250	44785	50873	8000	55530	31835	73343	83765	67564
60520	252233	7850	6261	100484	56430	40809	75182	41959
70600	9484	7570	18758	75671	6000	92023	54213	12185
13470	23152			37083	128228	22480	36600	23977
12000	139150			18460		41400	27661	
970658	732376	106361	102685	157079	228544	391620	157154	386150
52680	59011	41890	15680	77717	232025	220152	57071	109540
8500	46981		5 400	2 070	6100	4607	15950	
14960	29510	12628		5887	24000	76031	11480	25347
55659	115315	72670	48500	33210	157229	138300	180675	56618
1353717	795598	257440	99617	238166	369736	1479082	265677	188406
56890	224953	457431		20262	14150	25770	7240	25367
23890	660266	118989	791999	407127	161330	179007	133391	473958
117005	163883	363182	27482	92929	121810	215527	158246	139016
165430	165851	95580	49306	67667	21792	107644	81363	124849
198859	189884	112800	21180	55104	160834	458941	69521	112613
70147	281459	91467	87582	43956	204709	174120	144132	116882
215042	1228456	882334	141573	303346	636122	331774	277790	792784
71435	304499	37216	74628	352743	844626	88447	41150	87703
5010	70301	94791	35230	18194	17794	28600	24228	41483
2000	170409	25989	49331	37270	101821	30101	111999	56670
16384	53044	5250		29851		5800	22250	800
136814	**395298**	**209008**	**95490**	**363341**	**425052**	**166964**	**139448**	**184960**
15804	294912	71774	83847	260063	385260	112034	90514	118692
115060	26586	20896	5000	24717		24367	14005	20530
5950	73800	116338	6643	78561	39792	30563	34929	45738
		7 800	**7589**					**257478**
			589					248858
			4700					8 620
		7 800	2300					
77791	**570748**	**121050**	**138132**	**737161**	**223293**	**178597**	**223709**	**451231**

4-14 续表

单位：万元

行　　业	Sector	全　省 Total	南昌市 Nanchang	景德镇市 Jingdezhen
铁路运输业	Railway Transport	60803		
道路运输业	Road Transport	3830905	93032	92699
城市公共交通业	Urban Public Transport	86633	46848	19510
水上运输业	Water Transport	25754	4735	
航空运输业	Air Transport	23600	2840	10457
管道运输业	Transport Via Pipelines	1000	1000	
装卸搬运和其他运输服务业	Loading, Unloading and Other Transport Services	77185	26422	
仓储业	Storage	340776	91681	1 997
邮政业	Post	8280	8280	
信息传输、计算机服务和软件业	**Information Transmission, Computer Services and Software**	**445428**	**304145**	
电信和其他信息传输服务业	Telecommunications and Other Information Transmission Services	164173	68864	
计算机服务业	Computer Services	118386	92680	
软件业	Software	162869	142601	
批发和零售业	**Wholesale and Retail Trades**	**2835115**	**1728193**	**94920**
批发业	Wholesale Trade	1157469	768584	64830
零售业	Retail Trade	1677646	959609	30090
住宿和餐饮业	**Hotels and Catering Services**	**2053814**	**809197**	**58415**
住宿业	Hotels	1364473	420035	23890
餐饮业	Catering Services	689341	389162	34525
金融业	**Financial Intermediation**	**236083**	**180731**	
银行业	Bank	147369	94007	
证券业	Security Activities	20070	20070	
保险业	Insurance	6540	6540	
其他金融活动	Other Financial Activities	62104	60114	
房地产业	**Real Estate**	**10941762**	**3502022**	**400698**
租赁和商务服务业	**Leasing and Business Services**	**873643**	**705477**	**22600**
租赁业	Leasing	86963	78083	
商务服务业	Business Services	786680	627394	22600
科学研究、技术服务和地质勘查业	**Scientific Research, Ploytechnic Services and Geological Prospecting**	**236662**	**137542**	**11980**
研究与试验发展	Research and Experimental Development	71638	32322	
专业技术服务业	Professional Technical Services	101989	66137	11980
科技交流和推广服务业	Services of Science and Technology Exchanges and Promotion	45215	36873	
地质勘查业	Geological Prospecting	17820	2210	
水利、环境和公共设施管理业	**Management of Water Conservancy, Environment and Public Facilities**	**7440841**	**1775022**	**175764**
水利管理业	Management of Water Conservancy	494238	165743	10810
环境管理业	Environmental Management	339370	63197	7700
公共设施管理业	Management of Public Facilities	6607233	1546082	157254
居民服务和其他服务业	**Services to Households and Other Services**	**398532**	**324169**	**5150**
居民服务业	Services to Households	240092	204177	5150
其他服务业	Other Services	158440	119992	
教　育	**Education**	**1062972**	**483725**	**17256**
卫生、社会保障和社会福利业	**Health, Social Security and Social Welfare**	**742648**	**221294**	**9157**
卫　生	Health	671073	209513	9157
社会保障业	Social Security	12687	10	
社会福利业	Social Welfare	58888	11771	
文化、体育和娱乐业	**Culture, Sports and Entertainment**	**1064990**	**364646**	**40428**
新闻出版业	Journalism and Publishing Activities	37695	35795	
广播、电视、电影和音像业	Broadcasting, Movies, Television and Audiovisual Activities	32076	17991	
文化艺术业	Cultural and Art Activities	410039	55722	26523
体　育	Sports Activities	264452	143167	
娱乐业	Entertainment	320728	111971	13905
公共管理和社会组织	**Public Management and Social Organization**	**865515**	**197429**	**2360**
中国共产党机关	Organs of Communist Party of China	7138	6 968	
国家机构	Government Agencies	748038	140232	2360
群众团体、社会团体和宗教组织	Non-Governmental Organizations, Social Organizations and Religion Organizations	72966	18350	
基层群众自治组织	Grass Roots Self-governing Organizations	37373	31879	

continued

(10000 yuan)

萍乡市 Pingxiang	九江市 Jiujiang	新余市 Xinyu	鹰潭市 Yingtan	赣州市 Ganzhou	吉安市 Ji'an	宜春市 Yichun	抚州市 Fuzhou	上饶市 Shangrao
3 250		24173				6407	6300	6673
61885	510698	82537	70474	669912	149977	141129	204465	434374
	15315			4960				
					1904	8 400	8441	2274
	2800					7500	3	
	12000			31603	4500	2150		510
12656	29935	14340	67658	30686	66912	13011	4 500	7400
1000			**7083**	**14991**	**35513**	**11100**	**13791**	**57805**
			1383	14991	13085	10100	11791	43959
700			5200		3 960		2 000	13 846
300			500		18 468	1000		
217312	**126829**	**163356**	**38640**	**88779**	**111829**	**31888**	**73871**	**159498**
81344	43989	26365	29590	15460	70383	13174	1000	42750
135968	82840	136991	9050	73319	41446	18714	72871	116748
271099	**175864**	**99830**	**31210**	**90181**	**120415**	**43080**	**39023**	**315500**
129984	162908	63530	31210	75004	120415	35380	35623	266494
141115	12956	36300		15177		7700	3400	49006
	790	**4091**	**1 200**	**22776**	**3735**	**4300**	**510**	**17950**
		4091		22776	3735	4 300	510	17950
	790		1 200					
196073	**676242**	**604152**	**292420**	**1921307**	**374999**	**826735**	**926200**	**1220914**
8159	**19530**	**11 000**	**20080**	**28309**	**13434**	**8802**	**12005**	**24247**
			8880					
8159	19530	11 000	11200	28309	13434	8802	12005	24247
13130	**9900**	**11392**		**15356**	**1615**	**5920**	**20677**	**9150**
9730	7000	6 750		2936		1 800	6 600	4500
3400	2900			4320	1615	4120	7517	
		4642					3 700	
				8100			2 860	4650
186986	**827078**	**713054**	**202073**	**1027659**	**557594**	**413711**	**564309**	**997591**
13271	11889	25820	5300	42116	8985	7210	186616	16478
2771	53116	45895	15365	23687	37263	9256	20279	60841
170944	762073	641339	181408	961856	511346	397245	357414	920272
19528	**13100**	**10350**	**320**	**4030**		**5000**	**9250**	**7635**
14400				4030			4700	7635
5128	13100	10350	320			5 000	4550	
16842	**36442**	**76898**	**24584**	**124141**	**79878**	**52156**	**54222**	**96828**
7055	**30694**	**12245**	**17694**	**203584**	**63835**	**8603**	**29249**	**139238**
5329	27202	8165	17694	187552	49595	8603	21060	127203
				7142				5535
1726	3492	4080		8890	14240		8189	6500
40710	**102254**	**128106**	**6582**	**151073**	**62053**	**59129**	**45281**	**64728**
						1 900		
7 000				4505	780		100	1700
12610	11532	83391	600	108655	45573	27021	7598	30814
	52392			29645	8100		14596	16552
21100	38330	44715	5982	8268	7600	30208	22987	15662
4727	**144425**	**42651**	**24504**	**52311**	**205251**	**112628**	**43549**	**35680**
	170							
4727	134785	41211	24504	39854	202471	91144	31070	35680
	9470			12307		20360	12479	
		1440		150	2780	1124		

4-15 各地区按构成分固定资产投资（2011年）

Investment in Fixed Assets by Region and Use of Funds (2011)

单位：万元 (10000 yuan)

地区	Region	合计 Total	建筑、安装工程 Construction and Installation	设备、工器具购置 Purchase of Equipment and Instruments	其他费用 Others
全省	**Provincial Total**	**87539281**	**54403415**	**21877492**	**11258374**
南昌市	Nanchang	20023279	12679258	5367715	1976306
景德镇市	Jingdezhen	3819343	2460567	708919	649857
萍乡市	Pingxiang	5775365	3598441	1298497	878427
九江市	Jiujiang	10116879	5163757	3369751	1583371
新余市	Xinyu	6269989	3760603	1862140	647246
鹰潭市	Yingtan	2768623	1704873	754518	309232
赣州市	Ganzhou	8196111	5555973	1279358	1360780
吉安市	Ji'an	7406654	4568330	1892816	945508
宜春市	Yichun	7819683	4275466	2683706	860511
抚州市	Fuzhou	5541433	3606911	937652	996870
上饶市	Shangrao	8291110	5556334	1706370	1028406
不分地区	Not Classified by Region	1510812	1472902	16050	21860

4-16 各地区按建设性质分固定资产投资（2011年）

Investment in Fixed Assets by Region and Type of Construction (2011)

单位：万元 (10000 yuan)

地区	Region	合计 Total	#新建 New Construction	#扩建 Expansion	#改建和技术改造 Reconstruction Technical Rennovation
全省	**Provincial Total**	**87539281**	**58482567**	**10563341**	**13991975**
南昌市	Nanchang	20023279	7812530	1268059	7843895
景德镇市	Jingdezhen	3819343	3566130	106659	130144
萍乡市	Pingxiang	5775365	3653256	1102142	1003467
九江市	Jiujiang	10116879	8300264	580952	1067722
新余市	Xinyu	6269989	3033447	2130715	1034094
鹰潭市	Yingtan	2768623	2563231	51002	76170
赣州市	Ganzhou	8196111	5626105	962200	880266
吉安市	Ji'an	7406654	6586101	559407	233927
宜春市	Yichun	7819683	6030819	1366002	394799
抚州市	Fuzhou	5541433	4057762	1077671	348296
上饶市	Shangrao	8291110	5742110	1358532	979195
不分地区	Not Classified by Region	1510812	1510812		

4-17 各地区工业投资（2011年）
Investment in Industry by Region (2011)

单位：万元 (10000 yuan)

地　区	Region	合计 Total	采矿业 Mining	制造业 Manufacturing	电力、燃气及水的生产和供应业 Production and Supply of Electricity, Gas and Water
全　省	**Provincial Total**	**51489444**	**2286780**	**46433586**	**2769078**
南昌市	Nanchang	8463655	23511	8173203	266941
景德镇市	Jingdezhen	2772564	271382	2274279	226903
萍乡市	Pingxiang	4588006	331836	4119356	136814
九江市	Jiujiang	7288675	138895	6754482	395298
新余市	Xinyu	4023898	671960	3142930	209008
鹰潭市	Yingtan	1907764	25 535	1786739	95490
赣州市	Ganzhou	3596177	44172	3188664	363341
吉安市	Ji'an	5356522	202067	4729403	425052
宜春市	Yichun	5915850	144648	5604238	166964
抚州市	Fuzhou	3165217	81046	2944723	139448
上饶市	Shangrao	4234027	351728	3697339	184960
不分地区	Not Classified by Region	177089		18 230	158859

4-18 各地区固定资产投资建设项目和新增固定资产（2011年）
Projects Investment Construction and Newly Increased Fixed Assets by Region (20011)

地　区	Region	施工项目（个） Number of Projects under Construction (unit)	#新开工 Started this Year	全部建成投产（个） Number of Projects Completed and Put into Use (unit)	新增固定资产（万元） Newly Increased Fixed Assets (10000 yuan)
全　省	**Provincial Total**	**15259**	**10071**	**11081**	**61819496**
南昌市	Nanchang	4826	3826	4113	13472135
景德镇市	Jingdezhen	532	315	265	2199815
萍乡市	Pingxiang	1079	792	787	4272650
九江市	Jiujiang	1025	505	689	9253366
新余市	Xinyu	670	480	538	5042999
鹰潭市	Yingtan	466	258	323	2419865
赣州市	Ganzhou	1403	891	874	5273503
吉安市	Ji'an	1031	680	663	5330364
宜春市	Yichun	1441	821	968	6170497
抚州市	Fuzhou	1399	674	937	3626597
上饶市	Shangrao	1374	826	920	4296781
不分地区	Not Classified by Region	13	3	4	460924

主要统计指标解释

全社会固定资产投资 是以货币形式表现的在一定时期内全社会建造和购置固定资产的工作量以及与此有关的费用的总称。该指标是反映固定资产投资规模、结构和发展速度的综合性指标,又是观察工程进度和考核投资效果的重要依据。全社会固定资产投资按登记注册类型可分为国有、集体、个体、联营、股份制、外商、港澳台商、其他等。

固定资产投资 指各种登记注册类型的企业、事业、行政单位及个体户进行的计划总投资(或实际需要总投资)500 万元及 500 万元以上的建设项目投资、房地产开发投资。

房地产开发投资 指各种登记注册类型的房地产开发公司、商品房建设公司及其他房地产开发法人单位和附属于其他法人单位实际从事房地产开发或经营活动的单位统一开发的包括统代建、拆迁还建的住宅、厂房、仓库、饭店、宾馆、度假村、写字楼、办公楼等房屋建筑物和配套的服务设施,土地开发工程(如道路、给水、排水、供电、供热、通讯、平整场地等基础设施工程)的投资;不包括单纯的土地交易活动。

固定资产投资的资金来源 根据固定资产投资的资金来源不同,分为国家预算内资金、国内贷款、利用外资、自筹资金和其他资金。

(1)国家预算内资金:分为财政拨款和财政安排的贷款两部分。包括中央财政的基本建设基金(分经营性基金和非经营性基金两部分)、专项支出(如煤代油专项等)、收回再贷、贴息资金,财政安排的挖潜改造和新产品试制支出、城建支出、商业部门简易建筑支出、不发达地区发展基金等资金中用于固定资产投资的资金;地方财政中由国家统筹安排的资金等。

(2)国内贷款:指报告期固定资产投资单位向银行及非银行金融机构借入的用于固定资产投资的各种国内借款,包括银行利用自有资金及吸收的存款发放的贷款、上级主管部门拨入的国内贷款、国家专项贷款、地方财政专项资金安排的贷款、国内储备贷款、周转贷款等。

(3)利用外资:指报告期收到的用于固定资产建造和购置的国外资金(包括设备、材料、技术在内)。包括对外借款(外国政府、国际金融组织贷款、出口信贷、外国银行商业贷款、对外发行债券和股票)、外商直接投资及外商其他投资。不包括我国自有外汇资金(国家外汇、地方外汇、留成外汇、调剂外汇和中国银行自有资金发行的外汇贷款等)。计算利用外资时,需要折算成人民币,折算中所使用的外汇汇率按现汇计算,即按使用外汇时的汇率计算。

(4)自筹资金:指固定资产投资单位报告期收到的,由各地区、各部门及企、事业单位筹集用于固定资产投资的预算外资金,包括中央各部门、各级地方和企、事业单位的自筹资金。

(5)其他资金:指在报告期收到的除以上各种资金之外其他用于固定资产投资的资金,包括企业或金融机构通过发行各种债券筹集到的资金、群众集资、个人资金、无偿捐赠的资金及其他单位拨入的资金等。

固定资产投资按国民经济行业分 根据建设项目建成投产后的主要产品或主要用途及社会经济活动性质来确定国民经济行业。一般情况下,一个建设项目或一个企业、事业单位只能属于一种国民经济行业。

固定资产投资按隶属关系分 是按建设单位或企业、事业、行政单位的主管上级机关确定的。

(1)中央:是指中共中央、人大常委会和国务院各部、委、局、总公司以及直属机构直接领导的建设项目和企业、事业、行政单位。这些单位的固定资产投资计划由国务院各部门直接编制和下达,建设中所需物资、主要设备以及建设中的问题都由中央有关部门安排和解决。

(2)地方:是由省(自治区、直辖市)、地区(州、盟、省辖市)、县(旗、县级市)三级政府及业务主管部门直接领导和管理的建设项目、企业、事业、行政单位。地方项目还包括不隶属以上各级政府及主管部门的建设项目和企业、事业单位,如外商投资企业和无主管部门的企业等。

固定资产投资按建设性质分 根据整个建设项目情况来确定。建设项目的性质一般分为新建、扩建、改建和技术改造、迁建、恢复。房地产开发单位、农村投资、城镇工矿区私人建房投资不划分建设性质。

(1)新建:一般指从无到有开始建设的企业、事业和行政单位或建设项目。现有企业、事业、行政单位一般不属于新建。但如有的单位原有基础很小,经过建设后新增的固定资产价值超过该企、事业、行政单位原有固定资产价值(原值)三倍以上的也应作为新建。

(2)扩建:指在厂内或其他地点,为扩大原有产品的生产能力(或效益)或增加新的产品生产能力,而增建主要的生产车间(或主要工程)、分厂、独立的生产线。行政、事业单位在原单位增建业务用房(如学校增建教学用房、医院增建门诊部、病房等)也作为扩建。

现有企、事业单位为扩大原有主要产品生产能力或增加新的产品生产能力,增建一个或几个主要生产车间(或主要工程)、分厂,同时进行一些更新改造工程的,也应作为扩建。

(3)改建和技术改造:指现有企业、事业单位,对原有设施进行技术改造或更新(包括相应配套的辅助性生产、生活福利设施)的建设项目。现有企业、事业单位为适应市场变化的需要,而改变企业的主要产品种类(如军工企业转产民用品等)的建设项目,应作为改建。原有产品生产作业线由于各工序(车间)之间能力不平衡,为填平补齐充分发挥原有生产能力而增建不增加本企业主要产品设计能力的车间，也应作为改建。技术改造是指企业、事业单位在现有基础上，用先进的技术代替落后的技术，用先进的工艺和装备代替落后的工艺和装备，以改变企业落后的技术经济面貌，实现以内涵为主的扩大再生产，达到提高产品质量、促进产品更新换代、节约能源、降低消耗、扩大生产规模、全面提高社会经济效益的目的。技术改造具体包括以下内容：机器设备和工具的更新改造；生产工艺改革、节约能源和原材料的改造；厂房建筑和公共设施的改造；劳动条件和生产环境的改造等。

固定资产投资按构成分 固定资产投资活动按其工作内容和实现方式分为建筑安装工程，设备、工具、器具购置，其他费用三个部分。

(1)建筑安装工程(建筑安装工作量)：指各种房屋、建筑物的建造工程和各种设备、装置的安装工程。包括各种房屋建造工程；各种用途设备基础和各种工业窑炉的砌筑工程及金属结构工程；为施工而进行的各种准备工作和临时工程以及完工后的清理工作等；铁路、道路的铺设，矿井的开凿及石油管道的架设等；水利工程；防空地下建筑等特殊工程；列入房屋工程预算内的暖气、卫生、通风、照明、煤气等设备的价值及装设油饰工程；列入建筑工程预算内的各种管道(蒸汽、压缩空气、石油、给排水等管道)、电力、电讯电缆导线等的敷设工程；以及各种机械设备的安装工程；为测定安装工程质量，对设备进行的试运工作；房地产开发单位进行的商品房屋开发建设工程、土地开发工程。

在安装工程中，不包括被安装设备本身的价值。

(2)设备、工具、器具购置：指建设单位或企、事业单位购置或自制的，达到固定资产标准的设备、工具、器具的价值。新建单位及扩建单位的新建车间，按照设计或计划要求购置或自制的全部设备、工具、器具，不论是否达到固定资产标准均计入"设备、工具、器具购置"中。

(3)其他费用：指在固定资产建造和购置过程中发生的，除上述几项内容以外的各种应分摊计入固定资产的费用。

施工项目 指报告期内进行过建筑或安装施工活动的项目。凡是报告期内施过工的建设项目，不论施工时间长短，均作为施工项目统计。施工项目个数可以反映一定时期固定资产投资的实际规模，与同期全部建成投产项目个数相比，可以从建设速度的角度反映固定资产投资的效果。根据建设项目施工活动的不同性质，施工项目又分为：本年正式施工项目、本年收尾项目和以前年度全部停缓建项目。

全部建成投产项目 工业项目指设计文件规定形成生产能力的主体工程及其相应配套的辅助设施全部建成，经负荷试运转，证明具备生产设计规定合格产品的条件，并经过验收鉴定合格或达到竣工验收标准，与生产性工程配套的生活福利设施可以满足近期正常生产的需要，正式移交生产的建设项目。非工业项目指设计文件规定的主体工程和相应的配套工程全部建成，能够发挥设计规定的全部效益，经验收鉴定合格或达到竣工验收标准，正式移交使用的建设项目。

房屋建筑面积 指房屋建筑物勒脚以上外墙外围的水平截面面积，包括房屋建筑物的有效面积和结构面积。该指标是从实物形态上反映建设规模和建设成果的重要指标之一，也是检查工程形象进度、计算工程造价、分析投资效果、研究施工任务和建筑材料之间平衡情况的重要依据。

住宅建筑面积 指施工和竣工房屋建筑面积中供居住用的房屋建筑面积。

施工面积 指报告期内施工的全部房屋建筑面积。包括本期新开工的面积和上期开工跨入本期继续施工的房屋面积，以及上期已停建在本期恢复施工的房屋面积。本期竣工和本期施工后又停缓建的房屋，其建筑面积仍计入本期房屋施工面积中。

竣工面积 指在报告期内房屋建筑按照设计要求已经全部完工，达到住人和使用条件，经验收鉴定合格(或达到竣工验收标准)，正式移交使用单位的各栋房屋建筑面积的总和。

新增固定资产 指报告期内已经完成建造和购置过程，并已交付生产或使用单位的固定资产价值。该指标是表示固定资产投资成果的价值指标，也是反映建设进度，计算固定资产投资效果的重要指标。

Explanatory Notes on Main Statistical Indicators

Total Investment in Fixed Assets in the Whole Country refers to the volume of activities in construction and purchases of fixed assets of the whole country and related fees, expressed in monetary terms during the reference period. It is a comprehensive indicator which shows the size, structure and growth of the investment in fixed assets, providing a basis for observing the progress of construction projects and evaluating results of investment. Total investment in fixed assets in the whole country includes, by type of ownership, the investment by State-owned units, collective-owned units, individuals, joint ownership units, share-holding units, as well as investments by entrepreneurs from foreign countries and from Hong Kong, Macao and Taiwan, and by other units.

Investment in Fixed Assets refers to construction projects involving a total planned (or required) investment of 500,000 yuan and over by enterprises of various types of ownership, institutions, administrative units and individuals in urban areas, investment in real estate development, and private investment in housing construction in urban areas and industrial and mining areas. In other words, all investments that take place in county towns and urban areas, investment in construction projects under the direct leadership and management of government agencies at and above county levels and investments by enterprises and institutions at and above county levels are covered in urban investment in fixed assets.

Investment in Real Estate Development refers to investment by real estate development companies, commercialized buildings construction companies and other real estate development units of various types of ownership in the construction of buildings, such as residential buildings, factory buildings, warehouses, hotels, guesthouses, holiday villages, office buildings, and the complementary service facilities and land development projects, such as roads, water supply, water drainage, power supply, heating supply, telecommunications, land leveling and other infrastructural projects. It does not include activities in pure land transactions.

Sources of Funds for Investment in Fixed Assets are categorized as funds from the State budget, domestic loans, foreign investment, self-raised funds, and others, depending on the sources of investment.

(1) Fund from the State budget consists of budgetary appropriation and loans from the State budget. More specifically, it includes, from the budget of the central government, capital construction fund (operation fund and non-operational fund), special expenses (e.g. expenses on substituting petroleum with coal), loans from repayment, discount fund, expenses on innovation and trial production of new products, expenses on urban construction, expenses on temporary construction from business departments, development fund for less developed areas, as well as local budgetary fund transferred from the central budget.

(2) Domestic loans refer to loans of various forms borrowed by investing units from banks and non-bank financial institutions during the reference period for the purpose of investment in fixed assets, including loans issued by banks from their self-owned funds and deposit, loans appropriated by higher authorities, special loans by government, loans arranged by local government from special funds, domestic reserve loan, and working loan.

(3) Foreign investment refers to foreign funds received during the reference period for the construction and purchase of investment in fixed assets (covering equipment, materials and technology), including foreign borrowings (loans from foreign governments and international financial institutions, export credit, commercial loans from foreign banks, issue of bonds and stocks overseas), foreign direct investment and other foreign investments. Excluded from this category is capital in foreign exchanges owned by China (foreign exchanges owned by the central and local governments, foreign exchanges retained by enterprises, foreign exchanges by enterprises through the regulating mechanism, loans in foreign exchanges issued by the Bank of China with its own fund, etc.). In calculating the utilization of foreign capital, foreign currencies are converted into Chinese Renminbi applying the current exchange rate when the foreign capitals are actually used.

(4) Self-raised funds refer to extra-budgetary funds for investment in fixed assets received during the reference period by investing units from central government ministries, local governments, enterprises and institutions, including their self-raised funds.

(5) Others refer to funds for investment in fixed assets received from sources other than those listed above, including capital raised through issuing bonds by enterprises or financial institutions, funds raised from individuals and through donations, and funds transferred from other units.

Investment in Fixed Assets by Sector The classification of construction projects by sector is determined by the major products or the purpose of the projects when they are put into production or use, and by the nature of their social economic activities. In general, one project or one enterprise or institution can only be classified into one sector.

Investment in Fixed Assets by Jurisdiction of Management refers to the classification of investment by the competent authorities under which investment is made by construction units, enterprises, institutions or administrative units.

(1) Central investment refers to the investment in projects or by enterprises, institutions or administrative units which are under the direct leadership and management of the State Council and of the national commissions, ministries, agencies and State-owned large corporations. Various ministries and departments of the State Council prepare and implement plans for investment in fixed assets by those departments, and arrange and ensure the supply of materials and key equipment required for the projects.

(2) Local investment refers to the investment in projects or by enterprises, institutions or administrative units which are under the direct leadership and management of departments under the provincial, prefecture and county governments. Also included are projects by foreign-invested enterprises and enterprises without competent managing authorities.

Investment in Fixed Assets by Type of Construction Construction projects in general can be classified, by the type of construction, into new construction, expansion, reconstruction and technical transformation, moving and restoration. However, investment by type of construction is not applied to investment by real-estate development units, investment in rural areas and private investment in housing construction in urban areas and in industrial and mining areas.

(1) New construction in general refers to construction projects, which start from scratch, of enterprises, institutions, administrative agencies. Construction in existing enterprises, institutions or agencies is generally not considered as new construction. In case the size of the existing unit is quite small, and the value of newly added fixed assets is more than three times of the the original value, the expansion will be considered as new construction.

(2) Expansion refers to construction of new major production workshop, branch factory or independent production line within a factory or in other locations, for the purpose of increasing the production capacity (or improving efficiency) or adding new production capacity. Newly constructed accommodation for the operation of institutions and administrative organizations (such as newly constructed

buildings for teaching in schools, buildings for clinics or wards in hospitals, etc.) are also classified as expansion.

Also included in expansion are investments by existing enterprises or institutions in building major production line(s) or branch factory(ies) along with some work on innovation, for the purpose of expanding the production capacity of original products or producing new products.

(3) Reconstruction and technical transformation refers to construction projects by existing enterprises or institutions in innovation or technical transformation of the old facilities (including auxiliary production equipment and welfare facilities). Also considered as reconstruction is the construction of new workshops by the existing enterprises or institutions to change the variety of products to meet the market demand (such as the production of civil products by defence industries), or to bring the designed production capacity into full play through a more balanced production process on production lines. Technical transformation refers to replacement of old technology or equipment by new technology or equipment, in order to expand the reproduction through improvement of technology contents in production, to improve product quality, to promote new products, to save energy, to reduce consumption, to expand the production scale and to improve overall social-economic efficiency. Contents of technical transformation include: updating of machinery, equipment and tools; reforming production process by using energy or materials saving technology; construction of factory workshops and transformation of public facilities; improvement of working conditions and environment, etc.

Investment in Fixed Assets by Structure By their contents and the mode of implementation, investment activities are classified into 3 categories, i.e. construction and installation, purchase of equipment and instrument, and other expenses.

(1) Construction and installation (work volume of construction and installation) refers to the construction of houses and buildings and the installation of various kinds of equipment and instruments. They include construction of houses; equipment foundations, industrial kilns and stoves, and metal structure work; preparation works and temporary works for project construction, and clearing up works post project construction; pavement of railways and roads, drilling of mines and putting up of oil pipes; construction of water conservancy; construction of underground air-raid shelters and construction of other special projects; value of equipment for heating, sanitation, ventilation, lighting, gas, painting, etc. that are covered by the budget of housing projects; laying out of various pipelines (for steam, compressed air, petroleum, tap water and sewage) and wiring and cabling for electric power and for communications; installation of various machinery and equipment; testing operation for pre-testing the quality of installation projects, and land and other development work conducted by real estate developers for commercialized housing. The value of equipment installed is itself not included in the value of installation projects.

(2) Purchase of equipment and instruments refers to the total value of equipment, tools, and instruments purchased or self-produced which come up to the cut-off point for fixed assets by the construction units or investing enterprises or institutions. Equipment, tools and instruments purchased or self-produced for new workshops by newly established or expanded units are categorized as "purchase of equipment and instruments" no matter whether they come up to the cut-off point for fixed assets.

(3) Other expenses refer to expenses arising during the construction or purchase of fixed assets other than those mentioned above.

Projects under Construction refer to projects with construction and installation activities undertaken in the reference period. All projects that have construction activities undertaken during the reference period are reported as projects under construction irrespective of the length of construction work. The number of projects under construction can reflect the actual size of investment in fixed assets during a given period, and when compared with the number of projects completed and put into use during the same period, it demonstrates the results of investment in fixed assets from the angle of the speed of the construction. Depending on the nature of construction activities, projects under construction can also be classified into projects beginning construction in current year, winding-up projects in current year and stopped or suspended projects in previous years (with resumption of work in current year).

Projects Completed and Put into Use Industrial projects refer to the major projects and anxilliary facilities having been completed in accordance with the design documents, resulting in forming production capacity and having checked and accepted after relevant tests, while the living and welfare facilities having been completed and being capable of ensuring normal production. Non-industrial projects refer to the major projects and anxilliary facilities which have been completed in accordance with the design documents ; have been checked, accepted after relevant examination; and have been formally delivered for use..

Floor Space of Buildings under Construction refers to the total floor space of the horizontal section of outer walls above the plinth of the building, including the effective area and the area occupied by the structure. This indicator is one of the important indicators in physical terms to reflect the scale and accomplishment of the construction industry and also an important basis for monitoring the progress, calculating the cost, analyzing the efficiency and studying the supply of building materials in relation to the construction projects.

Floor Space of Residential Buildings refers to the floor space of the residential buildings among the total space of buildings under construction or completed.

Floor Space under Construction refers to total floor space of all buildings under construction during the reference period, including floor space of newly started buildings during the reference period, floor space of construction extended from the previous period to the current period, and floor space of construction suspended during the previous period and resumed in the current period. Floor space of construction completed in the current period, and floor space of construction started and then suspended in the current period are also included in the floor space under construction of the current year.

Floor Space Completed refers to the floor space of all buildings completed in the reference period, which have been appraised and accepted (or come up to the designed standards) and have been transferred to owner units.

Newly Increased Fixed Assets refer to the newly increased value of fixed assets, constructed or purchased, that have been transferred to the investors. This is an indicator that demonstrates the results of investment in fixed assets in monetary terms, and an important indicator to reflect the speed of construction and to calculate the efficiency of investment.

5

对外经济贸易

FOREIAN ECONOMIC RELATIONS AND TRADE

◆91/112

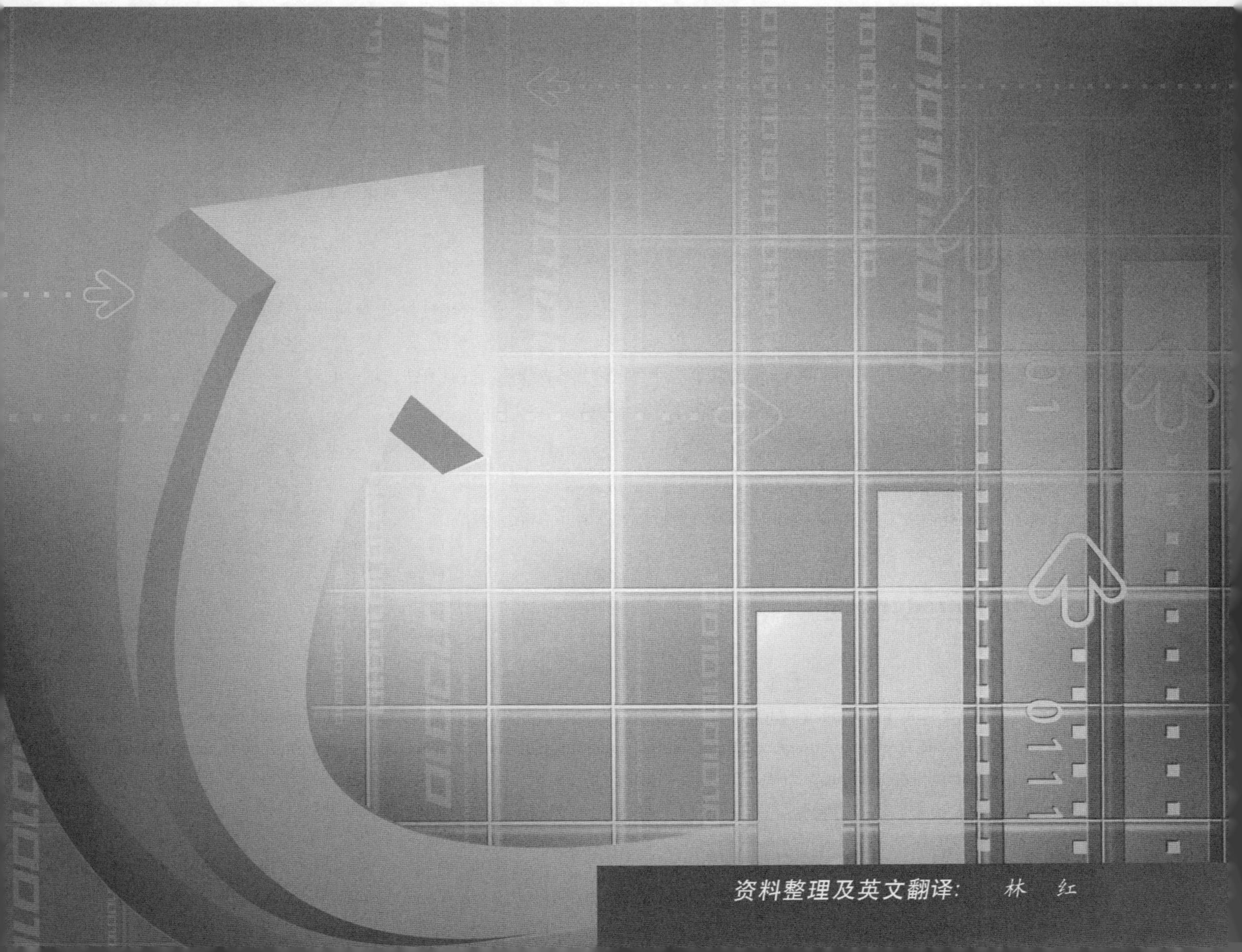

资料整理及英文翻译： 林 红

简要说明

本篇资料综合反映全省对外贸易、外商直接投资、对外经济合作、外出交流、与国外结成友好城市，重点反映对外经济贸易的近期发展状况。

一、对外贸易部分

对外贸易统计的主要内容包括：进出口货物的金额、品种、国别(地区)、经营单位、境内目的地、境内货源地、贸易方式、类别等项目。

对外贸易统计的范围是按照联合国的国际贸易统计原则制定的，即凡能引起中华人民共和国关境内物质资源存量增加或减少的进出口货物，除制度另有规定者外，均列入该项统计。

对外贸易统计的资料来源于南昌海关，调查方法是全面调查。

历年出口商品分类金额和历年进口商品分类金额按照联合国《国际贸易标准分类》(SITC)进行统计。进出口商品分类金额按照海关合作理事会制定的《商品名称和编码协调制度》(HS)目录进行统计。

全省对各国(地区)进出口总额表中，出口货物按中华人民共和国关境外最终目的国(地区)，进口货物按中华人民共和国关境外原产国(地区)统计。各地区进出口商品总值分别按境内经营单位所在地和目的地、货源地列示。经营单位所在地是指境内进出口企业的报关注册登记地；境内货源地是指出口货物在中华人民共和国关境内的产地或原始发货地；境内目的地则指进口货物在中华人民共和国关境内的消费、使用地或最终运抵地。

二、外商直接投资统计部分

外商直接投资统计的主要内容包括：外商直接投资、外商投资企业登记注册情况。

统计范围是凡经工商行政管理机关核准登记，在江西所有利用外资的单位和部门，经批准设立的中外合资经营企业、合作经营企业、外资企业、外商投资股份制企业、合作开发项目等具有法人资格的独立核算企业(包括港澳台地区投资企业)，在江西从事经营活动的外国及港澳台地区企业及外国公司在江西境内设立的分支机构。

外商直接投资统计的资料来源于省商务厅，其中，外商投资企业的登记注册情况资料来源于省工商行政管理局外资局，调查方法是全面调查。

三、对外经济合作部分

对外经济合作统计的主要内容包括：对外承包工程、对外劳务合作的合同数、合同金额、完成营业额及对外直接投资额等。

统计调查对象是经各级商务主管部门批准的从事对外承包和劳务合作业务并具有法人地位的对外承包劳务企业、境内投资主体通过直接投资在境外设立的各类公司型企业和非公司型企业。

资料来源是省商务厅，调查方法是全面调查。

四、其他

外出交流、与国外结成友好城市部分的统计资料来源是省外侨办、省教育厅。

Brief Introduction

Data in this chapter show the summary data of the whole province foreign trade foreign direct investment contracted projects and labors cooperation with the foreign countries exchange, foreign sister city with foreign countries, Focusing on the recent situation of foreign trade and economic cooperation.

I. Foreign Trade

Data on foreign trade include: varieties of imports and exports, amount (weight), value, countries (regions), imports and exports corporations, destination within territory, origin of goods within territory, means of trade, types of taxes and so on.

The coverage of foreign trade statistics is designed according to principle on international trade by United Nations, that is: all imports or exports that will lead to stock changes of material resources with the territory of People's Republic of China; excluding goods by escape clause.

Sources of data on foreign trade are from General Administration of Customs of the People's Republic of China through comprehensive reporting system.

Customs statistics on value term imports and exports by categories are using the UN Standard International Trade Classification (SITC). However, the Harmonized Commodity Description and Coding System (HS) stipulated by the Customs Cooperation Council is used in the classification of the import and export commodities.

In the table on provincial total imports and exports with related countries and regions, the export commodities are calculated at the customs of the countries (regions) of destination and the import commodities are calculated at the customs of the countries (regions) of origin. The total values of the import and export commodities by region are calculated respectively at the provinces where the import or export corporations are situated and at the provinces of destination or provinces of origin within the boundary of the People's Republic of China. The province where the import or export corporations are situated refers to the province where the import or export corporations have applied to and have been registered at the customs. The province of origin within the boundary of the Peoples Republic of China refers to the province where the export commodities are produced or originally delivered. The province of destination within the boundary of the Peoples Republic of China refers to the province where the import commodities are consumed, used or transported to the destination.

II. Statistics on Utilization of Foreign Capitals

Utilization of foreign capitals includes: foreign loans, foreign direct investments and other foreign investments, and the basic condition of registration of foreign funded enterprises.

The statistics cover all the units and departments which have utilized foreign capital and all the Sino-foreign joint ventures, Sino-foreign cooperative enterprises, ventures exclusively with foreign investment, foreign-funded stock companies, Sino-foreign cooperative development projects and other corporate enterprises (including the enterprises funded by the entrepreneurs from Hong Kong, Macao and Taiwan) with independent accounting system which have been approved by the Jiangxi provincial government to set up in the boundary of Jiangxi.

Data on utilization of foreign capitals are from Department of Commerce of Jiangxi Province, of which, data on basic condition of registration of foreign funded enterprises are from Jiangxi Administration for Industry and Commerce through comprehensive reporting system.

III. Foreign Economic Cooperation

Data on foreign economic cooperation include: contracted projects, labors services cooperation, design and consultation services, contracted volume, complete business turnover, business turnover by countries (regions)， foreign direct investment and so on.

The statistical unit in the scheme is the corporate enterprise engaged in contracted projects and labors services cooperation with foreign countries and has been approved by the department of commerce at various levels, company type and non-company type enterprises established overseas by domestic subjects of investment.

Data on foreign economic cooperation are from Department of Commerce of Jiangxi Province through comprehensive reporting system.

IV. Others

Statistical of data on exchange and foreign sister city with foreign countries are from Overseas Chinese Affairs of Jiangxi Province, and Jiangxi Provincial Office of Education.

5-1 海关货物进出口总额

Total Value of Imports and Exports

年 份 地 区 Year Region	人民币 (万元) 10000 yuan				美元 (万美元) USD 10000			
	进出口总额 Total Imports & Exports	出口总额 Total Exports	进口总额 Total Imports	差额 Balance	进出口总额 Total Imports & Exports	出口总额 Total Exports	进口总额 Total Imports	差额 Balance
1989	232715	174932	57783	117149	62487	46948	15539	31409
1990	322283	257970	64313	193657	71934	58023	13911	44112
1991	408347	270925	137422	133503	76568	50814	25754	25060
1992	531711	355773	175938	179835	96533	64707	31826	32881
1993	665418	350031	315387	34644	116740	61409	55331	6078
1994	1126963	690113	436850	253263	130457	80014	50443	29571
1995	1080209	845224	234985	610239	129044	101035	28009	73026
1996	928914	709206	219708	489498	111672	85243	26429	58814
1997	1105121	924093	181028	743065	133284	111438	21846	89592
1998	1033368	844234	189134	655100	124720	101870	22850	79020
1999	1087884	750259	337625	412634	131387	90611	40776	49835
2000	1344664	991414	353250	638164	162399	119736	42663	77073
2001	1267519	860333	407186	453147	153119	103930	49189	54741
2002	1402687	871005	531682	339323	169468	105232	64236	40996
2003	2092670	1246410	846260	400150	252799	150569	102230	48339
2004	2923218	1651484	1271734	379750	353195	199539	153656	45883
2005	3338761	2005931	1332830	673101	405938	244004	161934	82070
2006	4948598	3000716	1947882	1052834	619356	375307	244049	131258
2007	7230425	4168726	3061698	1107028	944886	544473	400413	144060
2008	9545118	5412965	4132153	1280812	1361793	772666	589127	183539
2009	8727529	5033213	3694316	1338897	1277878	736849	541029	195820
2010	14629821	9079759	5550062	3529697	2160529	1341606	818923	522683
2011	20387440	14160957	6226483	7934474	3146881	2187606	959275	1228331
南昌市 Nanchang	5105796	3665503	1440293	2225210	787507	565401	222106	343295
景德镇市 Jingdezhen	823278	802138	21139	780999	127052	123821	3231	120590
萍乡市 Pingxiang	480313	465278	15035	450243	73797	71476	2321	69155
九江市 Jiujiang	2448092	1699113	748978	950135	378387	262540	115847	146693
新余市 Xinyu	2280712	1339668	941044	398624	351878	207208	144670	62538
鹰潭市 Yingtan	2794350	392186	2402164	-2009978	430657	60970	369687	-308717
赣州市 Ganzhou	1890373	1631005	259368	1371637	292264	252267	39997	212270
吉安市 Ji'an	1484969	1339271	145698	1193572	229556	207019	22537	184482
宜春市 Yichun	739032	647238	91794	555444	114515	100383	14132	86251
抚州市 Fuzhou	618705	611398	7306	604092	95892	94759	1133	93626
上饶市 Shangrao	1721821	1568158	153662	1414496	265376	241762	23614	218148

5-2 海关进出口货物分类金额（2011年）

Value of Imports and Exports by HS Section and Division (2011)

单位：万美元 (USD 10000)

商品类别	Section & Division	进出口总额 Total Imports & Exports	出口总额 Total Exports	进口总额 Total Imports
总计	**Total**	**3146881**	**2187606**	**959275**
活动物;动物产品	**Live Animals & Animal Products**	**3579**	**3263**	**316**
活动物	Live Animals	1624	1624	
肉及食用杂碎	Meat and Edible Haslets	90	90	
鱼、甲壳动物、软体动物及其他水生无脊动物	Fish;Shellfish;Molluscs and Other Aquatic Invertebrates	953	832	121
乳品；蛋品；天然蜂蜜;其他食用动物产品	Dairy Products;Eggs;Natural Honey;Other Edible Animal Products	472	345	127
其他动物产品	Other Animal Products	440	372	68
植物产品	**Vegetables; Fruits and Cereals**	**8119**	**7756**	**363**
活树及其他活植物;鳞茎、根及类似品;	Live Trees and other Live Plants;Bulbs;Roots and Similar Goods;			
插花及装饰用簇叶	Floral and Decorative Leaf Clusters			
食用蔬菜、根及块茎	Edible Vegetables; Roots and Stem Tubers	1805	1804	1
食用水果及坚果;甜瓜或柑桔属水果的果皮	Edible Fruits and Nuts; Muskmelon and Peels of Citrus Fruits	2418	2409	8
咖啡、茶、马黛茶及调味香料	Coffee; Tea and Spices	2973	2753	220
谷物	Cereals			
制粉工业产品;麦芽;淀粉;菊粉;面筋	Milling Products; Malt; Starch; Inulin and Gluten	119	8	111
含油子仁及果实;杂项子仁及果实;工业用或药用植物;稻草、秸秆及饲料	Oil Seeds and Kernels and Oleaginous Fruits;Other Seeds and Kernels and Fruits; Plants for Industrial and Medicinal Use; Straws and Forage	472	448	23
虫胶;树胶、树脂及其他植物液、汁	Lac; Rubber; Resin and Other Plant Juices	256	256	
编结用植物材料;其他植物产品	Plaiting Plant Materials; Other Plant Products	76	76	
动植物油、脂及其分解产品;精制的食用油脂;动、植物蜡	**Animal and Vegetable Oils; Fats and Wax; Refined Edible Oils and Fats**	**38**	**4**	**34**
食品；饮料、酒及醋;烟草、烟草及烟草代用品的制品	**Food; Beverages; Liquor and Vinegar;Tobacco and Tobacco Substitutes**	**20393**	**17465**	**2928**
肉、鱼、甲壳动物、软体动物及其他水生无脊椎动物的制品	Meat; Fish and Shellfish Products Mollusks and Other Aquatic Products	9561	9561	
糖及糖食	Sugar and Sugar Products	664	587	77
可可及可可制品	Cocoa and Cocoa Products	75	74	
谷物、粮食粉、淀粉或乳的制品;糕饼点心	Cereals; Grain; Starches or Milk and Pastry Products	2145	2145	
蔬菜、水果、坚果或植物其他部分的制品	Products of Vegetables; Fruits and Nuts	1968	1968	
杂项食品	Miscellaneous Food	61	59	3
饮料、酒及醋	Beverages; Liquor and Vinegar	216	2	214
食品工业的残渣及废料;配制的动物饲料	Waste Residues of Food Industry and Configuration of Animal Feed	5703	3069	2634
矿产品	**Minerals**	**390525**	**4879**	**385646**
盐;硫酸;泥土及石料;石膏料、石灰及水泥	Salt; Sulphur; Clay and Rock; Plaster Stone; Lime and Cement	7865	4867	2998
矿砂、矿渣及矿灰	Ore; Slag and Mortar	378235	4	378231
矿物燃料、矿物油及其 蒸馏产品;沥青物质;矿物蜡	Mineral Fuels; Lubricants; Asphalt;Mineral Wax	4425	8	4417

5-2 续表1 continued

单位：万美元 (USD 10000)

商品类别	Section & Division	进出口总额 Total Imports & Exports	出口总额 Total Exports	进口总额 Total Imports
化学工业及其相关工业的产品	**Chemicals and Related Products**	**279784**	**237926**	**41858**
无机化学品;贵金属、稀土金属、放射性元素及其同位素的有机及无机化合物	Inorganic Chemicals;Precious Metals;Rare Earth; Radioactive Elements and Isotopes of Organic and Inorganic Compounds	136798	104704	32094
有机化学品	Organic Chemicals	37678	35585	2093
药品	Medicinal and Pharmaceutical Products	3975	3753	221
肥料	Fertilizers	787	787	
鞣料浸膏及染料浸膏;鞣酸及其他衍生物;染料、颜料及其他着色料;油漆及清漆;油灰及其他类似胶粘剂;墨水、油墨	Tanning and Dyeing Extracts;Tannic Acid;Coloring and Dyeing Materials; Paint and Lacquer; Putty and other similar Adhesive; Ink and Printing Ink	4050	3316	734
精油及香膏;芳香料制品及化妆盥洗品	Essential Oils and Perfumed Materials; Cosmetics Washing Goods	2490	2309	181
肥皂、有机表面活性剂、洗涤剂、润滑剂、人造蜡、调制蜡、光洁剂、蜡烛及类似品、塑型用膏、“牙科用蜡”及牙科用熟石膏制剂	Soap;Organic Surfactant;Detergent;Lubricant;Man-made Wax; Modulated Wax,Lacquer;Candles and Similar Goods;Remodeling Paste;"Dental Wax"and Plaster Preparation of Dental Use	3642	2893	748
蛋白类物质；改性淀粉;胶；酶	Protein like Substances; Modified Starch;Gel and Enzymes	3140	1942	1199
烟火制品；火柴;引火合金；易燃材料制品	Explosives and Matches Products;Inflammable Material Products	15069	15022	48
照相及电影用品	Photographic and Film Supplies	279	62	216
杂项化学产品	Miscellaneous Chemical Products	71875	67553	4322
塑料及其制品；橡胶及其制品	**Plastics and Related Products;Rubber and Related Products**	**141700**	**107323**	**34377**
塑料及其制品	Plastics and Related Products	112281	89812	22469
橡胶及其制品	Rubber and Related Products	29419	17510	11908
生皮、皮革、毛皮及其制品:鞍具及挽具;旅行用品、手提包及类似品；动物肠线(蚕胶丝除外)制品	**Raw Hides; Leather; Furs and Related Products; Saddle;Travel Articles; Handbags and Similar Containers**	**105585**	**102819**	**2766**
生皮及皮革	Raw Hides and Leather	2809	74	2735
皮革制品;鞍具及挽具;旅行用 品、手提包及类似容器;动物肠线制品	Leather Products;Saddle;Travel Articles;Handbags and Similar Containers	102491	102473	17
毛皮、人造毛皮及其制品	Furs; Artificial Furs and Related Products	285	271	14
木及木制品:木炭:软木及软木制品:稻草、秸秆、针茅或其他编结材料制品:蓝筐及柳条编结品	**Wood and Wooden Products; Charcoal; Cork and Related Products; Straws;Plaited Products; Baskets and Wickerwork**	**11651**	**11199**	**452**
木及木制品;木炭	Wood and Wooden Products, Charcoal	10916	10472	445
软木及软木制品	Cork and Related Products	1	1	
稻草、秸秆、针茅或其他编结材料制品;篮筐及柳条编结品	Straws;Plaited Products; Baskets and Wickerwork	734	727	7
木浆及其他纤维状纤维素浆:纸及纸板的废碎品:纸、纸板及其制品	**Paper Pulp and Cellulose Pulp; Paper and Waste Paper; Paperboard and Related Products**	**80928**	**44835**	**36093**
木浆及其他纤维状纤维;纸及纸板的废碎品	Paper Pulp and Cellulose Pulp; Paper and Paper Board Waste	35405		35405

5-2 续表2 continued

单位: 万美元 (USD 10000)

商品类别	Section & Division	进出口总额 Total Imports & Exports	出口总额 Total Exports	进口总额 Total Imports
纸及纸板;纸浆、纸或纸板制品	Paper and Paperboard; Articles of Paper Pulp or Paper and Paperboard Products	41577	40932	645
书籍、报纸、印刷图画及其他印刷品;手稿、打字稿及设计图纸	Books,Newspaper and Other Prints; Manuscript,Design Drawings	3946	3903	43
纺织原料及纺织制品	**Textile Materials and Products**	**305815**	**294548**	**11267**
蚕丝	Natural Silk	254	188	66
羊毛、动物细毛或粗毛;马毛纱线及其机织物	Wool; Wool Yarn and Woolen Woven Fabrics	420	44	375
棉花	Cotton	16487	13526	2961
其他植物纺织纤维;纸纱线及其机织物	Other Textile Fibres Yarn and Related Woven Fabrics	6574	6556	18
化学纤维长丝	Man-Made Filament	5581	3920	1661
化学纤维短纤	Man-Made Short Fibres	15032	14159	873
絮胎、毡呢及无纺织物;特种纱线;线、绳、索、缆及其制品	Wadding; Felt and Adhesive-Bond Fabrics;Special Yarn; Thread; Rope; Cable and Related Products	4137	3674	463
地毯及纺织材料的其他铺地制品	Carpets and Related Products	3837	3837	
特种机织物; 簇绒织物; 花边; 装饰毯; 装饰带; 刺绣品	Special Woven Fabrics; Lace; Embroidery	6163	5319	844
浸渍、涂布、包覆或层压的纺织物; 工业用纺织制品	Coated Textiles; Textile Products for Industrial Use	2908	1724	1184
针织物及钩编织物	Knitwear and Crocheted Fabrics	3247	1635	1613
针织或钩编的服装及衣着附件	Knitted or Crocheted Garments&Clothing Accessories	170240	170233	7
非针织或非钩编的服装及衣着附件	Garments Not Knitted or Crocheted	42684	42603	81
其他纺织制成品; 旧衣着及旧纺织品; 碎织物	Other Textile Products; Secondhand Garments	28252	27130	1122
鞋、帽、伞、杖、鞭及其零件; 已加工的羽毛及其制品; 人造花; 人发制品	**Footwear; Headgear; Umbrellas; Canes; Whips;Processed Feather; Artificial Flowers; Wigs**	**104319**	**103413**	**906**
鞋靴、护腿和类似品及其零件	Parts of Footwear; Gaiters	58050	57884	166
帽类及其零件	Headgear And Accessories	7715	7715	
雨伞、阳伞、手仗、鞭子、马鞭及其零件	Umbrellas; Canes; Whips and Accessories	10849	10849	
已加工羽毛、羽绒及其制品; 人造花; 人发制品	Processed Feathers and Related Products;Artificial Flowers; Wigs	27705	26965	740
石料、石膏、水泥、石棉、云母及类似材料的制品; 陶瓷产品; 玻璃及其制品	**Gypsum; Cement; Asbestos; Mica; Ceramic Glass**	**140029**	**136759**	**3270**
石料、石膏、水泥、石棉、云母及类似材料的制品	Gypsum; Cement; Asbestos; Mica and Related Products	22057	21383	674
陶瓷产品	Ceramics	60394	59974	419
玻璃及其制品	Glass and Glassware	57578	55402	2177
天然或养殖珍珠、宝石或半宝石、贵金属、包贵金属及其制品; 仿首饰; 硬币	**Natural or Cultivated Pearls;Precious or Semi-Precious Stones; Jewelry of Precious Metal or Rolled Precious Metal; Artificial Jewelry; Coins**	**12323**	**9139**	**3184**

5-2 续表3 continued

单位: 万美元 (USD 10000)

商品类别	Section & Division	进出口总额 Total Imports & Exports	出口总额 Total Exports	进口总额 Total Imports
贱金属及其制品	**Base Metals and Related Products**	**478260**	**301049**	**177211**
钢铁	Iron and Steel	121566	120857	709
钢铁制品	Iron and Steel Products	73035	71751	1284
铜及其制品	Copper and Related Products	176264	5582	170682
镍及其制品	Nickel and Related Products	513	349	164
铝及其制品	Aluminum and Related Products	7658	7370	288
铅及其制品	Lead and Related Products	32	32	
锌及其制品	Zinc and Related Products	403	283	121
锡及其制品	Tin and Related Products	219	85	134
其他贱金属、金属陶瓷及其制品	Other Base Metals and Related Products	18042	15421	2622
贱金属工具、器具、利口器、餐匙、餐叉及其零件	Tools and Apparatus of Base Metals;Spoon and Accessories	35671	35108	563
贱金属杂项制品	Miscellaneous Products of Base Metals and Accessories	44857	44212	645
机器、机械器具、电气设备及其零件;录音机及放声机、电视图像、声音的录制和重放设备及其零件、附件	**Machinery; Electric Equipment and Accessories; Recorders; Video Recorder and Accessories**	**694435**	**464504**	**229931**
锅炉、机器机械器具及其零件等	Boilers;Machinery and Accessories	219812	118870	100943
电机、电气设备及其零件;录音机及放声机、电视图像、声音的录制和重放设备及其零件、附件	Electric Equipment and Accessories;Recorders;Video Recorder and Accessories	474622	345634	128988
车辆、船舶及有关运输设备	**Locomotives; Vehicles; Ship and Related Transportation Equipment**	**102872**	**95010**	**7862**
光学、照相、电影、计量、检验、医疗或外科用仪器及设备、精密仪器及设备;上述物品的零件、附件	**Optical; Photographic; Film; Measuring and Checking and Medical Instruments and Equipment; Precision Instruments and Equipment; (Clocks; Musical Instruments;) Related Parts and Accessories**	**62768**	**42500**	**20268**
光学、照相、电影、计量、检验、医疗或外科用仪器及设备、精密仪器及设备;零件、附件	Optical; Photographic; Film; Measuring and Checking and Medical Instruments and Equipment; Precision Instruments and Equipment; Clocks; Musical Instruments; Related Parts and Accessories	48196	27973	20223
钟表及其零件	Clocks and Accessories	11389	11354	35
乐器及其零件、附件	Musical Instruments; Related Parts and Accessories	3173	3163	10
其它及其零件、附件	Other parts and Accessories	11	11	
杂项制品	**Miscellaneous Products**	**201401**	**200888**	**513**
家具、寝具、褥垫、弹簧床垫、软座垫及类似的填充制品;未列名灯具及照明装置;发光标志、发光名牌及类似品;活动房屋	Furniture and Lighting Fixtures;Luminous Signs&similar Goods; Prefabricated Houses	104343	104090	253
玩具、游戏品、运动用品及其零件、附件	Toys, Games, Sporting Goods and Accessories	48246	48230	16
杂项制品	Miscellaneous Products	48812	48568	244
艺术品、收藏品及古物	**Works of Art, Collectibles and Antiques**	**2217**	**2217**	
其它	**Others**	**30**		**30**

5-3 按国别(地区)分海关货物进出口总额（2011）

Volume of Imports and Exports by Country (Region) of Origin/Destination (2011)

单位：万美元 (USD 10000)

国别（地区）	Country (Region)	进出口总额 Total	出口总额 Exports	进口总额 Imports
合 计	**Total**	**3146881**	**2187606**	**959275**
亚 洲	Asia	1217257	926597	290660
#孟加拉国	Bangladesh	7377	7028	350
中国香港	Hong Kong, China	197332	194701	2630
中国澳门	Macao, China	2577	2577	
中国台湾	Taiwan, China	133983	36721	97262
印 度	India	53348	47720	5628
印度尼西亚	Indonesia	79129	40164	38965
伊 朗	Iran	50374	47693	2681
以色列	Israel	19230	18964	267
日 本	Japan	190837	149228	41609
马来西亚	Malaysia	60995	55047	5947
蒙 古	Mongolia	1005	1005	
巴基斯坦	Pakistan	21838	11529	10309
菲律宾	Philippines	26975	25121	1853
沙特阿拉伯	Saudi Arabia	31116	28096	3020
新加坡	Singapore	52697	49057	3640
韩 国	Korea Rep.	80004	51877	28127
斯里兰卡	Sri Lanka	5390	5284	107
叙利亚	Syria	4891	4891	
泰 国	Thailand	29651	23097	6554
土耳其	Turkey	13078	10926	2153
阿拉伯联合酋长国	United Arab Emirates	40392	40224	169
也 门	Republic of Yemen	4792	4748	44
越 南	Vietnam	30938	30229	709
非 洲	Africa	227468	153765	73703
#阿尔及利亚	Algeria	16406	16406	
埃 及	Egypt	19595	19568	27
科特迪瓦	Cote d'lvoire	1465	1461	4
尼日利亚	Nigeria	8776	7016	1760
南 非	South Africa	53978	26842	27135
多 哥	Togo	5042	5036	7
民主刚果	Congo DR	30248	2244	28004

5-3 续表 continued

单位：万美元 (USD 10000)

国别（地区）	Country (Region)	进出口总额 Total	出口总额 Exports	进口总额 Imports
欧洲	Europe	681573	536348	145225
#比利时	Belgium	57263	48923	8340
丹麦	Denmark	2653	2026	628
英国	United Kingdom	50689	44516	6174
德国	Germany	200594	137733	62861
法国	France	31602	26417	5185
意大利	Italy	84033	73147	10885
荷兰	Netherlands	97597	87490	10107
希腊	Greece	5146	5139	7
西班牙	Spain	41103	34711	6392
奥地利	Austria	2458	734	1724
芬兰	Finland	9901	3664	6237
波兰	Poland	8534	7966	568
瑞典	Sweden	8770	4216	4555
瑞士	Switzerland	18963	903	18059
爱沙尼亚共和国	Estonia	194	176	18
俄罗斯联邦	Russia	16590	16409	180
乌克兰	Ukraine	9831	9788	42
捷克共和国	Czech	2144	1134	1010
拉丁美洲	Latin America	474220	149116	325104
#阿根廷	Argentina	13536	13504	32
巴西	Brazil	104025	29917	74108
智利	Chile	196109	16444	179665
古巴	Cuba	963	963	
危地马拉	Guatemala	1174	1159	15
牙买加	Jamaica	1626	1626	
墨西哥	Mexico	19452	11513	7939
巴拿马	Panama	26073	26040	33
秘鲁	Peru	68648	6397	62251
委内瑞拉	Venezuela	6835	6114	721
北美洲	North America	434305	377208	57097
#加拿大	Canada	42828	25403	17425
美国	United States	391477	351806	39672
大洋洲及太平洋群岛	Oceanic and Pacific Islands	112056	44571	67484
#澳大利亚	Australia	91954	24669	67285
新西兰	New Zealand	3146	2952	194
巴布亚新几内亚	Papua New Guinea	1824	1819	5
其他	Others	2		2

5-4 海关主要商品出口总额

Main Export Commodities in Value

单位：万美元 (USD 10000)

品　　名	Item	2010	2011
机电产品	Mechanical and Electrical Products	453974	814824
高新技术产品	High and New-tech Products	270905	384775
服装及衣着附件	Clothing and Accessories	162684	228408
二极管及类似半导体器件	Diode and Semi Conductors	88434	161270
旅行用品及箱包	Articles, Chests and Bags for Travel	43390	100071
纺织纱线、织物及制品	Spinning Yarn,Fabric and the Products	50377	77781
塑料制品	Plastic Articles	31013	73999
家具及其零件	Furniture and Parts	35783	72005
钢材	Rolled Steel	60569	63419
铁合金	Ferroalloy	11837	60428
鞋类	Shoes	44088	57884
玻璃制品	Glass ware	18160	40934
农产品	Agriculture Products	25807	29138
#茶叶	Tea	2513	2749
鲜、干水果及坚果	Fresh and Dry Fruits,Nuts	1385	2409
蔬菜	Vegetables	1135	2214
活猪	Live Hogs	1853	1608
灯具、照明装置及类似品	Lamps and lighting fittings	12643	26371
钨及其化合物	Tungsten & its Compounds	16475	22461
体育用具及设备	Articles and Equipment of Sports	13698	21212
医药品	Medical and Pharmaceutical Products	14254	15883
烟花、爆竹	Fireworks and Firecrackers	10692	14767
纸及纸板	Paper and Paperboard in Rolls	7306	9987
伞	Umbrellas	6494	9384
玩具	Toys	8166	9326
烤鳗	River Eels Processed or Preserved	7433	8529
轮胎	Tyres	6321	7660
未锻造的铜及铜材	Unwrought Copper and its Alloys	2524	5012
床垫、寝具及类似品	Mattess, Bedclothing and Analogs	2922	4908
家用或装饰用木制品	Wood Products for household Use or Decoration	3526	4054
未锻造的铝及铝材	Unwrought aluminium and aluminium products	3901	3509
打火机	Porket lighters,gas-filled	3344	3436
氟石	Fluorite	4220	3193
家用陶瓷器皿	Porcelain and Pottery Ware for Household Use	2207	2331

5-5 海关主要商品进口总额

Main Import Commodities in Value

单位：万美元 (USD 10000)

品名	Item	2010	2011
机电产品	Mechanical and Electrical Products	192106	261581
铜矿砂	Copper Ores	237430	235158
高新技术产品	High and New-tech Products	117090	175168
未锻造铜及铜材	Unwrought Copper and its Alloys	120630	141162
铁矿砂	Iron Ore	125510	121980
集成电路	Integrated Circuit	73777	31748
纸浆	Paper Pulp	14088	33959
铜废碎料	Scrap Copper	8257	30240
二极管及类似半导体器件	Diode and Semi Conductors	19253	21869
纺织纱线、织物及制品	Spinning Yarn,Fabric and the Products	9222	9037
初级形状的塑料	Plastics of Primary Pattern	6165	7154
废塑料	Waste,parings and scrap,of plastics	3414	5034
天然橡胶	Natural Rubber	3686	3349
塑料制品	Plastic Articles	2107	2922
合成橡胶	Synthetic Rubber	1724	2831
牛皮革及马皮革	Bovine or equine leather	2018	1734
棉花	Cotton, not Carded or Combed	495	1614
废纸	Waste Paper	798	1447
钢材	Rolled Steel	908	788
医药品	Medical and Pharmaceutical Products	249	372
成品油	Petroleum Products Refined	442	351
服装及衣着附件	Clothing and Accessories	185	129

5-6 按贸易方式分海关货物进出口总额（2011年）

Total Value of Imports and Exports by Customs Regime (2011)

单位：万美元 (USD 10000)

贸易方式	Customs Regime	进出口总额 Total Imports & Exports	出口总额 Total Exports	进口总额 Total Imports
总计	**Total**	**3146881**	**2187606**	**959275**
一般贸易	Ordinary Trade	2072485	1358851	713634
国家间、国际组织无偿援助和赠送的物资	Aid and Donation between Countries and from International Associations	1505	1505	
其他境外捐赠物资	Other Donation Abroad			
来料加工装配贸易	Trade for Processing and Assembling with Customer's Materials	101624	69523	32102
进料加工贸易	Trade for Processing with Imported Materials	536871	374074	162798
加工贸易进口设备	Processing Equipments	203		203
对外承包工程出口货物	Goods for Contracted Foreign Projects	8281	8281	
租赁贸易	Rental Trade			
外商投资企业作为投资进口的设备、物品	Foreign Funded Equipments and Goods	15897		15897
出料加工贸易	Give Makings Treatment	59	36	23
保税监管场所进出境货物	Inbound and Outbound Goods in Bonded Supervision Area	20831	2897	17933
海关特殊监管区域物流货物	Logistic Good Customs in Particular Supervision Areas	33765	22868	10896
海关特殊监管区域进口设备	Imported Equipment in Particular Supervision Areas	5302		5302
其他	Others	350058	349571	487

5-7 对外经济合作

Economic Cooperation with Foreign Countries or Regions

指标	Item	2000	2005	2006	2007	2008	2009	2010	2011
对外承包工程	**Contracted Projects**								
合同数(份)	Number of Contracts (unit)	27	32	43	111	102	67	102	135
合同额(万美元)	Contracted Value (USD 10000)	5149	19963	28477	47981	68826	85355	135697	144191
营业额(万美元)	Value of Turnover Fulfilled (USD 10000)	6382	14817	21572	39966	50594	52886	104334	158503
对外劳务合作	**Labor Services**								
合同工资总额(万美元)	Contracted Wage in Total (USD 10000)	4354	8555	12205	3000	7647	21339	3531	4285
实际收入总额(万美元)	Real Income in Total (USD 10000)	4567	6350	9245	4800	5622	22666	6582	6704
对外直接投资(非金融类)	**Overseas Direct Investment(Non-Finance)**								
新设境外投资企业(家)	Enterprise Newly Established Investing Overseas (unit)		3	7	11	34	32	46	44
中方协议投资额(万美元)	Contractual Foreign Investment (USD 10000)		35	1880	1436	5015	37997	21747	51570
对外直接投资额(万美元)	Overseas Direct Investment(USD 10000)		630	665	1436	1446	4038	21280	28090

注：从2002年始，商务部和国家统计局制订了《对外直接投资统计制度》。

a)State department of commerce and state statistical bureau drafted statistical system of foreign direct investment in 2002.

5-8 外商直接投资情况

Utilization of Direct Foreign Investments

年份 地区 Year Region	项目数 (个) Number of Projects (unit)	合同外资金额 (万美元) Total Amount of Contracted Foreign Investment (USD10000)	实际使用外资 (万美元) Total Amount of Foreign Investment Actually Utilized (USD 10000)
1984	18	708	80
1985	29	2781	517
1986	8	2093	458
1987	15	1990	394
1988	35	1760	563
1989	24	513	587
1990	54	2855	621
1991	162	5562	1949
1992	906	58990	9653
1993	1293	90983	20817
1994	536	39158	26168
1995	522	53966	28818
1996	369	39485	30068
1997	395	64444	47768
1998	334	41919	46493
1999	245	35136	32080
2000	272	26478	22724
2001	308	52660	39575
2002	591	153387	108725
2003	759	233094	161234
2004	964	311289	205238
2005	940	387645	242258
2006	982	403068	280657
2007	867	544615	310358
2008	689	492550	360368
2009	821	490484	402354
2010	1092	749447	510084
2011	812	844545	605881
南昌市 Nanchang	185	319599	168160
景德镇市 Jingdezhen	8	7912	10500
萍乡市 Pingxiang	33	25172	17990
九江市 Jiujiang	141	108034	77258
新余市 Xinyu	38	71625	59383
鹰潭市 Yingtan	28	24021	14535
赣州市 Ganzhou	116	90647	87736
吉安市 Ji'an	99	55313	50246
宜春市 Yichun	30	35630	43077
抚州市 Fuzhou	47	25578	17630
上饶市 Shangrao	87	81014	59366

5-9 外商在赣直接投资情况（2011年）
Utilization of Direct Foreign Investments in Jiangxi (2011)

类 别	Type	项目数（个） Number of Projects (unit)	合同外资金额（万美元） Total Amount of Contracted Foreign Investment (USD10000)	实际使用外资（万美元） Total Amount of Foreign Investment Actually Utilized (USD 10000)
总 计	**Total**	**812**	**844545**	**605881**
按投资方式分	**By Form**			
合资经营企业	Joint venture Enterprises	65	67067	51875
合作经营企业	Cooperative Operation Enterprises	3	4420	3508
外资企业	Foreign Investment Enterprise	742	764448	549536
外商投资股份制企业	Foreign Investment Share	2	8610	962
按国民经济行业分	**By Sector**			
农、林、牧、渔业	Agriculture, Forestry, Animal Husbandry and Fishery	70	52185	46425
采矿业	Mining	3	11699	6539
制造业	Manufacturing	578	515985	420875
#食品制造业	Manufacture of Foods	6	6737	5834
饮料制造业	Manufacture of Beverages	4	2039	1992
纺织业	Manufacture of Textile	18	14244	10401
纺织服装、鞋、帽制造业	Manufacture of Textile Wearing Apparel, Footware and Caps	151	89251	76223
家具制造业	Manufacture of Furniture	8	7658	4788
石油加工及炼焦业	Processing of Petroleum, Coking			
化学原料及化学制品制造业	Manufacture of Raw Chemical Materials and Chemical Products	10	19487	4114
医药制造业	Manufacture of Medicines	6	18999	18894
塑料制品业	Manufacture of Plastics	12	14693	11709
非金属矿物制品业	Manufacture of Non-metallic Mineral Products	34	26148	20150
有色金属冶练及压延加工业	Smelting and Pressing of Non-ferrous Metals	20	15324	6652
通用设备制造业	Manufacture of General Purpose Machinery	16	13367	11953
交通运输设备制造业	Manufacture of Transport Equipment	12	8048	5123
电气机械及器材制造业	Manufacture of Electrical Machinery and Equipment	84	114960	90969
通信设备、计算机及其他电子设备制造业	Manufacture of Communication Equipment,Computers and Other Electronic Equipment	82	75480	61082
电力、燃气及水的生产和供应业	Production and Supply of Electricity, Gas and Water	5	7343	10213
建筑业	Construction	4	3367	2792
交通运输、仓储和邮政业	Transport, Storage and Post	1	100	506
#道路运输业	Road Transport			
信息传输、计算机服务和软件业	Information Transmission, Computer Services and Software	23	40332	26156
#计算机服务业	Computer Services	1	-1558	3934
软件业	Software Industry	21	41888	22222
批发和零售业	Wholesale and Retail Trades	27	75127	10645
批发业	Wholesale Trade	19	10534	2853
零售业	Retail Trade	8	64593	7792
住宿和餐饮业	Hotels and Catering Services	5	7240	6389
住宿业	Hotels	2	3230	3703
餐饮业	Catering Services	3	4010	2686
金融业	Financial Intermediation	4	7186	3225
房地产业	Real Estate	6	9829	15498

5-9 续表 continued

类 别	Type	项目数（个）Number of Projects (unit)	合同外资金额（万美元）Total Amount of Contracted Foreign Investment (USD 10000)	实际使用外资（万美元）Total Amount of Foreign Investment Actually Utilized (USD 10000)
租赁和商务服务业	Leasing and Business Services	54	67564	28664
#商务服务业	Business Services	53	66364	28624
科学研究、技术服务和地质勘查业	Scientific Research, Technical Service and Geologic Prospecting	17	23222	10927
水利、环境和公共设施管理业	Management of Water Conservancy, Environment and Public Facilities	7	20046	9812
居民服务和其他服务业	Services to Households and Other Services	4	1562	4538
教育	Education	1	257	1
卫生、社会保障和社会福利业	Health, Social Security and Social Welfare			
文化、体育和娱乐业	Culture, Sports and Entertainment	3	1501	2676
其他	Others			
按投资国别(地区)分	**By Country (Region)**			
亚 洲	Asia	752	811120	540369
中国香港	Hong Kong, China	597	669835	439046
中国澳门	Macao, China	24	28039	14972
中国台湾	Taiwan, China	94	64913	55447
印度尼西亚	Indonesia	5	2477	1763
日 本	Japan	7	11103	2205
马来西亚	Malaysia	4	1926	795
菲律宾	Philippines	2	4115	3574
新加坡	Singapore	7	15596	11450
韩 国	Korea Rep.	3	1323	1326
泰 国	Thailand	1	4807	2730
非 洲	Africa	16	5621	4907
欧 洲	Europe	12	16539	9694
#英 国	United Kingdom	1	862	2419
德 国	Germany	3	1896	2819
法 国	France			58
意大利	Italy	5	9351	1884
荷 兰	Netherlands		147	58
西班牙	Spain		34	718
拉丁美洲	Latin America	12	-17436	22883
北美洲	North America	12	8254	13890
#加拿大	Canada	5	3742	3160
美 国	United States	7	4512	10730
大洋洲及太平洋群岛	Oceanic and Pacific Islands	13	10754	9211
#澳大利亚	Australia		2571	3073
新 西 兰	New Zealand	1	1768	1082
其他	Others	4	9693	4927

注：利用外资项目中，存在多个国家投资同一项目，故按投资国别、地区分的项目个数之和不等于合计数。

a) Among the projects of utilization of foreign investments,there exists the same project with investments from different countries,so the number of projects by country or region is not equal to the total.

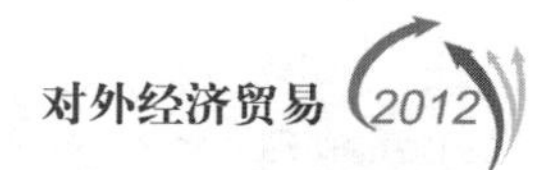

5-10 外商投资企业年底注册登记情况（2011年）
Registration Status of Foreign Funded Enterprises at Year-end (2011)

类　别	Type	企业法人数（户）Number of Enterprises Corporate (unit)	投资总额（万美元）Total Investment (USD 10000)	注册资本（万美元）Registered Capital (USD 10000)	#外方 Foreign Investor
总　计	**Total**	**5372**	**4908056**	**3128470**	**2698940**
按投资方式分	**By Form**				
合资经营企业	Joint venture Enterprises	1338	1472798	849832	520998
合作经营企业	Cooperative Operation Enterprises	82	114761	62714	48737
外资企业	Foreign Investment Enterprise	3934	3191096	2098288	2098288
外商投资股份制企业	Foreign Investment Share	16	127380	116626	30117
其他企业		2	2020	1010	800
按国民经济行业分	**By Sector**				
农、林、牧、渔业	Agriculture, Forestry, Animal Husbandry and Fishery	478	290198	219653	201918
采矿业	Mining	33	73985	60743	26733
制造业	Manufacturing	3256	2870832	1824018	1604179
#食品制造业	Manufacture of Foods	75	47183	31102	28576
饮料制造业	Manufacture of Beverages	41	87001	42997	38903
纺织业	Manufacture of Textile	244	115333	82728	76958
纺织服装、鞋、帽制造业	Manufacture of Textile Wearing Apparel, Footware and Caps	743	278413	214783	204022
家具制造业	Manufacture of Furniture	42	15282	11035	10176
石油加工及炼焦业	Processing of Petroleum, Coking	10	18072	10618	6783
化学原料及化学制品制造业	Manufacture of Raw Chemical Materials and Chemical Products	114	131377	70334	59314
医药制造业	Manufacture of Medicines	33	50865	33764	24498
塑料制品业	Manufacture of Plastics	78	39084	24766	24038
非金属矿物制品业	Manufacture of Non-metallic Mineral Products	192	209491	121380	105759
黑色金属冶练及压延加工业	Smelting and Pressing of Ferrous Metals	8	31715	23511	4396
通用设备制造业	Manufacture of General Purpose Machinery	67	72249	55619	38162
交通运输设备制造业	Manufacture of Transport Equipment	89	112588	82585	46186
电气机械及器材制造业	Manufacture of Electrical Machinery and Equipment	190	248290	148219	141100
通信设备、计算机及其他电子设备制造业	Manufacture of Communication Equipment,Computers and Other Electronic Equipment	275	257445	180478	170033
电力、燃气及水的生产和供应业	Production and Supply of Electricity, Gas and Water	75	105742	58963	44088
建筑业	Construction	138	278166	115251	97950
交通运输、仓储和邮政业	Transport, Storage and Post	33	17873	9406	7308
#道路运输业	Road Transport	15	6329	3742	2711
信息传输、计算机服务和软件业	Information Transmission, Computer Services and Software	68	46549	38955	38380
批发和零售业	Wholesale and Retail Trades	412	301887	194850	179868
批发业	Wholesale Trade	269	220265	137808	125951
零售业	Retail Trade	143	81622	57042	53918
住宿和餐饮业	Hotels and Catering Services	130	54230	39470	35461
住宿业	Hotels	72	39472	27314	24879
餐饮业	Catering Services	58	14758	12156	10582
金融业	Financial Intermediation	9	47036	45036	16094
房地产业	Real Estate	364	357249	234953	197426

5-10 续表 continued

类别	Type	企业法人数(户) Number of Enterprises Corporate (unit)	投资总额(万美元) Total Investment (USD 10000)	注册资本(万美元) Registered Capital (USD 10000)	#外方 Foreign Investor
租赁和商务服务业	Leasing and Business Services	149	146740	96006	89317
#商务服务业	Business Services	148	146728	95993	89312
科学研究、技术服务和地质勘查业	Scientific Research, Technical Service and Geologic Prospecting	84	109339	88336	83697
水利、环境和公共设施管理业	Management of Water Conservancy,Environment and Public Facilities	51	81162	55727	49729
居民服务和其他服务业	Services to Households and Other Services	39	29734	18682	9559
教育	Education	7	5171	3114	2812
卫生、社会保障和社会福利业	Health, Social Security and Social Welfare	2	1841	763	542
文化、体育和娱乐业	Culture, Sports and Entertainment	35	87454	22781	12616
其他	Others	9	2867	1764	1262
按投资国别(地区)分	**By Country (Region)**				
亚洲	Asia	4479	3853993	2514915	2178647
中国香港	Hong Kong, China	3245	3055725	1966073	1720296
中国澳门	Macao, China	120	73594	59343	55375
中国台湾	Taiwan, China	728	268260	217104	198916
印度尼西亚	Indonesia	21	9572	5405	3789
日本	Japan	98	117678	79763	50288
马来西亚	Malaysia	30	28685	12452	11965
菲律宾	Philippines	39	20975	13845	12349
新加坡	Singapore	87	199701	105266	72830
韩国	Korea Rep.	40	8165	6856	5239
泰国	Thailand	18	13441	9497	8838
非洲	Africa	53	55009	28409	22890
欧洲	Europe	146	100959	52410	45547
#比利时	Belgium	5	2125	1311	936
英国	United Kingdom	32	11500	7718	5859
德国	Germany	1	1330	1300	1280
法国	France	17	8389	4655	4372
意大利	Italy	24	7964	5694	4508
荷兰	Netherlands	6	3183	2752	2026
西班牙	Spain	16	4881	3593	3171
瑞典	Sweden	3	248	190	190
拉丁美洲	Latin America	223	525851	309690	279255
北美洲	North America	268	213195	131145	99502
#加拿大	Canada	55	20180	15274	12731
美国	United States	208	191320	114446	85456
大洋洲及太平洋群岛	Oceanic and Pacific Islands	70	33005	21072	19306
#澳大利亚	Australia	50	24755	15221	14224
新西兰	New Zealand	15	6473	4671	4185
其他	Others	133	126043	70830	53794

5-11 外出交流情况
Development of Exchange Abroad

指标	Item	2000	2001	2002	2003	2004	2005
外出交流批数(批)	Batch of Persons Exchange Abroad (batch)	2056	2029	1426	1149	1579	1534
外出交流人数(人次)	Number of Persons Exchange Abroad (person-time)	6625	6863	5360	4085	5726	5760
友好访问	Friendly Visit	318	359	412	284	484	299
科学技术	Scientific Technology	47	147	44	90	76	113
经济贸易	Economic Trade	2510	1873	3093	2319	3610	3779
劳　务	Labor Service	2787	3155	755	3	2	
留学进修培训	Study Abroad & Refresher Training	334	360	354	388	680	864
留学生、学者	Overseas Students and Scholars	206	211	198	157	45	26
参加会议	Conference Participation	89	159	141	625	290	263
文化体育	Culture & Sports	211	140	273	198	395	265
考　察	Investigation						
其　他	Others	123	459	90	21	144	151

注：从2004年始，留学生、学者仅指国家公派、单位公派等的录取人数。

a) The number of overseas students and scholars only refer to those supported by the government and unit since 2004.

5-11 续表 continued

指标	Item	2006	2007	2008	2009	2010	2011
外出交流批数(批)	Batch of Persons Exchange Abroad (batch)	1817	1689	1207	938	1231	1482
外出交流人数(人次)	Number of Persons Exchange Abroad (person-time)	6912	6175	4966	3285	4526	5009
友好访问	Friendly Visit	317	333	359	277	398	421
科学技术	Scientific Technology	279	136	227	168	233	401
经济贸易	Economic Trade	4493	3845	2326	1588	2145	2392
劳　务	Labor Service		5				
留学进修培训	Study Abroad & Refresher Training	943	856	898	703	778	901
留学生、学者	Overseas Students and Scholars	35	82	107	54	120	140
参加会议	Conference Participation	225	177	108	114	170	130
文化体育	Culture & Sports	505	616	542	275	556	431
考　察	Investigation			262	5		
其　他	Others	115	125	137	101	126	193

5-12 江西与国外结成友好城市一览
List of Foreign Sister Cities with Jiangxi

国别	Country Region	城市(州、县)	Sister City (State, Prefecture)	缔结日期 Date of Conclusion
马其顿	Macedonia	斯科普里市	Skopje	1984.03.20
德国	Germany	黑森州	Hesse	1985.04.03
美国	United States	肯塔基州	Kentucky	1985.10.06
美国	United States	犹他州	Utah	1986.07.10
日本	Japan	歧阜县	Gifu	1988.06.21
墨西哥	Mexico	托卢卡市	Toluca	1988.08.16
日本	Japan	高松市	Takamatsu-shi	1990.09.28
日本	Japan	冈山县	Okayama	1992.06.01
摩洛哥	Morocco	萨非市	Safi	1993.10.15
美国	United States	罗马市	Rome	1993.11.07
澳大利亚	Australia	沃拉格尔市	Wollongong	1993.12.09
美国	United States	麦卡伦市	McAllen	1994.10.27
斯洛文尼亚	Slovenia	科佩尔市	Koper	1995.04.05
日本	Japan	佐贺县有田町	Arita-cho, Saga	1996.08.28
日本	Japan	玉野市	Tamano-shi	1996.10.05
芬兰	Finland	瓦尔济考斯基市	Valkeakoski	1997.11.20
芬兰	Finland	托亚拉市	Toijala	1997.11.20
日本	Japan	冈山县真庭市	Yubara-cho, Gifu	2001.01.16
美国	United States	路易维尔市	Louisville	2003.12.19
日本	Japan	冈山县浅口市	Kamogata-cho, Okayama	2004.10.29
俄罗斯	Russia	雅罗斯拉夫尔州	Jarraud Slavic	2005.02.28
美国	United States	索拉洛郡	Solano	2005.10.13
日本	Japan	和歌山县清水町	Shimizu-cho, Wakayama	2006.04.03
韩国	Korea Rep.	南海郡市	Namhae	2006.04.13
菲律宾	Philippines	保和省	Bohol	2006.05.08
芬兰	Finland	卡亚尼市	Kajaani	2006.06.26
日本	Japan	歧阜县安八町	Anpachi-cho, Gifu	2006.08.25
法国	France	第戎市	Dijon	2006.10.17
日本	Japan	濑户市	Seto-shi	2006.11.23
韩国	Korea Rep.	庆尚北道尚州市	Sangju-si,Gyeongsangbuk-do	2007.04.03
智利	Chile	科皮亚波市	Copiapo	2007.06.11
阿根廷	Argentina	拉普拉塔市	Laplata	2007.06.11
韩国	Korea Rep.	利川市	Lcheon	2007.08.07
韩国	Korea Rep.	罗州市	Naju-si	2007.08.13
南非	South Africa	艾古莱尼市	Ekurhuleni	2007.08.23
美国	United States	埃荣顿市	Overton	2007.09.25
巴西	Brazil	索罗卡巴市	Sorocaba	2007.09.29
韩国	Korea Rep.	堤川市	Jye Chun	2008.02.13
希腊	Greece	希俄斯市	Chios	2008.04.02
波兰	Poland	莱基奥诺沃市	Legionowo	2008.06.11
法国	France	中央大区	Centre	2008.07.08
法国	France	奥赛市	Auxerre	2008.09.10
德国	Germany	威斯巴登市	Wiesbaden	2008.09.18
美国	United States	萨凡纳市	Savannah	2008.10.15
阿根廷	Argentina	基尔梅斯市	Quilmes	2008.12.05
埃塞俄比亚	Ethiopia	阿姆哈拉区	Amhara	2009.03.25
塞拉利昂	Sierra Leone	弗里敦市	Freetown	2009.04.08
韩国	Korea Rep.	太白市	Taebaek	2009.09.15
澳大利亚	Australia	奥本市	Auburn	2009.09.24
德国	Germany	派尼区	Piney	2009.10.13
英国	United Kingdom	巴斯—东北萨莫塞特郡	Bath and North East Somerset	2009.10.20
巴西	Brazil	南马托格罗索州	Mato Grosso do Sul	2009.10.23
匈牙利	Hugary	蒂萨新城	Tiszaujvaros	2009.12.02
美国	United States	罕斯维尔市	Hansiweier	2009.12.07
法国	France	图尔市	Tours	2010.01.06
南非	South Africa	新堡市	Newcastle	2010.01.26
美国	United States	不伦瑞克市	Brunswick	2010.01.28
美国	United States	威斯康星州门县市	Men of Wisconsin	2010.02.24
津巴布韦	Zimbabwe	穆塔雷市	Mutare	2010.04.28
荷兰	Holland	代尔夫特市	Delfe	2010.05.12
希腊	Greece	维欧提亚省	Vea tia	2010.07.06
美国	United States	奥林匹亚市	Olympia	2010.08.18
巴西	Brazil	基玛多斯市	Jimaduosi City	2011.02.24
德国	Germany	沃尔泽伦市	Wall Zelen City	2011.03.17
法国	France	香槟-阿登大区	Champagne-Ardenne	2011.03.21
英国	United Kingdom	红桥市	Redbridge	2011.03.29
南非	South Africa	自由省	Free State	2011.11.15
埃及	Egypt	卢克索省	Luxor	2011.11.18

主要统计指标解释

进出口总额 指实际进出我国国境的货物总金额。包括对外贸易实际进出口货物，来料加工装配进出口货物，国家间、联合国及国际组织无偿援助物资和赠送品，华侨、港澳台同胞和外籍华人捐赠品，租赁期满归承租人所有的租赁货物，进料加工进出口货物，边境地方贸易及边境地区小额贸易进出口货物(边民互市贸易除外)，中外合资企业、中外合作经营企业、外商独资经营企业进出口货物和公用物品，到、离岸价格在规定限额以上的进出口货样和广告品(无商业价值、无使用价值和免费提供出口的除外)，从保税仓库提取在中国境内销售的进口货物，以及其他进出口货物。该指标可以观察一个国家在对外贸易方面的总规模。我国规定出口货物按离岸价格统计，进口货物按到岸价格统计。

商品经营单位所在地进、出口额 指在所在地海关注册登记的有进出口经营权的企业实际进、出口额。

商品目的地进口额和商品货源地出口额 目的地进口额指进口货物的消费、使用或最终抵运地的实际进口额；货源地出口额指出口货物的产地或原始发货地的实际出口额。

外商直接投资 指外国企业和经济组织或个人(包括华侨、港澳台胞以及我国在境外注册的企业)按我国有关政策、法规，用现汇、实物、技术等在我国境内开办外商独资企业、与我国境内的企业或经济组织共同举办中外合资经营企业、合作经营企业或合作开发资源的投资(包括外商投资收益的再投资)，以及经政府有关部门批准的项目投资总额内企业从境外借入的资金。

对外承包工程 指各对外承包公司以招标议标承包方式承揽的下列业务：(1)承包国外工程建设项目；(2)承包我国对外经援项目；(3)承包我国驻外机构的工程建设项目；(4)承包我国境内利用外资进行建设的工程项目；(5)与外国承包公司合营或联合承包工程项目时我国公司分包部分；(6)对外承包兼营的房屋开发业务。对外承包工程的营业额是以货币表现的本期内完成的对外承包工程的工作量，包括以前年度签订的合同和本年度新签订的合同在报告期内完成的工作量。

对外劳务合作 指以收取工资的形式向业主或承包商提供技术和劳动服务的活动。我国对外承包公司在境外开办的合营企业，中国公司同时又提供劳务的，其劳务部分也纳入劳务合作统计。劳务合作营业额按报告期内向雇主提交的结算数(包括工资、加班费和奖金等)统计。

对外直接投资 指我国企业、团体等(简称境内投资主体)在国外及港澳台地区以现金、实物、无形资产等方式投资，并以控制国(境)外企业的经营管理权为核心的经济活动。对外直接投资的内涵主要体现在一经济体通过投资于另一经济体而实现其持久利益的目标。

Explanatory Notes on Main Statistical Indicators

Total Value of Imports and Exports refer to the real value of commodities imported into and exported from the boundary of China. They include the actual imports and exports through foreign trade, imported and exported goods under the processing and assembling trades and materials, supplies and gifts as aid given gratis between governments and by the United Nations and other international organizations, and contributions donated by overseas Chinese, compatriots in Hong Kong and Macao and Chinese with foreign citizenship, leasing commodities owned by tenant at the expiration of leasing period, the imported and exported commodities processed with imported materials, commodities trading in border areas (excluding mutual exchange goods), the imported and exported commodities and articles for public use of the Sino-foreign joint ventures, cooperative enterprises and ventures exclusively with foreign own investment. Also included are import or export of samples and advertising goods for whose CIF or FOB value are beyond the permitted ceiling (excluding goods of no trading or use value and free commodities for export), imported goods sold in China from bonded warehouses and other imported or exported goods. The indicator of the total imports and exports at customs can be used to observe the total size of external trade in a country. In accordance with the stipulation of the Chinese government, imports are calculated at CIF, while exports are calculated at FOB.

Import Export Value by Location of China' s Foreign Trade Managing Units refers to actual value of imports and exports carried out by corporations which have been registered by the local customhouse and are vested with right to run import export business.

Import Value of Commodities by the Places of their Destination and Export Value of Commodities by the Places of their Origin in China: The former indicator refers to the value of import commodities of the places of their consumption, utilization or the places of their final destination. The latter indicator refers to the value of export commodities of the places of their origin or the places of the commodities dispatched.

Direct Foreign Investment refers to the investments inside China by foreign enterprises and economic organizations or individuals (including overseas Chinese, compatriots from Hong Kong, Macao and Taiwan, and Chinese enterprises registered abroad), following the relevant policies and laws of China, for the establishment of ventures exclusively with foreign own investment, Sino-foreign joint ventures and cooperative enterprises or for co-operative exploration of resources with enterprises or economic organizations in China. It includes the re investment of the foreign entrepreneurs with the profits gained from the investment and the funds that enterprises borrow from abroad in the total investment of projects which are approved by the relevant department of the government.

Contracted Projects refer to projects undertaken by Chinese contractors (project contracting companies) through bidding process. They include: (1) overseas civil engineering construction projects financed by foreign investors; (2) overseas projects financed by the Chinese government through its foreign aid programs; (3) construction projects of Chinese diplomatic missions, trade offices and other institutions stationed abroad; (4) construction projects in China financed by foreign investment; (5) sub-contracted projects to be taken by Chinese contractors through a joint umbrella project with foreign contractor(s); (6) housing development projects. The business income from international contracted projects is the work volume of contracted projects completed during the reference period, expressed in monetary terms, including completed work on projects signed in previous years.

Labor Cooperation refers to the activities of providing technology and labour services to employers or contractors in the forms of receiving salaries and wages. Labour services providing by contractual joint ventures of Chinese international contracting corporations should be included in the statistics of service co-operation with foreign countries. The business income of labour service cooperation is the income in the form of wages and salaries, overtime pay, bonuses and other remuneration received from the employers during the reference period.

Overseas Direct Investment refers to investment made by domestic enterprises and organizations (referred to as domestic investors) in foreign countries and Hong Kong SAR, Macao SAR and Taiwan province in forms of cash, physical investment and intangible assets, and the economic activities centring on operation and management of those enterprises are under the control of domestic investors.The content of overseas direct investment mainly reflects one economic entity by investing in another economic entity to achieve its goal of lasting interest.

6

能 源

ENERGY

◆113/130

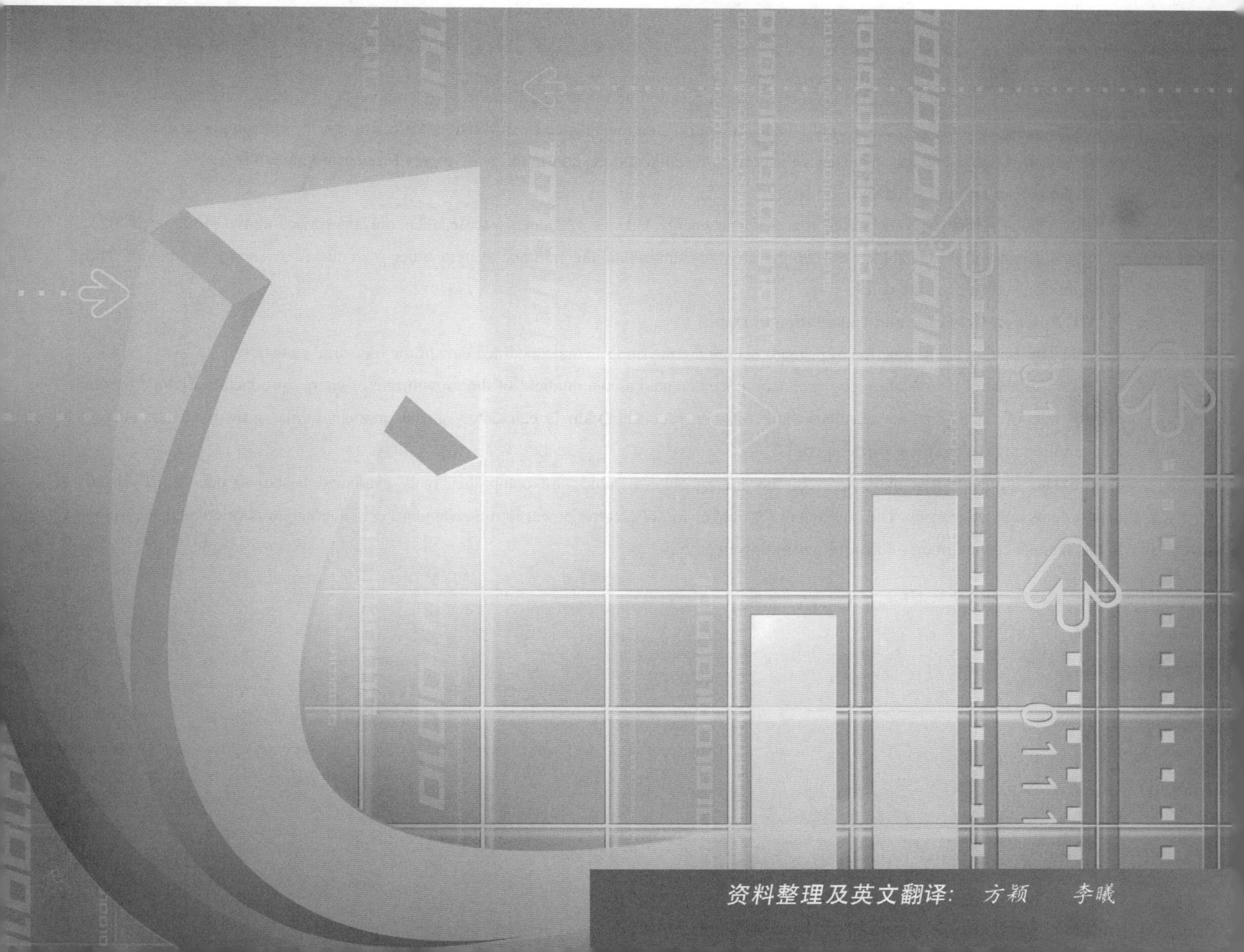

资料整理及英文翻译：方颖　李曦

简要说明

一、本篇资料的主要内容

本篇包括的主要内容有能源生产、消费及品种构成，能源生产和消费弹性系数，综合能源平衡表和主要能源品种的单项平衡表，分行业、分主要能源品种的消费量，生活用能源消费量等。

二、本篇资料的来源

本篇资料来源于全省能源平衡表和规模以上工业企业能源报表。能源平衡表的编制范围为辖区内除军队系统以外的全部能源生产和消费活动的单位。

三、关于数据口径与计算的说明

1.一次能源生产量与工业统计数字一致。

2.能源生产与消费弹性系数分别以能源生产、消费增长速度与国内生产总值增长速度相比求得。

3.能源平衡表中的库存量、进口量、出口量和消费量，根据有关部门和企业提供的数据综合评估得出。电力折算标准煤系数按平均发电煤耗计算。

Brief Introduction

I. Main Contents

Data in this chapter cover mainly the energy production and consumption and their composition, the elasticity ratio of energy production and consumption, the overall balance of energy and the balance by different types of energy, the consumption of energy by sector and by types of energy, efficiency of energy conversion and the consumption of energy for non-production uses.

II. Source of Data

Data in this chapter comes from the province energy balance and energy-scale industrial enterprises above Designated Size. Energy balance for the establishment of the area in addition to the military system other than the total energy production and consumption activities of the units.

III. Notes on Coverage and Calculation of Data:

(1) The data on the production of primary energy are the same as the concerned data of the industrial statistics.

(2) The elasticity ratio of energy production is calculated as the quotient of the growth rate of energy production divided by the growth rate of GDP; and the elasticity ratio of energy consumption is calculated as the quotient of the growth rate of energy consumption divided by the growth rate of GDP.

(3)The storage,import and export in the energy balance tables are comprehensively evaluated based on data from related departments and enterprises. The coefficient for conversion of electric power into the standard coal equivalent is calculated according to the average consumption of coal for generating electricity.

6-1 能源生产总量及构成
Total Production of Energy and Its Composition

年份 Year	能源生产总量（万吨标准煤）Total Energy Production (10000 tons of SCE)	占能源生产总量的比重（%）As Percentage of Total Energy Production(%)			
		原煤 Raw Coal	原油 Crude Oil	天然气 Natural Gas	水电 Hydro Power
1995	1868.8	88.0			12.0
1996	1573.2	88.5			11.5
1997	1410.0	83.7			16.3
1998	1394.7	78.6			21.4
1999	1154.5	85.7			14.3
2000	1293.2	76.1			23.9
2001	1242.7	71.0			29.0
2002	1252.2	77.0			23.0
2003	1450.4	71.7			17.5
2004	1730.4	79.7			20.3
2005	2010.5	86.0			14.0
2006	2241.0	84.6		0.1	15.3
2007	2253.3	87.9		0.3	11.8
2008	2395.0	87.0		0.2	12.8
2009	2528.8	89.1		0.2	10.7
2010	2204.4	86.1		0.2	13.7
2011	2581.4	88.3		0.7	11.0

注：电力折算标准煤的系数根据当年平均发电煤耗计算。下表同。

a) The coefficient for conversion of electric power into SCE (standard coal equivalent) is calculated on the basis of the data on average coal consumption in generating electric power in the same year. The same applies to the tables following.

6-2 能源消费总量及构成
Total Consumption of Energy and Its Composition

年份 Year	能源消费总量（万吨标准煤）Total Energy Composition (10000 tons of SCE)	占能源消费总量的比重（%）As Percentage of Total Energy Composition(%)			
		煤炭 Raw Coal	石油 Crude Oil	天然气 Natural Gas	水电 Hydro Power
1995	2391.7	79.8	10.0		10.2
1996	2154.7	78.4	12.0		9.6
1997	2132.4	75.2	12.9		11.9
1998	2028.4	73.3	16.3		10.4
1999	2123.3	73.6	17.8		8.7
2000	2505.0	70.5	17.3		12.2
2001	2628.0	71.5	17.0		11.5
2002	2933.0	68.7	21.8		9.5
2003	3426.0	74.5	22.2		3.2
2004	3814.0	72.6	16.9		10.5
2005	4286.0	74.0	17.0		6.6
2006	4660.1	73.8	16.9	0.2	7.4
2007	5052.5	74.9	16.9	0.3	5.3
2008	5383.0	71.7	16.7	0.6	5.7
2009	5812.5	72.0	16.0	0.5	4.7
2010	6248.5	71.9	16.6	1.0	4.8
2011	6928.2	74.3	15.4	1.2	4.1

注：2010年开始，能源消费总量为不包括回收能的总量，下表同。

a)From 2010,the total energy consumption does not include the total amonnt of the recycled energy. The same applies to the tables following.

6-3 综合能源平衡表
Overall Energy Balance Sheet

单位：万吨标准煤　　　　(10000 tons of SCE)

指　　标	Item	1990	1995	2000	2005	2010	2011
可供消费的能源总量	**Total Energy Available for Consumption**	**1704.54**	**2416.50**	**2371.75**	**4275.49**	**6349.20**	**6928.17**
一次能源生产量	Primary Energy Output	1282.42	1868.76	1293.23	2010.45	2299.08	2581.40
外省(区、市)调入量	Transferred in from Other Provinces	808.97	858.96	1157.24	2407.12	4588.00	5192.46
进口量	Imports	0.09		229.73	197.63	328.98	349.65
本省(区、市)调出量(-)	Sent Out to Other Provinces(-)	-303.53	-377.28	-225.80	-309.00	-887.59	-1075.95
出口量(-)	Exports (-)	-8.15					
年初年末库存差额	Stock Changes in the Year	-75.26	-6.84	-82.65	-57.98	21.00	-119.38
能源消费总量	**Total Energy Consumption**	**1732.29**	**2391.66**	**2505.00**	**4286.01**	**6248.45**	**6928.21**
在总量中	Consumption by Sector						
农、林、牧、渔、水利业	Agriculture, Forestry, Animal Husbandry, Fishery and Water Conservancy	132.87	150.91	151.00	206.89	139.87	132.96
工　业	Industry	1264.22	1835.44	1751.76	3076.99	4602.79	5107.38
建筑业	Construction	8.88	14.44	7.72	28.39	57.33	70.21
交通运输、仓储和邮政业	Transport, Storage and Post	65.93	82.98	177.97	327.94	469.32	520.00
批发、零售业和住宿、餐饮业	Wholesale and Retail Trades,Hotels and Catering Services	10.81	17.39	30.59	75.20	140.97	173.14
其他	Others	25.60	27.99	44.46	101.72	183.28	214.84
生活消费	Household Consumption	223.98	262.51	341.50	468.88	654.88	709.68
在总量中	Consumption by Usage						
终端消费	End-use Consumption	1617.12	2236.96	2320.40	3982.09	5926.37	6557.55
#工　业	Industry	1149.05	1680.74	1567.16	2777.56	4282.85	4738.06
加工转换损失量	Losses During the Process of Enery Conversion	74.40	93.24	130.64	151.15	139.98	185.77
#炼　焦	Coking	9.71	8.77	24.88	1.40	62.63	86.77
炼　油	Petroleum Refining	2.46	6.75	24.91	22.57	4.13	1.55
损失量	Energy Losses	40.77	61.46	53.96	152.77	182.09	184.85
#输变电损失量	Losses in Transmission	40.68	61.46	53.96	148.28	179.96	183.52
平衡差额	**Balance**	**-27.75**	**24.84**	**-133.25**	**-10.52**	**-6.06**	

注：电力、热力按等价热值计算，因此加工转换损失量中不包括发电、供热损失量。下表同。

a) Electric power and heat are converted on the basis of equal caloric value. Therefore, losses during the process of energy conversion do not include losses in power generation and heating. The same applies to the tables following.

6-4 煤炭平衡表

Coal Balance Sheet

单位：万吨 (10000 tons)

指标	Item	1990	1995	2000	2005	2010	2011
可供量	**Total Energy Available for Consumption**	**2218.37**	**3080.40**	**2245.84**	**4348.30**	**6246.24**	**6988.41**
生产量	Output	2027.11	2877.90	1813.76	2565.05	2912.22	3236.84
外省(市、区)调入量	Transferred in from Other Provinces	491.22	552.67	649.08	1957.85	3829.37	4437.88
进口量	Imports						
本省(市、区)调出量(-)	Sent Out to Other Provinces(-)	-178.29	-346.92	-111.96	-97.90	-389.23	-558.17
出口量(-)	Exports (-)	-4.78					
年初年末库存差额	Stock Changes in the Year	-116.89	-3.25	-105.04	-76.70	-106.12	-128.14
消费量	**Total Energy Consumption**	**2265.87**	**3039.37**	**2468.63**	**4348.30**	**6246.24**	**6988.41**
在消费量中	Consumption by Sector						
农、林、牧、渔、水利业	Agriculture, Forestry, Animal Husbandry, Fishery and Water Conservancy	54.20	59.86	12.10	4.00	23	22.00
工 业	Industry	1852.93	2631.57	2263.78	4073.46	5989.18	6783.11
建筑业	Construction	2.29	5.58			3.00	5.50
交通运输、仓储和邮政业	Transport, Storage and Post	38.66	24.10	11.42	7.56	3.06	1.80
批发、零售业和住宿、餐饮业	Wholesale and Retail Trades,Hotels and Catering Services	11.41	14.00	5.20	15.00	16.00	15.00
其他	Others	2.51	1.89		6.00	24.00	20.00
生活消费	Household Consumption	303.87	302.37	176.13	242.28	188.00	141.00
在消费量中	Consumption by Usage						
中间消费(用于加工转换)	Intermediate Consumption (Consumed in Conversion)	882.27	1131.58	1261.89	2733.96	3973.62	4485.07
#发 电	Power Generation	720.53	871.85	906.11	1869.31	2648.31	3080.51
炼 焦	Coking	161.74	228.71	247.94	323.06	920.48	1076.01
终端消费	End-use Consumption	1254.79	1715.65	1076.66	1614.34	2272.62	2503.34
#工 业	Industry	841.85	1307.85	871.81	1339.50	2015.56	2298.04
洗选损耗	Losses in Coal Washing and Dressing	128.81	192.14	130.08	205.46	291.59	254.99
平衡差额	**Balance**	**-47.50**	**41.03**	**-222.79**			

注：生产量为原煤产量。

a) Data on output refer to the output of raw coal.

6-5 石油平衡表
Petroleum Balance Sheet

单位：万吨 (10000 tons)

指标	Item	1990	1995	2000	2005	2010	2011
可供量	**Total Energy Available for Consumption**	**132.89**	**168.30**	**297.33**	**507.29**	**713.89**	**727.32**
外省(市、区)调入量	Transferred In from Other Provinces	244.24	275.19	249.59	478.91	837.82	855.18
进口量	Imports	0.06		160.81	138.34	230.28	244.75
本省(市、区)调出量(-)	Sending out to Other Provinces(-)	-109.04	-110.24	-103.36	-106.58	-354.02	-361.21
出口量(-)	Exports (-)	-3.06					
年初年末库存差额	Stock Changes in the Year	0.69	3.35	-9.71	-3.38	-0.19	-11.40
消费量	**Total Energy Consumption**	**133.09**	**168.31**	**304.46**	**507.29**	**713.89**	**727.32**
在消费量中:	Consumption by Sector						
农、林、牧、渔、水利业	Agriculture, Forestry, Animal Husbandry, Fishery and Water Conservancy	25.82	18.24	61.25	73.00	55.00	55.00
工业	Industry	62.96	95.55	105.96	146.93	232.68	199.20
建筑业	Construction	2.27	1.91	1.48	12.48	23.43	23.07
交通运输、仓储和邮政业	Transport, Storage and Post	26.27	38.27	105.17	208.63	288.73	314.54
批发、零售业和住宿、餐饮业	Wholesale and Retail Trades,Hotels and Catering Services	0.18	0.34	2.12	11.98	17.06	18.05
其他	Others	8.01	6.30	4.08	16.79	20.57	24.71
生活消费	Non-production Consumption	7.58	7.70	24.40	37.48	76.42	92.75
在消费量中:	Consumption by Usage						
中间消费(用于加工转换)	Intermediate Consumption (Consumed in Conversion)	8.63	13.75	28.56	33.19	4.74	5.16
#发电	Power Generation	8.63	9.07	11.56	2.65	0.86	0.50
供热	Heating		4.68	17.00	6.26	7.00	6.71
终端消费	End-use Consumption	119.34	146.45	253.08	470.96	707.66	721.23
#工业	Industry	49.21	73.69	54.58	113.74	227.94	194.04
炼油损失量	Losses in Petroleum Refining	5.06	8.11	19.26	24.28	-3.12	-2.05
损失量	Other Losses	0.06		3.56	3.14	1.49	0.93
平衡差额	**Balance**	**-0.20**	**-0.01**	**-7.13**			

6-6 电力平衡表

Electricity Balance Sheet

单位：亿千瓦小时

指　　标	Item	1990	1995	2000	2005	2010	2011
可供量	**Total Energy Available for Consumption**	**127.65**	**181.21**	**233.85**	**391.98**	**700.51**	**835.10**
发电量	Output	121.41	176.48	226.77	373.49	637.59	742.22
水电、风电	Hydropower，Windpower	27.77	55.13	77.96	67.88	87.84	83.76
火电	Thermal Power	93.64	121.35	148.81	305.61	549.75	658.46
外省(市、区)调入量	Transferred in from Other Provinces	6.51	5.36	7.12	19.75	62.92	92.88
本省(市、区)调出量(−)	Sent Out to Other Provinces(-)	-0.27	-0.63	-0.04	-1.26		
消费量	**Total Energy Consumption**	**127.65**	**181.21**	**233.85**	**391.98**	**700.51**	**835.10**
在消费量中	Consumption by Sector						
农、林、牧、渔、水利业	Agriculture,Forestry,Animal Husbandry, Fishery and Water Conservancy	14.34	21.62	21.92	23.59	13.00	11.00
工　业	Industry	99.05	133.64	173.98	268.60	496.72	596.04
建筑业	Construction	0.93	2.03	0.80	2.74	6.69	10.14
交通运输、仓储和邮政业	Transport, Storage and Post	1.19	3.03	3.42	4.35	13.28	17.49
批发、零售业和住宿、餐饮业	Wholesale and Retail Trades,Hotels and Catering Services	0.90	2.07	2.98	9.56	21.73	30.34
其他	Others	2.77	4.32	7.52	17.61	38.27	45.14
生活消费	Household Consumption	8.47	14.50	23.23	65.53	110.82	124.95
在消费量中	Consumption by Usage						
终端消费	End-use Consumption	118.55	166.11	221.67	356.14	648.14	780.91
#工　业	Industry	89.95	118.54	161.80	232.76	444.35	541.85
输配损失量	Losses in Transmission	9.10	15.10	12.18	35.84	52.37	54.19

6-7 能源消费量

Consumption of Energy by Sector

单位：万吨标准煤 (10000 tons of SCE)

行业	Sector	1990	1995	2000	2005	2010	2011
消费总量	**Total Consumption**	**1732.29**	**2391.66**	**2505.00**	**4286.01**	**6248.45**	**6928.21**
农、林、牧、渔、水利业	**Agriculture, Forestry, Animal Husbandry, Fishery and Water Conservancy**	**132.87**	**150.91**	**151.00**	**206.89**	**139.87**	**132.96**
工业	**Industry**	**1264.22**	**1835.45**	**1751.76**	**3076.99**	**4602.84**	**5107.38**
#煤炭开采和洗选业	Mining and Washing of Coal	115.91	150.04	165.95	225.15	215.02	182.72
黑色金属矿采选业	Mining and Processing of Ferrous Metal Ores	2.74	12.64	5.41	13.56	32.49	35.01
有色金属矿采选业	Mining and Processing of Non-Ferrous Metal Ores	48.27	63.60	46.01	61.64	38.79	41.27
非金属矿采选业	Mining and Processing of Non-metal Ores	6.21	18.02	20.86	20.14	44.59	43.04
其他采矿业	Mining of Other Ores	0.06	0.23	0.08	4.26		
农副食品加工业	Processing of Food from Agricultural Products	20.12	22.11	27.87	17.58	46.77	44.34
食品制造业	Manufacture of Foods	3.06	10.52	17.70	41.35	55.62	73.39
饮料制造业	Manufacture of Beverages	16.32	17.63	10.34	14.85	19.61	18.38
烟草制品业	Manufacture of Tobacco	2.42	2.62	2.49	4.66	3.61	3.36
纺织业	Manufacture of Textile	48.08	53.06	37.07	46.22	78.48	75.61
纺织服装、鞋、帽制造业	Manufacture of Textile Wearing Apparel, Footware and Caps	1.64	3.48	0.68	5.71	15.53	17.69
皮革、毛皮、羽毛(绒)及其制品业	Manufacture of Leather, Fur, Feather and Related Products	1.78	5.14	1.04	2.31	14.01	13.73
木材加工及木、竹、藤、棕、草制品业	Processing of Timber, Manufacture of Wood, Bamboo, Rattan, Palm, and Straw Products	11.90	18.17	14.83	29.37	42.13	31.22
家具制造业	Manufacture of Furniture	0.88	0.70	0.93	0.74	4.54	5.16
造纸及纸制品业	Manufacture of Paper and Paper Products	38.67	58.86	35.57	55.70	73.40	69.53
印刷业和记录媒介的复制	Printing, Reproduction of Recording Media	1.20	1.70	1.77	3.41	5.67	4.72
文教体育用品制造业	Manufacture of Articles For Culture, Education and Sport Activities	0.63	0.27	0.38	2.23	5.66	6.05
石油加工、炼焦及核燃料加工业	Processing of Petroleum, Coking, Processing of Nuclear Fuel	53.45	65.68	145.55	172.68	221.47	147.35
化学原料及化学制品制造业	Manufacture of Raw Chemical Materials and Chemical Products	154.02	185.56	171.93	244.53	298.94	300.79
医药制造业	Manufacture of Medicines	23.02	55.37	20.31	34.39	51.62	44.19
化学纤维制造业	Manufacture of Chemical Fibres	14.83	28.56	32.57	80.30	24.65	42.59
橡胶制品业	Manufacture of Rubber	7.66	7.54	2.74	11.69	15.59	13.52
塑料制品业	Manufacture of Plastics	3.54	3.43	1.71	7.40	23.84	24.07
非金属矿物制品业	Manufacture of Non-metallic Mineral Products	248.61	426.95	313.35	452.81	964.53	1254.68
黑色金属冶炼及压延加工业	Smelting and Pressing of Ferrous Metals	232.43	349.39	323.10	979.77	1355.85	1535.37
有色金属冶炼及压延加工业	Smelting and Pressing of Non-ferrous Metals	31.80	51.41	102.17	137.49	283.05	320.44
金属制品业	Manufacture of Metal Products	9.80	9.72	5.20	23.31	26.62	25.53
通用设备制造业	Manufacture of General Purpose Machinery	16.52	17.13	10.95	18.94	24.94	27.93
专用设备制造业	Manufacture of Special Purpose Machinery	7.95	8.14	10.38	13.94	14.02	15.53
交通运输设备制造业	Manufacture of Transport Equipment	13.36	17.41	17.34	31.41	66.19	78.60
电气机械及器材制造业	Manufacture of Electrical Machinery and Equipment	8.23	8.80	7.69	16.02	64.46	81.18
通信设备、计算机及其他电子设备制造业	Manufacture of Communication Equipment, Computers and Other Electronic Equipment	5.65	5.90	6.68	4.57	22.36	31.91
仪器仪表及文化、办公用机械制造业	Manufacture of Measuring Instruments and Machinery for Cultural Activity and Office Work	1.64	2.06	3.61	1.98	2.94	4.31
工艺品及其他制造业	Manufacture of Artwork and Other Manufacturing	14.25	15.50	6.83	13.50	9.68	11.62
电力、热力的生产和供应业	Production and Supply of Electric Power and Heat Power	84.97	131.78	164.68	253.03	411.64	453.66
燃气生产和供应业	Production and Supply of Gas	2.30	4.15	1.37	5.40	5.35	10.29
水的生产和供应业	Production and Supply of Water	6.90	0.14	13.70	21.10	16.11	16.79
建筑业	**Construction**	**8.88**	**14.44**	**7.72**	**28.39**	**57.33**	**70.21**
交通运输、仓储和邮政业	**Transport, Storage and Post**	**65.93**	**82.98**	**177.97**	**327.94**	**469.32**	**520.00**
批发、零售业和住宿、餐饮业	**Wholesale and Retail Trades, Hotels and Catering Services**	**10.81**	**17.39**	**30.59**	**75.20**	**140.97**	**173.14**
其他	**Others**	**25.60**	**27.99**	**44.46**	**101.72**	**183.28**	**214.84**
生活消费	**Non-Production Household Consumption**	**223.98**	**262.51**	**341.50**	**468.88**	**654.88**	**709.68**
城镇	Urban	120.75	185.97	231.33	257.89	365.16	402.11
乡村	Rural	103.23	76.54	110.17	211.00	289.73	307.57

6-8 煤炭消费量
Coal Consumption

单位：万吨 (10000 tons)

行业	Sector	1990	1995	2000	2005	2010	2011
消费总量	**Total Consumption**	**2265.87**	**3039.37**	**2468.63**	**4348.30**	**6246.24**	**6988.41**
农、林、牧、渔、水利业	**Agriculture, Forestry, Animal Husbandry, Fishery and Water Conservancy**	**54.20**	**59.86**	**12.10**	**4.00**	**23.00**	**22.00**
工业	**Industry**	**1852.93**	**2631.57**	**2263.78**	**4073.46**	**5989.18**	**6783.11**
#煤炭开采和洗选业	Mining and Washing of Coal	182.33	288.92	200.13	310.24	367.29	346.72
黑色金属矿采选业	Mining and Processing of Ferrous Metal Ores	0.42	8.92	0.86	2.00	5.81	5.14
有色金属矿采选业	Mining and Processing of Non-ferrous Metal Ores	13.90	14.31	4.76	5.22	3.91	2.88
非金属矿采选业	Mining and Processing of Non-metal Ores	3.87	16.28	22.40	6.88	15.18	12.46
其他采矿业	Mining of Other Ores						
农副食品加工业	Processing of Food from Agricultural Products	26.03	35.86	18.59	6.98	11.40	13.53
食品制造业	Manufacture of Foods	6.58	9.82	7.72	49.56	61.64	95.29
饮料制造业	Manufacture of Beverages	17.53	23.63	14.48	13.16	12.04	10.43
烟草制品业	Manufacture of Tobacco	1.98	1.89	2.23	2.98	1.31	1.15
纺织业	Manufacture of Textile	47.21	55.16	32.80	24.48	12.30	11.24
纺织服装、鞋、帽制造业	Manufacture of Textile Wearing Apparel, Footware and Caps	1.14	1.59	0.03	2.57	3.68	1.82
皮革、毛皮、羽毛(绒)及其制品业	Manufacture of Leather, Fur, Feather and Related Products	1.09	1.53	0.64	0.52	1.01	0.93
木材加工及木、竹、藤、棕、草制品业	Processing of Timber, Manufacture of Wood,Bamboo, Rattan, Palm, and Straw Products	12.82	22.94	18.09	13.66	3.41	1.93
家具制造业	Manufacture of Furniture	0.38	0.41	0.07	0.32	0.42	0.59
造纸及纸制品业	Manufacture of Paper and Paper Products	43.20	77.27	60.49	26.41	60.18	62.89
印刷业和记录媒介的复制	Printing, Reproduction of Recording Media	0.24	0.65	0.25	0.98	0.34	0.32
文教体育用品制造业	Manufacture of Articles For Culture, Education and Sport Activities	0.13	0.49	0.12	0.43	0.67	1.01
石油加工、炼焦及核燃料加工业	Processing of Petroleum, Coking, Processing of Nuclear Fuel	90.60	150.65	125.50	422.53	387.56	480.45
化学原料及化学制品制造业	Manufacture of Raw Chemical Materials and Chemical Products	146.91	188.77	179.20	133.94	152.40	179.73
医药制造业	Manufacture of Medicines	24.08	65.86	19.20	28.78	20.71	20.18
化学纤维制造业	Manufacture of Chemical Fibres	17.98	31.96	20.32	63.35	28.50	58.06
橡胶制品业	Manufacture of Rubber	9.56	10.74	4.86	6.57	6.53	4.40
塑料制品业	Manufacture of Plastics	2.39	1.67	0.90	1.26	1.61	0.93
非金属矿物制品业	Manufacture of Non-metallic Mineral Products	316.22	469.52	360.31	437.98	1031.44	1286.98
黑色金属冶炼及压延加工业	Smelting and Pressing of Ferrous Metals	152.40	210.85	290.36	628.36	1083.66	1169.44
有色金属冶炼及压延加工业	Smelting and Pressing of Non-ferrous Metals	12.09	38.19	24.17	29.31	63.89	58.27
金属制品业	Manufacture of Metal Products	3.69	5.53	2.39	4.19	3.39	2.81
通用设备制造业	Manufacture of General Purpose Machinery	4.46	5.88	4.99	6.72	4.07	3.60
专用设备制造业	Manufacture of Special Purpose Machinery	3.16	3.56	2.32	1.19	1.73	1.47
交通运输设备制造业	Manufacture of Transport Equipment	5.04	6.06	6.86	9.09	8.97	8.67
电气机械及器材制造业	Manufacture of Electrical Machinery and Equipment	11.93	15.26	12.90	3.91	7.90	7.05
通信设备、计算机及其他电子设备制造业	Manufacture of Communication Equipment, Computers and Other Electronic Equipment	2.45	2.98	2.03	0.59	1.13	0.67
仪器仪表及文化、办公用机械制造业	Manufacture of Measuring Instruments and Machinery for Cultural Activity and Office Work	0.81	0.98	0.66	0.23	0.16	0.13
工艺品及其他制造业	Manufacture of Artwork and Other Manufacturing	1.12	5.53	8.04	1.31	1.57	0.95
电力、热力的生产和供应业	Production and Supply of Electric Power and Heat Power	685.20	853.31	857.12	1825.03	2613.88	2922.87
燃气生产和供应业	Production and Supply of Gas	1.92	2.55	1.83	2.60	9.11	7.96
水的生产和供应业	Production and Supply of Water		0.01	0.04		0.03	
建筑业	**Construction**	**2.29**	**5.58**			**3.00**	**5.50**
交通运输、仓储和邮政业	**Transport, Storage and Post**	**38.66**	**24.10**	**11.42**	**7.56**	**3.06**	**1.80**
批发、零售业和住宿、餐饮业	**Wholesale and Retail Trades, Hotels and Catering Services**	**11.41**	**14.00**	**5.20**	**15.00**	**16.00**	**15.00**
其他	**Others**	**2.51**	**1.89**		**6.00**	**24.00**	**20.00**
生活消费	**Non-Production Household Consumption**	**303.87**	**302.37**	**176.13**	**242.28**	**188.00**	**141.00**
城镇	Urban	165.12	242.38	95.64	74.00	35.00	24.00
乡村	Rural	138.75	59.99	80.49	168.28	153.00	117.00

6-9 电力消费量

Electricity Consumption

单位：亿千瓦小时　　(100 million kwh)

行　　业	Sector	1990	1995	2000	2005	2010	2011
消费总量	**Total Consumption**	**127.65**	**181.21**	**233.85**	**391.98**	**700.51**	**835.10**
农、林、牧、渔、水利业	**Agriculture, Forestry, Animal Husbandry, Fishery and Water Conservancy**	**14.34**	**21.62**	**21.92**	**23.59**	**13.00**	**11.00**
工　业	**Industry**	**99.05**	**133.64**	**173.98**	**268.60**	**496.72**	**596.04**
#煤炭开采和洗选业	Mining and Washing of Coal	8.28	6.27	7.54	8.67	11.70	10.20
黑色金属矿采选业	Mining and Processing of Ferrous Metal Ores	0.51	0.09	0.07	2.07	6.12	6.68
有色金属矿采选业	Mining and Processing of Non-ferrous Metal Ores	8.63	12.21	2.88	13.39	8.79	9.37
非金属矿采选业	Mining and Processing of Non-metal Ores	0.57	1.55	0.90	2.14	3.35	2.78
其他采矿业	Mining of Other Ores	0.05		0.01	1.03		
农副食品加工业	Processing of Food from Agricultural Products	1.58	1.78	4.26	2.22	8.05	8.60
食品制造业	Manufacture of Foods	0.42	0.42	1.01	1.40	5.91	6.02
饮料制造业	Manufacture of Beverages	0.85	1.03	0.89	1.17	2.75	2.90
烟草制品业	Manufacture of Tobacco	0.23	0.26	0.32	0.45	0.53	0.53
纺织业	Manufacture of Textile	4.42	5.23	5.00	6.36	17.41	18.94
纺织服装、鞋、帽制造业	Manufacture of Textile Wearing Apparel, Footware and Caps	0.16	0.65	0.15	0.86	3.18	4.53
皮革、毛皮、羽毛(绒)及其制品业	Manufacture of Leather, Fur, Feather and Related Products	0.23	1.01	0.17	0.41	3.21	3.49
木材加工及木、竹、藤、棕、草制品业	Processing of Timber, Manufacture of Wood,Bamboo, Rattan, Palm, and Straw Products	0.61	0.73	1.52	3.67	8.19	8.15
家具制造业	Manufacture of Furniture	0.09	0.10	0.19	0.12	1.04	1.38
造纸及纸制品业	Manufacture of Paper and Paper Products	2.91	3.41	3.00	7.63	14.08	14.75
印刷业和记录媒介的复制	Printing, Reproduction of Recording Media	0.27	0.32	0.33	0.50	1.24	1.27
文教体育用品制造业	Manufacture of Articles For Culture, Education and Sport Activities	0.11	0.05	0.07	0.46	1.43	1.53
石油加工、炼焦及核燃料加工业	Processing of Petroleum, Coking, Processing of Nuclear Fuel	1.31	1.65	4.05	4.62	5.93	5.25
化学原料及化学制品制造业	Manufacture of Raw Chemical Materials and Chemical Products	13.37	14.98	16.76	23.60	49.75	47.94
医药制造业	Manufacture of Medicines	1.95	3.35	1.52	3.01	6.44	7.32
化学纤维制造业	Manufacture of Chemical Fibres	0.69	3.48	1.95	3.97	2.59	3.92
橡胶制品业	Manufacture of Rubber	0.40	0.30	0.36	1.15	2.15	2.40
塑料制品业	Manufacture of Plastics	0.42	0.55	0.34	1.52	5.81	6.82
非金属矿物制品业	Manufacture of Non-metallic Mineral Products	7.81	12.08	16.34	30.53	57.69	95.58
黑色金属冶炼及压延加工业	Smelting and Pressing of Ferrous Metals	11.69	14.61	26.37	38.57	58.61	66.45
有色金属冶炼及压延加工业	Smelting and Pressing of Non-ferrous Metals	3.64	5.08	18.25	23.61	46.04	61.15
金属制品业	Manufacture of Metal Products	0.91	0.86	1.78	4.47	5.80	6.10
通用设备制造业	Manufacture of General Purpose Machinery	1.78	1.92	1.78	2.77	5.50	6.67
专用设备制造业	Manufacture of Special Purpose Machinery	1.05	1.25	1.94	2.92	3.20	3.81
交通运输设备制造业	Manufacture of Transport Equipment	1.89	2.24	2.73	4.96	11.41	13.50
电气机械及器材制造业	Manufacture of Electrical Machinery and Equipment	0.93	1.01	1.10	2.82	15.34	20.52
通信设备、计算机及其他电子设备制造业	Manufacture of Communication Equipment, Computers and Other Electronic Equipment	0.45	0.59	0.62	0.93	5.85	8.85
仪器仪表及文化、办公用机械制造业	Manufacture of Measuring Instruments and Machinery for Cultural Activity and Office Work	0.19	0.24	0.29	0.38	0.73	1.00
工艺品及其他制造业	Manufacture of Artwork and Other Manufacturing	0.12	0.60	0.15	2.17	2.21	2.81
电力、热力的生产和供应业	Production and Supply of Electric Power and Heat Power	18.84	30.97	45.68	58.04	56.77	129.10
燃气生产和供应业	Production and Supply of Gas	0.03	0.60	0.03	0.25	0.76	0.81
水的生产和供应业	Production and Supply of Water	1.51	2.00	3.04	4.86	4.39	4.51
建筑业	**Construction**	**0.93**	**2.03**	**0.80**	**2.74**	**6.69**	**10.14**
交通运输、仓储和邮政业	**Transport, Storage and Post**	**1.19**	**3.03**	**3.42**	**4.35**	**13.28**	**17.49**
批发、零售业和住宿、餐饮业	**Wholesale and Retail Trades, Hotels and Catering Services**	**0.90**	**2.07**	**3.08**	**9.56**	**21.73**	**30.34**
其他	**Others**	**2.77**	**4.32**	**7.52**	**17.61**	**38.27**	**45.14**
生活消费	**Non-Production Household Consumption**	**8.47**	**14.50**	**23.23**	**65.53**	**110.82**	**124.95**
城　镇	Urban	4.51	9.48	15.68	40.81	61.48	69.71
乡　村	Rural	3.96	5.02	7.55	24.72	49.34	55.24

6-10 能源生产量

Energy Production

能源品种	Type of Energy	1990	1995	2000	2005	2010	2011
一次能源生产量(万吨标准煤)	**Primary Energy Output(10000 tons of SCE)**	**1282.42**	**1868.76**	**1293.23**	**2010.45**	**2204.40**	**2581.40**
原煤(万吨)	Raw Coal(10000 tons)	2027.11	2877.9	1813.76	2565.05	2912.22	3236.84
洗精煤(万吨)	Cleaned Coal(10000 tons)	144.84	204.01	125.84	192.72	126.10	379.84
其他洗煤(万吨)	Other Washed Coal(10000 tons)	189.72	130.48	52.10	91.97	429.78	126.88
焦炭(万吨)	Coke(10000 tons)	119.96	162.74	177.5	396.7	678.44	775.90
燃料油(万吨)	Fuel Oil(10000 tons)	42.36	43.27	54.27	39.53	20.89	7.77
汽油(万吨)	Gasoline(10000 tons)	47.82	63.75	81.75	86.10	108.07	100.69
煤油(万吨)	Kerosene(10000 tons)	1.10	2.12	2.41	4.67		
柴油(万吨)	Diesel Oil(10000 tons)	46.12	82.84	125.82	132.53	190.85	193.88
液化石油气(万吨)	Liquefied Petroleum Gas(10000 tons)	4.53	6.94	16.92	26.90	24.27	21.27
炼厂干气(万吨)	Refinery Gas(10000 tons)	3.98	4.64	9.43	12.21	14.84	13.84
焦炉煤气(亿立方米)	Coke Oven Gas(100 million cu.m)	3.72	6.06	7.03	11.89	15.71	20.77
电力(亿千瓦小时)	Electricity(100 million kwh)	121.41	176.48	226.77	373.49	637.59	742.22

6-11 平均每天能源消费量

Average Daily Energy Consumption by Type of Energy

能源品种	Type of Energy	1990	1995	2000	2005	2010	2011
合计(吨标准煤)	**Total(ton of SCE)**	**47460**	**65525**	**68630**	**117425**	**171192**	**189813**
煤炭(吨)	Coal(ton)	62079	83270	67634	119132	171130	191463
焦炭(吨)	Coke(ton)	4308	5147	5642	12407	21167	23899
原油(吨)	Crude Oil (ton)	4249	6317	9073	10083	12875	11857
燃料油(吨)	Fuel Oil(ton)	641	732	937	852	648	734
汽油(吨)	Gasoline(ton)	1159	1152	1602	2233	4253	5007
煤油(吨)	Kerosene(ton)	145	87	62	196	233	248
柴油(吨)	Diesel Oil(ton)	1245	1584	2871	7454	10103	10755
电力(万千瓦小时)	Electricity(10000 kwh)	3497	4965	6407	10739	19192	22879

6-12 人均生活能源消费量

Annual per Capita Energy Consumption of Households

能源品种	Type of Energy	1990	1995	2000	2005	2010	2011
生活消费能源(千克标准煤)	**Consumption for Households(Kg of SCE)**	**59.68**	**64.99**	**82.71**	**109.11**	**147.26**	**158.59**
煤 炭(千克)	Coal(kg)	80.97	74.86	42.66	56.38	42.27	31.51
汽 油(千克)	Petrol(kg)			0.97	2.79	6.39	7.37
天然气(立方米)	Natural Gas(cu.m)				0.12	3.46	3.60
液化石油气(千克)	Liquefied Petroleum Gas(kg)	0.89	1.62	4.94	5.64	8.95	8.94
煤气(立方米)	Coal Gas(cu.m)	0.24		1.52	2.54	4.61	6.93
电力(千瓦小时)	Electricity(kwh)	22.57	35.90	56.26	152.49	249.19	279.22

6-13 能源生产弹性系数

Elasticity Ratio of Energy Production

年 份 Year	能源生产比上年增长(%) Growth Rate of Energy Production over Preceding Year (%)	电力生产比上年增长(%) Growth Rate of Electricity Production over Preceding Year (%)	地区生产总值比上年增长(%) Growth Rate of Gross Domestic Product (GDP) over Preceding Year (%)	能源生产弹性系数 Elasticity Ratio of Energy Production	电力生产弹性系数 Elasticity Ratio of Electricity Production
1985	2.52	15.43	14.8	0.17	1.04
1986	-3.94	13.74	6.7		2.05
1987	5.63	8.98	8.3	0.68	1.08
1988	6.75	12.54	11.4	0.59	1.10
1989	-0.09	3.50	6.1		0.57
1990	-2.86	1.42	4.5		0.32
1991	5.51	7.04	8.2	0.67	0.86
1992	-0.60	10.52	14.8		0.71
1993	1.57	5.08	13.7	0.11	0.37
1994	10.79	13.01	17.0	0.63	0.77
1995	22.50	3.45	14.5	1.55	0.24
1996	-15.82	3.94	13.4		0.29
1997	-10.37	-1.89	11.5		
1998	-1.09	0.69	8.2		0.08
1999	-17.22	8.90	7.8		1.14
2000	12.02	7.73	8.0	1.50	0.97
2001	-3.91	6.85	8.8		0.78
2002	0.76	14.73	10.5	0.07	1.40
2003	15.83	22.64	13.0	1.22	1.74
2004	19.30	13.85	13.2	1.46	1.05
2005	21.45	1.89	12.8	1.68	0.15
2006	11.47	16.68	12.3	0.93	1.36
2007	0.55	13.42	13.2	0.04	1.02
2008	6.29	-0.21	13.2	0.48	
2009	5.59	6.33	13.1	0.43	0.48
2010	-12.83	21.58	14.0		1.54
2011	17.10	16.41	12.5	1.37	1.31

6-14 能源消费弹性系数
Elasticity Ratio of Energy Consumption

年 份 Year	能源消费比上年增长(%) Growth Rate of Energy Consumption over Preceding Year (%)	电力消费比上年增长(%) Growth Rate of Electricity Consumption over Preceding Year (%)	地区生产总值比上年增长(%) Growth Rate of Gross Domestic Product (GDP) over Preceding Year (%)	能源消费弹性系数 Elasticity Ratio of Energy Consumption	电力消费弹性系数 Elasticity Ratio of Electricity Consumption
1985	4.75	14.11	14.8	0.32	0.95
1986	11.19	11.10	6.7	1.67	1.66
1987	8.07	11.53	8.3	0.97	1.39
1988	8.75	11.76	11.4	0.77	1.03
1989	0.76	4.61	6.1	0.12	0.76
1990	-2.08	4.10	4.5		0.91
1991	3.53	6.22	8.2	0.43	0.76
1992	4.35	9.37	14.8	0.29	0.63
1993	3.99	6.20	13.7	0.29	0.45
1994	6.45	10.37	17.0	0.38	0.61
1995	15.50	4.30	14.5	1.07	0.30
1996	-9.90	4.97	13.4		0.37
1997	-1.03	-2.18	11.5		
1998	-4.88	0.83	8.2		0.10
1999	5.23	3.35	7.8	0.67	0.42
2000	4.01	7.98	8.0	0.50	1.00
2001	4.91	6.23	8.8	0.56	0.71
2002	11.61	11.32	10.5	1.11	1.08
2003	16.81	15.54	13.0	1.29	1.20
2004	11.33	21.80	13.2	0.86	1.65
2005	12.38	6.37	12.8	0.97	0.50
2006	8.73	13.83	12.3	0.71	1.12
2007	8.42	14.54	13.2	0.64	1.10
2008	6.54	6.98	13.2	0.50	0.53
2009	7.98	11.42	13.1	0.61	0.87
2010	7.50	14.98	14.0	0.54	1.07
2011	10.88	19.21	12.5	0.87	1.54

6-15 规模以上工业主要能源分行业消费量（2011年）

单位：吨

行业	sector	原煤 Raw Coal	洗精煤 Cleaned Coal
总计	**Total**	**55518518**	**10900082**
煤炭开采和洗选业	Mining and Washing of Coal	7811996	722500
黑色金属矿采选业	Mining and Processing of Ferrous Metal Ores	51407	
有色金属矿采选业	Mining and Processing of Non-Ferrous Metal Ores	28048	700
非金属矿采选业	Mining and Processing of Non-metal Ores	74611	
农副食品加工业	Processing of Food from Agricultural Products	135335	
食品制造业	Manufacture of Foods	912032	
饮料制造业	Manufacture of Beverages	104285	
烟草制品业	Manufacture of Tobacco	1085	10373
纺织业	Manufacture of Textile	112129	200
纺织服装、鞋、帽制造业	Manufacture of Textile Wearing Apparel, Footware and Caps	18246	
皮革、毛皮、羽毛(绒)及其制品业	Manufacture of Leather, Fur, Feather and Related Products	9139	118
木材加工及木、竹、藤、棕、草制品业	Processing of Timber, Manufacture of Wood, Bamboo, Rattan, Palm, and Straw Products	19272	
家具制造业	Manufacture of Furniture	5900	
造纸及纸制品业	Manufacture of Paper and Paper Products	628894	
印刷业和记录媒介的复制	Printing, Reproduction of Recording Media	2663	
文教体育用品制造业	Manufacture of Articles For Culture, Education and Sport Activities	9525	
石油加工、炼焦及核燃料加工业	Processing of Petroleum, Coking, Processing of Nuclear Fuel	21786	4778181
化学原料及化学制品制造业	Manufacture of Raw Chemical Materials and Chemical Products	1782655	13942
医药制造业	Manufacture of Medicines	201802	
化学纤维制造业	Manufacture of Chemical Fibres	480616	
橡胶制品业	Manufacture of Rubber	44013	
塑料制品业	Manufacture of Plastics	9343	
非金属矿物制品业	Manufacture of Non-metallic Mineral Products	9327937	9137
黑色金属冶炼及压延加工业	Smelting and Pressing of Ferrous Metals	2831246	5266522
有色金属冶炼及压延加工业	Smelting and Pressing of Non-ferrous Metals	470076	11802
金属制品业	Manufacture of Metal Products	28119	
通用设备制造业	Manufacture of General Purpose Machinery	35627	145
专用设备制造业	Manufacture of Special Purpose Machinery	14549	151
交通运输设备制造业	Manufacture of Transport Equipment	85132	1618
电气机械及器材制造业	Manufacture of Electrical Machinery and Equipment	65077	5080
通信设备、计算机及其他电子设备制造业	Manufacture of Communication Equipment, Computers and Other Electronic Equipment	6690	
仪器仪表及文化、办公用机械制造业	Manufacture of Measuring Instruments and Machinery for Cultural Activity and Office Work	1313	
工艺品及其他制造业	Manufacture of Artwork and Other Manufacturing	8574	
废弃资源和废旧材料回收加工业	Recycling and Disposal of Waste	1515	
电力、热力的生产和供应业	Production and Supply of Electric Power and Heat Power	30177882	
燃气生产和供应业	Production and Supply of Gas		79614
水的生产和供应业	Production and Supply of Water		

Main Energy Consumption of Industial Enterprises above Designated Size by Sector (2011)

(ton)

其他洗煤 Other Washed Coal	焦　炭 Coke	原　油 Crude Oil	汽　油 Gasoline	煤　油 Kerosene	柴　油 Diesel Oil	燃料油 Fuel Oil
366385	**8723246**	**4327749**	**35285**	**4867**	**290735**	**258036**
			1335		3494	
			384		16204	
	710		1045	239	8465	
	646		122	16	66402	
	180		1894		1840	39
40861			1455		1972	
			326		399	
			185		1286	
			1815	37	2362	11
			889	2	735	
			477		337	759
			849		1354	
			45		130	
			527	1	1542	
			649	7	626	
			113		933	
		4327703	212		158	143096
652	15459		1993	162	32229	
			888		1584	
			16		502	
			884		508	7913
			430	24	518	40
1602	350	9	2241	9	22016	
321580	8605869		615		8733	950
800	80506		2048	404	73018	91870
	4680		795	457	2963	65
	6366	12	1692	96	2290	467
	1706		561	15	1534	607
	6497		2355	3366	18781	12083
	277		1376	4	3445	13
		25	875		825	3
			218	1	138	
890			387		1461	122
			23		1537	
			4794	25	9798	
			303		351	
			466		263	

6-16 各地区能源消费总量及用电量（2011年）

The Energy Consumption and Electrical by Region(2011)

地 区	Region	能源消费总量（万吨标准煤） Total Energy Composition (10000 tons of SCE)	规模以上工业能源消费量（当量值）（万吨标准煤） Energy Consumption of Industrial Enterprises above Designated Size by Region (equivalent value) (10000 tons of SCE)	全社会用电量（亿千瓦时） Society Electrical (100million kwh)	工业用电量（亿千瓦时） Induserical Electricity (100million kwh)	居民生活用电量（亿千瓦时） Residential Electricity Consumption (100million kwh)
全 省	**Provincial Total**	**6928.17**	**4426.1**	**835.1**	**596.0**	**125.0**
南 昌 市	Nanchang	1530.95	470.7	128.8	73.1	23.0
景德镇市	Jingdezhen	359.7	242.3	38.7	28.9	5.4
萍 乡 市	Pingxiang	1027.13	579.3	55.9	45.1	6.4
九 江 市	Jiujiang	918.88	633.9	96.1	69.1	15.5
新 余 市	Xinyu	990.0	757.1	89.7	82.0	3.5
鹰 潭 市	Yingtan	222.9	148.9	33.4	26.3	2.9
赣 州 市	Ganzhou	773.5	265.3	103.5	67.4	21.8
吉 安 市	Ji'an	450.5	288.4	55.6	38.9	9.5
宜 春 市	Yichun	886.9	636.8	103.4	78.2	13.3
抚 州 市	Fuzhou	384.7	85.1	36.0	21.2	8.6
上 饶 市	Shangrao	586.2	318.5	94.0	65.8	15.3

6-17 各地区规模以上工业主要能源消费量（2011年）

Main Energy Consumption of Industrial Enterprises above Designated Size by Region (2011)

单位：吨 (ton)

地 区	Region	原 煤 Raw Coal	洗精煤 Cleaned Coal	其他洗煤 Other Washed Coal	焦 炭 Coke	原 油 Crude Oil	汽 油 Gasoline	煤 油 Kerosene	柴 油 Diesel Oil	燃料油 Fuel Oil
全 省	**Provincial Total**	**55518518**	**10900082**	**366385**	**8723246**	**4327749**	**35285**	**4867**	**290735**	**258036**
南 昌 市	Nanchang	4324990	1115529	321606	1108048		12211	1218	37225	17117
景德镇市	Jingdezhen	4056533	2529222		13001		1157	2588	2640	124087
萍 乡 市	Pingxiang	6991281	3034658		2079853		743	21	6468	12083
九 江 市	Jiujiang	5786660		596	1602311	4327703	2782	22	75773	19622
新 余 市	Xinyu	5605411	3685249		3824865		1838	430	53082	401
鹰 潭 市	Yingtan	1741779			7404	9	1171		58976	58856
赣 州 市	Ganzhou	3378051	4979		11765		3169	282	11488	678
吉 安 市	Ji'an	5372693	647	890	2786	25	2922	27	5898	1211
宜 春 市	Yichun	12565683	509507	1632	4771		5430	46	19067	140
抚 州 市	Fuzhou	422430	12837	800	13076		2263	166	5929	5661
上 饶 市	Shangrao	5273006	7454	40861	55365	12	1600	67	14189	18181

主要统计指标解释

能源生产总量　指一定时期内，全国或地区一次能源生产量的总和。该指标是观察全国或地区能源生产水平、规模、构成和发展速度的总量指标。一次能源生产量包括原煤、原油、天然气、水电、核能及其他动力能(如风能、地热能等)发电量，不包括低热值燃料生产量、生物质能、太阳能等的利用和由一次能源加工转换而成的二次能源产量。

能源消费总量　指一定时期内，全国或地区各行业和居民生活消费的各种能源的总和。该指标是观察能源消费水平、构成和增长速度的总量指标。能源消费总量包括原煤和原油及其制品、天然气、电力，不包括低热值燃料、生物质能和太阳能等的利用。能源消费总量分为终端能源消费量、能源加工转换损失量和能源损失量三部分。

(1)终端能源消费量：指一定时期内，全国或地区生产和生活消费的各种能源在扣除了用于加工转换二次能源消费量和损失量以后的数量。

(2)能源加工转换损失量：指一定时期内，全国或地区投入加工转换的各种能源数量之和与产出各种能源产品之和的差额。该指标是观察能源在加工转换过程中损失量变化的指标。

(3)能源损失量：指一定时期内，能源在输送、分配、储存过程中发生的损失和由客观原因造成的各种损失量，不包括各种气体能源放空、放散量。

能源生产弹性系数　是研究能源生产增长速度与国民经济增长速度之间关系的指标。计算公式：

$$能源生产弹性系数=\frac{能源生产总量年平均增长速度}{国民经济年平均增长速度}$$

国民经济年平均增长速度，可根据不同的目的或需要，用国民生产总值、国内生产总值等指标来计算，本年鉴是采用国内生产总值指标计算的。

电力生产弹性系数　是研究电力生产增长速度与国民经济增长速度之间关系的指标。一般来说，电力的发展应当快于国民经济的发展，也就是说电力应超前发展。计算公式为：

$$电力生产弹性系数=\frac{电力生产量年平均增长速度}{国民经济年平均增长速度}$$

能源消费弹性系数　反映能源消费增长速度与国民经济增长速度之间比例关系的指标。计算公式为：

$$能源消费弹性系数=\frac{能源消费量年平均增长速度}{国民经济年平均增长速度}$$

电力消费弹性系数　反映电力消费增长速度与国民经济增长速度之间比例关系的指标。计算公式为：

$$电力消费弹性系数=\frac{电力消费量年平均增长速度}{国民经济年平均增长速度}$$

Explanatory Notes on Main Statistical Indicators

Total Energy Production refers to the total production of primary energy by all energy producing enterprises in the country or region in a given period of time. It is a comprehensive indicator to show the level, scale, composition and pace of development of energy production of the country or region. The production of primary energy includes that of coal, crude oil, natural gas, hydro-power and electricity generated by nuclear energy and other means such as wind power and geothermal power. However, it does not include the production of fuels of low calorific value, bio-energy, solar energy and secondary energy converted from primary energy.

Total Energy Consumption refers to the total consumption of energy of various kinds by the production sectors and the households in the country or region in a given period of time. It is a comprehensive indicator to show the scale, composition and pace of increase of energy consumption. Total energy consumption includes that of coal, crude oil and their products, natural gas and electricity. However, it does not include the consumption of fuel of low calorific value, bio-energy and solar energy. Total energy consumption can be divided into three parts: end-use energy consumption; loss during the process of energy conversion; and energy loss.

(1)End-use Energy Consumption: It refers to the total energy consumption by the production sectors and the households in the country or region in a given period of time. It does not include the consumption during the conversion of primary energy into secondary energy and the loss in the process of energy conversion.

(2)Loss During the Process of Energy Conversion: It refers to the total input of various kinds of energy for conversion, minus the total output of various kinds of energy in the country or region in a given period of time. It is an indicator to show the loss that occurs during the process of energy conversion.

(3)Energy Loss: It refers to the total of the loss of energy during the course of energy transport, distribution and storage and the loss caused by any objective reason in a given period of time. The loss of various kinds of gas due to gas discharges and stocktaking is not included.

Elasticity Ratio of Energy Production is an indicator to show the relationship between the growth rate of energy production and the growth rate of the national economy. The formula is:

$$\text{Elasticity Ratio of Energy Production} = \frac{\text{Average Annual Growth Rate of Energy Production}}{\text{Average Annual Growth Rate of National Economy}}$$

The average annual growth rate of the national economy can be measured by indicators such as the Gross National Product and the Gross Domestic Product, depending on the purposes or needs. The Gross Domestic Product has been used in the calculation of the ratio in this Yearbook.

Elasticity Ratio of Electricity Production is an indicator to show the relationship between the growth rate of electricity production and the growth rate of the national economy. Generally speaking, the growth rate of electricity production should be higher than that of the national economy.

Its formula is:

$$\text{Elasticity Ratio of Electricity Production} = \frac{\text{Average Annual Growth Rate of Electricity Production}}{\text{Average Annual Growth Rate of National Economy}}$$

Elasticity Ratio of Energy Consumption is an indicator to show the relationship between the growth rate of energy consumption and the growth rate of the national economy. The formula is:

$$\text{Elasticity Ratio of Energy Consumption} = \frac{\text{Average Annual Growth Rate of Energy Consumption}}{\text{Average Annual Growth Rate of National Economy}}$$

Elasticity Ratio of Electricity Consumption is an indicator to show the relationship between the growth rate of electricity consumption and the growth rate of the national economy. The formula is:

$$\text{Elasticity Ratio of Electricity Consumption} = \frac{\text{Average Annual Growth Rate of Electricity Consumption}}{\text{Average Annual Growth Rate of National Economy}}$$

7

财 政

GOVERNMENT FINANCE

◆131/138

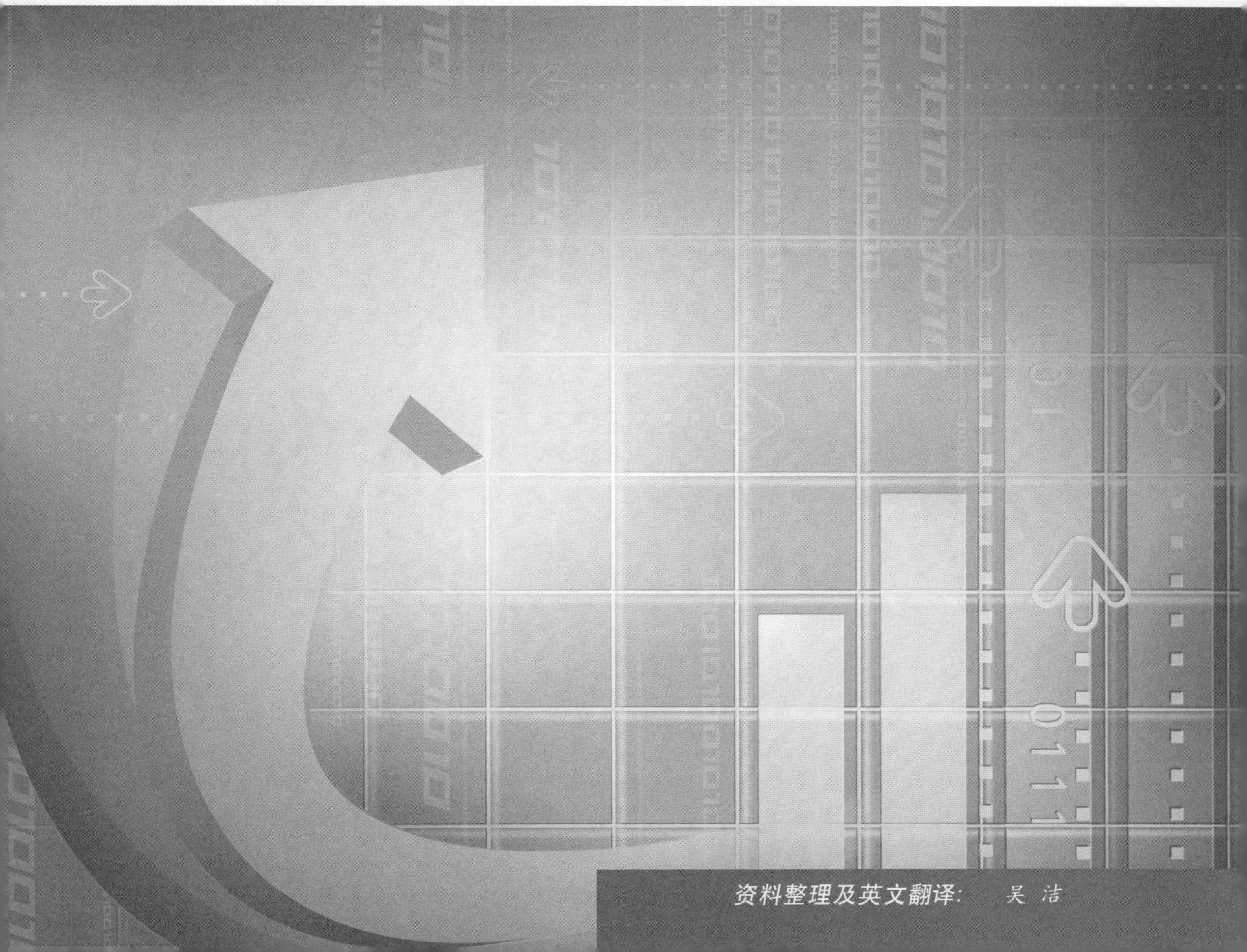

资料整理及英文翻译:　吴 洁

I 简要说明

一、主要内容

本篇包括全省财政收支和预算外资金收支资料。

二、统计口径

2007 年起，财政收支科目实施了较大改革，特别是财政支出项目口径变化很大，与往年数据不可比。

三、资料来源

资料来源于省财政厅的财政总决算报表，由省统计局国民经济核算处编辑整理。

I Brief Introduction

I. Main Contents

The data in this chapter present provincial government revenue and expenditure situation, the extra-budgetary revenue and expenditure.

II. Scope of Statistics

Due to the adjustment on classifications of revenue and expenditure accounts since 2007, the relative data are not compared with data in preceding years.

III. Sources of Data

The data are based on final provincial financial accounts, which are provided by the Department of National Accounts of the provincial Bureau of Statistics.

7-1 财 政 收 入
Government Revenue

单位：万元 (10000 yuan)

年份 Year	财政总收入 Total Government Revenue	一般预算收入 Local Government Budgetary Revenue	税收收入 Taxes	#增值税 Value-added Tax	#营业税 Business Tax	#企业所得税 Company Income Tax	非税收入 Other Revenue	上交中央收入 Revenue Handed in the Central Government	财政总收入占GDP比重(%) Ratio to Gross Domestic Product (%)
1994	886126	492907	421932	106344	111482	38491	70975	393219	9.4
1995	1052156	641328	524945	110526	151464	56004	116383	410828	9.0
1996	1235752	770936	635070	126810	194011	63139	135866	464816	8.8
1997	1349161	905924	712721	119902	216962	81443	193203	443237	8.4
1998	1456586	971561	769453	123145	250849	73469	202108	485025	8.5
1999	1549806	1051371	812280	125302	249255	86842	239091	498435	8.4
2000	1716931	1115536	856481	150826	263986	95048	259055	601395	8.6
2001	2001639	1319790	1021023	172324	266187	226086	298767	681849	9.2
2002	2345064	1405457	1040551	187248	334960	105994	364906	939607	9.6
2003	2858087	1681670	1230510	230683	431628	97428	451160	1176417	10.2
2004	3508081	2057667	1450860	254350	553126	135045	606807	1450414	10.1
2005	4259007	2529236	1707228	338739	628395	173966	822008	1729771	10.5
2006	5186139	3055214	2087123	411759	755107	246651	968091	2130925	10.8
2007	6652189	3898510	2818573	530534	973988	379803	1079937	2753679	11.5
2008	8169872	4886476	3579635	642916	1181937	474319	1306841	3283396	11.7
2009	9288753	5813012	4300204	667374	1534987	462744	1512808	3475741	12.1
2010	12262376	7780922	5851073	847892	2043822	637192	1929849	4481454	13.0
2011	16450001	10534342	7770948	1058993	2727856	979220	2763394	5915659	14.1

注：1.1994-2009年企业所得税含退税。
2.1994-1997年国有资产经营收益体现为国有企业上缴利润。
3.1997年地方财政收入和非税收入包含当年纳入基金预算收入的城市教育附加费、矿产资源补偿费、排污费和城市水资源费收入。
4.从2002年开始，上交中央收入包含上划所得税。
5.农业税收包含农业税、农业特产税(2006年含烟叶税部分)、耕地占用税、契税。
6.以上数据根据江西省历年财政总决算整理得出。

a) From 1994 to 2006,Company income tax indudes tax rebate for it.
b) From 1994 to 1997,the operating income of State-owned enterprises reflects the profits the state-owned enterprises handed in.
c) In 1997,the local government revenue and non-tax income indude extra-charges for urban education,compensation for mineral resources,fee on sewage treatment and on urban water resource,which has brought into the income of funds budget at current year.
d) Since 2002,revenue handed in the central government has induded income tax divided above.
e) Agricultural tax includes Agricultural tax,tax on special Agricultural,products(inducle tobacco tax in 1996),tax on the occupancy of cultivated land, and contract tax.
f) Data above are collected according to Jiangxi annual general final budget of public finance.

7-2 地方财政收入

Government Revenue of the Local Government

单位：万元 (10000 yuan)

项 目	Item	2008	2009	2010	2011
总 计	**Total**	**4886476**	**5813012**	**7780922**	**10534342**
税收收入	**Total Tax revence**	**3579635**	**4300204**	**5851073**	**7770948**
#增值税	Value Added Tax	642916	667374	847892	1058993
营业税	Business Tax	1181937	1534987	2043822	2727856
企业所得税	Corporate Income Tax	474319	462744	637192	979220
企业所得税退税	Tax Rebate for Corporate Income Tax	-1909			-502
个人所得税	Individual Income Tax	159861	163954	202683	323167
资源税	Resource Tax	88994	108670	129069	186589
固定资产投资方向调节税	Tax on the Adjustment of the Investment in the Fixed Assets	4			102
城市维护建设税	City Maintenance and Construction Tax	199612	234170	307547	417979
房产税	House Property Tax	68003	77672	91334	113455
印花税	Stamp Tax	43780	47678	62339	83785
城镇土地使用税	Urban Land Use Tax	122809	124491	156654	182787
土地增值税	Land Appreciation Tax	123275	163282	257207	373328
车船税	Tax on Vehicles and Boat Operation	16458	31336	41498	56060
烟叶税	Tobacco Leaf Tax	12624	11628	10480	15762
耕地占用税	Farm Land Occupation Tax	117996	229160	357445	471965
契 税	Deed Tax	328956	443058	705911	780402
非税收入	**Non Tax Revenue**	**1306841**	**1512808**	**1929849**	**2763394**
#国有资本经营收入	Profit from State-owned Assets	124056	167689	240752	203415
行政性收费收入	Charge of Administrative and Institutional Units	481582	563583	709133	1166206
罚没收入	Penalty Receipts	267190	297586	304785	393730
专项收入	Special Program Receipts	269731	220068	354497	490545
国有资源(资产)有偿使用收入	Revenue of Compensable Use of State-owned Resources	81104	131788	200901	307627
其他收入	Other Revences	83178	132094	119781	201871

7-3 财 政 支 出

Government Expenditure of the Local Government

单位：万元 (10000 yuan)

项 目	Item	2008	2009	2010	2011
总 计	**Total**	**12100730**	**15623742**	**19232633**	**25345989**
一般公共服务	General Public Services	1767447	1934186	2187548	2579961
国防	National Defence	21587	32497	40877	50259
公共安全	Public Security	752927	862164	1074864	1238986
教育	Education	2068578	2519286	2974961	4744279
科学技术	Science and Technology	111406	134021	182628	213209
文化体育与传媒	Culture,Sports and Media	187795	229317	283833	396558
社会保障和就业	Social Seaurity and Employment	1865249	2193351	2330159	2727451
医疗卫生	Health Care and Medical Services	796197	1205455	1500167	1963204
节能环保	Energy saving and Environment Protection	318377	431419	491411	437613
城乡社区事务	Community Affairs in Urban and Rural Areas	636174	797080	1024679	1253419
农林水事务	Agriculture,Forestry and Water Conservancy	1478653	2034071	2323354	2879919
交通运输	Transportation	414926	1129603	1073072	2180462
资源勘探电力信息等事务	Affairs of Exploration,Power and Information	706293	796459	1175299	1573585
商业服务业等事务	Affairs of Financial Supervision				381595
金融监管等事务支出	Expenditure for Affairs of Financial Supervision	4888	5235	10633	20640
地震灾后恢复重建支出	Expenditure for Post-earthquake Recovery and Reconstruction	20000	40000	1825	
国土资源气象等事务	Affairs of Land and Weather				285089
住房保障支出	Expenditure for Affairs of Housing Security				1082808
粮油物资管理等事务	Affairs of Grain & Oil Management	459944	621292	452079	453984
储备事务支出	Expenditure for Affairs of Reserve				17141
国债还本付息支出	Expenditure for National Debt Repay Capital with Interest	12220	20545	66273	125105
其他支出	Other Expenditure				740722

7-4 财政收支总额及增长速度

Government Revenue and Expenditure and Growth Rates

年 份 Year	财政收入 (万元) Government Revenue (10000 yuan)	财政支出 (万元) Government Expenditure (10000 yuan)	收支差额 (万元) Balance (10000 yuan)	比上年增长(%) Growth Rate over preceding year(%) 财政收入 Government Revenue	财政支出 Government Expenditure
1978	122246	162701	-40455	60.4	35.5
1979	117771	176302	-58531	-3.7	8.4
1980	124667	159884	-35217	5.9	-9.3
1981	131822	140292	-8470	5.7	-12.3
1982	123283	155407	-32124	-6.5	10.8
1983	135281	174677	-39396	9.7	12.4
1984	150126	219439	-69313	11.0	25.6
1985	211843	297263	-85420	41.1	35.5
1986	240552	366258	-125706	13.6	23.2
1987	282110	377878	-95768	17.3	3.2
1988	322931	423518	-100587	14.5	12.1
1989	374886	487126	-112240	16.1	15.0
1990	406155	507559	-101404	8.3	4.2
1991	448050	603651	-155601	10.3	18.9
1992	493882	683826	-189944	10.2	13.3
1993	656721	818983	-162262	33.0	19.8
1994	886707	920290	-33583	35.0	12.4
1995	1052172	1103381	-51209	18.7	19.9
1996	1235782	1318475	-82693	17.5	19.5
1997	1349160	1526026	-176866	9.2	15.7
1998	1456584	1752605	-296021	8.0	14.8
1999	1549809	2078293	-528484	6.4	18.6
2000	1716943	2234722	-517779	10.8	7.5
2001	2001638	2837144	-835506	16.6	27.0
2002	2344259	3413843	-1069584	17.1	20.3
2003	2858122	3820981	-962859	21.9	11.9
2004	3508096	4540598	-1032502	22.7	18.8
2005	4259007	5639525	-1380518	21.4	24.2
2006	5186139	6964361	-1778222	21.8	23.5
2007	6652189	9050582	-2398393	28.3	30.0
2008	8169872	12100730	-3930858	22.8	33.7
2009	9288753	15623742	-6334989	13.7	29.1
2010	12262376	19232633	-6970257	32.0	23.1
2011	16450001	25345989	-8895988	34.2	31.8

7-5 各地区地方财政一般预算收入（2011年）
Local Government Budgetary Revenue by Region (2011)

单位：万元 (10000 yuan)

地 区	Region	一般预算收入 Local Government Budgetary Revenue	增值税 Value-added Tax	营业税 Business Tax	企业所得税 Company Income Tax	个人所得税 Personal Income Tax	其他收入 Other Revenue
全 省	**Provincial Total**	**10534342**	**1058993**	**2727856**	**979220**	**323167**	**5445106**
南昌市	Nanchang	1870273	140346	673643	174503	81721	800060
景德镇市	Jingdezhen	510916	29223	101697	30394	22430	327172
萍乡市	Pingxiang	584870	69591	187877	28340	7362	291700
九江市	Jiujiang	1010299	101984	275907	101770	23831	506807
新余市	Xinyu	694279	81260	154609	71792	16428	370190
鹰潭市	Yingtan	388219	62467	82003	18069	69389	156291
赣州市	Ganzhou	1100508	124991	309118	106475	34591	525333
吉安市	Ji'an	768113	89933	198588	48742	22985	407865
宜春市	Yichun	923424	121211	234599	82136	18584	466894
抚州市	Fuzhou	759910	50913	232243	41748	9193	425813
上饶市	Shangrao	955764	126414	242284	64881	16057	506128

注：本表财政收入不含中央两税收入。
The local Government Revenue in the table do not include the Value-added tax and consumption tax of the central Government.

7-6 各地区地方财政一般预算支出（2011年）
Local Government Budgetary Expenditure by Region (2011)

单位：万元 (10000 yuan)

地 区	Region	一般预算支出 Local Government Budgetary Expenditure	一般公共服务 General Public Services	教 育 Education	社会保障和就业 Social Seaurity and Employment	医疗卫生 Health Care and Medical	农林水事务 Agriculture, Forestry and Water	其他支出 Other Expenditure
全 省	**Provincial Total**	**25345989**	**2579961**	**4744279**	**2727451**	**1963204**	**2879919**	**10451175**
南昌市	Nanchang	2988005	269884	511303	339106	259889	214018	1393805
景德镇市	Jingdezhen	987449	142136	148197	141143	68145	103502	384326
萍乡市	Pingxiang	1087143	137093	162643	138555	90541	101638	456673
九江市	Jiujiang	2252232	253089	412415	285369	208971	308788	783600
新余市	Xinyu	1026854	97779	145201	85900	52322	69108	576544
鹰潭市	Yingtan	681157	58279	101203	75946	51020	57423	337286
赣州市	Ganzhou	3118366	302102	616799	485853	320721	411722	981169
吉安市	Ji'an	1972186	197758	380352	219002	193292	326927	654855
宜春市	Yichun	2152163	212486	426414	322815	197574	349713	643161
抚州市	Fuzhou	1786658	176739	315137	198071	169909	291793	635009
上饶市	Shangrao	2406011	270266	519917	310915	270582	351314	683017

主要统计指标解释

财政收入　国家财政参与社会产品分配所取得的收入，是实现国家职能的财力保证。财政收入所包括的内容几经变化，目前主要包括：

1．各项税收：包括增值税、营业税、消费税、土地增值税、城市维护建设税、资源税、城市土地使用税、印花税、固定资产投资方向调节税、个人所得税、企业所得税、关税和耕地占用税等。

2．专项收入：包括征收排污费、征收城市水资源费收入、教育费附加收入等。

3．其他收入：包括基本建设贷款归还收入、国家能源交通重点建设基金收入、国家预算调节基金等。

4．国有企业计划亏损补贴：这项为负收入，冲减财政收入。

财政支出　国家财政将筹集起来的资金进行分配使用，以满足经济建设和各项事业的需要，主要包括一般公共服务、外交、国防、教育、公共安全、科学技术、文化体育与传媒、社会保障和就业、医疗卫生、环境保护、城乡社区事务、农林水事务、交通运输、工业商业金融等事务和其他支出等科目。

Explanatory Notes on Main Statistical Indicators

Government Revenue　refers to income for the government finance through participating in the distribution of social products. It is the financial guarantee to ensure government functioning. The contents of government revenue have changed several times. Now it includes the following main items:

(1) Various tax revenues, including value added tax, business tax, consumption tax, land value added tax, tax on city maintenance and construction, resources tax, tax on use of urban land, enterprise income tax, personal income tax, tariff, stamp tax on security transactions, tax on purchase of motor vehicles, tax on agriculture and animal husbandry and tax on occupancy of cultivated land, etc.

(2) Special revenues, including revenues from the fee on sewage treatment, fee on urban water resources and extra-charges for education, etc.

(3) Other revenues, including revenue from the repayment of capital construction loan, funds for national key construction projects in energy industry and transportation, and national budget adjustment funds.

(4) Subsidies for the losses of State-owned enterprises. This is an item of negative revenue, counteracting revenues.

Government Expenditure　refers to the distribution and use of the funds the government finance has raised, so as to meet the needs of economic construction and various causes. It includes expenditure for capital construction, innovation funds of the enterprises, geological prospecting expenses, expenditures for science and technology promotion, expenditure for supporting rural production, operating expenses of the departments of farming, forestry, water conservancy and meteorology etc., operating expenses of the departments of industry, transport and commerce, operating expenses of the departments of culture, education, science and public health, pension for the disabled or for the families of the bereaved and relief funds for social welfare, expenditures for national defence, administrative expenses, expenditure for price subsidies.

8

价格指数

PRICE INDICES

◆139/154

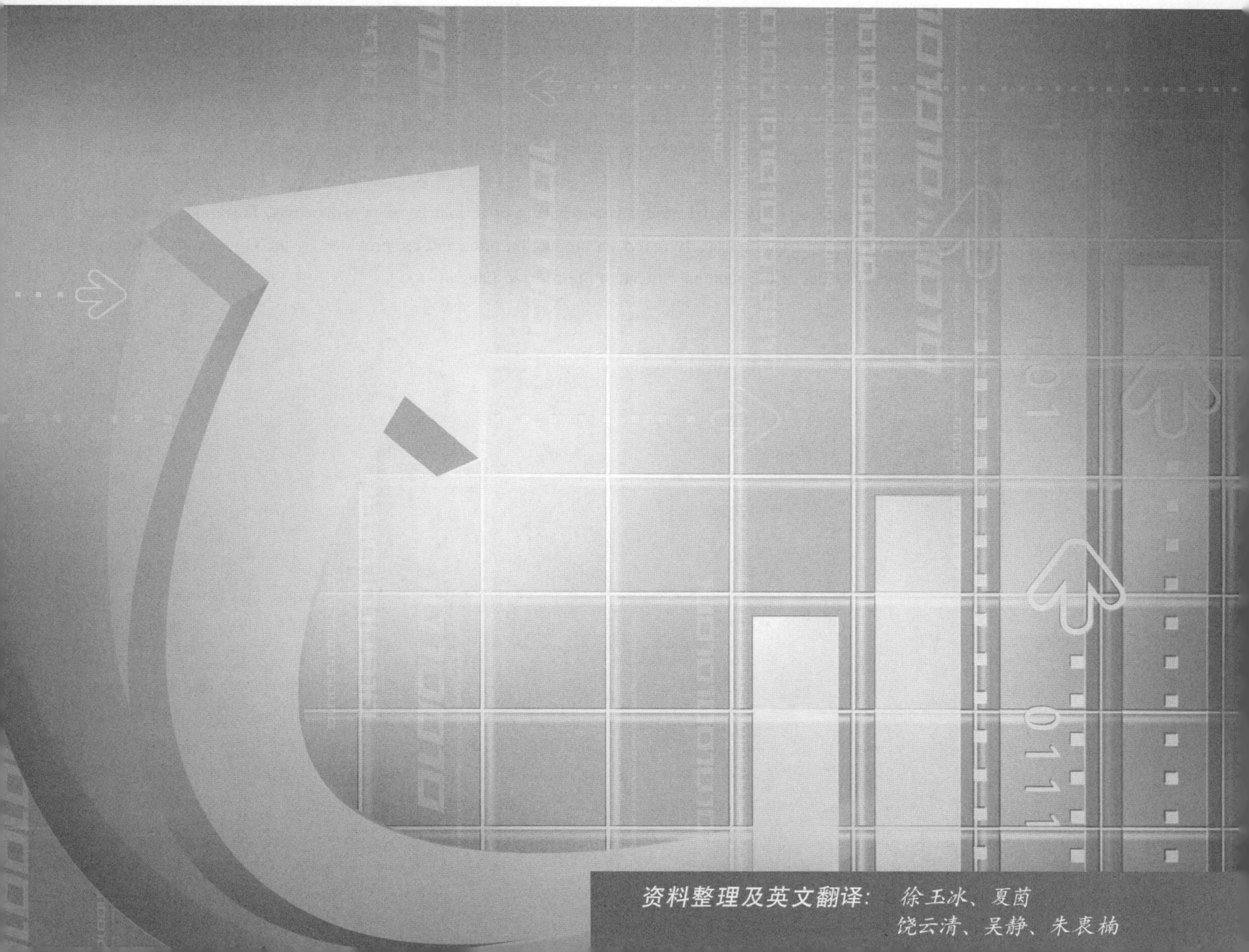

资料整理及英文翻译：徐玉冰、夏茵
饶云清、吴静、朱袁楠

简要说明

一、本篇资料的主要内容

本篇资料反映了全省生产、投资、流通、消费等环节价格变动状况，主要包括居民消费、商品零售、生产资料、工业品出厂、原材料燃料动力购进、固定资产投资等价格指数。

二、本篇资料的来源

1.居民消费、商品零售和农业生产资料价格指数来源于消费价格统计调查年报，由国家统计局江西调查总队消费价格调查处整理提供。

2.工业品出厂、原材料燃料动力购进、固定资产投资等价格指数来源于生产价格统计调查年报，由国家统计局江西调查总队生产投资价格调查处整理提供。

Brief Introduction

I. Main Content

Data on the price indices in this chapter show the changing trend in production, investment, circulation and consumption, including mainly consumer price indices of residents, retail price indices, price indices of means of production, production price indices of industrial products, purchasing price indices of raw materials, fuels and power, price indices of investment in fixed assets.

II. Source of Data

(1) Data on consumer price indices of residents, retail price indices and price indices of agricultural means of production are based on yearly report on consumer price and are provided by the Division of Consumer Price Survey of Survey Office of the National Bureau of Statistics in Jiangxi.

(2) Data on production price indices of industrial products, purchasing price indices of raw materials, fuels and power, price indices of investment in fixed assets are based on yearly report on production price and are provided by the Division of Production Investment Price Survey of Survey Office of the National Bureau of Statistics in Jiangxi.

8-1 各种价格指数

Price Indices

(上年=100) (preceding year=100)

年份 Year	商品零售价格指数 Retail Price Index	城市 Urban Areas	农村 Rural Areas	居民消费价格指数 Consumer Price Index	城市 Urban Areas	农村 Rural Areas
1978	100.1	100.2	100.1		100.2	
1980	104.3	106.6	102.9		106.0	
1985	108.3	109.0	107.8	109.0	108.8	109.1
1990	101.3	100.3	102.2	102.1	101.5	102.8
1991	102.4	104.0	101.2	102.8	104.4	101.3
1992	105.6	107.2	103.9	105.7	107.5	103.5
1993	111.1	112.6	110.1	114.6	115.8	112.5
1994	123.9	122.9	125.4	126.9	126.9	126.7
1995	115.9	115.0	116.9	116.9	116.9	117.0
1996	106.6	106.4	106.7	108.4	108.1	108.6
1997	99.6	100.1	99.3	102.0	103.0	102.1
1998	98.8	98.5	98.9	101.0	101.0	101.0
1999	96.8	97.3	96.3	98.6	99.1	98.1
2000	98.5	98.6	98.5	100.3	102.1	99.1
2001	98.4	98.3	98.4	99.5	99.8	99.2
2002	100.2	100.1	100.3	100.1	100.2	99.9
2003	100.1	99.4	100.7	100.8	100.9	100.6
2004	103.0	101.9	104.0	103.5	103.3	103.5
2005	100.9	100.3	101.4	101.7	101.5	102.2
2006	101.2	101.0	101.4	101.2	100.9	101.6
2007	104.0	103.5	105.1	104.8	104.4	105.8
2008	106.1	106.0	106.4	106.0	105.9	106.3
2009	99.1	99.1	99.0	99.3	99.4	99.2
2010	102.7	102.6	102.9	103.0	102.9	103.3
2011	104.8	104.8	105.0	105.2	105.1	105.6

8-2 各种价格指数(2011年)

Price Indices (2011)

类别	Type	以1978年价格为100 year of 1978=100	以1980年价格为100 year of 1980=100	以1985年价格为100 year of 1985=100	以1990年价格为100 year of 1990=100	以1995年价格为100 year of 1995=100	以2005年价格为100 year of 2005=100	以2010年价格为100 year of 2010=100
商品零售价格指数	Retail Price Index	444.4	422.3	349.2	210.8	122.3	119.1	104.8
城市	Urban Areas	465.3	430.1	353.0	210.6	118.8	118.1	104.8
农村	Rural Areas	422.6	409.6	351.0	214.5	126.4	121.4	105.0
居民消费价格指数	Consumer Price Index			436.6	260.8	141.1	121.1	105.2
城市	Urban Areas	614.9	569.5	468.4	278.3	144.4	119.8	105.1
农村	Rural Areas			409.1	246.2	140.7	123.7	105.6

注：1990-1993年零售、消费价格指数中城市、农村口径为城镇、农村。

a) Statistic standards of retail and consumer price index from 1990-1993 are urban and rural areas.

8-3 商品零售价格分类指数（2011年）
Retail Price Indices by Category (2011)

(上年=100) (preceding year=100)

类别	Type	全省 Province Indices	城市 Urban Areas	农村 Rural Areas
商品零售价格总指数	**Retail Price Index**	**104.8**	**104.8**	**105.0**
食品类	**Food**	**111.1**	**110.9**	**111.5**
粮食	Grain	113.9	113.1	115.4
淀粉及制品	Starches and Tubers	106.3	107.2	104.9
干豆类及豆制品	Beans and Bean Products	102.6	101.5	104.7
油脂	Oil or Fat	112.6	112.7	112.5
肉禽及其制品	Meat, Poultry and Their Products	121.8	121.8	121.8
蛋	Eggs	116.3	116.1	116.8
水产品	Aquatic Products	107.2	107.6	106.5
菜	Vegetables	99.1	97.4	102.8
调味品	Flavoring	104.6	106.1	102.6
糖	Carbohydrate	112.3	112.2	112.3
干鲜瓜果	Dried and Fresh Melons and Fruits	115.5	116.4	113.5
糕点饼干面包	Cake, Biscuit and Bread	108.0	109.4	105.0
液体乳及乳制品	Milk and Its Products	108.0	109.3	104.5
在外用膳食品	Outward Dinner Food	104.2	103.7	105.2
其它食品	Other Foods	104.1	105.4	101.6
饮料、烟酒	**Beverages, Tobacco and Liquor**	**102.0**	**102.6**	**100.9**
茶及饮料	Tea and Beverages	104.0	104.6	102.6
烟草	Tobacco	100.2	100.2	100.2
酒	Liquor	103.3	104.6	101.1
服装、鞋帽类	**Garments, Shoes and Hats**	**102.6**	**103.6**	**100.6**
服装	Garments	102.5	103.3	100.8
鞋袜帽	Footgear and Hats	103.2	105.0	100.2
其它	Others	99.1	98.3	99.8
纺织品类	**Textiles**	**106.9**	**107.7**	**105.2**
衣着材料	Cotton Cloth	108.7	109.6	106.6
床上用品	Blend Cloth	105.3	106.0	104.1
家用电器及音像器材	**Household Appliances, Music and Video Equipment**	**96.8**	**97.1**	**96.2**
家庭设备	Household Appliances	97.6	98.0	96.5
文娱用耐用消费品	Culture and Recreat Durable Consumable	95.4	95.3	95.7
音像器材类	Household Appliances and Hifi	100.0	100.0	99.9
文化办公用品	**Cultural and Office Appliances**	**99.7**	**99.4**	**100.5**
日用品	**Articles for Daily Use**	**103.0**	**103.6**	**101.8**
日用百货	General Merchandise for Daily Use	102.9	102.9	103.0
日用杂品	Miscellaneous for Daily Use	103.6	105.4	100.5
洗涤用品	Washing	103.8	104.5	102.3
其它日用品	Other Daily Use Articles	101.7	102.3	100.1
体育娱乐用品	**Sports and Recreation Articles**	**100.2**	**99.7**	**101.5**

8-3 续表 continued

(上年=100) (preceding year=100)

类别	Type	全省 Province Indices	城市 Urban Areas	农村 Rural Areas
体育用品	Sports Articles	100.5	100.1	101.5
娱乐用品	Recreation Articles	100.0	99.4	101.5
交通、通信用品	**Transportation and Communication Appliances**	**96.6**	**96.5**	**96.8**
交通运输机械	Transportation Equipments	99.3	99.0	100.1
通信器材类	Communication Equipments	93.2	93.0	93.5
家具	**Furniture**	**100.8**	**101.1**	**99.9**
化妆品类	**Cosmetics**	**101.1**	**101.4**	**100.5**
金银珠宝类	**Gold, Silver and Jewelry**	**119.9**	**115.9**	**128.8**
中西药品及医疗保健用品类	**Traditional Chinese and Western Medicines and Health Care Articles**	**102.9**	**102.5**	**103.6**
医疗器具及用品	Medical Apparatus and Article	100.4	100.2	101.1
中药材及中成药	Traditional Chinese Medicinal Materials and Medicines	108.5	108.2	109.0
西药	Western Medicines	99.5	98.9	100.8
保健器具及用品	Medical Apparatus and Articles	101.8	102.0	101.2
书报杂志及电子出版物类	**Books, Newspapers, Magazines and Electronic Publications**	**100.5**	**100.5**	**100.3**
教材及参考书	Teaching Material and Reference Book	101.0	101.2	100.6
书报杂志	Books and Magazines	100.2	100.3	100.1
电子音像制品	Electronic Publications	99.5	99.5	99.7
燃料类	**Fuels**	**108.7**	**108.6**	**108.9**
煤炭及制品类	Coal and Coal Products	107.1	106.1	108.1
石油及制品类	Petroleum and Related Products	109.3	109.2	109.4
建筑材料及五金电料类	**Building Materials and Hardware**	**106.5**	**106.7**	**106.3**
建筑装璜材料	Building Decoration Materials	107.1	107.2	106.9
五金电料类	Hardware	104.0	104.4	103.2
农业生产资料价格指数	**Price Indices of Agricultural Means of Production**	**111.2**		**111.2**
农用手工工具	Farm Handtools	110.3		110.3
饲料	Forage	109.1		109.1
产品畜	Production Livestock	130.2		130.2
半机械化农具	Semi-mechanized Farm Tools	112.9		112.9
机械化农具	Mechanized Farm Machinery	106.4		106.4
化学肥料	Chemical Fertilizer	112.2		112.2
农药及农药器械	Pesticide and Its Appliances	101.6		101.6
化学农药	Chemical Pesticides	101.5		101.5
农药器械	Pesticides Appliances	101.8		101.8
农用机油	Oil for Farm Machinery	112.6		112.6
其他农业生产资料	Other Means of Agricultural Production	106.5		106.5
农用种子	Farm Seed	109.9		109.9
其他	Others	101.2		101.2
农业生产服务	Service of Agricultural Production	114.4		114.4

8-4 居民消费价格分类指数（2011年）

Consumer Price Indices by Category (2011)

(上年=100)　　(preceding year=100)

类别	Type	全省 Province Indices	城市 Urban Areas	农村 Rural Areas
居民消费价格总指数	**Consumer Price Index**	**105.2**	**105.1**	**105.6**
服务项目价格指数	**Price Index of Services**	**102.5**	**102.5**	**102.6**
食品	**Food**	**111.2**	**110.9**	**111.9**
粮食	Grain	114.0	113.0	116.1
淀粉及制品	Starches and Tubers	106.5	107.5	104.2
干豆类及豆制品	Beans and Bean Products	102.5	101.4	104.7
油脂	Oil or Fat	112.8	112.6	113.0
肉禽及其制品	Meal, Poultry and Processed Products	122.7	122.2	123.6
食用畜肉及副产品	Meat and Sideline Product	127.3	126.8	128.1
禽	Pourtry	115.7	114.8	117.5
加工肉禽	Meat and Pourty Products	107.9	106.4	110.0
蛋	Eggs	116.6	116.4	117.1
水产品	Aquatic Products	107.1	107.7	105.6
鱼	Fish	106.9	107.8	105.1
其它水产品	Other Aquatic Products	107.8	107.6	110.2
菜	Vegetables	99.3	97.8	103.2
调味品	Flavoring	104.6	105.9	102.4
糖	Carbohydrate	112.5	112.6	112.3
茶及饮料	Tea and Beverages	103.9	104.4	102.9
茶叶	Tea	103.9	104.1	103.3
饮料	Beverages	103.9	104.5	102.9
干鲜瓜果	Dried and Fresh Melons and Fruits	116.1	117.0	113.4
糕点饼干面包	Cake, Biscuit and Bread	107.1	108.1	105.1
液体乳及乳制品	Milk and Its Products	107.5	108.7	104.5
在外用膳食品	Outward Dinner Food	104.2	103.8	104.8
其它食品	Other Foods	104.3	105.7	101.5
烟酒	**Tobacco and Liquor**	**101.0**	**101.3**	**100.5**
烟草	Tobacco	100.2	100.2	100.1
酒	Liquor	102.8	104.1	101.3
衣着	**Clothing**	**102.9**	**103.6**	**101.1**
服装	Garments	102.3	102.7	100.9
男式服装	Clothing for Men	101.7	102.1	100.6
女式服装	Clothing for Women	101.8	102.2	100.1
儿童服装	Clothing for Children	107.6	110.2	104.0
衣着材料	Clothing Material	109.3	111.4	106.6
鞋袜帽	Footgear and Hats	103.9	105.1	100.6
鞋	Shoes	104.0	105.4	99.2
袜子	Hose	104.6	105.3	103.4
帽子	Hats	101.5	94.9	104.9
衣着加工服务费	Clothing Manufacturing Services	110.3	113.0	106.4
家庭设备用品及维修服务	**Household Facilities, Articles and Services**	**102.0**	**102.7**	**100.3**
耐用消费品	Durable Consumer Goods	98.6	98.8	98.2

8-4 续表 continued

(上年=100)

(preceding year=100)

类别	Type	全省 Province Indices	城市 Urban Areas	农村 Rural Areas
家具	Furniture	100.3	101.2	99.2
家庭设备	Household Facilities	97.9	98.0	97.7
室内装饰品	Interior Decorations	104.0	105.4	100.6
床上用品	Bed Articles	105.4	105.8	104.5
家庭日用杂品	Daily Use Household Articles	103.8	104.8	101.1
家庭服务及加工维修服务	Household Services and Maintenance and Renovation	110.3	110.4	110.0
医疗保健和个人用品	**Health Care and Personal Articles**	**103.0**	**102.7**	**103.6**
医疗保健	Health Care	102.1	101.7	102.7
医疗器具及用品	Medical Instrument and Articles	100.7	100.3	101.7
中药材及中成药	Traditional Chinese Medicine	109.0	107.8	111.3
西药	Western Medicine	99.6	99.0	100.7
保健器具及用品	Health Care Appliances and Articles	102.6	102.7	101.3
医疗保健服务	Health Care Services	100.2	100.0	100.4
个人用品及服务	Personal Articles and Services	104.6	104.2	105.4
化妆美容用品	Cosmetics	100.7	100.7	100.6
清洁化妆用品	Sanitation Articles	101.7	102.5	100.7
个人饰品	Personal Ornaments	110.3	108.8	113.3
个人服务	Personal Services	104.4	104.3	104.7
交通和通讯	**Transportation and Communication**	**100.4**	**99.9**	**101.4**
交通	Transportation	103.0	102.8	103.1
交通工具	Transportation Facility	100.9	102.3	99.6
车用燃料及零配件	Fuels and Parts	111.6	111.1	112.0
车辆使用及维修费	Fees for Vehicles Use and Maintenance	103.5	102.5	104.6
市区公共交通费	Incity Traffic Fare	101.9	101.1	105.0
城市间交通费	Intercity Traffic Fare	101.6	102.0	101.1
通信	Communication	98.3	98.2	98.6
通信工具	Communication Facility	89.6	89.1	90.8
通信服务	Communication Service	100.1	99.9	100.6
娱乐教育文化用品及服务	**Recreation, Education and Culture Articles**	**100.7**	**100.5**	**101.0**
文娱用耐用消费品及服务	Durable Consumer Goods for Cultural and Recreational Use and Services	95.4	95.1	96.2
教育	Education	101.3	101.2	101.6
教材及参考书	Teaching Materials and Reference Books	100.9	101.1	100.3
教育服务	Education Service	101.4	101.2	101.7
文化娱乐	Cultural and Recreational Articles	100.7	100.8	100.4
文化娱乐用品	Cultural Articles	100.8	100.7	101.2
书报杂志	Newspapers and Magazines	100.3	100.3	100.1
文娱费	Expenditure on Culture and Recreation	101.0	101.2	100.0
旅游	Touring	103.7	103.3	105.8
居住	**Residence**	**104.6**	**104.3**	**105.3**
建房及装修材料	Building and Building Decoration Materials	106.0	105.3	106.7
住房租金	Renting	103.7	103.9	102.7
自有住房	Private Housing	106.7	107.0	106.2
水、电、燃料	Water, Electricity and Fuels	102.8	102.8	103.1

8-5 各市、县商品零售价格分类指数（2011年）

(上年=100)

类　　别	Type	南昌市 Nan chang	景德镇市 Jing dezhen	萍乡市 Ping xiang	九江市 Jiu jiang	新余市 Xin yu
商品零售价格总指数	**Retail Price Index**	**105.2**	**104.3**	**104.8**	**104.3**	**105.9**
食品类	Food	108.8	110.2	111.2	112.4	113.8
饮料、烟酒	Beverages, Tobacco and Liquor	103.1	102.7	102.2	103.8	102.6
服装、鞋帽类	Garments, Shoes and Hats	109.2	100.4	95.1	100.8	96.5
纺织品类	Textiles	113.7	102.4	108.2	108.1	111.8
家用电器及音像器材	Household Appliances, Music and Video Equipment	97.6	96.7	99.0	91.3	97.6
文化办公用品	Cultural and Office Appliances	99.4	97.9	102.7	98.1	97.9
日用品	Articles for Daily Use	105.4	100.9	103.8	101.5	105.6
体育娱乐用品	Sports and Recreation Articles	100.2	99.5	108.8	97.7	100.0
交通、通信用品	Transportation and Communication Appliances	96.6	97.6	96.4	97.0	98.7
家具	Furniture	102.1	98.0	103.3	95.1	100.0
化妆品类	Cosmetics	103.2	100.1	103.0	97.0	103.3
金银珠宝类	Gold, Silver and Jewelry	114.0	108.4	119.5	118.9	129.0
中西药品及医疗保健用品类	Traditional Chinese and Western Medicines and Health Care Articles	101.2	103.0	100.5	107.9	106.1
书报杂志及电子出版物类	Books, Newspapers, Magazines and Electronic Publications	100.0	100.0	101.1	100.6	100.0
燃料类	Fuels	109.8	113.2	109.4	103.9	108.9
建筑材料及五金电料类	Building Materials and Hardware	106.8	106.2	107.9	104.1	104.9
农业生产资料价格指数	**Price Indices of Agricultural Means of Production**					

8-6 各市、县居民消费价格分类指数（2011年）

(上年=100)

类　　别	Type	南昌市 Nan chang	景德镇市 Jing dezhen	萍乡市 Ping xiang	九江市 Jiu jiang	新余市 Xin yu
居民消费价格总指数	**Consumer Price Index**	**105.0**	**105.1**	**104.9**	**105.1**	**105.2**
服务项目价格指数	Price Index of Services	102.8	103.0	102.4	104.1	101.9
食品	Food	108.7	110.4	112.4	112.1	113.7
烟酒	Tobacco and Liquor	101.9	102.4	102.0	102.1	101.1
衣着	Clothing	109.5	100.7	95.7	101.0	97.0
家庭设备用品及维修服务	Household Facilities, Articles and Services	104.2	99.9	101.8	101.2	103.5
医疗保健和个人用品	Health Care and Personal Articles	102.9	103.3	101.9	105.2	104.3
交通和通讯	Transportation and Communication	99.9	100.6	100.3	99.8	99.9
娱乐教育文化用品及服务	Recreation, Education and Culture Articles	100.4	101.0	102.2	101.5	100.8
居住	Residence	104.4	107.1	104.3	102.0	102.7

Retail Price Indices by Category and Region (2011)

(preceding year=100)

鹰潭市 Ying tan	赣州市 Gan zhou	宜春市 Yi chun	上饶市 Shang rao	吉安市 Ji'an	抚州市 Fuzhou	井冈山市 Jing gangshan	瑞昌市 Rui chang	信丰县 Xin feng	宁都县 Ning du	上高县 Shang gao	铅山县 Yan shan	泰和县 Taihe	南城县 Nan cheng
104.7	**104.1**	**104.7**	**104.0**	**104.8**	**104.9**	**106.4**	**104.6**	**106.2**	**103.6**	**105.8**	**105.7**	**105.3**	**103.4**
110.0	112.4	111.8	111.2	112.0	111.2	113.3	111.8	115.7	110.1	110.7	110.5	113.8	107.6
101.9	100.7	101.2	100.0	101.9	100.7	106.3	100.0	101.2	101.3	100.3	101.3	102.8	101.9
101.6	98.3	98.5	100.8	100.4	99.7	103.1	104.4	98.0	99.4	103.2	101.1	99.2	100.4
106.4	104.1	105.8	104.6	104.6	101.5	105.5	100.0	104.0	102.1	112.7	104.7	103.2	115.0
98.2	99.0	96.8	99.7	91.5	98.2	98.0	100.0	98.4	94.2	94.8	99.2	98.5	93.8
100.8	95.8	99.4	100.3	99.7	98.0	99.6	100.0	98.7	100.7	102.8	100.5	99.5	99.2
105.0	100.1	100.3	100.1	102.8	102.8	100.5	100.6	100.9	101.1	102.2	104.4	100.0	104.6
102.0	99.1	85.4	100.0	100.6	99.8	100.7	100.0	104.2	98.4	100.6	101.5	100.5	105.1
95.9	95.1	97.8	99.5	95.0	97.4	97.5	96.2	97.6	97.5	97.6	96.2	96.9	98.2
104.8	102.3	99.0	98.0	92.9	108.2	103.2	100.0	96.2	103.9	101.9	100.0	100.7	98.5
101.0	100.3	100.0	100.0	99.8	100.0	100.0	100.0	100.4	100.0	99.2	101.2	100.0	102.2
111.9	115.9	116.8	101.5	127.6	115.8	113.6	132.7	130.5	113.8	138.8	136.6	110.9	129.4
103.4	100.3	106.5	100.6	100.7	103.9	106.5	101.7	104.5	102.2	105.8	105.8	100.3	107.1
102.3	100.3	99.4	100.7	99.7	100.6	100.7	100.3	99.1	99.0	100.1	100.3	101.7	102.4
112.0	109.8	107.1	105.8	112.5	107.2	114.6	105.2	110.3	101.2	112.1	115.2	106.6	111.8
104.6	103.9	111.7	102.3	106.3	106.8	106.8	100.6	110.5	108.2	108.2	109.7	104.4	103.8
							106.1	**118.3**	**104.6**	**112.7**	**110.9**	**108.7**	**106.8**

Consumer Price Indices by Category and Region (2011)

(preceding year=100)

鹰潭市 Ying tan	赣州市 Gan zhou	宜春市 Yi chun	上饶市 Shang rao	吉安市 Ji'an	抚州市 Fuzhou	井冈山市 Jing gangshan	瑞昌市 Rui chang	信丰县 Xin feng	宁都县 Ning du	上高县 Shang gao	铅山县 Yan shan	泰和县 Taihe	南城县 Nan cheng
105.1	**104.9**	**104.7**	**105.0**	**104.7**	**105.0**	**106.0**	**105.4**	**106.2**	**105.0**	**106.2**	**105.7**	**105.4**	**104.7**
103.1	103.8	101.2	103.0	101.8	101.9	100.7	102.4	101.6	105.1	104.0	102.4	101.5	103.4
109.8	112.2	111.3	111.2	111.8	111.6	114.1	112.3	115.2	110.0	111.6	110.6	113.5	108.7
101.8	100.5	101.1	99.9	102.4	100.4	108.2	100.0	100.7	101.0	100.2	101.4	102.6	101.2
102.0	99.4	99.2	101.3	101.0	101.6	103.3	104.9	98.6	100.6	103.1	101.2	99.3	101.1
103.7	103.0	99.4	100.1	99.2	100.1	101.2	100.6	98.9	101.1	102.8	102.1	101.1	99.5
102.7	101.3	105.1	101.1	101.6	103.0	105.2	102.3	102.5	103.7	105.0	105.2	101.2	106.6
99.9	100.2	100.0	101.0	98.9	101.0	96.9	100.0	101.4	104.4	104.8	101.3	100.1	101.2
102.9	100.4	100.1	103.3	97.7	99.2	99.9	102.5	100.2	99.7	101.2	102.7	99.9	100.9
104.9	103.5	103.4	103.6	104.6	104.7	103.9	101.8	105.8	103.9	104.8	106.1	104.4	105.2

8-7 工业生产者出厂价格指数

Producer Price Index for Industrial Products

(上年＝100) (preceding year=100)

类别	Type	2005	2006	2007	2008	2009	2010	2011
总指数	**General Index**	**108.8**	**109.7**	**106.2**	**106.4**	**93.0**	**115.3**	**111.3**
按轻重工业分	**Grouped by Light & Heavy Industries**							
轻工业	Light Industry	99.2	101.6	105.0	105.4	99.5	104.3	103.7
以农产品为原料	Agricultural Products as Raw Materials	100.6	101.7	104.0	104.7	99.9	105.4	109.0
以非农产品为原料	Non-agricultural Products as Raw Materials	98.0	101.6	106.3	106.2	99.0	103.2	94.8
重工业	Heavy Industry	113.3	113.8	106.8	106.9	89.6	121.3	114.1
采掘	Mining	145.5	117.9	106.6	110.5	92.0	123.0	123.3
原料	Raw Materials	115.6	119.8	106.5	104.2	90.8	123.7	123.0
加工	Processing	104.2	104.7	107.1	109.5	88.0	118.8	108.0
按部类分	**Grouped by Category of Industry**							
生产资料	Means of Production	110.8	111.5	106.6	107.0	91.3	117.9	112.8
采掘	Mining	142.2	114.0	107.2	110.1	92.8	121.5	123.3
原料	Raw Materials	115.1	120.9	106.2	102.6	91.2	124.3	123.3
加工	Processing	101.7	103.3	106.8	109.9	91.2	113.8	106.5
生活资料	Consumer Goods	100.5	101.5	104.1	103.5	100.7	103.1	105.6
食品	Food	100.3	100.4	103.3	105.1	101.5	103.5	107.6
衣着	Clothing	100.7	104.0	106.6	102.7	100.7	103.3	106.6
一般日用品	Articles for Daily Use	101.6	101.9	102.3	102.0	100.3	102.4	103.2
耐用消费品	Durable Consumer Goods	99.7	99.4	105.4	101.7	97.8	102.1	103.4
按工业部门分	**Grouped by Industrial Department**							
冶金工业	Metallurgical Industry	120.7	122.7	110.7	106.3	82.9	131.8	123.4
电力工业	Power Industry	104.6	106.2	102.3	102.3	103.4	102.2	102.0
煤炭及炼焦工业	Coal Industry and Coking Industry	125.0	102.4	108.6	129.7	93.2	115.4	112.9
石油工业	Petroleum Industry	122.8	115.4	103.8	118.4	101.0	115.4	114.9
化学工业	Chemical Industry	106.1	104.1	102.9	111.0	100.4	108.4	109.2
机械工业	Machine Building Industry	100.3	102.8	103.5	100.8	95.9	103.4	98.8
建筑材料工业	Building Materials Industry	93.0	102.4	106.7	111.2	98.2	104.9	113.6
森林工业	Timber Industry	102.9	102.2	103.5	104.3	100.3	104.1	105.4
食品工业	Food Industry	100.9	100.2	104.3	106.5	100.8	103.9	108.4
纺织工业	Textile Industry	98.7	103.7	100.5	102.6	96.2	117.4	119.2
缝纫工业	Tailoring Industry	101.0	104.2	107.2	101.9	101.2	103.4	107.0
皮革工业	Leather Industry	100.4	99.8	103.6	106.1	97.7	102.7	104.3
造纸工业	Paper Industry	102.8	101.2	101.4	105.0	95.6	103.5	103.9
文教艺术用品工业	Industry of Cultural, Educational & Handicrafts Articles	99.8	100.4	99.6	100.9	98.8	103.8	101.0
其他工业	Others Industry	105.7	104.9	101.8	102.9	105.0	105.3	103.8

注:自2011年起,工业品价格指数更名为工业生产者价格指数,执行新的《工业生产者价格统计调查制度》。

a)Producer price indices for manufactured goods changed into producer price index for industrial products, which implies the newly established investigation system of producer price for industrial products since 2011.

8-8 按工业行业分工业生产者出厂价格指数
Producer Price Index for Industrial Products by Sectors

(上年=100) (preceding year=100)

行业	Sector	2009	2010	2011
煤炭开采和洗选业	**Mining and Washing of Coal**	**99.1**	**117.5**	**116.2**
烟煤和无烟煤的开采洗选	Mining and Washing of Bituminous Coal and Anthracite	99.1	117.5	116.2
黑色金属矿采选业	**Mining and Processing of Ferrous Metal Ores**	**103.8**	**122.6**	**119.6**
铁矿采选	Mining and Processing of Iron Ores	103.8	122.6	119.6
有色金属矿采选业	**Mining and Processing of Non-Ferrous Metal Ores**	**77.6**	**130.2**	**133.6**
常用有色金属矿采选	Mining and Processing of Frequently Used Non-Ferrous Metal Ores	78.1	133.9	116.6
贵金属矿采选	Mining and Processing of Precious Metal Ores	106.5	155.5	145.9
稀有稀土金属矿采选	Mining and Processing of Rare Earth and Rare Metals Ores	72.1	127.0	145.3
非金属矿采选业	**Mining and Processing of Nonmetal Ores**	**97.8**	**105.0**	**120.9**
土砂石开采	Mining of Soil,Sand and Stone	98.3	105.3	123.1
化学矿采选	Mining of Chemical Ores	100.0	100.0	100.0
采盐	Mining and Processing of Salt Ores	88.1	126.0	125.8
石棉及其它非金属矿采选产品	Mining and Processing of Asbestos and Other Nonmetal Ores	96.1	100.7	109.0
农副食品加工业	**Processing of Food from Agricultural Products**	**100.5**	**106.5**	**112.1**
谷物磨制	Polishing of Grain	102.6	108.3	119.0
饲料加工	Processing of Feed	98.6	105.8	105.9
植物油加工	Processing of Vegetable Oil	93.4	109.9	107.3
制糖	Processing of Sugar	93.6	100.1	97.2
屠宰及肉类加工	Slaughtering and Processing if Meat	101.1	109.6	114.7
水产品加工	Processing of Aquatic Products	100.9	101.2	132.5
蔬菜、水果和坚果加工	Processing of Vegetables, Fruits and Nuts	111.8	97.5	106.2
其他农副食品加工	Processing of Other Food from Agricultural Products	103.0	102.6	103.3
食品制造业	**Manufacture of Foodstuff**	**104.0**	**102.8**	**107.6**
焙烤食品制造	Manufacture of Baking Foodstuff	107.3	102.0	103.0
糖果、巧克力及蜜饯制造	Manufacture of Sweet,Chocolate and Candied Fruit	101.3	103.0	114.9
方便食品制造	Manufacture of Convenience Food	102.5	102.8	111.0
液体乳及乳制品制造	Manufacture of Milk Gel and Dairy Products	101.8	103.2	101.1
罐头制造	Manufacture of Cans	94.4	107.6	105.1
调味品、发酵制品制造	Manufacture of Condiments and Fermentation Products	104.8	108.3	112.8
其他食品制造	Manufacture of Other Foodstuff	104.8	102.2	107.8
饮料制造业	**Manufacture of Beverages**	**100.4**	**100.8**	**101.5**
酒的制造	Manufacture of Liquor	100.2	102.2	100.2
软饮料制造	Manufacture of Soft Drink	99.9	97.7	103.4
精制茶加工	Processing of Refined Tea	102.8	102.8	101.7
烟草制品业	**Manufacture of Tobacco**	**99.4**	**100.0**	**100.0**
卷烟制造	Manufacture of Cigarettes	99.4	100.0	100.0
纺织业	**Manufacture of Textile**	**96.8**	**111.4**	**115.9**
棉、化纤纺织及印染精加工	Processing and Dyeing of Cotton and Chemical Fiber Textile	95.1	117.5	118.9
毛纺织和染整精加工	Processing and Dyeing of Wool Textile	93.9	103.0	126.4
麻纺织	Flax Textile	100.7	106.0	125.2
丝绢纺织及精加工	Processing of Silk Textile	108.1	144.0	115.6
纺织制成品制造	Manufacture of Textile Products	99.3	106.6	119.4
针织品、编织品及其制品制造	Manufacture of Knitwear and Woven Products	97.6	103.0	110.9
纺织服装、鞋、帽制造业	**Manufacture of Textile Wearing Apparel, Footware, and Caps**	**103.9**	**103.7**	**104.3**
纺织服装制造	Manufacture of Textile Wearing Apparel	104.1	103.5	104.1
纺织面料鞋的制造	Manufacture of Textile Fabric Shoes	96.1	111.6	113.7
皮革、毛皮、羽毛(绒)及其制品业	**Manufacture of Leather, Fur, Feather and Related Products**	**97.6**	**104.3**	**105.2**

8-8 续表1 continued

(上年＝100) (preceding year=100)

行 业	Sector	2009	2010	2011
皮革鞣制加工	Processing of Leather	95.0	100.6	102.1
皮革制品制造	Manufacture of Leather Products	97.9	102.9	104.4
毛皮鞣制及制品加工	Manufacture and Processing of Fur Products	96.7	123.5	114.0
羽毛(绒)加工及制品制造	Manufacture and Processing of Feather Products	95.0	121.9	115.8
木材加工及木、竹、藤、棕、草制品业	**Processing of Timber,Manufacture of Wood,Bamboo,Rattan,Palm, and Straw Products**	**100.2**	**104.2**	**105.9**
锯材、木片加工	Processing of Lumber and Wood Chips	100.1	107.8	102.8
人造板制造	Manufacture of Plywood	97.4	104.1	104.3
木制品制造	Manufacture of Wood Products	103.0	102.3	108.5
竹、藤、棕、草制品制造	Manufacture of Penny,Vines Coir and Grass Products	109.5	104.7	108.5
家具制造业	**Manufacture of Furniture**	**100.8**	**103.0**	**104.1**
木质家具制造	Manufacture of Wood Furniture	101.2	103.2	103.4
金属家俱制造	Manufacture of Metal Furniture	84.3	108.3	113.7
其他家具制造	Manufacture of Other Furniture	102.8	98.6	99.6
造纸及纸制品业	**Manufacture of Paper and Paper Products**	**95.6**	**103.5**	**103.9**
造纸	Manufacture of Paper	95.0	103.3	102.1
纸制品制造	Manufacture of Paper Products	97.2	103.9	107.6
印刷业和记录媒介的复制	**Printing, Reproduction of Recording Media**	**97.8**	**104.7**	**100.7**
印刷	Printing	99.0	104.9	100.7
装订及其他印刷服务活动	Binding and Other Printing Service Activities		110.0	110.5
记录媒介的复制	Copy of Record Media	76.6	96.2	98.0
文教体育用品制造业	**Manufacture of Articles For Culture,Education and Sport Activity**	**99.3**	**100.6**	**101.6**
文化用品制造	Manufacture of Culture Articles	100.5	100.6	103.7
体育用品制造	Manufacture of Sport Articles	91.5	99.4	100.5
乐器制造	Manufacture of Music Instruments	101.3	102.5	102.7
玩具制造	Manufacture of Toys	98.0	102.8	101.1
石油加工、炼焦及核燃料加工业	**Processing of Petroleum, Coking, Processing of Nuclear Fuel**	**96.5**	**114.5**	**113.0**
精炼石油产品的制造	Manufacture of Refined Petroleum Products	101.0	115.5	115.3
炼焦	Coking	80.2	111.0	107.1
化学原料及化学制品制造业	**Manufacture of Raw Chemical Materials and Chemical Products**	**101.7**	**109.0**	**112.2**
基础化学原料制造	Manufacture of Basic Chemical Material	87.8	108.0	124.3
肥料制造	Manufacture of Fertilizers	88.7	100.1	109.7
农药制造	Manufacture of Pesticides	92.8	104.4	108.3
涂料、油墨、颜料及类似产品制造	Manufacture of Coating,Ink and Paint Products	86.7	108.4	107.1
合成材料制造	Manufacture of Synthetic Materials	96.1	109.7	109.4
专用化学产品制造	Manufacture of Specialized Chemical Products	114.3	112.5	106.4
日用化学产品制造	Manufacture of Daily Used Chemical Products	102.7	106.2	100.4
医药制造业	**Manufacture of Medicines**	**101.8**	**101.6**	**102.6**
化学药品原药制造	Manufacture of Chemical Original Drug	95.6	98.6	100.8
化学药品制剂制造	Manufacture of Chemical Agents	105.5	102.3	103.7
中药饮片制造	Manufacture of Herbal Medicine	90.1	131.0	115.1
中成药制造	Manufacture of Proprietary Chinese Medicine	102.3	100.8	102.0
兽用药品制造	Manufacture of Veterinary Drugs	102.7	101.7	104.0
生物、生化制品的制造	Manufacture of Biotechnology and Biochemical Products	99.5	100.1	100.9
卫生材料及医药用品制造	Manufacture of Sanitation Materials and Medical Supplies	101.6	99.8	97.3
化学纤维制造业	**Manufacture of Chemical Fibers**	**91.7**	**128.1**	**117.3**
纤维素纤维原料及纤维制造	Manufacture of Cellulose Fibers and Fibers	92.2	136.1	114.7
合成纤维制造	Manufacture of Synthetic Fibers	82.5	115.7	124.1
橡胶制品业	**Manufacture of Rubber**	**98.8**	**101.1**	**107.4**
轮胎制造	Manufacture of Tire	97.9	103.5	112.8
橡胶板、管、带的制造	Manfuacture of Rubber Plates, Pipes and Belts	89.4	83.6	83.5
橡胶零件制造	Manufacture of Rubber Parts	101.7	95.9	111.1
再生橡胶制造	Manufacture of Renewable Rubber	98.6	99.4	109.1

8-8 续表2 continued

(上年=100) (preceding year=100)

行业	Sector	2009	2010	2011
日用及医用橡胶制品制造	Manufacture of Daily and Medical Rubber Products			115.9
橡胶靴鞋制品	Manufacture of Rubber Boots and Shoes	102.6	100.0	100.0
其他橡胶制品	Manufacture of Other Rubber Products	100.6	99.5	102.7
塑料制品业	**Manufacture of Plastics**	**97.4**	**105.1**	**105.7**
塑料薄膜制造	Manufacture of Plastic Film	96.0	101.6	111.9
塑料板、管、型材的制造	Manufacture of Plastic Plates, Piles and Profiles	100.3	110.1	105.2
塑料丝、绳及编织品的制造	Manufacture of Plastic Wire, Ropes and Woven Products	97.2	103.5	105.9
泡沫塑料制造	Manufacture of Foam	90.4	106.5	110.6
塑料包装箱及容器制造	Manufacture of Plastic Packaging Boxes and Containers	97.7	104.2	101.8
日用塑料制品	Manufacture of Daily Used Plastic	105.8	105.2	114.5
其他塑料制品制造	Manufacture of Other Plastic Products	92.8	110.4	100.1
非金属矿物制品业	**Manufacture of Non-metallic Mineral Products**	**98.7**	**104.8**	**112.0**
水泥、石灰和石膏的制造	Manufacture of Cement, Lime and Gypsum	95.2	105.7	132.3
水泥及石膏制品制造	Manufacture of Cement and Gypsum	103.8	105.4	117.2
砖瓦、石材及其他建筑材料制造	Manufacture of Brick, Stone and Other Construction Materials	100.0	102.6	101.1
玻璃及玻璃制品制造	Manufacture of Glass and Its Products	92.7	110.6	104.2
陶瓷制品制造	Manufacture of Ceramic Products	103.2	103.8	103.0
耐火材料制品制造	Manufacture of Refractory Products	98.5	100.3	105.7
石墨及其他非金属矿物制品制造	Manufacture of Graphite and Other Non-metallic Mineral Products	105.6	99.1	101.1
黑色金属冶炼及压延加工业	**Smelting and Pressing of Ferrous Metals**	**82.2**	**113.5**	**112.2**
炼铁	Ironmaking	104.6	108.8	210.9
炼钢	Steelmaking	90.9	103.9	115.8
钢压延加工	Smelting and Pressing of Steel	81.7	114.0	110.3
铁合金冶炼	Smelting of Alloy Iron	80.1	99.8	91.2
有色金属冶炼及压延加工业	**Smelting and Pressing of Non-ferrous Metals**	**82.4**	**141.3**	**129.3**
常用有色金属冶炼	Smelting of Frequently Used Non-Ferrous Metal	82.0	144.3	115.0
贵金属冶炼	Smelting of Precious Metal	93.2	129.5	148.1
稀有稀土金属冶炼	Smelting of Rare Earth and Rare Metals	75.3	139.6	235.9
有色金属合金制造	Non-Ferrous Metaling Alloy Manufacturing	82.5	111.5	113.4
有色金属压延加工	Pressing of Non-Ferrous Metal	84.6	139.7	113.4
金属制品业	**Manufacture of Metal Products**	**87.5**	**105.5**	**109.8**
结构性金属制品制造	Manufacture of Structural Metal Products	92.9	103.8	110.3
金属工具制造	Manufacture of Metal Tools	98.5	100.7	100.0
集装箱及金属包装容器制造	Manufacture of Containers and Metal Packaging	99.0	100.6	103.9
金属丝绳及其制品的制造	Manufacture of Metal Wire, Ropes and Its Products	80.6	110.3	111.6
建筑、安全用金属制品制造	Manufacture of Metal Products for Construction and Safety	108.9	98.1	101.5
搪瓷制品制造	Manufacture of Enamel Products	109.8	104.4	105.8
其他金属制品制造	Manufature of Other Metal Products	78.7	110.2	125.4
通用设备制造业	**Manufacture of General Purpose Machinery**	**96.7**	**100.4**	**103.1**
锅炉及原动机制造	Manufacture of Boilers and Original Motivation	100.3	103.4	104.4
金属加工机械制造	Manufacture of Metal Processing Machinery	96.0	92.2	109.3
起重运输设备制造	Manufacture of Handling Equipment	102.4	101.0	104.9
泵、阀门、压缩机及类似机械的制造	Manufacture of Pumps, Valves, Compressors	99.2	98.5	100.1
轴承、齿轮、传动和驱动部件的制造	Manufacture of Bearings, Gears,Transmission and Drive Components	102.6	102.9	103.3
烘炉、熔炉及电炉制造	Manufacture of Ovens, Furnaces and Furnaces			99.5
风机、衡器、包装设备等通用设备制造	Manufacture of Fans, Weighing,Packaging Equipment and Other General Equipment	91.3	105.0	98.9
通用零部件制造及机械修理	Manufacture of General Components and Mechanical Repair	95.1	99.7	104.2
金属铸、锻加工	Processing of Metal Casting and Forging	92.7	98.5	103.5
专用设备制造业	**Manufacture of Special Purpose Machinery**	**100.4**	**100.7**	**104.1**
矿山、冶金、建筑专用设备制造	Manufacture of Special Equipment for Mining,Metallurgy, Construction	103.1	100.0	101.4

8-8 续表3 continued

(上年＝100) (preceding year=100)

行业	Sector	2009	2010	2011
化工、木材、非金属加工专用设备制造	Manufacture of Special Equipment for Chemicals, Wood, Non-metallic Processing	94.4	98.9	109.0
食品、饮料、烟草及饲料生产专用设备制造	Manufacture of Special Equipment for Food, Beverage,Tobacco and Feed Production	102.6	99.9	102.8
印刷、制药、日化生产专用设备制造	Manufacture of Special Equipment for Printing, Pharmaceuticals, Chemicals Production	99.6	99.7	100.5
纺织、服装和皮革工业专用设备制造	Manufacture of Special Equipment for Textiles, Clothing and Leather Industry	97.9	100.3	122.2
农、林、牧、渔专用机械制造	Manufacture of Special Equipment for Agriculture,Forestry, Animal Husbandry, Fishery	91.8	98.8	100.3
医疗仪器设备及器械制造	Manufacture of Medical Equipment and Instrument	101.1	101.8	102.8
环保、社会公共安全及其他专用设备制造	Manufacture of Special Equipment for Environmental,Social Public Safety and Others	98.0	99.8	103.3
交通运输设备制造业	**Manufacture of Transport Equipment**	**99.0**	**99.5**	**100.5**
铁路运输设备制造	Manufacture of Equipment for Railway Transport	109.9	99.1	98.5
汽车制造	Manufacture of Automobiles	99.1	99.4	100.3
摩托车制造	Manufacture of Motorcycles	99.3	99.7	106.2
自行车制造	Manufacture of Bicycles	92.5	100.1	104.1
船舶及浮动装置制造	Manufacture of Shipping and Floating Devices	98.6	101.0	101.3
电气机械及器材制造业	**Manufacture of Electrical Machinery and Equipment**	**92.5**	**108.3**	**95.1**
电机制造	Manufacture of Electrical Motors	99.5	99.3	98.5
输配电及控制设备制造	Manufacture of Power Distribution and Control Equipment	92.1	100.4	104.1
电线、电缆、光缆及电工器材制造	Manufacture of Wires, Cables,Fiber-optic Cables and Electrical Equipment	76.7	134.2	119.9
电池制造	Manufacture of Electric Cells	102.5	95.2	74.6
家用电力器具制造	Manufacture of Household Electrical Apparatus	97.5	103.3	109.9
非电力家用器具制造	Manufacture of Household Nonelectrical Apparatus		100.0	100.0
照明器具制造	Manufacture of Lighting Devices	95.7	98.8	101.5
通信设备、计算机及其他电子设备制造业	**Manufacture of Communication Equipment,Computers and Other Electronic Equipment**	**98.1**	**99.3**	**100.7**
通信设备制造	Manufacture of Communication Equipment	89.8	95.5	97.4
广播电视设备制造	Manufacture of Communication Broadcasting and TV Equipment	97.9	102.7	103.0
电子计算机制造	Manufacture of Computers	100.1	101.3	99.5
电子器件制造	Manufacture of Electronic Devices	99.3	102.0	107.9
电子元件制造	Manufacture of Electronic Components	98.7	98.1	100.9
家用视听设备制造	Manufacture of Household Audio-visual Equipment	93.8	98.4	96.8
仪器仪表及文化、办公用机械制造业	**Manufacture of Measuring Instruments and Machinery for Cultural Activity and Office Work**	**98.9**	**99.8**	**102.0**
通用仪器仪表制造	Manufacture of General Measuring Instruments and Machinery	100.7	100.1	99.2
专用仪器仪表制造	Manufacture of Special Measuring Instruments and Machinery	100.0	113.2	103.2
钟表与计时仪器制造	Manufacture of Clocks and Timing Equipment			102.1
光学仪器及眼镜制造	Manufacture of Optical Equipment and Glasses	98.6	102.1	105.4
文化、办公用机械制造	Manufacture of Machinery for Cultural Activity and Office Work	93.8	91.4	96.1
工艺品及其他制造业	**Manufacture of Artwork and Other Manufacturing**	**107.8**	**100.8**	**103.4**
工艺美术品制造	Manufacture of Artwork	109.5	100.5	103.8
日用杂品制造	Manufacture of Groceries for Daily Use	98.9	102.7	101.3
废弃资源和废旧材料回收加工业	**Recycling and Processing of Deserted Resources and Waste**	**100.0**	**100.3**	**100.0**
金属废料和碎屑的加工处理	Metal Waste and Fragment Treatment and Processing		100.3	100.0
电力、热力的生产和供应业	**Production and Supply of Electric Power and Heat Power**	**103.4**	**102.2**	**101.9**
电力生产	Production of Electric Power	105.9	101.6	104.5
电力供应	Supply of Electric Power	102.3	102.5	100.8
热力生产和供应	Production and Supply of Heat Power	109.5	105.0	104.3
燃气生产和供应业	**Production and Supply of Gas**	**102.5**	**108.5**	**104.7**
水的生产和供应业	**Production and Supply of Water**	**103.8**	**108.1**	**100.6**
自来水的生产和供应	Production and Supply of Water	103.8	106.3	100.3
污水处理及再生利用	Sewage Treatment and Recycling	100.0	137.2	108.0

8-9 工业生产者购进价格指数

Producer Price Indices for Purchasing Goods

(上年=100) (preceding year=100)

类别	Type	2005	2006	2007	2008	2009	2010	2011
总指数	**General Index**	**110.0**	**108.6**	**107.9**	**114.2**	**90.7**	**111.8**	**112.4**
燃料、动力类	Fuel and Power	112.8	108.7	103.8	113.3	96.3	106.6	108.5
黑色金属材料类	Ferrous Metals	105.3	95.0	110.7	131.1	85.5	108.0	111.3
钢材	Steel	106.9	94.6	106.6	122.3	84.8	105.3	107.4
其他	Others	103.7	95.5	116.3	142.9	86.5	111.4	121.0
有色金属材料和电线类	Nonferrous Metals and Wire	125.7	144.0	118.9	102.1	74.9	135.0	125.1
化工原料类	Raw Chemical Materials	109.0	101.7	106.7	117.9	85.3	111.9	109.2
木材及纸浆类	Timber and Paper Pulp	107.7	106.6	106.2	107.3	97.9	106.6	107.5
建筑材料及非金属矿类	Building Materials and Nonmetal Ores	113.1	108.4	106.0	114.4	103.1	104.5	126.7
其它工业原材料及半成品类	Other Industrial Raw Materials and Semifinished Products	103.6	106.5	108.4	108.6	95.6	108.3	107.5
农副产品类	Agricultural Products	100.6	105.3	105.8	107.3	98.8	119.8	120.2
纺织原料类	Textile Materials	102.4	102.9	102.3	103.6	97.2	112.7	114.0

8-10 固定资产投资价格指数

Price Indices of Investment in Fixed Assets

(上年=100) (preceding year=100)

类别	Type	2005	2006	2007	2008	2009	2010	2011
固定资产投资	**Investment in Fixed Assets**	**100.5**	**103.2**	**105.4**	**108.1**	**96.1**	**104.8**	**108.4**
建筑安装工程	**Construction and Installation**	**99.2**	**103.1**	**106.9**	**110.9**	**93.9**	**105.6**	**112.1**
人工费	Labor Costs	107.6	113.2	109.4	110.7	105.0	106.7	112.8
材料费	Material Costs	97.1	100.3	106.7	111.5	89.9	105.6	112.5
钢材	Steel	96.5	96.2	107.8	116.4	83.5	105.1	111.2
木材	Wood	98.2	101.0	104.3	102.8	101.6	104.3	105.7
水泥	Cement	92.1	100.0	106.9	107.9	97.1	106.5	122.5
地方建筑材料	Local Building Materials	102.2	111.2	104.9	105.7	101.6	106.0	111.7
化工材料	Chemical Materials	105.9	105.0	107.2	103.3	88.1	113.7	106.5
电料	Electric Materials	102.4	120.7	101.2	101.6	106.4	107.7	107.4
其他材料	Other Materials	102.2	100.5	105.6	101.9	105.2	102.3	102.8
机械使用费	Machinery Costs	100.7	105.1	103.7	104.4	103.1	103.2	107.4
设备、工器具购置	**Purchase of Equipment,Tools and Instruments**	**100.3**	**100.9**	**100.5**	**100.5**	**97.4**	**102.0**	**101.6**
其他费用	**Others**	**107.2**	**107.7**	**106.2**	**107.5**	**104.7**	**105.4**	**106.4**

主要统计指标解释

居民消费价格指数 是反映一定时期内城乡居民所购买的生活消费品价格和服务项目价格变动趋势和程度的相对数，是对城市居民消费价格指数和农村居民消费价格指数进行综合汇总计算的结果。该指数可以观察和分析消费品的零售价格和服务项目价格变动对城乡居民实际生活费支出的影响程度。

商品零售价格指数 是反映一定时期内城乡商品零售价格变动趋势和程度的相对数。商品零售价格的变动直接影响到城乡居民的生活支出和国家的财政收入，影响居民购买力和市场供需的平衡，影响到消费与积累的比例关系。因此，该指数可以从一个侧面对上述经济活动进行观察和分析。

工业生产者价格指数 是反映工业产品价格变化趋势和变动幅度的统计指标，是工业企业的产品价格在不同时间和空间条件下平均变动的相对数，包括工业品第一次出售时的出厂价格和企业作为中间投入的原材料、燃料、动力购进价格。该指数是进行国民经济核算和经济管理的重要依据。

固定资产投资价格指数 是反映一定时期内固定资产投资品及项目的价格变动趋势和程度的相对数。固定资产投资额是由建筑安装工程投资完成额、设备工器具购置投资完成额和其他费用投资完成额三部分组成的。编制固定资产投资价格指数应首先分别编制上述三部分投资的价格指数，然后采用加权算术平均法求出固定资产投资价格总指数。

该指数可以准确地反映固定资产投资中涉及的各类投资品和取费项目价格变动趋势和变动幅度，消除按现价计算的固定资产投资指标中的价格变动因素，真实地反映固定资产投资的规模、速度、结构和效益，为国家科学地制定、检查固定资产投资计划并提高宏观调控水平，为完善国民经济核算体系提供科学的、可靠的依据。

Explanatory Notes on Main Statistical Indicators

Consumer Price Indices reflect the trend and degree of changes in prices of consumer goods and services purchased by urban and rural households during a given period. They are obtained by combining the Urban Consumer Price Indices and the Rural Consumer Price Indices. The Indices enable the observation and analysis of the degree of impact of the changes in the prices of retailed goods and services on the actual living expenses of urban and rural residents.

Retail Price Indices reflect the trend and degree of change in retail prices of commodities during a given period. The change in retail prices of commodities directly affect the living expenses of urban and rural residents, government revenue, purchasing power of residents and the equilibrium of market supply and demand, and the ratio of consumption to accumulation. Therefore, the retail price indices are useful from an oblique perspective for observing and analyzing the changes of the above economic activities.

Industry producer price index measures the trend and degree of variance of industry producer price. It is a relative figure of average variance in different time and space, which includes factory price of first sale and intermediate inputs of raw materials, fuel and power. It is a important base of national economic accounting and economic governance.

Price Indices of Investment in Fixed Assets reflect the trend and degree of changes in prices of investment goods and projects in fixed assets during a given period. The investment in fixed assets consists of three components, namely the investment in construction and installation, the investment in purchases of equipment and instrument, and the investment in other items. Price indices of investment in fixed assets are calculated as the weighted arithmetic mean of the price indices of the three components of investment in fixed assets.

Removing the factor of price change in the aggregates of investment at current prices, this indicator shows the changes in the prices of commodities and fees involved in the investment of fixed assets, and can be used to observe the actual size, growth, structure, and efficiency of investment in fixed assets and provides reliable and scientific data for government planning, management, decision-making, and further improving the current national accounting system.

人民生活

PEOPLE'S LIVELIHOOD

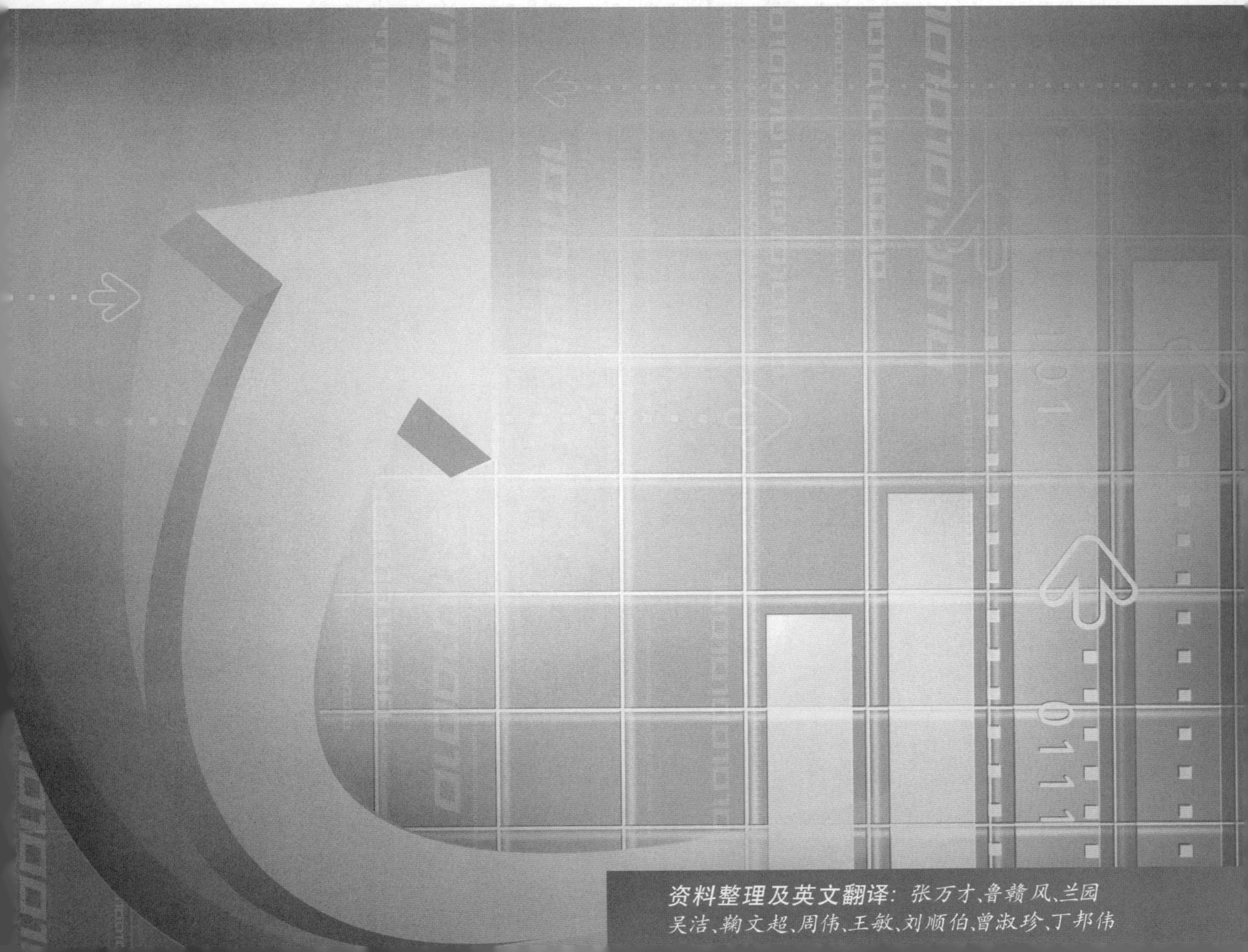

资料整理及英文翻译：张万才、鲁赣风、兰园
吴洁、鞠文超、周伟、王敏、刘顺伯、曾淑珍、丁邦伟

简要说明

一、本篇资料的主要内容

本篇资料反映了全省城镇、农村居民的家庭收支、人口就业、居住、耐用消费品拥有、生产和生活等方面的情况。

二、本篇资料的来源

1. 本篇资料中城镇居民家庭相关资料来源于城镇住户调查年报，由国家统计局江西调查总队城镇住户调查处整理提供。

2. 本篇资料中农民家庭相关资料来源于农村住户调查年报，由国家统计局江西调查总队农村住户调查处整理提供。

Brief Introduction

I. Content

Data in this chapter show the basic conditions of the people's livelihood for the whole province, including income and expenditure of the households, employment, housing condition, consumption and possession of the major consumer goods, etc.

II. Source of Data

(1) Data in this chapter are based on the data collected by the sample survey on urban households and are prepared and provided by the Division of Urban Household Survey of Survey Office of the National Bureau of Statistics in Jiangxi.

(2) Data in this chapter are based on the data collected by the sample survey on rural households and are prepared and provided by the Division of Rural Household Survey of Survey Office of the National Bureau of Statistics in Jiangxi.

9-1 人民物质文化生活情况
People's Material and Cultural Life

指　　标	Item	1978	2000	2005	2010	2011
就　业(人)	**Employment (person)**					
城镇住户每一就业者赡养人数	Number of Dependents per Employee of Urban Household		1.79	1.90	1.87	1.89
农村住户每一劳动力负担人口	Number of Dependents per Laborer of Rural Household	2.50	1.46	1.38	1.35	1.39
收　入(元)	**Income(yuan)**					
职工平均工资	Average Wage of Staff and Workers	552	7014	13688	29092	34055
城镇住户可支配性收入	Disposable Income of Urban Households	305.36	5103.60	8619.72	15481.12	17494.87
农村住户纯收入	Net Income of Rural Households	140.70	2135.30	3265.53	5788.56	6891.63
消　费(亿元)	**Consumption(100 million yuan)**					
国内支出总消费	Total Domestic Consumption Expenditure	56.88	1269.58	2117.30	4496.69	5593.93
居民消费	Resident Consumption		989.20	1642.20	3552.93	4261.66
农村居民消费	Rural Households Consumption		574.63	816.84	1156.53	1443.74
城镇居民消费	Urban Households Consumption		414.57	825.36	2396.40	2817.92
政府消费	Government Consumption Expenditure		280.38	475.10	943.76	1332.27
储　蓄(元)	**Saving(yuan)**					
平均每人储蓄存款年末余额	Per Capita Balance of Saving Deposit at Year-end	13	2997	6385	13746	15917
居　住(平方米)	**Residence(sq.m)**					
城镇住户人均建筑面积	Per Capita Building Space of Urban Households			37.15	38.88	39.39
农村住户人均居住面积	Per Capita Living Space of Rural Households		27.79	34.10	40.26	46.82
交通、通讯	**Traffic and Communication**					
城镇住户每百户摩托车拥有量(辆)	Number of Motor Cycles per 100 Urban Households(unit)		12.96	24.38	20.77	19.38
城镇住户每百户汽车拥有量(辆)	Number of Automobiles per 100 Urban Households(unit)		0.39	0.73	5.31	8.88
城镇居民每百户拥有移动电话(台)	Number of Mobile Telephones per 100 Urban Households(set)		14.37	136.26	181.18	200.46
农村住户每百户自行车拥有量(辆)	Number of Bicycles per 100 Rural Households (unit)		116.12	96.90	84.86	60.78
农村住户每百户摩托车拥有量(辆)	Number of Motor Cycles per 100 Rural Households(unit)		17.47	43.39	60.49	67.88
农村住户每百户拥有移动电话(台)	Number of Mobile Telephones per 100 Rural Households(set)		1.43	64.82	140.98	189.43
教　育	**Education**					
每万人中有普通高等学校在校学生(人)	Students Enrollment of Regular Higher Education Institutions per 10000 Population(person)	6.86	35.29	152.15	187.75	187.86
每万人中有中等学校在校学生(人)	Students Enrollment of Secondary Schools per 10000 Population(person)	540.69	702.41	809.75	787.68	780.82
每万人中有小学在校学生(人)	Students Enrollment of Primary Schools per 10000 Population(person)	1614.20	1018.85	891.0.6	954.72	967.04
学龄儿童入学率(%)	Enrollment Rate of School-Age Children(%)	94.15	99.58	99.01	99.93	99.76
卫　生	**Health**					
每万人中有卫生技术人员(人)	Number of Medical Technical Personnels per 10000 Population(person)	22.1	29.7	26.9	34.7	37.0
#医生	Doctors	9.6	13.1	11.5	13.3	14.0
每万人中有病床数(张)	Number of Hospital Beds per 10000 Population (bed)	22.7	21.9	19.7	28.7	30.4
#医院卫生院	Hospital Beds	20.5	20.1	18.5	23.1	29.5
文　化(台/套)	**Culture(set)**					
城镇住户每百户拥有彩色电视机	Number of Color TV per 100 Urban Households		106.01	139.31	148.00	155.52
城镇住户每百户拥有照相机	Number of Cameras per 100 Urban Households		25.48	37.35	33.82	35.98
城镇住户每百户拥有组合音响	Number of Hi-Fi Stereo Component Players per 100 Urban Households		16.00	24.64	27.82	21.50
城镇住户每百户拥有家用电脑	Number of Computers per 100 Urban Households		4.56	32.03	59.91	73.87
农村住户每百户拥有彩色电视机	Number of Color TV per 100 Rural Households		30.16	82.33	106.86	116.98
农村住户每百户拥有照相机	Number of Cameras per 100 Rural Households		2.08	1.84	2.69	2.49

9-2 居民消费水平

Household Consumption Expenditure

本表绝对数按当年价格计算，指数按可比价格计算.

Level in this table are calculated at current prices,while indices are calculated at constant prices

年份 Year	绝对数(元) Level(yuan)			指数(上年=100) Index(Preceding Year=100)			指数(1978=100) Index(year of 1978=100)		
	全体居民 All Households	农村居民 Rural Household	城镇居民 Urban Household	全体居民 All Households	农村居民 Rural Household	城镇居民 Urban Household	全体居民 All Households	农村居民 Rural Household	城镇居民 Urban Household
1978	181	161	281	115.7	115.7	109.7	100.0	100.0	100.0
1979	203	179	323	110.7	109.7	113.4	110.7	109.7	113.4
1980	211	183	340	99.7	98.0	101.0	110.4	107.5	114.5
1981	230	194	394	104.1	101.3	110.8	114.9	108.9	126.9
1982	266	235	403	112.4	117.7	99.5	129.1	128.2	126.3
1983	282	253	410	104.5	106.1	100.3	134.9	136.0	126.7
1984	311	279	448	107.6	107.6	106.6	145.2	146.3	135.1
1985	367	327	535	108.7	107.9	109.7	157.8	157.9	148.2
1986	395	346	590	101.6	101.0	101.6	160.3	159.5	150.6
1987	427	365	675	103.7	101.7	107.0	166.2	162.2	161.1
1988	506	421	842	104.7	101.7	111.7	174.0	165.0	179.9
1989	580	480	971	100.0	101.6	96.5	174.0	167.6	173.6
1990	666	577	1017	104.5	104.8	103.6	181.8	175.6	179.8
1991	706	605	1105	103.6	103.2	104.6	188.3	181.2	188.1
1992	770	634	1295	106.7	105.1	110.0	200.9	190.4	206.9
1993	887	712	1566	105.9	105.0	107.8	212.8	199.9	223.0
1994	1182	923	2165	105.8	105.2	106.3	225.1	210.3	237.0
1995	1559	1266	2632	106.8	107.6	104.2	240.4	226.3	247.0
1996	1857	1553	2942	112.2	115.7	104.4	269.7	261.8	257.9
1997	1930	1569	3200	104.4	103.1	106.7	281.6	269.9	275.2
1998	1973	1599	3267	101.6	101.4	101.7	286.1	273.7	279.9
1999	2056	1637	3482	104.4	103.9	105.0	298.7	284.4	293.9
2000	2396	1793	4488	116.6	114.9	117.2	348.3	326.8	344.5
2001	2500	1801	4845	104.8	101.2	108.0	365.0	330.7	372.1
2002	2651	1879	5138	106.0	104.3	106.0	386.9	344.9	394.4
2003	2739	1964	5127	102.9	104.0	99.6	392.5	353.6	387.3
2004	3353	2342	6300	111.6	109.8	110.8	438.0	388.3	429.1
2005	3821	2576	7329	109.6	108.1	109.5	480.0	419.8	469.9
2006	4117	2810	7738	125.0	120.1	129.2	600.0	504.2	607.1
2007	4676	3061	9105	108.4	105.9	110.3	650.4	533.9	669.6
2008	5805	3184	9642	114.8	105.4	93.4	746.7	562.7	625.4
2009	6212	3560	9833	112.3	113.4	108.9	838.5	638.1	681.1
2010	7989	4613	12353	111.9	114.8	108.3	938.3	732.5	737.6
2011	9523	5853	14029	111.6	115.3	108.0	1047.1	844.6	796.6

9-3 各地区居民消费水平（2011年）
Household Consumption Expenditure by Region (2011)

地区	Region	绝对数(元) Level(yuan)			指数(上年=100) Index(preceding year=100)		
		全体居民 All Households	农村居民 Rural Household	城镇居民 Urban Household	全体居民 All Households	农村居民 Rural Household	城镇居民 Urban Household
南昌市	Nanchang	24975	15172	36351	118.6	119.5	118.7
景德镇市	Jingdezhen	13489	10022	16072	107.7	106.5	107.5
萍乡市	Pingxiang	9660	5362	19204	118.1	116.6	120.2
九江市	Jiujiang	8925	5093	13729	118.1	119.5	114.3
新余市	Xinyu	12326	6288	15784	104.9	119.4	99.9
鹰潭市	Yingtan	9512	5819	13445	98.9	113.8	97.1
赣州市	Ganzhou	5912	4563	8075	101.2	101.5	100.3
吉安市	Ji'an	6329	4517	12324	111.9	111.8	111.9
宜春市	Yichun	7866	6978	10860	119.0	119.4	111.2
抚州市	Fuzhou	5177	4202	6715	115.6	130.8	82.2
上饶市	Shangrao	6195	4538	12213	119.4	132.2	105.5

9-4 各地区储蓄存款年末余额（2011年）
Balance of Savings Depositat at Year-end by Region (2011)

单位：万元 (10000 yuan)

地区	Region	年末余额 Balance	比年初 Over Beginning of Year	比年初增长(%) Growth Rate (%)
全省	**Provincial Total**	**71235286**	**10125492**	**16.6**
南昌市	Nanchang	16039632	1881640	13.3
景德镇市	Jingdezhen	2929933	444004	17.9
萍乡市	Pingxiang	2734983	366329	15.5
九江市	Jiujiang	6801544	997861	17.2
新余市	Xinyu	2669960	255664	10.6
鹰潭市	Yingtan	1921585	210851	12.3
赣州市	Ganzhou	11003770	1927426	21.2
吉安市	Ji'an	6826598	1093365	19.1
宜春市	Yichun	7486371	1032553	16.0
抚州市	Fuzhou	5219783	856753	19.6
上饶市	Shangrao	7593201	1055128	16.1

9-5 城镇住户基本情况

Basic Condition of Urban Households

年份 地区 Year Region	调查户数(户) Number of Households Surveyed (houshold)	家庭人口数(人) Household Size (person)	就业人口(人) Employed Population (person)	平均每户人口数(人) Average Household Size (person)	平均每户就业人口数(人) Average Number of Employed Persons per Household (person)	平均每户就业面(%) Proportion of Employment per Household (%)
1986	1000	4024.36	2154.74	4.02	2.15	53.48
1987	1000	3982.45	2143.89	3.98	2.14	53.83
1988	1280	4755.00	2554.70	3.72	2.00	53.72
1989	1280	4668.66	2556.73	3.65	2.00	54.72
1990	1280	4612.26	2525.10	3.60	1.97	54.75
1991	1280	4533.51	2507.11	3.54	1.96	55.30
1992	1280	4419.19	2479.57	3.45	1.94	56.11
1993	1280	4317.27	2457.96	3.37	1.92	56.93
1994	1180	3870.41	2245.89	3.28	1.90	58.03
1995	1180	3777.63	2224.19	3.20	1.88	58.88
1996	1180	3757.83	2221.32	3.18	1.88	59.12
1997	1180	3693.40	2242.00	3.13	1.90	60.70
1998	1180	3631.62	2210.20	3.08	1.87	60.86
1999	1314	4023.70	2385.53	3.06	1.82	59.29
2000	1280	3943.31	2205.98	3.08	1.72	55.94
2001	1280	3892.75	2151.10	3.04	1.68	55.26
2002	1280	3801.60	2048.00	2.97	1.60	53.87
2003	1280	3801.60	2035.20	2.97	1.59	53.54
2004	1280	3724.80	1996.80	2.91	1.56	53.61
2005	1280	3699.20	1945.60	2.89	1.52	52.60
2006	1280	3660.80	1958.40	2.86	1.53	53.50
2007	1280	3648.00	2022.40	2.85	1.58	55.44
2008	1280	3712.00	2060.80	2.90	1.61	55.52
2009	1280	3686.40	2009.60	2.88	1.57	54.51
2010	1230	3493.20	1869.60	2.84	1.52	53.52
2011	1230	3530.10	1869.60	2.87	1.52	52.96
南昌市 Nanchang	300			2.79	1.50	53.76
景德镇市 Jingdezhen	100			2.71	1.49	54.98
萍乡市 Pingxiang	50			3.16	1.75	55.38
九江市 Jiujiang	100			2.72	1.75	64.34
新余市 Xinyu	50			2.90	1.74	60.00
鹰潭市 Yingtan	50			2.88	1.33	46.18
赣州市 Ganzhou	100			2.96	1.57	53.04
吉安市 Ji'an	50			2.69	1.50	55.76
宜春市 Yichun	50			2.66	1.16	43.61
抚州市 Fuzhou	50			2.72	1.38	50.74
上饶市 Shangrao	50			2.94	1.48	50.34
井冈山市 Jinggangshan	30			2.87	1.71	59.58
瑞昌市 Ruichang	50			3.24	1.64	50.62
信丰县 Xinfeng	50			3.49	1.79	51.29
泰和县 Taihe	50			2.71	1.41	52.03
上高县 Shanggao	50			3.10	1.51	48.71
铅山县 Yanshan	50			2.97	1.44	48.48

9-5 续表 continued

年 份 地 区 Year Region	平均每一就业者赡养人数(人) Number of Dependents per Employee (person)	平均每人每年总收入(元) Per Capita Total Annual Income (yuan)	平均每人每年可支配收入(元) Per Capita Annual Disposable Income (yuan)	可支配收入指数 Index of Disposable Income 以上年为100 (preceding year=100)	以1978年为100 (year of 1978=100)	平均每人每年消费性支出(元) Per Capita Annual Consumption Expenditure (yuan)
1986	1.87	744.12	729.84	118.0	171.9	630.96
1987	1.86	808.20	791.88	100.6	172.9	703.20
1988	1.83	965.16	937.80	95.7	165.5	876.48
1989	1.83	1116.84	1081.92	98.4	161.2	977.88
1990	1.83	1224.48	1187.88	107.5	173.3	983.76
1991	1.81	1327.32	1295.40	104.5	181.0	1110.24
1992	1.78	1589.28	1584.96	113.8	206.0	1275.96
1993	1.76	1986.72	1984.80	108.1	222.8	1585.68
1994	1.72	2778.96	2776.80	110.2	245.6	2201.04
1995	1.70	3380.88	3376.56	104.0	255.5	2712.48
1996	1.69	3782.28	3780.24	103.6	264.6	2942.16
1997	1.65	4090.68	4071.36	104.6	276.7	3199.56
1998	1.64	4274.28	4251.48	103.4	286.0	3266.76
1999	1.69	4746.24	4720.56	112.0	320.3	3482.28
2000	1.79	5129.52	5103.60	105.9	339.2	3623.52
2001	1.81	5545.68	5506.08	108.1	366.7	3894.48
2002	1.86	6521.28	6335.64	114.8	421.0	4549.32
2003	1.87	7153.68	6901.44	108.0	454.7	4914.60
2004	1.87	7876.68	7559.64	106.0	482.0	5337.84
2005	1.90	9042.48	8619.72	112.3	541.3	6109.44
2006	1.87	10014.61	9551.12	110.0	595.4	6645.54
2007	1.80	11754.16	11221.87	112.5	669.8	7810.73
2008	1.80	13463.58	12866.44	108.3	725.4	8717.37
2009	1.83	15047.19	14021.54	109.6	795.0	9739.99
2010	1.87	16558.01	15481.12	107.3	853.0	10618.69
2011	1.89	18656.52	17494.87	107.5	917.0	11747.21
南昌市 Nanchang	1.86	22287.67	20741.21			15234.23
景德镇市 Jingdezhen	1.82	19728.62	18964.35			12683.49
萍乡市 Pingxiang	1.81	20441.01	18646.33			12930.76
九江市 Jiujiang	1.55	19065.78	17910.76			11816.63
新余市 Xinyu	1.67	21388.64	19719.19			13610.17
鹰潭市 Yingtan	2.17	18806.19	17517.84			11136.37
赣州市 Ganzhou	1.89	17373.29	16057.71			11609.42
吉安市 Ji'an	1.79	18657.74	17692.32			11559.78
宜春市 Yichun	2.29	17395.59	16431.44			11764.71
抚州市 Fuzhou	1.97	17550.74	16633.40			10155.19
上饶市 Shangrao	1.99	18643.73	17698.14			10559.01
井冈山市 Jinggangshan	1.68	18005.91	17110.53			9725.95
瑞昌市 Ruichang	1.98	13223.53	12833.83			8551.21
信丰县 Xinfeng	1.95	16160.22	15255.99			9485.73
泰和县 Taihe	1.92	16136.42	15404.51			7961.35
上高县 Shanggao	2.05	15057.38	14088.12			9476.63
铅山县 Yanshan	2.06	14712.16	13946.89			9130.14

注：可支配收入指数均按可比价计算，2002年之后人均每年实际收入指标为人均每年家庭总收入。后同。

a) Disposable Income indices are calculated by constant price.Per Capita Total Annual Income after 2002 refers to total Income of household. The same applies to the tables following.

9-6 城镇住户分组基本情况（2011年）

Basic Condition of Urban Households by Level of Income (2011)

指标	Item	合计 Total	最低收入户 Lowest Income Households	#更低收入户 Poor Households
调查户数(户)	Number of Households Surveyed (household)	1230	122	62
平均每户家庭人口数(人)	Average Household Size (person)	2.87	3.42	3.44
平均每户有收入人口数(人)	Average Number of Persons with Income per Household (person)	2.09	1.74	1.60
平均每户就业人口数(人)	Average Number of Employed Persons per Household (person)	1.52	1.37	1.27
平均每户就业面(%)	Proportion of Employment per Household (%)	52.96	40.06	36.92
平均每一就业者赡养人数(含就业者本人)(人)	Number of Dependents per Employee (including the employee himself or herself)(person)	1.89	2.50	2.71
平均每人每年家庭总收入(元)	Per Capita Annual Total Income (yuan)	18657	7633	6563
平均每人每年可支配收入(元)	Per Capita Annual Disposable Income (yuan)	17495	6882	5488
平均每人每年消费性支出(元)	Per Capita Annual Consumption Expenditure (yuan)	11747	5856	5337

9-6 续表1 continued

指标	Item	低收入户 Low Income Households	中等偏下收入户 Lower Middle Income Households	中等收入户 Middle Income Households
调查户数(户)	Number of Households Surveyed (household)	123	246	249
平均每户家庭人口数(人)	Average Household Size (person)	3.22	3.04	2.82
平均每户有收入人口数(人)	Average Number of Persons with Income per Household (person)	1.95	2.08	2.17
平均每户就业人口数(人)	Average Number of Employed Persons per Household (person)	1.49	1.61	1.45
平均每户就业面(%)	Proportion of Employment per Household (%)	46.27	52.96	51.42
平均每一就业者赡养人数(含就业者本人)(人)	Number of Dependents per Employee (including the employee himself or herself)(person)	2.16	1.89	1.94
平均每人每年家庭总收入(元)	Per Capita Annual Total Income (yuan)	10464	13503	17413
平均每人每年可支配收入(元)	Per Capita Annual Disposable Income (yuan)	9918	12624	16362
平均每人每年消费性支出(元)	Per Capita Annual Consumption Expenditure (yuan)	7703	9156	11063

9-6 续表2 continued

指标	Item	中等偏上收入户 Upper Middle Households	高收入户 High Income Households	最高收入户 Highest Income Households
调查户数(户)	Number of Households Surveyed(household)	245	124	121
平均每户家庭人口数(人)	Average Household Size(person)	2.68	2.55	2.36
平均每户有收入人口数(人)	Average Number of Persons with Income per Household(person)	2.18	2.18	2.16
平均每户就业人口数(人)	Average Number of Employed Persons per Household(person)	1.41	1.63	1.78
平均每户就业面(%)	Proportion of Employment per Household(%)	52.61	63.92	75.42
平均每一就业者赡养人数(含就业者本人)(人)	Number of Dependents per Employee(including the employee himself or herself)(person)	1.90	1.56	1.33
平均每人每年家庭总收入(元)	Per Capita Annual Total Income(yuan)	22186	28972	45871
平均每人每年可支配收入(元)	Per Capita Annual Disposable Income(yuan)	20875	27288	42996
平均每人每年消费性支出(元)	Per Capita Annual Consumption Expenditure (yuan)	13159	16763	27133

9-7 城镇住户平均每人每年现金收支

Per Capital Annual Cash Income and Expenditure of Urban Households

单位：元 (yuan)

指　标	Item	2010	2011
家庭总收入	**Total Income of Households**	**16558.01**	**18656.52**
#可支配收入	Disposable Income	15481.12	17494.87
工资性收入	Income of Wages and Salaries	10613.83	11654.36
#工资及补贴收入	Wages and Subsidies	10434.46	11552.87
其它劳动收入	Other Income	179.37	101.49
经营净收入	Net Business Income	1266.21	1721.84
财产性收入	Income from Property	344.77	471.73
转移性收入	Income from Transfers	4333.20	4808.59
#养老金或离退休金	Pension or Retirement Annuities	3281.38	3658.53
赡养收入	Alimony Income	287.01	312.41
捐赠收入	Donated Income	373.47	488.34
出售财物收入	**Income from Properties Sale**	**160.32**	**77.74**
借贷收入	**Loan Income**	**4439.01**	**4916.00**
#提取储蓄存款	Withdrawal of Savings Deposits	4310.42	4788.47
借入款	Borrowed Money	55.49	35.81
住房贷款	Loans for Housing	37.45	36.51
家庭总支出	**Total Expenditure of Households**	**13922.69**	**15153.33**
#消费性支出	Consumption Expenditure	10618.69	11747.21
购房建房支出	Expenditure for Housing Purchase and Building	555.09	457.69
个人所得税	Individual Income Tax	31.03	28.95
捐赠支出	Contribution Expenditure	1205.35	1215.32
赡养支出	Alimony Expenditure	417.88	485.28
借贷支出	**Expenditure for Lending**	**6923.65**	**7876.25**
#存入储蓄款	Money Deposited in Bank	6462.79	7526.69
借出款	Lending Money	23.96	21.99
归还借款	Money Returned to the Borrower	60.30	21.15
归还住房贷款	Housing Loan Returned	222.70	164.83

9-8 城镇住户平均每人每年现金收支（2011年）

单位：元

指　　标	Item	合　计 Total	最　低 收入户 Lowest Income Households	#更　低 收入户 Poor Households
家庭总收入	**Total Income of Households**	**18656.52**	**7632.53**	**6563.45**
#可支配收入	Disposable Income	17494.87	6881.68	5487.83
工资性收入	Income of Wages and Salaries	11654.36	4898.25	4234.73
#工资及补贴收入	Wages and Subsidies	11552.87	4781.93	4077.66
其它劳动收入	Other Income	101.49	116.32	157.07
经营净收入	Net Business Income	1721.84	788.32	823.71
财产性收入	Income from Property	471.73	132.55	159.58
转移性收入	Income from Transfers	4808.59	1813.41	1345.43
#养老金或离退休金	Pension or Retirement Annuities	3658.53	909.29	373.68
赡养收入	Alimony Income	312.41	129.59	114.70
捐赠收入	Donated Income	488.34	165.59	117.93
出售财物收入	**Income from Properties Sale**	**77.74**	**2.84**	**1.49**
借贷收入	**Loan Income**	**4916.00**	**1617.64**	**1874.28**
#提取储蓄存款	Withdrawal of Savings Deposits	4788.47	1412.65	1575.67
借入款	Borrowed Money	35.81	165.25	298.61
住房贷款	Loans for Housing	36.51		
家庭总支出	**Total Expenditure of Households**	**15153.33**	**7348.43**	**6949.35**
#消费性支出	Consumption Expenditure	11747.21	5855.91	5336.63
购房建房支出	Expenditure for Housing Purchase and Building	457.69		
个人所得税	Individual Income Tax	28.95	2.36	4.67
捐赠支出	Contribution Expenditure	1215.32	416.99	329.61
赡养支出	Alimony Expenditure	485.28	390.13	282.79
借贷支出	**Expenditure for Lending**	**7876.25**	**1438.63**	**1068.76**
#存入储蓄款	Money Deposited in Bank	7526.69	1404.42	1055.46
借出款	Lending Money	21.99		
归还借款	Money Returned to the Borrower	21.15		
归还住房贷款	Housing Loan Returned	164.83		

Per Capital Annual Cash Income and Expenditure of Urban Households (2011)

(yuan)

低 收 入 户 Low Income Households	中 等 偏下户 Lower Middle Income Households	中 等 收入户 Middle Income Households	中 等 偏上户 Upper Middle Income Households	高 收 入 户 High Income Households	最 高 收入户 Highest Income Households
10464.04	**13503.44**	**17412.95**	**22185.78**	**28972.42**	**45871.29**
9918.26	12624.41	16362.21	20875.24	27288.14	42996.10
6468.96	9279.96	11088.95	12163.34	17301.78	30707.40
6443.97	9196.01	10902.22	12138.96	17199.34	30499.39
24.99	83.95	186.73	24.38	102.44	208.02
1301.00	934.01	866.89	2616.35	3866.97	3581.02
68.67	171.15	222.98	509.72	675.85	2818.16
2625.40	3118.31	5234.12	6896.37	7127.81	8764.70
2039.35	2241.54	4432.68	5875.81	5297.54	5153.59
128.15	345.09	215.68	310.18	840.88	415.13
144.01	245.64	323.88	402.32	649.47	2685.13
10.54	**3.59**	**2.55**	**23.11**	**409.84**	**441.86**
2255.50	**2703.08**	**4476.81**	**5167.41**	**6690.89**	**19053.50**
2246.83	2648.42	4369.66	5128.10	6259.63	18759.42
7.05	28.93	8.32	24.70	28.83	
				398.60	
8879.95	**11099.69**	**13398.05**	**16805.07**	**22186.83**	**41037.81**
7703.33	9155.69	11062.81	13158.77	16763.00	27133.26
	37.77		16.30	770.62	5017.14
0.80	6.11	6.37	24.96	53.29	220.58
498.51	778.92	1016.57	1731.71	1858.39	3333.83
172.21	189.35	272.68	468.88	949.95	2004.81
3132.19	**4454.21**	**7922.32**	**9852.75**	**13137.61**	**23977.73**
3038.65	4216.31	7634.32	9361.75	12703.47	22691.35
2.23	20.08	11.87	44.06	4.66	87.42
2.10	16.42	61.53	6.58	0.30	52.44
24.46	139.03	124.80	176.29	305.81	627.31

9-9 城镇住户平均每人每年消费性支出（2011年）

单位：元

类别	Type	合计 Total	最低收入户 Lowest Income Households	#更低收入户 Poor Households
消费性支出	**Consumption Expenditure**	**11747.21**	**5855.91**	**5336.63**
食品	Food	4675.16	2994.58	2743.48
#粮食	Grain	718.74	549.54	529.07
油脂类	Oil or Fat	191.16	153.23	143.97
肉禽及其制品类	Meat,Poultry and Related Products	1107.29	728.22	712.80
蛋类	Eggs	104.28	71.16	68.31
水产品类	Aquatic Products	260.95	162.25	155.35
蔬菜类	Vegetables	580.69	433.36	416.65
干鲜瓜果类	Dried and Fresh Melons and Fruits	392.04	239.78	235.96
奶及奶制品	Milk and Dairy Products	205.83	128.71	115.90
在外饮食	Outward Dinner	659.42	289.39	141.04
衣着	Clothing	1272.88	464.88	352.26
居住	Residence	1114.49	612.59	622.62
家庭设备用品及服务	Household Appliances and Services	914.88	323.61	293.98
#耐用消费品	Durable Consumer Goods	379.17	100.66	78.49
医疗保健	Health Care and Medical Services	641.23	357.33	345.26
交通和通信	Transport and Communications	1310.21	356.51	276.49
#交通	Transport	763.55	117.07	63.56
通信	Communications	546.66	239.44	212.93
教育文化娱乐服务	Education, Cultural and Recreation Services	1429.30	632.05	601.94
#文化娱乐用品	Cultural and Recreational Articles	317.87	101.04	94.23
文化娱乐服务	Education, Cultural and Recreation Services	500.74	137.57	136.91
教育	Education	610.69	393.44	370.79
其他商品和服务	Other Goods and Services	389.06	114.36	100.61

Per Capitia Consumption Expenditure of Urban Households (2011)

(yuan)

低收入户 Low Income Households	中等偏下户 Lower Middle Income Households	中等收入户 Middle Income Households	中等偏上户 Upper Middle Income Households	高收入户 High Income Households	最高收入户 Highest Income Households
7703.33	**9155.69**	**11062.81**	**13158.77**	**16763.00**	**27133.26**
3509.74	4170.10	4751.93	5136.73	5884.25	7818.86
607.37	649.81	766.07	793.02	822.43	926.53
160.02	173.66	199.92	210.99	222.56	240.28
913.55	1000.49	1181.68	1251.12	1332.57	1498.23
82.55	93.79	110.97	116.63	126.92	145.53
211.72	231.51	275.59	292.55	337.96	369.97
479.53	532.00	610.22	633.04	663.24	806.44
286.29	353.46	393.44	441.18	531.51	616.81
157.06	189.14	203.88	240.74	265.20	300.35
316.65	519.68	545.86	658.37	971.22	2108.46
736.71	996.54	1241.11	1368.66	2060.44	3082.08
915.28	783.14	1049.78	1140.89	1420.22	2911.84
482.28	663.97	792.73	990.68	1417.47	2778.53
156.71	249.52	274.46	400.14	562.91	1544.62
428.72	523.46	639.34	743.25	953.84	1137.24
543.40	715.62	987.22	1701.70	2082.42	4686.34
203.04	284.18	473.15	1022.90	1226.66	3611.10
340.37	431.44	514.06	678.80	855.76	1075.24
902.86	1091.97	1285.67	1678.18	2323.84	3170.72
163.85	228.89	294.02	373.39	533.53	823.69
181.42	322.46	388.34	677.01	938.66	1420.48
557.59	540.62	603.31	627.78	851.66	926.55
184.33	210.90	315.04	398.67	620.53	1547.66

9-10 城镇住户平均每人每年消费性支出和构成

Per Capitia Consumption Expenditure and Expenditure Percentage of Urban Households

类别	Type	消费性支出（元） Consumption Expenditure(yuan)		构成（%） Percentage (%)	
		2010	2011	2010	2011
消费性支出	**Consumption Expenditure**	**10618.69**	**11747.21**	**100.00**	**100.00**
食品	Food	4195.38	4675.16	39.51	39.80
#粮食	Grain	353.11	408.64	3.33	3.48
油脂类	Oil or Fat	164.49	191.16	1.55	1.63
肉禽及其制品类	Meat,Poultry and Related Products	916.40	1107.29	8.63	9.43
蛋类	Eggs	89.11	104.28	0.84	0.89
水产品类	Aquatic Products	254.69	260.95	2.40	2.22
蔬菜类	Vegetables	581.89	580.69	5.48	4.94
干鲜瓜果类	Dried and Fresh Melons and Fruits	345.92	392.04	3.26	3.34
奶及奶制品	Milk and Dairy Products	171.04	205.83	1.61	1.75
在外饮食	Outward Dinner	589.09	659.42	5.55	5.61
衣着	Clothing	1138.84	1272.88	10.72	10.84
居住	Residence	1109.82	1114.49	10.45	9.49
家庭设备用品及服务	Household Appliances and Services	854.60	914.88	8.05	7.79
#耐用消费品	Durable Consumer Goods	410.08	379.17	3.86	3.23
医疗保健	Health Care and Medical Services	524.22	641.23	4.94	5.46
交通和通信	Transport and Communications	1270.28	1310.21	11.96	11.15
#交通	Transport	733.03	763.55	6.90	6.50
通信	Communications	537.25	546.66	5.06	4.65
教育文化娱乐服务	Education, Cultural and Recreation Services	1179.89	1429.30	11.11	12.17
#文化娱乐用品	Cultural and Recreational Articles	278.67	317.87	2.62	2.71
文化娱乐服务	Education, Cultural and Recreation Services	427.41	500.74	4.03	4.26
教育	Education	473.81	610.69	4.46	5.20
其他商品和服务	Other Goods and Services	345.66	389.06	3.26	3.31

9-11 城镇住户平均每百户主要消费品年末拥有量

Ownership of Major Consumer Good Per 100 Urban Households at Year-end

品　　名	Item	2005	2010	2011
摩托车(辆)	Motorcycle(set)	24.38	20.77	19.38
家用汽车(辆)	Family Car(unit)	0.73	5.31	8.88
洗衣机(台)	Washing Machine(unit)	95.29	93.84	93.73
电冰箱(台)	Refrigerator(unit)	90.66	96.57	94.59
彩色电视机(台)	Color Television Set(unit)	139.31	148.00	155.52
家用电脑(台)	Computer(unit)	32.03	59.91	73.87
组合音响(套)	Hi-Fi Stereo Component System(set)	24.64	27.82	21.50
摄像机(架)	Pickup Camera(unit)	2.35	4.45	5.96
照相机(架)	Camera(unit)	37.35	33.82	35.98
中高档乐器(件)	Medium and High Grade Musical Instruments(piece)	8.67	6.70	5.13
微波炉(台)	Microwave Oven(unit)	38.93	55.86	55.04
空调器(台)	Air Conditioner(unit)	72.41	107.67	124.57
淋浴热水器(台)	Shower Heater(unit)	81.77	92.28	95.50
健身器材(套)	Body Building Equipment(piece)	1.77	3.17	2.14
移动电话(部)	Mobile Telephone(unit)	136.26	181.18	200.46

9-12 农村居民家庭基本情况

Basic Statistics on Rural Households

年 份 Year	平均每户常住人口（人） Average Permanent Population Per Household (person)	平均每户整半劳动力（人） Average Number of Full Semi Labour Force Per Household (person)	平均每个劳动力负担人口（人） Average Number of Dependents Per Laborer Force (person)	平均每人纯收入（元） Per Capita Average Net Income (yuan)	平均每人住房面积（平方米） Per Capita Floor Space of Residential Buildings (sq.m)
1978	5.68	2.77	2.50	140.7	
1979	5.67	2.26	2.50	156.5	
1980	5.91	2.5	2.36	181.24	9.09
1981	6.06	2.78	2.18	226.87	10.05
1982	5.97	2.63	2.27	269.71	11.57
1983	5.92	2.9	2.04	301.76	13.92
1984	5.94	3.02	1.97	334.11	15.55
1985	5.79	3.09	1.87	377.31	16.20
1986	5.72	3.04	1.88	395.63	17.50
1987	5.61	3.02	1.85	429.29	18.47
1988	5.48	3.01	1.82	488.16	19.35
1989	5.38	3.02	1.78	558.64	19.94
1990	5.28	3.00	1.76	669.90	20.58
1991	5.09	2.92	1.74	702.53	20.08
1992	5.01	2.94	1.70	768.41	20.70
1993	4.92	3.02	1.63	869.81	22.91
1994	4.86	3.10	1.57	1218.19	21.61
1995	4.79	3.12	1.54	1537.36	22.70
1996	4.71	3.02	1.56	1869.63	24.00
1997	4.61	3.00	1.54	2107.28	24.33
1998	4.56	2.99	1.52	2048.00	25.31
1999	4.50	2.99	1.50	2129.45	26.90
2000	4.44	3.03	1.46	2135.30	27.79
2001	4.43	3.01	1.47	2231.60	28.25
2002	4.39	3.01	1.46	2334.20	29.24
2003	4.36	3.05	1.43	2457.53	30.55
2004	4.33	3.08	1.41	2952.56	31.35
2005	4.34	3.14	1.38	3265.53	34.10
2006	4.30	3.15	1.37	3584.72	35.91
2007	4.29	3.17	1.35	4097.82	36.78
2008	4.29	3.16	1.36	4697.19	37.56
2009	4.29	3.17	1.35	5075.01	39.53
2010	4.29	3.18	1.35	5788.56	40.26
2011	4.25	3.06	1.39	6891.63	46.82

9-13 平均每百户农民家庭主要生产用固定资产拥有量
Ownership of Major Fixed Assets for Production Per 100 Rural Households

指标	Item	2005	2010	2011
生产性固定资产原值（元）	**Productive Original Value of Fixed Assets (yuan)**	**461347**	**625712**	**941280**
农　业	Farming	247120	328301	438403
林　业	Forestry	675	1152	1235
牧　业	Animal Husbandry	96014	118505	171820
渔　业	Fishing	506	2844	3641
采矿业	Mining	1024	1469	1937
制造业	Manufacturing	18556	28298	31423
电力煤气与水的生产及供应	Production and Supply of Electric Power and Heat Power	3576	2024	1222
建筑业	Construction	1989	6801	32513
交通运输业、仓储和邮政业	Traffic, Transport, Storage and Post	64341	86620	175309
批发和零售贸易业	Wholesale and Retail Trade	18835	24793	38554
住宿和餐饮业	Hotels and Catering Services	1759	1266	8011
居民服务与其他服务业	Services to Households and Other Services	4673	14351	19771
教　育	Education	408	653	1077
卫生、社会保障和福利业	Health, Social Security and Social Welfare	686	4449	10147
文化、体育和娱乐业	Culture, Sports and Entertainment	45	598	906
其　他	Others	1140	3588	5311
主要生产性固定资产数量	**Amount of Major Productive Fixed Assets**			
房屋及建筑物（平方米）	Housing and Building (aq.m)	3074.61	3043.84	2805.39
汽　车（辆）	Automobile (unit)	0.97	2.02	2.67
大中型拖拉机（台）	Large and Medium Tractor (unit)	0.12	0.53	0.90
小型和手扶拖拉机（台）	Small and Walking Tractor (unit)	2.39	5.24	9.22
机动脱粒机（台）	Motorized Thresher (unit)	21.16	27.79	24.12
收割机（台）	Harvester (unit)	1.15	0.63	1.53
农用动力机械（台）	Farm Power Plant (unit)	13.89	20.34	24.58
胶轮大车（架）	Cart with Rubber Tires (unit)	8.08	10.12	13.10
水　泵（台）	Pump (unit)	16.21	23.29	25.71
役　畜（头）	Draught Animal (head)	41.26	30.83	24.33
产品畜（头）	Commodity Animal (head)	18.84	11.10	23.63

9-14 农村住户人口与就业情况

Population and Employment of Rural Households

单位：人 (person)

指标	Item	2005	2010	2011
农村住户人口状况	**Population of Rural Households**			
家庭常住人口	Number of Permanent Residents	10629	10501	10420
6岁及以下	6 and Under	757	781	981
7-15岁	Aged 7 - 15	1269	997	1144
16-18岁	Aged 16 - 18	763	410	329
19-22岁	Aged 19 - 22	992	857	768
23-25岁	Aged 23 - 25	664	685	605
26-30岁	Aged 26 - 30	887	909	777
31-40岁	Aged 31 - 40	1448	1443	1437
41-50岁	Aged 41 - 50	1807	1656	1735
51-60岁	Aged 51 - 60	1473	1778	1658
61岁及以上	61 and Over	569	985	985
在校学生人数	Students Enrollment	1835	1646	1544
#6-15岁以下在校学生人数	Enrollment Aged 6 - 15	1234	983	1189
农村住户劳动力素质状况	**Labor Force Quality of Rural Households**			
整半劳动力数	Number of Full/Semi Labour Force	7691	7786	7489
#男劳动力人数	Number of Male Labour Force	4054	4140	3949
整劳动力	Number of Full Labour Force	5352	4866	4776
劳动力文化程度	Education of Labor Force			
不识字或识字很少	Can Not Read or Read Very Little	457	380	315
小学程度	Primary School	2407	2319	2192
初中程度	Junior High School	3869	3889	3735
高中程度	Senior High School	732	824	835
中专	Specialized	170	223	241
大专及以上	Junior College and over	56	151	171

9-14 续表 continued

单位：人 (person)

指 标	Item	2005	2010	2011
农村住户劳动力就业情况	**Employment of Rural Labor Force**			
就业劳动力人数	Number of Employed Labor Force	7653	7765	7273
#男劳动力人数	Male Labor Force	4043	4137	3892
整劳动力人数	Full Labor Force	5324	4848	4643
就业地点	Place of Employment			
乡 内	the Village	5406	5257	4912
县内乡外	the County but Outside the Village	107	250	366
省内县外	the Province but Outside the County	178	275	243
国内省外	China but outside the Province	1953	1979	1746
国 外	Abroad	9	4	6
行业分布	Sector of Employment			
第一产业就业劳动力	Primary Industry	4661	4432	3586
第二产业就业劳动力	Secondary Industry	1827	2259	2409
采矿业	Mining and Quarrying	49	81	88
制造业	Manufacturing	1422	1793	1766
电力煤气及水的生产供应业	Production and Supply of Electricity, Gas & Water	18	22	26
建筑业	Construction	338	363	529
第三产业就业劳动力	Tertiary Industry	1165	1074	1278
交通运输仓储及邮电通讯业	Transport,Storage and Post	79	178	166
批发和零售贸易	Wholesale and Retail Trades	176	168	245
住宿和餐饮业	Hotels and Catering Services	112	116	163
居民服务和其他服务业	Services to Households and Other Services	239	263	267
教 育	Education	61	68	63
卫生、社会保障和社会福利业	Health,Social Security and Social Welfare	40	33	35
文化、体育和娱乐业	Culture,Sports and Entertainment	10	38	27
其 他	Others	448	210	312

9-15 平均每百户农民家庭主要耐用消费品拥有量

Ownership of Major Durable Consumer Goods Per 100 Rural Households

品　　名	Item	2005	2010	2011
自行车(辆)	Bicycle(unit)	96.90	84.86	60.78
#电动自行车(辆)	Electric Bicycle(unit)		17.80	25.71
洗衣机(台)	Washing Machine(unit)	7.02	14.08	21.96
电冰箱(台)	Refrigerator(unit)	10.53	45.84	68.08
摩托车(辆)	Motorcycle(unit)	43.39	60.49	67.88
彩色电视(台)	Color TV Set(unit)	82.33	106.86	116.98
抽油烟机(台)	Smoke Absorber(unit)	1.80	3.76	6.45
吸尘器(台)	Vacuam Cleaner(unit)	0.04	0.24	0.45
空调机(台)	Air Conditioner(unit)	2.00	10.24	17.35
热水器(台)	Water Heater(unit)	4.12	16.33	28.98
微波炉(台)	Oven(unit)	0.65	2.69	3.80
电话机(部)	Telephone(unit)	61.92	50.90	25.14
移动电话(部)	Mobile Telephone(unit)	64.82	140.98	189.43
摄像机(台)	Pickup Camera(unit)	0.08	0.94	0.41
影碟机(台)	Video Disc Player(unit)	29.43	32.16	19.84
照相机(架)	Camera(unit)	1.84	2.69	2.49
家用计算机(台)	Computer(unit)	2.00	5.22	10.61
中高档乐器(件)	Medium and High Grade Musical Instrument(unit)	0.16	0.16	0.20

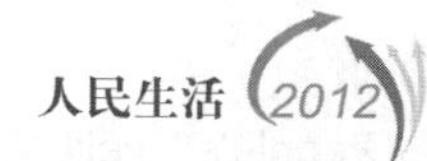

9-16 农民人均食品消费量

Peasants' Per Capita Consumption on Living Consumer Goods

单位：公斤 (kg)

类　　别	Type	2005	2010	2011
粮食	Grain	244.71	213.52	203.91
稻谷	Rice	235.53	209.78	200.16
薯类	Tubers	2.43	1.24	1.36
豆类及豆制品	Soybeans and Related Products	4.93	4.88	4.84
蔬菜及菜制品	Presh Vegetable and Related Products	136.40	132.54	115.47
油脂类	Oil	7.00	7.49	9.13
植物油	Vegetable Oil	5.62	6.57	8.22
肉禽及其制品	Meats,Poultry and Related Products	20.91	18.86	19.82
#猪肉	Pork	15.31	12.31	13.08
牛肉	Beef	0.26	0.37	0.55
羊肉	Mutton	0.04	0.03	0.07
家禽	Poultry	3.75	4.14	3.95
肉禽制品	Related Products	1.54	2.02	2.18
蛋类及蛋制品	Eggs and Related Products	3.50	3.28	4.56
奶和奶制品	Milk and Dairy Products	1.05	3.18	3.83
水产品	Aquatic Products	5.43	5.23	5.77
食糖	Sugar	1.02	0.83	1.29
酒和饮料	Liquor and Beverages	9.72	11.45	13.50
水果及水果制品	Fruits and Related Products	12.01	12.60	11.95
坚果及果制品	Nuts and Related Products	1.15	1.14	1.36

9-17 农民家庭平均每人总收入

Per Capita Total Income in Rural Households

单位：元 (yuan)

指　　标	Item	2005	2010	2011
全年总收入	**Annual Total Income**	**4348.43**	**7468.53**	**8994.48**
工资性收入	Income From Wages and Salaries	1318.58	2394.62	2994.49
在非企业组织中劳动得到的收入	Income for Working in Non-enterprise Organization	120.97	211.25	196.03
在本地劳动得到的收入	Income From Township Enterprises	303.33	728.17	1155.65
常住人口外出从业得到的收入	Income of Permanent Person for Working in Other Place	894.28	1455.20	1642.82
家庭经营收入	Income from Household Operations	2840.29	4508.73	5414.03
第一产业	Primary Industry	2410.31	3625.34	4385.13
第二产业	Secondary Industry	148.03	343.12	364.05
第三产业	Tertiary Industry	281.96	540.28	664.85
财产性收入	Property Income	36.49	100.21	111.52
转移性收入	Transfer Income	153.06	464.96	474.43

9-18 农民家庭平均每人现金收入

Per Capita Cash Income in Rural Households

单位：元 (yuan)

指标	Item	2005	2010	2011
全年现金收入	**Annual Total Cash Income**	**3596.87**	**6462.14**	**7863.24**
工资性收入	Income from Wages and Salaries	1318.58	2394.61	2993.89
在非企业组织中劳动得到收入	Incomes from Working in the Non-business Organizations	120.97	211.25	196.03
在本乡地域内劳动得到收入	Incomes from Working Inside the Village	303.33	728.16	1155.06
在企业中劳动得到收入	Incomes from Working in Enterprises	118.58	236.48	346.32
外出从业得到收入	Income from Working Somewhere Away from Home	894.28	1455.20	1642.79
在乡外县内从业得到收入	In the County but Outside the Village	34.26	121.29	276.86
在县外省内从业得到收入	In the Province but Outside the County	72.82	139.86	144.12
在省外国内从业得到收入	In China but Outside the Province	782.48	1187.34	1212.36
在国外从业得到收入	Abroad	4.72	6.71	9.45
家庭经营现金收入	Cash Income from Household Operations	2093.12	3532.45	4307.49
第一产业现金收入	Cash Income from Primary Industry	1663.20	2649.12	3278.61
#出售农产品收入	Farming Products	974.02	1773.29	1963.39
出售林业产品收入	Forestry Products	50.39	95.63	130.80
出售牧业产品收入	Animal Husbandry Products	548.02	610.14	992.35
出售渔业产品收入	Fishery Products	52.90	84.30	77.27
第二产业现金收入	Cash Income from Secondary Industry	148.03	343.05	364.05
出售工业产品收入	Industrial Products	30.39	62.93	43.47
出售建筑业产品收入	Construction Products	0.00	3.50	4.67
第三产业现金收入	Cash Income from Tertiary Industry	281.89	540.28	664.83
出售其他产品收入	Other Products	1.73	1.04	0.32
交通、运输、邮电业收入	Transport,Storage and Post	77.45	145.12	216.04
批零贸易业、饮食业收入	Wholesale , Retail and Catering Trades	115.78	234.17	294.51
社会服务业收入	Social Services	41.75	73.30	83.57
文教卫生业收入	Culture , Education and Health	13.90	30.41	42.04
其他行业收入	Other Sectors	31.29	56.24	28.37
财产性收入	Income from Properties	35.60	78.13	90.77
转移性收入	Income from Transfers	149.57	456.95	471.09

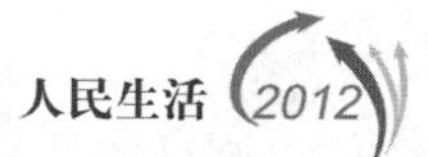

9-19 农民家庭平均每人总支出
Per Capita Total Expenditures in Rural Households

单位：元　　(yuan)

指　　标	Item	2005	2010	2011
全年总支出	**Annual Total Expenditure**	**3776.49**	**5904.31**	**7280.80**
家庭经营费用支出	Expenditure for Household Business	931.69	1484.45	1837.69
第一产业	Primary Industry	829.88	1210.92	1532.61
第二产业	Secondary Industry	29.54	93.15	106.72
第三产业	Tertiary Industry	72.27	180.38	198.36
购置生产性固定资产支出	Expenditure on Purchasing Productive Fixed Assets	110.60	133.27	164.39
税费支出	Expenditure of Tax	16.01	7.54	7.39
第一产业	Primary Industry	4.63	0.00	0.08
第二产业	Secondary Industry	0.34	2.91	1.05
第三产业	Tertiary Industry	2.04	1.17	4.03
其他各项收费	Others	9.00	3.46	2.22
生活消费支出	Living Expenditure	2483.70	3911.61	4660.09
食品	Food	1220.53	1812.66	2106.44
衣着	Clothing	124.52	174.61	233.58
居住	Residence	326.20	782.72	888.85
家庭设备、用品及服务	Household Facilities,Articles and services	96.36	205.27	277.51
交通和通讯	Transportation and Communications	229.59	331.81	393.34
文化、教育、娱乐用品及服务	Cultural,Education and Recreational Article and Services	276.26	285.23	319.39
医疗保健	Medical Articles	154.68	243.84	346.68
其他商品和服务	Other Commodities and Services	55.57	75.48	94.30
财产性支出	Property Expenditure	9.56	34.82	19.23
转移性支出	Transfer Expenditure	222.77	332.24	587.62

9-20 农民家庭平均每人生活消费支出
Per Capita Living Expenditure of Rural Households

单位：元 (yuan)

指　　　标	Item	2005	2010	2011
全年生活消费支出	**Annual Living Expenditure for Consumption**	**2483.70**	**3911.61**	**4660.09**
#货币性消费	Consumption Paid in Money	1946.19	3269.06	4029.71
食品	Food	1220.53	1812.66	2106.44
#货币性消费	Consumption Paid in Money	727.55	1212.20	1486.91
衣着	Clothing	124.52	174.61	233.58
#货币性消费	Consumption Paid in Money	124.43	174.43	233.58
居住	Residence	326.20	782.72	888.85
#货币性消费	Consumption Paid in Money	281.99	744.24	878.36
家庭设备、用品及服务	Household Facilities, Articles and services	96.36	205.27	277.51
#货币性消费	Consumption Paid in Money	96.34	201.84	277.15
医疗保健	Medical Articles	154.68	243.84	346.68
#货币性消费	Consumption Paid in Money	154.68	243.84	346.68
交通和通讯	Transportation and Communications	229.59	331.81	393.34
#货币性消费	Consumption Paid in Money	229.59	331.81	393.34
文化、教育、娱乐用品及服务	Cultural,Educational and Recreational Article and Services	276.26	285.23	319.39
#货币性消费	Consumption Paid in Money	276.26	285.23	319.39
其他商品和服务	Other Commodities and Services	55.57	75.48	94.30
#货币性消费	Consumption Paid in Money	55.35	75.48	94.30

9-21 农民家庭平均每人纯收入
Per Capita Annual Net Income in Rural Households

单位：元 (yuan)

指　　标	Item	2005	2010	2011
全年纯收入	**Annual Net Income**	**3265.53**	**5788.56**	**6891.63**
工资性收入	Income of Wage	1318.58	2394.62	2934.49
在非企业组织中	Income for Working in Non-enterprise	120.97	211.25	196.03
在本地劳动得到的收入	Income from Township Enterprises	303.33	728.17	1095.65
常住人口外出从业得到的收入	Income of Permanent Person for Working in Other Place	894.28	1455.20	1642.82
家庭经营收入	Income from Household Business Operation	1821.70	2919.42	3421.42
第一产业	Primary Industry	1514.55	2341.39	2752.90
种植业收入	Planting	1194.90	1910.08	2184.65
林业收入	Forestry	64.96	125.02	137.99
牧业收入	Animal Husbandry	214.41	257.70	382.46
渔业收入	Fishery	40.28	48.59	47.80
第二产业	Secondary Industry	114.15	240.92	244.64
第三产业	Tertiary Industry	193.00	337.11	423.88
财产性收入	Property Income	36.49	100.21	111.52
转移性收入	Transfer Income	88.76	374.31	424.19

9-22 农民家庭平均每人按纯收入水平分组的户数构成

Composition of Rural Households by Per Capita Annual Net Income

单位：% (%)

分组	Group	2005	2010	2011
600元以下的户	600 yuan and below	1.59	0.45	0.08
600-1000元的户	600-1000 yuan	5.43	0.53	0.12
1000-1500元的户	1000-1500 yuan	4.53	3.47	0.65
1500-2000元的户	1500-2000 yuan	8.37	1.80	1.88
2000-2500元的户	2000-2500 yuan	12.98	4.49	5.51
2500-3000元的户	2500-3000 yuan	13.80	5.06	2.53
3000-3500元的户	3000-3500 yuan	13.06	6.78	5.43
3500-4000元的户	3500-4000 yuan	9.51	7.39	5.55
4000-5000元的户	4000-5000 yuan	14.41	14.86	6.16
5000元以上的户	5000 yuan and over	16.33	55.18	72.08

9-23 按收入高低五等分分组农民家庭基本情况（2011年）

Basic Indicators of Rural Households of Five Groups Divided Equally by Income Lever (2011)

指　　标	Item	低收入组 Low Income Households	中低收入组 Lower Middle Income Households	中等收入组 Middle Income Households	中高收入组 Upper Middle Income Households	高收入组 High Income Households
占调查总户数比重(%)	Percentage of Households (%)	20	20	20	20	20
平均每户常住人口(人)	Average Number of Permanent Residents Per Household(Person)	2506	2258	2129	1879	1648
平均每户整半劳动力(人)	Average Number of Able-bodied and Semi-able-bodied Laborers Per Household(Person)	1646	1554	1546	1415	1328
平均每一劳动力负担人口(人)	Average Number of Persons Supported by A Laborer(Person)	1.52	1.45	1.38	1.33	1.24
平均每户生产性固定资产原值(元)	Average Original Value of Productive Fixed Assets Per Household(yuan)	8956.57	7627.83	8026.39	8379.50	14073.70
平均每人家庭纯收入(元)	Per Capita Net Income(yuan)	2722.97	4671.72	6382.34	8673.84	14899.17
工资性收入	Income of Wage	1285.52	2337.58	3096.44	4328.26	4841.30
家庭经营收入	Income from Household Business Operation	1208.22	1985.97	2893.23	3729.17	9085.64
第一产业	Primary Industry	1071.81	1642.65	2357.91	3089.70	6957.10
第二产业	Secondary Industry	42.16	111.15	189.91	236.53	815.44
第三产业	Tertiary Industry	94.24	232.17	345.42	402.95	1313.09
财产性收入	Property Income	26.85	64.63	75.44	118.02	343.74
转移性收入	Transfer Income	202.39	283.54	317.23	498.38	628.49
平均每人生活消费支出(元)	Per Capita Living Expenditure(yuan)	3037.43	4158.58	4358.20	5698.17	7021.83
食品消费支出	Food Expenditure	1539.49	1924.06	2089.69	2436.27	2864.32
衣着消费	Clothing Expenditure	137.28	190.32	238.33	291.87	366.74
居住消费	Residence Expenditure	541.17	936.59	681.97	1134.65	1339.30
家庭设备、用品及服务	Household,Facilities,Articles and Services	142.64	217.30	281.94	332.64	496.56
交通和通讯	Transport and Communication	188.74	280.21	385.30	526.57	718.00
文教娱乐用品及服务	Cultural,Educational and Recreational Articles and Services	193.39	243.44	279.93	394.54	580.38
医疗保健	Medicines and Health Care	237.91	282.91	313.52	489.50	479.51
其他商品和服务消费	Other Commodities and Services	56.81	83.75	87.52	92.13	177.01

9-24 各地区农村居民主要指标（2011年）

指标	Item	南昌市 Nanchang	景德镇市 Jingdezhen
调查户数(户)	Number of Households Surveyed(household)	400	180
常住人口(人)	Number of Permanent Residents(person)	1641	685
整半劳动力数(人)	Number of Full/Semi Labour Force	1176	535
每百劳动力中(人)	Among Per 100 Labor Force(person)		
文盲或半文盲	Illiterate and Semiliterate	1.89	0.78
小学程度	Primary School	25.23	23.93
初中程度	Junior High School	57.11	52.15
高中程度	Senior High School	7.55	9.91
中专	Secondary School	2.69	2.62
大专及以上	Junior College and over	1.87	2.99
平均每人使用住房面积(平方米)	Per Capita Use Living Space (sq.m)	48.76	56.79
平均每人总支出(元)	Per Capita Total Expenditure (yuan)	10306.28	6450.65
平均每人生活消费支出(元)	Per Capita Living Expenditures (yuan)	4892.99	4682.81
食品	Food	2471.28	2458.84
衣着	Clothing	285.23	377.27
居住	Residence	680.59	553.94
家庭设备用品及服务	Household,Facilities,and Services Articles	280.94	314.97
医疗保健	Medicines and Health Care	270.01	233.26
交通及通讯	Transport and Communication	459.46	401.57
文教娱乐用品及服务	Cultural,Educational and Recreational Articles and Services	316.45	235.52
其他商品和服务	Other Commodities and Services	129.03	107.45
平均每人生产费用支出(元)	Per Lapita Productive Expenditure (yuan)	4641.73	1064.17
全年纯收入(元)	Net Income (yuan)	8483.66	7676.20
工资性纯收入	Net Income from Wages and Salaries	4055.62	3863.93
家庭经营纯收入	Net Income from Household Operations	3975.46	3023.60
财产性纯收入	Net Income from Properties	212.47	372.45
转移性纯收入	Net Income from Transfers	240.12	416.22
全年总收入	Total Income	13461.19	9103.56
工资性收入	Income from Wages and Salaries	4055.62	3863.93
#在企业中劳动得到收入	Earning Money by Working at Enterprises	1101.43	701.87
外出从业得到收入	Earning Money by Working outside	1509.44	1469.58
家庭经营收入	Income from Household Operations	8868.83	4238.08
财产性收入	Income from Properties	212.47	372.45
转移性收入	Income from Transfers	324.28	629.10

Major Indicators of Rural Households by Region (2011)

萍乡市 Pingxiang	九江市 Jiujiang	新余市 Xinyu	鹰潭市 Yingtan	赣州市 Ganzhou	吉安市 Ji'an	宜春市 Yichun	抚州市 Fuzhou	上饶市 Shangrao
170	780	140	180	1260	920	900	770	795
701	3321	477	737	5615	3795	3481	3138	3287
486	2449	369	519	3899	2798	2534	2300	2399
1.85	3.63	1.36		4.03	3.68	1.54	3.22	5.84
15.02	23.11	28.18	25.82	25.37	26.16	20.40	31.78	30.76
50.41	49.20	51.22	55.49	50.45	52.86	59.04	46.26	42.98
17.49	12.66	7.86	9.25	10.36	8.83	11.64	8.30	9.67
4.12	2.69	4.07	3.66	3.10	3.57	2.25	3.00	2.79
5.14	3.88	3.25	2.70	2.26	2.39	1.97	2.13	1.50
46.78	44.70	53.68	63.04	37.90	38.31	51.10	41.83	42.30
6933.34	6217.61	10343.74	7003.80	5242.10	6990.51	7678.63	6315.28	5421.47
4780.85	4438.32	5808.93	4932.10	3788.05	4132.83	4933.00	3948.14	3932.68
2018.64	2012.05	2301.95	2281.86	1776.09	1886.14	2137.53	1989.37	1843.52
369.28	275.31	441.99	563.60	150.75	187.83	255.98	231.03	290.22
573.41	884.43	770.10	509.64	738.34	694.73	1117.88	561.00	585.50
361.90	268.17	324.52	346.84	247.34	272.61	295.41	216.68	267.41
491.88	236.96	756.40	293.98	255.12	365.28	312.07	263.32	248.07
499.79	464.66	736.28	555.43	346.96	383.70	467.31	380.67	299.92
346.10	181.66	346.34	287.06	189.26	248.08	247.93	224.95	243.86
119.86	115.08	131.35	93.69	84.19	94.47	98.91	81.13	154.18
1013.03	1219.97	3234.42	1608.78	935.78	2069.48	1836.40	1763.18	899.17
8598.06	6777.36	8813.00	7623.16	4683.73	6308.21	6981.23	7088.24	6133.75
4531.40	3852.43	4363.99	3720.26	2319.61	2737.46	2981.10	2073.53	3597.07
3594.41	2355.33	3742.26	3515.01	2063.43	3083.54	3527.03	4663.77	2218.01
252.68	201.05	187.04	103.79	81.95	131.43	131.05	93.24	39.83
219.58	368.54	519.71	284.09	218.74	355.79	342.05	257.70	278.84
9770.27	8297.05	12352.89	9473.05	5780.48	8625.16	9122.01	9014.56	7240.89
4531.40	3852.43	4363.99	3720.26	2319.61	2737.46	2981.10	2073.53	3597.07
1599.09	641.33	322.17	183.05	178.03	418.06	746.28	221.11	343.53
1196.33	1854.48	2723.71	2357.90	1146.42	1236.15	1138.67	1089.30	1775.95
4670.70	3791.77	7143.77	5247.15	3091.84	5329.04	5560.47	6535.95	3216.83
252.68	201.05	187.04	103.79	81.95	131.43	131.05	93.24	39.83
315.49	451.80	658.09	401.84	287.08	427.23	449.38	311.85	387.16

主要统计指标解释

一、城镇住户

城镇家庭人口 指居住在一起，经济上合在一起共同生活的家庭成员。凡计算为家庭人口的成员其全部收支都包括在本家庭中。

城镇就业面 指就业人口占家庭人口的百分比。

城镇就业者负担人数 指家庭人口与就业人口之比。

城镇家庭总收入 指家庭成员在调查期得到的工资性收入、经营净收入、财产性收入、转移性收入之和，不包括出售财物收入和借贷收入。

城镇家庭可支配收入 指家庭成员可用于最终消费支出和其它非义务性支出以及储蓄的总和，即居民家庭可以用来自由支配的收入。它是家庭总收入扣除交纳的所得税、个人交纳的社会保障支出以及记账补贴后的收入。计算公式为：

可支配收入=家庭总收入-交纳所得税-个人交纳的社会保障支出-记账补贴

城镇家庭总支出 指除借贷支出以外的全部家庭支出。包括消费性支出、购房建房支出、转移性支出、财产性支出、社会保障支出。

城镇家庭消费性支出 指家庭用于日常生活的支出，包括食品、衣着、家庭设备用品及服务、医疗保健、交通和通信、娱乐教育文化服务、居住、其他商品和服务等八大类支出。

城镇家庭服务性消费支出 指家庭用于支付社会提供的各种文化和生活方面的非商品性服务费用。

二、农村住户

农村住户 指农村常住户。农村常住户指长期(一年以上)居住在乡镇(不包括城关镇)行政管理区域内的住户，以及长期居住在城关镇所辖行政村范围内的农村住户。户口不在本地而在本地居住一年及以上的住户也包括在本地农村常住户范围内；有本地户口，但举家外出谋生一年以上的住户，无论是否保留承包耕地都不包括在本地农村住户范围内。

常住人口 指全年经常在家或在家居住6个月以上，而且经济和生活与本户连成一体的人口。外出从业人员在外居住时间虽然在6个月以上，但收入主要带回家中，经济与本户连为一体，仍视为家庭常住人口；在家居住，生活和本户连成一体的国家职工、退休人员也为家庭常住人口。但是现役军人、中专及以上(走读生除外)的在校学生、以及常年在外(不包括探亲、看病等)且已有稳定的职业与居住场所的外出从业人员，不算家庭常住人口。家庭常住人口主要作为计算农村住户平均每人收入、消费和积累水平及分析家庭人口状况的依据。

整、半劳动力 整劳动力指男子18周岁到50周岁，女子18周岁到45周岁；半劳动力指男子16周岁到17周岁，51周岁到60周岁；女子16周岁到17周岁，46周岁到55周岁，同时具有劳动能力的人。虽然在劳动年龄之内，但已丧失劳动能力的人，不应算为劳动力；超过劳动年龄，但能经常参加劳动，计入半劳动力数内。常住人口中的职工，若这些职工为劳动力，就包括在本户的整半劳动力中。

总收入 指调查期内农村住户和住户成员从各种来源渠道得到的收入总和。按收入的性质划分为工资性收入、家庭经营收入、财产性收入和转移性收入。

工资性收入 指农村住户成员受雇于单位或个人，靠出卖劳动而获得的收入。

家庭经营收入 指农村住户以家庭为生产经营单位进行生产筹划和管理而获得的收入。农村住户家庭经营活动按行业划分为农业、林业、牧业、渔业、工业、建筑业、交通运输业邮电业、批发和零售贸易餐饮业、社会服务业、文教卫生业和其他家庭经营。

财产性收入 指金融资产或有形非生产性资产的所有者向其他机构单位提供资金或将有形非生产性资产供其支配，作为回报而从中获得的收入。

转移性收入 指农村住户和住户成员无须付出任何对应物而获得的货物、服务、资金或资产所有权等，不包括无偿提供的用于固定资本形成的资金。一般情况下，是指农村住户在二次分配中的所有收入。

现金收入 指农村住户和住户成员在调查期内得到以现金形态表现的收入。按来源分成工资性收入、家庭经营现金收入、财产性收入、转移性收入。

纯收入 指农村住户当年从各个来源得到的总收入相应地扣除所发生的费用后的收入总和。计算方法：

纯收入=总收入-税费支出-家庭经营费用支出-生产性固定资产折旧-赠送农村亲友支出

纯收入主要用于再生产投入和当年生活消费支出，也可用于储蓄和各种非义务性支出。“农民人均纯收入”按人口平均的纯收入水平，反映的是一个地区或一个农户农村居民的平均收入水平。

总支出 指农村住户用于生产、生活和再分配的全部支出。家庭经营费用支出、购置生产性固定资产支出、生产性固定资产折旧、税费支出、生活消费支出、财产性支出和转移性支出。

Explanatory Notes on Main Statistical Indicators

I. Urban Households

Population of Urban Households refer to members of households living and sharing economically together in the urban areas. All the income and expenditure of all the members of such households are included in the income and expenditure of the household.

Proportion of Urban Employment refers to the proportion of employed population to the population of urban households.

Number of Dependents per Urban Employee refers to the ratio between number of persons in an urban household and the number of employed persons.

Total Income of Urban Households refers to the sum of wage and salary; net business income; income from properties; and income from transfers of members of the households. Income from selling of properties and income from borrowing are not included..

Disposable Income of Urban Households refers to the actual income at the disposal of members of the households which can be used for final consumption, other non-compulsory expenditure and savings. This equals to total income minus income tax, personal contribution to social security and subsidy for keeping diaries in being a sample household. The following formula is used:

Disposable income = total household income - income tax - personal contribution to social security - subsidy for keeping diaries for a sampled household

Total Expenditure of Urban Households refers to all expenditure of households except expenditure on lending. It includes expenditure on consumption; on purchasing or building houses; on transfers; on properties; and on social security.

Consumption Expenditure of Urban Households refers to total expenditure of households for consumption in daily life, including expenditure on the eight categories of food; clothing; household appliances and services; health care and medical services; transport and communications; recreation, education and cultural services; housing; and miscellaneous goods and services.

Expenditure of Urban Households on Consumption of Services refers to expenditure of households on various kinds of non-commercial services provided in life and culture by society.

II. Rural Household

Rural Households refer to usual resident households in rural areas. Usual resident households in rural areas are households residing on a long term basis(for more than one year) in the areas under the administration of township governments (not including county towns), and in the areas under the administration of villages in county towns. Households residing in the current addresses for over one year with their household registration in other places are still considered as resident households of the locality. For households with their household registration in one place but all members of the households having moved away to make a living in another place for over one year, they will not be included in the rural households of the area where they are registered, irrespective of whether they still keep their contracted land.

Usual Resident Population refers to persons staying at home regularly or for over 6 months during a year and integrated with the household economically and in terms of living.. Members of the household staying away from the household for over 6 months but keeping a close economic relation with the household by sending the majority of income to the household are regarded as usual resident of the household. Government staff and workers or retirees living as close members of the household are also considered as usual resident. However, servicemen, students of secondary technical schools or schools of higher education and persons with stable jobs and residence outside the household (excluding those visiting relatives or seeking medical service) are not included as resident population of the household. Resident population is used in calculating income, consumption, accumulation on per capita basis of rural households and in analyzing composition of rural households.

Full/Semi Labour Force Full labour force refers to persons capable of work, aged 18-50 for males and 18-45 for females. Semi labour force refers to persons capable of work, aged 16-17 and 51-60 for males and 16-17 and 46-55 for females. Persons at their working ages but not capable of work are not to be included as labour force. Persons not at working ages but participating regularly in work are included in semi labour force. For staff and workers who are usual residents, are included as full or semi labour force of the household if they are in the labour force.

Total Income refers to the sum of income earned from various sources by the rural households and their members during the reference period, and is classified as income from wages and salaries, income from household operations, income from properties and income from transfers.

Income from Wages and Salaries refers to income from labour earned by the members of rural households employed by other units or individuals.

Income from Household Operations refers to income by the rural households as units of production and operation. Operations by rural households are classified according to their economic activities namely agriculture, forestry, animal husbandry, fishery, manufacturing, construction, transportation, post and telecommunications, wholesale, retail and catering, social service, culture, education, health, and other household operations.

Income from Properties refers to the income received as returns by owners of financial assets or tangible non-productive assets by providing capitals or tangible non-productive assets to other institutional units.

Income from Transfers refers to the receipt by rural households and their members of goods, services, capital or rights of assets without giving or repaying accordingly, excluding capital provided to them for the formation of fixed assets. In general, it refers to all income received by rural households through redistribution.

Cash Income refers to income received by rural households and their members in the form of cash during the reference period. It is classified, by source of income, into income from wages and salaries, cash income from household operations, income from properties and income from transfers.

Net Income refers to the total income of rural households from all sources minus all corresponding expenses. The formula for calculation is as follows:

Net income = total income - taxes and fees paid - household operation expenses - taxes and fees depreciation of fixed assets for production - gifts to non-rural relatives

Net income is mainly used as input for reinvestment in production and as consumption expenditure of the year, and also used for savings and non-compulsory expenses of various forms. "Per capita net income of farmers" is the level of net income averaged by population, reflecting the average income level of rural households in a given area.

Total Expenditure refers to total expenses of rural households on production, consumption and redistribution, including expenditure on household operations,; purchase of productive fixed assets; depreciation of productive fixed assets; taxes and fees; expenses on household consumption; expenses on properties; and expenses on transfers.

10

城市建设

MUNICIPAL CONSTRUCTION

资料整理及英文翻译:　涂姗华

简要说明

一、主要内容

本篇反映江西省城市公用事业概况，主要包括：城市建设、供水、供气、供热、市政设施、公共交通、城市绿化、环境卫生等资料。

二、统计范围

包括全省所有设市城市在建成区范围内所有的城市规划管理、投资、建设或经营管理相关设施的单位。

三、资料来源

设区市和县级市城市公用事业基本情况资料由省建设厅提供，由省统计局固定资产投资处编辑整理。

Brief Introduction

I. Main Contents

Data in this chapter present the basic conditions of public facilities of urban construction of Jiangxi provincial cities, mainly include supply of water, gas and heating; municipal infrastructure; public transportation; urban greenery; and environmental, sanitation.

II. Scope of Statistics

Data in this chapter cover all units under the jurisdiction of cities which are engaged in urban planning and management, investment, construction and operation of relevant facilities.

III. Sources of Data

Data on basic conditions and overall level of urban public facilities are collected by the Jiangxi Provincial Bureau of Housing and Urban-Rural Development, and provided by the Department of Investment &Construction Statistics of Jiangxi Provincial Bureau of Statistics.

10-1 城市公用事业和建设基本情况

Basic Statistics on City Public Utilities and Construction

指　　标	Item	2000	2005	2010	2011
用水普及率(%)	Rate of Population with Access to Tap Water (%)	93.3	92.6	97.4	97.9
供水管道长度(公里)	Length of Gas Supply Pipelines (km)	3968	6079	9527	10837
公共车辆(汽、电车)运营数(辆)	Operating Public Buses (Buses and Trolley Buses) (unit)	4031	5818	7048	9144
平均每万人拥有(标台)	Number of Public Transportation Vehicles per 10000 Population (standardized)	3.0	8.0	9.3	11.6
排水管道长度(公里)	Length of Drainpipes (km)	2074	3564	7340	8580
道路长度(公里)	Length of Roads (km)	3033	3916	5742	6086
道路面积(万平方米)	Area of Roads (10000 sq.m)	3293	6667	11330	12329
人工煤气供应量(万立方米)	Coal Gas Supply (10000 cu.m)	39463	31707	58208	49641
#家庭用量	Used by Residential Households	12299	10906	18321	10199
天然气供应量(万立方米)	Natural Gas Supply(10000 cu.m)			11263	27004
#家庭用量	Used by Residential Households			3384	5380
液化石油气供应量(吨)	Total Liquefied Petroleum Gas Supply (ton)	164698	174521	188847	194329
#家庭用量	Used by Residential Households	162783	154998	151656	158207
燃气普及率(%)	Rate of Population with Accessto Gas (%)	69.2	80.6	92.36	94.31
绿化覆盖面积(公顷)	Coverage Area of Afforestation (hectare)	20044	27381	48924	49308
公园数(个)	Number of Parks (unit)	109	125	238	264
公园面积(公顷)	Area of Parks and Zoos (hectare)	1820	2259	6442	7501
污水处理率(%)	Rate of Sewage Disposal (%)		34.92	80.83	85.08
生活垃圾清运量(万吨)	Volume of Garbage Disposal (10000 tons)	197	264	284	306.55
生活垃圾无害化处理率(%)	Rate of Garbages innocuously Treated (%)		48.87	85.89	88.27
市政公用设施建设固定资产投资(万元)	Investment in Public Utilities and Municipal Construction (10000 yuan)	152077	794496	4233310	5508220
#供水	Water Supply	15535	41276	95408	57620
燃气	Gas Supply	4972	25530	66967	427900
公共交通	Public Traffic	9781	22289	23165	56131
轨道交通	Rail Transit			112894	111451
道路桥梁	Roads & Bridges	60596	354638	2539040	3595860
排水	Drainage	11905	83160	177934	132987
防洪	Flood Protecting	15755	13661	173535	164788
园林绿化	Parks, Gardens and Green Areas	11427	85816	948889	625776
市容环境卫生	Environmental Sanitation	4921	13419	61536	23107
其他	Others	17185	154707	33942	312600

10-2 城市人口和面积（2011年）

Basic Statistics on City Population and Area (2011)

单位：平方公里、万人 (sq.km,10000 persons)

城市	City	市区面积 City Area	城区面积 Urban Area	城区户籍人口 Registered Population of Urban Area	建成区面积 Developed Area	城市建设用地面积 Area of Land for Urban Construction	#居住用地 Land for Residence
合计	**Total**	**32122.01**	**1890.72**	**789.48**	**1019.87**	**986.44**	**302.49**
南昌市	Nanchang	579.20	215.00	205.60	208.00	208.00	60.40
景德镇市	Jingdezhen	580.00	198.50	45.61	74.06	69.08	19.42
乐平市	Leping	1974.00	49.21	16.35	19.10	21.05	6.18
萍乡市	Pingxiang	1065.00	85.70	37.61	43.30	42.84	12.80
九江市	Jiujiang	699.00	92.04	62.26	89.47	89.47	29.52
瑞昌市	Ruichang	1423.11	21.52	15.80	15.80	15.80	7.14
共青城	Gongqing	181.28	14.00	4.06	14.00	7.61	2.80
新余市	Xinyu	1789.00	230.00	40.52	67.00	62.50	22.76
鹰潭市	Yingtan	137.50	63.00	15.17	30.50	25.10	7.00
贵溪市	Guixi	2480.00	90.00	11.83	27.10	18.59	5.00
赣州市	Ganzhou	528.28	100.86	51.87	85.23	85.23	24.65
瑞金市	Ruijin	2449.00	83.00	29.19	20.94	20.28	5.10
南康市	Nankang	1844.96	50.00	20.30	28.10	27.98	7.36
吉安市	Ji'an	1381.53	218.20	28.91	42.03	42.03	9.74
井冈山市	Jinggangshan	1297.50	7.31	2.43	7.31	6.00	2.48
宜春市	Yichun	2532.36	88.00	39.16	55.00	55.00	12.90
丰城市	Fengcheng	2845.00	41.60	32.00	41.60	40.70	7.87
樟树市	Zhangshu	1290.99	46.00	21.62	23.60	23.60	7.35
高安市	Gaoan	2439.00	34.68	19.90	22.25	21.23	5.63
抚州市	Fuzhou	2153.30	85.30	49.52	52.70	52.70	16.92
上饶市	Shangrao	370.00	55.80	33.35	42.28	41.95	25.89
德兴市	Dexing	2082.00	21.00	6.42	10.50	9.70	3.58

10-2 续表 continued

单位：平方公里、万人 (sq.km,10000 persons)

城市	City	#公共设施用地 Land for Public Utilities	#工业用地 Land for Industry	#仓储用地 Land for Storage	#对外交通用地 Land for External Transportation	#道路广场用地 Land for Roads and Squares	#市政公用设施用地 Land for Municipal Public Utilities	#绿地 Land for Afforestation
合计	**Total**	**136.99**	**208.64**	**27.27**	**41.54**	**115.03**	**34.15**	**113.63**
南昌市	Nanchang	38.10	41.25	3.95	4.16	30.61	4.26	23.29
景德镇市	Jingdezhen	6.63	18.96	3.29	5.02	6.84	3.12	5.80
乐平市	Leping	2.89	5.24	0.80	1.12	1.24	0.80	2.55
萍乡市	Pingxiang	4.50	7.67	1.04	1.83	6.40	2.40	6.20
九江市	Jiujiang	10.56	23.44	1.70	2.15	10.74	2.51	7.87
瑞昌市	Ruichang	1.63	2.73	0.62	0.17	1.32	0.59	1.27
共青城	Gongqing	1.06	0.50	0.28	0.18	1.19	0.05	1.53
新余市	Xinyu	8.88	11.86	1.81	1.24	8.01	2.66	5.10
鹰潭市	Yingtan	2.50	2.85	1.00	2.30	2.88	0.57	6.00
贵溪市	Guixi	3.61	4.50	0.28	0.80	2.52	0.36	1.50
赣州市	Ganzhou	10.68	20.35	2.50	12.72	2.24	2.09	10.00
瑞金市	Ruijin	2.30	2.10	1.10	1.21	3.15	2.33	2.96
南康市	Nankang	5.31	3.72	1.10	1.58	3.38	1.22	3.56
吉安市	Ji'an	6.21	10.40	2.01	1.28	6.05	2.13	4.06
井冈山市	Jinggangshan	0.93	0.97	0.25	0.15	0.16	0.49	0.57
宜春市	Yichun	9.76	7.45	1.60	2.60	7.25	2.15	10.00
丰城市	Fengcheng	5.11	16.37	0.97	1.06	3.58	1.61	4.13
樟树市	Zhangshu	3.20	4.23	0.97	0.60	4.00	0.50	2.73
高安市	Gaoan	2.96	6.25	0.36	0.89	2.75	0.75	1.60
抚州市	Fuzhou	8.49	10.92	1.19	0.20	8.74	0.88	4.99
上饶市	Shangrao	0.05	5.88	0.29	0.17	1.18	2.18	6.12
德兴市	Dexing	1.63	1.00	0.16	0.11	0.80	0.50	1.80

10-3 市政公用设施建设固定资产投资（2011年）
Basic Statistics on Investment in Public Utilities and Municipal Construction (2011)

单位：万元 (10000 yuan)

城市	City	本年完成投资合计 Total Investment this year	供水 Water Supply	燃气 Gas Supply	道路桥梁 Roads & Bridges	排水 Drain	#污水处理及其再生利用 Sewage Disposal & Reuse
合计	**Total**	**5452089**	**57620**	**427900**	**3595860**	**132987**	**75621**
南昌市	Nanchang	1316914	4810	20034	1111848	8847	8335
景德镇市	Jingdezhen	202593	316	69100	72732	8395	550
乐平市	Leping	133999	13121	10005	35268	28576	28576
萍乡市	Pingxiang	94404	4580	4000	65497	6227	6227
九江市	Jiujiang	1093654	2526	235500	608071	24700	18500
瑞昌市	Ruichang	20279	257	2884	12090	1063	
共青城	Gongqing	11820	120		7750	1800	
新余市	Xinyu	423963	2800	4080	268130	26000	5000
鹰潭市	Yingtan	155889	1755		116046		
贵溪市	Guixi	18700		1000	17360		
赣州市	Ganzhou	577628	4380	5908	565087	253	
瑞金市	Ruijin	39804			37504		
南康市	Nankang	207092	2280	33100	171317		
吉安市	Ji'an	83638	489		38099	500	
井冈山市	Jinggangshan	20050	890		4300	480	
宜春市	Yichun	217953	536	7450	130591	696	130
丰城市	Fengcheng	34800	4927	910	5590	1653	553
樟树市	Zhangshu	42959	67	336	34515	1790	
高安市	Gaoan	25654	7425	657	17015	143	
抚州市	Fuzhou	331522	2468	8405	86902	19764	8750
上饶市	Shangrao	395122	3573	24531	186839	2100	
德兴市	Dexing	3652	300		3309	2210	

10-3 续表 continued

单位：万元 (10000 yuan)

城市	City	防洪 Flood Protecting	园林绿化 Parks, Gardens and Green Areas	市容环境卫生 Environmental Sanitation	#垃圾处理 Garbage Disposal	其他 Others	本年新增固定资产 Newly Increased Fixed Assets
合计	**Total**	**164788**	**625776**	**23107**	**14446**	**312600**	**2831760**
南昌市	Nanchang	3200	41223	7613	7000	7888	358268
景德镇市	Jingdezhen		50250	1800			173287
乐平市	Leping		41746	4089	2900	1194	6523
萍乡市	Pingxiang		12900	1200			47752
九江市	Jiujiang	1000	147721	2136		72000	479338
瑞昌市	Ruichang		2742			1243	19955
共青城	Gongqing		2000			150	11820
新余市	Xinyu	20750	72417	369	117	29417	295174
鹰潭市	Yingtan	17853	20235				40101
贵溪市	Guixi		340				11461
赣州市	Ganzhou			2000	2000		482659
瑞金市	Ruijin		2300				39804
南康市	Nankang		395				207092
吉安市	Ji'an		43550			1000	81598
井冈山市	Jinggangshan		14300	80			5070
宜春市	Yichun	1300	57891	299	215	19190	99304
丰城市	Fengcheng		19616	2104	2104		34800
樟树市	Zhangshu	685	4819	610	110	137	24718
高安市	Gaoan		115	299			25654
抚州市	Fuzhou	120000	53463	443		40077	332999
上饶市	Shangrao		37710	65		140304	50731
德兴市	Dexing		43				3652

10-4 市政设施水平（2011年）
Basic Statistics on Municipal Infrastructure in Cities (2011)

城 市	City	人口密度（人/平方公里）Population Density (person/sq.km)	人均日生活用水量(升) Per Capita Daily Consumption of Tap Water for Residential Use (liter)	用水普及率(%) Rate of Population with Access to Tap Water (%)	燃气普及率(%) Rate of Population with Access to Gas (%)	人均城市道路面积(平方米) Per Capita Area of Roads (sq.m)	排水管道密度(公里/平方公里) Density of Drainpipe (km/sq.km)
合 计	**Total**	**4527**	**175**	**97.94**	**94.31**	**14.40**	**8.41**
南昌市	Nanchang	10040	252	99.70	94.44	8.90	8.03
景德镇市	Jingdezhen	2328	189	99.68	99.22	16.46	8.94
乐平市	Leping	3357	93	100.00	94.37	12.59	10.21
萍乡市	Pingxiang	4438	115	100.00	95.79	16.82	6.93
九江市	Jiujiang	6873	126	100.00	98.01	21.50	9.90
瑞昌市	Ruichang	7672	140	96.91	94.12	19.04	9.25
共青城	Gongqing	3629	153	72.05	70.87	18.62	5.51
新余市	Xinyu	1830	185	100.00	99.05	22.62	10.63
鹰潭市	Yingtan	2659	189	94.33	92.72	17.91	2.57
贵溪市	Guixi	1380	133	93.96	90.98	15.87	5.45
赣州市	Ganzhou	7213	143	100.00	97.32	9.58	6.10
瑞金市	Ruijin	3622	64	89.16	62.04	6.85	3.10
南康市	Nankang	4890	135	99.39	96.85	15.36	10.41
吉安市	Ji'an	1467	150	94.03	96.66	19.96	12.05
井冈山市	Jinggangshan	5103	188	80.43	44.24	21.23	4.92
宜春市	Yichun	5722	147	95.13	95.01	13.16	7.76
丰城市	Fengcheng	7837	216	90.00	95.00	16.32	5.87
樟树市	Zhangshu	4750	83	94.78	98.40	15.67	8.07
高安市	Gaoan	5998	139	100.00	87.93	12.08	7.10
抚州市	Fuzhou	6014	192	99.82	98.64	18.78	11.92
上饶市	Shangrao	6604	148	99.73	95.01	20.60	12.82
德兴市	Dexing	3105	133	98.31	91.41	11.33	9.14

10-4 续表 continued

城 市	City	污水处理率(%) Treatment Rate of Polluted Water (%)	#污水处理厂集中处理率 Intensive Treatment Rate of Polluted Water by Sewage Factories	人均公园绿地面积(平方米) Per Capita Park Green Land (sq.m)	建成区绿化覆盖率(%) Rate of Afforestation Covered Area to Developed Area (%)	建成区绿地率(%) Rate of Green Area to Developed Area (%)	生活垃圾处理率(%) Treatment Rate of Garbage Disposal (%)	#生活垃圾无害化处理率 Innocent Rate of Garbage Disposal
合 计	**Total**	**85.08**	**83.69**	**13.49**	**46.81**	**43.35**	**100.00**	**88.27**
南昌市	Nanchang	89.01	89.01	9.18	42.96	40.58	100.00	100.00
景德镇市	Jingdezhen	65.00	65.00	16.01	54.66	53.23	100.00	100.00
乐平市	Leping	76.76	76.76	17.25	48.85	45.50	100.00	100.00
萍乡市	Pingxiang	81.24	81.24	12.28	46.88	44.94	100.00	100.00
九江市	Jiujiang	99.12	96.73	18.73	57.10	54.49	100.00	100.00
瑞昌市	Ruichang	94.96	94.96	12.17	42.28	37.97	100.00	
共青城	Gongqing	47.83	47.83	26.57	43.21	43.14	100.00	5.66
新余市	Xinyu	100.00	96.29	17.40	52.67	50.46	100.00	100.00
鹰潭市	Yingtan	93.49	93.49	13.13	37.84	33.80	100.00	100.00
贵溪市	Guixi	48.26	48.26	12.00	41.73	37.42	100.00	100.00
赣州市	Ganzhou	82.21	63.11	12.43	41.53	37.02	100.00	100.00
瑞金市	Ruijin	67.15	67.15	10.91	41.07	24.40	100.00	
南康市	Nankang	61.07	61.07	12.64	41.71	38.97	100.00	100.00
吉安市	Ji'an	80.98	80.98	16.86	45.16	40.64	100.00	100.00
井冈山市	Jinggangshan	88.72	88.72	41.02	56.22	47.06	100.00	100.00
宜春市	Yichun	93.05	93.05	14.24	42.49	39.84	100.00	100.00
丰城市	Fengcheng	85.00	85.00	12.21	52.93	47.28	100.00	100.00
樟树市	Zhangshu	85.77	85.77	12.77	42.84	38.01	100.00	
高安市	Gaoan	31.42	31.42	12.16	44.18	39.96	100.00	
抚州市	Fuzhou	91.25	91.25	17.19	49.60	45.37	100.00	100.00
上饶市	Shangrao	90.29	90.29	15.88	49.08	45.34	100.00	100.00
德兴市	Dexing	46.01	46.01	15.80	46.67	42.76	100.00	

10-5 城市人工煤气生产、供应和使用情况（2011年）

Basic Statistics on Produce,Supply and Use of Gaswork Gas in Cities (2011)

城 市	City	生产能力（万立方米/日） Productive Capacity (10000 cu.m/day)	储气能力（万立方米） Capacity of Gas storage (10000 cu.m)	供气管道长度(公里) Length of Gas Supply Pipelines (km)	自制气量（万立方米） Volume of Home-made Gas(10000 cu.m)	供气总量（万立方米） Volume of Gas Supply (10000 cu.m)
合 计	**Total**	**230.00**	**54.20**	**1510.55**	**2265.00**	**49640.73**
南 昌 市	Nanchang	40.00	16.20	541.51		8030.17
景德镇市	Jingdezhen	108.00	20.00	451.85		22940.78
萍 乡 市	Pingxiang	70.00	7.00	260.00		15781.00
新 余 市	Xinyu	12.00	11.00	257.19	2265.00	2888.78

10-5 续表 continued

城 市	City	销售气量 Volume of Gas Sale	#居民家庭 for Households	燃气损失量 Volume of Gas Loss	用气户数（户） Households with Access to Gas (household)	#家庭用户 Residential Households	用气人口（万人） Population with Access to Gas(10000 persons)
合 计	**Total**	**47292.34**	**10199.42**	**2348.39**	**287656**	**286660**	**94.50**
南 昌 市	Nanchang	8027.48	3951.01	2.69	108206	108035	36.62
景德镇市	Jingdezhen	20916.78	933.78	2024.00	67200	66643	21.65
萍 乡 市	Pingxiang	15541.00	2707.00	240.00	43689	43450	15.64
新 余 市	Xinyu	2807.08	2607.63	81.70	68561	68532	20.59

10-6 城市天然气供应和使用情况（2011年）

Basic Statistics on Supply and Use of Natural Gas in Cities (2011)

城市	City	储气能力（万立方米）Capacity of Gas storage (10000 cu.m)	供气管道长度(公里) Length of Gas Supply Pipelines (km)	供气总量（万立方米）Volume of Gas Supply (10000 cu.m)	销售气量 Volume of Gas Sale
合　计	**Total**	**350.67**	**4904.24**	**27003.63**	**26034.14**
南 昌 市	Nanchang	91.20	1553.98	4762.25	4760.65
景德镇市	Jingdezhen	39.00	90.60	4568.94	4247.45
萍 乡 市	Pingxiang	1.00	57.00	2300.00	2300.00
九 江 市	Jiujiang	24.00	591.90	1870.00	1792.00
瑞 昌 市	Ruichang	0.40	34.22	6.26	6.01
新 余 市	Xinyu	10.00	229.98	6597.30	6394.79
贵 溪 市	Guixi	5.20	30.20	75.20	73.00
赣 州 市	Ganzhou	57.00	575.41	2350.00	2257.00
瑞 金 市	Ruijin	7.00	56.21	110.25	108.21
南 康 市	Nankang	11.30	57.60	54.33	54.30
吉 安 市	Ji'an	36.00	467.00	813.00	780.00
宜 春 市	Yichun	28.00	445.18	1915.00	1730.00
丰 城 市	Fengcheng	9.87	202.09	529.80	526.60
樟 树 市	Zhangshu	16.00	83.42	171.60	170.00
抚 州 市	Fuzhou	12.00	188.73	291.70	280.38
上 饶 市	Shangrao	2.70	240.72	588.00	553.75

10-6 续表 continued

城市	City	#居民家庭 for Households	燃气损失量 Volume of Gas Loss	用气户数（户）Households with Access to Gas (household)	#家庭用户 Residential Households	用气人口（万人）Population with Access to Gas(10000 persons)
合　计	**Total**	**5380.49**	**969.49**	**686922**	**681627**	**259.15**
南 昌 市	Nanchang	1253.51	1.60	218095	216618	76.00
景德镇市	Jingdezhen	0.62	321.49	207	29	0.40
萍 乡 市	Pingxiang	346.75		19100	19000	6.84
九 江 市	Jiujiang	706.00	78.00	55943	54840	17.66
瑞 昌 市	Ruichang	1.00	0.25	2	1	1.00
新 余 市	Xinyu	71.40	202.51	66203	66100	19.83
贵 溪 市	Guixi	17.20	2.20	3120	3103	1.10
赣 州 市	Ganzhou	862.38	93.00	85233	84634	38.50
瑞 金 市	Ruijin	33.00	2.04	4355	4329	2.17
南 康 市	Nankang	42.30	0.03	2013	1995	0.88
吉 安 市	Ji'an	478.00	33.00	42899	41864	19.00
宜 春 市	Yichun	547.80	185.00	53336	53102	20.16
丰 城 市	Fengcheng	520.10	3.20	37960	37949	20.69
樟 树 市	Zhangshu	118.80	1.60	11277	11243	4.50
抚 州 市	Fuzhou	75.87	11.32	51167	51054	17.90
上 饶 市	Shangrao	305.76	34.25	36012	35766	12.52

10-7 城市液化石油气供应和使用情况（2011年）
Basic Statistics on Supply and Use of Liquefied Petroleum Gas in Cities (2011)

城 市	City	储气能力（吨）Capacity of Gas storage (ton)	供气管道长度(公里) Length of Gas Supply Pipelines (km)	供气总量（吨）Volume of Gas Supply (ton)	
					销售气量 Volume of Gas Sale
合 计	**Total**	**17327.10**	**506.62**	**194328.70**	**191492.90**
南昌市	Nanchang	1101.00	411.32	45049.50	45049.50
景德镇市	Jingdezhen	858.00		23560.00	23560.00
乐平市	Leping	334.00		1722.10	1720.00
萍乡市	Pingxiang	1188.00		5275.00	5212.00
九江市	Jiujiang	4530.00		16000.00	16000.00
瑞昌市	Ruichang	560.00		5640.40	5630.40
共青城	Gongqing	32.00		954.70	950.00
新余市	Xinyu	1360.00		1586.00	1571.00
鹰潭市	Yingtan	266.00	65.80	7900.00	7900.00
贵溪市	Guixi	100.00		3602.00	3550.00
赣州市	Ganzhou	1300.00		8100.00	8100.00
瑞金市	Ruijin	200.00		5740.00	5700.00
南康市	Nankang	770.00		8400.00	8400.00
吉安市	Ji'an	2350.00		4500.00	4500.00
井冈山市	Jinggangshan	87.00		368.00	368.00
宜春市	Yichun	290.00		14730.00	13350.00
丰城市	Fengcheng	500.00		4000.00	4000.00
樟树市	Zhangshu	100.10		2300.00	2300.00
高安市	Gaoan	415.00	29.50	7274.00	7270.00
抚州市	Fuzhou	637.00		11600.00	11600.00
上饶市	Shangrao	49.00		12647.00	11382.00
德兴市	Dexing	300.00		3380.00	3380.00

10-7 续表 continued

城 市	City		燃气损失量 Volume of Gas Loss	用气户数（户）Households with Access to Gas (household)		用气人口（万人）Population with Access to Gas(10000 persons)
		#居民家庭 for Households			#家庭用户 Residential Households	
合 计	**Total**	**158207.00**	**2835.80**	**1162805**	**1085826**	**453.61**
南昌市	Nanchang	42866.80		260698	260630	91.22
景德镇市	Jingdezhen	10829.00		75940	75021	23.80
乐平市	Leping	1520.00	2.10	15400	15250	15.59
萍乡市	Pingxiang	5149.00	63.00	39795	38796	13.95
九江市	Jiujiang	12160.00		148000	125000	44.34
瑞昌市	Ruichang	5518.20	10.00	40938	37168	14.54
共青城	Gongqing	880.00	4.70	10235	9748	3.60
新余市	Xinyu	1026.00	15.00	4565	4200	1.26
鹰潭市	Yingtan	4500.00		58393	47000	15.53
贵溪市	Guixi	3530.00	52.00	27000	25000	10.20
赣州市	Ganzhou	7900.00		65000	61000	32.30
瑞金市	Ruijin	3700.00	40.00	21200	20200	16.48
南康市	Nankang	8200.00		45236	45100	22.80
吉安市	Ji'an	3600.00		33840	33040	11.95
井冈山市	Jinggangshan	288.00		2680	2128	1.65
宜春市	Yichun	8526.00	1380.00	71000	69200	27.68
丰城市	Fengcheng	4000.00		34270	34270	10.28
樟树市	Zhangshu	1900.00		38900	21000	17.00
高安市	Gaoan	7270.00	4.00	49750	49750	18.29
抚州市	Fuzhou	11600.00		31800	31800	32.70
上饶市	Shangrao	10244.00	1265.00	71397	64257	22.49
德兴市	Dexing	3000.00		16768	16268	5.96

10-8 城市公共交通和出租车情况（2011年）
Basic Statistics on Public Transportation and Taxi in Cities (2011)

城市	City	公共交通 Public Transportation 运营车数（辆） Number of Public Vehicles Under Operation (unit)	公交专用车道长度（公里） Lengh of roads for Public Vehicles Only (km)	标准运营车数（标台） Number of Standard Vehicles Under Operation (standardized)
合计	**Total**	**7282**	**22**	**8360**
南昌市	Nanchang	3300	12	4117
景德镇市	Jingdezhen	414		498
乐平市	Leping	98		85
萍乡市	Pingxiang	373		423
九江市	Jiujiang	498	4	573
瑞昌市	Ruichang	45		42
共青城	Gongqing	9		13
新余市	Xinyu	378		367
鹰潭市	Yingtan	160		163
贵溪市	Guixi	63		65
赣州市	Ganzhou	506	6	535
瑞金市	Ruijin	58		46
南康市	Nankang	100		94
吉安市	Ji'an	212		229
井冈山市	Jinggangshan	6		7
宜春市	Yichun	301		312
丰城市	Fengcheng	93		93
樟树市	Zhangshu	71		87
高安市	Gaoan	47		47
抚州市	Fuzhou	258		266
上饶市	Shangrao	257		263
德兴市	Dexing	35		35

10-8 续表 continued

城市	City	运营线路总长度（公里） Network Length (km)	客运总量（万人次） Number of Passengers Carried by Bus (10000 person-times)	出租车 Taxi 运营车数（辆） Number of Taxi under Operation (unit)	客运总量（万人次） Number of Passengers Carried by Taxi (10000 person-times)
合计	**Total**	**10798**	**121968**	**11397**	**47627**
南昌市	Nanchang	3836	59248	4345	18135
景德镇市	Jingdezhen	547	7684	595	2182
乐平市	Leping	140	763	110	207
萍乡市	Pingxiang	268	6205	600	3248
九江市	Jiujiang	633	9244	1487	6623
瑞昌市	Ruichang	296	269	210	833
共青城	Gongqing	156	143	60	526
新余市	Xinyu	852	6157	531	3086
鹰潭市	Yingtan	296	2480	271	1112
贵溪市	Guixi	121	840	138	968
赣州市	Ganzhou	726	6715	692	2610
瑞金市	Ruijin	95	332	71	138
南康市	Nankang	165	1200	24	47
吉安市	Ji'an	486	3722	393	1713
井冈山市	Jinggangshan	200	54	27	68
宜春市	Yichun	678	4976	404	1538
丰城市	Fengcheng	153	1290	200	590
樟树市	Zhangshu	301	548	120	388
高安市	Gaoan	44	531	180	541
抚州市	Fuzhou	498	4780	329	1542
上饶市	Shangrao	235	3857	511	1146
德兴市	Dexing	72	930	99	386

10-9 城市道路和桥梁情况（2011年）
Basic Statistics on Urban Roads and Bridges (2011)

城 市	City	道路长度（公里）Length of Roads(km)	道路面积（万平方米）Area of Roads (10000 sq.m)	#人行道 Sidewalk	桥梁数（座）Number of Bridges(unit)	#立交桥 Crossroads
合 计	**Total**	**6086.1**	**12328.9**	**2604**	**560**	**53**
南昌市	Nanchang	977.4	1921.1	467	155	12
景德镇市	Jingdezhen	356.7	760.7	107	30	1
乐平市	Leping	163.9	208.0	54	3	1
萍乡市	Pingxiang	232.8	639.7	165	28	2
九江市	Jiujiang	791.6	1360.1	240	53	12
瑞昌市	Ruichang	269.9	314.4	60	38	
共青城	Gongqing	62.3	94.6	29	2	1
新余市	Xinyu	397.0	951.8	246	30	7
鹰潭市	Yingtan	127.0	300.0	80	24	6
贵溪市	Guixi	108.3	197.1	46	10	5
赣州市	Ganzhou	262.0	697.2	60	19	
瑞金市	Ruijin	139.9	206.0	32	11	
南康市	Nankang	192.5	375.5	146	21	
吉安市	Ji'an	301.1	639.0	160	14	
井冈山市	Jinggangshan	37.7	79.2	24	17	
宜春市	Yichun	304.5	662.5	102	19	1
丰城市	Fengcheng	241.5	531.9	84	7	2
樟树市	Zhangshu	162.3	342.5	102	22	
高安市	Gaoan	157.6	251.4	67	11	
抚州市	Fuzhou	402.1	963.4	235	24	3
上饶市	Shangrao	347.2	759.1	87	13	
德兴市	Dexing	50.8	73.9	11	9	

10-9 续表 continued

城 市	City	道路照明灯盏数（盏）Number of Street Lights (units)	安装路灯的道路长度（公里）Length of Roads with Lights (km)	防洪堤长度（公里）Length of Flood Protecting Embankments (km)	#百年一遇标准 100 Years Once Standard	#五十年一遇标准 50 Years Once Standard
合 计	**Total**	**502279**	**3982**	**647**	**187**	**289**
南昌市	Nanchang	70654	481	129	129	
景德镇市	Jingdezhen	50200	314	10		
乐平市	Leping	6760	97	15		15
萍乡市	Pingxiang	36241	144	32		32
九江市	Jiujiang	30741	341	33		
瑞昌市	Ruichang	7373	47	18		10
共青城	Gongqing	3697	32	14	14	
新余市	Xinyu	76568	328	55	24	31
鹰潭市	Yingtan	11875	115	48		
贵溪市	Guixi	8515	108	3		3
赣州市	Ganzhou	15692	129	21		21
瑞金市	Ruijin	3088	28	99	10	70
南康市	Nankang	6825	182	24		
吉安市	Ji'an	31728	273	23	6	12
井冈山市	Jinggangshan	5165	18			
宜春市	Yichun	21199	218	16		16
丰城市	Fengcheng	22280	194			
樟树市	Zhangshu	5531	90	7		7
高安市	Gaoan	10387	144	37		37
抚州市	Fuzhou	29341	390	31	4	27
上饶市	Shangrao	33408	260	24		
德兴市	Dexing	15011	49	8		8

10-10 城市排水和污水处理情况（2011年）
Basic Statistics on Urban Drainage and Sewage Disposal (2011)

城　市	City	污水排放量（万立方米）Discharged Volume of Sewage (10000 cu.m)	排水管道长度（公里）Length of Drainpipes (km)		污水处理厂 Sewage Treatment Plant			
				#污水管道 Sewage Pipes	座数（座）Units (unit)	#二、三级 Second or Third Grade	日处理能力（万立方米）Daily Disposal Capacity (10000 cu.m)	#二、三级 Second or Third Grade
合　计	**Total**	**74148**	**8580**	**3660**	**32**	**32**	**208.0**	**208.0**
南昌市	Nanchang	29140	1670	1268	5	5	95.0	95.0
景德镇市	Jingdezhen	4411	662	397	1	1	8.0	8.0
乐平市	Leping	925	195	79	1	1	2.0	2.0
萍乡市	Pingxiang	2974	300	31	2	2	9.0	9.0
九江市	Jiujiang	6018	885	260	2	2	16.0	16.0
瑞昌市	Ruichang	834	146	11	1	1	2.5	2.5
共青城	Gongqing	276	77	9	1	1	1.0	1.0
新余市	Xinyu	4507	712	275	2	2	16.0	16.0
鹰潭市	Yingtan	1613	78	12	1	1	5.0	5.0
贵溪市	Guixi	775	148	49	1	1	1.1	1.1
赣州市	Ganzhou	3771	520	201	1	1	6.0	6.0
瑞金市	Ruijin	895	65	13	1	1	2.0	2.0
南康市	Nankang	1328	293	26	1	1	2.0	2.0
吉安市	Ji'an	1803	507	273	2	2	5.0	5.0
井冈山市	Jinggangshan	195	36	24	2	2	1.1	1.1
宜春市	Yichun	2660	427	177	1	1	8.0	8.0
丰城市	Fengcheng	2560	244	127	1	1	5.5	5.5
樟树市	Zhangshu	822	190	42	1	1	2.0	2.0
高安市	Gaoan	2123	158	38	1	1	2.0	2.0
抚州市	Fuzhou	3324	628	130	2	2	9.8	9.8
上饶市	Shangrao	2718	542	193	1	1	8.0	8.0
德兴市	Dexing	476	96	27	1	1	1.0	1.0

10-10 续表 continued

城　市	City	处理量（万立方米）Treated Volume (10000 cu.m)	#二、三级 Second or Third Grade	其他污水处理装置 Other Disposal Equipment		污水处理总量（万立方米）Treated Volume of Sewage (10000 cu.m)	污水处理厂干污泥产生量（吨）Output of Dewatered Sludge (ton)	污水处理厂干污泥处置量（吨）Treated Volume of Dewatered Sludge (ton)
				日处理能力（万立方米）Daily Disposal Capacity (10000 cu.m)	处理量（万立方米）Treated Volume (10000 cu.m)			
合　计	**Total**	**62051**	**62051**	**18.0**	**1031**	**63082**	**89588**	**89588**
南昌市	Nanchang	25937	25937			25937	41188	41188
景德镇市	Jingdezhen	2867	2867			2867	2870	2870
乐平市	Leping	710	710			710	711	711
萍乡市	Pingxiang	2416	2416			2416	4750	4750
九江市	Jiujiang	5821	5821	12.0	144	5965	8221	8221
瑞昌市	Ruichang	792	792			792	1060	1060
共青城	Gongqing	132	132			132	158	158
新余市	Xinyu	4340	4340	4.0	167	4507	4960	4960
鹰潭市	Yingtan	1508	1508			1508	1825	1825
贵溪市	Guixi	374	374			374	374	374
赣州市	Ganzhou	2380	2380	2.0	720	3100	2425	2425
瑞金市	Ruijin	601	601			601	1200	1200
南康市	Nankang	811	811			811	1000	1000
吉安市	Ji'an	1460	1460			1460	2530	2530
井冈山市	Jinggangshan	173	173			173	312	312
宜春市	Yichun	2475	2475			2475	2573	2573
丰城市	Fengcheng	2176	2176			2176	3037	3037
樟树市	Zhangshu	705	705			705	1400	1400
高安市	Gaoan	667	667			667	1200	1200
抚州市	Fuzhou	3033	3033			3033	3090	3090
上饶市	Shangrao	2454	2454			2454	4284	4284
德兴市	Dexing	219	219			219	420	420

10-11 城市园林绿化情况（2011年）
Basic Statistics on Urban Parks, Gardens and Green Areas (2011)

单位：公顷 (hectare)

城 市	City	绿化覆盖面积 Coverage Area of Afforestation	#建成区 Developed Area	园林绿地面积 Area of Green Areas	#建成区 Developed Area
合 计	**Total**	**49308**	**47736**	**45063**	**44216**
南昌市	Nanchang	8938	8936	8442	8440
景德镇市	Jingdezhen	4048	4048	3942	3942
乐平市	Leping	942	933	936	869
萍乡市	Pingxiang	2031	2030	1947	1946
九江市	Jiujiang	5109	5109	4875	4875
瑞昌市	Ruichang	742	668	645	600
共青城	Gongqing	628	605	622	604
新余市	Xinyu	3559	3529	3412	3381
鹰潭市	Yingtan	1154	1154	1031	1031
贵溪市	Guixi	1215	1131	1175	1014
赣州市	Ganzhou	3854	3540	3322	3155
瑞金市	Ruijin	860	860	511	511
南康市	Nankang	1173	1172	1118	1095
吉安市	Ji'an	2430	1898	1939	1708
井冈山市	Jinggangshan	425	411	375	344
宜春市	Yichun	2337	2337	2191	2191
丰城市	Fengcheng	2202	2202	1967	1967
樟树市	Zhangshu	1098	1011	909	897
高安市	Gaoan	1005	983	945	889
抚州市	Fuzhou	2991	2614	2391	2391
上饶市	Shangrao	2077	2075	1919	1917
德兴市	Dexing	490	490	449	449

10-11 续表 continued

单位：公顷 (hectare)

城 市	City	公园绿地面积 Area of Park Green Areas	公园个数（个） Number of Parks(unit)	公园面积 Area of Parks
合 计	**Total**	**11546**	**264**	**7501**
南昌市	Nanchang	1981	26	736
景德镇市	Jingdezhen	740	11	481
乐平市	Leping	285	8	153
萍乡市	Pingxiang	467	15	351
九江市	Jiujiang	1185	13	589
瑞昌市	Ruichang	201	5	82
共青城	Gongqing	135	3	83
新余市	Xinyu	732	27	819
鹰潭市	Yingtan	220	11	166
贵溪市	Guixi	149	4	127
赣州市	Ganzhou	904	22	771
瑞金市	Ruijin	328	4	246
南康市	Nankang	309	5	178
吉安市	Ji'an	540	10	424
井冈山市	Jinggangshan	153	5	68
宜春市	Yichun	717	12	338
丰城市	Fengcheng	398	11	303
樟树市	Zhangshu	279	13	122
高安市	Gaoan	253	2	60
抚州市	Fuzhou	882	24	872
上饶市	Shangrao	585	22	470
德兴市	Dexing	103	11	62

10-12 城市市容环境卫生情况（2011年）
Basic Statistics on Urban Sanitation in Cities (2011)

城市	City	道路清扫保洁面积（万平方米）Area under Cleaning Program (10000 sq.m)	#机械化 Mechanisation	生活垃圾 Residential Garbage 清运量（万吨）Collection & Transport Volume (10 000 tons)	#密闭车（箱）Hermetic Vehicles (Compartment)	处理量（万吨）Disposal Volume (10 000 tons)	无害化处理厂(场)数（座）Number of Innocent Treatment Plants (unit)
合计	**Total**	**10217**	**2767**	**306.55**	**265.65**	**306.55**	**16**
南昌市	Nanchang	2095	914	74.82	74.82	74.82	1
景德镇市	Jingdezhen	374	76	14.57		14.57	1
乐平市	Leping	170		6.57		6.57	1
萍乡市	Pingxiang	346	100	16.06	16.06	16.06	1
九江市	Jiujiang	767	189	19.36	14.25	19.36	2
瑞昌市	Ruichang	210	48	5.00	5.00	5.00	
共青城	Gongqing	78	32	5.30	4.60	5.30	
新余市	Xinyu	1126	199	15.35	15.35	15.35	1
鹰潭市	Yingtan	171	59	7.43	4.70	7.43	1
贵溪市	Guixi	109	35	5.60	5.60	5.60	
赣州市	Ganzhou	647	194	28.51	28.51	28.51	1
瑞金市	Ruijin	280	125	9.47	9.05	9.47	
南康市	Nankang	300	23	7.59	7.59	7.59	1
吉安市	Ji'an	316	260	11.66	11.66	11.66	1
井冈山市	Jinggangshan	105	24	2.93	2.93	2.93	1
宜春市	Yichun	607	185	14.90	14.90	14.90	1
丰城市	Fengcheng	567	2	9.52		9.52	1
樟树市	Zhangshu	152		6.50	6.50	6.50	
高安市	Gaoan	118	34	6.49	5.67	6.49	
抚州市	Fuzhou	883	120	18.19	18.19	18.19	1
上饶市	Shangrao	700	136	17.23	17.23	17.23	1
德兴市	Dexing	96	12	3.50	3.04	3.50	

10-12 续表 continued

城市	City	日无害化处理能力（吨）Daily Innocent Treatment Capacity (ton)	无害化处理量（万吨）Volume of Innocent Treatment (10000 tons)	粪便 Excrement and Urine 清运量（万吨）Collection & Transport Volume (10000 tons)	处理量（万吨）Disposal Volume (10000 tons)	公共厕所（座）Number of Public Lavatories (unit)	市容环卫专用车辆设备总数（辆）Number of Special Vehicles for Environmental Sanitation (unit)
合计	**Total**	**8215**	**270.59**	**36.77**	**8.24**	**2009**	**1044**
南昌市	Nanchang	1600	74.82	0.70	0.70	329	270
景德镇市	Jingdezhen	360	14.57			204	30
乐平市	Leping	255	6.57			75	11
萍乡市	Pingxiang	462	16.06	1.53	1.53	142	70
九江市	Jiujiang	1100	19.36	30.20		242	104
瑞昌市	Ruichang					36	12
共青城	Gongqing		0.30			5	15
新余市	Xinyu	635	15.35	0.32		90	79
鹰潭市	Yingtan	250	7.43			19	28
贵溪市	Guixi		5.60			18	7
赣州市	Ganzhou	958	28.51	2.90	4.93	96	68
瑞金市	Ruijin			0.58		50	24
南康市	Nankang	200	7.59			43	24
吉安市	Ji'an	300	11.66			119	33
井冈山市	Jinggangshan	35	2.93			4	20
宜春市	Yichun	350	14.90		0.54	104	44
丰城市	Fengcheng	260	9.52	0.30	0.30	48	38
樟树市	Zhangshu			0.10	0.10	54	26
高安市	Gaoan			0.14	0.14	30	38
抚州市	Fuzhou	650	18.19			186	56
上饶市	Shangrao	800	17.23			105	32
德兴市	Dexing					10	15

主要统计指标解释

供水综合生产能力 指按供水设施取水、净化、送水、出厂输水干管等环节设计能力计算的综合生产能力。包括在原设计能力的基础上，经挖、革、改增加的生产能力。计算时，以四个环节中最薄弱的环节为主确定能力。

年末供水管道长度 指从送水泵至用户水表之间所有管道的长度。不包括新安装尚未使用、水厂内以及用户建筑物内的管道。

全年供水总量 指报告期供水企业(单位)供出的全部水量。包括有效供水量和漏损水量。

生活用水量 包括公共服务用水和居民家庭用水。公共服务用水指为城市社会公共生活服务的用水。包括行政事业单位、部队营区和公共设施服务、社会服务业、批发零售贸易业、旅馆饮食业以及其他公共服务业等单位的用水。居民家庭用水指城市范围内所有居民家庭的日常生活用水。包括城市居民、农民家庭、公共供水站用水。

用水普及率 指城市用水人口数与城市人口总数的比率。计算公式:

$$\text{用水普及率}=\frac{\text{城市用水人口数}}{\text{城市人口总数}}\times 100\%$$

人工煤气生产能力 指报告期末人工煤气生产厂制气、净化、输送等环节的综合生产能力，不包括备用设备能力。一般按设计能力计算，如果实际生产能力大于设计能力时，应按实际测定的生产能力计算。测定时应以制气、净化、输送三个环节中最薄弱的环节为主。

供气管道长度 指报告期末从气源厂压缩机的出口或门站出口至各类用户引入管之间的全部已经通气投入使用的管道长度。不包括煤气生产厂、输配站、液化气储存站、灌瓶站、储配站、气化站、混气站、供应站等厂(站)内的管道。

全年供气总量 指全年燃气企业(单位)向用户供应的燃气数量。包括销售量和损失量。

燃气普及率 指报告期末使用燃气的城市人口数与城市人口总数的比率。计算公式为:

$$\text{燃气普及率}=\frac{\text{城市用气人口数}}{\text{城市人口总数}}\times 100\%$$

年末道路长度 指年末道路长度和与道路相通的桥梁、隧道的长度，按车行道中心线计算。在统计时只统计路面宽度在3.5米(含3.5米)以上的各种铺装道路，包括开放型工业区和住宅区道路在内。

城市桥梁 指为跨越天然或人工障碍物而修建的构筑物。包括跨河桥、立交桥、人行天桥以及人行地下通道等。按使用年限分为永久性桥和半永久性桥。

城市排水管道长度 指所有排水总管、干管、支管、检查井及连接井进出口等长度之和。

城市污水日处理能力 指污水处理厂(或污水处理装置)每昼夜处理污水量的设计能力。

年末运营车数 指年末城市用于公共交通运营业务的全部车辆数。新购、新制和调入的运营车辆，自投入之日起开始计算；调出、报废和调作他用的运营车辆，自上级主管机关批准之日起不再计入。

城市绿地面积 指报告期末用作园林和绿化的各种绿地面积。包括公园绿地、生产绿地、防护绿地、附属绿地和其他绿地的面积。

公园绿地 城市中向公众开放的以游憩为主要功能，有一定的游憩设施和服务设施，同时兼有健全生态、美化景观，防灾减灾等综合作用的绿化用地。包括综合公园，社区公园、专类公园、带状公园和街旁绿地。其中综合公园、专类公园和带状公园面积之和为公园面积。

清扫保洁面积 指报告期末对城市道路和公共场所（主要包括城市行车道、人行道、车行隧道、人行过街地下通道、道路附属绿地、地铁站、高架路、人行过街天桥、立交桥、广场、停车场及其他设施等）进行清扫保洁的面积。一天清扫多次的，按清扫保洁面积最大的一次计算。

市容环卫专用车辆 指用于环境卫生作业、监察的专用车辆和设备，包括用于道路清扫、冲洗、洒水、除雪、垃圾粪便清运、市容监察以及与其配套使用的车辆和设备。

每万人拥有公共交通车辆 指报告期末城区内每万人平均拥有的公共交通车辆标台数。计算公式:

$$\text{每万人拥有公共交通车辆}=\frac{\text{公共交通运营车标台数}}{\text{城市人口总数}}$$

生活垃圾清运量 指报告期内收集和运送到垃圾处理厂(场)的生活垃圾数量。生活垃圾指城市日常生活或为城市日常生活提供服务的活动中产生的固体废物以及法律行政规定的视为城市生活垃圾的固体废物。包括：居民生活垃圾、商业垃圾、集市贸易市场垃圾、街道清扫垃圾、公共场所垃圾和机关、学校、厂矿等单位的生活垃圾。

Explanatory Notes on Main Statistical Indicators

Production Capacity of Water Supply refers to the designed overall production capacity of water facilities, covering the four segments of water collection, purification, conveyance, and outflow through trunk pipelines. Increased capacity through transformation and innovation projects is included as well. The capacity is determined mainly on the weakest of the above-mentioned four segments.

Length of Water Supply Pipelines at the Year-end refers to the total length of all the pipelines between the water pumps and the user water meters, excluding pipelines newly installed but not used yet, pipeline in the water factory,and pipeline in the user's buildings.

Annual Volume of Water Supply refers to the total volume of water supplied by water-works (units) during the reference period, including both the effective water supply and loss during the water supply.

Consumption of Water for Residential Use refers to water consumption of households for daily life and water consumption of public service facilities. The latter refers to water consumption for urban public services, including the consumption of government agencies and public institutions, military barracks, public facilities, wholesale and retail outlets, restaurants, hotels, and other units providing public services. Household water consumption refers to consumption of water for daily life of all households within the boundary of cities, including households of urban residents and farmers, and public water supply stations.

Coverage Rate of Urban Population with Access to Tap Water refers to the ratio of the urban population with access to tap water to the total urban population. The formula is:

$$\text{Coverage of urban population with access to tap water} = \frac{\text{Urban population with access to tap water}}{\text{Urban population}} \times 100\%$$

Production Capacity of Gaswork Gas refers to the overall production capacity of the urban gasworks in gas generation, purification and delivery at the end of the reference period, excluding capacity of the reserved facilities. In general, it is determined by the designed capacity, and when actual production capacity is larger than the designed capacity, the capacity is determined by the actual measurement on the weakest segment in the production, purification and delivery.

Length of Gas Pipelines refers to the total length of pipelines in use between the outlet of the compressor of gas-work or outlet of gas stations and the leading pipe of users, excluding pipelines within gasworks, delivery stations, LPG storage stations, refilling stations, gas-mixing stations and supply stations.

Volume of Gas Supply refers to the total volume of gas provided to users by gas-producing enterprises (units) in a year, including the volume sold and the volume lost.

Coverage Rate of Urban Population with Access to Gas refers to the ratio of the urban population with access to gas to the total urban population at the end of the reference period. The formula is:

$$\text{Coverage rate of urban population with access to gas} = \frac{\text{Urban population with access to gas}}{\text{Urban population}} \times 100\%$$

Length of Paved Roads at Year-end refers to the length of roads with paved surface including bridges and tunnels connected with roads by the end of the year. Length of the roads is measured by the central lines for vehicles for paved roads with a width of 3.5 meters and over, including roads in open-ended factory compounds and residential quarters.

Urban Bridges refer to bridges built to cross over natural or man-made barriers, including bridges over rivers, overpasses for traffic and for pedestrians, underpasses for pedestrians, etc. Both permanent and semi-permanent bridges are included.

Length of Urban Sewage Pipes refers to the total length of general drainage, trunks, branch and inspection wells, connection wells, inlets and outlets, etc.

Daily Disposal Capacity of Urban Sewage refers to the designed 24-hour capacity of sewage disposal by the sewage treatment works or facilities.

Number of Vehicles under Operation at Year-end refers to the total number of vehicles under operation by public transport enterprises (units) at the end of the year, based on the records of operational vehicles by the enterprises (units).

Area of Urban Green Areas refers to the total area occupied for green projects at the end of the reference period, including park green land, production green land, protection green land, green land attached to institutions, and other green areas.

Park Green Area refers to green areas open to the public for amusement and rest with the facilities of amusement, rest and services. Its function includes perfecting ecology, beautifying landscape, and preventing and reducing disaster. Park green areas include comprehensive park, community park, topic park, belt-shaped park and green area nearby street. Total areas of comprehensive park, topic park and belt-shaped is the area of park.

Area Cleaned refers to the area which are regularly cleaned, as at the end of the reference period, at urban roads and public places (mainly including urban roadways, pedestrian walkways, vehicular tunnels, pedestrian underpasses, underground railway stations, lifted roads, pedestrians walk bridges, overpasses, plazas, carparks and other facilities). If there are several times of cleaning in a day at a location, the area of that time of cleaning with the largest area cleaned will be taken.

Vehicles Dedicated to Urban Cleanliness and Environmental Sanitation refer to vehicles and facilities dedicated for use in the operation, management and monitoring of environmental hygiene work. They include vehicles for road cleaning, washing, showering, ice removal, disposal of garbage and human wastes, cleanliness monitoring and related activities.

Public Transportation Vehicles per 10000 Population refers to the number of public transportation vehicles, at the end of the reference period, per 10000 population in the city district. The formula for calculation is:

$$\text{Public Transportation Vehicles per 10000 Population} = \frac{\text{Number of Public Transportation Vehicles}}{\text{City District Population}}$$

Consumption Wastes Transported refers to volume of consumption wastes collected and transported to disposal factories or sites. Consumption wastes are solid wastes produced from urban households or from service activities for urban households, and solid wastes regarded by laws and regulations as urban consumption wastes, including those from households, commercial activities, markets, cleaning of streets, public sites, offices, schools, factories, mining units and other sources.

林业建设和生态环境

PORESTRY CONSTRUCTION AND ECOLOGY

◆203/237

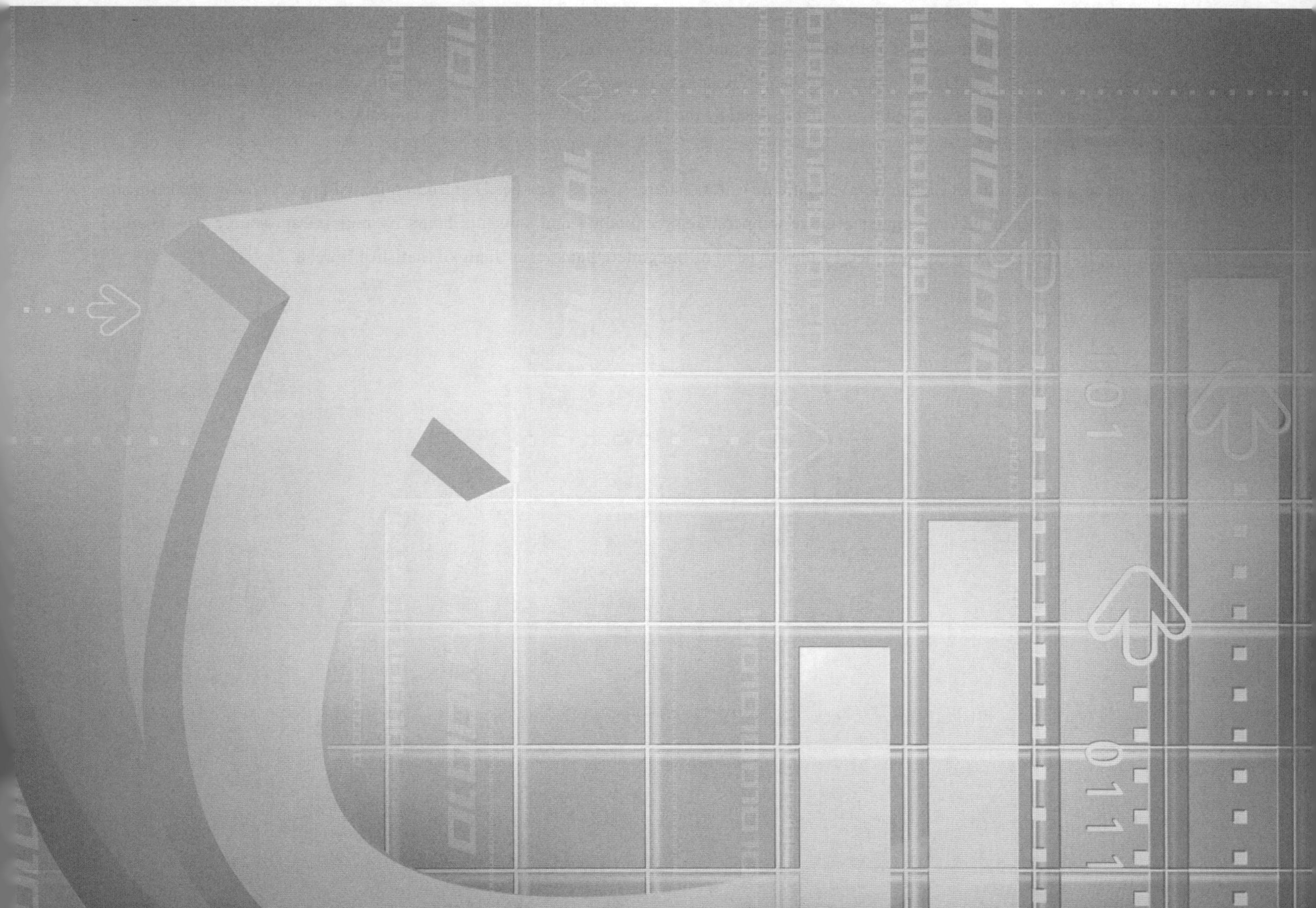

资料整理及英文翻译：张辉、张家琦、杨建萍

简要说明

本篇资料由林业建设、环境保护、水资源和气象三个部分组成。

林业建设部分反映全省森林生态建设和林业发展的情况。主要包括森林资源、生态建设、产业发展、固定资产投资、国有林场以及森林主要灾害的情况。资料来源于省林业厅年报数据。由省统计局农业处整理提供。

环境保护统计资料包括工业废水、生活污水排放及治理情况；工业废气排放及处理情况；一般工业固体废物的产生、处理及利用情况；城镇生活污染情况；烟（粉）尘排放情况。资料来源于省环保厅，由省统计局科技环保处整理提供。

水资源资料主要包括水资源总量、供水量及用水量，资料来源于省水文局；气象资料主要包括各设区市平均气温、降水量、日照等方面的资料，资料来源于省气象局。由省统计局综合处整理提供。

Brief Introduction

This chapter includes three parts: urban construction; environment protection; water resources and meteorological.

Data in this chapter show the basic condition of the construction of forest ecology and forestry development. They include the condition of the forest resources, ecology construction, industrial development, investments in fixed assets, state-owned farms, and forest disaster. Data source from the Forestry department of Jiangxi Province. Data are provided by ….

Data on environment protection include discharge and treatment of industrial and consumption waste water; emission treatment and utilization of general industrial waste gas;urban household pollution; industrial waste air and dust emitted. Data source from Bureau of Environmental Proctection. Data are provided by the Division of Science and Environmental Protection of Jiangxi Statistics Bureau.

Data on water resources include total amount of water resources,supply and ues.Data source from Jiangxi Hydrological Bureau. Data on meteorological include annual average temperature,precipitation and sunshine hours by region.Data source from Jiangxi Meteorological Bureau. Data are provided by the Division of Integrated Statistics of Jiangxii Statistics Bureau.

11-1 森林资源情况

Condition of Forest Resourses

指标	Item	1949	1964	1977	1983	1988
全省林业用地总面积(千公顷)	**Total Forest Land Area (1000 hectares)**			**10578.31**	**10456.00**	**10496.20**
有林地面积	Soil Surface of Forest	6736.00	6226.00	5462.25	5532.00	5992.40
用材林	Timber Forest		4715.55	3748.89	3413.00	3555.70
防护林	Protection Forest		346.68	51.07	120.00	191.90
薪炭林	Fuel Forest			223.34	385.00	577.20
特种用材林	Forest for Special Purpose				19.00	32.00
经济林	Economic Forest		767.98	982.70	1085.00	1101.60
#油茶林	Camellia Oleifera			906.12	945.00	972.00
竹　林	Bamboo Forest		395.79	456.25	510.00	534.00
稀疏林	Sparse Forest		1474.00	676.39	1566.00	1421.30
灌木林	Shrubbery		327.00	690.75	272.00	107.20
未成林造林地	Immature Forest Land			350.97	232.00	426.90
荒山宜林地	Barren			3109.20	2854.00	2342.20
其他	Others			288.75		206.20
活立木总蓄积量(万立方米)	**Total Standing Forest Stock (10000 cu.m)**	**51926.80**	**40010.80**	**30084.90**	**25375.70**	**24219.19**
杉木林	Fir Forest			5176.96	5662.30	6376.39
马尾松	Redpine			7907.72	5639.60	3997.69
阔叶树及其它	Broadleafe Tree and Others			17000.23	14073.80	13845.11
毛竹林蓄积量(万株)	**Mao Bamboo Reserves (10000 units)**		**55225.02**	**69189.27**	**88025.40**	**95737.00**
森林覆盖率(%)	**Forest Coverage Rate (%)**	**40.30**	**37.30**	**37.22**	**34.73**	**36.88**

注：本表数据为林业普查年份数据。
a)The data in the table were the figures of general survey of forest.

11-1 续表 continued

指标	Item	1991	1996	1999	2004	2011
全省林业用地总面积(千公顷)	**Total Forest Land Area (1000 hectares)**	**10483.40**	**10453.20**	**10628.75**	**10626.47**	**10720.22**
有林地面积	Soil Surface of Forest	6727.70	8897.80	9506.55	9413.00	9278.57
用材林	Timber Forest	4148.80	5902.10	3813.91	3800.88	5858.17
防护林	Protection Forest	255.80	352.00	3439.84	3521.63	3193.41
薪炭林	Fuel Forest	610.70	608.00	186.20	67.35	75.78
特种用材林	Forest for Special Purpose	30.40	44.80	362.22	449.96	547.81
经济林	Economic Forest	1130.40	1363.50	961.55	749.29	814.88
#油茶林	Camellia Oleifera	986.40	1011.50	742.50	696.76	699.19
竹　林	Bamboo Forest	551.60	627.30	742.82	823.88	986.45
稀疏林	Sparse Forest	1165.50	441.70	168.39	138.70	111.59
灌木林	Shrubbery	105.60	217.60	397.05	490.47	122.57
未成林造林地	Immature Forest Land	562.20	211.20	143.77	317.01	230.11
荒山宜林地	Barren	1811.40	531.30	121.64	127.75	60.64
其他	Others	111.00	153.60	291.35	139.54	90.53
活立木总蓄积量(万立方米)	**Total Standing Forest Stock (10000 cu.m)**	**24590.10**	**27695.69**	**28992.72**	**35357.23**	**44530.55**
杉木林	Fir Forest	7013.65	8168.95	10262.04	12464.90	14528.74
马尾松	Redpine	3933.33	5131.51	8895.39	11115.11	11653.61
阔叶树及其它	Broadleafe Tree and Others	13643.12	14395.23	9835.29	11777.23	18348.20
毛竹林蓄积量(万株)	**Mao Bamboo Reserves (10000 units)**	**105065.00**	**108556.00**	**136984.00**	**150209.02**	**190860.33**
森林覆盖率(%)	**Forest Coverage Rate (%)**	**40.93**	**55.24**	**59.70**	**60.05**	**63.10**

11-2 造林面积和营林情况

单位：千公顷

年 份 地 区 Year Region	造林总面积 Total Afforested Area			按林种用途分		
		#公有经济造林 Public Ownership	#人工造林 Manual Planting	用材林 Timber Forests	经济林 By-Product Forest	防护林 Protection Forest
1978	241.73	195.95	241.73	115.76	95.24	0.45
1980	225.85	177.09	225.85	136.51	80.56	2.95
1985	409.05	314.53	409.05	247.87	32.87	14.42
1990	276.19	259.07	276.19	185.70	12.57	11.07
1991	506.00	358.47	389.10	331.00	20.60	68.60
1992	435.00	367.20	372.30	277.07	50.73	81.40
1993	243.27	190.60	215.40	159.13	44.07	27.80
1994	251.93	232.82	229.90	145.03	55.16	37.89
1995	250.09	221.57	227.10	143.98	54.76	37.30
1996	191.43	172.02	171.00	89.98	58.43	29.73
1997	81.00	73.78	68.60	46.92	25.11	7.18
1998	53.07	46.58	47.10	23.70	21.81	7.05
1999	36.72	33.07	30.80	12.57	12.09	11.48
2000	35.23	30.58	28.20	13.45	10.32	11.29
2001	37.15	25.17	28.30	10.32	6.40	20.11
2002	162.28	77.95	162.28	20.50	19.63	121.64
2003	219.75	84.53	219.75	21.30	24.46	172.98
2004	58.10	15.49	58.10	19.58	3.62	33.85
2005	47.59	16.60	47.59	20.74	3.91	22.14
2006	63.60	20.77	63.60	36.35	4.39	22.38
2007	157.42	31.52	147.58	95.25	20.30	41.16
2008	267.03	71.24	234.60	147.43	32.91	84.85
2009	228.63	63.47	209.02	120.39	23.28	82.53
2010	200.78	47.86	170.86	103.88	32.51	59.73
2011	164.52	38.70	141.69	71.03	33.42	56.94
南昌市 Nanchang	7.55	3.58	7.02	3.65	0.76	2.92
景德镇市 Jingdezhen	2.93	1.16	2.13	1.30	0.74	0.87
萍乡市 Pingxiang	11.67	1.97	9.14	6.49	2.13	3.06
九江市 Jiujiang	22.56	3.43	21.29	11.67	4.34	5.66
新余市 Xinyu	5.01	1.53	3.75	2.77	0.76	1.49
鹰潭市 Yingtan	5.45	2.51	5.11	2.63	0.54	1.94
赣州市 Ganzhou	33.69	4.15	28.86	14.64	7.43	11.54
吉安市 Ji'an	17.55	9.77	14.08	6.02	3.79	6.82
宜春市 Yichun	20.70	5.18	18.57	9.00	5.20	6.37
抚州市 Fuzhou	13.28	2.05	10.95	3.92	3.86	5.47
上饶市 Shangrao	24.06	3.31	20.72	8.93	3.87	10.76

注：2002以前年末实有封山育林面积含封山护林面积

a)Before the 2002,the areas of Fenced off for afforest include the protection at the end of year.

Condition of Afforested Area and Silviculture

(1000 hectares)

By Function of Forest		年末实有封山育林面积 Area Fenced off for Afforestation	更新造林面积 Area of Slash Reforestation	低产低效林改造面积 Reconstrueted Area of Forest of Poor Output	零星(四旁)植树(万株) Scattered Tree-planting (10000 units)
薪炭林 Firewood	特种用途林 Special Using				
	30.28		18.08		3595.88
	5.83	552.20	17.94	41.28	3564.75
106.06	7.83	2224.00	30.47	38.60	5164.97
64.61	2.24	2412.47	31.85	28.13	5724.62
85.47	0.33	2923.00	33.40	48.73	7248.00
23.67	2.13	3363.87	34.53	60.27	6594.90
12.20	0.10	3052.53	31.87	117.33	6986.90
13.27	0.58	2888.47	35.24	183.00	7356.00
13.17	0.88	2649.81	29.82	187.03	6662.00
12.41	0.88	2394.93	33.42	168.41	7088.00
1.56	0.23	2492.51	39.80	246.03	9929.00
0.46	0.05	2309.50	32.85	257.93	7770.00
0.57	0.01	2739.50	25.00	220.11	8201.00
0.10	0.08	1463.06	22.60	247.06	7739.00
0.24	0.08	1881.40	17.10	180.16	6738.00
0.17	0.34	1402.12	11.70	62.77	6255.00
0.55	0.45	430.07	1.11	5.90	6746.00
0.99	0.06	627.21	1.40	43.13	7422.00
0.33	0.47	610.10	7.20	26.50	5226.00
0.25	0.23	605.56	8.50	11.43	9020.60
0.55	0.17	718.20	17.82	6.90	18172.60
0.31	1.55	409.83	28.25	55.91	1383.00
1.72	0.72	459.60	24.35	44.53	15378.67
2.12	2.54	621.19	39.01	37.48	12032.94
1.62	1.52	919.26	26.75	66.20	14820.16
	0.22	19.77	0.62	0.46	1534.72
	0.03	3.92	0.82	0.36	605.86
		14.45	0.17	2.05	740.75
0.08	0.80	394.60	0.55	0.11	1690.70
		2.93	0.85	0.09	817.44
	0.33	10.10	0.12	0.37	753.00
0.08		48.40	6.13	24.75	1986.81
0.92		51.54	9.27	4.05	1905.55
	0.13	176.46	7.12	5.95	1838.71
0.04		186.87	0.81	12.78	1373.99
0.50		9.89	0.28	15.23	1572.64

11-3 林业重点工程建设情况

Condition of Forestry Engineering Construction of Key

单位：千公顷 (1000 hectares)

指标	Item	2005	2006	2007	2008	2009	2010	2011
本年完成造林面积	**Total Afforested Area in Current Year**	**42.57**	**48.55**	**60.74**	**62.54**	**96.50**	**65.11**	**52.89**
退耕还林工程	Grain for Green Program	34.78	43.33	53.33	46.83	34.52	37.85	22.66
人工造林	Manual Planting Afforestation	33.33	43.33	53.33	23.71	18.24	19.39	12.00
无林地和疏林地新封	Non-forest and Scattered Land	1.45			23.13	16.28	18.46	10.66
长江流域防护林工程	Shelterbelt Forestry Project of the Yangtze Basin	7.34	4.43	7.40	14.01	40.17	13.88	26.89
人工造林	Grain for Green Program	5.34	3.39	3.67	8.77	38.13	7.96	17.53
无林地和疏林地新封	Non-forest and Scattered Land	2.00	1.04	3.73	5.24	2.04	5.92	9.36
珠江流域防护林工程	Shelterbelt Forestry Project of the Pearl River Basin	0.45	0.78		1.69	5.22	3.38	3.34
人工造林	Grain for Green Program	0.45	0.45		0.37	5.22	2.48	2.53
无林地和疏林地新封	Non-forest and Scattered Land		0.33		1.32		0.90	0.81

11-4 各地区林业重点工程建设情况(2011年)

Condition of Forestry Engineering Construction of Key by Region(2011)

单位：千公顷 (1000 hectares)

地区	Region	本年完成造林面积 Total Afforested Area in Current Year	退耕还林工程 Grain for Green Program	长江流域防护林工程 Shelterbelt Forestry Project of the Yangtze Basin	珠江流域防护林工程 Shelterbelt Forestry Project of the Pearl River Basin
全省	**Provincial Total**	**52.89**	**22.66**	**26.89**	**3.34**
南昌市	Nanchang	1.07	0.20	0.87	
景德镇市	Jingdezhen	1.53	0.67	0.87	
萍乡市	Pingxiang	4.13	3.40	0.73	
九江市	Jiujiang	2.20	1.93	0.27	
新余市	Xinyu	1.97	1.70	0.27	
鹰潭市	Yingtan	0.47	0.47		
赣州市	Ganzhou	12.67	3.23	6.10	3.34
吉安市	Ji'an	8.60	5.13	3.47	
宜春市	Yichun	6.60	2.33	4.27	
抚州市	Fuzhou	6.40	1.93	4.47	
上饶市	Shangrao	7.20	1.67	5.53	

11-5　自然保护区和森林公园基本情况
Basic Condition of Natural Reserve and Forest Park

指　　标	Item	2005	2006	2007	2008	2009	2010	2011
自然保护区	**Natural Reserve**							
数　量(个)	Quantity (unit)	142	148	158	168	184	195	201
国家级	National	5	5	6	8	8	8	9
省　级	Provincial	21	21	20	18	18	28	32
县　级	County-level	116	122	132	142	158	159	160
面　积(公顷)	Area(hectare)	992539	1029301	1061359	1085891	1117384	1151641	1141415
国家级	National	85019	85019	97268	144435	144435	144434	155976
省　级	Provincial	297327	297327	282678	235512	235512	337192	356270
县　级	County-level	610193	646955	681413	705944	737438	670015	629169
湿地公园	**Wetland Park**							
数　量(个)	Quantity(unit)			1	4	6	33	48
面　积(公顷)	Area(hectare)			1504	51506	55793	105300	112845
森林公园	**Forest Park**							
数　量(个)	Quantity (unit)	79	92	105	108	110	155	156
国家级	National	33	36	39	41	43	43	44
省　级	Provincial	42	52	60	61	61	100	99
县　级	County-level	4	4	6	6	6	12	13
面　积(公顷)	Area (hectare)	394652	429296	468903	467051	471865	496573	498978
国家级	National	305253	330652	334540	340867	346261	357220	363731
省　级	Provincial	85578	94823	106519	98341	97761	111699	107579
县　级	County-level	3820	3820	27844	27844	27844	27654	27668

11-6 各地区森林资源情况(2011年)
Condition of Forest Resources by Region(2011)

地 区	Region	林业用地面积 (千公顷) Area of Afforested Land (1000 hectare)	活立木总蓄积 (万立方米) Total Standing Forest Stock (10000 cu.m)	毛竹林蓄积量 (万株) Mao Bamboo Reserves (10000 units)	森林覆盖率 (%) Forest Coverage Rate (%)
全 省	**Provincial Total**	**10720.22**	**44530.55**	**190860.33**	**63.10**
南昌市	Nanchang	138.85	522.06	1065.33	21.96
景德镇市	Jingdezhen	352.39	1788.92	2324.18	65.05
萍乡市	Pingxiang	249.35	840.97	7132.71	66.02
九江市	Jiujiang	1061.94	4454.62	9317.65	54.92
新余市	Xinyu	183.67	670.44	3756.50	56.49
鹰潭市	Yingtan	201.92	785.54	5800.99	57.38
赣州市	Ganzhou	3039.12	11921.65	34720.72	76.24
吉安市	Ji'an	1756.01	8238.44	27982.58	67.61
宜春市	Yichun	1067.80	5132.36	41542.45	56.97
抚州市	Fuzhou	1297.26	4972.93	35691.01	64.54
上饶市	Shangrao	1371.91	5202.62	21526.21	61.67

11-7 各地区自然保护基本情况(2011年)
Basic Condition of Natural Reserve by Region(2011)

地 区	Region	自然保护区个数 (个) Quantity of Natural Reserve (unit)	#国家级 National	自然保护区面积 (千公顷) Area of Natural Reserve (1000 hectares)	#国家级 National	自然保护区占辖区面积比重(%) Percentage to Natural Reserve Area (%)
全 省	**Provincial Total**	201	9	1141.41	155.98	6.84
南昌市	Nanchang	12	1	128.99	33.30	17.43
景德镇市	Jingdezhen	7		45.62		8.69
萍乡市	Pingxiang	4		18.90		4.94
九江市	Jiujiang	44	2	221.54	34.90	11.77
新余市	Xinyu	3		2.73		0.86
鹰潭市	Yingtan	3		12.86		3.62
赣州市	Ganzhou	30	1	226.39	13.41	5.75
吉安市	Ji'an	34	1	103.97	21.45	4.11
宜春市	Yichun	26	2	81.55	23.04	4.37
抚州市	Fuzhou	17	1	123.82	13.87	6.58
上饶市	Shangrao	21	1	175.04	16.01	7.68

11-8 国家级森林公园(2011年)
National Forest Park (2011)

公园名称	Name	所在地	Location	面积(公顷) Area (hectare)	建立时间	Foundation Time
三爪仑国家示范森林公园	Sanzhualun National Forest Park	靖安县	Jing'an	12133	1993.03	Mar.1993
庐山山南国家森林公园	South Lushan Moutain National Forest Park	星子县	Xingzi	3347	1993.05	May.1993
梅岭国家森林公园	Meiling National Forest Park	湾里区	Wanli	11173	1993.05	May.1993
三百山国家森林公园	Sanbaishan National Forest Park	安远县	Anyuan	3330	1993.05	May.1993
马祖山国家森林公园	Muzhushan National Forest Park	庐山区	Lushan	667	1993.05	May.1993
鄱阳湖口国家森林公园	Poyanghukou National Forest Park	湖口县	Hukou	1280	1993.05	May.1993
灵岩洞国家森林公园	Lingyan cave National Forest Park	婺源县	Wuyuan	3000	1993.05	May.1993
明月山国家森林公园	Mingyue Moutain National Forest Park	宜春市	Yichun	7842	1994.12	Dec.1994
翠微峰国家森林公园	Cuiwei Moutain National Forest Park	宁都县	Ningdu	7867	1999.01	Jan.1999
天柱峰国家森林公园	Tianzhu Moutain National Forest Park	铜鼓县	Tonggu	20757	2000.02	Feb.2000
泰和国家森林公园	Taihe National Forest Park	泰和县	Taihe	3000	2000.12	Dec.2000
鹅湖山国家森林公园	Erhu Moutain National Forest Park	铅山县	Yanshan	7950	2000.12	Dec.2000
龟峰国家森林公园	Guifeng National Forest Park	弋阳县	Yiyang	7400	2000.12	Dec.2000
上清国家森林公园	Shangqing National Forest Park	鹰潭市	Yingtan	11800	2000.12	Dec.2000
梅关国家森林公园	Meiguan National Forest Park	大余县	Dayu	5300	2001.11	Nov.2001
永丰国家森林公园	Yongfeng National Forest Park	永丰县	Yongfeng	7600	2001.11	Nov.2001
阁皂山国家森林公园	Gezao Moutain National Forest Park	樟树市	Zhangshu	6860	2001.11	Nov.2001
三叠泉国家森林公园	Sandiequan National Forest Park	庐山区	Lushan	1651	2001.11	Nov.2001
武功山国家森林公园	Wugong Moutain National Forest Park	安福县	Anfu	24190	2002.12	Dec.2002
铜钹山国家森林公园	Tongbo Moutain National Forest Park	广丰县	Guangfeng	19500	2002.12	Dec.2002
阳岭国家森林公园	Yangling National Forest Park	崇义县	Congyi	6890	2003.12	Dec.2003
天花井国家森林公园	Tianhuajing National Forest Park	九江市	Jiujiang	685	2003.12	Dec.2003
五指峰国家森林公园	Wuzhi Moutain National Forest Park	上犹县	Shangyou	24533	2003.12	Dec.2003
柘林湖国家森林公园	Talin Lake National Forest Park	永修县	Yongxiu	16450	2004.12	Dec.2004
陡水湖国家森林公园	Doushui Lake National Forest Park	上犹县	Shangyou	22667	2004.12	Dec.2004
万安国家森林公园	Wan'an National Forest Park	万安县	Wan'an	16333	2004.12	Dec.2004
三湾国家森林公园	Sanwan National Forest Park	永新县	Yongxin	15513	2004.12	Dec.2004
安源国家森林公园	Anyuan National Forest Park	安源区	Anyuan	7866	2004.12	Dec.2004
九连山国家森林公园	Jiulianshan National Forest Park	龙南县	Longnan	20063	2005.12	Dec.2005
岩泉国家森林公园	Yanquan National Forest Park	黎川县	Lichuan	4885	2005.12	Dec.2005
云碧峰国家森林公园	Yunbi Moutain National Forest Park	上饶市	Shangrao	873	2005.12	Dec.2005
景德镇国家森林公园	Jingdezhen National Forest Park	景德镇市	Jingdezhen	3796	2005.12	Dec.2005
瑶里国家森林公园	Yaoli National Forest Park	浮梁县	Fuliang	4471	2005.12	Dec.2005
清凉山国家森林公园	Qingliang Moutain National Forest Park	资溪县	Zixi	3398	2006.12	Dec.2006
峰山国家级森林公园	Fengshan National Forest Park	赣州市	Ganzhou	20735	2006.12	Dec.2006
九岭山国家级森林公园	Jiulingshan National Forest Park	武宁县	Wu'ning	1266	2006.12	Dec.2006
岑山国家级森林公园	Censhan National Forest Park	横峰县	Hengfeng	955	2008.01	Jan.2008
五府山国家级森林公园	Wufu Moutain National Forest Park	上饶县	Shangrao	1715	2008.01	Jan.2008
军峰山国家级森林公园	Junfeng Moutain National Forest Park	南丰县	Nanfeng	1217	2008.01	Jan.2008
碧湖潭国家森林公园	Bihutan National Forest Park	湘东区	Xiangdong	6839	2008.12	Dec.2008
怀玉山国家森林公园	Huaiyu Moutain National Forest Park	玉山县	Yushan	3354	2008.12	Dec.2008
仰天岗国家森林公园	Yangtiangang National Forest Park	新余市	Xinyu	2010	2009.08	Aug.2009
圣水堂国家森林公园	Shengshuitang National Forest Park	安义县	Anyi	4060	2009.12	Dec.2009
鄱阳莲花山国家森林公园	Boyang Lotus Mountain National Forest Park	鄱阳县	Boyang	6510	2012.01	Jan.2012

11-9 国家级、省级自然保护区(2011年)

名　　称	Name	级别	Level	类型	Type
鄱阳湖自然保护区	Poyang Lake Natural Reserve	国家级	National	湿地生态	Wetland Ecology
井冈山自然保护区	Jinggangshan Natural Reserve	国家级	National	森林生态	Forest Ecology
桃红岭梅花鹿自然保护区	Taohong Range Sike Natural Reserve	国家级	National	野生动物	Wild Animal
武夷山自然保护区	Wuyi Mountain Natural Reserve	国家级	National	森林生态	Forest Ecology
九连山自然保护区	Jiulian Mountain Nature Reserve	国家级	National	森林生态	Forest Ecology
官山自然保护区	Guanshan Nature Reserve	国家级	National	野生动物	Wild Animal
鄱阳湖南矶湿地自然保护区	Poyang Lake Southern Rockies Wetland Nature Reserve	国家级	National	湿地生态	Wetland Ecology
马头山自然保护区	Matou Tiger Nature Reserve	国家级	National	野生植物	Wild Plant
九岭山自然保护区	Jiuling Mountain Nature Reserve	国家级	National	森林生态	Forest Ecology
庐山自然保护区	Lushan Mountain Nature Reserve	省　级	Provincial	森林生态	Forest Ecology
云居山自然保护区	Yunju Mountain Nature Reserve	省　级	Provincial	森林生态	Forest Ecology
青岚湖自然保护区	Qinglan Lake Nature Reserve	省　级	Provincial	湿地生态	Wetland Ecology
阳岭自然保护区	Yang Range Nature Reserve	省　级	Provincial	森林生态	Forest Ecology
水浆自然保护区	Water Slurry Nature Reserve	省　级	Provincial	森林生态	Forest Ecology
鸳鸯湖自然保护区	Yuanyang Lake Nature Reserve	省　级	Provincial	野生动物	Wild Animal
瑶里自然保护区	Yaoli Nature Reserve	省　级	Provincial	森林生态	Forest Ecology
三十把自然保护区	Sanshiba Nature Reserve	省　级	Provincial	森林生态	Forest Ecology
华南虎自然保护区	South China Tiger Nature Reserve	省　级	Provincial	野生动物	Wild Animal
岩泉自然保护区	Yanquan Nature Reserve	省　级	Provincial	野生植物	Wild Plant
都昌候鸟自然保护区	Duchang Migratory Birds Nature Reserve	省　级	Provincial	湿地生态	Wetland Ecology
峤岭自然保护区	Qiao Range Nature Reserve	省　级	Provincial	森林生态	Forest Ecology
羊狮幕自然保护区	Yangshimu Nature Reserve	省　级	Provincial	森林生态	Forest Ecology

National and Provincial Natural Reserves (2011)

主要保护对象	Main Protection	地点	Location	面积 Area (公顷) (hectare)	建立时间 Foundation Time
越冬候鸟及湿地生态	Rare birds Wintering and Wetland Ecology	新建、永修、星子	Xinjian, Yongxiu, Xingzi	22400	1988
中亚热带常绿阔叶林及珍稀动植物	Subtropical Evergreen Broad-leaved Forest, Rare Plants and Animals	井冈山	Jinggang-shan	21449	2000
野生梅花鹿南方亚种	Sika South Asian Species	彭泽	Pengze	12500	2001
中亚热带常绿阔叶林及珍稀动植物	Subtropical Evergreen Broad-leaved Forest, Rare Plants and Animals	铅山	Yanshan	16007	2002
中亚热带常绿阔叶林及珍稀动植物	Subtropical Evergreen Broad-leaved Forest, Rare Plants and Animals	龙南	Longnan	13412	2003
白颈长尾雉	Syrmaticus ellioti	宜丰、铜鼓	Yifeng, Tonggu	11501	2007
湿地生态及候鸟	Wetland Ecology and Migrant Birds	新建	Xinjian	33300	2008
珍稀植物	Rare Plants	资溪	Zixi	13867	2008
中亚热带常绿阔叶林及珍稀动植物	Subtropical Evergreen Broad-leaved Forest, Rare Plants	靖安	Jing'an	11541	2010
森林生态系统、珍稀野生动植物和冰川迹地	Forest Ecosystem, Rare Plants and Animals, Glacial Sites	庐山区	Lushan	30459	1981
中亚热带常绿阔叶林及珍稀动植物	Subtropical Evergreen Broad-leaved Forest, Rare Plants and Animals	永修	Yongxiu	2480	1997
越冬候鸟及湿地生态	Rare birds Wintering and Wetland Ecology and Animals	进贤	Jinxian	1000	1997
中亚热带常绿阔叶林及珍稀动植物	Subtropical Evergreen Broad-leaved Forest, Rare Plants and Animals	崇义	Congyi	1880	1997
中亚热带常绿阔叶林及珍稀动植物	Subtropical Evergreen Broad-leaved Forest, Rare Plants and Animals	永丰	Yongfeng	2000	1997
鸳鸯及湿地生态	Mandarin Duck and Wetland Ecology	婺源	Wuyuan	917	1997
中亚热带常绿阔叶林及珍稀动植物	Subtropical Evergreen Broad-leaved Forest, Rare Plants and Animals	浮梁	Fuliang	3627	2001
中亚热带常绿阔叶林及珍稀动植物	Subtropical Evergreen Broad-leaved Forest, Rare Plants and Animals	万载	Wanzai	2100	2001
华南虎栖息地	Rare Animals and Their Habitats	宜黄	Yihuang	58300	2001
珍稀植物	Rare Plants	黎川	Lichun	2460	2001
越冬候鸟及湿地生态	Rare birds Wintering and Wetland Ecology	都昌	Duchang	41100	2004
中亚热带常绿阔叶林及珍稀动植物	Subtropical Evergreen Broad-leaved Forest, Rare Plants and Animals	安义	Anyi	4490	2004
中亚热带常绿阔叶林及珍稀动植物	Subtropical Evergreen Broad-leaved Forest, Rare Plants and Animals	芦溪	Luxi	7006	2004

11–9 续表

名　　称	Name	级别	Level	类型	Type
阳际峰自然保护区	Yangji Mountain Nature Reserve	省　级	Provincial	森林生态	Forest Ecology
赣江源自然保护区	Ganjiang River Source Nature Reserve	省　级	Provincial	森林生态	Forest Ecology
齐云山自然保护区	Qishan Mountain Nature Reserve	省　级	Provincial	森林生态	Forest Ecology
老虎脑自然保护区	Laohunao Nature Reserve	省　级	Provincial	野生动物	Wild Animal
修河源五梅山自然保护区	Xiu River Wumei Mountain Nature Reserve	省　级	Provincial	森林生态	Forest Ecology
黄字号黑麂自然保护区	Huangzhihao Muntiacus Crinifrons Nature Reserve	省　级	Provincial	野生动物	Wild Animal
桃江源自然保护区	Taojiangyuan Nature Reserve	省　级	Provincial	森林生态	Forest Ecology
铜钹山自然保护区	Tongbo Mountain Nature Reserve	省　级	Provincial	森林生态	Forest Ecology
南风面自然保护区	Nanfengmian Nature Reserve	省　级	Provincial	森林生态	Forest Ecology
七溪岭自然保护区	Qixi Range Nature Reserve	省　级	Provincial	森林生态	Forest Ecology
高天岩自然保护区	Gaotianyan Nature Reserve	省　级	Provincial	森林生态	Forest Ecology
五指峰自然保护区	Wuzhi Mountain Nature Reserve	省　级	Provincial	森林生态	Forest Ecology
章江源自然保护区	Zhang River Nature Reserve	省　级	Provincial	森林生态	Forest Ecology
抚河源自然保护区	Fu River Nature Reserve	省　级	Provincial	森林生态	Forest Ecology
南方红豆杉自然保护区	South Chinese Yew Nature Reserve	省　级	Provincial	植　物	Plant
伊山自然保护区	Yi Mountain Nature Reserve	省　级	Provincial	森林生态	Forest Ecology
凌云山自然保护区	Lingyun Mountain Nature Reserve	省　级	Provincial	森林生态	Forest Ecology
玉京山自然保护区	Yujing Mountain Nature Reserve	省　级	Provincial	森林生态	Forest Ecology
信江源自然保护区	Headwaters of Xin River Nature Reserve	省　级	Provincial	森林生态	Forest Ecology

continued

主要保护对象	Main Protection	地点	Location	面积 Area（公顷）(hectare)	建立时间 Foundation Time
中亚热带常绿阔叶林及珍稀动植物	Subtropical Evergreen Broad-leaved Forest, Rare Plants and Animals	贵溪	Guixi	10946	2004
赣江源头森林生态	Forest Ecology of Ganjiang River Source	石城、瑞金	Shicheng, Ruijin	16101	2004
中亚热带常绿阔叶林及珍稀动植物	Subtropical Evergreen Broad-leaved Forest, Rare Plants and Animals	崇义	Congyi	17105	2004
华南虎栖息地	Rare Animals and Their Habitats	乐安	Le'an	22000	2004
中亚热带常绿阔叶林及珍稀动植物	Subtropical Evergreen Broad-leaved Forest, Rare Plants and Animals	修水	Xiushui	14485	2010
黑麂等野生动物及其栖息地	Muntiacus Crinifrons and Their Habitats	浮梁	Fuliang	17356	2010
中亚热带常绿阔叶林及珍稀动植物	Subtropical Evergreen Broad-leaved Forest, Rare Plants and Animals	全南	Quannan	15427	2010
中亚热带常绿阔叶林及珍稀动植物	Subtropical Evergreen Broad-leaved Forest, Rare Plants and Animals	广丰	Guangfeng	10800	2010
中亚热带常绿阔叶林及珍稀动植物	Subtropical Evergreen Broad-leaved Forest, Rare Plants and Animals	遂川	Suichun	4205	2010
中亚热带常绿阔叶林及珍稀动植物	Subtropical Evergreen Broad-leaved Forest, Rare Plants and Animals	永新	Yongxin	10500	2010
中亚热带常绿阔叶林及珍稀动植物	Subtropical Evergreen Broad-leaved Forest, Rare Plants and Animals	莲花	Lianhua	7267	2010
中亚热带常绿阔叶林及珍稀动植物	Subtropical Evergreen Broad-leaved Forest, Rare Plants and Animals	上犹	Shangyou	3000	2010
中亚热带常绿阔叶林及珍稀动植物	Subtropical Evergreen Broad-leaved Forest, Rare Plants and Animals	崇义	Congyi	10452	2010
中亚热带常绿阔叶林及珍稀动植物	Subtropical Evergreen Broad-leaved Forest, Rare Plants	广昌	Guangchang	8188	2010
南方红豆杉	and Animals	瑞昌	Ruichang	2500	2011
亚热带常绿阔叶林及珍稀动植物	Subtropical Evergreen Broad-leaved Forest, Rare Plants and Animals	武宁	Wuning	11340	2011
亚热带常绿阔叶林及珍稀动植物	Subtropical Evergreen Broad-leaved Forest, Rare Plants and Animals	宁都	Ningdu	11045	2011
亚热带常绿阔叶林及珍稀动植物	Subtropical Evergreen Broad-leaved Forest, Rare Plants and Animals	宜春	Yichun	1199	2011
亚热带常绿阔叶林及珍稀动植物	Subtropical Evergreen Broad-leaved Forest, Rare Plants and Animals	玉山	Yushan	4535	2011

11-10 林业产业分行业产值情况

Gross Output Value Composition of Forestry Industry

单位：万元，% (10000 yuan,%)

年 份 Year	林业产业总产值 Gross Output Value of Forestry Industy	第一产业 Primary Industry	第二产业 Secondary Industry	第三产业 Tertiary Industry	林业产业产值构成 Composition of Gross Output Value of Forestry Industry 第一产业 Primary Industry	第二产业 Secondary Industry	第三产业 Tertiary Industry
1978	108783	58723	50060				
1980	154705	96038	58667				
1985	228646	141190	87456				
1990	434156	239624	171426	23106	55.2	39.5	5.3
1991	508578	288951	198135	21492	56.8	39.0	4.2
1992	598287	315804	257455	25028	52.8	43.0	4.2
1993	659138	326678	308840	23620	49.6	46.9	3.6
1994	870888	379679	462656	28553	43.6	53.1	3.3
1995	826746	414590	384248	27908	50.1	46.5	3.4
1996	936747	485916	420539	30292	51.9	44.9	3.2
1997	1154003	544138	578773	31092	47.2	50.2	2.7
1998	1171651	695593	436399	39659	59.4	37.2	3.4
1999	1246367	782388	426359	37620	62.8	34.2	3.0
2000	1282913	790813	445288	46812	61.6	34.7	3.6
2001	1532871	824407	665322	43142	53.8	43.4	2.8
2002	1804839	1042920	714677	47242	57.8	39.6	2.6
2003	2195668	1428024	663979	103665	65.0	30.2	4.7
2004	3071029	1617867	1024077	429085	52.7	33.3	14.0
2005	3837166	1833047	1401960	602159	47.8	36.5	15.7
2006	4832087	2207180	1828333	796574	45.7	37.8	16.5
2007	6103350	2796135	2233699	1073516	45.8	36.6	17.6
2008	7602225	3532148	2677858	1392219	46.5	35.2	18.3
2009	9183321	4097649	3210495	1875177	44.6	35.0	20.4
2010	10529719	4533001	3611699	2385019	43.0	34.3	22.7
2011	13177449	5435418	4823215	2918816	41.2	36.6	22.2
南昌市 Nanchang	993099	277841	598031	117227	28.0	60.2	11.8
景德镇市 Jingdezhen	312157	157647	60730	93780	50.5	19.5	30.0
萍乡市 Pingxiang	442310	274218	105084	63008	62.0	23.8	14.2
九江市 Jiujiang	1466803	407342	218702	840759	27.8	14.9	57.3
新余市 Xinyu	506618	243999	189310	73309	48.2	37.3	14.5
鹰潭市 Yingtan	348616	165194	154825	28597	47.4	44.4	8.2
赣州市 Ganzhou	2296816	1325159	828226	143431	57.7	36.1	6.2
吉安市 Ji'an	1771913	612874	647974	511065	34.6	36.6	28.8
宜春市 Yichun	1367215	603499	555614	208102	44.2	40.6	15.2
抚州市 Fuzhou	1634602	821726	578948	233928	50.3	35.4	14.3
上饶市 Shangrao	1420247	535919	385771	498557	37.7	27.2	35.1

11-11 林业投资资金来源情况

Condition of Forestry Investment Fund Resource

单位：万元 (10000 yuan)

年份 地区 Year Region	合计 Total	国家预算内资金 State Budgetary Appropriations	#国债资金 National Debts	#中央财政专项资金 Central Funds Earmarked for Environment Protection	国内贷款 Domestic Loans	利用外资 Foreign Capitals	自筹资金 Enterprise Fundraising	其他资金 Other Funds
1978	2010	700		700				1310
1980	3503	540		540			1489	1474
1985	6973	774		774	471		1321	4407
1990	3532	2444		2444	243		384	461
1991	3524	2095		2095	30		564	835
1992	4957	1874		1874	690		1232	1161
1993	4676	1244		1244	638		1661	1133
1994	21897	1377		1377	7217	3077	5615	4611
1995	14460	1505		1505	4780	90	5789	2296
1996	61125	1234		1234	13195	3472	20635	22589
1997	56083	1344		1344	14959	4013	15702	20065
1998	57874	2064	1700	364	15300	2523	17349	20638
1999	68072	4019	1950	2069	21393	2935	22462	17263
2000	83862	13961	5200	7614	15409	3738	24311	26443
2001	41003	11359	7140	4219	7816	3313	6805	11710
2002	62495	38289	16744	19165	3323	3814	6880	10189
2003	75661	36696	20010	14836	12250	7619	4936	14160
2004	137207	79187	8897	67831	15189	15792	6093	20946
2005	103703	64635	9044	52758	10375	8395	6360	13938
2006	164764	104747	6741	87795	10805	20216	8237	20759
2007	132861	93786	9461	67824	6307	7763	10937	14068
2008	269632	153068	15849	116735	38691	8504	7488	61881
2009	339813	161587	18702	130333	18702	4976	18009	155241
2010	472986	203121	2171	147446	3000	2016	56215	208634
2011	570649	373401		219800	14585	7487	66893	108283
南昌市 Nanchang	24443	18879		5859		1269	4295	
景德镇市 Jingdezhen	30675	8482		5929		218	11131	10844
萍乡市 Pingxiang	14001	13180		8514		474	347	
九江市 Jiujiang	54292	45665		26221		228	967	7432
新余市 Xinyu	58682	8493		5772	11000	927	3771	34491
鹰潭市 Yingtan	11291	9393		5646			1619	279
赣州市 Ganzhou	85932	71259		49529			425	14248
吉安市 Ji'an	68369	53729		34042	3585	301	9058	1696
宜春市 Yichun	74791	41728		27004		558	25116	7389
抚州市 Fuzhou	50301	47130		21166		3171		
上饶市 Shangrao	71770	42330		26808		341	10164	18935

11-12 森林病虫害防治情况

Condition of Forest Pets Prevention

年 份 地 区 Year Region	合 计 Total			森林病害 Forest Disease			森林虫害 Forest Pet Plague		
	发生面积(千公顷) Occurrence Area (1000 hectares)	防治面积(千公顷) Prevention Area (1000 hectares)	防治率(%) Prevention Rate (%)	发生面积(千公顷) Occurrence Area (1000 hectares)	防治面积(千公顷) Prevention Area (1000 hectares)	防治率(%) Prevention Rate (%)	发生面积(千公顷) Occurrence Area (1000 hectares)	防治面积(千公顷) Prevention Area (1000 hectares)	防治率(%) Prevention Rate (%)
1984	305.63	153.35	50.2	16.79	8.39	50.0	288.84	144.97	50.2
1985	200.39	88.88	44.4	30.13	4.33	14.4	170.25	84.55	49.7
1990	126.87	68.17	53.7	19.71	6.53	33.1	107.15	61.64	57.5
1991	133.70	77.80	58.2	6.08	3.79	62.4	127.62	74.01	58.0
1992	136.01	91.26	67.1	10.77	6.81	63.2	125.23	79.33	63.3
1993	177.20	110.77	62.5	9.60	7.11	74.0	167.60	103.67	61.9
1994	163.16	104.01	63.7	27.57	14.67	53.2	135.59	89.35	65.9
1995	174.35	110.54	63.4	32.79	21.29	64.9	141.57	89.25	63.0
1996	187.35	119.28	63.7	35.84	16.44	45.9	151.51	101.51	67.0
1997	179.27	113.42	63.3	48.58	21.94	45.2	130.69	91.48	70.0
1998	136.89	88.31	64.5	43.31	25.53	58.9	93.59	62.79	67.1
1999	189.83	120.77	63.6	19.77	11.59	58.6	170.06	109.19	64.2
2000	205.58	129.93	63.2	28.73	15.41	53.7	176.85	114.51	64.8
2001	188.85	143.67	76.1	27.29	15.18	55.6	161.56	128.47	79.5
2002	175.27	114.06	65.1	25.27	13.90	55.0	150.00	100.16	66.8
2003	215.85	135.14	62.6	29.23	18.88	64.6	186.63	116.26	62.3
2004	190.49	122.97	64.6	20.65	12.39	60.0	169.85	111.25	65.5
2005	405.59	265.99	65.6	82.86	47.81	57.7	322.73	218.17	67.6
2006	409.86	178.50	43.6	71.33	27.40	38.4	334.53	151.10	45.2
2007	403.23	245.19	60.8	52.82	23.89	45.2	350.41	221.30	63.2
2008	387.35	239.43	61.8	57.45	44.01	76.6	329.89	195.41	59.2
2009	376.56	252.79	67.1	61.47	37.45	60.9	315.09	215.40	68.4
2010	385.40	268.31	69.6	55.39	33.86	61.1	330.05	234.45	71.0
2011	365.80	248.66	68.0	54.26	26.40	48.7	313.37	222.26	70.9
南昌市 Nanchang	2.71	1.48	54.7	0.09	0.14	100.0	2.63	1.34	51.0
景德镇市 Jingdezhen	21.45	17.07	79.6	0.97	0.36	37.2	20.58	16.71	81.2
萍乡市 Pingxiang	9.93	4.82	48.5	1.66	1.22	73.4	8.32	3.60	43.2
九江市 Jiujiang	22.55	10.52	46.6	3.72	1.85	49.7	18.95	8.67	45.8
新余市 Xinyu	11.04	4.23	38.4	6.59	1.98	30.0	4.50	2.26	50.1
鹰潭市 Yingtan	5.87	4.15	70.6	0.40	0.19	48.3	5.50	3.95	71.9
赣州市 Ganzhou	97.80	93.54	95.6	13.10	12.58	96.0	85.19	80.96	95.0
吉安市 Ji'an	67.05	57.00	85.0	0.05	0.03	50.0	67.34	56.98	84.6
宜春市 Yichun	71.93	41.81	58.1	9.37	4.68	50.0	62.93	37.13	59.0
抚州市 Fuzhou	23.27	10.65	45.8	7.87	2.43	30.9	15.51	8.21	53.0
上饶市 Shangrao	32.19	3.39	10.5	10.43	0.94	9.1	21.92	2.45	11.2

11-13 森林火灾发生情况及森林防火专业队建设情况

Forest Fires and Construction of Prevention of Forest Fire Team

指　标	Item	2005	2006	2007	2008	2009	2010	2011
森林火灾次数(次)	Forest Fires(unit)	355	130	326	572	394	79	151
一般火灾	Ordinary Fires	60	33	100	97	91	24	37
较大火灾	Biggish Fires	295	97	226	475	303	55	114
重大火灾	Major Fires							
特大火灾	Severe Fires							
火场总面积(公顷)	Total Area of Fires(hectare)	9321	2053	4542	13732	8184	1338	3828
受害森林面积(公顷)	Destructed Forest Area(hectare)	4626	1073	2054	6934	3300	729	1435
#天然林	Natural Forest	529	27	17	31	21	37	44
人工林	Man-made Forest	4098	1046	2037	6904	3279	692	1391
损失林木	Timber Loss							
成林蓄积(立方米)	Mature Forest Stock(cu.m)	84834	23943	24396	92565	55022	4253	12966
幼林株数(万株)	Sapling Forest(10000 units)	403.00	103.48	204.73	659.88	432.47	109.50	171.98
人员伤亡(人)	Casualties(person)							
轻伤	Minor			10		19		
重伤	Severe	1		2		1		1
死亡	Deaths	6		7	6	1	1	4
直接经济损失(万元)	Economic Loss(10000 yuan)	1275	438	488	1999	1275	210	579
森林防火扑火队伍建设(个)	Construction of Prevention of Forest Fire Team(unit)							
专业队	Professional	96	103	107	109	110	109	109
半专业	Semi-professional	247	288	294	461	848	1027	1821
村级扑火应急队	Village-level Fires Emergency Team	5224	5378	8015	8246	8699	9015	9554

11-14 各地区森林火灾情况(2011年)
Forest Fires by Region(2011)

地区	Region	森林火灾次数(次) Forest Fires (case)	#一般火灾 Ordinary Fires	#较大火灾 Biggish Fires	火场总面积(公顷) Total Area of Fires(hectare)
全省	**Provincial Total**	**151**	**37**	**114**	**3828**
南昌市	Nanchang	3	1	2	31
景德镇市	Jingdezhen	6	2	4	48
萍乡市	Pingxiang	3		3	76
九江市	Jiujiang	18	15	3	752
新余市	Xinyu				
鹰潭市	Yingtan	2	2		7
赣州市	Ganzhou	56		56	1534
吉安市	Ji'an	7	1	6	89
宜春市	Yichun	4		4	27
抚州市	Fuzhou	24	13	11	250
上饶市	Shangrao	28	3	25	1014

11-14 续表 continued

地区	Region	受害森林面积(公顷) Destructed Forest Area(hectare)	天然林 National Forest	人工林 Man-made Forest	人员伤亡(人) Casualties (person)	#死亡 Deaths	直接经济损失(万元) Economic Loss (10000 yuan)
全省	**Provincial Total**	1435.13	43.73	1391.40	5	4	579.18
南昌市	Nanchang	5.70		5.70			3.34
景德镇市	Jingdezhen	19.70	0.80	18.90			37.93
萍乡市	Pingxiang	56.30	4.80	51.50			8.40
九江市	Jiujiang	30.88	1.13	29.75			53.15
新余市	Xinyu						
鹰潭市	Yingtan	1.50		1.50			2.00
赣州市	Ganzhou	772.44		772.44	2	2	225.69
吉安市	Ji'an	40.90	9.80	31.10			30.93
宜春市	Yichun	12.50	1.20	11.30			13.90
抚州市	Fuzhou	73.20	26.00	47.20			48.68
上饶市	Shangrao	422.01		422.01	3	2	155.16

11-15 各地区国有林场情况(2011年)
Condition of State-owned Farms by Region(2011)

地 区	Region	个 数 Units	活立木蓄积量(万立方米) Total Standing Forest Stock (10000 cu.m)	经营面积(千公顷) Operation Area (1000 hectares)	#联营面积 Area of Affiliation	有林地面积(千公顷) Soil Surface of Forest (1000 hectares)
全 省	**Provincial Total**	**421**	**9727**	**1714.89**	**573.12**	**1482.25**
南 昌 市	Nanchang	15	81	14.45	2.83	11.25
景德镇市	Jingdezhen	10	343	58.68	20.41	47.56
萍 乡 市	Pingxiang	17	258	66.36	52.93	56.91
九 江 市	Jiujiang	31	532	95.64	28.85	77.91
新 余 市	Xinyu	8	129	18.36	8.73	15.56
鹰 潭 市	Yingtan	9	315	36.32	3.38	33.20
赣 州 市	Ganzhou	105	2675	483.57	98.07	426.12
吉 安 市	Ji'an	97	3310	483.11	257.28	432.42
宜 春 市	Yichun	49	609	120.55	34.56	104.90
抚 州 市	Fuzhou	45	654	114.86	25.47	95.08
上 饶 市	Shangrao	34	816	222.07	40.61	180.52

注：全省数据含省直单位数据。
a)The data of provincial total include the provincial unit's data.

11-15 续表 continued

地 区	Region	生态公益林补偿面积(千公顷) Ecological Public Welfare Forest Compensation Area (1000 hectares)	中 央 Center Government	省 级 Provincial	商品木竹采伐量 Commercial Timber and Bamboo Cutting Volume: 木材(立方米) Timber (cu.m)	毛竹(万根) Mao Bamboo (10000 units)
全 省	**Provincial Total**	**766.04**	**531.00**	**235.04**	**1450890**	**1387.10**
南 昌 市	Nanchang	6.93	4.24	2.70	8172	0.87
景德镇市	Jingdezhen	15.76	4.47	11.29	40464	6.75
萍 乡 市	Pingxiang	34.10	13.79	20.31	45377	28.31
九 江 市	Jiujiang	64.07	45.38	18.69	26254	40.68
新 余 市	Xinyu	10.48	2.83	7.65	57048	14.01
鹰 潭 市	Yingtan	26.81	17.79	9.02	61872	87.73
赣 州 市	Ganzhou	231.53	208.61	22.92	196679	225.46
吉 安 市	Ji'an	162.55	99.89	62.65	634656	115.44
宜 春 市	Yichun	64.05	41.92	22.13	154122	215.94
抚 州 市	Fuzhou	53.59	28.11	25.48	194327	98.59
上 饶 市	Shangrao	95.26	63.93	31.33	31709	553.34

11-16 环保系统机构和人员基本情况(2011年)

Basic Statistics on Institutions and Personnels of Environmental Protection

指　标	Item	1990	2000	2005	2010	2011
环保机构(个)	Environmental Protection Institutions(unit)	223	344	343	411	394
省　级	Provincial	3	9	14	11	10
环保人员(人)	Environmental Protection Personnel(person)	1758	3338	4072	5271	5304
环境监理所(个)	Environment Supervision Agencies(unit)			94	103	120
省　级	Provincial			1	1	1
地、市级	Municipal			11	11	11
县　级	County			82	91	108
环境监理人员(人)	Personnel of Environment Supervision(person)			1242	1596	1613
环境监测站(个)	Environment Monitoring Stations(unit)	83	90	90	110	121
省　级	Provincial	1	1	1	1	1
地、市级	Municipal	10	11	11	12	12
县　级	County	72	78	78	97	108
环境监测人员(人)	Personnel of Environment Monitoring(person)	910	1076	1125	1422	1494

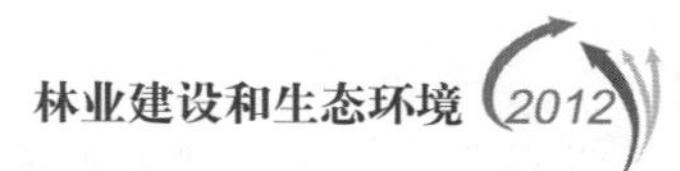

11-17 工业“三废”排放及处理利用情况(2011年)
Discharge and Treatment of Industrial Waste Gas, Waste Water & Solid Wastes(2011)

指标	Item	2000	2005	2010	2011
工业废水	**Industrial Waste Water**				
工业用水总量(万吨)	Industrial Water Use (10000 tons)	329408	557544	666813	697649
#重复用水量(万吨)	Re-use (10000 tons)				536835
工业用水重复利用率(%)	Re-use Rate of Industrial WasteWater (%)	55.05	61.25	76.83	76.95
工业废水排放总量(万吨)	Industrial Waste Water Discharge (10000 tons)	42083	53972	72526	71196
工业废气	**Industrial Waste Gas**				
工业废气排放总量(亿立方米)	Industrial Waste Air Emission (100 billion cu.m)	2220	4378	9812	16102
工业二氧化硫排放量(万吨)	Industry Sulphur Dioxide Emission (10000 tons)	29	55	47	56.81
工业氮氧化物排放量(万吨)	Industry Sulphur Dioxide Emission (10000 tons)				39.35
工业烟(粉)尘排放量(万吨)	Volume of Industrial Dust Emission (10000 tons)				35.91
工业固体废物	**Industrial Solid Wastes**				
一般工业固体废物产生量(万吨)	General Industrial Solid Wastes Produced (10000 tons)	4814.97	7006.71	9407.30	11372.43
#危险废物	Hazardous Wastes	1.71	3.28	8.98	23.24
一般工业固体废物综合利用量(万吨)	General Industrial Solid Wastes Utilized (10000 tons)	702.24	1898.51	4379.14	6304.66
#危险废物	Hazardous Wastes	1.60	3.25	7.87	17.89
一般工业固体废物综合利用率(%)	Ratio of General Industrial Solid Wastes Utilized (%)	14.64	27.10	46.54	55.27
一般工业固体废物贮存量(万吨)	General Industrial Solid Wastes in Stocks (10000 tons)	3861.40	572.84	557.14	4420.25
#危险废物贮存量	Hazardous Wastes in Stocks	0.86	0.01	0.04	0.19
一般工业固体废物处置量(万吨)	General Industrial Solid Wastes Treated (10000 tons)	98.71	4590.95	4486.55	651.86
#危险废物处置量	Hazardous Wastes Treated	0.01	0.06	1.25	5.20
一般工业固体废物倾倒丢弃量(万吨)	General Industrial Solid Wastes Discharged (10000 tons)	28.70	10.28	13.23	15.44

注：1. 工业废气排放总量的计量单位为：亿立方米，历年数据是万标立方米；

2. 工业固体废物产生量、工业固体废物综合利用量、工业固体废物综合利用率、工业固体废物贮存量、工业固体废物处置量、工业固体废物丢弃量2011年统一改为一般工业固体废物产生量、一般工业固体废物综合利用量、一般工业固体废物综合利用率、一般工业固体废物贮存量、一般工业固体废物处置量和一般工业固体废物倾倒丢弃量，且口径发生变化，后同。

a) The measuring unit of industrial waste air emission changed from 10 thousand cu.m into 100 billion cu.m.

b) Industrial solid wastes in stocks, industrial solid wastes treated, industrial solid wastes discharged changed into general industrial solid wastes produced,general industrial solid wastes utilized, ratio of general industrial solid wastes utilized, general industrial solid wastes in stocks, general industrial solid wastes treated, general industrial solid wastes discharged. Statistical range changed accordingly, the same as following tables.

11-18 各地区工业“三废”排放及处理情况(2011年)

指标	Item	全 省 Total	南昌市 Nanchang
工业废水	**Industrial Waste Water**		
工业用水总量(万吨)	Industrial Water Use (10000 tons)	697649.00	50726.17
工业用水重复利用率(%)	Re-use Rate of Industrial WasteWater (%)	76.95	75.24
工业废水排放量(万吨)	Industrial Waste Water Discharge (10000 tons)	71196	9367.5
废水治理设施数(套)	Facilities for Treatment of Waste Water (set)	2948	207
废水治理设施处理能力(万吨/日)	Waste Water Treatment Facilities Capacity (10000 tons/day)	746.51	59.97
工业废气	**Industrial Waste Gas**		
工业废气排放总量(万立方米)	Industrial Waste Air Emission (10 thousand cu.m)	161019688	11747848
废气治理设施数(套)	Facilities for Treatment of Waste Gas (set)	5092	589
#脱硫设施数(套)	Desulfurization Facilities (ton/hour)	332	38
废气治理设施处理能力(万立方米/时)	Emission Control Facilities Treatment Capacity(10000 cu.m/hour)	27281.39	3189.97
#脱硫设施处理能力(万立方米/时)	Desulfurization Facilities (10000 cu.m/hour)	4094.9	654.76
工业二氧化硫排放量(吨)	Industrial Sulphur Dioxide Emission (ton)	568059	35000
工业氮氧化物排放量(吨)	Industrial Nitrogen Oxides Emission (ton)	393521	27350
工业烟(粉)尘排放量(吨)	Volume of Industrial Dust Emission (ton)	359086	19051
工业固体废物	**Industrial Solid Wastes**		
一般工业固体废物综合利用量(万吨)	General Industrial Solid Wastes Produced (10000 tons)	11372.43	185.25
#危险废物(吨)	Hazardous Wastes	232396.00	15333.00
一般工业固体废物综合利用量(万吨)	General Industrial Solid Wastes Utilized (10000 tons)	6304.66	182.16
#危险废物(吨)	Hazardous Wastes (ton)	178911.00	10889.00
一般工业固体废物综合利用率(%)	Ratio of General Industrial Solid Wastes Utilized (%)	55.27	98.34
一般工业固体废物贮存量(万吨)	General Industrial Solid Wastes in Stocks (10000 tons)	4420.25	
一般工业固体废物处置量(万吨)	General Industrial Solid Wastes Treated (10000 tons)	651.86	2.47
一般工业固体废物倾倒丢弃量(万吨)	General Industrial Solid Wastes Discharged (10000 tons)	15.44	0.61

Discharge and Treatment of Industrial Waste Gas, Waste Water & Solid Wastes(2011)

景德镇市 Jingdezhen	萍乡市 Pingxiang	九江市 Jiujiang	新余市 Xinyu	鹰潭市 Yingtan	赣州市 Ganzhou	吉安市 Ji'an	宜春市 Yichun	抚州市 Fuzhou	上饶市 Shangrao
43254.80	81538.64	133952.18	237086.88	44151.57	21049.76	18401.66	26100.78	10736.20	30650.21
66.20	94.08	56.50	93.48	85.52	39.66	51.40	53.39	47.15	69.98
3510.38	2417.71	9184.81	6684.27	4532.48	10977.91	5915.97	8853.36	4466.14	5285.95
156	152	197	181	86	402	689	445	134	299
12.35	88.77	60.85	194.65	17.38	63.89	43.17	88.13	31.08	86.27
4973003	21294855	23824155	15417754	6554984	15296730	11491427	32958586	5212001	12248345
177	277	602	279	194	900	459	618	362	635
32	6	44	20	18	48	16	47	25	38
1160.03	2545.29	3550.59	4753.42	1054.22	1408.62	3479.76	2735.6	424.18	2979.64
49.5	126.17	301.17	712.32	238.92	191.94	745.51	567.16	41.39	466.02
35666	90749	90426	62722	20103	51517	36963	89865	20273	34775
24264	30431	67418	23938	17345	25839	37445	96211	3301	39979
11742	42498	35129	31085	3817	76407	18639	61805	30023	28890
234.1	606.74	941.85	2164.32	316.48	995.18	391.11	657.04	116.91	4763.46
21932.00	4211.00	26900.00	69391.00	28923.00	12313.00	13162.00	24981.00	1428.00	13822.00
222.96	555.62	505.22	1976.82	302.27	770.65	376.55	657.04	103.9	651.47
20213.00	2202.00	21211.00	43238.00	28719.00	7769.00	7369.00	24485.00	863.00	11953.00
92.84	91.57	53.49	91.32	95.51	76.92	95.76	100	88.87	13.63
4.08	1.36	322.38	184.59	13.98	94.02	12.04		8.65	3779.15
7.09	48.58	95.07	4.94	0.27	140.31	4.3		3.05	345.78
	1.12	8.92			0.94	1.45		2.25	0.15

11-19 重点调查工业企业"三废"排放及处理利用情况（2011年）

行　　业	Sector	工　业 用水量 （万吨） Industry Water Use (10000 tons)	#重　复 用水量 （万吨） Re-use (10000 tons)
总　　计	**Total**	**670121.75**	**516396.30**
煤炭开采和洗选业	Mining and Washing of Coal	2115.99	738.80
黑色金属矿采选业	Mining and Processing of Ferrous Metal Ores	5145.07	3343.06
有色金属矿采选业	Mining and Processing of Non-Ferrous Metal Ores	34582.90	23147.87
非金属矿采选业	Mining and Processing of Nonmetal Ores	296.74	42.63
农副食品加工业	Mining of Other Ores	1609.49	138.15
食品制造业	Processing of Food from Agricultural Products	1751.39	462.91
酒、饮料和精制茶制造业	Manufacture of Foods	2586.71	395.38
烟草制品业	Manufacture of Beverages	58.88	7.30
纺织业	Manufacture of Tobacco	3139.38	540.08
纺织服装、服饰业	Manufacture of Textile	63.98	2.54
皮革、毛皮、羽毛及其制品和制鞋业	Manufacture of Textile Wearing Apparel, Footware, and Caps	717.16	60.97
木材加工和木、竹、藤、棕、草制品业	Manufacture of Leather, Fur, Feather and Related Products	809.07	423.09
家具制造业	Processing of Timber, Manufacture of Wood,Bamboo, Rattan,Palm,	12.92	
造纸和纸制品业	Manufacture of Paper and Paper Products	28450.61	9994.69
印刷和记录媒介复制业	Manufacture of Furniture	1040.39	1013.92
文教、工美、体育和娱乐用品制造业	Manufacture of Paper and Paper Products	150.29	46.46
石油加工、炼焦和核燃料加工业	Printing, Reproduction of Recording Media	1799.40	744.53
化学原料和化学制品制造业	Manufacture of Articles For Culture, Education and Sport Activity	96577.04	78236.29
医药制造业	Processing of Petroleum, Coking, Processing of Nuclear Fuel	10617.33	8045.80
化学纤维制造业	Manufacture of Raw Chemical Materials and Chemical Products	15630.10	12701.14
橡胶和塑料制品业	Manufacture of Rubber and Plastics	367.78	64.79
非金属矿物制品业	Manufacture of Non-metallic Mineral Products	12300.89	8418.86
黑色金属冶炼和压延加工业	Smelting and Pressing of Ferrous Metals	282605.25	273913.43
有色金属冶炼和压延加工业	Smelting and Pressing of Non-ferrous Metals	43690.20	37026.26
金属制品业	Manufacture of Metal Products	728.04	263.40
通用设备制造业	Manufacture of General Purpose Machinery	569.59	90.12
专用设备制造业	Manufacture of Special Purpose Machinery	68.06	10.24
汽车制造业	Manufacture of Automobiles	718.07	291.98
铁路、船舶、航空航天和其他运输设备制造业	Manufacture of Railway,Ships,Aerospace and Other Delivery Equipment	640.65	340.68
电气机械和器材制造业	Manufacture of Electrical Machinery and Equipment	1221.02	610.09
计算机、通信和其他电子设备制造业	Manufacture of Computers, Communication Equipment and Other Electronic Equipment	26922.40	24618.90
仪器仪表制造业	Manufacture of Measuring Instruments	99.72	24.02
其他制造业	Other Manufactures	127.71	23.32
废弃资源综合利用业	Recycling and Disposal of Waste	201.39	30.83
金属制品、机械和设备修理业	Repair Services of Metals and Machinery	28.24	1.86
电力、热力生产和供应业	Production and Distribution of Electric Power and Heat Power	92677.89	30581.91

Discharge and Treatment of Industrial Waste Gas, Waste Water & Solid Wastes of Focused Investigated Industrial Enterprises (2011)

工业废水排放量 (万吨) Industry Waste Water Discharge (10000tons)	废水治理设施数 (套) Number of Facilities for Treatment of Waste Water (set)	废水治理设施处理能力 (万吨/日) Waste Water Treatment Facilities Capacity (10000 tons/day)	工业废气排放量 (亿立方米) Total Volume of Industrial Waste Gas Emission (100 billion cu.m)	废气治理设施数 (套) Facilities for Treatment of Waste Gas (set)	#脱硫设施数 (套) Desulfu-rization Facilities (set)	废气治理设施处理能力(万立方米/时) Emission Control Facilities Treatment Capacity (10000 cu.m/hour)	#脱硫设施处理能力 (万立方米/时) Desulfu-rization Facilities (ton/hour)	废气治理设施运行费用 (万元) Waste Gas Treatment Facilities Operating Cost (10000 yuan)	#脱硫设施数 (套) Desulfu-rization Facilities (set)
67373.00	**2947**	**746.51**	**16101.97**	**5092**	**332**	**27281.39**	**4094.90**	**313726.10**	**332**
1835.56	116	8.02	16.96	32	11	9.83	0.52	285.30	11
1179.93	68	19.47	49.20	1		0.20		10.00	
9689.63	280	121.24	5.30	14	3	15.17	2.38	229.10	3
253.92	39	2.50	0.69	2		2.11		17.20	
1149.60	102	4.65	37.97	209	9	163.41	5.72	916.40	9
971.60	60	4.10	537.40	84	9	112.64	21.91	799.40	9
1657.73	45	7.41	25.08	73	8	95.22	3.66	730.80	8
26.53	2	0.14	11.93	20		13.05		63.20	
2144.10	57	11.44	30.64	98	5	121.66	14.55	2075.90	5
48.72	1	0.05	0.42	5		3.38		18.50	
509.82	21	2.19	5.69	14	1	4.51	0.00	46.90	1
274.03	34	1.30	166.36	165	1	495.13	1.20	5461.50	1
8.61	1	0.02	0.02						
16217.29	165	67.45	132.20	195	4	773.25	303.60	3864.40	4
18.70	5	0.11	0.15	3		0.95		5.10	
76.67	9	0.28	1.88	29		18.53		139.20	
946.89	15	4.03	113.72	23	6	120.28	10.42	5338.70	6
8376.83	795	55.88	356.64	571	70	612.16	122.90	12530.60	70
1969.13	143	8.04	706.63	225	21	196.88	37.97	1458.40	21
2211.20	11	10.54	308.73	13		158.21		1376.60	
244.72	15	0.45	6.78	26	2	70.30	3.01	160.90	2
1820.55	294	50.15	6199.28	1947	38	6605.40	73.46	29899.70	38
5370.12	123	286.97	3668.21	273	7	7315.69	358.40	95310.50	7
5660.86	239	35.11	385.09	478	78	664.16	127.29	48432.00	78
370.56	59	3.51	38.73	125	6	152.57	37.31	1033.40	6
406.88	21	0.76	160.00	37		13.99		115.10	
42.35	6	0.11	2.99	3		1.10		5.00	
340.43	24	1.23	29.39	32	8	93.21	13.38	943.70	8
240.13	14	1.02	3.03	32	7	68.70	24.38	129.90	7
832.50	39	2.18	26.36	143	1	78.54	0.85	1418.50	1
1838.86	43	9.22	112.91	78	1	221.34	0.60	2092.70	1
71.32	3	0.33	0.80	6	3	0.80	0.40	42.00	3
64.07	12	0.22	12.03	26	4	21.09	8.32	205.00	4
131.69	4	0.54	12.77	10		28.08		354.00	
20.46	3	0.14	0.34	1		0.24		25.80	
351.01	79	25.72	2935.62	99	29	9029.61	2922.69	98190.70	29

11-19　续表

行　　业	Sector	废气治理设施处理能力（万立方米/时）Emission Control Facilities Treatment Capacity (10000 cu.m/hour)	#脱硫设施处理能力（万立方米/时）Desulfurization Facilities (ton/hour)
总　　计	**Total**	**27281.39**	**4094.90**
煤炭开采和洗选业	Mining and Washing of Coal	9.83	0.52
黑色金属矿采选业	Mining and Processing of Ferrous Metal Ores	0.20	
有色金属矿采选业	Mining and Processing of Non-Ferrous Metal Ores	15.17	2.38
非金属矿采选业	Mining and Processing of Nonmetal Ores	2.11	
农副食品加工业	Mining of Other Ores	163.41	5.72
食品制造业	Processing of Food from Agricultural Products	112.64	21.91
酒、饮料和精制茶制造业	Manufacture of Foods	95.22	3.66
烟草制品业	Manufacture of Beverages	13.05	
纺织业	Manufacture of Tobacco	121.66	14.55
纺织服装、服饰业	Manufacture of Textile	3.38	
皮革、毛皮、羽毛及其制品和制鞋业	Manufacture of Textile Wearing Apparel, Footware, and Caps	4.51	0.00
木材加工和木、竹、藤、棕、草制品业	Manufacture of Leather, Fur, Feather and Related Products	495.13	1.20
家具制造业	Processing of Timber, Manufacture of Wood,Bamboo, Rattan,Palm,		
造纸和纸制品业	Manufacture of Paper and Paper Products	773.25	303.60
印刷和记录媒介复制业	Manufacture of Furniture	0.95	
文教、工美、体育和娱乐用品制造业	Manufacture of Paper and Paper Products	18.53	
石油加工、炼焦和核燃料加工业	Printing, Reproduction of Recording Media	120.28	10.42
化学原料和化学制品制造业	Manufacture of Articles For Culture, Education and Sport Activity	612.16	122.90
医药制造业	Processing of Petroleum, Coking, Processing of Nuclear Fuel	196.88	37.97
化学纤维制造业	Manufacture of Raw Chemical Materials and Chemical Products	158.21	
橡胶和塑料制品业	Manufacture of Rubber and Plastics	70.30	3.01
非金属矿物制品业	Manufacture of Non-metallic Mineral Products	6605.40	73.46
黑色金属冶炼和压延加工业	Smelting and Pressing of Ferrous Metals	7315.69	358.40
有色金属冶炼和压延加工业	Smelting and Pressing of Non-ferrous Metals	664.16	127.29
金属制品业	Manufacture of Metal Products	152.57	37.31
通用设备制造业	Manufacture of General Purpose Machinery	13.99	
专用设备制造业	Manufacture of Special Purpose Machinery	1.10	
汽车制造业	Manufacture of Automobiles	93.21	13.38
铁路、船舶、航空航天和其他运输设备制造业	Manufacture of Railway,Ships,Aerospace and Other Delivery Equipment	68.70	24.38
电气机械和器材制造业	Manufacture of Electrical Machinery and Equipment	78.54	0.85
计算机、通信和其他电子设备制造业	Manufacture of Computers, Communication Equipment and Other Electronic Equipment	221.34	0.60
仪器仪表制造业	Manufacture of Measuring Instruments	0.80	0.40
其他制造业	Other Manufactures	21.09	8.32
废弃资源综合利用业	Recycling and Disposal of Waste	28.08	
金属制品、机械和设备修理业	Repair Services of Metals and Machinery	0.24	
电力、热力生产和供应业	Production and Distribution of Electric Power and Heat Power	9029.61	2922.69

废气治理设施运行费用(万元) Waste Gas Treatment Facilities Operating Cost (10000 yuan)	二氧化硫排放量(吨) Sulphur Dioxide Emission (ton)	氮氧化物排放量(吨) Nitroger Oxide Emission (ton)	烟(粉)尘排放量(吨) Volume of Dust Emission (ton)	一般工业固体废物产生量(万吨) General Industrial Solid Wastes Produced (10000 tons)	一般工业固体废物综合利用量(万吨) General Industrial Solid Wastes Utilized (10000 tons)	一般工业固体废物处置量(万吨) General Industrial Solid Wastes Treated (10000 tons)	一般工业固体废物贮存量(万吨) General Industrial Solid Wastes in Stocks (10000 tons)	一般工业固体废物倾倒丢弃量(万吨) General Industrial Solid Wastes Discharged (10000 tons)
313726.10	**531872**	**376056**	**337226**	**11026.27**	**6039.29**	**605.01**	**4405.64**	**15.32**
285.30	1633	294	284	186.92	164.74	22.40	1.55	0.69
10.00	25	21	2947	1245.75	1149.78	36.73	76.38	1.29
229.10	616	36	204	5867.68	1177.33	480.97	4210.93	0.01
17.20	72	7	95	223.73	209.05	4.45	10.17	0.27
916.40	1297	403	13259	15.86	14.69	1.07		0.09
799.40	5865	1062	2783	26.35	26.16	2.19	2.01	
730.80	2958	536	1598	13.29	13.18	0.10		0.01
63.20	1036	77	760	1.36	0.93			0.43
2075.90	2112	414	3361	5.66	5.25	0.38		0.03
18.50	79	9	40	0.02	0.02	0.00		
46.90	473	59	202	0.39	0.38	0.01		
5461.50	2133	670	56272	19.07	18.13	0.82		0.13
			11	0.02	0.02			
3864.40	16820	3638	9521	62.40	60.00	2.39	0.04	0.01
5.10	14	1	6	0.05	0.03	0.02		
139.20	85	29	72	0.38	0.20	0.13		0.05
5338.70	12437	3965	5357	2.44	2.38	0.05		
12530.60	25650	6589	27057	234.46	230.73	5.08	2.37	2.36
1458.40	9553	908	4375	13.69	9.42	4.22	0.01	0.04
1376.60	12809	2890	2333	14.35	12.71	1.53	0.10	
160.90	1251	203	770	9.03	9.03			
29899.70	140315	113157	122190	400.95	381.17	11.78	2.18	9.82
95310.50	106019	21721	33123	1242.15	1171.05	2.69	68.42	
48432.00	22058	1716	9722	268.33	245.76	3.49	19.03	0.06
1033.40	1044	119	1554	4.36	2.00	0.25	2.12	
115.10	281	33	342	1.09	1.06	0.02	0.01	
5.00	119	39	1777	0.22	0.21	0.01		
943.70	853	233	400	3.33	3.16	0.17		
129.90	192	76	450	0.73	0.44	0.29		
1418.50	233	59	308	1.76	1.75	0.01		
2092.70	87	150	89	5.52	3.22	2.30		
42.00	17	4	90	0.14	0.14			
205.00	625	434	808	0.62	0.61			
354.00	206	33	704	1.00	0.95			0.05
25.80	22		4	0.04	0.04			
98190.70	162884	216471	34359	1153.14	1123.59	21.45	10.35	

11-20 各地区城镇生活污染情况（2011年）

Basic Statistics on Urban Consumption Waste by Region (2011)

地　　区	Region	城镇生活污水排放量（万吨）Urban Consumption Waste Water Discharge (10000 tons)	城镇生活污水中COD产生量（吨）COD Produced from Urban Consumption Waste Water(ton)	城镇生活污水中COD排放量（吨）COD Discharged from Urban Consumption Waste Water(ton)	城镇生活污水中氨氮产生量（吨）Ammonia Nitrogen Produced from Urban Consumption Waste Water(ton)	城镇生活污水中氨氮排放量（吨）Ammonia Nitrogen Discharged from Urban Consumption Waste Water(ton)
全　　省	**Provincial Total**	**122996**	**645236**	**389701**	**74313**	**49082**
南 昌 市	Nanchang	31125	83489	44436	9224	6357
景德镇市	Jingdezhen	5414	19656	18418	2515	2378
萍 乡 市	Pingxiang	4041	27605	22763	3248	2815
九 江 市	Jiujiang	12906	194546	41690	21578	5308
新 余 市	Xinyu	4670	18225	12466	2148	1674
鹰 潭 市	Yingtan	3649	14386	11655	1696	1341
赣 州 市	Ganzhou	19846	82290	69898	9681	8166
吉 安 市	Ji'an	12146	48082	43254	5676	5218
宜 春 市	Yichun	12122	54050	40335	6372	5293
抚 州 市	Fuzhou	9532	39927	32157	4774	3623
上 饶 市	Shangrao	7546	62980	52629	7401	6909

11-20　续表　continued

地　　区	Region	煤炭消费总　　量（万吨）Coal Consumption (10000 tons)	#生活及其他煤炭消费量 Living and Other Consumption of Coal	生活及其他煤炭含硫率(%) Sulphur Rate of Living and Other Coal Consumption(%)	生活及其他煤炭含灰率(%) Ash Rate of Living and Other Coal Consumption(%)	生活及其他SO2排放量（吨）Volume of Sulphur Dioxide Emission by Consumption (ton)	生活及其他烟尘排放量（吨）Volume of Soot Emission by Consumption (ton)
全　　省	**Provincial Total**	**6556.24**	**79.99**	**1.38**	**23.84**	**15988**	**10002**
南 昌 市	Nanchang	615.20	6.2	1.10	18.90	1159	496
景德镇市	Jingdezhen	418	12	1.25	30	2400	7200
萍 乡 市	Pingxiang	678.55	2.91	1.30	27.60	605	204
九 江 市	Jiujiang	785.98	25.01	1.75	20	5871	756
新 余 市	Xinyu	879.23	1.90	0.50	8	162	28
鹰 潭 市	Yingtan	262.09	0.25	0.60	20	26	16
赣 州 市	Ganzhou	374.46	9.13	1.12	24.20	1636	137
吉 安 市	Ji'an	568.66	5.18	1.40	27.40	1233	104
宜 春 市	Yichun	1041.60	6.03	1	26.30	965	60
抚 州 市	Fuzhou	104.47	4.55	2	30	728	455
上 饶 市	Shangrao	828	6.83	1.1	25	1203	546

11-21 水资源总量（2011年）
Water Resources (2011)

地区	Region	水资源总量（亿立方米） Total Amount of Water Resources (100 million cu.m)	年降水量 Annual Precipitation		地表水资源量 Surface Water Resources		地下水资源量（亿立方米） Groundwater Resources (100 million cu.m)
			年降水深（毫米）(mm)	年降水量（亿立方米）(100 million cu.m)	年径流深（毫米）Annual Flow Depth(mm)	年径流量（亿立方米）Annual Flow (100 million cu.m)	
全　省	**Province Total**	**1037.88**	**1303.60**	**2176.40**	**610.30**	**1018.94**	**315.23**
南昌市	Nanchang	48.43	1204.60	89.18	606.60	44.91	14.03
景德镇市	Jingdezhen	42.81	1521.30	79.84	815.70	42.81	8.18
萍乡市	Pingxiang	24.53	1238.50	47.40	641.00	24.53	7.87
九江市	Jiujiang	101.39	1070.70	201.54	509.90	95.97	27.71
新余市	Xinyu	16.58	1098.80	34.77	524.00	16.58	7.81
鹰潭市	Yingtan	31.83	1530.40	54.39	892.50	31.72	7.66
赣州市	Ganzhou	216.91	1364.00	537.16	550.80	216.91	69.37
吉安市	Ji'an	131.30	1176.80	297.40	519.60	131.30	38.58
宜春市	Yichun	117.45	1270.70	237.24	611.00	114.07	45.39
抚州市	Fuzhou	115.17	1329.10	250.10	611.90	115.15	45.36
上饶市	Shangrao	191.48	1524.20	347.38	811.70	184.99	43.27

11-22 供水量（2011年）
Water Supply (2011)

单位：亿立方米　　(100 million cu.m)

地区	Region	总供水量 Total Water Supply	地表水源供水量 Surface Water				地下水源供水量 Groundwater
				蓄水 Storage	引水 Diversion	提水 Carry	
全　省	**Province Total**	**262.86**	**252.70**	**101.27**	**52.73**	**98.70**	**10.16**
南昌市	Nanchang	31.26	30.06	5.77	7.47	16.82	1.20
景德镇市	Jingdezhen	8.54	7.97	2.82	0.38	4.77	0.57
萍乡市	Pingxiang	8.16	7.23	2.39	2.85	1.99	0.93
九江市	Jiujiang	29.76	29.17	7.52	1.79	19.86	0.59
新余市	Xinyu	9.44	9.23	2.77	1.38	5.08	0.21
鹰潭市	Yingtan	7.37	7.07	3.05	3.20	0.82	0.30
赣州市	Ganzhou	33.29	31.33	16.77	10.01	4.55	1.96
吉安市	Ji'an	36.47	35.69	19.72	7.86	8.11	0.78
宜春市	Yichun	42.81	41.07	13.38	5.68	22.01	1.74
抚州市	Fuzhou	26.60	25.92	8.34	8.34	9.24	0.68
上饶市	Shangrao	29.16	27.96	18.74	3.77	5.45	1.20

11-23 用 水 量 （2011年）

Water Use (2011)

单位：亿立方米 (100 million cu.m)

地 区	Region	总用水量 Total	农田灌溉 Irrigated	林牧渔畜 Agricultural	规模以上工业 Industrial above Designated Size	规模以下工业 Industrial below Designated Size	城镇公共 Urban Publical	城镇居民生活 Urban Residential	农村居民生活 Rural Residential	生态环境 Ecological Protection
全 省	**Province Total**	**262.86**	**166.73**	**8.59**	**47.52**	**13.12**	**4.58**	**11.88**	**8.38**	**2.06**
南 昌 市	Nanchang	31.26	17.07	0.63	5.28	3.69	1.37	2.05	0.61	0.56
景德镇市	Jingdezhen	8.54	4.42	0.15	1.91	1.00	0.17	0.54	0.23	0.12
萍 乡 市	Pingxiang	8.16	3.56	0.25	2.04	1.13	0.25	0.60	0.25	0.08
九 江 市	Jiujiang	29.76	15.69	0.28	10.11	0.96	0.39	1.22	0.92	0.19
新 余 市	Xinyu	9.44	3.61	0.14	3.82	1.06	0.16	0.42	0.14	0.09
鹰 潭 市	Yingtan	7.37	4.55	0.21	1.77	0.12	0.14	0.33	0.19	0.06
赣 州 市	Ganzhou	33.29	21.84	2.61	3.07	0.96	0.74	1.94	1.88	0.25
吉 安 市	Ji'an	36.47	28.18	0.90	4.30	0.61	0.26	1.08	0.97	0.17
宜 春 市	Yichun	42.81	25.50	1.10	11.73	1.50	0.45	1.23	1.11	0.19
抚 州 市	Fuzhou	26.60	20.70	1.45	1.13	1.10	0.31	0.93	0.82	0.16
上 饶 市	Shangrao	29.16	21.61	0.87	2.36	0.99	0.34	1.54	1.26	0.19

注：1. 规模以上工业指独立核算国有工业和年产品销售收入2000万元以上非国有工业。
2. 城镇公共用水指建筑业用水和服务业用水。
3. 生态环境用水指城镇环境用水和农村环境用水。

a) Industrial enterprises above designated size refer to state-owned industrial enterprises with independent accounting system and non-state-owned industrial enterprises with annual revenue from products sale over 20 million yuan..

b) Urban publical water use refer to water use of construction and services.

c) Ecological water use refer to water use of urban and rural areas.

11-24 耗 水 量 （2011年）

Total Water Consumption(2011)

单位：亿立方米 (100 million cu.m)

地 区	Region	总耗水量 Water Consumption	农田灌溉 Irrigated	林牧渔畜 Agricultural	工 业 Industry		城镇公共 Urban Publical	城镇居民生活 Urban Residential	农村居民生活 Rural Residential	生态环境 Ecological Protection
					火(核)电 Thermal (Nuclear) Power Generation	非火(核)电 Non-Thermal (Nuclear) Power Generation				
全 省	**Province Total**	**118.71**	**82.66**	**7.93**	**1.9**	**13.36**	**2.03**	**3.1**	**6.10**	**1.71**
南 昌 市	Nanchang	14.70	8.87	0.60	0.1	3.13	0.59	0.5	0.44	0.45
景德镇市	Jingdezhen	3.61	2.08	0.14	0.2	0.79	0.04	0.1	0.15	0.10
萍 乡 市	Pingxiang	3.63	1.78	0.23	0.1	1.06	0.13	0.2	0.17	0.06
九 江 市	Jiujiang	10.76	7.47	0.25	0.4	1.34	0.13	0.3	0.76	0.15
新 余 市	Xinyu	3.55	1.73	0.12	0.3	1.09	0.08	0.1	0.10	0.08
鹰 潭 市	Yingtan	3.51	2.26	0.19	0.1	0.64	0.06	0.1	0.16	0.05
赣 州 市	Ganzhou	16.44	10.23	2.42	0.1	1.43	0.33	0.5	1.20	0.23
吉 安 市	Ji'an	16.96	13.81	0.83	0.2	0.90	0.13	0.3	0.67	0.14
宜 春 市	Yichun	17.04	12.88	1.02	0.5	1.23	0.20	0.3	0.78	0.15
抚 州 市	Fuzhou	13.75	10.49	1.33		0.72	0.16	0.2	0.66	0.15
上 饶 市	Shangrao	14.76	11.06	0.80	0.1	1.03	0.18	0.4	1.01	0.15

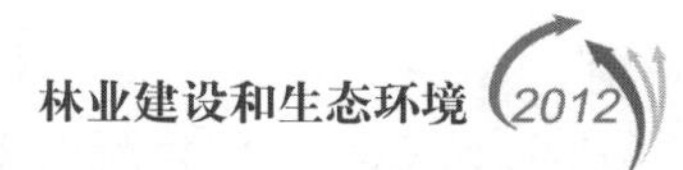

11-25 废污水排放量（2011年）
Discharge of Waste Water (2011)

单位：万吨/年 (10000 tons/year)

地区	Region	合计 Total	第二产业 Secondary Industry	工业 Industry	建筑业 Construction	第三产业 Tertiary Industry	城镇居民生活 Urban Household Consumption
全　省	**Province Total**	**376848**	**263598**	**260858**	**2740**	**24075**	**89175**
南昌市	Nanchang	80950	58600	57720	880	6975	15375
景德镇市	Jingdezhen	20080	14755	14755		1200	4125
萍乡市	Pingxiang	26210	20660	20440	220	1050	4500
九江市	Jiujiang	39790	28090	27990	100	2550	9150
新余市	Xinyu	24190	20290	20150	140	750	3150
鹰潭市	Yingtan	15190	11890	11830	60	825	2475
赣州市	Ganzhou	45210	26085	25825	260	4575	14550
吉安市	Ji'an	28472	19172	18972	200	1200	8100
宜春市	Yichun	37917	26592	26252	340	2100	9225
抚州市	Fuzhou	23804	15404	15164	240	1425	6975
上饶市	Shangrao	35035	22060	21760	300	1425	11550

11-26 各地区气象台站及主要技术装备情况（2011年）
Weather Stations and Machinery in Cities by Region (2011)

地区	Region	国家基准气候站（个） National Reference Climatological Station (unit)	国家基本气象站(个) Basic Synoptic Station (unit)	国家一般气象站（个） General Synoptic (unit)	区域气象观测站（个） Number of Regional Observatory (unit)	农业气象观测站（个） Agrometeorological Observatory (unit)	生态气象观测站（个） Ecometeorological Observatory (unit)	紫外线观测站（个） Ultraviolet Radiation Observatory (unit)	天气雷达（部） Weather Radar (unit)	闪电定位仪（个） Lightning Orientation (unit)
全　省	**Province Total**	**4**	**22**	**65**	**1583**	**18**	**6**	**12**	**6**	**12**
南昌市	Nanchang		1	4	95	1	1	1	1	1
景德镇市	Jingdezhen		1	2	43	1		1		1
萍乡市	Pingxiang		1	3	47	1	1	1		
九江市	Jiujiang		3	9	183	2	1	2	1	2
新余市	Xinyu			2	41	1		1		
鹰潭市	Yingtan		1	2	38	1		1		1
赣州市	Ganzhou		4	13	343	3	1	1	1	2
吉安市	Ji'an	1	3	8	220	2	1	1	1	1
宜春市	Yichun	1	3	6	156	2		1	1	1
抚州市	Fuzhou	1	2	8	148	1		1		2
上饶市	Shangrao	1	3	8	269	3	1	1	1	1

11-27 各地区气候基本情况（2011年）

Climate by Region (2011)

地　区	Region	年平均气温 Annual Average Temperature (℃)/△T	年降水量 Annual Precipitation (mm)/△R	年日照时数 Annual Sunshine Hours (h)/△S	年平均相对湿度 Annual Average Relative Humidity (%)/△U
全省平均	**Province Average**	**18.4/2**	**1232.9/-4269**	**1645.1/-131**	**75/-3**
南昌市	Nanchang	18.4/4	1108.6/-5051	1901.6/663	66/-10
景德镇市	Jingdezhen	18.0/2	1494.8/-3100	1832.1/881	73/-3
萍乡市	Pingxiang	18.1/5	1312.4/-3123	1504.4/531	80/-1
九江市	Jiujiang	17.6/0	1109.3/-3369	1717.9/503	71/-4
新余市	Xinyu	18.5/2	960.3/-6430	1354.9/-2779	74/-3
鹰潭市	Yingtan	18.6/0	1633.8/-2433	1721.9/369	75/-1
赣州市	Ganzhou	19.5/-1	1012.4/-4339	1710.8/-410	69/-6
吉安市	Ji'an	18.7/0	897.6/-6686	1533.1/-562	78/-1
宜春市	Yichun	17.8/3	1223.0/-4084	1442.2/-604	29983
抚州市	Fuzhou	18.6/4	1422.7/-3730	1507.0/-1032	76/-3
上饶市	Shangrao	18.1/2	1387.1/-4610	1870.0/999	75/-3

注：△T、△R、△S、△U分别表示本年度平均气温、降水量、日照时数、平均相对湿度与近三十年情况比较的偏差值，其中鹰潭为新建站点，无历史记录，这几项空缺。

a) △T, △R, △S and △U indicate differences of annual average temperature, precipitation and sunshine hours at current year compared with nearly 30 years. Data of Yingtan are not available because it is newly established.

11-27 续表 continued

地　区	Region	重大灾害性天气（站次） Great calamity weather(time)					
		暴雨 Storm	大风 Gale	冰雹 Hail	大雾 Fog	大雪 Heavy snow	雷暴 Thunder-storm
合　计	**Total**	**375**	**60**	**3**	**1486**	**18**	**3991**
全省平均	**Province Average**	**34.1**	**5.5**	**0.3**	**135.1**	**1.6**	**362.8**
南昌市	Nanchang	19	2		31	1	158
景德镇市	Jingdezhen	15	1	1	6		83
萍乡市	Pingxiang	9	2		134	4	152
九江市	Jiujiang	46	21		165	4	345
新余市	Xinyu	5			17		67
鹰潭市	Yingtan	13	4		40		155
赣州市	Ganzhou	83	4		207		933
吉安市	Ji'an	38	7	2	237		571
宜春市	Yichun	30	3		215	3	373
抚州市	Fuzhou	41	11		284	4	552
上饶市	Shangrao	76	5		150	2	602

主要统计指标解释

林业用地面积 指用来发展林业的土地，包括郁闭度0.2以上的乔木林地以及竹林地、灌木林地、疏林地、采伐迹地、火烧迹地、未成林造林地、苗圃地和县级以上人民政府规划的宜林地面积。

造林总面积 指报告期内在荒山、荒地、沙丘、退耕地等一切可以造林的土地上，采用人工播种、飞机播种、植苗造林、分植造林等方法新植成片乔木林和灌木林，经过检查验收符合《造林技术规程》要求的单位面积株数，并按《中华人民共和国森林法实施条例》规定，成活率达85%以上(含85%，年降雨量在400毫米以下且无浇灌条件的地区造林成活率达70%以上)的总面积。四旁植树如一侧在四行以上，连片面积0.066公顷(一亩)以上，应统计在造林面积内。造林面积，通常按所有制(国有、国有集体合作、集体和个人)、造林方式(人工、飞机播种)、主要林种用途(用材林、经济林、防护林、薪炭林、特种用途林)分组进行统计。

活立木总蓄积量 指一定范围土地上全部树木蓄积的总量，包括森林蓄积、疏林蓄积、散生木蓄积和四旁树蓄积。

森林覆盖率 指一个国家或地区森林面积占土地面积的百分比。在计算森林覆盖率时，森林面积包括郁闭度0.20以上的乔木林地面积和竹林地面积、国家特别规定的灌木林地面积、农田林网以及林旁、路旁、水旁、宅旁林木的覆盖面积。森林覆盖率表明一个国家或地区森林资源的丰富程度和生态平衡状况，是反映林业生产发展水平的主要指标。

自然保护区 指对有代表性的自然生态系统、珍稀濒危野生动植物物种的天然分布、水源涵养区、有特殊意义的自然历史遗迹等保护对象所在的陆地、陆地水体或海域，依法划出一定面积进行特殊保护和管理的区域。以县及县以上各级政府正式批准建立的自然保护区为准。风景名胜区、文物保护区不计在内。

林业产业总产值 指一定时期内（通常为1年）以货币表现的林业物质生产部门和非物质生产部门的生产总值，包括林业第一、第二、第三产业的生产总值。林业产业总产值的现行统计范围为：第一产业（农林牧渔业）中全社会的林业产值，种植业中全社会的花卉产值和茶、桑、果产值，畜牧业中全社会的狩猎业产值，林业系统的其他种植业产值、牧业产值和渔业产值；第二产业中采掘业之中全社会的木竹采运业产值，制造业之中全社会的木材加工及竹、藤、棕、草制品业产值和林产化学产品制造业产值，林业系统其他采掘业产值和制造业产值、电力煤气及水的生产供应业产值、建筑业产值；第三产业中全社会的森林旅游产值，林业系统的批发及零售贸易及餐饮业产值、交通运输仓储及邮电通讯业产值、房地产业产值、除森林旅游业外的其他社会服务业产值及其他第三产业产值。

工业废水排放量 指经过企业厂区所有排放口排到企业外部的工业废水量。包括生产废水、外排的直接冷却水、超标排放的矿井地下水和与工业废水混排的厂区生活污水，不包括外排的间接冷却水(清污不分流的间接冷却水应计算在内)。

工业废气排放量 指报告期内企业厂区内燃料燃烧和生产工艺过程中产生的各种排入大气的含有污染物的气体的总量，以标准状态(273K，101325Pa)计算。

工业烟（粉）尘排放量 指报告期内企业在燃料燃烧和生产工艺过程中排入大气的烟尘及工业粉尘的总质量之和。烟尘或工业粉尘排放量可以通过除尘系统的排风量和除尘设备出口烟尘浓度相乘求得。

一般工业固体废物综合利用量 指报告期内企业通过回收、加工、循环、交换等方式，从固体废物中提取或者使其转化为可以利用的资源、能源和其他原材料的固体废物量(包括当年利用往年的工业固体废物贮存量)，如用作农业肥料、生产建筑材料、筑路等。综合利用量由原产生固体废物的单位统计。

供水总量 指各种水源工程为用户提供的包括输水损失在内的毛供水量之和，不包括海水直接利用量。

地表水源供水量 指地表水体工程的取水量，按蓄、引、提、调四种形式统计。从水库、塘坝中引水或提水，均属蓄水工程供水量；从河道或湖泊中自流引水的，无论有闸或无闸，均属引水工程供水量；利用扬水站从河道或湖泊中直接取水的，属提水工程供水量；跨流域调水指水资源一级区或独立流域之间的跨流域调配水量，不包括在蓄、引、提水量中。

地下水源供水量 指水井工程的开采量，按浅层淡水、深层承压水和微咸水分别统计。城市地下水源供水量包括自来水厂的开采量和工矿企业自备井的开采量。

用水量 指各类用水户取用的包括输水损失在内的毛用水量，按农田灌溉、林牧渔畜、工业、城镇公共、居民生活、生态环境六大类统计。工业用水为取用的新水量，不包括企业内部的重复利用水。

耗水量　指在输、用水过程中，通过蒸腾、蒸发、土壤吸收、产品吸附、居民和牲畜饮用等多种途径与形式消耗，不能回归到地表水体或地下含水层的水量。

Explanatory Notes on Main Statistical Indicators

Forest Land Area Refer to areas of forestry development, including arbor forest that over 0.2 canopy density, bamboo forest land, bush forest land, sparse forest land, cutting blanks, the burns, immature forest land, seedling nursery site, and suitable for planting of the planning of governments at and above county level.

Total area of afforestation Refers to the total area of land suitable for afforestation, including barren hills, idle land, sand dunes, "grain for green" land, on which acres of arbores or bushes are planted through manual planting, airplane planting, plant seedlings, etc. in accordance with the required density standards of the Technical Procedures of Afforestation, and with a survival rate of over 85% in line with the Implementing Rules of the Forest Law of the People's Republic of China (or a survival rate of 75% in areas with less that 400 mm of annual rainfall and without irrigation facilities). Included in the this category are trees planted alone the roadsides, riversides, or next to houses that occupy an area over 0.066 hectares, or where more than 4 lines of trees are planted. Total area of afforestation is further classified by ownership (state-owned, state-collective, collective or private), by approach of planting (manual, airplane), and by type of forests (timber, by-products, protection, fuel, special use, etc.).

Total standing forest stock Refer to total stock of all trees on certain range land, including forest stock, sparse forest stock, sporadic trees stock, and scattered trees stock.

Forest coverage rate Refer to the percentage of the area of land in the area of forest of a country or region. While counting the forest coverage rate, the areas of forest include the arbor forest areas that over 0.2 canopy density, areas of bamboo forest land, areas of bush forest land of nation special provision, areas of farmland shelterbelt network, beside forests, road, water, house. Forest coverage rate indication that the degree of abundance of forest resource and ecological balance of a country or region. Forest coverage rate is the main item to mirror the development of forestry.

Nature Reserves Refer to certain areas of land, waters or sea that are representative in natural ecological systems, or are natural habitats for rare or endangered wild animals or plants, or water conservation zones, or the location of important natural or historic relics, which are demarked by law and put under special protection and management. Nature reserves are designated by the formal approval of governments at and above county level (including those approved by relevant departments or "revolutionary committees" before 1980). Scenic spots and cultural preservation zones are not included.

Gross output value of forestry Refer to the total value of products of productive departments and nonproductive departments during a given period of time (usually a year), including the primary Industry, the secondary Industry, and the tertiary Industry. The current Statistics of gross output value of Forestry include the output value of forestry in the whole country, the output value of flower, tea, mulberry and fruit in planting, the output value of hunting in animal husbandry, the output value of the other planting, animal husbandry and fishery of the forestry system; the output value of the bamboo and timber's cutting and transport in extractive industry, the processing of timber, the products of bamboo, rattan, palm, grass and forestry chemical, the output value of the other extractive industry, manufacturing, the production and supply of electric power and heat power, the construction; the output value of the forestry tourist, wholesale and retail trades and catering, transport, storage and post, real estate, and the other social services except the forestry tourist.

Waste Water Discharged by Industry refers to the volume of waste water discharged by industrial enterprises through all their outlets, including waste water from production process, directly cooled water, groundwater from mining wells which does not meet discharge standards and sewage from households mixed with waste water produced by industrial activities, but excluding indirectly cooled water discharged (It should be included if the discharge is not separated from waste water).

Industrial Waste Air Emission refers to the discharge into atmosphere of waste air containing pollutants generated from fuel burning and production processes in enterprises within a given period of time. It is calculated at standard status (273K, 101325Pa)

Volume of Dust Emission refers to volume of smoke and industrial dust emitted by burning and production process of enterprises and suspended in the air.Volume of smoke and industrial dust is calculated by volume of air flow timing thickness of dust from dedusting equipment exits.

General Industrial Solid Wastes Utilized refers to volume of solid wastes from which useful materials can be extracted or which can be converted into usable resources, energy or other materials by means of reclamation, processing, recycling and exchange (including utilizing in the year the stocks of industrial solid wastes of the previous year). Examples of such utilizations include fertilizers, building materials and road materials. The information shall be collected by the producing units of the wastes.

Water Supply refers to gross water supply by supply systems from sources to consumers, including losses during distribution.

Surface Water Supply refers to withdrawals by surface water supply system, broken down with storage, flow, pumping and transfer. Supply from storage projects includes withdrawals from reservoirs; supply from flow includes withdrawals from rivers and lakes with natural flows no matter if there are locks or not; supply from pumping projects includes withdrawals from rivers or lakes with pumping stations; and supply from transfer refers to water supplies transferred from first-level regions of water resources or independent river drainage areas to others, and should not be covered under supplies of storage, flow and pumping.

Groundwater Supply refers to withdrawals from supplying wells, broken down with shallow layer freshwater, deep layer freshwater and slightly brackish water. Groundwater supply for urban areas includes water mining by both waterworks and own wells of enterprises.

Water Consumption refers to water used including lose during transportation. Water consumption is divided into farmland irrigation, forestry husbandry fishing and farming, industry, public affair, livelihoods, ecological environment. Industry water consumption refers to newly using, do not include reusing.

Water consumption is the amount of water consumed through evaporation, interception, adsorption, inhabitant and livestock drinking during water use and cannot recycled into surface waters and aquifers.

12

农 业

AGRICULTURE

◆239/283

资料整理及英文翻译：杨建萍、胡霖

简要说明

一、本篇资料反映全省农业生产和农村经济的基本情况。主要包括农村基层组织、乡村劳动力、耕地、主要农产品面积和产量、农村基础设施以及农林牧渔综合计算等方面的统计资料。

二、本篇资料主要来源于江西省《农林牧渔业、农业产值综合、乡村社会经济统计报表制度》，其统计范围包括各市、县(区)各种经济类型的全部农林牧渔业以及各非农行业附属的农林牧渔业生产单位。

三、本篇资料中的农村基层组织、乡村劳动力、主要农产品面积和产量以及农林牧渔业总产值和增加值等由省统计局农业处提供；林业、渔业、农机和水利情况则分别根据省林业厅、省农业厅、省水利厅和省国土资源厅等部门资料整理提供。

四、部分指标依据2006年全国第二次农业普查资料进行了修正。

Brief Introduction

Ⅰ. The data in this chapter show the basic conditions of agricultural production and rural economy for the whole province, including mainly rural grassroots units, rural employed labors force, cultivated land, areas and output of major products, rural infrastructure, and Comprehensive Statistical of farming, forestry, animal husbandry and fishery.

Ⅱ. Data in this chapter mainly come from the Comprehensive Statistical Reporting on Farming, Forestry, Animal Husbandry and Fishery, the Comprehensive Statistical Reporting on Agricultural Output, and the Rural Social and Economic Survey of Jiangxi Province. Statistics on agriculture includes all productive units of farming, forestry, animal husbandry and fishery and units engaged in farming, forestry, animal husbandry and fishery in non-agricultural sectors with various types of ownership in cities, counties and districts of Jiangxi Province.

Ⅲ. Data on rural grassroots units, employed labor force, agricultural production and area, gross output value and value-added of farming, forestry, animal husbandry, and fishery are provided by Statistical Bureau. Data on forestry, fishery, agricultural machinery, and water conservancy are provided by Forestry, Agriculture, Water Conservancy department of Jiangxi province, and department of land and resources of jiangxi province.

Ⅳ. Some Indicators have been adjusted according to the Second National Agricultural Census in 2006.

12-1 农村乡(镇)基本情况
Basic Conditions of Township and Town of Country

指　　标	Iterm	2010	2011
乡镇政府(个)	Number of Township and Town Governments(unit)	1402	1403
镇政府	Number of Town Governments(unit)	777	790
乡政府	Number of Township Governments(unit)	625	613
村民委员会(个)	Number of Villagers' Committees(unit)	17246	17251
村民小组(个)	Number of Villagers' Group(unit)	200785	200600
通汽车的村委会个数(个)	Number of Villages Which is Accessible by Automobile(unit)	17174	17217
占村委会总个数比重(%)	Rate to Total Number of Villages(%)	99.6	99.8
自来水受益村委会个数(个)	Number of Villages Benifited by Tap Water(unit)	7985	8161
占村委会总个数比重(%)	Rate to Total Number of Villages(%)	46.3	47.3
通电话的村委会个数(个)	Number of Villages with Telephones(unit)	17198	17218
占村委会总个数比重(%)	Rate to Total Number of Villages(%)	99.7	99.8
通广播的村委会个数(个)	Number of Villages with Radio(unit)	12811	13339
占村委会总个数比重(%)	Rate to Total Number of Villages(%)	74.3	77.3

12-2 各地区乡(镇)组织情况（2011年）
Organizing Conditions of Township and Town by Region (2011)

地　区	Region	乡(镇)政府个数(个) Number of Township and Town Governments (unit)	#镇政府 Number of Town Governments	村民委员会(个) Number of Villagers' Committees (unit)	村民小组(个) Number of Villagers' Group (unit)
全　省	**Provincial Total**	**1403**	**790**	**17251**	**200600**
南昌市	Nanchang	80	51	1179	9726
景德镇市	Jingdezhen	39	25	505	4229
萍乡市	Pingxiang	46	28	639	9591
九江市	Jiujiang	181	101	1794	23737
新余市	Xinyu	26	16	400	3797
鹰潭市	Yingtan	33	20	353	4016
赣州市	Ganzhou	283	138	3460	48928
吉安市	Ji'an	214	114	2537	26670
宜春市	Yichun	157	108	2263	26128
抚州市	Fuzhou	151	89	1796	17317
上饶市	Shangrao	193	100	2325	26461

12-3 农、林、牧、渔业总产值和商品产值

Gross Output Value，and Commodity Output Value of Farming, Forestry, Animal Husbandry and Fishery

本表按当年价格计算

Data in this table are calculated at current prices.

单位：万元 (10000 yuan)

年份 地区 Year Region	农林牧渔业总产值 Gross Output Value of Farming,Forestry, Animal Husbandry and Fishery	农业产值 Output Value of Farming	林业产值 Output Value of Forestry	牧业产值 Output Value of Animal Husbandry	渔业产值 Output Value of Fishery	服务业产值 Output Value of Services	农林牧渔业商品产值 Commodity Output Value of Farming, Forestry, Animal Husbandry and Fishery	农林牧渔业商品率(%) Commodity Rate of Farming, Forestry, Animal Husbandry and Fishery(%)
1978	492900	364752	58723	63025	6400		175842	35.7
1980	681508	482402	96038	95168	7900		279874	41.1
1985	1145040	740353	141190	228397	35100		566795	49.5
1990	2119055	1202955	195286	620351	100463		1372256	64.8
1990	2552437	1534586	239624	674764	103463		1372256	53.8
1991	2715836	1612274	288951	688523	126088		1483574	54.6
1992	2983528	1683513	315804	830611	153600		1735728	58.2
1993	3601064	1961358	314875	1095139	229692		2165316	60.1
1994	5278602	2762704	375230	1776561	364107		3368228	63.8
1995	6317137	3316376	414590	2095348	490823		4053816	64.2
1996	7334888	3863193	463328	2311829	696538		4751920	66.9
1997	7855119	3946088	468592	2558551	881888		5180617	66.0
1998	7348844	3615365	476187	2383146	874146		4824857	65.7
1999	7502895	3881699	495903	2239960	885333		4824974	64.3
2000	7602670	3872737	511086	2217976	1000871		4923589	64.8
2000	7413543	3446961	579735	2217976	1000871	168000	4497813	60.7
2001	7674396	3583299	605300	2261129	1042668	182000	4812927	62.7
2002	7918643	3664496	649332	2339367	1099548	165900	5093507	64.3
2003	8416300	3837127	704801	2540056	1185493	148823	5598337	66.5
2004	10549211	4910558	790778	3249823	1431346	166706	6836789	64.8
2005	11429925	5104715	873713	3650964	1625621	174912	7797125	68.2
2006	12252714	5571936	1046051	3440455	1643115	551157	8364442	68.3
2007	14269333	6212597	1264574	4355792	1822009	614361	9673395	67.8
2008	16804990	6943243	1507654	5560144	2115976	677973	11427251	68.0
2009	17338215	7297223	1617850	5414950	2311804	696388	12638262	72.9
2010	19005843	8013643	1867952	5840500	2555809	727939	13893271	73.1
2011	22072655	9178214	2061050	7343392	2722023	767976	15937301	72.2
南昌市 Nanchang	2296977	855228	25831	910291	462254	43373	1780058	77.5
景德镇市 Jingdezhen	671569	359072	44844	199316	42946	25391	497837	74.1
萍乡市 Pingxiang	769625	282295	52772	384302	45201	5055	505210	65.6
九江市 Jiujiang	1827536	834002	99656	415320	431091	47467	1242256	68.0
新余市 Xinyu	737911	343870	95632	213586	65497	19326	511472	69.3
鹰潭市 Yingtan	607563	224912	33050	276064	64815	8722	437233	72.0
赣州市 Ganzhou	3750930	1737458	228697	1355635	357619	71521	2591621	69.1
吉安市 Ji'an	2801917	1339645	294092	863970	254912	49298	2082211	74.3
宜春市 Yichun	3325992	1482912	275459	1223976	318656	24989	2372917	71.3
抚州市 Fuzhou	2527007	1436911	110468	729877	206742	43009	1945539	77.0
上饶市 Shangrao	2806654	1149146	220619	833526	540403	62960	1970947	70.2

注：1990年数为按老口径计算的数据，自2000年后按新的国民经济行业分类计算，后同。

a)The data of 1990 was calculated on old basis.The data since 2000 is calculated on the new classification standards for national economic.

12-4 农、林、牧、渔业总产值构成
Gross Output Value Composition of Farming, Forestry, Animal Husbandry and Fishery

本表按当年价格计算

Data in this table are calculated at current prices.

单位：% (%)

年份 地区 Year Region	农林牧渔业总产值 Gross Output Value of Farming,Forestry, Animal Husbandry and Fishery	农业产值 Output Value of Farming	林业产值 Output Value of Forestry	牧业产值 Output Value of Animal Husbandry	渔业产值 Output Value of Fishery	服务业产值 Output Value of Services
1978	100.0	74.0	11.9	12.8	1.3	
1980	100.0	70.7	14.1	14.0	1.2	
1985	100.0	64.7	12.3	19.9	3.1	
1990	100.0	56.8	9.2	29.3	4.7	
1990	100.0	60.1	9.4	26.4	4.1	
1991	100.0	59.4	10.6	25.4	4.6	
1992	100.0	56.5	10.6	27.8	5.1	
1993	100.0	54.5	8.7	30.4	6.4	
1994	100.0	52.3	7.1	33.7	6.9	
1995	100.0	52.4	6.6	33.2	7.8	
1996	100.0	52.7	6.3	31.5	9.5	
1997	100.0	50.2	6.0	32.6	11.2	
1998	100.0	49.2	6.5	32.4	11.9	
1999	100.0	51.7	6.6	29.9	11.8	
2000	100.0	50.9	6.7	29.2	13.2	
2000	100.0	46.5	7.8	29.9	13.5	2.3
2001	100.0	46.7	7.9	29.5	13.6	2.3
2002	100.0	46.3	8.2	29.5	13.9	2.1
2003	100.0	45.6	8.4	30.2	14.1	1.7
2004	100.0	46.5	7.5	30.8	13.6	1.6
2005	100.0	44.7	7.7	31.9	14.2	1.5
2006	100.0	45.5	8.5	28.1	13.4	4.5
2007	100.0	43.5	8.9	30.5	12.8	4.3
2008	100.0	41.3	9.0	33.1	12.6	4.0
2009	100.0	42.1	9.3	31.2	13.3	4.0
2010	100.0	42.2	9.8	30.7	13.5	3.8
2011	100.0	41.6	9.3	33.3	12.3	3.5
南昌市 Nanchang	100.0	37.2	1.1	39.7	20.1	1.9
景德镇市 Jingdezhen	100.0	53.4	6.7	29.7	6.4	3.8
萍乡市 Pingxiang	100.0	36.7	6.9	49.9	5.9	0.6
九江市 Jiujiang	100.0	45.6	5.5	22.7	23.6	2.6
新余市 Xinyu	100.0	46.6	13.0	28.9	8.9	2.6
鹰潭市 Yingtan	100.0	37.0	5.4	45.4	10.7	1.5
赣州市 Ganzhou	100.0	46.3	6.1	36.1	9.6	1.9
吉安市 Ji'an	100.0	47.8	10.5	30.8	9.1	1.8
宜春市 Yichun	100.0	44.6	8.3	36.8	9.6	0.7
抚州市 Fuzhou	100.0	56.8	4.4	28.9	8.2	1.7
上饶市 Shangrao	100.0	40.9	7.9	29.7	19.3	2.2

12-5 农、林、牧、渔业总产值指数

Indices of Gross Output Value of Farming,Forestry,Animal Husbandry and Fishery

本表按可比价格计算。
Data in this table are calculated at constant pieces.

年 份 Year	以1978年为100（year of 1978=100）						以上年为100（preceding year=100）					
	农林牧渔业总产值 Gross Output Value of Farming, Forestry, Animal Husbandry and Fishery	农业产值 Output Value of Farming	林业产值 Output Value of Forestry	牧业产值 Output Value of Animal Husbandry	渔业产值 Output Value of Fishery	服务业产值 Output Value of Services	农林牧渔业总产值 Gross Output Value of Farming, Forestry, Animal Husbandry and Fishery	农业产值 Output Value of Farming	林业产值 Output Value of Forestry	牧业产值 Output Value of Animal Husbandry	渔业产值 Output Value of Fishery	服务业产值 Output Value of Services
1978	100	100	100	100	100	100	102.8	101.6	105.7	107.2	98.9	
1979	114.8	115.0	112.4	116.5	113.6		114.8	115.0	112.4	116.5	113.6	
1980	111.2	109.3	108.7	120.6	127.4		96.9	95.1	96.8	103.6	112.2	
1981	115.6	111.2	127.3	122.6	150.7		103.9	101.7	117.1	101.8	118.3	
1982	127.4	122.4	124.8	148.7	170.0		110.2	110.1	98.0	121.1	112.8	
1983	129.4	122.7	128.2	152.7	213.2		101.5	100.2	102.7	102.7	125.4	
1984	143.3	135.4	144.5	169.0	240.9		110.8	110.3	112.7	110.7	112.9	
1985	153.6	140.4	153.7	200.8	291.5		107.2	103.7	106.4	118.8	121.0	
1986	157.7	138.0	154.9	232.9	337.4		102.6	98.3	100.8	116.0	115.7	
1987	171.6	150.8	169.3	247.9	387.9		108.8	109.3	109.3	106.4	115.0	
1988	176.3	147.5	176.9	282.1	445.1		102.7	97.8	104.5	113.8	114.8	
1989	185.8	156.8	177.6	296.5	485.3		105.4	106.3	100.4	105.1	109.0	
1990	198.0	167.7	184.0	315.5	532.0		106.5	106.9	103.6	106.4	109.6	
1991	210.0	176.0	199.4	337.6	584.6		106.1	105.0	108.3	107.0	109.9	
1992	223.8	181.4	212.9	378.7	712.1		106.6	103.0	106.8	112.2	121.8	
1993	240.1	185.2	194.2	456.3	972.1		107.3	102.1	91.2	120.5	136.5	
1994	264.7	193.4	209.7	537.7	1243.1		110.2	104.5	108.0	117.8	127.9	
1995	278.4	193.9	210.3	590.9	1562.5		105.2	100.2	100.3	109.9	125.7	
1996	301.8	208.4	221.5	609.2	2087.5		108.4	107.5	105.3	103.1	133.6	
1997	322.9	221.3	218.1	644.1	2510.9		107.0	106.2	98.5	105.7	120.3	
1998	310.2	203.8	220.4	623.6	2656.1		96.1	92.1	101.1	96.8	105.8	
1999	325.4	226.2	216.8	600.3	2847.3		104.9	111.0	98.4	96.3	107.2	
2000	334.5	230.3	234.4	599.1	3103.6	335.0	102.8	101.8	108.1	99.8	109.0	100.6
2001	344.5	238.1	237.2	608.7	3261.9	364.8	103.0	103.4	101.2	101.6	105.1	108.9
2002	358.3	244.5	251.2	628.8	3539.2	332.3	104.0	102.7	105.9	103.3	108.5	91.1
2003	368.1	243.3	268.7	651.4	3819.9	296.1	102.7	99.5	107.0	103.6	107.9	89.1
2004	397.6	269.3	280.8	685.9	4125.4	307.9	108.0	110.7	104.5	105.3	108.0	104.0
2005	424.6	278.5	293.2	770.3	4451.3	316.8	106.8	103.4	104.4	112.3	107.9	102.9
2006	450.5	293.5	346.8	794.2	4780.5	356.4	106.1	105.4	118.3	103.1	107.4	112.5
2007	469.4	303.5	377.0	818.0	5067.3	383.8	104.2	103.4	108.7	103.0	106.0	107.7
2008	491.9	315.3	406.8	859.7	5340.9	399.5	104.8	103.9	107.9	105.1	105.4	104.1
2009	514.5	323.5	430.8	909.6	5725.4	413.1	104.6	102.6	105.9	105.8	107.2	103.4
2010	535.1	327.1	458.8	962.4	6137.6	434.2	104.0	101.1	106.5	105.8	107.2	105.1
2011	557.6	346.7	484.0	985.5	6211.3	458.0	104.2	106.0	105.5	102.4	101.2	105.5

12-6 农、林、牧、渔业总产值

Gross Output Value of Farming,Forestry,Animal Husbandry and Fishery

单位：万元 (10000 yuan)

行　　业	Sector	2010	2011	2011年比2010年增长（%） Increase Rate in 2011 over 2010(%)
农林牧渔业总产值	**Gross Output Value of Farming,Foretry, Animal Husbands and Fishery**	**19005843**	**22072655**	**4.2**
农业产值	**Output Value of Farming**	**8013643**	**9178214**	**6.0**
谷物及其他作物	Cereal and Other Cereal	4996710	6100603	6.5
谷物	Cereal	3573949	4805708	5.6
薯类	Tubers	126879	177011	5.9
油料	Oil-bearing Crops	506595	522346	6.6
豆类	Soybeans	142839	153564	3.6
棉花	Cotton	251579	120854	10.3
麻类	Fiber Crops	11479	8497	-1.6
糖料	Sugar Crops	46406	49284	10.8
烟草	Tobacco	39867	75083	22.0
其他农作物	Other Cereal	297118	188256	13.3
蔬菜、食用菌及花卉、盆景园艺产品	Vegetable, Edible Fungi and Gardening Cereal	2007780	2357721	3.64
水果、坚果、茶、饮料和香料作物	Fruit, Nut, Tea, Drink and Spicery Cereal	952334	669702	8.02
中药材	Chinese Traditional Medicinal Materials	56818	50188	6.67
林业产值	**Output Value of Forestry**	**1867952**	**2061050**	**5.5**
林木的培育和种植	Forest Cultivated and Planted	715037	748957	4.5
竹木采运	Bamboo and timber's Cutting and Transport	406533	371001	-16.1
林产品	Forestry Products	746382	941092	18.2
牧业产值	**Output Value of Animal Husbandry**	**5840500**	**7343392**	**2.4**
牲畜饲养	Livestock Raised	468898	570515	2.8
猪的饲养	Hogs Raised	3723836	4902341	1.4
家禽饲养	Poultry Raised	1475272	1664574	3.4
狩猎和捕捉动物	Animal Hutted and Caught	14078	22813	5.2
其他畜牧业	Other Animal Husbandry	158415	183149	16.7
渔业产值	**Output Value of Fishery**	**2555809**	**2722023**	**1.2**
鱼类	Fish	1863289	1896572	2.5
甲壳类	Carapace	241147	277657	-3.8
贝类	Shell-fish	63672	130546	-4.1
其他渔业	Other Fishery	387700	417248	-1.0
农林牧渔服务业产值	**Services Output Value of Farming, Forestry, Animal Husbandry and Fishery**	**727939**	**767976**	**5.5**

注：增长速度由当年可比价格产值除以上年现行价格产值所得。

a) The growth is equal to the output value that caculated at current year's constant prices divided by the output value that caculated at last year's current prices.

12-7 各地区粮食作物和多种经营产值（2011年）
Output Value of Grain Crops and Multi deal by Region (2011)

本表按当年价格计算
Data in this table are calculated at current prices.

地区	Region	农林牧渔业总产值（万元）Gross Output Value of Farming, Forestry, Animal Husbandry and Fishery(10000yuan)			构成（%）Composition (%)	
			粮食作物 Grain Crops	多种经营 Multi-dealing	粮食作物 Grain Crops	多种经营 Multi-dealing
全省	**Provincial Total**	**22072655**	**5136284**	**16936371**	**23.3**	**76.7**
南昌市	Nanchang	2296977	525976	1771001	22.9	77.1
景德镇市	Jingdezhen	671569	142798	528771	21.3	78.7
萍乡市	Pingxiang	769625	122484	647141	15.9	84.1
九江市	Jiujiang	1827536	349530	1478006	19.1	80.9
新余市	Xinyu	737911	167971	569940	22.8	77.2
鹰潭市	Yingtan	607563	144606	462957	23.8	76.2
赣州市	Ganzhou	3750930	606634	3144296	16.2	83.8
吉安市	Ji'an	2801917	839168	1962749	29.9	70.1
宜春市	Yichun	3325992	913845	2412147	27.5	72.5
抚州市	Fuzhou	2527007	653291	1873716	25.9	74.1
上饶市	Shangrao	2806654	727072	2079582	25.9	74.1

12-8 农林牧渔业商品产值和商品率
Commodity Output Value and Commdity Rate of Farming, Forestry, Animal Husbandry and Fishery

本表按当年价格计算
Data in this table are calculated at current prices.

行业	sector	农林牧渔业商品产值(万元) Commodity Output Value of Farming, Forestry, Animal Husbandry and Fishery (10000 yuan)		农林牧渔业商品率（%）Commdity Rate of Farming, Forestry, Animal Husbandry and Fishery (%)	
		2010	2011	2010	2011
合计	**Total**	**13668685**	**15937301**	**73.1**	**72.2**
#粮食作物产值	Output Value of Grain Crops	2638559	3531357	68.6	67.3
多种经营产值	Output Value of Multi-dealing	11030126	12405944	75.7	73.7
农业	Farming	5529834	6260998	69.0	68.2
林业	Forestry	792299	960581	46.2	46.6
牧业	Animal Husbandry	5072835	6179566	89.3	84.2
渔业	Fishery	2070173	2301144	84.1	84.5
服务业	Services	203543	235012	28.0	30.6

12–9 农、林、牧、渔业中间消耗
Intermediate Consumption of Farming,Forestry,Animal Husbandry and Fishery

单位：万元 (10000 yuan)

行　　业	Sector	2010	2011
农林牧渔业中间消耗总计	**Total Intermediate Consumption of Farming,Forestry, Animal Husbandry and Fishery**	**6936037**	**8161966**
农业中间消耗	**Intermediate Consumption of Farming**	**2668437**	**3060967**
物质消耗	Material Consumption	2399218	2713099
用种量	Quantity of Seeds Used	433823	579307
役畜用饲料	Feedstuff for Service-lovestock	129626	139417
肥料	Fertilizer	1075928	1105992
燃料	Fuel	129679	158851
农药	Pesticide	176854	207620
农用塑料薄膜	Plastic Film for Farming	85369	103477
用电量	Consumption of Electricity	135628	152639
小农具购置	Small Dead Stock	88956	108594
办公用品购置	Office Stationary Purchased	8655	9407
其他	Others	134700	147795
生产服务支出	Production and Services Expenditure	269219	347868
林业中间消耗	**Intermediate Consumption of Forestry**	**418305**	**463001**
物质消耗	Material Consumption	319619	362469
用种量	Quantity of Seeds Used	107888	125954
肥料	Fertilizer	75396	85761
燃料	Fuel	22601	26346
农药	Pesticide	18927	21773
用电量	Consumption of Electricity	12895	14929
小农具购置	Small Dead Stock	22658	25247
办公用品购置	Office Stationary Purchased	8715	9691

12-9 续表 continued

单位：万元 (10000 yuan)

行业	Sector	2010	2011
其他物质消耗	Other Material Consumption	50539	52768
生产服务支出	Production and Services Expenditure	98686	100532
牧业中间消耗	**Intermediate Consumption of Animal Husbandry**	**2769820**	**3484999**
物质消耗	Material Consumption	2635198	3276287
用种量	Quantity of Seeds Used	427979	533115
饲料、饲草	Feedstuff,Forage Grass	1948885	2435633
燃料	Fuel	90650	98445
用电量	Consumption of Electricity	19340	24831
畜牧用药品	Leechdom for Livestock	74085	96975
其他	Others	74259	87288
生产服务支出	Production and Services Expenditure	134622	208712
渔业中间消耗	**Intermediate Consumption of Fishery**	**758207**	**812999**
物质消耗	Material Consumption	655279	682582
饲料	Feedstuff	468251	471074
燃料	Fuel	27733	32212
用电量	Consumption of Electricity	16116	18914
办公用品购置	Office Stationary Purchased	8337	9332
其他	Others	134842	151050
生产服务支出	Production and Services Expenditure	102928	130417
农林牧渔服务业中间消耗	**Intermediate Consumption of Services of Farming,Forestry, Animal Husbandry and Fishery**	**321268**	**340000**
物质消耗	Material Consumption	199287	206313
生产服务支出	Production and Services Expenditure	121981	133687

12-10 主要农业机械年末拥有量和机耕情况
Major Agricultural Machinery at the Year-end and Condition of Tractor-ploughing

指　　标	Item	1990	2000	2005	2010	2011
农业机械总动力(万瓦特)	**Total Power of Agricultural Machinery(10000 watts)**	**667717**	**902307**	**1781260**	**3805000**	**4200000**
柴油发动机动力	Power of Diesel Motor	410637	620228	1333070	2978000	3253090
汽油发动机动力	Power of Pectol Motor	80651	63401	93690	161000	180310
电动机动力	Power of Electromotor	176429	211399	348130	666000	766600
其他机械动力	Power of Other Engine		7279	6370		
农业机械与设备	**Agricultural Machinery and Equiment**					
大中型拖拉机(台)	Large and Medium Agricultural Tractors(unit)	19324	22725	88300	16700	18247
(万瓦特)	(10000 watts)	49449	54001	171440	38490	58530
小型拖拉机(台)	Mini-Tractors(unit)	91682	78634	147000	390300	463800
(万瓦特)	(10000 watts)	76492	65329	119880	469800	486990
大中型配套农具(部)	Number of Large and Medium Agricultural Tractor Towing Farm Machinery(unit)	10190	3037	7000	20500	22400
小型配套农具(部)	Number of Mini-Tractor Towing Farm Machinery(unit)	67319	105813	145900	286100	335300
农用排灌动力机械(台)	Agricultural Irrigation and Drainage Engines(unit)	130713	253881	622700	1164000	1220100
(万瓦特)	(10000 watts)	150864	213168	435150	880000	899460
#柴油机(台)	Diesel Engines(unit)	67476	144926	436800	742000	772200
(万瓦特)	(10000 watts)	68615	111667	300300	510650	537270
电动机(台)	Electromotors(unit)	60446	90423	184200	401000	407600
(万瓦特)	(10000 watts)	80923	103744	159350	329480	335230
农用水泵(台)	Agricultural Water Pumps(unit)	118122	223295	503900	731000	789459
节水灌溉机械(套)	Water-saving Irrigation Machine(set)	4816	7033	13680	50900	126330
机动脱粒机(台)	Motorized Thrashing Machine(unit)	42047	253864	547800	931400	957192
机动喷雾(粉)机(部)	Motorized Spraying Machine(unit)	6942	24589	73000	158800	185600
(万瓦特)	(10000 watts)	1155	3676	13660	39520	46980
农用运输车(辆)	Agricultural Transport Cars(unit)	22811	57489	116500	203800	225400
(万瓦特)	(10000 watts)	27037	92667	248960	517000	573650
农业机耕情况	**Condition of Agricultural Tractor-ploughing**					
当年实际机耕面积(千公顷)	Real Tractor-ploughing Areas in Current Year(1000 hectares)	640.6	1029.4	1864.4	2898.8	2890.0

12-11 农村小水电和农业电气化、化学化、水利化情况
Rual Small Hydropower and Agricultural Electrization, Chamization, Adequate Irrigation

指标	Item	1990	2000	2005	2010	2011
农村小水电情况	**Rual Small Hydropower Condition**					
乡镇(场)及以下办水电站个数(个)	Number of Hydropower Stations under Town (Township)(unit)	4623	2069	1816	2570	2754
发电能力(千瓦)	Gegerating Capacity(kw)	219709	344232	608540	1104406	1170554
农业电气化情况	**Agricultural Electrization**					
农村用电量(万千瓦小时)	Electricity Consumed in Rural Areas(10000 kwh)	159927	339255	451319	715738	773087
通电的村民委员会个数(个)	Number of Villagers' Committees with Electricity(unit)	18957	20242	17188	17245	17251
通电的村委会占村委会总数比重(%)	Percentage of Villagers' Committees with Electricity in Total Villagers'Committees(%)	91.1	97.6	99.7	99.9	100.0
农业化学化情况	**Agricultural Chamization**					
农用化肥施用量(实物量)(万吨)	Quantity of Chemical Fertilizers Used for Farming (Material) (10000 tons)	285.6	343.4	384.5	415.1	422.9
氮　　肥	Nitrogenous Fertilizer	150.5	150.2	144.1	135	135.3
磷　　肥	Phosphorus Fertilizer	90.0	88.2	90.8	81.2	81.6
钾　　肥	Kalium Fertilizer	26.7	40.0	48.8	53.3	53.8
复 合 肥	Compound Fertilizer	18.4	65.0	100.8	145.6	152.2
农用化肥施用量(折纯量)(万吨)	Quantity of Chemical Fertilizers Used for Farming (net)(10000 tons)	83.6	106.9	129.4	137.6	141.1
氮　　肥	Nitrogenous Fertilizer	46.1	47.5	47.7	43.4	43.7
磷　　肥	Phosphorus Fertilizer	17.8	19.6	25.4	22.1	22.2
钾　　肥	Kalium Fertilizer	13.3	17.2	20.8	21.1	21.4
复 合 肥	Compound Fertilizer	6.4	22.7	35.5	50.9	53.7
农用塑料薄膜使用量(吨)	Quantity of Plastic Film for Farming Consumed(ton)	16428	28599	45010	45491	47375
农药使用量(吨)	Quantity of Pesticide Consumed(ton)	36482	51406	75305	106530	99691
农业水利化情况	**Agricultural Adequate Irrigation**					
有效灌溉面积(千公顷)	Irrigated Areas(1000 hectares)	1836.7	1903.4	1831.4	1852.4	1867.6
旱涝保收面积(千公顷)	Farmland of Stable Yields Despite of Drought or Waterlogging(1000 hectares)	1365.9	1544.1	1475.5	1497.2	1508.3

12-12 水利灌溉设施年末建成达到情况
Construction Condition of Water Conservancy for Irrigation at the End of Year

指　　标	Item	1990	2000	2005	2010	2011
工程座数	**Number of Projects**					
蓄水工程(座)	Water Storage Project(unit)	265967	256664	252733	258727	257408
大型水库	Large-scale Reservoir	18	23	25	26	26
中型水库	Medium-scale Reservoir	193	209	227	240	240
小(一)型水库	Small(1)-scale Reservoir	1307	1328	1343	1451	1448
小(二)型水库	Small(2)-scale Reservoir	7969	8042	7799	8092	8110
塘　坝	Embankment	256480	247062	243339	248918	247584
引水工程(处)	Diversion Projectset)	98388	97907	96711	96125	96125
机电灌站(处)	Mechanical and Electrical Irrigation Station(set)	24460	26572	25986	26649	26649
水轮泵站(处)	Water-wheel and Pump Station(set)	1237	1147	1113	746	586
机电井(眼)	Mechanical and Electrical Well(unit)	2036	2248	4233	5361	5404
蓄水工程总库容(万立方米)	**Total Holding Capacity of Water storage projects(10000 cu.m)**	**2527166**	**2948757**	**3011598**	**3122496**	**3127864**
大型水库	Large-scale Reservoir	1325400	1664860	1701136	1741558	1741558
中型水库	Medium-scale Reservoir	437727	495538	535591	566483	568190
小(一)型水库	Small(1)-scale Reservoir	369672	372721	379489	407905	405169
小(二)型水库	Small(2)-scale Reservoir	214169	221578	215895	221248	226211
塘　坝	Embankment	180198	194060	179487	185302	186736
有效灌溉面积(千公顷)	**Irrigated Areas(1000 hectares)**	**1836.8**	**1903.4**	**1831.4**	**1852.4**	**1867.6**
蓄水工程	Water Storage Project	930.0	974.3	950.0	957.0	955.5
大型水库	Large-scale Reservoir	80.2	81.3	81.1	82.3	82.6
中型水库	Medium-scale Reservoir	204.9	214.6	224.2	229.7	227.4
小(一)型水库	Small(1)-scale Reservoir	242.5	247.7	240.5	251.8	251.2
小(二)型水库	Small(2)-scale Reservoir	201.2	210.8	205.8	202.3	203.8
塘　坝	Embankment	201.2	219.9	198.4	190.9	190.5
引水工程	Diversion Project	488.6	503.4	477.6	487.3	503.9
30万亩以上	300000 mu and over	54.9	57.3	58.2	52.0	52.5
1-30万亩	10000-100000 mu	93.2	94.4	83.8	94.8	102.2
1万亩以下	under 10000 mu	340.5	351.7	335.6	340.5	349.2
机电泵井提灌	Mechanical and Electrical Well Pump Irrigation	414.0	423.9	403.8	407.1	408.2
其　他	Others	4.2	1.8		1	

12-13 各地区农村小水电和农业电气化、化学化、水利化情况（2011年）

指标	Item	全省 Provincial Total	南昌市 Nanchang
农村小水电情况	**Rual Small Hydropower Condition**		
乡镇(场)及以下办水电站个数(个)	Number of Hydropower Stations under Town(Township)(unit)	2754	12
发电能力(千瓦)	Gegerating Capacity(kw)	1170554	1565
农业电气化情况	**Agricultural Electrization**		
农村用电量(万千瓦小时)	Electricity Consumed in Rural Areas(10000 kw per hour)	773087	127567
通电的村民委员会个数(个)	Number of Villagers' Committees with Electricity(unit)	17251	1179
通电的村委会占村委会总数比重(%)	Percentage of Villagers' Committees with Electricity in Total Villagers'Committees(%)	100.0	100.0
农业化学化情况	**Agricultural Chamization**		
农用化肥施用量(实物量)(吨)	Quantity of Chemical Fertilizers Used for Farming (material) (ton)	4228580	388315
氮肥	Nitrogenous Fertilizer	1352578	114590
磷肥	Phosphorus Fertilizer	815972	89618
钾肥	Kalium Fertilizer	538098	53753
复合肥	Compound Fertilizer	1521932	130354
农用化肥施用量(折纯量)(吨)	Quantity of Chemical Fertilizers Used for Farming (net)(ton)	1411394	150113
氮肥	Nitrogenous Fertilizer	437458	37441
磷肥	Phosphorus Fertilizer	222274	27726
钾肥	Kalium Fertilizer	214340	25786
复合肥	Compound Fertilizer	537322	59160
农用塑料薄膜使用量(吨)	Quantity of Plastic Film for Farming Consumed(ton)	47375	2107
农药使用量(吨)	Quantity of Pesticide Consumed(ton)	99691	8490
农业水利化情况	**Agricultural Adequate Irrigation**		
有效灌溉面积(千公顷)	Irrigated Areas(1000 hectares)	1868	189
旱涝保收面积(千公顷)	Farmland of Stable Yields Despite of Drought or Waterlogging(1000 hectares)	1508	160

Rual Small Hydropower and Agricultural Electrization,Chamization, Adequate Irrigation by Region (2011)

景德镇市 Jingdezheng	萍乡市 Pingxiang	九江市 Jiujiang	新余市 Xinyu	鹰潭市 Yingtan	赣州市 Ganzhou	吉安市 Ji'an	宜春市 Yichun	抚州市 Fuzhou	上饶市 Shangrao
19	106	264	10	28	603	312	667	281	452
5906	55205	123465	1460	10120	234148	206379	189505	171475	171326
24466	47843	88481	25644	9537	93972	69859	111754	45053	129501
505	639	1794	400	353	3460	2537	2263	1796	2325
100.0	100.0	100.0	100.0	100.0	100.0	100.0	100.0	100.0	100.0
87160	98722	421067	117247	107696	741702	528633	616690	553838	567510
25661	43563	162292	37962	27186	271453	142118	178343	175460	173950
12034	22143	76663	32914	31268	134596	87403	127604	118599	83130
8153	12370	55831	18413	14518	84630	55859	95795	76230	62546
41312	20646	126281	27958	34724	251023	243253	214948	183549	247884
32943	36618	159206	31592	28150	226426	175936	219405	204743	146262
9494	14887	61100	11351	6672	62386	48008	67558	70132	48429
3010	8843	26827	7051	8110	29765	22632	31276	37707	19327
3914	5251	22723	5965	3586	36410	22453	40001	32063	16188
16525	7637	48556	7225	9782	97865	82843	80570	64841	62318
1287	915	3410	1087	2125	11420	5557	8115	5769	5583
1428	3229	11333	1959	1330	14001	12631	11060	16079	18151
54	38	187	48	51	263	297	283	215	243
44	33	121	41	43	225	221	233	179	208

12-14 堤防、水闸、除涝、水土保持及解决饮水困难情况
Condition of Dike,Sluice,Waterlogging Control,Water and Soil Conversation and Easing the Shortage of Drinking Water

指　　标	Item	1990	2000	2005	2010	2011
堤防长度(公里)	Dike Projects(km)	9259.06	9868.00	9719.73	9837.40	10239.19
堤防保护耕地面积(千公顷)	Area of Cultivated Land Protected by Dike (1000 hectares)	629.28	677.84	762.28	762.85	771.81
堤防保护人口(万人)	Population Protected by Dike(10000 persons)	936.10	1118.71	1165.12	1198.56	1247.10
水闸工程设施(座)	Sluice Projects(set)	365	394	641	1181	1209.00
大型水闸	Large-scale Sluice	3	3	3	30	30.00
中型水闸	Medium-scale Sluice	31	34	49	271	271.00
小型水闸	Small-scale Sluice	331	357	589	880	908.00
除涝面积	Area of Waterlogging Control	313.86	337.95	350.63	375.72	378.24
除涝标准3-5年一遇的	Once 3-5 Years	143.52	157.73	164.96	180.59	182.12
除涝标准5年以上的	Once over 5 Years	170.34	180.22	185.67	195.13	196.12
水土流失治理面积(千公顷)	Area of Soil Erosion under Control(1000 hectares)	1223.45	2759.98	3666.28	4514.04	4626.80
#小流域综合治理	Small Water Basin Comprehensive Management	184.63	630.39	859.60	520.23	908.55
采取水平梯田措施治理	Horizontal Terrace	73.49	179.60	195.53	225.15	236.16
采取沟坝地措施治理	Dyke	21.03	55.76	63.33	71.51	78.45
采取水保林措施治理	Forestry Conversed by Water	1091.82	2221.67	1821.49	2126.54	2209.82
采取种草措施治理	Planting Grass	9.19	55.49	84.70	123.28	113.74
采取其他措施治理	Others	27.93	247.46	1501.23	1967.56	1988.63

12-15 农作物播种面积和产量（2011年）
Total Sown Areas and Output of Farm Crops (2011)

类别	Type	播种面积（千公顷）Sown Area (1000 hectares)	单产（千克/公顷）Yield per Unit (kg/hectare)	总产量（粮食：万吨；其他：吨）Total Output (Grain:10000 tons; Others:ton)	总产量比上年增长(%) Total Growth Over Last Year (%)
总计	**Total**	**5486.79**			
粮食作物	Grain Crops	3650.07	5624	2052.8	5.0
谷物	Cereal	3359.62	5847	1964.3	5.1
稻谷	Rice	3317.71	5878	1950.1	4.9
早稻	Early Rice	1384.25	5675	785.6	11.4
中稻及一季晚稻	Middle-season and Late Rice	401.53	6632	266.3	2.8
二季晚稻	Second season Late Rice	1531.93	5863	898.2	0.5
小麦	Wheat	10.89	2011	2.2	3.8
玉米	Corn	25.65	4090	10.5	24.3
大(米)麦	Barley	0.22	1818	0.0	
豆类合计	Total Legume	154.24	1857	28.7	2.6
大豆	Soybean	95.16	2178	20.7	1.5
杂豆	Mixed bean	59.08	1354	7.9	5.7
薯类(按折粮计算)	Tubers (converted into grain)	136.21	4394	59.9	4.9
油料合计	Total Oil-bearing	732.35	1551	1135852.0	5.6
#花生	Peanuts	157.87	2771	437498.0	7.2
油菜籽	Rape Seeds	542.64	1228	666568.0	4.4
芝麻	Sesame	31.81	997	31723.0	11.6
棉花	Cotton	81.96	1743	142853.0	9.2
麻类合计	Total Fiber Crops	6.21	1599	9926.0	-2.6
黄红麻	Jute and Ambary Hemp	0.22	4491	988.0	-12.0
苎麻	Ramee	5.99	1492	8938.0	-1.5
甘蔗	Sugarcane	14.00	44891	628475.0	6.3
烟叶合计	Tabacco Total	20.02	2272	45505.0	21.1
烤烟	Flue-cured Tobacco	19.39	2295	44497.0	22.9
晒烟	Sun-cured Tobacco	0.63	1600	1008.0	-27.6
中药材	Traditional Chinese Medicinal Materials	19.90	3953	78656.0	53.9
蔬菜、瓜类	Vegetables and Melons	608.35	22334	13586686.0	5.6
#蔬菜	Vegetables	535.54	21768	11657454.0	4.5
其他作物	Other Crops	353.93	11336	4 012 377.0	- 1.3
#莲子	Lotus Seeds	11.46	1490	17079.0	28.9
青饲料	Succulence	81.86	12066	987738.0	17.2

注：本表粮食作物均为农产量抽样调查数，后同。

a) Data of Grain Crops in this table are estimated from sample surveys, The same applies to the tables following.

12-16 农作物播种面积

单位：千公顷

年份 Year	合计 Total	粮食作物 Grain Crops	#稻谷 Cereal	#小麦 Wheat	棉花 Cotton	油料 Oil-bearing	#花生 Peanut
1978	5701.1	3820.8	3380.3	121.2	114.3	270.8	46.2
1979	5699.5	3844.0	3386.8	136.1	98.9	329.7	46.4
1980	5553.7	3775.3	3383.7	121.3	108.5	324.0	47.7
1981	5542.8	3758.3	3362.7	116.3	104.7	360.5	48.7
1982	5578.3	3743.9	3339.5	104.0	100.9	370.3	49.6
1983	5465.3	3714.1	3323.7	98.4	82.6	351.7	48.6
1984	5456.7	3714.1	3326.9	98.7	81.1	348.0	52.3
1985	5419.1	3650.9	3264.9	94.2	66.3	372.0	64.2
1986	5438.7	3629.8	3250.7	86.8	61.5	414.5	80.3
1987	5482.7	3647.9	3268.7	83.7	62.2	449.8	89.7
1988	5396.3	3588.7	3210.5	80.1	65.2	440.9	93.3
1989	5555.3	3693.9	3297.7	78.2	66.1	507.1	91.9
1990	5759.7	3700.9	3286.6	74.9	70.3	686.5	91.7
1991	5829.7	3589.7	3146.1	71.9	114.6	800.7	92.0
1992	5844.9	3446.2	2981.5	72.5	135.1	913.9	117.9
1993	5721.0	3360.1	2865.1	74.0	151.3	840.9	131.1
1994	5753.4	3434.4	2939.5	73.1	163.3	853.8	138.5
1995	5949.5	3510.0	3019.4	59.1	131.8	1057.0	130.3
1996	6105.3	3570.6	3055.4	72.3	107.4	1055.3	140.0
1997	6037.6	3586.5	3087.4	72.5	102.2	1003.3	142.6
1998	5804.0	3421.1	3034.6	63.3	108.4	947.7	151.8
1999	5871.0	3548.2	3050.0	61.5	69.2	900.4	163.5
2000	5650.8	3322.0	2832.0	51.4	69.0	858.1	179.9
2001	5534.7	3265.2	2808.3	38.3	70.5	778.7	183.4
2002	5355.1	3188.0	2786.7	28.5	55.0	704.2	176.7
2003	4997.4	3051.1	2685.3	20.6	65.5	632.7	166.8
2004	5258.1	3425.4	3095.9	19.1	62.5	566.2	134.5
2005	5328.9	3519.0	3187.7	15.9	63.9	577.0	135.1
2006	5255.6	3547.1	3271.1	12.4	65.7	585.8	132.6
2007	5215.0	3525.3	3196.3	11.2	68.3	583.5	132.1
2008	5330.9	3578.1	3255.5	10.2	66.6	658.8	142.0
2009	5376.4	3604.6	3282.1	9.9	75.5	716.4	146.4
2010	5457.7	3639.1	3318.4	10.4	79.7	731.7	152.4
2011	5486.8	3650.1	3359.6	10.9	82.0	732.4	157.9

Total Sown Areas of Farm Crops

(1000 hectares)

#油菜籽 Rape Seeds	#芝麻 Sesame	黄红麻 Jute and Ambary Hemp	苎麻 Ramee	甘蔗 Sugarcane	烤烟 Flue-cured Tobacco	晒烟 Sun-cured Tobacco	蔬菜 Vegetables
174.3	50.3	5.2	1.3	19.5	3.8	4.1	69.9
214.1	69.3	5.1	1.4	18.8	2.1	3.8	65.1
217.7	58.7	6.4	2.1	19.1	1.1	3.1	70.2
252.2	59.6	10.1	2.7	24.1	2.3	3.3	71.1
255.9	64.7	7.9	2.5	23.7	2.8	3.7	128.7
246.1	57.1	4.7	2.3	21.1	1.8	3.0	159.5
238.3	57.4	5.4	2.6	30.1	2.1	3.8	185.9
245.9	61.9	16.3	9.5	37.7	2.3	4.8	207.1
273.0	61.1	9.7	28.9	38.9	1.7	4.3	211.3
302.9	57.2	7.7	37.3	36.7	3.2	4.9	222.3
300.1	47.5	6.9	21.1	36.1	11.7	6.5	238.3
358.9	56.3	7.7	12.0	31.8	10.5	6.7	243.5
540.9	54.0	8.3	6.6	35.6	14.8	5.9	269.2
657.2	51.3	8.3	5.3	41.8	28.1	6.5	272.3
741.5	54.5	6.9	6.4	50.4	31.1	6.9	317.9
648.8	61.1	6.9	5.0	43.4	37.4	6.5	371.6
653.8	61.4	5.9	7.0	38.5	16.0	5.5	399.1
864.1	62.4	4.4	8.6	40.2	9.8	5.1	436.1
853.6	61.8	3.9	9.1	37.0	11.8	4.9	484.7
801.1	59.7	3.0	8.5	41.8	23.7	4.9	508.1
745.3	50.6	2.8	7.5	38.6	13.9	3.2	491.6
685.4	51.4	1.8	7.3	33.6	11.8	3.1	525.9
629.2	49.0	1.7	9.0	28.4	11.5	2.7	560.1
547.7	47.0	1.3	9.9	25.9	12.1	2.6	605.0
482.9	42.4	1.0	8.9	26.0	11.3	2.1	625.0
428.1	36.1	0.6	8.3	24.4	9.7	1.8	548.3
400.5	29.1	1.1	7.3	18.6	7.8	1.0	552.9
409.7	30.6	0.5	7.3	17.7	10.6	1.0	543.6
418.7	31.7	0.5	7.3	15.1	14.7	0.9	505.5
414.3	35.8	0.3	7.4	14.1	14.7	0.8	500.5
482.3	29.8	0.4	7.8	14.0	19.8	0.7	512.9
538.5	30.8	0.2	7.2	13.6	17.5	0.7	509.7
547.0	31.6	0.2	6.2	13.6	17.0	0.7	521.2
542.6	31.8	0.2	6.0	14.0	19.4	0.6	535.5

12-17 主要农产品产量

年份 Year	粮食 (万吨) Grain (10000ton)	棉花 (吨) Cotton (ton)	油料折油 (吨) Oil-bearing (ton)	油料合计 (吨) Total Oil-bearing (ton)	#花生 Peanuts	#油菜籽 Rape Seeds	#芝麻 Sesame	黄红麻 (吨) Jute and Ambary Hemp (ton)
1978	1125.74	34796	66271	134940	51686	68399	14855	4793
1979	1296.50	43542	103540	199216	60588	100639	37989	7529
1980	1240.04	43039	67804	137605	50502	71999	15104	10775
1981	1268.71	46909	104690	198344	56713	116275	25356	14993
1982	1408.74	65621	105360	259958	62974	159804	37180	11567
1983	1460.45	47932	93031	228752	62424	141353	24975	6427
1984	1549.18	69141	104260	245317	74155	144974	26188	8257
1985	1533.54	62199	122268	288842	103050	156691	29101	29875
1986	1453.77	54558	115323	315869	135578	156664	23627	18301
1987	1562.77	59187	135282	356974	157779	171632	27563	14080
1988	1535.43	32495	122547	328348	138059	174773	15516	10456
1989	1589.62	50050	148379	376519	150739	198755	27025	13423
1990	1658.20	56995	196114	548851	151909	371383	25559	18846
1991	1625.70	108998	226176	621726	149377	444558	27791	20472
1992	1566.00	148368	257389	741627	215142	490178	36307	17984
1993	1517.10	156222	260851	778140	257203	480746	40191	18327
1994	1603.50	174714	282747	836078	309554	483500	42966	17547
1995	1607.40	118547	346693	1035823	302510	690239	42971	13597
1996	1766.30	123071	339313	1010393	331169	634898	44277	9017
1997	1767.70	132390	365379	1056276	332669	681332	42244	7984
1998	1555.50	76092	282503	843455	334317	477853	31165	6555
1999	1732.70	63417	318638	943803	365179	546651	31907	4254
2000	1614.60	68025	325212	967297	403832	529998	33407	4437
2001	1600.00	80510	300390	905295	408616	463306	32333	4142
2002	1549.50	66891	277100	824182	407900	383506	30824	2882
2003	1450.30	76148	252998	759765	368282	364761	24603	1552
2004	1803.40	84812	257237	745278	317971	400887	23035	1793
2005	1853.86	87196	262238	761229	316617	416814	25318	909
2006	1896.52	95015	276246	779766	321554	428286	27094	898
2007	1904.21	107641	285360	841699	332692	429588	26885	1108
2008	1958.10	111915	317434	911919	367891	516281	26398	1404
2009	2002.56	125104	370794	1020240	381959	609619	27626	901
2010	1954.70	130773	364717	1075715	407959	638423	28434	1123
2011	2052.79	142853	444396	1149896	437498	666568	31723	988

注：本表1990年以后粮食产量为农产量抽样调查数。

Output of Major Farm Products

苎 麻 (吨) Ramee (ton)	甘 蔗 (吨) Sugarcane (ton)	烤 烟 (吨) Flue-cured Tobacco (ton)	晒 烟 (吨) Sun-cured Tobacco (ton)	水 果 (吨) Fruits (ton)	肉 类 总产量 (吨) Output of Meat (ton)	生猪年末存栏 (万头) Hogs on Hand at the End of the Year (10000 heads)	水产品总产量 (万吨) Gross Output of Aquatic Products (10000 tons)
773	682908	2601	3540	29229	262704	944.3	5.93
1212	790784	1726	3266	60190	313749	1004.7	6.73
1252	857362	950	2758	56126	380490	1018.0	7.55
1627	1167281	2542	3265	70870	411140	1006.6	8.58
2050	1204245	3439	4184	73356	441368	1023.3	9.40
1732	1021939	2033	2777	89348	458122	1079.4	11.55
2495	1499874	2758	4046	89485	547967	1138.8	13.01
5106	1971006	2914	5880	107543	642514	1232.5	16.02
13211	1720310	1664	4287	161274	777126	1344.1	19.28
33475	1907887	3525	5928	172879	838692	1387.6	22.59
19212	1735822	7699	5890	146135	978268	1454.5	25.59
10581	1494895	9155	6173	229708	1040340	1486.5	28.12
6039	1942913	17175	5942	232983	1117438	1547.3	30.68
5166	2299461	31454	6686	334161	1239667	1589.6	33.93
6592	2561426	38246	7867	140914	1410488	1656.6	41.32
5727	2311395	46106	7980	208141	1676110	1781.0	55.49
8644	2041521	15186	6433	303658	1976564	1867.1	69.48
11141	2000272	10179	5730	427637	2193984	1951.0	84.04
12224	1857833	14870	6422	503928	2219302	1978.7	100.10
11288	2205930	31444	7527	676384	2275735	1979.8	115.08
9921	1863799	15906	3660	454628	2147125	1799.6	118.35
9692	1720059	14156	3304	703877	1982708	1554.3	122.12
11397	1368109	15092	3065	423403	1923111	1473.5	127.12
13034	1237046	16635	3095	577314	1931396	1406.5	132.26
12729	1308464	17232	2555	652276	1967198	1309.4	138.20
10165	1182490	15470	2434	777691	2013931	1362.7	146.06
10774	857182	15442	1387	1023742	2200265	1421.3	156.34
10944	783147	19761	1469	1302821	2448110	1485.4	168.66
10992	701340	29955	1321	1609336	2402215	1344.1	179.95
11149	660864	32751	1111	2181603	2473363	1420.1	196.06
11416	642066	46724	1070	2753566	2616319	1530.6	190.39
9837	622022	41411	1922	3270764	3009138	1680.1	205.30
9071	590981	36198	1393	2971285	3082029	1756.3	215.34
8938	628475	44497	1008	3876539	3168440	1827.5	222.81

a) Data of Grain Crops since 1990 in this table are estimated from sample surveys.

12-18 各地区农作物播种面积（2011年）

单位：公顷

类别	Type	全省 Provincial Total	南昌市 Nanchang	景德镇市 Jingdezheng
总计	**Total**	**5486793**	**539235**	**156065**
粮食作物	Grain Crops	3650070	370992	93564
谷物	Cereal	3359620	356306	85590
稻谷	Rice	3317714	354741	84044
早稻	Early Rice	1384254	161422	30904
中稻及一季晚稻	Middle-season and Late Rice	401532	20583	20014
二季晚稻	Second season Late Rice	1531928	172736	33126
小麦	Wheat	10893	172	119
玉米	Corn	25650	1393	1230
大(米)麦	Barley	221		17
豆类合计	Total Legume	154240	9925	4638
大豆	Soybean	95160	8809	3150
杂豆	Mixed bean	59080	1116	1488
薯类(按折粮计算)	Tubers (converted into grain)	136210	4761	3336
油料合计	Total Oil-bearing	732353	82665	23466
#花生	Peanuts	157872	17193	2748
油菜籽	Rape Seeds	542640		18403
芝麻	Sesame	31809	6070	2315
棉花	Cotton	81960	1832	1021
麻类合计	Total Fiber Crops	6206		1
黄红麻	Jute and Ambary Hemp	215		
苎麻	Ramee	5991		1
甘蔗	Sugarcane	13995	1004	973
烟叶合计	Tabacco Total	20029		
烤烟	Flue-cured Tobacco	19390		
晒烟	Sun-cured Tobacco	639		
中药材	Traditional Chinese Medicinal Materials	19898	63	308
蔬菜、瓜类	Vegetables and Melons	608352	35481	29132
#蔬菜	Vegetables	535540	31528	27128
其他作物	Other Crops	353938	47198	7600
#莲子	Lotus Seeds	11459		
青饲料	Succulence	81860	1536	1259

Total Sown Areas of Farm Crops by Region (2011)

(hectare)

萍乡市 Pingxiang	九江市 Jiujiang	新余市 Xinyu	鹰潭市 Yingtan	赣州市 Ganzhou	吉安市 Ji'an	宜春市 Yichun	抚州市 Fuzhou	上饶市 Shangrao
139984	**535241**	**137230**	**152429**	**772055**	**916925**	**908521**	**603045**	**794566**
82115	275850	99718	116665	514073	650066	619695	406224	586537
70178	240436	93433	109694	470313	603216	558850	377522	552966
67596	220725	93307	109276	467388	597189	553242	375955	546744
22378	69090	42053	49737	203033	274904	242676	159697	227719
21269	80168	4412	8002	41235	35424	48179	42182	63853
23949	71467	46842	51537	223120	286861	262387	174075	255172
267	6977		109	38		736	11	2464
2134	10421	126	267	2863	1870	3826	1500	1966
			13				12	179
5335	12366	4465	4081	25355	26479	31687	13202	19897
2506	7878	2043	2135	10523	15719	22497	9970	13094
2829	4488	2422	1946	14832	10760	9190	3232	6803
6602	23048	1820	2890	18405	20371	29158	15499	13674
16674	129231	11674	10580	46414	141728	125858	35685	111445
1458	8543	3582	4741	31469	21885	37831	12766	15656
15207	116337	7909	4993	14754	117760	78117	21985	87773
9	4091	131	566	191	2049	7677	934	7776
24	60667	2992		8	164	9853	2315	3084
	1358	2611	8	19	36	1901	96	176
			1	19	27		83	85
	1358	2611	7		9	1901	13	91
23	638	63	685	301	1128	2238	3815	3127
117				8363	3675	289	7439	146
				8259	3632	35	7357	107
117				104	43	254	82	39
1245	3041	2	45	1288	4687	3565	4887	767
27656	48318	13327	13433	116918	98775	81734	81258	62320
24647	42155	10676	11591	107112	90637	71171	61643	57252
12130	16138	6843	11013	84671	16666	63388	61327	26964
1	112		232	5580	83	100	5189	162
3428	6231	4580	529	15843	8699	20169	7957	11629

12-19 各地区主要农作物单位播种面积产量（2011年）

单位：千克/公顷

类别	Type	全省 Provincial Total	南昌市 Nanchang	景德镇市 Jingdezheng
粮食作物	Grain Crops	5624	6386	6266
谷物	Cereal	5847	6531	6505
稻谷	Rice	5878	6536	6551
早稻	Early Rice	5675	6214	5594
中稻及一季晚稻	Middle-season and Late Rice	6632	7369	7428
二季晚稻	Second season Late Rice	5863	6738	6913
小麦	Wheat	2011	1483	1454
玉米	Corn	4090		941
大(米)麦	Barley	1818	1657	1805
豆类合计	Total Legume	1857	1672	1950
#大豆	Soybean	2178	1539	1497
薯类(按折粮计算)	Tubers (converted into grain)	4394	5390	6318
油料合计	Total Oil-bearing	1551	1447	1379
#花生	Peanuts	2771	3262	3370
油菜籽	Rape Seeds	1228	984	1103
芝麻	Sesame	997	829	1214
棉花	Cotton	1743	2086	1651
麻类合计	Total Fiber Crops	1599		1000
黄红麻	Jute and Ambary Hemp	4491		
苎麻	Ramee	1492		1000
甘蔗	Sugarcane	44891	40678	44975
烟叶合计	Tabacco Total	2272		
烤烟	Flue-cured Tobacco	2295		
晒烟	Sun-cured Tobacco	1600		
其他作物	Other Crops	11336	20054	16927
#莲子	Lotus Seeds	1490		

Output of Unit of Major Farm Crops Sown Area by Region (2011)

(kg/hectare)

萍乡市 Pingxiang	九江市 Jiujiang	新余市 Xinyu	鹰潭市 Yingtan	赣州市 Ganzhou	吉安市 Ji'an	宜春市 Yichun	抚州市 Fuzhou	上饶市 Shangrao
6836	5639	6083	5612	5418	5931	6351	6609	5502
7382	5839	6366	5801	5674	6143	6679	6693	5649
7492	6096	6368	5808	5684	6159	6707	6699	5679
6563	5294	5813	5291	5459	5990	6286	6231	5265
8389	6833	6778	6730	5928	6705	7029	7172	6003
7564	6044	6826	6163	5844	6254	7038	7013	5966
3449	2107		2450	2316		1804	2818	1900
			1538				2417	1441
2242	1959	1219	1636	1506	1715	2073	2583	1786
3030	1949	1469	1833	2111	1967	2255	2710	1818
1543	1975	1008	1419	1076	1348	1628	2193	1726
4752	5532	3518	4035	4281	5143	4714	7996	4994
1571	1602	1410	2110	2148	1174	1653	1846	1668
2003	2032	2798	3055	2644	2327	2892	2635	3207
1529	1550	789	1340	1102	955	1099	1415	1430
1556	1127	1153	1198	1157	795	934	1211	1064
750	1723	1960		875	1622	1695	1667	1986
	1721	1272	1750	6053	2056	1527	6021	3307
			5000	6053	1926		5952	3788
	1721	1272	1286		2444	1527	6462	2857
20174	28414	21841	32023	45718	47146		51876	36256
1188				2217	2231	1381	2386	3295
				2222	2240	2057	2389	3364
1188				1827	1442	1287	2061	3103
12671	7774	13964	5942	5657	8677	17447	11317	18713
1000	1875		1012	1189	1169	5420	1341	1772

12-20　各地区主要农作物总产量（2011年）

单位：吨

类　　别	Type	全　省 Provincial Total	南昌市 Nanchang	景德镇市 Jingdezheng
粮食作物	Grain Crops	20527913	2369035	586234
谷　物	Cereal	19642879	2326927	556785
稻　谷	Rice	19501023	2318582	550541
早　稻	Early Rice	7855977	1003041	172877
中稻及一季晚稻	Middle-season and Late Rice	2663049	151671	148654
二季晚稻	Second season Late Rice	8981997	1163870	229010
小　麦	Wheat	21947	255	173
玉　米	Corn	104850	8090	4848
大(米)麦	Barley	421		16
豆类合计	Total Legume	286545	16445	8371
大　豆	Soybean	207313	14727	6144
杂　豆	Mixed bean	79232	1718	2227
薯类(按折粮计算)	Tubers	598498	25663	21078
油料合计	Total Oil-bearing	1149896	119616	32368
#花　生	Peanuts	437498	56078	9261
油菜籽	Rape Seeds	666568	58481	20297
芝　麻	Sesame	31723	5030	2810
棉　花	Cotton	142853	3822	1686
麻类合计	Total Fiber Crops	9926		1
黄红麻	Jute and Ambary Hemp	988		
苎　麻	Ramee	8938		1
甘　蔗	Sugarcane	628475	40841	43761
烟叶合计	Tabacco Total	45505		
烤　烟	Flue-cured Tobacco	44497		
晒　烟	Sun-cured Tobacco	1008		
其他作物	Other Crops	4012377	946505	128643
#莲　子	Lotus Seeds	17079		

Total Output of Major Farm Crops by Region (2011)

(ton)

萍乡市 Pingxiang	九江市 Jiujiang	新余市 Xinyu	鹰潭市 Yingtan	赣州市 Ganzhou	吉安市 Ji'an	宜春市 Yichun	抚州市 Fuzhou	上饶市 Shangrao
561355	1555630	606612	654725	2785405	3855513	3935874	2684902	3227418
518026	1403911	594766	636389	2668441	3705323	3732738	2526872	3123582
506442	1345494	594140	634634	2656764	3678331	3710646	2518387	3104697
146872	365784	244469	263177	1108337	1646736	1525343	995128	1198939
178416	547758	29906	53850	244436	237509	338659	302550	383321
181154	431952	319765	317607	1303991	1794086	1846644	1220709	1522437
921	14703		267	88		1328	31	4681
10493	40533	626	1345	11538	5834	16772	8186	8785
			20				29	258
11959	24220	5443	6675	38180	45415	65689	34106	35542
7594	15354	3002	3914	22216	30912	50732	27017	23801
4365	8866	2441	2761	15964	14503	14957	7089	11741
31370	127499	6403	11661	78784	104775	137447	123924	68294
26190	207070	16466	22323	99679	166436	207997	65873	185878
2920	17360	10021	14484	83195	50934	109395	33636	50214
23256	180356	6238	6693	16263	112519	85822	31106	125537
14	4611	151	678	221	1629	7172	1131	8276
18	104510	5864		7	266	16698	3858	6124
	2337	3322	14	115	74	2903	578	582
			5	115	52		494	322
	2337	3322	9		22	2903	84	260
464	18128	1376	21936	13761	53181	123748	197907	113372
139				18541	8199	399	17746	481
				18351	8137	72	17577	360
139				190	62	327	169	121
153700	125461	95558	65437	47895	144617	1105954	694034	504573
1	210		2348	6636	97	542	6958	287

12-21 茶叶、水果生产情况

Production Conditions of Tea,Fruits

指　　标	Item	2010	2011	2011年比2010年增长（%）Increase Rate in 2011 over 2010(%)
产　量(吨)	**Output(ton)**			
茶叶	Tea	29808	35039	17.5
#红茶	Black Tea	4167	4450	6.8
绿茶	Green Tea	22867	26912	17.7
水果	Fruits	2971285	3876539	30.5
柑桔类	Citrus	2685960	3567102	32.8
#柑	Hesperidium	319484	329319	3.1
桔	Orange	1189478	1824968	53.4
橙	Orange	1132390	1363858	20.4
柚	Grapefruit	44608	48957	9.7
梨	Pear	116830	134816	15.4
桃	Peach	48270	49944	3.5
其他水果	Other Fruits	120225	124677	3.7
面　积(公顷)	**Area(hectare)**			
年末茶园面积	Area of Tea Plantations at the End of Year	56771	60360	6.3
#当年采摘	Picked in Current Year	43156	45304	5.0
当年新增	Newly Added in Current Year	4579	3915	-14.5
年末果园面积	Area of Orchard at the End of Year	373621	381600	2.1
柑桔园	Orange Plantation	300602	307965	2.4
梨园	Pear Plantation	25652	26446	3.1
桃园	Peach Plantation	9953	10064	1.1
其他果园	Other Plantation	37414	37125	-0.8
当年新增	Newly Added in Current Year	11236	12382	10.2

12-22 各地区茶叶、水果产量（2011年）

Output of Tea,Fruits by Region (2011)

单位：吨 (ton)

地　区	Region	茶叶 Tea	#红茶 Black Tea	#绿茶 Green Tea	水果 Fruits	#柑桔 Orange	#梨 Pear
全　省	**Provincial Total**	**35 039**	**4 450**	**26 912**	**3 876 539**	**3 567 102**	**134 816**
南昌市	Nanchang	1 273	13	1 252	24 814	18 652	2 439
景德镇市	Jingdezhen	4 750	2 196	1 979	13 149	3 008	2 674
萍乡市	Pingxiang	288		267	12 208	8 864	834
九江市	Jiujiang	5 703	1 045	3 204	120 751	68 648	25 099
新余市	Xinyu	238		238	41 766	28 221	4 427
鹰潭市	Yingtan	95	1	27	42 512	26 469	9 945
赣州市	Ganzhou	2 623	107	2 516	1 761 358	1 684 726	17 066
吉安市	Ji'an	2 177	470	1 584	313 299	288 335	8 898
宜春市	Yichun	4 197	232	3 471	105 699	80 549	6 869
抚州市	Fuzhou	2 456	58	1 722	1 391 732	1 336 162	40 865
上饶市	Shangrao	11 239	328	10 652	49 251	23 468	15 700

12-23 各地区茶园、果园面积（2011年）
Area of Tea Plantations,Orchard by Region (2011)

单位：公顷 (hectare)

地 区	Region	年末茶园面积 Area of Tea Plantations at the End of Year	年末果园面积 Area of Orchard at the End of Year	#柑桔 Orange	#当年新增面积 Areas Newly Added in Current Year
全 省	**Provincial Total**	**60 360**	**381 600**	**307 965**	**12 382**
南昌市	Nanchang	1 487	5 949	3 567	551
景德镇市	Jingdezhen	7 283	4 602	1 310	63
萍乡市	Pingxiang	430	3 521	2 746	27
九江市	Jiujiang	6 739	18 928	6 885	619
新余市	Xinyu	415	4 400	2 889	111
鹰潭市	Yingtan	312	5 905	2 907	6
赣州市	Ganzhou	9 003	182 926	159 221	4 411
吉安市	Ji'an	6 645	36 507	31 268	1 421
宜春市	Yichun	7 122	13 198	8 672	393
抚州市	Fuzhou	3 841	89 562	81 668	4 280
上饶市	Shangrao	17 083	16 102	6 832	500

12-24 各地区主要林产品产量(2011年)
Output of Major Forest Products by Region(2011)

地 区	木材（万立方米）Output of Timber (10000 cu.m)	#原木 Logs	竹材产品（万根）Output of Bamboo (10000 units)	#毛竹 Mao Bamboo	竹笋干（吨）Dried Bamboo Shoots(ton)	油茶籽（吨）Tea-oil Seeds (ton)	油桐籽（吨）Tung-oil Seeds (ton)	松脂（吨）Rosin (ton)
全 省	**290.28**	**270.60**	**7077.40**	**6121.49**	**10909**	**427212**	**12562**	**79864**
南昌市	1.41	1.26	137.26	135.46	81	24859	80	210
景德镇市	9.80	9.71	370.82	43.67	30	1411		8154
萍乡市	0.74	0.74	33.13	21.00	130	29038	1000	670
九江市	18.36	18.26	329.85	304.09	335	14910	190	2430
新余市	5.33	4.76	153.43	129.83	558	29914	1379	1766
鹰潭市	3.98	3.62	218.27	215.66	806	1116	225	163
赣州市	49.15	47.52	1046.98	910.38	1367	132539	5463	15771
吉安市	110.98	100.14	1240.13	1164.96	849	61992	541	40698
宜春市	49.22	46.37	2197.38	1931.94	739	76935	2223	4494
抚州市	20.57	20.57	788.85	712.49	1008	19619	51	4609
上饶市	20.74	17.66	561.30	552.01	5006	34879	1410	899

12-25 主要林产品产量

Output of Major Forest Products

年 份 Year	木 材 (万立方米) Output of Timber (10000 cu.m)	#原 木 Logs	竹材产品 (万根) Output of Bamboo (10000 units)	#毛 竹 Mao Bamboo	竹笋干 (吨) Dried Bamboo Shoots (ton)	油茶籽 (吨) Tea-oil Seeds (ton)	油桐籽 (吨) Tung-oil Seeds (ton)	松 脂 (吨) Rosin (ton)
1978	192.21		1532.76		440	122398	4940	38600
1979	243.88		1482.43		1035	191660	5620	46900
1980	280.29		1826.30		725	125205	3800	37850
1981	257.12		1739.24		1305	206955	6100	45700
1982	262.95		1821.23		1544	105021	6500	44450
1983	256.43		1822.21		10770	102272	7400	53450
1984	312.74		1728.02		2000	135115	8800	50650
1985	276.34		1583.38		3290	163441	7682	30257
1986	285.05		2051.70		3458	100958	7600	36671
1987	245.41		2147.10		6173	139804	5507	41357
1988	236.82		2519.37		3917	124063	6562	37208
1989	253.22		2622.09		5077	172038	5916	38821
1990	296.91		2014.50		5451	136402	6295	43370
1991	247.34	243.50	2911.20	2686.11	7474	167556	7151	39347
1992	278.33	275.88	3582.41	3180.79	4585	148410	9210	28771
1993	263.42	253.67	2179.05	1982.94	6190	119108	9206	37788
1994	268.73	254.70	3199.84	2856.53	7025	152144	10328	28461
1995	269.11	265.14	2706.20	961.65	6834	149655	13048	31819
1996	276.48	265.78	3613.84	3469.55	8355	162715	11339	29945
1997	268.65	263.27	4103.37	3817.88	13256	221622	13046	40475
1998	249.68	236.60	3062.41	2849.34	13842	156819	13829	35254
1999	254.99	250.66	3302.52	3008.67	19317	187094	15344	40718
2000	237.93	232.42	3698.72	3096.87	11041	194763	13973	41638
2001	319.76	309.46	4024.18	3722.37	10492	171726	15448	46387
2002	279.87	263.72	4086.50	3287.80	10019	189586	14252	48801
2003	354.24	301.51	4472.37	3646.23	8600	163191	12681	54758
2004	459.07	363.60	4953.37	4379.40	6815	193170	10252	75892
2005	503.17	396.48	6043.19	5299.23	6921	189020	16160	93164
2006	483.03	424.51	6750.90	6021.59	7624	230365	12526	97098
2007	491.56	434.22	11406.81	10771.52	18013	208332	18778	80722
2008	610.23	578.02	10755.45	9835.83	7536	191377	7848	48214
2009	339.79	314.81	7423.01	6732.78	9979	268966	12433	57306
2010	340.74	321.95	6198.69	5691.07	8659	179697	12663	71982
2011	290.28	270.60	7077.40	6121.49	10909	427212	12562	79864

12-26 牧 业 生 产 情 况
Production Condition of Animal Husbandry

指　　标	Item	2010	2011	2011年比2010年增长（%）Increase Rate in 2011 over 2010(%)
当年出栏肉猪头数(头)	Number of Slaughtered Fattened Hogs in Current Year(head)	28975408	29615422	2.2
当年出售和自宰肉用牛(头)	Cattles for Sale and Butchering in Current Year(head)	1396200	1392449	-0.3
当年出售和自宰肉用羊(只)	Sheep for Sale and Butchering in Current Year(head)	903800	877507	-2.9
当年出售和自宰肉用兔(只)	Rabbits for Sale and Butchering in Current Year(head)	3194769	3281519	2.7
当年出售和自宰肉用禽(万羽)	Poultry for Sale and Butchering in Current Year(10000 heads)	40048.7	41395.4	3.4
肉类总产量(吨)	Total Output of Meat(ton)	3082029	3167526	2.8
#猪　肉	Pock	2338892	2402044	2.7
牛　肉	Beef	159500	159788	0.2
羊　肉	Mutton	14190	14019	-1.2
兔　肉	Rabbit Meat	5304	5459	2.9
禽　肉	Meat of Poultry	555118	575693	3.7
牛奶产量(吨)	Output of Milk(ton)	122447	126708	3.5
家禽产蛋量(吨)	Output of Eggs(ton)	511488	534432	4.5
蜂蜜产量(吨)	Output of Honey(ton)	11535	11786	2.2
牛年末存栏头数(头)	Number of Cattle at the End of Year(head)	3157444	3181177	0.8
#奶牛	Number of Cow	35405	35965	1.6
能繁殖母牛	Number of Cow with Fertility	1666899	1633319	-2.0
当年生仔牛	Number of Cow Born in Current Year	808216	843777	4.4
生猪年末存栏头数(头)	Number of Hogs at the End of Year(head)	17563336	18275128	4.1
#能繁殖母猪	Number of Female Hogs with Fertility	1808303	1906969	5.5
羊年末存栏只数(只)	Number of Sheep and goats at the End of Year(head)	635174	619348	-2.5
兔年末存栏只数(只)	Number of Rabbits at the End of Year(head)	1527452	1569810	2.8
家禽年末只数(万羽)	Number of Poultry at the End of Year(10000 heads)	19142.5	19453.9	1.6
养蜂年末箱数(箱)	Number of Boxes for Beekeeping at the End of Year(box)	371348	386720	4.1
年末桑园面积(公顷)	Area of Mulberry Plantation at the End of Year(hectare)	13262	11811	-10.9
蚕　茧(吨)	Pods(ton)	7550	7230	-4.2

12-27 各地区牧业生产情况（2011年）

指　　标	Item	全省 Provincial Total	南昌市 Nanchang	景德镇市 Jingdezheng
当年出栏肉猪头数(头)	Number of Slaughtered Fattened Hogs in Current Year(head)	29615422	3242856	557824
当年出售和自宰肉用牛(头)	Cattles for Sale and Butchering in Current Year(head)	1392449	58274	20613
当年出售和自宰肉用羊(只)	Sheep for Sale and Butchering in Current Year(head)	877507	22129	11613
当年出售和自宰肉用兔(只)	Rabbits for Sale and Butchering in Current Year(head)	3281519	16464	114741
当年出售和自宰肉用禽(万羽)	Poultry for Sale and Butchering in Current Year(10000 heads)	41395.4	4542	524.9
肉类总产量(吨)	Total Output of Meat(ton)	3167526	340938	58376
#猪　肉	Pock	2402044	267013	45516
牛　肉	Beef	159788	6810	2351
羊　肉	Mutton	14019	369	205
兔　肉	Rabbit Meat	5459	32	229
禽　肉	Meat of Poultry	575693	63379	9591
牛奶产量(吨)	Output of Milk(ton)	126708	48953	103
家禽产蛋量(吨)	Output of Eggs(ton)	534432	158129	9201
蜂蜜产量(吨)	Output of Honey(ton)	11786	245	292
牛年末头数(头)	Number of Cattle at the End of Year(head)	3181177	226603	49446
能繁殖母牛	Number of Cow with Fertility	1633319	113624	23040
当年生仔牛	Number of Cow Born in Current Year	843777	56892	12508
生猪年末头数(头)	Number of Hogs at the End of Year(head)	18275128	2048031	381543
#能繁殖母猪	Number of Female Hogs with Fertility	1906969	226772	32092
羊年末只数(只)	Number of Sheep and goats at the End of Year(head)	619348	20415	11962
兔年末只数(只)	Number of Rabbits at the End of Year(head)	1569810	8908	17812
家禽年末只数(万羽)	Number of Poultry at the End of Year(10000 heads)	19453.9	3237.4	377.1
养蜂年末箱数(箱)	Number of Boxes for Beekeeping at the End of Year(box)	386720	3575	17957
年末桑园面积(公顷)	Area of Mulberry Plantation at the End of Year(hectare)	11811	5	4
蚕　茧(吨)	Pods(ton)	7230	15	2

Production Condition of Animal Husbandry by Region (2011)

萍乡市 Pingxiang	九江市 Jiujiang	新余市 Xinyu	鹰潭市 Yingtan	赣州市 Ganzhou	吉安市 Ji'an	宜春市 Yichun	抚州市 Fuzhou	上饶市 Shangrao
1429084	2045875	783331	1274831	5500696	3641275	5687011	2739029	2713610
14670	25314	54794	33190	303901	466893	257959	49661	107180
217728	159813	11562	17193	77323	36484	200247	12289	111126
14939	91940	5605	189350	1572144	76360	1147826	11033	41117
957.7	1774	423.8	986.5	9993.9	7406	3683.7	7836.6	3266.2
139181	199081	77311	122234	614067	455706	556058	316279	288295
118144	167402	64052	101912	443122	292711	464323	216883	220966
1685	2992	6247	3728	33176	54132	29936	6051	12680
3466	2403	212	296	1220	625	3209	262	1752
49	177	12	388	2161	163	2124	20	104
15446	25791	6669	14925	134103	105953	54755	92775	52306
6358	1091	124	343	48955	2286	636	17562	297
8381	61135	10448	19792	59121	47903	64802	37620	57900
174	671	184	967	1659	1500	2733	1204	2157
88915	95100	85726	73834	654454	780608	585787	277035	263669
32354	39231	53832	41416	371298	492630	255681	92709	117504
16925	18987	25634	22894	196365	258621	134354	47712	52885
719014	1230228	443488	646661	3317296	2273154	3450400	1725630	2039683
72465	107727	60274	76100	309396	241504	455194	165592	159853
170698	140256	9315	8788	61017	33816	94008	12815	56258
19836	71302	4070	116878	499968	79611	676836	6249	68340
543.8	1054.4	276.3	497.4	4177.6	2689.3	2210.9	2345	2044.7
9070	24037	7781	15940	79777	43216	84370	25646	75351
	6128			1686	1367	170	2073	378
	4432			396	1078	68	1156	83

12-28 渔业生产情况
Production Condition of Fishery

指　　标	Item	2010	2011	2011年比2010年增长（%）Increase Rate in 2011 over 2010(%)
渔业乡(个)	Number of Fishery Townships(unit)	27	27	
渔业村(个)	Number of Fishery Villages(unit)	355	366	3.1
渔业户(户)	Number of Fishery Households(household)	338264	337841	-0.1
渔业人口(万人)	Population of Fishery(10000 persons)	154.79	154.38	-0.3
渔业劳动力(万人)	Laborers of Fishery(10000 persons)	96.18	96.34	0.2
专业劳动力	Speciality Laborers	43.55	43.06	-1.1
捕捞专业劳动力	Laborers of Catch	6.48	6.07	-6.3
养殖专业劳动力	Laborers of Culture	31.15	31.46	1.0
其他专业劳动力	Laborers of logistics	5.92	5.53	-6.4
兼业劳动力	Laborers of Concurrent Post	42.5	42.63	0.3
已养殖面积(千公顷)	Cultured Area(1000 hectares)	425.46	428.20	0.6
#池　塘	Pond	148.62	150.21	1.1
水　库	Reservoir	154.19	155.54	0.9
湖　泊	Lake	103.70	103.50	-0.2
养殖亩产(千克/公顷)	Per Unit Area Yield of Culture(kg/hectare)	4374	4633	5.9
#池　塘	Pond	6800	7068	3.9
水　库	Reservoir	2918	3141	7.6
湖　泊	Lake	2545	2767	8.7
水产品总产量(吨)	Total Output of Aquatic Products(ton)	2153405	2228093	3.5
#养殖产量	Cultured Output	1860892	1983795	6.6
#池　塘	Pond	1010613	1061733	5.1
水　库	Reseroir	449943	488533	8.6
湖　泊	Lake	263961	286397	8.5
水产品总产量中：鱼　类	Fish	1882809	1970021	4.6
甲壳类	Carapace	146630	140740	-4.0
贝　类	Shell-fish	77488	70078	-9.6
珍珠产量(千克)	Output of Pearls(kg)	985300	959000	-2.7
鱼苗产量(亿尾)	Output of Frys(100 millon fries)	261.58	279.77	7.0
鱼种产量(吨)	Output of Advanced Frys(ton)	221042	227785	3.1

12-29 各地区渔业生产情况（2011年）
Production Condition of Fishery by Region (2011)

地　区	Region	渔业劳动力（人）Laborers of Fishery (person)	专业劳动力 Speciality Laborers	捕捞劳动力 Laborers of Catch	养殖劳动力 Laborers of Culture	其他劳动力 Laborers of Logistics	兼业劳动力 Laborers of Concurrent Post	养殖面积（公顷）Cultured Area (hectare)	养殖单产（千克/公顷）Per Unit Area Yield of Culture (kg/hectare)
全　省	**Provincial Total**	**963437**	**430613**	**60656**	**314583**	**55374**	**426292**	**428196**	**4633**
南 昌 市	Nanchang	83173	48318	7628	35990	4700	23333	56660	5298
景德镇市	Jingdezhen	3593	2410	371	1590	449	912	6946	3559
萍 乡 市	Pingxiang	22530	8769	433	7580	756	13562	5194	6201
九 江 市	Jiujiang	75030	43342	14938	23958	4446	26034	79865	4065
新 余 市	Xinyu	15902	6826	1179	4475	1172	7727	12033	3400
鹰 潭 市	Yingtan	12605	4629	1650	1651	1328	2572	8053	5128
赣 州 市	Ganzhou	283745	121769	5389	102665	13715	151674	46064	5246
吉 安 市	Ji'an	95267	28720	2236	23284	3200	56169	44685	4047
宜 春 市	Yichun	122056	47905	5777	37339	4789	39765	48134	5546
抚 州 市	Fuzhou	61955	18044	1406	13591	3047	40790	37867	3798
上 饶 市	Shangrao	187581	99881	19649	62460	17772	63754	82695	4675

12-29 续表 continued

地　区	Region	水产品总产量(吨) Total Output of Aquatic Products (ton)	#养殖产量 Cultured Output	水产品产量中 Among Output of Aquatic Procducts: 鱼类 Fish	甲壳类 Carapace	贝类 Shell-fish	珍珠产量（千克）Output of Pearl (kg)	鱼苗产量（亿尾）Output of Fry (One hundred million)	鱼种产量（吨）Output of Advanced Fry (ton)
全　省	**Provincial Total**	**2228093**	**1983795**	**1970021**	**140740**	**70078**	**959000**	**239.34**	**227785**
南 昌 市	Nanchang	358125	300170	301158	28327	23385	80000	23.52	31408
景德镇市	Jingdezhen	28320	24720	24321	2924	756	13000	12.40	723
萍 乡 市	Pingxiang	34108	32207	32079	777	738		8.00	3915
九 江 市	Jiujiang	378116	324614	321109	47456	7019	558000	40.43	17424
新 余 市	Xinyu	44700	40916	41128	1113	1633	12000	2.76	3406
鹰 潭 市	Yingtan	45789	41297	40679	2876	1584	11000	14.00	5589
赣 州 市	Ganzhou	253310	241654	234541	4819	5530		59.93	30849
吉 安 市	Ji'an	305411	266963	270345	15492	10532	44000	36.90	43049
宜 春 市	Yichun	438691	386629	386832	32058	12281	104000	34.30	51156
抚 州 市	Fuzhou	188523	180825	179204	2658	2649	48000	23.53	15485
上 饶 市	Shangrao	153000	143800	138625	2240	3971	89000	24.00	24781

12-30 各地区农村经济效益（2011年）

指标	Item	全省 Provincial Total	南昌市 Nanchang
每一农业劳动力创造农林牧渔业总产值（元）	Gross Output of Farming,Forestry,Animal Husbandry and Fishery Created by Per Rural Laborer(yuan)	25983	34278
每一农业劳动力创造农林牧渔业增加值（元）	Value-added of Farming,Forestry,Animal Husbandry and Fishery Created by Per Rural Laborer(yuan)	16375	20134
每一农业劳动力创造农林牧渔业商品产值(元)	Commodity Output of Farming,Forestry,Animal Husbandry and Fishery Created by Per Rural Laborer(yuan)	18761	26564
每一农业劳动力生产的主要农产品(千克)	Major Farm Products Producted by Per Rural Laborer(kg)		
粮食	Grain	2423.06	3535.32
棉花	Cotton	16.86	5.70
油料	Oil-bearing	135.73	178.65
糖料	Sugar	74.18	60.95
肉类总产量	Total Output of Meat	373.99	475.69
水产品产量	Output of Aquatic Products	263.00	534.43
农林牧渔业中间消耗占农林牧渔业总产值(%)	Percentage of Intermediate Consumption of Farming,Forestry,Animal Husbandry and Fishery in Gross Output of Farming,Forestry,Animal Husbandry and Fishery(%)	36.98	41.26
农林牧渔业商品率(%)	Commdity Rate of Farming, Forestry, Animal Husbandry and Fishery(%)	72.20	77.50

12-31 各地区按人口平均的主要农产品产量（2011年）

指标	Item	全省 Provincial Total	南昌市 Nanchang	景德镇市 Jingdezheng	萍乡市 Pingxiang
粮食(千克/人)	Grain(kg/person)	458.69	465.52	366.52	300.59
棉花(千克/人)	Cotton(kg/person)	3.19	0.75	1.05	0.01
花生(千克/人)	Peanut(kg/person)	9.86	11.02	5.79	1.56
油菜籽(千克/人)	Rape Seeds(kg/person)	14.89	11.49	12.69	12.45
芝麻(千克/人)	Sesame(kg/person)	0.71	0.99	1.76	0.01
生猪出栏(头/人)	Slaughtered Fattened Hogs(kg/person)	0.66	0.64	0.35	0.77
生猪存栏(头/人)	Hogs on Hand(kg/person)	0.41	0.40	0.24	0.39
肉类总产量(千克/人)	Total Output of Meat(kg/person)	70.80	67.00	36.50	74.53
水产品产量(千克/人)	Output of Aquatic Products(kg/person)	48.55	70.37	17.71	18.26
水果产量(千克/人)	Output of Fruits(kg/person)	86.62	4.88	8.22	6.54
#柑桔	Oranges	79.71	3.67	1.88	4.75

Rural Economic Efficiency by Region (2011)

景德镇市 Jingdezheng	萍乡市 Pingxiang	九江市 Jiujiang	新余市 Xinyu	鹰潭市 Yingtan	赣州市 Ganzhou	吉安市 Ji'an	宜春市 Yichun	抚州市 Fuzhou	上饶市 Shangrao
36467	27963	19812	35487	27267	19954	28708	33316	27892	22412
24289	17794	11675	21188	17117	12379	16781	18531	15105	14094
27033	18356	13467	24597	19623	13786	21334	23769	21474	15739
3183.34	2149.81	1686.46	2917.26	3047.84	1481.73	3950.29	3946.89	2963.46	2577.24
9.16	0.07	113.30	28.20			0.27	16.74	4.26	4.89
175.90	100.38	224.66	79.25	104.00	53.07	170.66	208.75	72.77	148.55
237.63	1.78	19.65	6.62	102.12	7.32	54.49	124.09	218.44	90.53
276.15	480.95	213.34	355.15	526.58	319.20	459.53	537.20	338.10	228.15
153.78	130.62	409.92	214.97	213.15	134.75	193.16	306.27	168.87	350.31
33.40	36.37	41.07	40.29	37.22	37.96	41.55	44.38	45.84	37.12
74.13	65.64	67.97	69.31	71.97	69.09	74.31	71.34	76.99	70.22

Output of Major Rural Products per Person by Region (2011)

九江市 Jiujiang	新余市 Xinyu	鹰潭市 Yingtan	赣州市 Ganzhou	吉安市 Ji'an	宜春市 Yichun	抚州市 Fuzhou	上饶市 Shangrao
326.63	528.87	577.37	330.50	796.12	721.81	681.83	487.27
21.94	5.11			0.05	3.06	0.98	0.92
3.65	8.74	12.77	9.87	10.52	20.06	8.54	7.58
37.87	5.44	5.90	1.93	23.23	15.74	7.90	18.95
0.97	0.13	0.60	0.03	0.34	1.32	0.29	1.25
0.43	0.68	1.12	0.65	0.75	1.04	0.70	0.41
0.26	0.39	0.57	0.39	0.47	0.63	0.44	0.31
41.80	67.40	107.79	72.86	94.10	101.98	80.32	43.53
79.39	38.97	40.38	30.06	38.93	56.01	38.85	66.23
25.35	36.41	37.49	208.99	64.69	19.38	353.43	7.44
14.41	24.60	23.34	199.90	59.54	14.77	339.32	3.54

12-32 生猪调出奖励大县农村经济情况（2011年）

Conditions of Rural Economy of County Which are Rewarded for Lare Hog-contributed (2011)

地　区	Region	农作物总播种面积（公顷）Total Sown Areas of Farm Crops (hectare)	粮食 Grain	粮食总产量（吨）Total Output of Grain (ton)	棉花总产量（吨）Total Output of Cotton (ton)	油料总产量（吨）Total Output of Oil-bearing (ton)
12个生猪大县（市、区）	Large Hog-raising County (County-level City、District)	**1446344**	**984216**	**6197428**	**13249**	**326182**
南昌县	Nanchang	194920	145275	1000167		12634
新建县	Xinjiang	134485	99172	630404	214	30680
进贤县	Jinxian	138168	85694	504737	245	46843
余江县	Yujiang	57866	42126	247986		14589
南康市	Nankang	66459	40837	235564		15646
新干县	Xingan	85088	56639	340328	174	20839
袁州区	Yuanzhou	102002	72743	411600	118	14388
上高县	Shanggao	73633	46808	304731	782	14728
丰城市	Fengcheng	222111	157861	1003769	305	43328
樟树市	Zhangshu	132327	83359	547141	230	51868
高安市	Gao'an	173972	106536	702071	11181	54844
东乡县	Dongxiang	65313	47166	268930		5795

12-32　续表　continued

地　区	Region	肉类总产量（吨）Total Output of Meat (ton)	农业机械总动力（万千瓦）Total Power of Agricultural Machinery (10000 kw)	有效灌溉面积（公顷）Irrigated Area (hectare)	化肥施用量（折纯量，吨）Consumption of Chemical Firtilizer (net,ton)	农村用电量（万千瓦小时）Electricity Consumed in Rural Area (10000 kwh)	农林牧渔总产值（当年价格）（万元）Gross Output Value of Farming, Forestry, Animal Husbandry and Fishery(at current prices)(10000 yuan)
12个生猪大县（市、区）	Large Hog-raising County (County-level City、District)	**1087137**	**1041**	**457890**	**365755**	**187590**	**5586417**
南昌县	Nanchang	130766	154.7	71540	59369	47885	687724
新建县	Xinjiang	76519	112.6	48470	33791	16055	656719
进贤县	Jinxian	86933	108.7	44520	29512	23934	644856
余江县	Yujiang	86511	29	17070	10081	4105	311685
南康市	Nankang	69719	57.5	21210	18063	8573	293116
新干县	Xingan	73326	56.2	25810	18015	4417	229528
袁州区	Yuanzhou	86678	76.5	29900	16102	13827	403519
上高县	Shanggao	66556	47.5	19860	23118	10967	373007
丰城市	Fengcheng	85829	109.42	65980	55440	24721	728636
樟树市	Zhangshu	91296	96.6	33820	33880	10635	435409
高安市	Gao'an	141360	125.4	53630	44022	18248	534333
东乡县	Dongxiang	91644	66.4	26080	24362	4223	287885

12-33 乡镇企业主要经济指标（2011年）
Main Economic Indicators of Township Enterprises (2011)

指标	Item	企业个数（个）Number of Enterprises (unit)	从业人员（人）Number of Employed Persons (person)	增加值（万元）Value-added (10000-yuan)	营业收入（万元）Business Income (10000-yuan)	利润总额（万元）Total Profits (10000-yuan)	上交税金（万元）Taxes Payable (10000-yuan)
总计	**Total**	**166040**	**3324707**	**88106318**	**84750458**	**5606421**	**3218011**
按登记注册类型分组	**Grouped by Status of Registration**						
内资企业小计	Domestic-funded Enterprises	165406	3174391	84178638	80909867	5359201	3069046
#集体企业	Collective-owned Enterprises	2061	63400	982484	964046	53383	42392
股份合作企业	Share-Holding Cooperative Enterprises	10001	102778	3038970	2991166	256728	92346
联营企业	Joint-operation Enterprises	4924	63082	808831	776606	65740	29088
有限责任公司	Limited Liability Corporations	17996	541602	19640217	19154312	1203373	831105
股份有限公司	Share-holding Corporation Ltd.	8029	111191	4089748	4039927	265824	158782
私营企业	Private Enterprises	122395	2292338	55618388	52983810	3514153	1915333
港、澳、台商投资企业	Enterprises with Investment from Hong Kong,Macao and Taiwan	421	109128	2510887	2389601	155238	89003
外商投资企业	Enterprises with Foreign Investment	213	41188	1416793	1450990	91982	59962
按国民经济行业分组	**Grouped by Sector**						
农林牧渔业	Farming,Forestry,Animal Husbandry and Fishery	11207	130656	1846470	1670779	137774	63662
工业	Industry	68568	1925556	69522938	67276954	4492425	2437489
#采矿业	Mining	9042	211466	6201217	5563705	544772	303396
制造业	Manufacture	56149	1674388	61992088	60423174	3917903	2083908
建筑业	Construction	10564	240521	4723996	4464838	246343	182763
交通运输仓储业	Transport and Storage	14669	176163	2576007	2594240	142765	99915
批发零售业	Wholesale and Retail Trades	24141	362448	4483768	4324579	218346	211400
住宿及餐饮业	Hotels and Catering Services	16291	229097	2189988	2025333	138328	89334
#餐饮业	Catering Services	10534	117470	919714	887467	74924	41390
社会服务业	Social Services	12163	116358	1176309	965332	108899	66897
其他	Others	8437	143908	1586842	1428403	121541	66551

注：本表不含个体工商户数据。以下同。

a) The data in this table do not include the industrial and commercial unit.The same applies to the following table.

12–34 各地区乡镇企业单位数和从业人数（2011年）
Number of Enterprises and Employed Persons of Township Enterprises by Region (2011)

地 区	Region	单位数（个）Number of Enterprises (unit)	集体 Collective-owned	个私 Private	从业人数（人）Number of Employed Persons (person)	集体 Collective-owned	个私 Private
全 省	**Provincial Total**	**166040**	**2061**	**163979**	**3324707**	**63400**	**3261307**
南昌市	Nanchang	31205	653	30552	510318	8049	502269
景德镇市	Jingdezhen	16226		16226	642635		642635
萍乡市	Pingxiang	20354	1	20353	380809	58	380751
九江市	Jiujiang	13087	237	12850	375392	5933	369459
新余市	Xinyu	16422	268	16154	244455	4685	239770
鹰潭市	Yingtan	16926	577	16349	206850	22846	184004
赣州市	Ganzhou	21469	25	21444	340077	4458	335619
吉安市	Ji'an	4736	37	4699	96754	4306	92448
宜春市	Yichun	16549	243	16306	392134	10877	381257
抚州市	Fuzhou	6800	17	6783	100051	2074	97977
上饶市	Shangrao	2266	3	2263	35232	114	35118

12–35 各地区乡镇企业总产值和增加值（2011年）
Gross Output Value and Value-added of Township Enterprises by Region (2011)

本表按当年价格计算

Data in this table are calculated at current prices.

单位：万元 (10000 yuan)

地 区	Region	总产值 Gross Output Value	集体 Collective-owned	个私 Private	增加值 Value-added	集体 Collective-owned	个私 Private
全 省	**Provincial Total**	**88106318**	**982484**	**87123834**	**8824432**	**95775**	**8728657**
南昌市	Nanchang	7354821	152671	7202150	866732	16156	850576
景德镇市	Jingdezhen	11844290		11844290	1130912	1130912	
萍乡市	Pingxiang	16222838	770	16222068	1131283	104	1131179
九江市	Jiujiang	14051923	53025	13998898	1708830	8398	1700432
新余市	Xinyu	3874170	46433	3827737	325795	3162	322633
鹰潭市	Yingtan	1126513	149655	976858	83490	8856	74634
赣州市	Ganzhou	9544239	161638	9382601	776493	7263	769230
吉安市	Ji'an	3720181	92951	3627230	283130	9024	274106
宜春市	Yichun	14433618	277056	14156562	1924675	33291	1891384
抚州市	Fuzhou	4186843	42342	4144501	491389	9218	482171
上饶市	Shangrao	1746882	5943	1740939	101703	303	101400

12-36 农村贫困人口分布情况
Distribution of Poverty-stricken Population

单位：人 (person)

县(市、区)	County (County level City,District)	2010	2011
全　省	**Provincial Total**	**620807**	**4380000**
南 昌 市	**Nanchang City**	**15171**	**105684**
湾 里 区	Wanli	818	3154
青山湖区	Qingshanhu	80	1037
青云谱区	Qingyunpu	51	361
南 昌 县	Nanchang	3894	27562
新 建 县	Xinjian	4124	29189
安 义 县	Anyi	1889	13370
进 贤 县	Jinxian	4183	29606
南昌开发区	Development zone	132	1405
景德镇市	**Jingdezhen City**	**7800**	**51554**
昌 江 区	Changjiang	1029	7796
浮 梁 县	Fuliang	2898	21951
乐 平 市	Leping	3873	21807
萍 乡 市	**Pingxiang City**	**13189**	**90823**
湘 东 区	Xiangdong	186	5988
莲 花 县	Lianhua	11837	62684
上 栗 县	Shangli	574	13368
芦 溪 县	Luxi	506	6381
安 源 区	Anyauan	55	2189
萍乡市开发区	Development Zone	31	213
九 江 市	**Jiujiang City**	**66603**	**453422**
庐 山 区	Lushan	36	4977
共 青 区	Gongqing	12	3296
浔 阳 区	Xunyang	21	629
九 江 县	Jiujiang	268	11422
武 宁 县	Wuning	4747	35553
修 水 县	Xiushui	39337	177781
永 修 县	Yongxiu	269	11429
德 安 县	De'an	973	17909
星 子 县	Xingzi	3478	26048
都 昌 县	Duchang	12283	115616
湖 口 县	Hukou	312	11751
彭 泽 县	Pengze	425	22012
瑞 昌 市	Ruichang	4442	14439
九江开发区	Development Zone		560
新 余 市	**Xinyu City**	**3948**	**28175**
渝 水 区	Yushui	1913	13652
分 宜 县	Fenyi	1353	9655
新余开发区	Development Zone	682	4868
鹰 潭 市	**Yingtan City**	**6205**	**43278**
月 湖 区	Yuehu	395	1903
余 江 县	Yujiang	2152	15500
贵 溪 市	Guixi	3409	24553
鹰潭开发区	Development Zone	249	1322
赣 州 市	**Ganzhou City**	**194691**	**1791811**
章 贡 区	Zhanggong	118	5761
赣　县	Gan	19108	148664
信 丰 县	Xinfeng	818	59784
大 余 县	Dayu	623	33461
上 犹 县	Shangyou	13072	79669
崇 义 县	Chongyi	308	25467
安 远 县	Anyuan	14318	91402
龙 南 县	Long'nan	1353	33880
定 南 县	Ding'nan	969	22319
全 南 县	Quannan	627	19229
宁 都 县	Ningdu	28433	209087
于 都 县	Yudu	29890	238569
兴 国 县	Xingguo	32060	181078
会 昌 县	Huichang	20671	127154
寻 乌 县	Xunwu	13725	81855
石 城 县	Shicheng	6596	81117
瑞 金 市	Ruijin	9967	153587
南 康 市	Nankang	1926	198745
赣州开发区	Development Zone	109	983
吉 安 市	**Ji'an City**	**98167**	**597889**
吉 州 区	Jizhou	237	6097
青 原 区	Qingyuan	701	13526
吉 安 县	Ji'an	13444	78844
吉 水 县	Jishui	3301	26968
峡 江 县	Xiajiang	998	12552
新 干 县	Xingan	379	19870
永 丰 县	Yongfeng	1294	40575
泰 和 县	Taihe	3485	28973
遂 川 县	Suichuan	23304	124014
万 安 县	Wan'an	16676	72641
安 福 县	Anfu	4424	39234
永 新 县	Yongxin	23008	103450
井冈山市	Jinggangshan	6916	31145
宜 春 市	**Yichun City**	**20635**	**213361**
袁 州 区	Yuanzhou	5594	41390
奉 新 县	Fengxin	1358	12706
万 载 县	Wanzai	4663	51554
上 高 县	Shanggao	1207	11293
宜 丰 县	Yifeng	1037	9702
靖 安 县	Jing'an	1239	11592
铜 鼓 县	Tonggu	1207	15785
丰 城 市	Fengcheng	1525	23681
樟 树 市	Zhangshu	1895	17730
高 安 市	Gaoan	910	17928
抚 州 市	**Fuzhou City**	**43712**	**316415**
临 川 区	Linchuan	486	22134
南 城 县	Nancheng	641	9066
黎 川 县	Lichuan	1419	21148
南 丰 县	Nanfeng	754	15086
崇 仁 县	Chongren	1460	14636
乐 安 县	Le'an	20639	95250
宜 黄 县	Yihuang	1299	22515
金 溪 县	Jinxi	1818	26486
资 溪 县	Zixi	1086	9578
东 乡 县	Dongxiang	995	16181
广 昌 县	Guangchang	13115	63732
抚州开发区	Development Zone		603
上 饶 市	**Shangrao City**	**150686**	**687588**
信 州 区	Xinzhou	363	11140
上 饶 县	Shangrao	32651	148875
广 丰 县	Guangfeng	406	20759
玉 山 县	Yushan	942	13892
铅 山 县	Qianshan	719	17539
横 峰 县	Hengfeng	10818	42007
弋 阳 县	Yiyang	3211	33736
余 干 县	Yugan	35908	158028
鄱 阳 县	Poyang	58567	188100
万 年 县	Wannian	2637	27937
婺 源 县	Wuyuan	485	11720
德 兴 市	Dexing	3630	12949
上饶开发区	Development Zone	349	906

注：2011年贫困人口按农民人均纯收入2300元(2010年不变价)的新国家扶贫标准计算。

a) Data of Doverty-stricken Population in 2011 is calculated with New National Poverty Alleviation Standard that is 2300 yuan of Annual Per Capita Net Income of Rural Households.

12-37 农村重点村扶贫资金使用效益情况

Efficiency of Aid-the-poor Funds Utilization for the Key Poverty-stricken Village

指　　标	Item	2010	2011	2011年比2010年增长（%）Increase Rate in 2011 over 2010(%)
重点村基础设施改善	**Infrastructure improvement of key villages**			
新修乡村道路(公里)	New repair of rural roads (km)	5857	4955	-15.4
新修梯田(万亩)	Terracing (10000 mu)	0.45	0.09	-80.0
发展集雨节灌(万亩)	Rainfall Harvesting (10000 mu)	4.8	0.21	-95.6
新增水地(万亩)	Add water (10000 mu)	23.56	1.432	-93.9
解决饮水困难(万人)	To solve drinking water problems (10000)	23.68	5.23	-77.9
解决大牲畜引水困难(万头)	To solve difficult large livestock, diversion (10000 head)	23.8	10.262	-56.9
其它项目(万元)	Other projects (million yuan)	4587	5961.11	30.0
重点村生产增收建设	**Production income construction of key villages**			
种植业	Farming			
马铃薯(万亩)	Potato (10000 mu)	0.08	0.08	
药材(万亩)	Herbs (10000 mu)	0.35	8.155	2230.0
干果类(万亩)	Dried Fruits (10000 mu)	0.25	4.63	1752.0
瓜菜类(万亩)	Vegetables class (10000 mu)	20.59	11.66	-43.4
果梨类(万亩)	Pear class (10000 mu)	8.96	18.1455	102.5
其它种植业(万亩)	Other crop farming (10000 mu)	59.05	7.30	-87.6
养殖业	Aquaculture			
牛(万头)	Cow(10,000 head)	0.57	0.95	66.7
羊(万只)	Sheep (10 000)	1.13	0.77	-31.9
猪(万只)	Pigs (10 000)	18.00	14.48	-19.6
鸡(万只)	Chicken (10 000)	723.00	540.31	-25.3
公益项目	**Public projects**			
修建文化活动室(平方米)	The construction of cultural activities room (square meters)	22382	38805	73.4
修建村卫生室(平方米)	Construction of village clinics (square meters)	18236	25061	37.4
培训农牧民(万人)	Training of farmers and herdsmen (10000)	5.60	5.80	3.6
村委会改扩建(平方米)	The village committee to change the expansion (square meters)	5960	36799	517.4
维修村小学(平方米)	Maintenance of Village Primary School (square meters)	42059	34198	-18.7
危房改造(间)	Renovation of dilapidated buildings (Room)	481	1081	124.7

注：重点村指2002年全省确定的“十五”期间1200个扶贫开发工作重点村。

a) The key poverty-stricken villages are those which confirmed as one of the 1200 key anti-poverty and development strategy villages during the tenth five-year plan period (2001-2005).

主要统计指标解释

农林牧渔总产值 以货币表现的农林牧渔业的全部产品总量和对农林牧渔业生产活动进行的各种支持性服务活动的价值。它反映一定时期内农林牧渔业生产总规模和总成果，是观察农林牧渔业生产水平和发展速度的重要指标，同时也是计算农林牧渔业劳动生产率和农林牧渔业增加值的基础资料。

农林牧渔业总产值的计算，一般采用“产品法”，即凡有产品产量的，都按产品价格乘产量的办法求得每种产品产量的产值，然后相加求得各业的产值，最后各业相加求出农林牧渔业总产值。

农林牧渔业增加值 指农、林、牧、渔及农林牧渔服务业在一定时期内生产货物或提供服务活动而增加的价值。它反映了农业生产经营活动的最终成果和对社会的贡献。

农业增加值的计算方法有两种：（1）生产法，是从生产角度进行计算的一种方法。即用农业总产出减去农业中间消耗求得。(2) 分配法，是从分配角度进行计算的一种方法。即通过农业生产单位在生产经营和劳务活动过程中形成的不含中间消耗的各种收入来计算。具体包括农业劳动者收入、福利基金、利税、固定资产折旧及大修理和其他。一般采用生产法计算。

耕地面积 指可以用来种植农作物，经常进行耕锄的田地，包括熟地、当年新开荒地、连续撂荒未满三年的耕地和当年的休闲地（轮歇地），还包括以种植农作物为主并附带种植桑树、茶树、果树和其他林木的土地以及沿海、沿湖地区已围垦利于的“海涂”、“湖田”等面积。不包括属于专业性的桑园、茶园、果园、果木苗圃、林地、芦苇地、天然或人工草地面积。

农作物播种面积 指实际播种或移植有农作物的面积。凡是实际种植有农作物的面积，不论种植在耕地上还是种植在非耕地上，均包括在农作物播种面积中，在播种季节基本结束后，因遭灾而重新改种和补种的农作物面积，也包括在内。播种面积的大小，反映农作物的生产规模和耕地的利用程度。

农作物总产量 指在一定时期内（通常是一年）生产的各种农作物产品总产量。无论是种植在耕地上或非耕地上的农作物产量，都包括在内。有的农作物收割期较长，虽在当年冬季就开始收割，但需跨年延到来年春季才能收完的，仍计算为本年农作物总产量。它是衡量农业生产成果，统筹安排城乡人民生活，研究生产、积累和消费比例关系及编制国民经济计划的基本数据。

粮食产量 指全社会的产量。包括国有经济经营的、集体统一经营的和农民家庭经营的粮食产量，还包括工矿企业办的农场和其他生产单位的产量。粮食除包括稻谷、小麦、玉米、高粱、谷子及其他杂粮外，还包括薯类和豆类。

猪、牛、羊肉产量 指当年出栏并已屠宰、除去头蹄下水后带骨肉（即胴体重）的重量。

期初（末）畜禽存栏头（只）数 指报告期初（末）农村各种合作经济组织和国营农场、农民个人、机关、团体、学校、工矿企业、部队等单位以及城镇居民饲养的大牲畜、猪、羊、家禽等畜禽的存栏数。

农用化肥施用量 指本年内实际用于农业生产的化肥数量，包括氮肥、磷肥、钾肥和复合肥。化肥施用量要求按折纯量计算数量。折纯量是指指把氮肥、磷肥、钾肥分别按含氮、含五氧化二磷、含氧化钾的百分之一百成份进行折算后的数量。复合肥按其所含主要成分折算。

有效灌溉面积 指具有一定的水源，地块比较平整，灌溉工程或设备已经配套，在一般年景下当年能够进行正常灌溉的耕地面积。

农业机械总动力 指主要用于农、林、牧、渔业的各种动力机械的动力总和。包括耕作机械、排灌机械。收获机械、农用运输机械、植物保护机械、牧业机械、林业机械、渔业机械和其他农业机械〔内燃机按引擎马力折成瓦（特）计算、电动机按功率折成瓦（特）计算〕。不包括专门用于乡、镇、村、组办工业、基本建设、非农业运输、科学试验和教学等非农业生产方面用的动力机械与作业机械。

Explanatory Notes on Main Statistical Indicators

Gross Out Value of Agriculture refer to the total volume of products of farming, forestry, animal husbandry and fishery and the value of various services supporting the production of farming, forestry, animal husbandry and fishery in monetary terms, which reflects the total scale and total results of farming, forestry, animal husbandry and fishery production during a given period of time. It is an important indicator to observe the production level and development speed of farming, forestry, animal husbandry and fishery. It is also the foundation for calculating the labor productivity and value-added of farming, forestry, animal husbandry and fishery.

Generally, the gross output value of farming, forestry, animal husbandry, and fishery is calculated with the production approach. Where applicable, the gross output value of each single product is obtained by multiplying the output of each product by its price. These values are then summed up to obtain the output value of each sector. The sum of output values of all sectors is the gross output value of farming, forestry, animal husbandry, and fishery.

Value-added of Farming, Forestry, Animal Husbandry and Fishery refers to the value-added of goods produced or services provided by farming, forestry, animal husbandry and fishery in a given period of time. It shows the final results of the activities of production and management of agriculture and its contributions to the society.

The value-added of agriculture is calculated with two approaches:

(1) Production of approach is a method from the production angle, i.e. total output of agriculture minus intermediate consumption of agriculture. The value-added of agriculture is usually calculated with the production approach as no complete accounting records of the rural households are available;

(2) Distribution approach is a method from the distribution angle, i.e. various incomes from the activities of production and management of the productive units of agriculture without intermediate consumption, including incomes of the rural laborers, welfare funds, profit and tax, depreciation of fixed assets and major overhaul and others.

Cultivated Area (Area under cultivation) refers to farmland which is plowed constantly for growing crops, including cultivated land, newly cultivated land in the current year, farmland left without cultivation for less than three years and fallow land in the current year, rotation land of grass and crops, farmland with some fruit trees, mulberry trees and other trees and cultivated seashore land, lake land, and etc. The land of mulberry fields, tea plantations, orchards, nurseries of young plants, forest land, reed land, natural and man-made grassland and other land are not included in cultivated land.

Sown Area of Crops refers to area of land sown or transplanted with crops regardless of being in cultivated area or non cultivated area. Area of land re-sown due to natural disasters is also included. It refers the scale of crops and the use of cultivated area.

Total Output of Crops refers to the total output of farm crops of various kinds during a given period of time (usually a year). It covers the output of crops in both cultivated and uncultivated area. Crops with an extensive reaping period beginning in the winter of the current year are included in the total output of crops of the current year, even if harvest is extended until the spring of the following year. It is the basic figure to examine the production results of agriculture, make overall arrangements in the life of urban and rural households, study the proportionate relationships between production, accumulation and consumption and work out a plan of national economy.

Grain Yield refers to the yield in the whole country including grains produced by state farm, collective units, industrial enterprises and mines. Grain includes rice, wheat, corn, sorghum, millet and other miscellaneous grains as well as tubers and beans.

Output of Pork, Beef, and Mutton refers to the meat of slaughtered hogs, cattle, sheep and goats with head, feet, and offal taken away.

Number of Livestock or Poultry in Stock at Beginning (or End) refers to the total number of large animals, pigs, sheep, fowls, etc. raised by rural cooperative organizations, state farms, rural individuals, government agencies, schools, Industrial and mining enterprises, army, and urban residents at the beginning (or end) of the reference period.

Consumption of Chemical Fertilizers in Agriculture refers to the quantity of chemical fertilizers applied in agriculture in the year, including nitrogenous fertilizer, phosphate fertilizer, potash fertilizer, and compound fertilizer. The consumption of chemical fertilizers is required in calculation to convert the gross weight into weight containing

100% effective component (e.g.100% nitrogen content in nitrogenous fertilizer,100% phosphorous pentoxide contents in phosphate fertilizer,100% potassium oxide contents in potash fertilizer). Compound fertilizer is converted with its major component.

Irrigated Area refers to areas that are effectively irrigated, i.e. level land which has water source and complete sets of irrigation facilities to lift and move adequate water for irrigation purpose under normal conditions.

Total Power of Farm Machinery refers to total mechanical power of machinery used in farming, forestry, animal husbandry, and fishery, including ploughing, irrigation and drainage, harvesting, transport, plant protection, stock breeding, forestry and fishery. The power of internal combustion engines is required to convert horsepower into watts and the power of electric motors is required to be converted into watts. Machinery employed for non agricultural purposes, such as the machines used in township run and village-run Industry, construction, non agricultural transport, scientific experiments and teaching, is exclude.

13

工 业

INDUSTRY

◆285/348

资料整理及英文翻译：徐烈强、齐晶、刘娥、顾惟雨

简要说明

一、本篇资料的主要内容

本篇资料反映全省规模以上工业经济方面的基本情况，包括11个设区市的主要工业经济统计数据:

1.规模以上工业企业单位数和总产值，以及按企业登记注册类型、轻重工业、企业规模、工业行业大类和按地区分组的主要经济指标和经济效益指标;

2.规模以上国有及国有控股、外商投资、港澳台商投资和私营工业企业主要经济指标和经济效益指标;

3.规模以上主要工业产品产量。

二、本篇资料的统计范围

工业统计调查范围为全省境内的全部工业企业。1997年以前，工业的统计范围按隶属关系划分，分为乡及乡以上独立核算工业企业和非独立核算生产单位、村办工业、城镇合作工业、农村合作工业、城镇个体工业、农村个体工业六大部分。(1984年以前村办工业不在工业统计范围内）。

1998年及以后年份，工业统计调查范围由按隶属关系划分，改变为按企业规模划分，分为全部国有及年主营业务收入在500万元以上非国有工业企业和年主营业务收入在500万元以下非国有工业企业两部分。2011年，规模以上工业划分标准提高到年主营业务收入2000万元及以上。本篇资料中的统计范围为年主营业务收入在2000万元以上工业企业。

本篇资料中工业行业分类按2002年《国民经济行业分类标准》划分；企业大中小型划分按2003年《统计上大中小型企业划分办法（暂行）》标准执行。

三、本篇的资料来源和统计调查方法

本篇工业企业统计数据主要是根据工业统计月度报表中有关资料整理汇总的。

Brief Introduction

I. Main Contents

Data in this chapter reflect the basic conditions of the industrial sector, presenting main industrial economic indicators of 11 municipalities city.

(1) The number and the gross industrial output value of all State-owned industrial enterprises and the non-State-owned enterprises that are above designated size; as well as their main economic indicators and efficiency indicators classified by type of registration, by light and heavy industries, by size of the enterprises, by branch of industry and by region.

(2) Main economic indicators and efficiency indicators of State-owned industrial enterprises and enterprises where the State holds the majority of shares; foreign-funded industrial enterprises and enterprises funded by entrepreneurs from Hong Kong, Macao and Taiwan; and private enterprises, classified by branch of industry.

(3) Output of Industrial products.

II. Scopes of Statistics

Industrial statistics cover all industrial enterprises within the province. Before 1997, industrial statistics were based on type of ownership, consisting of following six parts: corporate industrial enterprises above county level with independent accounting system and production units with dependent accounting system, village industrial enterprises; urban joint industrial enterprises, rural joint industrial enterprises, urban individual industrial enterprises, and rural industrial enterprises (village industrial enterprises were not included in the scope of industrial statistics before 1984).

Since 1998, scope of industrial statistics changed from the basis of type of ownership to the size of enterprises, they are: all State-owned industrial enterprises and those non-State industrial enterprises with revenue from principal business over 5 million yuan, and non-state industrial enterprises with revenue from principle business below 5 million yuan. Since 2011,the standard of industrial enterprises above designated size are raised,which the revenue from principle business were 20 million yuan and above.

Data by industries in this chapter are based on the 2002 National Industrial Classification of all Economic Activities, and data by size of enterprises are based on the Preliminary Standards of Enterprises by Size in 2003.

III. Sources of Data and Methods of Survey

The data on enterprises statistics in this Chapter are collated mainly based on the relevant data in the monthly industrial statistics reporting forms.

13-1 规模以上工业企业单位数及工业总产值（2011年）

Number and Gross Industrial Output Value of Industrial Enterprises above Designated Size (2011)

类别	Type	企业单位数（个）Number of Enterprises (unit)	#亏损企业 Loss Enterprises	工业总产值（万元）Gross Industrial Output Value (10000yuan)
总计	**Total**	**6251**	**294**	**179058700**
按登记注册类型及隶属关系分	**By Registration Status and Jurisdiction of Management**			
国有企业	State-owned Enterprises	201	32	16534935
中央企业	Central enterprises	13	7	2027213
地方企业	Local enterprises	188	25	14507721
集体企业	Collective-owned Enterprises	74	2	920157
股份合作企业	Cooperative Enterprises	113	5	1780676
联营企业	Joint Ownership Enterprises	9		125581
有限责任公司	Limited Liability Corporations	1627	90	49153401
股份有限公司	Share-holding Corporations Limited	209	14	10889413
私营企业	Private Enterprises	3237	91	68204692
港、澳、台商投资企业	Enterprises with Funds from Hong Kong,Macao and Taiwan	466	23	13605356
外商投资企业	Foreign Funded Enterprises	315	37	17844489
#国有控股企业	State-owned Holding Enterprises	416	74	41832435
按轻、重工业分	**Grouped by Light & Heavy Industries**			
轻工业	Light Industry	2450	82	51362307
重工业	Heavy Industry	3801	212	127696393
按企业规模分	**Grouped by Size of Enterprises**			
大型企业	Large Enterprises	52	4	41190998
中型企业	Medium-sized Enterprises	738	86	39186478
小型企业	Small Enterprises	5461	204	98681224
按工业行业分	**Grouped by Sector**			
#煤炭开采和洗选业	Mining and Washing of Coal	162	1	2022627
黑色金属矿采选业	Mining and Processing of Ferrous Metal Ores	92	2	1666713
有色金属矿采选业	Mining and Processing of Non-Ferrous Metal Ores	132	8	2989893

13-1 续表1 continued

类别	Type	企业单位数（个） Number of Enterprises (unit)	#亏损企业 Loss Enterprises	工业总产值（万元） Gross Industrial Output Value (10000yuan)
非金属矿采选业	Mining and Processing of Nonmetal Ores	89	4	1036430
农副食品加工业	Processing of Food from Agricultural Products	287	5	8301541
食品制造业	Manufacture of Foods	135	7	2718580
饮料制造业	Manufacture of Beverages	87	5	1639791
烟草制品业	Manufacture of Tobacco	1		1089234
纺织业	Manufacture of Textile	399	16	6504541
纺织服装、鞋、帽制造业	Manufacture of Textile Wearing Apparel,Footware and Caps	275	3	4127117
皮革、毛皮、羽毛(绒)及其制品业	Manufacture of Leather, Fur, Feather and Related Products	103	2	2304772
木材加工及木、竹、藤、棕、草制品业	Processing of Timber, Manufacture of Wood, Bamboo, Rattan, Palm and Straw Products	203	5	2510288
家具制造业	Manufacture of Furniture	56	3	823455
造纸及纸制品业	Manufacture of Paper and Paper Products	133	3	2116178
印刷业和记录媒介的复制	Printing, Reproduction of Recording Media	66	2	953337
文教体育用品制造业	Manufacture of Articles For Culture, Education and Sport Activities	53		867126
石油加工、炼焦及核燃料加工业	Processing of Petroleum,Coking,Processing of Nuclear Fuel	19	4	4274397
化学原料及化学制品制造业	Manufacture of Raw Chemical Materials and Chemical Products	630	25	16366543
医药制造业	Manufacture of Medicines	225	10	5812644
化学纤维制造业	Manufacture of Chemical Fibers	9	2	596245
橡胶制品业	Manufacture of Rubber	43	2	790844
塑料制品业	Manufacture of Plastics	178	4	2509537
非金属矿物制品业	Manufacture of Non-metallic Mineral Products	723	35	13461623
黑色金属冶炼及压延加工业	Smelting and Pressing of Ferrous Metals	82	5	12112837

13-1 续表2 continued

类别	Type	企业单位数（个）Number of Enterprises (unit)	亏损企业 Loss Enterprises	工业总产值（万元）Gross Industrial Output Value (10000yuan)
有色金属冶炼及压延加工业	Smelting and Pressing of Non-ferrous Metals	476	29	34527218
金属制品业	Manufacture of Metal Products	167	7	3152148
通用设备制造业	Manufacture of General Purpose Machinery	207	9	3964428
专用设备制造业	Manufacture of Special Purpose Machinery	129	1	2264703
交通运输设备制造业	Manufacture of Transport Equipment	193	6	8527731
电气机械及器材制造业	Manufacture of Electrical Machinery and Equipment	324	13	11791629
通信设备、计算机及其他电子设备制造业	Manufacture of Communication Equipment, Computers and Other Electronic Equipment	195	17	5712295
仪器仪表及文化、办公用机械制造业	Manufacture of Measuring Instruments and Machinery for Cultural Activity and Office Work	55	2	792562
工艺品及其他制造业	Manufacture of Artwork and Other Manufacturing	94	1	1498041
废弃资源和废旧材料回收加工业	Recycling and Disposal of Waste	24	1	462085
电力、热力的生产和供应业	Production and Supply of Electric Power and Heat Power	151	45	8183574
燃气生产和供应业	Production and Supply of Gas	22	2	310589
水的生产和供应业	Production and Supply of Water	32	8	275405
按地区分	**By Region**			
南昌市	Nanchang	939	54	33043913
景德镇市	Jingdezhen	318	10	8393531
萍乡市	Pingxiang	567	7	11678410
九江市	Jiujiang	762	36	21414725
新余市	Xinyu	274	11	15402652
鹰潭市	Yingtan	163	15	15529943
赣州市	Ganzhou	773	67	18598467
吉安市	Ji'an	631	18	15570162
宜春市	Yichun	705	20	16709934
抚州市	Fuzhou	607	14	8165003
上饶市	Shangrao	512	42	14551961

13-2 规模以上工业企业增加值

Value-added of Industrial Enterprises above Designated Size

单位：万元 (10000 yuan)

类别	Type	2011	2011年比2010年增长（%）Growth Rate of 2011 to 2010 (%)
总计	**Total**	**39108763**	**19.10**
按登记注册类型及隶属关系分	**By Registration Status and Jurisdiction of Management**		
国有企业	State-owned Enterprises	3820146	10.21
中央企业	Central Enterprises	1056239	11.61
地方企业	Local Enterprises	2763907	10.60
集体企业	Collective-owned Enterprises	243040	4.30
股份合作企业	Cooperative Enterprises	427081	18.92
联营企业	Joint Ownership Enterprises	29969	10.16
有限责任公司	Limited Liability Corporations	10383767	19.32
股份有限公司	Share-holding Corporations Limited	2391786	9.07
私营企业	Private Enterprises	14398992	22.43
港、澳、台商投资企业	Enterprises with Funds from Hong Kong, Macao and Taiwan	3158108	27.92
外商投资企业	Foreign Funded Enterprises	4255874	17.76
#国有控股企业	State-owned Holding Enterprises	10191877	11.17
按轻、重工业分	**Grouped by Light & Heavy Industries**		
轻工业	Light Industry	12416684	20.17
重工业	Heavy Industry	26692079	18.56
按企业规模分	**Grouped by Size of Enterprises**		
大型企业	Large Enterprises	9307186	15.50
中型企业	Medium-sized Enterprises	8817161	20.34
小型企业	Small Enterprises	20984416	24.06
按工业行业分	**Grouped by Sector**		
#煤炭开采和洗选业	Mining and Washing of Coal	773942	6.14
黑色金属矿采选业	Mining and Processing of Ferrous Metal Ores	516736	11.02
有色金属矿采选业	Mining and Processing of Non-Ferrous Metal Ores	1199108	11.91
非金属矿采选业	Mining and Processing of Nonmetal Ores	244783	2.94
农副食品加工业	Processing of Food from Agricultural Products	1512741	25.20
食品制造业	Manufacture of Foods	650470	12.22
饮料制造业	Manufacture of Beverages	540562	22.60
烟草制品业	Manufacture of Tobacco	767165	10.50
纺织业	Manufacture of Textile	1407817	10.66
纺织服装、鞋、帽制造业	Manufacture of Textile Wearing Apparel,Footware and Caps	774414	31.10
皮革、毛皮、羽毛(绒)及其制品业	Manufacture of Leather, Fur, Feather and Related Products	721478	19.29
木材加工及木、竹、藤、棕、草制品业	Processing of Timber, Manufacture of Wood,Bamboo, Rattan, Palm and Straw Products	562794	20.61
家具制造业	Manufacture of Furniture	171987	23.17

13-2 续表 continued

单位：万元 (10000 yuan)

类 别	Type	2011	2011年比2010年增长（%）Growth Rate of 2011 to 2010 (%)
造纸及纸制品业	Manufacture of Paper and Paper Products	507252	20.03
印刷业和记录媒介的复制	Printing, Reproduction of Recording Media	295738	15.24
文教体育用品制造业	Manufacture of Articles For Culture, Education and Sport Activities	274437	37.80
石油加工、炼焦及核燃料加工业	Processing of Petroleum,Coking,Processing of Nuclear Fuel	682899	1.24
化学原料及化学制品制造业	Manufacture of Raw Chemical Materials and Chemical Products	3964244	41.17
医药制造业	Manufacture of Medicines	1440607	19.00
化学纤维制造业	Manufacture of Chemical Fibers	118465	31.28
橡胶制品业	Manufacture of Rubber	139011	23.20
塑料制品业	Manufacture of Plastics	602234	29.03
非金属矿物制品业	Manufacture of Non-metallic Mineral Products	3268011	20.14
黑色金属冶炼及压延加工业	Smelting and Pressing of Ferrous Metals	2071100	13.92
有色金属冶炼及压延加工业	Smelting and Pressing of Non-ferrous Metals	5015006	11.43
金属制品业	Manufacture of Metal Products	638896	19.63
通用设备制造业	Manufacture of General Purpose Machinery	964789	27.51
专用设备制造业	Manufacture of Special Purpose Machinery	568347	28.04
交通运输设备制造业	Manufacture of Transport Equipment	1780630	12.60
电气机械及器材制造业	Manufacture of Electrical Machinery and Equipment	2309165	18.88
通信设备、计算机及其他电子设备制造业	Manufacture of Communication Equipment, Computers and Other Electronic Equipment	1501912	35.64
仪器仪表及文化、办公用机械制造业	Manufacture of Measuring Instruments and Machinery for Cultural Activity and Office Work	164365	38.96
工艺品及其他制造业	Manufacture of Artwork and Other Manufacturing	361506	35.41
废弃资源和废旧材料回收加工业	Recycling and Disposal of Waste	103137	36.30
电力、热力的生产和供应业	Production and Supply of Electric Power and Heat Power	2252142	11.77
燃气生产和供应业	Production and Supply of Gas	120068	38.73
水的生产和供应业	Production and Supply of Water	120803	14.93
按地区分	**By Region**		
南昌市	Nanchang	7612325	18.00
景德镇市	Jingdezhen	1818256	18.50
萍乡市	Pingxiang	2606450	21.00
九江市	Jiujiang	4809697	18.30
新余市	Xinyu	3544019	19.20
鹰潭市	Yingtan	2395539	15.00
赣州市	Ganzhou	4303511	18.70
吉安市	Jian	3308047	19.20
宜春市	Yichun	3864977	21.70
抚州市	Fuzhou	1742670	19.60
上饶市	Shangrao	3162336	21.20

13-3 各地区规模以上工业企业单位数（2011年）

单位：个

分类	Item	全省 Total	南昌市 Nanchang	景德镇市 Jingdezhen
总计	**Total**	**6251**	**939**	**318**
按登记注册类型及隶属关系分	**By Registration Status and Jurisdiction of Management**			
国有企业	State-owned Enterprises	201	36	17
中央企业	Central Enterprises	13	4	1
地方企业	Local Enterprises	188	32	16
集体企业	Collective-owned Enterprises	74	8	8
股份合作企业	Cooperative Enterprises	113	23	2
联营企业	Joint Ownership Enterprises	9	1	1
有限责任公司	Limited Liability Corporations	1627	343	122
股份有限公司	Share-holding Corporations Limited	209	48	10
私营企业	Private Enterprises	3237	333	128
港、澳、台商投资企业	Enterprises with Funds from Hong Kong,Macao and Taiwan	466	59	16
外商投资企业	Foreign Funded Enterprises	315	88	14
#国有控股企业	State-owned Holding Enterprises	416	82	30
按轻、重工业分	**Grouped by Light & Heavy Industries**			
轻工业	Light Industry	2450	526	97
重工业	Heavy Industry	3801	413	221
按企业规模分	**Grouped by Size of Enterprises**			
大型企业	Large Enterprises	52	19	5
中型企业	Medium-sized Enterprises	738	88	37
小型企业	Small Enterprises	5461	832	276

13-4 各地区规模以上工业企业总产值（2011年）

单位：万元

分类	Item	全省 Total	南昌市 Nanchang	景德镇市 Jingdezhen
总计	**Total**	**179058700**	**33043913**	**8393531**
按登记注册类型及隶属关系分	**By Registration Status and Jurisdiction of Management**			
国有企业	State-owned Enterprises	16534935	2233133	1585441
中央企业	Central enterprises	2027213	1501298	4559
地方企业	Local enterprises	14507721	731835	1580882
集体企业	Collective-owned Enterprises	920157	135842	132008
股份合作企业	Cooperative Enterprises	1780676	447636	10613
联营企业	Joint Ownership Enterprises	125581	6866	9808
有限责任公司	Limited Liability Corporations	49153401	12908055	3353575
股份有限公司	Share-holding Corporations Limited	10889413	2116292	461548
私营企业	Private Enterprises	68204692	6435174	2366356
港、澳、台商投资企业	Enterprises with Funds from Hong Kong,Macao and Taiwan	13605356	1807618	299536
外商投资企业	Foreign Funded Enterprises	17844489	6953297	174645
#国有控股企业	State-owned Holding Enterprises	41832435	12620708	3202953
按轻、重工业分	**Grouped by Light & Heavy Industries**			
轻工业	Light Industry	51362307	13268942	1589890
重工业	Heavy Industry	127696393	19774970	6803641
按企业规模分	**Grouped by Size of Enterprises**			
大型企业	Large Enterprises	41190998	12122904	2225722
中型企业	Medium-sized Enterprises	39186478	5962439	1970261
小型企业	Small Enterprises	98681224	14958569	4197548

Number of Industrial Enterprises above Designated Size by Region (2011)

(unit)

萍乡市 Pingxiang	九江市 Jiujiang	新余市 Xinyu	鹰潭市 Yingtan	赣州市 Ganzhou	吉安市 Ji'an	宜春市 Yichun	抚州市 Fuzhou	上饶市 Shangrao
567	**762**	**274**	**163**	**773**	**631**	**705**	**607**	**512**
8	33	3	9	18	21	17	14	25
	3		3		1			1
8	30	3	6	18	20	17	14	24
14	8	9	1	5	3	10	3	5
41	13			3	1	10	6	14
1	4						2	
85	150	83	77	133	84	215	235	100
35	23		6	10	10	24	13	30
374	435	159	60	376	430	366	283	293
6	61	5	5	162	54	34	37	27
3	35	15	5	66	28	29	14	18
15	63	21	15	65	39	26	21	39
67	370	50	48	276	262	287	297	170
500	392	224	115	497	369	418	310	342
3	11	3	1	3		4		3
29	90	43	24	92	94	123	49	69
535	661	228	138	678	537	578	558	440

Gross Output Value of Industrial Enterprises above Designated Size by Region (2011)

(10000 yuan)

萍乡市 Pingxiang	九江市 Jiujiang	新余市 Xinyu	鹰潭市 Yingtan	赣州市 Ganzhou	吉安市 Ji'an	宜春市 Yichun	抚州市 Fuzhou	上饶市 Shangrao
11678410	**21414725**	**15402652**	**15529943**	**18598467**	**15570162**	**16709934**	**8165002**	**14551961**
383745	1359121	78923	7887158	1019043	284803	664167	141342	898060
	212090		46555		19374			243337
383745	1147031	78923	7840603	1019043	265429	664167	141342	654723
149768	65420	157335	2404	48906	26109	67780	15774	118813
692825	169281			17870	17808	105135	26057	293453
20445	74857						13605	
1561333	3275455	7424401	4253483	3465878	2041796	5502435	3368868	1985624
952668	4746062		251625	686441	250371	463381	252830	708193
7615253	8684936	3263636	2957786	8108828	9895359	7758496	3666805	7452062
149173	1784472	259660	115365	2928473	1594500	1254018	520094	2892449
153201	1255122	4218698	62122	2310531	1459416	894521	159627	203308
728555	5100478	4554522	8401075	3019303	914879	1333734	335784	1620445
1173988	8304967	2154731	618361	4721570	4996541	7150076	3376380	4006861
10504422	13109759	13247922	14911582	13876897	10573621	9559858	4788623	10545100
2566668	6049193	7067279	7733724	602190		1069583		1753736
1267821	4480106	3574243	1703107	3826923	5740075	5953219	1397667	3310617
7843922	10885427	4761130	6093112	14169354	9830087	9687132	6767336	9487608

13-5 工业产品产量（2011年）
Output of Industrial Products (2011)

品　　名	Item	2011	2011年比2010年增长（%）Increase Rate in 2011 over 2010(%)
原　煤（万吨）	Coal (10000 tons)	2443.00	9.74
洗精煤（万吨）	Coal Washing (10000 tons)	139.80	18.20
硫铁矿生产量(折含硫 35%)(万吨)	Pyrite Ore (converted into 35% sulphur) (10000 tons)	193.39	15.30
钨精矿折含量（万吨）	Scheelite Presentation of Content (10000 tons)	6.58	8.70
原　盐（万吨）	Salt (10000 tons)	2.06	-95.20
配混合饲料（万吨）	Mixed Feed (10000 tons)	1003.54	55.50
乳制品（万吨）	Milk Products (10000 tons)	28.91	2.60
罐　头（万吨）	Canned Food (10000 tons)	10.32	88.80
软饮料（万吨）	Soft Drinks (10000 tons)	213.32	24.20
白　酒（万千升）	White Spirit (10000 kiloliter)	14.58	29.87
啤　酒（万千升）	Beer (10000 kiloliter)	129.47	9.60
精制茶（吨）	Refined Tea (ton)	41320.15	20.09
卷　烟（亿支）	Cigarettes (100 million pieces)	584	4.47
纱（万吨）	Yarn (10000 tons)	96.85	37.10
布（万米）	Cloth (10000 m)	80754.30	24.73
纯棉布	Cotton Cloth	52011.90	29.60
棉混纺交织布	Cotton Blended Cloth	25240.60	11.30
纯化纤布	Chemical Fiber Cloth	3501.80	82.20
印染布（万米）	Printed Fabric (10000 m)	9389.20	-55.60
生丝（吨）	Silk (ton)	2730.20	-1.10
服　装（万件）	Garments (10000 pieces)	114900.21	24.81
皮　鞋（万双）	Shoes (10000 pairs)	11988.10	22.70
人造板（万立方米）	Manmade Plates (10000 cu.m)	386.62	5.70
机制纸及纸板（万吨）	Machine-made Paper and Paperboards (10000 tons)	219.39	11.85
家　具（万件）	Furniture (10000 pieces)	945.91	-5.10
原油加工量（万吨）	Processed Crude Oil (10000 tons)	431.84	-7.81
焦　炭（万吨）	Coke (10000 tons)	875.85	9.30
硫　酸（万吨）	Sulfuric Acid (10000 tons)	239.97	8.76
烧　碱（万吨）	Caustic Soda (10000 tons)	27.80	1.90
电石（折300升/千克）(万吨)	Calcium Carbide (convert to 300 L/kg) (10000 tons)	2.02	-5.50
合成氨（万吨）	Synthetic Ammonia (10000 tons)	17.62	-36.00
化学肥料（折有效成份100%）(万吨)	Chemical Fertilizer (10000 tons)	29.46	-21.38
氮　肥	Nitrogen Fertilizer	10.71	-51.60
磷　肥	Phosphate Fertilizer	18.75	22.20
化学农药（吨）	Chemical Pesticide (ton)	34209.86	23.84
纯　苯（吨）	Benzene (ton)	30203	5.70
涂　料（吨）	Paint (ton)	20120.70	30.90
塑料树脂及共聚物（万吨）	Primary Plastic (10000 tons)	10.66	-4.30
肥　皂（万吨）	Soap (10000 tons)	0.22	-31.50
合成洗涤剂（吨）	Synthetic Detergents (ton)	7372.00	-69.00
火　柴（万件）	Match (10000 pieces)		
化学药品原药（吨）	Chemical Medicines (ton)	31238.39	-7.68
中成药（吨）	Traditional Chemical Medicine (ton)	86372.00	11.30
化学纤维（万吨）	Chemical Fiber (10000 tons)	31.47	74.60
粘胶纤维	Viscose Fiber	23.42	89.40
合成纤维	Synthetic Fiber	8.05	42.40
轮胎外胎（万条）	Tires (10000 tires)	438.04	-21.30
塑料制品（吨）	Plastic Articles (ton)	708762.4	61
水　泥（万吨）	Cement (10000 tons)	6782.24	18.48
平板玻璃（万重量箱）	Plate Glass (10000 weight boxes)	592.75	126.50
日用玻璃制品（万吨）	Glass Products for Daily Use (10000 tons)	0.60	108.50
玻璃保温容品（万个）	Glass Proof Container (10000 units)	2470.00	-17.00
日用陶瓷（万件）	Ceramics for Daily Use (10000 units)	296557.60	8.80

13-5 续表 continued

品名	Item	2011	2011年比2010年增长（%） Increase Rate in 2011 over 2010(%)
耐火材料制品（万吨）	Fire-resistant Products (10000 tons)	28.66	16.90
生铁（万吨）	Pig Iron (10000 tons)	1917.07	14.50
粗钢（万吨）	Crude Steel (10000 tons)	2067.41	12.70
钢材（万吨）	Rolled Steel (10000 tons)	2247.36	15.30
#中小型型材	Rolled Steel,Medium and Small		
棒材	Steel Bar	101.18	-8.10
钢筋	Corrugated Steel Bar	618.75	14.60
线材	Wire Rod	602.41	21.00
厚钢板	Thick Steel Plate	169.26	20.10
中板	Medium Steel Plate	183.73	16.60
热轧窄钢带	Hot Roll Narrow Steel Belt		
冷轧窄钢带	Non Hot Roll Narrow Steel Belt		
电工钢板	Electrical Steel	28.34	134.10
无缝钢管	Seamless Steel Pipe	26.29	-21.20
焊接钢管	Welded Steel Pipe	4.77	-2.10
十种有色金属（万吨）	Ten Kinds of Non-ferrous Metals (10000 tons)	115.27	3.60
#精炼铜	Refined Copper	96.41	3.00
铁合金（万吨）	Ferroalloy (10000 tons)	1.45	18.30
搪瓷制品（吨）	Enamelware Products (ton)	164.70	-66.70
工业锅炉（蒸发量吨）	Industrial Boilers (evaporation ton)	1525.00	11.60
金属切削机床（台）	Metal Cutting Machine Tools (unit)	3829.00	12.10
#数控机床	CNC Machine Tools (unit)	1214.00	84.50
泵（万台）	Pumps (10000 units)	9.98	37.40
风机（万台）	Fans (10000 units)	7.02	61.20
气体压缩机（台）	Gas Compressor (unit)	29824329	24.50
轴承（万套）	Rolling Bearings (10000 units)	3313.00	-12.30
矿山设备（吨）	Mining Equipment (ton)	100068.70	7.50
印刷机（吨）	Printing Presses (ton)	2402.60	-21.10
小型拖拉机（万台）	Small Tractors (10000 units)	1.70	-2.80
汽车（万辆）	Motor Vehicles (10000 units)	34.35	-7.90
#载货汽车	Trucks	18.36	-18.10
民用钢质船舶（万总吨）	Civil Steel Vessels (10000 tons)	21.79	26.40
发电设备（万千瓦）	Power Generating Equipment (10000 kw)	28.08	1.00
交流电动机（万千瓦）	AC Motors (10000 kw)	457.30	4.60
变压器（万千伏安）	Transformers (10000 KVA pm)	3168.19	46.80
通信及电子网络用电缆（对千米）	Cable for Communications and Electronic Network (couples·km)	867839.70	11.90
原电池及原电池组（万只）	Primary Cells and Batteries (10000 units)	5763.90	417.60
冷柜（台）	Freezers (unit)	254602	23.30
家用电冰箱（万台）	Household Refrigerators (10000 units)	116.46	-7.86
房间空气调节调器（万台）	Air Conditioners (10000 units)	190.41	11.51
电风扇（万台）	Fans (10000 units)	71.53	4.50
灯泡（万只）	Light Bulbs (10000 units)	1047.00	120.40
电话单机（万部）	Telephone Sets (10000 units)	1.20	45.50
彩色电视机（万台）	Color Television Sets (10000 units)	102.56	51.57
照相机（万台）	Cameras (10000 units)	1.02	75.70
发电量总计（亿千瓦小时）	Electricity (100 million kwh)	688.25	15.10
火力发电	Thermal Power	648.69	19.50
水力发电	Hydro Power	38.21	-29.30

13-6 主要工业产品产量

年 份 地 区 Year Region	化学纤维 (万吨) Chemical Fiber (10000 tons)	纱 (吨) Yarn (ton)	布 (万米) Cloth (10000 m)	机制纸及纸板 (万吨) Machine-made Paper and Paperboards (10000 tons)	日用瓷 (万件) Ceramics for Daily Use (10000 units)	火 柴 (万件) Match (10000 units)
1978	0.42	42373	20173	9.26	32095	54.37
1980	1.33	61791	30011	12.69	33087	64.85
1985	1.30	72161	26009	22.17	35041	132.85
1990	2.00	80749	30566	25.59	44969	176.65
1991	2.37	86729	27897	26.36	53083	192.41
1992	2.54	96433	29194	31.03	55837	203.02
1993	4.13	90595	29670	36.54	53063	188.28
1994	5.33	101349	34041	36.29	54702	150.62
1995	5.11	109652	35784	41.07	48652	122.49
1996	4.80	105556	33256	38.24	60053	126.27
1997	6.33	110362	36086	35.49	57016	76.18
1998	6.42	107994	25088	23.39	38213	53.71
1999	7.65	109102	26315	27.96	52391	25.82
2000	7.08	99512	21710	24.02	57470	15.76
2001	7.74	79652	17948	26.04	55737	5.49
2002	8.59	112105	20491	28.18	56791	8.81
2003	10.02	148731	22095	24.66	44588	15.11
2004	14.59	186303	32187	35.51	58966	24.41
2005	18.07	204424	28057	67.00	61893	6.15
2006	20.76	255128	34137	91.35	54902	3.78
2007	27.63	390421	46424	106.21	116774	1.33
2008	16.87	445644	47026	113.73	160380	1.84
2009	13.50	620191	67651	139.64	259118	2.58
2010	17.92	746779	80517	186.59	406806	5.19
2011	31.47	968465	80754	219.39	296558	
南昌市 Nanchang		33401	6838	35.09		
景德镇市 Jingdezhen		620		10.00	171688	
萍乡市 Pingxiang				12.15		
九江市 Jiujiang	23.42	477643	36660	27.01	2406	
新余市 Xinyu		81963	7738	1.77		
鹰潭市 Yingtan						
赣州市 Ganzhou			905	21.27	6339	
吉安市 Ji'an		31777	345	81.65	69693	
宜春市 Yichun	5.47	294467	18112	4.09	12309	
抚州市 Fuzhou		44615	10157	8.69	34122	
上饶市 Shangrao	2.58	3979		17.66		

Output of Major Industrial Products

合成洗涤剂 (吨) Synthetic Detergents (ton)	卷烟 (万箱) Cigarettes (10000 boxes)	粗钢 (万吨) Crude Stell (10000 tons)	生铁 (万吨) Pig Iron (10000 tons)	钢材 (万吨) Rolled Steel (10000 tons)	发电量 (亿千瓦小时) Electricity (100 million kwh)
5098	19.14	25.64	35.84	24.50	45.31
6298	22.32	38.76	31.45	46.65	57.21
12778	32.11	77.42	57.43	60.98	83.75
17083	47.02	112.09	89.03	92.32	121.41
21700	49.58	109.68	84.05	95.27	129.96
25100	49.49	133.06	97.83	109.76	143.63
29984	50.09	148.68	120.72	119.61	153.13
34600	46.42	150.94	150.16	129.84	170.57
45194	43.76	149.73	136.63	126.36	176.34
42063	38.63	173.02	133.86	139.87	183.29
38626	35.54	173.80	149.48	154.79	179.82
38267	38.31	222.94	192.43	179.23	181.06
24696	41.20	267.03	248.24	228.60	187.80
34257	50.99	319.86	304.69	282.90	201.06
24400	54.57	399.83	338.26	375.63	216.16
14563	55.95	548.21	453.04	531.64	247.99
17141	60.44	599.53	496.40	655.37	320.94
6377	64.46	748.00	638.16	774.90	327.77
11210	81.81	963.20	819.84	1017.82	349.27
20453	89.80	1162.97	949.60	1235.77	403.53
18385	95.80	1306.15	1045.30	1349.50	464.98
20130	100.80	1240.94	1036.30	1277.21	466.87
24123	105.80	1620.88	1446.96	1647.40	496.42
24449	111.80	1834.03	1673.94	1951.55	617.03
7372	116.80	2067.41	1917.07	2247.36	688.25
2698	116.80	261.86	236.77	312.70	93.06
					63.13
		506.61	468.39	512.57	14.89
		419.90	375.70	369.82	65.38
		876.31	836.16	885.83	57.06
				2.23	31.97
		2.73		94.26	47.22
				55.69	109.10
4674				2.69	136.22
			0.06	11.56	0.48
					69.74

13-6 续表

年 份 地 区 Year Region	原 煤 (万吨) Coal (10000 tons)	焦 炭 (万吨) Coke (10000 tons)	原油加工量 (万吨) Processed Crude Oil (10000 tons)	硫 酸 (万吨) Sulfuric (10000 tons)	烧 碱 (万吨) Caustic (10000 tons)	化学肥料 (万吨) Chemical Fertilizer (10000 tons)	化学农药 (吨) Chemical Pesticide (ton)
1978	1435.50	88.75		2.68	2.32	15.97	13539
1980	1490.31	79.39	10.31	4.00	3.07	25.73	17405
1985	1938.15	83.40	83.37	3.81	3.74	19.41	2753
1990	2027.11	119.96	155.10	43.59	5.88	31.07	5146
1991	2122.98	145.31	180.98	46.93	6.12	32.49	5819
1992	2087.81	146.26	208.82	47.49	6.59	33.04	5151
1993	2104.22	160.60	230.52	49.40	7.24	29.44	4100
1994	2267.18	177.60	202.32	52.00	8.53	31.78	4589
1995	2877.90	166.53	230.56	57.10	9.97	38.44	5997
1996	2437.72	167.02	234.37	54.27	9.74	37.86	5793
1997	2064.42	170.58	246.51	59.72	9.57	44.73	6257
1998	2107.46	177.87	248.80	61.43	10.51	52.22	7495
1999	1730.73	182.11	280.70	62.77	12.76	54.55	12810
2000	1813.76	184.48	327.62	79.92	16.24	43.43	13796
2001	1634.05	187.91	296.99	87.75	18.65	46.88	14428
2002	1375.04	223.63	296.87	78.95	18.87	55.96	12710
2003	951.66	236.35	311.90	103.29	19.91	47.90	9657
2004	1232.64	323.73	361.10	110.13	25.60	50.67	15177
2005	1620.80	397.50	364.88	113.19	24.62	47.61	14425
2006	2121.70	492.61	415.49	134.53	30.03	55.80	17173
2007	2379.80	557.11	394.26	139.97	33.36	53.80	16126
2008	2592.36	524.19	409.16	185.15	34.03	54.20	21212
2009	2982.47	626.06	450.07	213.56	24.49	48.71	21612
2010	2830.21	798.85	468.43	227.00	27.28	113.42	21213
2011	2443.00	875.85	431.84	239.97	27.80	29.46	34210
南昌市 Nanchang		81.08			2.48	5.09	
景德镇市 Jingdezhen	214.01	285.11			2.57		
萍乡市 Pingxiang	946.64	212.24					
九江市 Jiujiang	74.95		431.84	24.15	8.99		
新余市 Xinyu	167.74	265.94		25.38		6.34	
鹰潭市 Yingtan				178.01		14.17	8463
赣州市 Ganzhou	52.68			1.37	1.55		
吉安市 Ji'an	157.64				1.47		9057
宜春市 Yichun	770.14	31.48			10.75		6201
抚州市 Fuzhou						3.87	4612
上饶市 Shangrao	59.2			11.06			5 877

continued

化学原料药 (吨) Chemical Medicines (ton)	交流电动机 (万千瓦) AC Motors (10000 kw)	金属切削机床 (台) Metal-cutting Machine Tools (unit)	汽车 (辆) Motor Vehicles (unit)	电视机 (万台) Television Sets (10000 units)	照相机 (万台) Cameras (10000 units)	水泥 (万吨) Cement (10000 tons)
847	52.74	2619	991	0.25	1.00	155.56
860	36.02	4012	1463	2.51	1.40	201.00
8472	81.20	5	7060	31.40	10.55	354.19
10140	88.45	4727	9711	43.88	9.00	469.13
12750	97.48	4686	14443	48.90	16.17	566.91
15442	118.09	6055	25301	61.90	14.20	689.25
13910	136.07	7043	38678	59.16	13.15	811.63
14799	127.51	4905	45321	63.64	17.97	905.80
24318	106.33	5646	52479	52.56	21.75	1005.59
7697	78.79	4014	63166	32.16	21.78	1062.16
5487	64.31	3073	90943	17.31	17.32	1105.39
4389	46.35	2163	121987	6.50	29.34	1133.38
1631	48.51	2693	119915	31.27	18.87	1315.02
1842	61.73	3559	133562	19.80	17.84	1382.00
1182	70.52	3047	159407	30.16	28.81	1574.00
2327	93.06	3281	207453	44.86	34.87	1966.00
2457	119.82	4023	185199	64.10	41.47	2172.00
1832	160.72	5087	183962	72.62	15.49	2976.00
5801	157.81	4272	207112	89.11	6.73	3477.01
8009	205.84	5020	233893	64.22	4.38	4206.31
13133	274.75	3774	221832	39.06	1.99	4956.97
16108	301.81	1548	211942	44.62	1.93	5271.59
28306	343.99	959	284659	90.97	2.69	6153.20
42822	447.50	3103	372776	67.66	0.58	6220.54
31238	457.30	3829	343457	102.56	1.02	6782.24
14814	113.48	983	203745	4.58		312.43
2292			101177			499.13
		703				592.64
1256	21.16	1397	38535			1118.07
	90.63					200.75
						39.47
				97.98		1067.04
1253		240				715.36
3006	232.03					803.64
8514		506				175.96
105					1.02	1257.75

13-7 规模以上工业企业经济指标

指　　标	Item	2000	2001
企业单位数(个)	Number of Enterprises (unit)	3548	3283
#亏损企业	Loss Enterprises	1250	1135
资产总计(万元)	Total Assets (10000 yuan)	18358562	19327549
流动资产合计(万元)	Total Working Capitals (10000 yuan)	7302030	7482694
流动资产年平均余额(万元)	Annual Average Balance of Working Capitals (10000 yuan)	7082303	7448744
固定资产合计(万元)	Total Fixed Assets (10000 yuan)	8918184	9426658
固定资产原值(万元)	Original Value of Fixed Assets (10000 yuan)	11543905	12345658
固定资产净值年平均余额(万元)	Annual Average Balance of Net Value of Fixed Assets (10000 yuan)	7635813	8028311
负债总计(万元)	Total Liabilities (10000 yuan)	12538729	12827411
流动负债合计(万元)	Total Working Liabilities (10000 yuan)	8031375	8304867
长期负债合计(万元)	Total Long-term Liabilities (10000 yuan)	4304673	4417273
所有者权益(万元)	Owners' Equity (10000 yuan)	5749725	6419158
主营业务收入(万元)	Revenue from Principal Business (10000 yuan)	8970030	9736008
#主营业务税金及附加	Taxes and Other Charges on Principal Business	223525	254856
营业费用	Operating Expenses	348333	414143
利润总额(万元)	Total Profits (10000 yuan)	125262	134872
利润和税金总额(万元)	Total Profits and Taxes (10000 yuan)	805410	901489
全部从业人员年平均人数(人)	Annual Average Empolyed Persons (person)	1088214	1006489
工业总产值(万元)	Gross Industrial Output Value (10000 yuan)	9323234	10160151
工业增加值(万元)	Value Added of Industry (10000 yuan)	2698133	3082230
总资产贡献率(%)	Ratio of Total Assets to Output Value (%)	6.19	6.24
资本保值增值率(%)	Changing Rate of Net Assets (%)	108.93	111.64
资产负债率(%)	Assets-Liability Ratio (%)	68.30	66.37
流动资产周转率(次)	Ratio of Turnover Working Capitals (time)	1.27	1.31
成本费用利润率(%)	Ratio of Profits to Cost (%)	1.44	1.42
全员劳动生产率(元/人)	Overall Labor Productivity (yuan/person)	24794	30624
产品销售率(%)	Proportion of Products Sold (%)	97.27	97.60
工业经济效益综合指数(%)	Aggregate Index of Industrial Economic Efficiency (%)	81.77	86.70

Economic Indicator of Industrial Enterprises above Designated Size

2002	2003	2004	2005	2006	2007	2008	2009	2010	2011
3076	3051	4019	4403	5333	6028	6226	7329	7976	6251
945	766	1056	859	888	748	667	522	378	294
20186707	22687483	26341487	30583375	36714081	46887884	52936108	67355232	84248635	99640588
8083948	9424790	10560275	12656554	16213919	20587012	23706799	27942172	35674934	46148463
7864189	8882273	10126344	12314279	14948281	18589124	22335838	25972911	33403461	43477834
9848235	10911809	12202601	14655077	16908182	21166814	23455507	29125803	40946770	46441236
12909539	14262655	15892098	18244585	21675254	26444034	29209657	35698853	50445601	58013325
8427155	9233975	10377592	12209640	14661330	18410782	20429710	25238668	34540414	39275451
13168071	15025558	17155063	19322205	22388278	27793878	30671736	38348158	47004353	55512183
8660017	10285580	11920829	13523982	16715860	21437692	23700600	30188108	36151172	44123022
4128921	4559627	4991329	5027121	5313642	5738950	6971136	8160049	10853181	11389161
6825559	7425979	9168985	10961595	14036300	19092849	22264371	29007074	37244282	44128405
11432603	14942837	21865899	29091272	41737387	62411363	82819433	98141565	141966804	184668214
296939	340780	391459	495427	606686	802634	995491	1385549	1672718	1933173
456096	548482	638788	860647	1091098	1296073	1520240	1887424	2511101	2738042
231011	514116	718782	1124119	1941917	3077476	3155831	4967457	8568128	11138553
1094632	1561040	2068626	2796022	4237080	6079370	6818608	9426976	14459522	18146936
957232	961219	1017715	1121126	1257972	1407253	1481676	1698449	1971755	1922534
11887991	14723335	22119791	29788802	42454878	61941823	82087339	97004723	138356056	179058700
3626837	4467808	6270619	8823017	12880910	18222355	23235213	26107510	31018933	39108763
7	8.31	9.07	10.43	12.81	14.18	15.72	16.97	20.36	21.54
106.33	108.80	123.47	119.55	128.05	136.02	121.44	123.86	125.74	123.17
65.23	66.23	65.13	63.18	60.98	59.28	57.94	56.93	55.79	55.71
1.45	1.68	2.16	2.36	2.79	3.36	3.71	3.78	4.51	4.53
2.09	3.65	3.45	4.14	5.04	5.40	4.12	5.59	6.69	6.65
37889	46481	61615	78698	102394	129489	162992	168029	206437	231445
97.95	98.01	98.14	98.48	98.46	98.58	98.55	98.82	98.98	98.94
96.11	111.96	128.84	146.43	174.67	202.00	221.86	233.83	275.13	292.21

13-8 规模以上工业企业主要经济指标（2011）

单位：万元

项　　目	Item	主营业务收入 Revenue from Principal Business	主营业务税金及附加 Taxes and Other Charges on Principal Business
总　　计	**Total**	**184668214**	**1933173**
按登记注册类型及隶属关系分	**By Registration Status and Jurisdiction of Management**		
国有企业	State-owned Enterprises	20899331	567626
中央企业	Central Enterprises	2031381	515191
地方企业	Local Enterprises	18867951	52435
集体企业	Collective-owned Enterprises	911397	22238
股份合作企业	Cooperative Enterprises	1800720	13922
联营企业	Joint Ownership Enterprises	127277	482
有限责任公司	Limited Liability Corporations	49406228	299512
股份有限公司	Share-holding Corporations Limited	11460949	434750
私营企业	Private Enterprises	68228889	416468
港、澳、台商投资企业	Enterprises with Funds from Hong Kong,Macao and Taiwan	13518483	50743
外商投资企业	Foreign Funded Enterprises	18314939	127433
#国有控股企业	State-owned Holding Enterprises	47141803	1123696
按轻、重工业分	**Grouped by Light & Heavy Industries**		
轻工业	Light Industry	51289480	800368
重工业	Heavy Industry	133378734	1132805
按企业规模分	**Grouped by Size of Enterprises**		
大型企业	Large Enterprises	47268847	1054519
中型企业	Medium-sized Enterprises	39021644	293022
小型企业	Small Enterprises	98377723	585632
按工业行业分	**Grouped by Sector**		
#煤炭开采和洗选业	Mining and Washing of Coal	1977769	30425
黑色金属矿采选业	Mining and Processing of Ferrous Metal Ores	1667657	32751
有色金属矿采选业	Mining and Processing of Non-Ferrous Metal Ores	2870838	26558
非金属矿采选业	Mining and Processing of Nonmetal Ores	1032241	14248
农副食品加工业	Processing of Food from Agricultural Products	8327031	29675
食品制造业	Manufacture of Foods	2712348	17084
饮料制造业	Manufacture of Beverages	1593745	67509
烟草制品业	Manufacture of Tobacco	1076224	510393
纺织业	Manufacture of Textile	6483916	25028
纺织服装、鞋、帽制造业	Manufacture of Textile Wearing Apparel,Footware and Caps	4040579	15180
皮革、毛皮、羽毛(绒)及其制品业	Manufacture of Leather, Fur, Feather and Related Products	2313820	8834
木材加工及木、竹、藤、棕、草制品业	Processing of Timber, Manufacture of Wood,Bamboo, Rattan, Palm and Straw Products	2499984	11879
家具制造业	Manufacture of Furniture	828984	4757

Main Economic Indicators of Industrial Enterprises above Designated Size(2011)

(10000 yuan)

主营业务成本 Cost of Principal Business	营业费用 Operating Expenses	资产合计 Total Assets	流动资产 Total Working Capitals	产成品 Finished Products	流动资产年平均余额 Annual Average Balance of Working Capitals
159299751	**2738042**	**99640588**	**46148463**	**4424948**	**43477834**
18111082	222905	17400041	9931367	634858	8630440
1298504	26918	2476903	1062183	37554	846693
16812577	195987	14923138	8869184	597304	7783747
709092	13923	304085	121075	7009	111688
1391378	23853	768660	289035	26497	287521
93987	811	34068	7777	125	13345
43583716	657355	29829708	12566552	1171647	11762066
9877198	239811	7918988	3528201	373391	3766083
58049943	1014175	21918375	9703539	1387762	9743463
11625389	186267	6181874	2732508	358416	2491225
15857968	378943	15284789	7268409	465244	6672004
41598269	690800	42925158	21066012	1384101	19009475
42833668	1424954	22212026	9905580	1166279	9573611
116466083	1313088	77428562	36242883	3258669	33904223
41781204	880833	38175447	19751557	1270841	18150881
32850139	750828	27245008	11950067	1252418	11223664
84668408	1106382	34220133	14446839	1901689	14103289
1505801	28990	1532677	524432	26270	466494
1298738	21355	618619	222081	12729	214611
2257800	19156	1831559	874661	125440	722300
868951	25926	469403	177739	17402	167598
7416670	139837	2435628	1225419	138096	1213283
2201113	100942	1153864	406099	52331	412777
1148185	133575	1293495	644763	102265	634431
362636	23440	800204	634910	22813	534233
5638454	92817	2208603	867033	148018	839803
3462882	83504	1086247	573064	155377	531340
2001507	28390	616346	227118	24222	220776
2137806	39925	957266	381620	64006	349923
731149	9354	237711	139626	20680	89526

13-8 续表1

单位：万元

项　　　目	Item	主营业务收入 Revenue from Principal Business	主营业务税金及附加 Taxes and Other Charges on Principal Business
造纸及纸制品业	Manufacture of Paper and Paper Products	2109350	11588
印刷业和记录媒介的复制	Printing, Reproduction of Recording Media	955156	5814
文教体育用品制造业	Manufacture of Articles For Culture, Education and Sport Activities	857065	6199
石油加工、炼焦及核燃料加工业	Processing of Petroleum,Coking,Processing of Nuclear Fuel	4360286	384021
化学原料及化学制品制造业	Manufacture of Raw Chemical Materials and Chemical Products	16317656	119047
医药制造业	Manufacture of Medicines	5912060	43213
化学纤维制造业	Manufacture of Chemical Fibers	569564	782
橡胶制品业	Manufacture of Rubber	794222	3559
塑料制品业	Manufacture of Plastics	2531668	11071
非金属矿物制品业	Manufacture of Non-metallic Mineral Products	13459024	87475
黑色金属冶炼及压延加工业	Smelting and Pressing of Ferrous Metals	13178400	29678
有色金属冶炼及压延加工业	Smelting and Pressing of Non-ferrous Metals	38725385	161989
金属制品业	Manufacture of Metal Products	3165377	24393
通用设备制造业	Manufacture of General Purpose Machinery	3985193	19497
专用设备制造业	Manufacture of Special Purpose Machinery	2256609	13935
交通运输设备制造业	Manufacture of Transport Equipment	8954030	104128
电气机械及器材制造业	Manufacture of Electrical Machinery and Equipment	11698292	38455
通信设备、计算机及其他电子设备制造业	Manufacture of Communication Equipment,Computers and Other Electronic Equipment	5693653	22789
仪器仪表及文化、办公用机械制造业	Manufacture of Measuring Instruments and Machinery for Cultural Activity and Office Work	966622	4557
工艺品及其他制造业	Manufacture of Artwork and Other Manufacturing	1532163	8961
废弃资源和废旧材料回收加工业	Recycling and Disposal of Waste	459875	3896
电力、热力的生产和供应业	Production and Supply of Electric Power and Heat Power	8148108	27783
燃气生产和供应业	Production and Supply of Gas	335547	4213
水的生产和供应业	Production and Supply of Water	277772	1813
按地区分	**By Region**		
南昌市	Nanchang	33169379	725819
景德镇市	Jingdezhen	8443973	62295
萍乡市	Pingxiang	11909733	131274
九江市	Jiujiang	21890863	424187
新余市	Xinyu	15803166	70602
鹰潭市	Yingtan	19830693	34791
赣州市	Ganzhou	18257452	147032
吉安市	Ji'an	15526715	101045
宜春市	Yichun	17007871	139115
抚州市	Fuzhou	8096086	35691
上饶市	Shangrao	14732282	61324

continued

(10000 yuan)

主营业务成本 Cost of Principal Business	营业费用 Operating Expenses	资产合计 Total Assets	流动资产 Total Working Capitals	产成品 Finished Products	流动资产年平均余额 Annual Average Balance of Working Capitals
1815772	25432	1015293	364888	39454	325860
754350	16345	604907	223643	17486	214960
744282	18794	287321	113537	13727	109581
3888659	48353	2079633	1081337	173709	1048708
13752970	201083	10268399	4473709	433777	3862723
4517806	542463	3042683	1535069	139544	1547202
533553	6853	794561	372425	13170	344390
675391	17886	425962	174132	25663	193520
2186277	27978	826042	281730	35977	327816
10509901	193401	7733598	2751743	320941	2548127
12197594	69768	7278822	2747050	275447	2694435
35128709	145411	16369476	10871458	1021512	9947264
2702388	43032	1270527	578491	71254	539984
3398116	65852	2059953	1109669	139214	930118
1901368	35280	1092847	405865	46634	411600
7467156	254238	8613892	5276855	250478	5377714
10163229	154987	5552672	2700146	297398	2805324
5013476	46199	2362141	1110760	140155	906262
844746	15887	711384	418121	27038	423510
1261816	29686	509554	194627	21540	182869
379131	7147	227924	95371	8927	65909
7973408	1454	9892622	2084717		1908834
257366	13750	368227	76389	859	80527
200595	9555	1010524	208168	1396	283503
28544565	770834	22854487	10385082	781609	10082399
6929958	162239	6643939	3621334	330983	3111326
9062885	143186	4242415	1288140	127862	1589280
19468401	238438	10364079	4025371	574315	4103997
14021360	217181	11599404	4975720	316438	4435132
18269916	100149	10928780	7016362	316181	6256008
16061446	193783	9136525	5604967	818738	4531002
12974894	170662	5441051	1476193	165763	1993392
13746152	451365	8487496	3212453	436545	3212121
7182241	120138	2670111	1230433	130150	1150044
13037933	170068	7272301	3312409	426365	3013134

13-8 续表2

单位：万元

项目	Item	固定资产合计 Total Fixed Assets	固定资产原值 Original Value of Fixed Assets
总计	**Total**	**46441236**	**58013325**
按登记注册类型及隶属关系分	**By Registration Status and Jurisdiction of Management**		
国有企业	State-owned Enterprises	7426696	9446882
中央企业	Central Enterprises	1272831	1759854
地方企业	Local Enterprises	6153865	7687029
集体企业	Collective-owned Enterprises	159445	188771
股份合作企业	Cooperative Enterprises	403600	477926
联营企业	Joint Ownership Enterprises	15182	18172
有限责任公司	Limited Liability Corporations	15157221	19179487
股份有限公司	Share-holding Corporations Limited	3402748	4686520
私营企业	Private Enterprises	9723056	11554877
港、澳、台商投资企业	Enterprises with Funds from Hong Kong,Macao and Taiwan	2910878	3404853
外商投资企业	Foreign Funded Enterprises	7242411	9055837
#国有控股企业	State-owned Holding Enterprises	20365796	26835419
按轻、重工业分	**Grouped by Light & Heavy Industries**		
轻工业	Light Industry	9466263	11494156
重工业	Heavy Industry	36974972	46519169
按企业规模分	**Grouped by Size of Enterprises**		
大型企业	Large Enterprises	17438725	23250170
中型企业	Medium-sized Enterprises	12822170	15435932
小型企业	Small Enterprises	16180340	19327223
按工业行业分	**Grouped by Sector**		
#煤炭开采和洗选业	Mining and Washing of Coal	727418	789023
黑色金属矿采选业	Mining and Processing of Ferrous Metal Ores	300530	358729
有色金属矿采选业	Mining and Processing of Non-Ferrous Metal Ores	803030	712608
非金属矿采选业	Mining and Processing of Nonmetal Ores	253834	282438
农副食品加工业	Processing of Food from Agricultural Products	969116	1266637
食品制造业	Manufacture of Foods	549455	658210
饮料制造业	Manufacture of Beverages	525683	645297
烟草制品业	Manufacture of Tobacco	142026	289542
纺织业	Manufacture of Textile	1046053	1405125
纺织服装、鞋、帽制造业	Manufacture of Textile Wearing Apparel,Footware and Caps	457357	529793
皮革、毛皮、羽毛(绒)及其制品业	Manufacture of Leather, Fur, Feather and Related Products	345407	385549
木材加工及木、竹、藤、棕、草制品业	Processing of Timber, Manufacture of Wood,Bamboo, Rattan, Palm and Straw Products	468588	575268
家具制造业	Manufacture of Furniture	111503	123041

continued

(10000 yuan)

固定资产净值年平均余额 Annual Average Balance of Net value of Fixed Asssets	负债合计 Total Liabilities	流动负债合计 Total Working Liabilities	长期负债合计 Total Long-term Liabilities	所有者权益合计 Total Owners' Equities	利润总额 Total Profits	#盈利企业的利润额 Profits of Profit-making Enterprises	#亏损企业的亏损额 Losses of Loss Enterprises	利润税金总额 Total Profits and Taxes
39275451	**55512183**	**44123022**	**11389161**	**44128405**	**11138553**	**11944932**	**806379**	**18146936**
6292377	9867065	7984391	1882674	7532976	1235244	1336586	101342	2416900
1139624	1604092	1063706	540386	872811	48078	143343	95265	725830
5152753	8262973	6920685	1342288	6660165	1187167	1193244	6077	1691070
136730	137731	102848	34884	166354	75752	75899	147	131362
342328	249864	185534	64330	518796	179325	191822	12497	259265
12519	5763	4146	1617	28305	13643	13643		18239
12980018	18922990	14463101	4459890	10906718	2487862	2732658	244796	4104507
2945318	5244756	4183367	1061389	2674232	330045	563290	233245	1057452
8100380	9738708	7984627	1754081	12179667	4758145	4828045	69900	7212937
2346905	2559752	2024873	534879	3622122	1019398	1029670	10272	1419927
6118877	8785553	7190137	1595416	6499236	1039139	1173321	134182	1526347
17607417	27614627	21316840	6297787	15310531	1898016	2438174	540158	4356644
7717729	10007956	8088169	1919787	12204070	3473541	3542722	69181	5738940
31557723	45504226	36034853	9469373	31924336	7665012	8402210	737198	12407996
15193786	24410568	19814696	4595872	13764879	1931843	2186506	254663	4139715
10650194	14877090	11643310	3233781	12367918	2781294	3067437	286143	4239776
13431471	16224524	12665016	3559508	17995609	6425415	6690988	265573	9767446
582403	820909	520730	300179	711768	230602	230950	348	404995
256323	313211	246045	67166	305408	175187	175430	243	273151
501293	805548	545236	260312	1026011	406711	411297	4586	586978
188148	164102	127580	36522	305301	79142	82790	3648	134913
822308	1109360	845804	263556	1326268	402812	403085	273	546834
464917	482593	356906	125688	671271	196609	204973	8364	294897
434898	700407	635930	64477	593088	159153	171634	12481	296288
129124	240811	240640	171	559393	104159	104159		747134
874242	973093	822163	150930	1235510	417911	422582	4671	622691
378685	428468	373636	54832	657779	278161	278490	329	395406
303730	187850	152877	34974	428496	183467	185545	2078	254942
392404	384443	292629	91813	572823	166923	171525	4602	248728
93308	121388	103986	17402	116323	41839	41957	118	65173

13-8 续表3

单位：万元

项　　目	Item	固定资产合计 Total Fixed Assets	固定资产原值 Original Value of Fixed Assets
造纸及纸制品业	Manufacture of Paper and Paper Products	634819	554202
印刷业和记录媒介的复制	Printing, Reproduction of Recording Media	281494	388699
文教体育用品制造业	Manufacture of Articles For Culture, Education and Sport Activities	151690	160849
石油加工、炼焦及核燃料加工业	Processing of Petroleum,Coking,Processing of Nuclear Fuel	882497	1389655
化学原料及化学制品制造业	Manufacture of Raw Chemical Materials and Chemical Products	5797223	6814533
医药制造业	Manufacture of Medicines	1087554	1347149
化学纤维制造业	Manufacture of Chemical Fibers	146900	217068
橡胶制品业	Manufacture of Rubber	186438	212306
塑料制品业	Manufacture of Plastics	429179	516353
非金属矿物制品业	Manufacture of Non-metallic Mineral Products	4314001	4929075
黑色金属冶炼及压延加工业	Smelting and Pressing of Ferrous Metals	4253879	5784281
有色金属冶炼及压延加工业	Smelting and Pressing of Non-ferrous Metals	5567076	7163109
金属制品业	Manufacture of Metal Products	563748	616250
通用设备制造业	Manufacture of General Purpose Machinery	946626	1031528
专用设备制造业	Manufacture of Special Purpose Machinery	562812	579201
交通运输设备制造业	Manufacture of Transport Equipment	2348986	3284168
电气机械及器材制造业	Manufacture of Electrical Machinery and Equipment	1946044	2367403
通信设备、计算机及其他电子设备制造业	Manufacture of Communication Equipment,Computers and Other Electronic Equipment	1158371	1466990
仪器仪表及文化、办公用机械制造业	Manufacture of Measuring Instruments and Machinery for Cultural Activity and Office Work	210410	297342
工艺品及其他制造业	Manufacture of Artwork and Other Manufacturing	262787	282597
废弃资源和废旧材料回收加工业	Recycling and Disposal of Waste	105983	125432
电力、热力的生产和供应业	Production and Supply of Electric Power and Heat Power	7197972	9593833
燃气生产和供应业	Production and Supply of Gas	237099	255204
水的生产和供应业	Production and Supply of Water	467649	614841
按地区分	**By Region**		
南 昌 市	Nanchang	10531249	13722109
景德镇市	Jingdezhen	2818172	3306264
萍 乡 市	Pingxiang	2196074	2653527
九 江 市	Jiujiang	4975002	6460288
新 余 市	Xinyu	6427390	8116236
鹰 潭 市	Yingtan	4160322	5485926
赣 州 市	Ganzhou	3665979	4358668
吉 安 市	Ji'an	2770922	3317391
宜 春 市	Yichun	4161760	5009049
抚 州 市	Fuzhou	1212232	1443089
上 饶 市	Shangrao	3522135	4140778

continued

(10000 yuan)

固定资产净值年平均余额 Annual Average Balance of Net Value of Fixed Asssets	负债合计 Total Liabilities	流动负债合计 Total Working Liabilities	长期负债合计 Total Long-term Liabilities	所有者权益合计 Total Owners' Equities	利润总额 Total Profits	#盈利企业的利润额 Profits of Profit-making Enterprises	#亏损企业的亏损额 Losses of Loss Enterprises	利润税金总额 Total Profits and Taxes
374543	400691	349336	51355	614602	144185	144472	287	221069
217820	179738	150688	29050	425169	94440	94582	142	133649
122377	91386	85553	5833	195935	41703	41703		64176
597523	1771920	1407871	364049	307713	-131116	54110	185226	327946
4769530	5787808	4641111	1146697	4480591	1141477	1193266	51789	1631796
922509	1354339	1165104	189235	1688344	397167	399323	2156	684056
132003	613678	546989	66690	180883	13018	18902	5884	21223
140117	137526	130990	6536	288436	53213	55239	2026	76008
351287	267498	223495	44003	558544	164412	174243	9831	241446
3798912	3629310	2641681	987630	4104288	1438023	1456155	18132	2029694
4017831	5301556	4507382	794175	1977266	370854	371446	592	625666
4892932	8620493	7734884	885609	7748983	2237351	2328166	90815	3467881
424789	433357	370727	62629	837170	208423	215517	7094	302776
725528	1078947	913034	165913	981006	264387	266485	2098	369339
394420	459815	408190	51625	633032	160029	161447	1418	233952
2088779	5358412	4862819	495593	3255480	588521	592749	4228	920658
1646249	2900722	2258210	642513	2651950	764037	796040	32003	1062988
900474	1102339	914696	187643	1259802	272180	281049	8869	395447
178560	344269	306533	37736	367115	60902	61032	130	83769
205005	176822	129264	47558	332732	120777	120867	90	171875
89686	107888	78188	29701	120036	41117	41135	18	65237
6242635	7931045	4499913	3431132	1961577	-213388	116810	330198	55644
205289	201240	189524	11716	166987	29181	30727	1546	44167
414869	529201	342681	186520	481323	34986	45054	10068	44346
8791105	13006438	10091915	2914523	9848049	1632986	1781085	148099	3225773
2207531	4638828	3788591	850238	2005111	265353	301146	35793	526408
1880020	1919674	1496903	422771	2322741	1219475	1238898	19423	1785650
4270152	6680760	5187598	1493162	3683319	1097022	1340924	243902	2009178
5677745	7234368	5890898	1343470	4365036	832338	882091	49753	1177726
3721792	5638264	5007684	630580	5290516	953705	992033	38328	1314397
2998892	5208534	4162879	1045655	3927991	1275342	1318122	42780	2012043
2294918	1956316	1476708	479608	3484735	1048410	1104111	55701	1699526
3569567	4156951	3086230	1070721	4330545	1506739	1517214	10475	2260397
995315	1266478	987712	278766	1403633	352763	361999	9236	592477
2868415	3805573	2945906	859667	3466728	954420	1107312	152892	1543361

13-8 续表4

单位：%

项　　目	Item	企业亏损面 Ratio to Loss Enterprises	经济效益综合指数 Aggregate Index of Economic Efficiency
总　　计	**Total**	**4.70**	**292.21**
按登记注册类型及隶属关系分	**By Registration Status and Jurisdiction of Management**		
国有企业	State-owned Enterprises	15.92	262.43
中央企业	Central Enterprises	53.85	389.05
地方企业	Local Enterprises	13.30	250.42
集体企业	Collective-owned Enterprises	2.70	346.18
股份合作企业	Cooperative Enterprises	4.42	364.99
联营企业	Joint Ownership Enterprises		552.27
有限责任公司	Limited Liability Corporations	5.53	301.50
股份有限公司	Share-holding Corporations Limited	6.70	284.31
私营企业	Private Enterprises	2.81	377.08
港、澳、台商投资企业	Enterprises with Funds from Hong Kong,Macao and Taiwan	4.94	255.66
外商投资企业	Foreign Funded Enterprises	11.75	248.41
#国有控股企业	State-owned Holding Enterprises	17.79	264.48
按轻、重工业分	**Grouped by Light & Heavy Industries**		
轻工业	Light Industry	3.35	281.18
重工业	Heavy Industry	5.58	313.55
按企业规模分	**Grouped by Size of Enterprises**		
大型企业	Large Enterprises	7.69	276.94
中型企业	Medium-sized Enterprises	11.65	245.98
小型企业	Small Enterprises	3.74	366.96
按工业行业分	**Grouped by Sector**		
#煤炭开采和洗选业	Mining and Washing of Coal	0.62	258.48
黑色金属矿采选业	Mining and Processing of Ferrous Metal Ores	2.17	477.97
有色金属矿采选业	Mining and Processing of Non-Ferrous Metal Ores	6.06	388.91
非金属矿采选业	Mining and Processing of Nonmetal Ores	4.49	342.73
农副食品加工业	Processing of Food from Agricultural Products	1.74	353.87
食品制造业	Manufacture of Foods	5.19	303.02
饮料制造业	Manufacture of Beverages	5.75	307.67
烟草制品业	Manufacture of Tobacco		1369.13
纺织业	Manufacture of Textile	4.01	297.01
纺织服装、鞋、帽制造业	Manufacture of Textile Wearing Apparel, Footware and Caps	1.09	287.25
皮革、毛皮、羽毛(绒)及其制品业	Manufacture of Leather, Fur, Feather and Related Products	1.94	320.51
木材加工及木、竹、藤、棕、草制品业	Processing of Timber, Manufacture of Wood,Bamboo, Rattan,Palm and Straw Products	2.46	290.45
家具制造业	Manufacture of Furniture	5.36	280.13

continued

(%)

总资产贡献率 Ratio of Total Assets to Output Value	资本保值增值率 Changing Rate of Net Assets	资产负债率 Assets-Liability Ratio	流动资产周转率（次） Ratio of Turnover Working Capitals (time)	成本费用利润率 Ratio of Profits to Cost	全员劳动生产率（元/人） Overall Labor Productivity (yuan/person)	产品销售率 Proportion of Products Sold
21.54	**123.17**	**55.71**	**4.53**	**6.65**	**231445**	**98.94**
16.32	114.29	56.71	2.38	6.45	236911	98.04
31.35	105.35	64.76	1.93	3.23	430787	99.65
13.49	115.57	55.37	2.44	6.73	222894	97.82
47.89	126.51	45.29	8.01	10.13	160215	99.04
38.65	136.05	32.51	7.12	12.31	218420	100.03
65.03	155.57	16.92	16.53	14.18	276902	99.69
16.98	120.47	63.44	4.47	5.44	271686	99.14
15.89	110.01	66.23	3.43	3.12	281927	97.98
39.79	140.53	44.43	8.33	7.86	242007	99.02
26.63	124.62	41.41	5.69	8.40	125423	99.13
11.47	115.10	57.48	2.77	6.12	224004	99.20
12.39	108.81	64.33	2.48	4.29	267481	98.61
30.14	125.31	45.06	5.80	7.58	159913	98.80
19.10	122.37	58.77	4.18	6.31	282223	98.99
12.77	109.38	63.94	2.64	4.35	283621	98.78
18.24	118.93	54.60	3.62	7.94	173049	99.04
35.18	140.11	47.41	8.18	7.31	245490	98.96
29.77	123.37	53.56	4.21	13.96	110257	98.18
53.19	145.47	50.63	8.68	12.86	329072	99.75
37.52	128.15	43.98	3.99	16.96	285943	95.82
31.88	117.10	34.96	6.29	8.53	243754	99.69
26.95	133.22	45.55	7.74	5.19	271121	99.21
30.01	126.43	41.82	7.40	8.20	165900	99.76
26.93	130.06	54.15	2.79	11.78	235999	95.63
95.84	129.89	30.09	1.71	22.31	1726162	98.94
34.25	132.18	44.06	8.63	7.06	128857	99.09
42.44	128.29	39.44	7.88	7.62	97373	98.26
46.95	123.97	30.48	11.48	8.82	72908	99.53
30.09	111.92	40.16	7.28	7.40	155294	98.66
33.83	131.86	51.07	7.47	5.52	130801	99.51

13-8 续表5

单位：%

项目	Item	企业亏损面 Ratio to Loss Enterprises	经济效益综合指数 Aggregate Index of Economic Efficiency
造纸及纸制品业	Manufacture of Paper and Paper Products	2.26	323.78
印刷业和记录媒介的复制	Printing, Reproduction of Recording Media	3.03	358.57
文教体育用品制造业	Manufacture of Articles For Culture, Education and Sport Activities		268.17
石油加工、炼焦及核燃料加工业	Processing of Petroleum,Coking,Processing of Nuclear Fuel	21.05	613.89
化学原料及化学制品制造业	Manufacture of Raw Chemical Materials and Chemical Products	3.97	320.81
医药制造业	Manufacture of Medicines	4.44	289.35
化学纤维制造业	Manufacture of Chemical Fibers	22.22	199.25
橡胶制品业	Manufacture of Rubber	4.65	285.31
塑料制品业	Manufacture of Plastics	2.25	351.54
非金属矿物制品业	Manufacture of Non-metallic Mineral Products	4.84	340.58
黑色金属冶炼及压延加工业	Smelting and Pressing of Ferrous Metals	6.10	315.28
有色金属冶炼及压延加工业	Smelting and Pressing of Non-ferrous Metals	6.09	463.43
金属制品业	Manufacture of Metal Products	4.19	338.83
通用设备制造业	Manufacture of General Purpose Machinery	4.35	269.87
专用设备制造业	Manufacture of Special Purpose Machinery	0.78	274.55
交通运输设备制造业	Manufacture of Transport Equipment	3.11	218.67
电气机械及器材制造业	Manufacture of Electrical Machinery and Equipment	4.01	308.44
通信设备、计算机及其他电子设备制造业	Manufacture of Communication Equipment,Computers and Other Electronic Equipment	8.72	237.36
仪器仪表及文化、办公用机械制造业	Manufacture of Measuring Instruments and Machinery for Cultural Activity and Office Work	3.64	181.88
工艺品及其他制造业	Manufacture of Artwork and Other Manufacturing	1.06	324.78
废弃资源和废旧材料回收加工业	Recycling and Disposal of Waste	4.17	440.70
电力、热力的生产和供应业	Production and Supply of Electric Power and Heat Power	29.80	313.97
燃气生产和供应业	Production and Supply of Gas	9.09	310.91
水的生产和供应业	Production and Supply of Water	25.00	197.61
按地区分	**By region**		
南昌市	Nanchang	5.75	284.98
景德镇市	Jingdezhen	3.14	239.56
萍乡市	Pingxiang	1.23	409.90
九江市	Jiujiang	4.72	286.41
新余市	Xinyu	4.01	333.83
鹰潭市	Yingtan	9.20	452.49
赣州市	Ganzhou	8.67	286.39
吉安市	Ji'an	2.85	378.47
宜春市	Yichun	2.84	303.93
抚州市	Fuzhou	2.31	286.56
上饶市	Shangrao	8.20	311.37

continued

(%)

总资产贡献率 Ratio of Total Assets to Output Value	资本保值增值率 Changing Rate of Net Assets	资产负债率 Assets-Liability Ratio	流动资产周转率（次） Ratio of Turnover Working Capitals (time)	成本费用利润率 Ratio of Profits to Cost	全员劳动生产率（元/人） Overall Labor Productivity (yuan/person)	产品销售率 Proportion of Products Sold
25.28	123.42	39.47	6.80	7.63	228935	99.02
24.92	120.40	29.71	4.76	11.56	296892	99.29
25.01	140.11	31.81	8.37	5.28	123658	98.13
20.08	82.87	85.20	4.70	-3.22	846780	99.48
18.20	130.05	56.37	4.18	7.92	285377	98.72
26.02	123.11	44.51	4.23	7.47	212927	98.14
3.60	99.39	77.23	1.62	2.31	222087	96.85
22.09	161.51	32.29	4.97	7.36	198600	98.54
36.16	150.14	32.38	10.73	7.28	173481	99.33
30.77	130.84	46.93	5.70	13.03	222334	99.51
10.91	109.25	72.84	4.84	2.93	329766	99.95
25.74	129.44	52.66	4.22	6.22	507466	98.57
30.43	172.04	34.11	6.59	7.37	232365	98.81
20.75	126.97	52.38	3.93	7.32	201788	99.49
24.34	103.22	42.07	6.04	8.01	165203	98.64
12.12	110.10	62.21	1.83	7.18	183832	98.93
23.01	128.59	52.24	4.84	7.21	244094	98.75
20.44	125.60	46.67	6.30	5.22	123938	98.71
13.83	125.79	48.39	2.63	6.74	102513	101.39
40.02	130.00	34.70	9.27	9.03	134623	99.50
36.89	132.94	47.34	6.11	10.36	378098	99.86
3.41	89.15	80.17	4.48	-2.57	398839	99.95
13.77	115.37	54.65	4.82	10.26	260828	98.94
7.17	106.97	52.37	1.37	13.37	132892	99.23
16.77	120.54	56.91	3.50	5.33	260140	98.29
10.65	106.28	69.82	2.85	3.58	233451	98.63
48.83	133.50	45.25	10.45	12.81	204313	99.71
22.04	117.56	64.46	5.88	5.41	209370	99.57
11.95	116.01	62.37	3.42	5.62	356929	99.70
14.21	112.10	51.59	3.22	5.09	552189	98.60
27.64	145.88	57.01	4.01	7.61	200933	97.45
35.61	113.07	35.95	12.33	7.78	198659	98.97
32.51	156.37	48.98	6.00	10.31	162986	99.42
25.52	122.43	47.43	7.10	4.71	180354	99.08
25.27	127.24	52.33	5.18	7.01	237674	99.81

13-8 续表6

项目	Item	全部从业人员年平均人数（人） Annual Average Empolyed Persons (person)
总计	**Total**	**1922534**
按登记注册类型及隶属关系分	**By Registration Status and Jurisdiction of Management**	
国有企业	State-owned Enterprises	173438
中央企业	Central Enterprises	11694
地方企业	Local Enterprises	161744
集体企业	Collective-owned Enterprises	14272
股份合作企业	Cooperative Enterprises	20259
联营企业	Joint Ownership Enterprises	1127
有限责任公司	Limited Liability Corporations	449586
股份有限公司	Share-holding Corporations Limited	95983
私营企业	Private Enterprises	700347
港、澳、台商投资企业	Enterprises with Funds from Hong Kong,Macao and Taiwan	269563
外商投资企业	Foreign Funded Enterprises	197959
#国有控股企业	State-owned Holding Enterprises	388639
按轻、重工业分	**Grouped by Light & Heavy Industries**	
轻工业	Light Industry	798155
重工业	Heavy Industry	1124379
按企业规模分	**Grouped by Size of Enterprises**	
大型企业	Large Enterprises	360903
中型企业	Medium-sized Enterprises	562720
小型企业	Small Enterprises	998911
按工业行业分	**Grouped by Sector**	
#煤炭开采和洗选业	Mining and Washing of Coal	79451
黑色金属矿采选业	Mining and Processing of Ferrous Metal Ores	14207
有色金属矿采选业	Mining and Processing of Non-Ferrous Metal Ores	34422
非金属矿采选业	Mining and Processing of Nonmetal Ores	11476
农副食品加工业	Processing of Food from Agricultural Products	58391
食品制造业	Manufacture of Foods	39181
饮料制造业	Manufacture of Beverages	24722
烟草制品业	Manufacture of Tobacco	4590
纺织业	Manufacture of Textile	124279
纺织服装、鞋、帽制造业	Manufacture of Textile Wearing Apparel,Footware and Caps	93416
皮革、毛皮、羽毛(绒)及其制品业	Manufacture of Leather, Fur, Feather and Related Products	94900
木材加工及木、竹、藤、棕、草制品业	Processing of Timber, Manufacture of Wood,Bamboo, Rattan,Palm and Straw Products	42190
家具制造业	Manufacture of Furniture	13699

continued

产值利税率 (%) Ratio of Profits and Taxes to Output Value (%)	销售利税率 (%) Ratio of Profits and Taxes to Sales (%)	资金利税率 (%) Ratio of Profits and Taxes to Funds (%)	人均实现利税 (元) Profits and Taxes Per Capita (yuan)	人均实现利润 (元) Profits Per Capita (yuan)	人均占有固定资产原值 (元) Original Value of Fixed Assets Per Capita (yuan)	人均实现工业增加值 (元) Added Value of Industry Per Capita (yuan)
10.13	**9.83**	**21.93**	**94391**	**57937**	**301754**	**203423**
14.62	11.56	16.20	139352	71221	544684	220260
35.80	35.73	36.54	620686	41113	1504920	903232
11.66	8.96	13.07	104552	73398	475259	170882
14.28	14.41	52.88	92042	53077	132267	170291
14.56	14.40	41.16	127975	88516	235908	210810
14.52	14.33	70.52	161837	121056	161246	265918
8.35	8.31	16.59	91295	55337	426603	230964
9.71	9.23	15.76	110171	34386	488266	249189
10.58	10.57	40.42	102991	67940	164988	205598
10.44	10.50	29.35	52675	37817	126310	117157
8.55	8.33	11.93	77104	52493	457460	214988
10.41	9.24	11.90	112100	48838	690497	262245
11.17	11.19	33.19	71903	43520	144009	155567
9.72	9.30	18.95	110354	68171	413732	237394
10.05	8.76	12.41	114704	53528	644222	257886
10.82	10.87	19.38	75344	49426	274309	156688
9.90	9.93	35.47	97781	64324	193483	210073
20.02	20.48	38.61	50974	29024	99309	97411
16.39	16.38	58.00	192265	123310	252502	363719
19.63	20.45	47.97	170524	118154	207021	348355
13.02	13.07	37.92	117561	68963	246112	213300
6.59	6.57	26.86	93650	68985	216923	259071
10.85	10.87	33.60	75265	50180	167992	166017
18.07	18.59	27.71	119848	64377	261021	218656
68.59	69.42	112.63	1627743	226926	630811	1671383
9.57	9.60	36.33	50104	33627	113062	113279
9.58	9.79	43.45	42327	29777	56713	82900
11.06	11.02	48.61	26864	19333	40627	76025
9.91	9.95	33.51	58954	39565	136352	133395
7.91	7.86	35.65	47575	30542	89817	125547

13-8 续表7

项　　　目	Item	全部从业人员年平均人数（人）Annual Average Empolyed Persons (person)
造纸及纸制品业	Manufacture of Paper and Paper Products	26187
印刷业和记录媒介的复制	Printing, Reproduction of Recording Media	12202
文教体育用品制造业	Manufacture of Articles For Culture, Education and Sport Activities	21675
石油加工、炼焦及核燃料加工业	Processing of Petroleum,Coking,Processing of Nuclear Fuel	12771
化学原料及化学制品制造业	Manufacture of Raw Chemical Materials and Chemical Products	142287
医药制造业	Manufacture of Medicines	74471
化学纤维制造业	Manufacture of Chemical Fibers	4854
橡胶制品业	Manufacture of Rubber	9565
塑料制品业	Manufacture of Plastics	38291
非金属矿物制品业	Manufacture of Non-metallic Mineral Products	165172
黑色金属冶炼及压延加工业	Smelting and Pressing of Ferrous Metals	70084
有色金属冶炼及压延加工业	Smelting and Pressing of Non-ferrous Metals	118455
金属制品业	Manufacture of Metal Products	31879
通用设备制造业	Manufacture of General Purpose Machinery	49293
专用设备制造业	Manufacture of Special Purpose Machinery	35615
交通运输设备制造业	Manufacture of Transport Equipment	103122
电气机械及器材制造业	Manufacture of Electrical Machinery and Equipment	123861
通信设备、计算机及其他电子设备制造业	Manufacture of Communication Equipment,Computers and Other Electronic Equipment	112091
仪器仪表及文化、办公用机械制造业	Manufacture of Measuring Instruments and Machinery for Cultural Activity and Activity and Office Work	22792
工艺品及其他制造业	Manufacture of Artwork and Other Manufacturing	31113
废弃资源和废旧材料回收加工业	Recycling and Disposal of Waste	2894
电力、热力的生产和供应业	Production and Supply of Electric Power and Heat Power	66090
燃气生产和供应业	Production and Supply of Gas	3514
水的生产和供应业	Production and Supply of Water	9332
按地区分	**By Region**	
南 昌 市	Nanchang	315653
景德镇市	Jingdezhen	89346
萍 乡 市	Pingxiang	142041
九 江 市	Jiujiang	254170
新 余 市	Xinyu	107236
鹰 潭 市	Yingtan	69889
赣 州 市	Ganzhou	230013
吉 安 市	Ji'an	194765
宜 春 市	Yichun	254772
抚 州 市	Fuzhou	112501
上 饶 市	Shangrao	152148

continued

产值利税率 (%) Ratio of Profits and Taxes to Output Value (%)	销售利税率 (%) Ratio of Profits and Taxes to Sales (%)	资金利税率 (%) Ratio of Profits and Taxes to Funds (%)	人均实现利税 (元) Profits and Taxes Per Capita (yuan)	人均实现利润 (元) Profits Per Capita (yuan)	人均占有固定资产原值 (元) Original Value of Fixed Assets Per Capita (yuan)	人均实现工业增加值 (元) Added Value of Industry Per Capita (yuan)
10.45	10.48	31.56	84419	55060	211632	193704
14.02	13.99	30.88	109530	77397	318553	242368
7.40	7.49	27.67	29608	19240	74209	126615
7.67	7.52	19.92	256790	-102667	1088133	534726
9.97	10.00	18.90	114683	80224	478929	278609
11.77	11.57	27.70	91855	53332	180896	193445
3.56	3.73	4.45	43723	26819	447194	244056
9.61	9.57	22.78	79465	55633	221961	145333
9.62	9.54	35.55	63056	42938	134850	157278
15.08	15.08	31.98	122884	87062	298421	197855
5.17	4.75	9.32	89274	52916	825335	295517
10.04	8.96	23.37	292759	188878	604711	423368
9.61	9.57	31.38	94977	65379	193309	200413
9.32	9.27	22.31	74927	53636	209265	195725
10.33	10.37	29.03	65689	44933	162628	159581
10.80	10.28	12.33	89279	57070	318474	172672
9.01	9.09	23.88	85821	61685	191134	186432
6.92	6.95	21.89	35279	24282	130875	133990
10.57	8.67	13.91	36754	26721	130459	72115
11.47	11.22	44.31	55242	38819	90829	116191
14.12	14.19	41.93	225422	142077	433422	356382
0.68	0.68	0.68	8419	-32287	1451632	340769
14.22	13.16	15.45	125689	83042	726249	341685
16.10	15.96	6.35	47520	37490	658852	129450
9.76	9.73	17.09	102194	51734	434721	241161
6.27	6.23	9.90	58918	29699	370052	203507
15.29	14.99	51.47	125714	85854	186814	183500
9.38	9.18	23.99	79049	43161	254172	189231
7.65	7.45	11.65	109826	77617	756857	330488
8.46	6.63	13.17	188069	136460	784948	342763
10.82	11.02	26.72	87475	55447	189497	187099
10.92	10.95	39.63	87260	53829	170328	169848
13.53	13.29	33.33	88722	59141	196609	151703
7.26	7.32	27.62	52664	31356	128273	154903
10.61	10.48	26.24	101438	62730	272155	207846

13-9 规模以上国有控股工业企业经济指标

指 标	Item	2000	2001
企业单位数(个)	Number of Enterprises (unit)	2506	1981
#亏损企业	Loss Enterprises	1053	826
资产总计(万元)	Total Assets (10000 yuan)	16329797	16880605
流动资产合计(万元)	Total Working Capitals (10000 yuan)	6429562	6386346
流动资产年平均余额(万元)	Annual Average Balance of Working Capitals (10000 yuan)	6254565	6401691
固定资产合计(万元)	Total Fixed Assets (10000 yuan)	8051655	8339684
固定资产原值(万元)	Original Value of Fixed Assets (10000 yuan)	10499338	11050373
固定资产净值年平均余额(万元)	Annual Average Balance of Net Value of Fixed Assets (10000 yuan)	6848173	7049304
负债总计(万元)	Total Liabilities (10000 yuan)	11278672	11320340
流动负债合计(万元)	Total Working Liabilities (10000 yuan)	7103967	7167866
长期负债合计(万元)	Total Long-term Liabilities (10000 yuan)	4008410	4078151
所有者权益(万元)	Owners' Equity (10000 yuan)	4981017	5479285
主营业务收入(万元)	Revenue from Principal Business (10000 yuan)	7221113	7463900
#主营业务税金及附加	Taxes and Other Charges on Principal Business	200331	225670
营业费用	Operating Expenses	221515	243865
利润总额(万元)	Total Profits (10000 yuan)	84322	78683
利润和税金总额(万元)	Total Profits and Taxes (10000 yuan)	672393	726457
全部从业人员年平均人数(人)	Annual Average Empolyed Persons (person)	889644	759204
工业总产值(万元)	Gross Industrial Output Value (10000 yuan)	7373147	7685343
工业增加值(万元)	Value Added of Industry (10000 yuan)	2148119	2377795
总资产贡献率(%)	Ratio of Total Assets to Output value (%)	5.94	5.87
资本保值增值率(%)	Changing Rate of Net Assets (%)	106.21	110.00
资产负债率(%)	Assets-Liability Ratio (%)	69.07	67.06
流动资产周转率(次)	Ratio of Turnover Working Capitals (time)	1.15	1.17
成本费用利润率(%)	Ratio of Profits to Cost (%)	1.20	1.08
全员劳动生产率(元/人)	Overall Labor Productivity (yuan/person)	24146	31320
产品销售率(%)	Proportion of Products Sold (%)	97.67	98.27
工业经济效益综合指数(%)	Aggregate Index of Industrial Economic Efficiency (%)	78.28	83.43

Economic Indicators of State-holding Industrial Enterprises above Designated Size

2002	2003	2004	2005	2006	2007	2008	2009	2010	2011
1519	1071	1228	804	706	563	558	543	533	416
639	407	487	275	211	132	167	113	90	74
17046385	17829549	18535069	19449500	22034893	25536051	27779963	30315254	35482546	42925158
6711016	7383855	7049250	7746481	9484535	10740181	11648204	11717577	16005336	21066012
6524880	6914411	6958141	7580170	8715402	9779786	11716916	12022835	13937070	19009475
8473690	8722765	8885846	9774636	10594485	11845860	12942695	13743754	17242420	20365796
11289157	11826568	12082458	12736501	14518366	16135879	17349041	18408048	22588422	26835419
7168488	7369675	7468066	7966635	9013638	10390006	11498190	12217311	14816331	17607417
11421660	12371281	12892114	13494055	14642855	16628458	17686025	18992890	22320360	27614627
7342960	8184216	8483766	8945439	10499799	12217947	12977761	14209841	16820528	21316840
3757087	4099168	4271286	4115752	3953683	4232824	4708263	4783049	5499832	6297787
5431649	5222322	5625517	5655984	7106514	8907593	10093937	11322364	13162186	15310531
8484138	9980005	12766815	15262090	19498190	24560686	27229935	26985648	37613661	47141803
262013	288983	321418	359035	417856	494431	546687	903562	1019678	1123696
282917	297947	306376	340005	395913	456021	481064	551091	651394	690800
133192	262938	373966	571611	1066988	1267392	376295	829164	1456208	1898016
854150	1072265	1313172	1622508	2421762	2712624	1919325	2737783	3613390	4356644
661102	565081	498973	470614	461026	423776	407662	397412	404799	388639
8678614	9466047	12788918	15315489	19697841	23304461	25881696	25068428	34063560	41832435
2703277	2835212	3438354	4167351	5326312	6233268	6803306	6295047	8675555	10191877
6.63	7.53	8.33	9.74	12.39	12.00	9.07	10.91	12.16	12.39
99.13	96.15	107.72	100.54	97.20	125.34	114.57	113.81	114.85	108.81
67.00	69.39	69.56	69.38	66.45	65.12	63.66	62.65	62.91	64.33
1.30	1.44	1.83	2.01	2.24	2.51	2.32	2.24	2.56	2.48
1.62	2.76	3.10	4.00	5.98	5.60	1.43	3.29	4.14	4.29
40890	50174	68909	88551	115532	147089	186782	185579	247567	267481
98.34	98.79	98.82	99.49	99.10	98.69	99.24	98.73	99.05	98.61
92.55	104.49	123.96	142.87	174.30	198.01	198.06	207.17	253.53	264.48

13-10 国有控股工业企业主要经济指标（2011年）

单位：万元

项目	Item	企业单位数（个）Number of Enterprises (unit)	#亏损企业 Loss Enterprises	工业总产值 Gross Industrial Output Value
总计	**Total**	**416**	**74**	**41832435**
按登记注册类型及隶属关系分	**By Registration Status and Jurisdiction of Management**			
国有企业	State-owned Enterprises	201	32	16534935
中央企业	Central Enterprises	13	7	2027213
地方企业	Local Enterprises	188	25	14507721
集体企业	Collective-owned Enterprises			
股份合作企业	Cooperative Enterprises	3		56628
联营企业	Joint Ownership Enterprises	3		37416
有限责任公司	Limited Liability Corporations	165	34	15849242
股份有限公司	Share-holding Corporations Limited	30	6	5640117
私营企业	Private Enterprises			
港、澳、台商投资企业	Enterprises with Funds from Hong Kong, Macao and Taiwan	4		339507
外商投资企业	Foreign Funded Enterprises	10	2	3374591
按轻、重工业分	**Grouped by Light & Heavy Industries**			
轻工业	Light Industry	92	16	3750553
重工业	Heavy Industry	324	58	38081882
按企业规模分	**Grouped by Size of Enterprises**			
大型企业	Large Enterprises	29	4	27686640
中型企业	Medium-sized Enterprises	192	43	8769433
小型企业	Small Enterprises	195	27	5376362
按工业行业分	**Grouped by Sector**			
#煤炭开采和洗选业	Mining and Washing of Coal	15	1	656680
黑色金属矿采选业	Mining and Processing of Ferrous Metal Ores	2		24213
有色金属矿采选业	Mining and Processing of Non-Ferrous Metal Ores	25	2	970370
非金属矿采选业	Mining and Processing of Nonmetal Ores	7		162409
农副食品加工业	Processing of Food from Agricultural Products	12		534082
食品制造业	Manufacture of Foods	7	1	135741
饮料制造业	Manufacture of Beverages	6	2	159613
烟草制品业	Manufacture of Tobacco	1		1089234
纺织业	Manufacture of Textile	3		41097
纺织服装、鞋、帽制造业	Manufacture of Textile Wearing Apparel,Footware and Caps	4		397312
木材加工及木、竹、藤、棕、草制品业	Processing of Timber, Manufacture of Wood,Bamboo, Rattan, Palm and Straw Products	2	2	26295

Main Indicators of State-holding Industrial Enterprises (2011)

(10000 yuan)

工业增加值 Value Added of Industry	主营业务收入 Revenue from Principal Business	主营业务税金及附加 Taxes and Other Charges on Principal Business	主营业务成本 Cost of Principal Business	营业费用 Operating Expenses	资产合计 Total Assets	流动资产 Total Working Capitals	产成品 Finished Products	流动资产年平均余额 Annual Average Balance of Working Capitals
10191877	**47141803**	**1123696**	**41598269**	**690800**	**42925158**	**21066012**	**1384101**	**19009475**
4066315	20899331	567626	18111082	222905	17400041	9931367	634858	8630440
1056239	2031381	515191	1298504	26918	2476903	1062183	37554	846693
3010076	18867951	52435	16812577	195987	14923138	8869184	597304	7783747
16474	56678	394	45632		45887	26854	270	12391
8229	37469	9	29132	168	14986	745		5006
3861087	16161225	74726	14921160	132995	16575108	6471897	399210	5894722
1402867	5853142	410873	5023006	173873	4887877	2350026	209117	2367144
54838	328198	612	302289	10093	219529	137763	22330	112982
782067	3805760	69454	3165969	150766	3781731	2147359	118316	1986789
1526481	3750730	533364	2520071	213444	3570301	1842294	186003	1665879
8665396	43391073	590332	39078198	477356	39354857	19223718	1198098	17343596
6560697	33177746	1030449	29331346	498326	28816374	15645859	924301	14180185
2307495	8682525	46165	7643819	148660	9467273	3688598	291921	3445782
1323684	5281532	47082	4623105	43814	4641511	1731555	167880	1383507
275609	667884	8524	504941	11472	1076772	381573	11605	327733
7905	22496	396	14383	531	28443	21707	947	9878
405615	961422	18336	587118	6148	1063834	443149	60161	412395
36239	77913	1405	66001	1550	42735	20294	881	16112
106887	544109	1184	509815	3847	177899	94117	31702	87270
28044	125199	2671	89605	12616	154276	59470	3849	53308
52752	132241	8587	100135	17378	157646	63155	10969	76722
816598	1076224	510393	362636	23440	800204	634910	22813	534233
8938	36746	175	33651	669	29367	14193	5265	12295
81648	341666	664	295621	18663	160556	135711	63926	80721
6244	23676	96	19806	336	25730	9337	2866	9929

13-10 续表1

单位：万元

项目	Item	企业单位数(个) Number of Enterprises (unit)	#亏损企业 Loss Enterprises	工业总产值 Gross Industrial Output Value
印刷业和记录媒介的复制	Printing, Reproduction of Recording Media	9	1	218690
文教体育用品制造业	Manufacture of Articles For Culture, Education and Sport Activities			
石油加工、炼焦及核燃料加工业	Processing of Petroleum,Coking,Processing of Nuclear Fuel	2	1	3058034
化学原料及化学制品制造业	Manufacture of Raw Chemical Materials and Chemical Products	18	2	1528594
医药制造业	Manufacture of Medicines	13	3	654152
化学纤维制造业	Manufacture of Chemical Fibers			
橡胶制品业	Manufacture of Rubber			9040
塑料制品业	Manufacture of Plastics	4		27514
非金属矿物制品业	Manufacture of Non-metallic Mineral Products	35	3	1301488
黑色金属冶炼及压延加工业	Smelting and Pressing of Ferrous Metals	4		5029252
有色金属冶炼及压延加工业	Smelting and Pressing of Non-ferrous Metals	27	2	10384463
金属制品业	Manufacture of Metal Products	6		216066
通用设备制造业	Manufacture of General Purpose Machinery	13	3	1116197
专用设备制造业	Manufacture of Special Purpose Machinery	7		260090
交通运输设备制造业	Manufacture of Transport Equipment	22	1	4703243
电气机械及器材制造业	Manufacture of Electrical Machinery and Equipment	9		527871
通信设备、计算机及其他电子设备制造业	Manufacture of Communication Equipment,Computers and Other Electronic Equipment	8	2	222392
仪器仪表及文化、办公用机械制造业	Manufacture of Measuring Instruments and Machinery for Cultural Activity and Office Work	6		98819
工艺品及其他制造业	Manufacture of Artwork and Other Manufacturing	1		94778
废弃资源和废旧材料回收加工业	Recycling and Disposal of Waste	2	1	6722
电力、热力的生产和供应业	Production and Supply of Electric Power and Heat Power	120	40	7889011
燃气生产和供应业	Production and Supply of Gas	4	1	118244
水的生产和供应业	Production and Supply of Water	22	6	170733
按地区分	**By Region**			
南昌市	Nanchang	82	12	12620708
景德镇市	Jingdezhen	30	5	3202954
萍乡市	Pingxiang	15	3	728555
九江市	Jiujiang	63	10	5100478
新余市	Xinyu	21	4	4554522
鹰潭市	Yingtan	15	6	8401075
赣州市	Ganzhou	65	8	3019303
吉安市	Ji'an	39	10	914879
宜春市	Yichun	26	3	1333734
抚州市	Fuzhou	21	7	335784
上饶市	Shangrao	39	6	1620445

continued

(10000 yuan)

工　业 增加值 Value Added of Industry	主营业务 收　入 Revenue from Principal Business	主营业务 税金及附加 Taxes and Other Charges on Principal Business	主营业务 成　本 Cost of Principal Business	营业费用 Operating Expenses	资产合计 Total Assets	流动资产 Total Working Capitals	产成品 Finished Products	流动资产 年平均余额 Annual Average Balance of Working Capitals
66919	219729	1700	149704	1913	295008	120410	7017	103025
589523	3486299	377837	3130887	41592	1682868	838402	141126	842525
311890	898833	4570	781006	18252	1164876	484771	50541	413552
194275	828231	4882	615058	116275	818497	458749	22872	428775
1323								
7431	21422	147	16859	810	14622	10108	625	6071
362350	1098730	5520	810429	29565	1659506	619523	59802	554070
909155	5836492	8555	5485481	48430	4466772	2016348	184111	1636293
1765956	14798006	43346	13467987	58627	9697604	6639736	351283	5882626
45921	102034	573	86125	1614	64509	41506	11171	29895
292808	1003465	1990	901444	18304	908661	557389	72148	404015
57186	98597	503	81163	3815	111396	55038	4398	49584
1085433	5435304	87311	4543596	209417	6692803	4364015	167318	4259545
116501	505766	3554	437723	19480	574576	378292	47837	348188
71616	246261	766	216081	6864	400316	208946	31976	157685
31149	392136	1664	363783	4260	309358	190834	14319	180404
25268	93524	105	85738	3641	27511	9490	1092	8886
1581	6584	41	4248	9	6457	4322	87	1918
2310451	7818630	26271	7654351	567	9365272	2003786		1826470
37058	62284	442	52050	3516	161355	31225		35286
81605	179900	1486	130847	7203	785732	155507	1396	220066
3802255	12995881	614446	10897198	317565	13708646	6393360	354213	6094532
707244	3348754	18899	3031460	112824	4696514	2965369	206869	2368799
227085	707103	7557	577289	11884	852619	283471	10324	320038
1188121	5118218	384793	4569441	42558	3196585	1102354	215742	1151929
885061	5044506	8066	4766329	48923	4102116	1770402	139662	1411128
1450687	12672061	24492	11515511	77840	9061614	6026483	218529	5318650
795187	2894771	42360	2449120	21245	1960480	1111439	166419	863926
255031	919166	5398	869096	12290	1268552	233209	5463	285474
391762	1328105	8522	1074364	12995	1973460	486541	13405	475168
100477	323328	1237	282834	10545	348081	107654	11526	137579
388969	1789911	7926	1565628	22132	1756493	585732	41952	582254

13-10 续表2

单位：万元

项　　目	Item	固定资产合计 Total Fixed Assets	固定资产原值 Original Value of Fixed Assets	固定资产净值年平均余额 Annual Average Balance of Net value Asssets
总　　计	**Total**	**20365796**	**26835419**	**17607417**
按登记注册类型及隶属关系分	**By Registration Status and Jurisdiction of Management**			
国有企业	State-owned Enterprises	7426696	9446882	6292377
中央企业	Central enterprises	1272831	1759854	1139624
地方企业	Local enterprises	6153865	7687029	5152753
集体企业	Collective-owned Enterprises			
股份合作企业	Cooperative Enterprises	31081	40014	25129
联营企业	Joint Ownership Enterprises	7054	8837	6261
有限责任公司	Limited Liability Corporations	9387287	12368345	8239745
股份有限公司	Share-holding Corporations Limited	2023515	2940767	1732877
私营企业	Private Enterprises			
港、澳、台商投资企业	Enterprises with Funds from Hong Kong,Macao and Taiwan	80577	96173	63043
外商投资企业	Foreign Funded Enterprises	1409587	1934401	1247984
按轻、重工业分	**Grouped by Light & Heavy Industries**			
轻工业	Light Industry	1304307	1754517	1111251
重工业	Heavy Industry	19061489	25080903	16496166
按企业规模分	**Grouped by Size of Enterprises**			
大型企业	Large Enterprises	12674402	17262339	11063868
中型企业	Medium-sized Enterprises	4989566	6163732	4193328
小型企业	Small Enterprises	2701829	3409348	2350221
按工业行业分	**Grouped by Sector**			
煤炭开采和洗选业	Mining and Washing of Coal	511042	554323	409163
黑色金属矿采选业	Mining and Processing of Ferrous Metal Ores	13790	16496	11787
有色金属矿采选业	Mining and Processing of Non-Ferrous Metal Ores	462713	405716	279161
非金属矿采选业	Mining and Processing of Nonmetal Ores	21282	28951	19154
农副食品加工业	Processing of Food from Agricultural Products	68751	76385	60303
食品制造业	Manufacture of Foods	78626	99506	66260
饮料制造业	Manufacture of Beverages	62722	77023	51090
烟草制品业	Manufacture of Tobacco	142026	289542	129124
纺织业	Manufacture of Textile	13152	15677	10713
纺织服装、鞋、帽制造业	Manufacture of Textile Wearing Apparel, Footware and Caps	66162	77244	54427
木材加工及木、竹、藤、棕、草制品业	Processing of Timber, Manufacture of Wood, Bamboo, Rattan,Palm and Straw Products	11123	14079	9238

continued

(10000 yuan)

负债合计 Total Liabilities	流动负债合计 Total Working Liabilities	长期负债合计 Total Long-term Liabilities	所有者权益合计 Total Owners' Equities	利润总额 Total Profits			利润税金总额 Total Profits and Taxes
					#盈利企业的利润额 Profits of Profit-making Enterprises	#亏损企业的亏损额 Losses of Loss Enterprises	
27614627	**21316840**	**6297787**	**15310531**	**1898016**	**2438174**	**540158**	**4356644**
9867065	7984391	1882674	7532976	1235244	1336586	101342	2416900
1604092	1063706	540386	872811	48078	143343	95265	725830
8262973	6920685	1342288	6660165	1187167	1193244	6077	1691070
26981	15854	11128	18906	6435	6435		8782
1249	864	386	13737	5316	5316		6609
12272597	8905662	3366935	4302511	368953	530564	161611	881019
3319365	2532735	786631	1568512	23234	247374	224140	593051
75652	64093	11559	143877	8871	8871		14576
2051716	1813242	238474	1730015	249963	303029	53066	435708
1810528	1493523	317005	1759773	255153	278749	23596	1003343
25804099	19823317	5980782	13550758	1642863	2159426	516563	3353301
18098763	14633545	3465219	10717611	1227909	1482572	254663	3172543
6209237	4513611	1695626	3258036	335992	542661	206669	625856
3306626	2169684	1136942	1334885	334115	412941	78826	558245
713060	452318	260742	363712	70691	71039	348	145712
12249	9634	2615	16194	4728	4728		6645
430582	287863	142719	633252	256483	258699	2216	354163
18875	15074	3801	23860	7310	7310		11768
105125	91763	13362	72774	14868	14868		18787
89785	67583	22202	64491	7044	10612	3568	14374
110595	97676	12919	47051	-3986	6198	10184	10175
240811	240640	171	559393	104159	104159		747134
84839	73708	11131	-55472	7941	7941		9423
142760	125076	17685	17796	18223	18223		23731
19281	12268	7013	6449	-695		695	-186

13-10 续表3

单位：万元

项　　目	Item	固定资产合计 Total Fixed Assets	固定资产原值 Original Value of Fixed Assets
印刷业和记录媒介的复制	Printing, Reproduction of Recording Media	137645	191446
文教体育用品制造业	Manufacture of Articles For Culture, Education and Sport Activities		
石油加工、炼焦及核燃料加工业	Processing of Petroleum,Coking,Processing of Nuclear Fuel	721749	1159468
化学原料及化学制品制造业	Manufacture of Raw Chemical Materials and Chemical Products	657272	736370
医药制造业	Manufacture of Medicines	280714	351325
化学纤维制造业	Manufacture of Chemical Fibers		
橡胶制品业	Manufacture of Rubber		
塑料制品业	Manufacture of Plastics	7265	9976
非金属矿物制品业	Manufacture of Non-metallic Mineral Products	964050	1108748
黑色金属冶炼及压延加工业	Smelting and Pressing of Ferrous Metals	2658364	3619747
有色金属冶炼及压延加工业	Smelting and Pressing of Non-ferrous Metals	3475224	4674075
金属制品业	Manufacture of Metal Products	26813	31638
通用设备制造业	Manufacture of General Purpose Machinery	443583	446601
专用设备制造业	Manufacture of Special Purpose Machinery	49285	54267
交通运输设备制造业	Manufacture of Transport Equipment	1741331	2479673
电气机械及器材制造业	Manufacture of Electrical Machinery and Equipment	163305	199582
通信设备、计算机及其他电子设备制造业	Manufacture of Communication Equipment,Computers and Other Electronic Equipment	198976	276086
仪器仪表及文化、办公用机械制造业	Manufacture of Measuring Instruments and Machinery for Cultural Activity and Office Work	96324	149299
工艺品及其他制造业	Manufacture of Artwork and Other Manufacturing	14797	15600
废弃资源和废旧材料回收加工业	Recycling and Disposal of Waste	3017	3545
电力、热力的生产和供应业	Production and Supply of Electric Power and Heat Power	6815735	9093363
燃气生产和供应业	Production and Supply of Gas	103895	111829
水的生产和供应业	Production and Supply of Water	355065	467841
按地区分	**By Region**		
南昌市	Nanchang	6385325	8654155
景德镇市	Jingdezhen	1831654	2173425
萍乡市	Pingxiang	411777	499159
九江市	Jiujiang	1731788	2473042
新余市	Xinyu	2474340	3315972
鹰潭市	Yingtan	3438000	4663357
赣州市	Ganzhou	870790	1035910
吉安市	Ji'an	832422	1073596
宜春市	Yichun	1213184	1512416
抚州市	Fuzhou	173042	222484
上饶市	Shangrao	1003474	1211905

continued

(10000 yuan)

固定资产净值年平均余额 Annual Average Balance of Net value Asssets	负债合计 Total Liabilities	流动负债合计 Total Working Liabilities	长期负债合计 Total Long-term Liabilities	所有者权益合计 Total Owners' Equities	利润总额 Total Profits			利润税金总额 Total Profits and Taxes
						#盈利企业的利润额 Profits of Profit-making Enterprises	#亏损企业的亏损额 Losses of Loss Enterprises	
105396	96969	83107	13862	198039	44194	44228	34	58566
495191	1526772	1204228	322544	156096	-175799	7896	183695	258798
510145	774250	600960	173290	390626	44889	54845	9956	68471
240302	379848	326894	52954	438649	43341	44011	670	86874
6291	10271	8710	1560	4351	324	324		1925
854716	984146	701550	282596	675360	185594	185641	47	251452
2509133	3062317	2594537	467780	1404455	119024	119024		246398
3157623	4877543	4443134	434410	4820061	901047	910839	9792	1245711
21375	42051	37081	4970	22458	5195	5195		10400
304783	597095	504160	92935	311566	35425	36212	787	46486
38025	54493	48438	6055	56903	5901	5901		9551
1563338	4490069	4100297	389772	2202734	339317	342277	2960	577924
134497	365753	265235	100518	208823	14398	14398		29273
166109	163423	136232	27191	236893	23100	23189	89	26931
83695	177084	148519	28565	132274	10008	10008		14698
11331	9090	6533	2557	18421	1167	1167		2203
2558	374	279	95	6083	1732	1750	18	1786
5898390	7526781	4267503	3259279	1838491	-201200	103274	304474	55465
89957	112594	106039	6555	48761	3683	5194	1511	4481
314141	395744	259803	135941	389988	9911	19027	9116	17526
5481150	8606516	6457263	2149254	5102130	623727	713126	89399	1738656
1413810	3788999	3117648	671351	907515	14545	46673	32128	77491
348591	586318	415284	171034	266301	36888	54555	17667	89283
1484134	2753564	1978133	775431	443021	-94228	136619	230847	398565
2302485	2880078	2309922	570155	1222038	57856	106195	48339	166825
3139946	4533076	4083881	449196	4528538	749546	782979	33433	1022753
697932	1227506	904016	323490	732974	312832	316818	3986	481818
730852	548787	336254	212533	719765	-20931	33145	54076	15959
1051952	1365639	830279	535360	607821	98917	101579	2662	171880
141003	248099	168435	79664	99982	12493	15773	3280	22411
815563	1076045	715726	360319	680448	106373	130715	24342	171003

13-10 续表4

单位：%

项　　　目	Item	企业亏损面 Ratio to Loss Enterprises	经济效益综合指数 Aggregate Index of Economic Efficiency
总　　　计	**Total**	**17.79**	**264.48**
按登记注册类型及隶属关系分	**By Registration Status and Jurisdiction of Management**		
国有企业	State-owned Enterprises	15.92	262.43
中央企业	Central Enterprises	53.85	389.05
地方企业	Local Enterprises	13.30	250.42
集体企业	Collective-owned Enterprises		
股份合作企业	Cooperative Enterprises		317.76
联营企业	Joint Ownership Enterprises		838.30
有限责任公司	Limited Liability Corporations	20.61	264.55
股份有限公司	Share-holding Corporations Limited	20.00	263.69
私营企业	Private Enterprises		
港、澳、台商投资企业	Enterprises with Funds from Hong Kong,Macao and Taiwan		396.02
外商投资企业	Foreign Funded Enterprises	20.00	277.70
按轻、重工业分	**Grouped by Light & Heavy Industries**		
轻工业	Light Industry	17.39	268.41
重工业	Heavy Industry	17.90	266.42
按企业规模分	**Grouped by Size of Enterprises**		
大型企业	Large Enterprises	13.79	284.89
中型企业	Medium-sized Enterprises	22.40	199.70
小型企业	Small Enterprises	13.85	354.92
按工业行业分	**Grouped by Sector**		
#煤炭开采和洗选业	Mining and Washing of Coal	6.67	167.68
黑色金属矿采选业	Mining and Processing of Ferrous Metal Ores		255.88
有色金属矿采选业	Mining and Processing of Non-Ferrous Metal Ores	8.00	406.20
非金属矿采选业	Mining and Processing of Nonmetal Ores		362.29
农副食品加工业	Processing of Food from Agricultural Products		422.46
食品制造业	Manufacture of Foods	14.29	197.04
饮料制造业	Manufacture of Beverages	33.33	162.46
烟草制品业	Manufacture of Tobacco		1369.13
纺织业	Manufacture of Textile		163.02
纺织服装、鞋、帽制造业	Manufacture of Textile Wearing Apparel,Footware and Caps		230.05
木材加工及木、竹、藤、棕、草制品业	Processing of Timber, Manufacture of Wood,Bamboo,Rattan,Palm and Straw Products	100.00	127.85

continued

(%)

总资产 贡献率 Ratio of Total Assets to Output Value	资本保值 增值率 Changing Rate of Net Assets	资产负债率 Assets- Liability Ratio	流动资产 周转率 (次) Ratio of Turnover Working Capitals (time)	成本费用 利润率 Ratio of Profits to Cost	全员劳动 生产率 (元/人) Overall Labor Productivity (yuan/person)	产品销售率 Proportion of Products Sold
12.39	**108.81**	**64.33**	**2.48**	**4.29**	**267481**	**98.61**
16.32	114.29	56.71	2.38	6.45	236911	98.04
31.35	105.35	64.76	1.93	3.23	430787	99.65
13.49	115.57	55.37	2.44	6.73	222894	97.82
22.10	96.74	58.80	3.38	13.16	255856	100.00
51.96	145.83	8.33	48.04	17.84	255434	100.03
7.65	102.75	74.04	2.78	2.35	295360	99.18
14.59	96.08	67.91	2.64	0.42	285720	97.35
7.82	180.19	34.46	2.58	2.77	489086	96.67
12.70	111.57	54.25	1.85	7.06	278036	101.04
31.10	113.34	50.71	2.07	8.54	193673	97.21
10.66	108.25	65.57	2.52	3.98	277912	98.75
13.01	107.09	62.81	2.34	3.94	303325	98.61
8.53	103.79	65.59	2.53	4.07	174718	99.01
17.02	144.59	71.24	3.83	6.84	360231	97.96
15.24	110.61	66.22	1.93	11.90	61723	95.86
25.56	116.19	43.07	1.14	26.83	89569	102.15
39.23	130.81	40.47	2.78	38.28	196582	91.82
31.71	441.85	44.17	4.65	10.47	219880	99.18
12.76	95.47	59.09	4.98	2.83	495377	101.86
11.44	120.09	58.20	2.44	6.19	143053	99.64
7.88	87.62	70.15	2.31	-3.08	172761	82.96
95.84	129.89	30.09	1.71	22.31	1726162	98.94
36.57	88.27	288.89	2.39	19.80	46096	98.02
15.47	92.48	88.92	2.59	5.72	207219	94.09
2.00	89.91	74.94	2.41	-3.09	131979	92.33

13-10 续表5

单位：%

项目	Item	企业亏损面 Ratio to Loss Enterprises	经济效益综合指数 Aggregate Index of Economic Efficiency
印刷业和记录媒介的复制	Printing, Reproduction of Recording Media	11.11	335.31
文教体育用品制造业	Manufacture of Articles For Culture, Education and Sport Activities		
石油加工、炼焦及核燃料加工业	Processing of Petroleum,Coking,Processing of Nuclear Fuel	50.00	712.91
化学原料及化学制品制造业	Manufacture of Raw Chemical Materials and Chemical Products	11.11	230.37
医药制造业	Manufacture of Medicines	23.08	191.09
化学纤维制造业	Manufacture of Chemical Fibers		
橡胶制品业	Manufacture of Rubber		
塑料制品业	Manufacture of Plastics		175.30
非金属矿物制品业	Manufacture of Non-metallic Mineral Products	8.57	304.35
黑色金属冶炼及压延加工业	Smelting and Pressing of Ferrous Metals		252.00
有色金属冶炼及压延加工业	Smelting and Pressing of Non-ferrous Metals	7.41	434.32
金属制品业	Manufacture of Metal Products		183.62
通用设备制造业	Manufacture of General Purpose Machinery	23.08	204.50
专用设备制造业	Manufacture of Special Purpose Machinery		152.47
交通运输设备制造业	Manufacture of Transport Equipment	4.55	203.03
电气机械及器材制造业	Manufacture of Electrical Machinery and Equipment		253.54
通信设备、计算机及其他电子设备制造业	Manufacture of Communication Equipment,Computers and Other Electronic Equipment	25.00	133.59
仪器仪表及文化、办公用机械制造业	Manufacture of Measuring Instruments and Machinery for Cultural Activity and Office Work		119.03
工艺品及其他制造业	Manufacture of Artwork and Other Manufacturing		485.99
废弃资源和废旧材料回收加工业	Recycling and Disposal of Waste	50.00	434.95
电力、热力的生产和供应业	Production and Supply of Electric Power and Heat Power	33.33	315.82
燃气生产和供应业	Production and Supply of Gas	25.00	166.14
水的生产和供应业	Production and Supply of Water	27.27	143.09
按地区分	**By Region**		
南昌市	Nanchang	14.63	272.93
景德镇市	Jingdezhen	16.67	184.92
萍乡市	Pingxiang	20.00	150.82
九江市	Jiujiang	15.87	318.58
新余市	Xinyu	19.05	259.65
鹰潭市	Yingtan	40.00	483.35
赣州市	Ganzhou	12.31	358.70
吉安市	Ji'an	25.64	171.73
宜春市	Yichun	11.54	187.54
抚州市	Fuzhou	33.33	153.00
上饶市	Shangrao	15.38	219.33

continued

(%)

总资产贡献率 Ratio of Total Assets to Output Value	资本保值增值率 Changing Rate of Net Assets	资产负债率 Assets-Liability Ratio	流动资产周转率（次）Ratio of Turnover Working Capitals (time)	成本费用利润率 Ratio of Profits to Cost	全员劳动生产率（元/人）Overall Labor Productivity (yuan/person)	产品销售率 Proportion of Products Sold
20.78	110.96	32.87	1.86	25.42	233849	100.78
20.08	68.20	90.72	4.90	-5.35	1026029	99.57
7.86	119.59	66.47	2.22	5.34	221395	99.16
12.11	106.24	46.41	1.78	5.51	150465	93.64
13.97	65.08	70.24	2.25	1.68	148303	97.41
18.49	121.35	59.30	2.14	20.59	213922	96.77
7.58	110.41	68.56	2.90	2.07	270136	100.18
15.24	115.74	50.30	2.58	6.50	520090	97.74
17.51	102.38	65.19	2.71	5.51	108653	98.87
6.20	125.55	65.71	1.96	3.61	196821	100.63
9.16	100.91	48.92	1.93	6.32	89016	96.20
9.61	102.69	67.09	1.35	6.65	180983	99.20
6.76	92.67	63.66	1.34	2.96	297508	95.38
7.85	107.66	40.82	1.24	9.08	54298	97.33
5.69	108.02	57.24	2.32	2.57	59362	99.03
11.23	182.01	33.04	10.65	1.27	503800	100.10
28.59	109.98	5.79	1.60	38.06	300321	98.84
3.41	89.59	80.37	4.51	-2.53	401156	99.97
3.65	132.21	69.78	2.41	6.08	119382	100.00
4.91	105.51	50.37	1.23	5.49	101509	99.59
14.62	112.59	62.78	2.13	5.24	272603	98.89
3.54	97.50	80.68	1.40	0.43	215438	99.68
13.60	99.81	68.77	2.92	5.59	65809	95.27
14.65	96.45	86.14	4.59	-1.96	367798	99.10
6.26	102.02	70.21	2.90	1.16	295139	100.38
13.22	109.13	50.03	2.44	6.30	612255	97.51
30.66	142.21	62.61	3.27	12.15	297277	95.55
3.13	92.61	43.26	3.94	-2.24	161022	99.76
11.17	118.15	69.20	2.98	8.41	110669	99.06
7.40	95.70	71.28	3.09	3.95	97048	100.40
12.16	109.22	61.26	3.31	6.35	165549	99.41

13-10 续表6

项　　目	Item	全部从业人员年平均人数（人）Annual Average Empolyed Persons (person)
总　　计	**Total**	**388639**
按登记注册类型及隶属关系分	**By Registration Status and Jurisdiction of Management**	
国有企业	State-owned Enterprises	173438
中央企业	Central Enterprises	11694
地方企业	Local Enterprises	161744
集体企业	Collective-owned Enterprises	
股份合作企业	Cooperative Enterprises	550
联营企业	Joint Ownership Enterprises	364
有限责任公司	Limited Liability Corporations	133347
股份有限公司	Share-holding Corporations Limited	49054
私营企业	Private Enterprises	
港、澳、台商投资企业	Enterprises with Funds from Hong Kong,Macao and Taiwan	1725
外商投资企业	Foreign Funded Enterprises	30161
按轻、重工业分	**Grouped by Light & Heavy Industries**	
轻工业	Light Industry	48123
重工业	Heavy Industry	340516
按企业规模分	**Grouped by Size of Enterprises**	
大型企业	Large Enterprises	226824
中型企业	Medium-sized Enterprises	124727
小型企业	Small Enterprises	37088
按工业行业分	**Grouped by Sector**	
煤炭开采和洗选业	Mining and Washing of Coal	50272
黑色金属矿采选业	Mining and Processing of Ferrous Metal Ores	710
有色金属矿采选业	Mining and Processing of Non-Ferrous Metal Ores	17515
非金属矿采选业	Mining and Processing of Nonmetal Ores	964
农副食品加工业	Processing of Food from Agricultural Products	2056
食品制造业	Manufacture of Foods	2091
饮料制造业	Manufacture of Beverages	3280
烟草制品业	Manufacture of Tobacco	4590
纺织业	Manufacture of Textile	2195
纺织服装、鞋、帽制造业	Manufacture of Textile Wearing Apparel, Footware and Caps	4148
木材加工及木、竹、藤、棕、草制品业	Processing of Timber, Manufacture of Wood,Bamboo, Rattan, Palm and Straw Products	520

continued

产值利税率 (%) Ratio of Profits and Taxes to Output Value (%)	销售利税率 (%) Ratio of Profits and Taxes to Sales (%)	资金利税率 (%) Ratio of Profits and Taxes to Funds (%)	人均实现利税 (元) Profits and Taxes Per Capita (yuan)	人均实现利润 (元) Profits Per Capita (yuan)	人均占有固定资产原值 (元) Original Value of Fixed Assets Per Capita (yuan)	人均实现工业增加值 (元) Added Value of Industry Per Capita (yuan)
10.41	**9.24**	**11.90**	**112100**	**48838**	**690497**	**262245**
14.62	11.56	16.20	139352	71221	544684	234454
35.80	35.73	36.54	620686	41113	1504920	903232
11.66	8.96	13.07	104552	73398	475259	186101
15.51	15.49	23.41	159673	117000	727527	299520
17.66	17.64	58.66	181566	146044	242777	226071
5.56	5.45	6.23	66070	27669	927531	289552
10.51	10.13	14.46	120898	4736	599496	285984
4.29	4.44	8.28	84499	51426	557524	317901
12.91	11.45	13.47	144461	82876	641358	259297
26.75	26.75	36.13	208496	53021	364590	317204
8.81	7.73	9.91	98477	48246	736556	254478
11.46	9.56	12.57	139868	54135	761046	289242
7.14	7.21	8.19	50178	26938	494178	185004
10.38	10.57	14.95	150519	90087	919259	356904
22.19	21.82	19.77	28985	14062	110265	54824
27.44	29.54	30.67	93592	66592	232331	111338
36.50	36.84	51.21	202206	146436	231639	231582
7.25	15.10	33.37	122075	75830	300325	375923
3.52	3.45	12.73	91376	72315	371523	519878
10.59	11.48	12.02	68742	33687	475879	134118
6.37	7.69	7.96	31021	-12152	234827	160829
68.59	69.42	112.63	1627743	226926	630811	1779081
22.93	25.64	40.96	42929	36178	71422	40720
5.97	6.95	17.56	57211	43932	186221	196837
-0.71	-0.79	-0.97	-3577	-13365	270742	120077

13-10 续表7

项　　目	Item	全部从业人员年平均人数（人）Annual Average Empolyed Persons (person)
印刷业和记录媒介的复制	Printing, Reproduction of Recording Media	3468
文教体育用品制造业	Manufacture of Articles For Culture, Education and Sport Activities	
石油加工、炼焦及核燃料加工业	Processing of Petroleum,Coking,Processing of Nuclear Fuel	8421
化学原料及化学制品制造业	Manufacture of Raw Chemical Materials and Chemical Products	10041
医药制造业	Manufacture of Medicines	13702
化学纤维制造业	Manufacture of Chemical Fibers	
橡胶制品业	Manufacture of Rubber	
塑料制品业	Manufacture of Plastics	389
非金属矿物制品业	Manufacture of Non-metallic Mineral Products	14185
黑色金属冶炼及压延加工业	Smelting and Pressing of Ferrous Metals	37397
有色金属冶炼及压延加工业	Smelting and Pressing of Non-ferrous Metals	35404
金属制品业	Manufacture of Metal Products	2193
通用设备制造业	Manufacture of General Purpose Machinery	12626
专用设备制造业	Manufacture of Special Purpose Machinery	2873
交通运输设备制造业	Manufacture of Transport Equipment	61109
电气机械及器材制造业	Manufacture of Electrical Machinery and Equipment	4485
通信设备、计算机及其他电子设备制造业	Manufacture of Communication Equipment,Computers and Other Electronic Equipment	11051
仪器仪表及文化、办公用机械制造业	Manufacture of Measuring Instruments and Machinery for Cultural Activity and Office Work	10370
工艺品及其他制造业	Manufacture of Artwork and Other Manufacturing	526
废弃资源和废旧材料回收加工业	Recycling and Disposal of Waste	53
电力、热力的生产和供应业	Production and Supply of Electric Power and Heat Power	63059
燃气生产和供应业	Production and Supply of Gas	1132
水的生产和供应业	Production and Supply of Water	7814
按地区分	**By Region**	
南昌市	Nanchang	115048
景德镇市	Jingdezhen	36945
萍乡市	Pingxiang	27511
九江市	Jiujiang	34461
新余市	Xinyu	38348
鹰潭市	Yingtan	34098
赣州市	Ganzhou	25239
吉安市	Ji'an	14119
宜春市	Yichun	29948
抚州市	Fuzhou	8598
上饶市	Shangrao	24324

continued

产值利税率 (%) Ratio of Profits and Taxes to Output Value (%)	销售利税率 (%) Ratio of Profits and Taxes to Sales (%)	资金利税率 (%) Ratio of Profits and Taxes to Funds (%)	人均实现利税 (元) Profits and Taxes Per Capita (yuan)	人均实现利润 (元) Profits Per Capita (yuan)	人均占有固定资产原值 (元) Original Value of Fixed Assets Per Capita (yuan)	人均实现工业增加值 (元) Added Value of Industry Per Capita (yuan)
26.78	26.65	28.10	168875	127434	552036	192961
8.46	7.42	19.35	307325	-208763	1376877	700063
4.48	7.62	7.41	68191	44706	733363	310616
13.28	10.49	12.98	63402	31631	256404	141786
7.00	8.99	15.57	49486	8329	256447	191028
19.32	22.89	17.85	177266	130838	781634	255446
4.90	4.22	5.94	65887	31827	967924	243109
12.00	8.42	13.78	351856	254504	1320211	498801
4.81	10.19	20.28	47424	23689	144269	209398
4.16	4.63	6.56	36818	28057	353715	231909
3.67	9.69	10.90	33244	20540	188885	199046
12.29	10.63	9.93	94573	55527	405779	177622
5.55	5.79	6.06	65269	32103	444998	259757
12.11	10.94	8.32	24370	20903	249829	64805
14.87	3.75	5.57	14174	9651	143972	30038
2.32	2.36	10.90	41882	22186	296586	480380
26.57	27.13	39.90	336981	326792	668792	298302
0.70	0.71	0.72	8796	-31907	1442040	366395
3.79	7.19	3.58	39585	32535	987889	327367
10.27	9.74	3.28	22429	12684	598721	104434
13.78	13.38	15.02	151124	54215	752221	330493
2.42	2.31	2.05	20975	3937	588287	191432
12.25	12.63	13.35	32454	13408	181440	82543
7.81	7.79	15.12	115657	-27343	717635	344773
3.66	3.31	4.49	43503	15087	864705	230797
12.17	8.07	12.09	299945	219821	1367633	425446
15.96	16.64	30.85	190902	123948	410440	315063
1.74	1.74	1.57	11303	-14825	760391	180630
12.89	12.94	11.26	57393	33030	505014	130814
6.67	6.93	8.04	26065	14530	258763	116861
10.55	9.55	12.23	70302	43732	498234	159912

13-11 规模以上集体企业经济指标

Economic Indicators of Collective-owned Industrial Enterprises above Designated Size

指　　标	Item	2000	2005	2010	2011
企业单位数(个)	Number of Enterprises (unit)	476	130	117	74
#亏损企业	Loss Enterprises	80	25	5	2
资产总计(万元)	Total Assets (10000 yuan)	788828	229162	348716	304085
流动资产合计(万元)	Total Working Capitals (10000 yuan)	339498	111332	144706	121075
流动资产年平均余额(万元)	Annual Average Balance of Working Capitals (10000 yuan)	313842	106523	129724	111688
固定资产合计(万元)	Total Fixed Assets (10000 yuan)	295016	98718	169621	159445
固定资产原值(万元)	Original Value of Fixed Assets (10000 yuan)	353776	119780	198726	188771
固定资产净值年平均余额(万元)	Annual Average Balance of Net value of Fixed Assets (10000 yuan)	260054	85953	143030	136730
负债总计(万元)	Total Liabilities (10000 yuan)	524042	161107	188307	137731
流动负债合计(万元)	Total Working Liabilities (10000 yuan)	382372	126517	135149	102848
长期负债合计(万元)	Total Long-term Liabilities (10000 yuan)	118493	20693	53158	34884
所有者权益(万元)	Owners' Equity (10000 yuan)	264786	68054	160408	166354
主营业务收入(万元)	Revenue from Principal Business (10000 yuan)	639739	361711	987192	911397
#主营业务税金及附加	Taxes and Other Charges on Principal Business	9083	3078	9000	22238
营业费用	Operating Expenses	28613	7522	13666	13923
利润总额(万元)	Total Profits (10000 yuan)	16296	10666	70683	75752
利润和税金总额(万元)	Total Profits and Taxes (10000 yuan)	45840	27309	113758	131362
全部从业人员年平均人数(人)	Annual Average Empolyed Persons (person)	89896	22005	20572	14272
工业总产值(万元)	Gross Industrial Output Value (10000 yuan)	721640	380504	1020817	920157
工业增加值(万元)	Value Added of Industry (10000 yuan)	202119	135072	246888	243040
总资产贡献率(%)	Ratio of Total Assets to Output Value (%)	7.45	12.60	35.01	47.89
资本保值增值率(%)	Changing Rate of Net Assets (%)	105.66	111.03	118.10	126.51
资产负债率(%)	Assets-Liability Ratio (%)	66.43	70.30	54.00	45.29
流动资产周转率(次)	Ratio of Turnover Working Capitals (time)	2.04	3.40	7.55	8.01
成本费用利润率(%)	Ratio of Profits to Cost (%)	2.65	3.08	8.30	10.13
全员劳动生产率(元／人)	Overall Labor Productivity (yuan/person)	22484	61383	145987	160215
产品销售率(%)	Proportion of Products Sold (%)	96.13	97.92	97.80	99.04
工业经济效益综合指数(%)	Aggregate Index of Industrial Economic Efficiency (%)	94.86	142.90	300.73	346.18

13-12 规模以上外商及港、澳、台投资工业企业经济指标
Economic Indicators of Industrial Enterprises with Funds From Foreign, Hong Kong,Macao and Taiwan above Designated Size

指　　标	Item	2000	2005	2010	2011
企业单位数(个)	Number of Enterprises (unit)	161	497	865	781
#亏损企业	Loss Enterprises	48	105	76	60
资产总计(万元)	Total Assets (10000 yuan)	1535865	4342147	18824976	21466663
流动资产合计(万元)	Total Working Capitals (10000 yuan)	699168	1909426	8015663	10000916
流动资产年平均余额(万元)	Annual Average Balance of Working Capitals (10000 yuan)	659581	1800592	7371056	9163229
固定资产合计(万元)	Total Fixed Assets (10000 yuan)	651389	1992323	9640287	10153289
固定资产原值(万元)	Original Value of Fixed Assets (10000 yuan)	792979	2312068	11538486	12460690
固定资产净值年平均余额(万元)	Annual Average Balance of Net Value of Fixed Assets (10000 yuan)	595971	1656889	8137725	8465782
负债总计(万元)	Total Liabilities (10000 yuan)	964810	2256224	10166105	11345304
流动负债合计(万元)	Total Working Liabilities (10000 yuan)	652390	1565627	8133669	9215010
长期负债合计(万元)	Total Long-term Liabilities (10000 yuan)	310447	449254	2032436	2130295
所有者权益(万元)	Owners' Equity (10000 yuan)	564655	1828112	8658871	10121359
主营业务收入(万元)	Revenue from Principal Business (10000 yuan)	902503	4347580	23685256	31833422
#主营业务税金及附加	Taxes and Other Charges on Principal Business	10834	34229	110693	178176
营业费用	Operating Expenses	48151	187397	491534	565210
利润总额(万元)	Total Profits (10000 yuan)	35482	222587	1729082	2058537
利润和税金总额(万元)	Total Profits and Taxes (10000 yuan)	81449	393455	2426230	2946274
全部从业人员年平均人数(人)	Annual Average Empolyed Persons (person)	58244	175763	443757	467522
工业总产值(万元)	Gross Industrial Output Value (10000 yuan)	970094	4474476	23507450	31449846
工业增加值(万元)	Value Added of Industry (10000 yuan)	228297	1292092	5528139	7413982
总资产贡献率(%)	Ratio of Total Assets to Output Value (%)	7.29	9.90	15.46	15.65
资本保值增值率(%)	Changing Rate of Net Assets (%)	128.36	102.77	137.21	118.34
资产负债率(%)	Assets-Liability Ratio (%)	62.82	51.96	54.00	52.85
流动资产周转率(次)	Ratio of Turnover Working Capitals (time)	1.37	2.41	3.38	3.54
成本费用利润率(%)	Ratio of Profits to Cost (%)	4.11	5.48	8.09	7.07
全员劳动生产率(元/人)	Overall Labor Productivity (yuan/person)	39197	73513	155849	167164
产品销售率(%)	Proportion of Products Sold (%)	96.60	97.16	98.34	99.17
工业经济效益综合指数(%)	Aggregate Index of Industrial Economic Efficiency (%)	107.76	146.38	230.85	233.41

13-13 规模以上股份制工业企业经济指标
Economic Indicators of Share-holding Industrial Enterprises above Designated Size

指　标	Item	2000	2005	2010	2011
企业单位数(个)	Number of Enterprises (unit)	199	972	2178	1836
#亏损企业	Loss Enterprises	46	199	133	104
资产总计(万元)	Total Assets (10000 yuan)	4344536	13787559	30827281	37748696
流动资产合计(万元)	Total Working Capitals (10000 yuan)	1711422	5440497	12239744	16094753
流动资产年平均余额(万元)	Annual Average Balance of Working Capitals (10000 yuan)	1641880	5306044	11864514	15528148
固定资产合计(万元)	Total Fixed Assets (10000 yuan)	2280284	6832539	15048050	18559969
固定资产原值(万元)	Original Value of Fixed Assets (10000 yuan)	2897780	8683898	19630220	23866006
固定资产净值年平均余额(万元)	Annual Average Balance of Net value of Fixed Assets (10000 yuan)	1949481	5537290	13048225	15925336
负债总计(万元)	Total Liabilities (10000 yuan)	2869565	9321612	19761575	24167746
流动负债合计(万元)	Total Working Liabilities (10000 yuan)	1795625	6133381	14587907	18646467
长期负债合计(万元)	Total long-term liabilities (10000 yuan)	1074924	2966084	5173667	5521279
所有者权益(万元)	Owners' Equity (10000 yuan)	1416631	4424947	11065706	13580950
主营业务收入(万元)	Revenue from Principal Business (10000 yuan)	2058324	11225035	46255501	60867177
#主营业务税金及附加	Taxes and Other Charges on Principal Business	16177	124353	664802	734261
营业费用	Operating Expenses	94606	293763	757286	897167
利润总额(万元)	Total Profits (10000 yuan)	70249	281401	2024469	2817907
利润和税金总额(万元)	Total Profits and Taxes (10000 yuan)	216345	850327	4043659	5161959
全部从业人员年平均人数(人)	Annual Average Empolyed Persons (person)	215719	346472	532875	545569
工业总产值(万元)	Gross Industrial Output Value (10000 yuan)	2126128	11348631	45522156	60042814
工业增加值(万元)	Value Added of Industry (10000 yuan)	648393	3056479	10086142	12775613
总资产贡献率(%)	Ratio of Total Assets to Output Value (%)	7.13	7.62	15.48	16.74
资本保值增值率(%)	Changing Rate of Net Assets (%)	141.23	100.48	114.65	118.25
资产负债率(%)	Assets-Liability Ratio (%)	66.05	67.61	64.10	64.02
流动资产周转率(次)	Ratio of Turnover Working Capitals (time)	1.25	2.12	4.13	4.23
成本费用利润率(%)	Ratio of Profits to Cost (%)	3.52	2.62	4.75	5.01
全员劳动生产率(元/人)	Overall Labor Productivity (yuan/person)	30057	88217	251328	273488
产品销售率(%)	Proportion of Products Sold (%)	97.75	98.90	99.20	98.93
工业经济效益综合指数(%)	Aggregate Index of Industrial Economic Efficiency (%)	99.44	135.03	279.43	297.64

13-14 规模以上私营工业企业经济指标

Economic Indicators of Private Industrial Enterprises above Designated Size

指　　标	Item	2000	2005	2010	2011
企业单位数(个)	Number of Enterprises (unit)	252	2079	4349	3237
#亏损企业	Loss Enterprises	38	291	109	91
资产总计(万元)	Total Assets (10000 yuan)	280103	4618283	19097127	21918375
流动资产合计(万元)	Total Working Capitals (10000 yuan)	135471	2136102	7601357	9703539
流动资产年平均余额(万元)	Annual Average Balance of Working Capitals (10000 yuan)	135133	2017743	7824787	9743463
固定资产合计(万元)	Total Fixed Assets (10000 yuan)	116574	1989683	8795511	9723056
固定资产原值(万元)	Original Value of Fixed Assets (10000 yuan)	141489	2272513	10300074	11554877
固定资产净值年平均余额(万元)	Annual Average Balance of Net value of Fixed Assets (10000 yuan)	103881	1779826	7328660	8100380
负债总计(万元)	Total Liabilities (10000 yuan)	176173	2378298	8834351	9738708
流动负债合计(万元)	Total Working Liabilities (10000 yuan)	128931	2048337	7019782	7984627
长期负债合计(万元)	Total Long-term Liabilities (10000 yuan)	37505	294330	1814569	1754081
所有者权益(万元)	Owners' Equity (10000 yuan)	103930	2239923	10262776	12179667
主营业务收入(万元)	Revenue from Principal Business (10000 yuan)	333975	7176739	53384652	68228889
#主营业务税金及附加	Taxes and Other Charges on Principal Business	4011	82945	377494	416468
营业费用	Operating Expenses	19971	250797	1030121	1014175
利润总额(万元)	Total Profits (10000 yuan)	5450	289789	3624354	4758145
利润和税金总额(万元)	Total Profits and Taxes (10000 yuan)	21757	647106	5721671	7212937
全部从业人员年平均人数(人)	Annual Average Empolyed Persons (person)	33823	315183	757930	700347
工业总产值(万元)	Gross Industrial Output Value (10000 yuan)	355569	7500600	53492060	68204692
工业增加值(万元)	Value Added of Industry (10000 yuan)	101405	2368465	11579822	14399029
总资产贡献率(%)	Ratio of Total Assets to Output Value (%)	9.90	15.21	36.38	39.79
资本保值增值率(%)	Changing Rate of Net Assets (%)	197.87	175.04	126.25	140.53
资产负债率(%)	Assets-Liability Ratio (%)	62.90	51.50	46.26	44.43
流动资产周转率(次)	Ratio of Turnover Working Capitals (time)	2.47	3.56	8.34	8.33
成本费用利润率(%)	Ratio of Profits to Cost (%)	1.70	4.37	7.67	7.86
全员劳动生产率(元／人)	Overall Labor Productivity (yuan/person)	29981	75146	207636	242007
产品销售率(%)	Proportion of Products Sold (%)	96.70	97.73	99.12	99.02
工业经济效益综合指数(%)	Aggregate Index of Industrial Economic Efficiency (%)	118.07	174.17	347.34	377.08

13-15 工业园区主要经济指标(2011年)

项目	Item	本年实际累计开发面积(平方公里) Actually Total Area Developed This Year (sq.km)	投产工业企业数(个) Number of Industrial Enterprises Completed and Put into Use (unit)	招商实际到位资金(万元) Actually Introduced Funds (10000 yuan)	
				绝对数 Value	比上年增长(%) Rate of Increase over Preceding Year
全省总计	**Provincial Total**	525.01	7951	23220788	17.66
全省重点园区合计	**Main Park Total**	262.81	4442	14705299	11.55
南昌昌东工业园区	Nanchang Changdong Industrial Park	9.58	306	353079	-0.17
江西南昌小蓝经济开发区	Jiangxi Nanchang Xiaolan Economic Development Zone	6.60	253	555890	0.69
江西新建长堎工业园区	Jiangxi Xinjian Changleng Industrial Park	3.50	115	81468	-53.75
南昌经济技术开发区	Nanchang Economic-Technological Devolopment Zone	16.00	288	1022370	11.95
南昌高新技术产业开发区	Nanchang High-tech Industry Development Zone	11.70	334	686398	37.34
景德镇高新技术产业开发区	Jingdezhen High-tech Industry Development Zone	11.34	103	645453	22.10
江西乐平工业园区	Jiangxi Leping Industrial Park	5.59	73	180232	-13.44
萍乡经济技术开发区	Pingxiang Economic-Technological Devolopment Zone	5.60	113	605440	37.81
江西永修县云山经济开发区	Jiangxi Yongxiu Yunshan Economic Development Zone	9.70	85	407040	-35.99
江西湖口金砂湾工业园区	Jiangxi Hukou Jinshawan Industrial Park	5.20	51	925711	23.44
江西瑞昌工业园区	Jiangxi Ruichang Industrial Park	5.00	100	412130	13.49
九江经济技术开发区	Jiujiang Economic-Technological Devolopment Zone	14.50	182	725830	4.19
新余高新技术产业开发区	Xinyu High-tech Industry Development Zone	4.90	142	1045884	2.52
江西鹰潭工业园区	Jiangxi Yingtan Industrial Park	5.70	87	456345	55.02
江西贵溪工业园区	Jiangxi Guixi Industrial Park	4.20	77	313971	10.99
江西赣州沙河工业园区	Jiangxi Ganzhou Shahe Industrial Park	5.40	98	82559	55.13
江西赣县经济开发区	Jiangxi Ganxian Economic Development Zone	7.60	97	268747	4.90
江西龙南经济技术开发区	Jiangxi Longnan Economic-Technological Devolopment Zone	9.31	131	256025	12.46
江西于都工业园区	Jiangxi Yudu Industrial Park	4.80	102	16500	-39.34
江西南康工业园区	Jiangxi Nankang Industrial Park	4.20	108	111486	-34.33
赣州经济技术开发区	Ganzhou Economic-Technological Devolopment Zone	9.50	204	729739	18.33
井冈山经济技术开发区	Jinggangshan Economic-Technological Devolopment Zone	5.10	74	524577	20.77
江西吉安工业园区	Jiangxi Ji'an Industrial Park	6.00	86	330175	27.34
江西宜春经济开发区	Jiangxi Yichun Economic Development Zone	14.84	141	542339	42.06
江西奉新工业园区	Jiangxi Fengxin Industrial Park	3.92	81	385242	12.89
江西上高工业园区	Jiangxi Shanggao Industrial Park	7.24	131	436240	63.98
江西丰城工业园区	Jiangxi Fengcheng Industrial Park	8.80	85	476584	2.19
江西樟树工业园区	Jiangxi Zhangshu Industrial Park	9.27	100	282919	63.39
江西高安工业园区	Jiangxi Gao'an Industrial Park	8.50	127	351078	-16.04
江西抚州金巢经济开发区	Jiangxi Fuzhou Jinchao Economic Development Zone	10.50	142	351294	7.42
上饶经济技术开发区	Shangrao Economic-Technological Devolopment Zone	11.80	169	517627	44.91
江西广丰工业园区	Jiangxi Guangfeng Industrial Park	8.20	139	335581	32.38
江西玉山工业园区	Jiangxi Yushan Industrial Park	4.62	78	117160	-44.54
江西横峰工业园区	Jiangxi Hengfeng Industrial Park	4.10	40	172186	-24.47

Main Economic Indicators of Industrial Park (2011)

工业增加值（万元） Value-added of Industry (10000 yuan)		出口交货值（万元） Delivery Value of Industry Export (10000 yuan)		主营业务收入（万元） Revenue from Principal Business (10000 yuan)		利税总额（万元） Total Profits and Taxes (10000 yuan)		从业人员（人） Number of Employed Persons (person)	
绝对数 Value	比上年增长(%) Rate of Increase over Preceding Year	绝对数 Value	比上年增长(%) Rate of Increase over Preceding Year	绝对数 Value	比上年增长(%) Rate of Increase over Preceding Year	绝对数 Value	比上年增长(%) Rate of Increase over Preceding Year	绝对数 Value	比上年增长(%) Rate of Increase over Preceding Year
30033868	19.63	12493132	39.13	132414769	40.39	13279273	42.47	1740294	10.50
20964299	19.09	8828136	33.98	91055354	37.76	9001169	37.25	1055341	9.63
619814	-14.04	268816	0.50	2507753	-10.88	233023	-16.36	36472	4.02
967546	20.57	359946	109.71	4030094	36.73	341217	76.73	54492	13.28
599093	30.25	98039	14.02	2563004	53.82	225506	46.66	25732	44.39
1328641	18.57	744417	94.51	5370756	35.40	405156	64.38	51791	21.08
2411658	13.23	959308	26.96	8040653	21.46	1148732	26.23	81151	9.77
478752	8.82	170875	40.33	2004104	20.72	135442	0.94	21660	0.85
443115	19.34	74751	26.29	1904198	44.71	183108	64.08	17087	14.46
864035	21.13	294709	151.43	4107851	39.03	363443	7.00	51507	11.28
392398	25.69	44148	-37.98	1643607	44.02	211855	65.33	19948	13.85
430215	23.14	84103	15.73	2518269	28.52	102041	-0.82	18051	26.74
438974	21.75	372172	30.04	1884457	40.98	243773	26.91	31405	10.89
833936	53.97	370212	101.36	3712064	53.67	283710	36.90	49669	12.66
1577518	21.20	744256	-25.50	5841896	33.03	470209	-16.97	44133	6.83
377765	11.43	54570	22.97	2849138	36.95	120160	22.38	20829	22.37
382491	7.61	42223	18.12	2806714	36.27	33375	-36.53	9829	-2.32
412460	10.86	357579	141.24	1670136	54.06	312948	199.66	20958	5.69
393386	14.08	243835	-18.01	1888766	34.34	124252	71.30	21752	3.35
389039	22.17	310374	16.37	1553159	51.44	178570	161.25	32893	3.50
293847	10.50	323416	22.51	1274708	33.75	114572	33.70	19878	-1.04
327974	13.27	88104	-3.86	1376898	40.24	115362	47.56	19887	-5.30
743274	24.65	577135	39.24	3361557	54.79	357726	81.50	50238	6.78
521975	31.51	230692	45.80	2204534	44.92	217319	40.89	25029	9.99
289193	17.19	249743	29.18	1398143	34.26	189460	54.00	26348	4.68
358810	26.74	29443	-9.11	1523236	46.89	183945	42.07	30371	8.48
414873	26.94	102969	27.54	1926252	58.81	227900	50.26	23730	9.92
481482	15.77	303337	15.37	2030216	44.95	352293	43.37	40271	7.02
725052	26.33	76877	61.51	3105980	46.78	359975	49.08	28280	16.83
410620	28.07	3405	33.47	1802536	58.92	239679	91.76	24291	-6.00
569907	30.42	49801	45.40	2393411	53.87	303312	81.40	33548	11.46
415241	17.68	82317	55.18	1840336	31.78	143467	36.00	22032	14.26
887650	39.19	771860	86.78	4075139	52.20	454458	28.73	47481	16.58
569054	22.21	255457	83.79	2815486	48.17	346361	51.79	34272	3.99
335589	17.84	72513	276.03	1486547	54.18	131828	37.00	12616	-6.87
278916	12.76	16736	8.73	1543757	32.53	146995	26.14	7710	8.26

主要统计指标解释

工业 指从事自然资源的开采，对采掘品和农产品进行加工和再加工的物质生产部门。具体包括：(1)对自然资源的开采，如采矿、晒盐等(但不包括禽兽捕猎和水产捕捞)；(2)对农副产品的加工、再加工，如粮油加工、食品加工、缫丝、纺织、制革等；(3)对采掘品的加工、再加工，如炼铁、炼钢、化工生产、石油加工、机器制造、木材加工等，以及电力、自来水、煤气的生产和供应等；(4)对工业品的修理、翻新，如机器设备的修理、交通运输工具(如汽车)的修理等。

工业统计调查单位为独立核算法人工业企业。

独立核算法人工业企业指从事工业生产经营活动的单位。独立核算法人工业企业应同时具备以下条件：①依法成立，有自己的名称、组织机构和场所，能够承担民事责任；②独立拥有和使用资产，承担负债，有权与其他单位签订合同；③独立核算盈亏，并能够编制资产负债表。

本年鉴中涉及的企业登记注册类型：

国有及国有控股企业 指国有企业加上国有控股企业。国有企业(即原全民所有制工业或国营工业)指企业全部资产归国家所有，并按《中华人民共和国企业法人登记管理条例》规定登记注册的非公司制的经济组织。包括国有企业、国有独资公司和国有联营企业。1957 年以前的公私合营和私营工业，后均改造为国营工业，1992 年改为国有工业，这部分工业的资料不单独分列时，均包括在国有企业内。国有控股企业是对混合所有制经济的企业进行的“国有控股”分类。它是指这些企业的全部资产中国有资产(股份)相对其他所有者中的任何一个所有者占资(股)最多的企业。该分组反映了国有经济控股情况。

集体企业 指企业资产归集体所有，并按《中华人民共和国企业法人登记管理条例》规定登记注册的经济组织。是社会主义公有制经济的组成部分。包括城乡所有使用集体投资举办的企业，以及部分个人通过集资自愿放弃所有权并依法经工商行政管理机关认定为集体所有制的企业。

股份合作企业 指以合作制为基础，由企业职工共同出资入股，吸收一定比例的社会资产投资组建，实行自主经营，自负盈亏，共同劳动，民主管理，按劳分配与按股分红相结合的一种集体经济组织。

联营企业 指两个及两个以上相同或不同所有制性质的企业法人或事业单位法人，按自愿、平等、互利的原则，共同投资组成的经济组织。联营企业包括：

国有联营企业指国有企业与国有企业间的联营；

集体联营企业指集体企业与集体企业间的联营；

国有与集体联营企业指国有企业与集体企业间的联营。

有限责任公司 指根据《中华人民共和国公司登记管理条例》规定登记注册，由两个以上，五十个以下的股东共同出资，每个股东以其所认缴的出资额对公司承担有限责任，公司以其全部资产对其债务承担责任的经济组织。

有限责任公司包括国有独资公司以及其他有限责任公司。

股份有限公司 指根据《中华人民共和国企业法人登记管理条例》规定登记注册，其全部注册资本由等额股份构成并通过发行股票筹集资本，股东以其认购的股份对公司承担有限责任，公司以其全部资产对其债务承担责任的经济组织。

私营企业 指由自然人投资设立或由自然人控股，以雇佣劳动为基础的营利性经济组织。包括按照《公司法》、《合伙企业法》、《私营企业暂行条例》规定登记注册的私营有限责任公司、私营股份有限公司、私营合伙企业和私营独资企业。

港、澳、台商投资企业 指企业注册登记类型中的港、澳、台资合资、合作、独资经营企业和股份有限公司之和。

外商投资企业 指企业注册登记类型中的中外合资、合作经营企业、外资企业和外商投资股份有限公司之和。

“三资”企业系指港、澳、台商投资企业和外资企业的简称。

轻工业 指主要提供生活消费品和制作手工工具的工业。按其所使用的原料不同，可分为两大类：(1)以农产品为原料的轻工业，是指直接或间接以农产品为基本原料的轻工业。主要包括食品制造、饮料制造、烟草加工、纺织、缝纫、皮革和毛皮制作、造纸以及印刷等工业；(2)以非农产品为原料的轻工业，是指以工业品为原料的轻工业。主要包括文教体育用品、化学药品制造、合成纤维制造、日用化学制品、日用玻璃制品、日用金属制品、手工工具制造、医疗器械制造、文化和办公用机械制造等工业。

重工业 指为国民经济各部门提供物质技术基础的主要生产资料的工业。按其生产性质和产品用途，可以分为下列三类：(1)采掘(伐)工业，是指对自然资源的开采，包括石油开采、煤炭开采、金属矿开采、非金属矿开采等工业；(2)原材料工业，指向国民经济各部门提供基本材料、动力和燃料的工业。包括金属冶炼及加工、炼焦及焦炭、化学、化工原料、水泥、人造板以及电力、石油和煤炭加工等工业；(3)加工工业，是指对工业原材料进行再加工制造的工业。包括装备国民经济各部门的机械设备制造工业、金属结构、水泥制品等工业，以及为农业提供的生产资料如化肥、农药等工业。

根据上述划分原则，修理业中以重工业产品为修理作业对象的划为重工业，反之划为轻工业。

工业总产值

(1)定义:

工业总产值是以货币形式表现的，工业企业在一定时期内生产的工业最终产品或提供工业性劳务活动的总价值量。它反映一定时间内工业生产的总规模和总水平。

(2)计算原则:

工业生产的原则，即凡是企业在报告期生产的经检验合格的产品，不管是否在报告期销售，均包括在内。

最终产品的原则，即凡是计入工业总产值的产品，必须是本企业生产的经检验合格的，不需要再进行任何加工的最终产品。如果企业有中间产品(半成品)对外销售，则对外销售的中间产品应视为企业的最终产品。

工厂法原则，即工业总产值是以工业企业作为基本计算(核算)单位，即按企业的最终产品计算工业总产值。按这种方法计算的工业总产值，不允许同一产品价值在企业内部重复计算，不能把企业内部各个车间(分厂)生产的成果相加，但允许企业间的重复计算。

(3)内容及计算方法:

1995 年全国工业普查对工业总产值(原规定)的内容及计算原则和方法做了某些修订，修订后的工业总产值(新规定)包括三项内容：即本期生产成品价值、对外加工费收入、在制品半成品期末期初差额价值三部分。

本期生产成品价值：指企业本期生产，并在报告期内不再进行加工，经检验、包装入库的全部工业成品(半成品)价值合计，包括企业生产的自制设备及提供给本企业在建工程、其他非工业部门和福利部门等单位使用的成品价值。本期生产成品价值为按自备原材料生产的产品的数量乘以本期不含增值税(销项税额)的产品实际销售平均单价计算；会计核算中按成本价格转帐的自制设备和自产自用的成品，按成本价格计算生产成品价值。生产成品价值中不包括用定货者来料加工的成品(半成品)价值。

对外加工费收入：指企业在报告期内完成的对外承接的工业品加工(包括用定货者来料加工产品)的加工费收入和对外工业修理作业所取得的加工费收入。对外加工费收入按不含增值税(销项税额)的价格计算，可根据会计“产品销售收入”科目的有关资料取得。

对于本企业对内非工业部门提供的加工修理、设备安装的劳务收入，如果企业会计核算基础较好，能取得这部分资料，而且这部分价值所占比重较大，应包括在对外加工费收入中。

自制半成品在制品期末期初差额价值：指企业报告期在制品期末减期初的差额价值，本指标一般可以从会计核算资料中取得。如果会计产品成本核算中不计算半成品、在制品的成本，则总产值中也不包括这部分价值，反之则包括。

(4)工业总产值统计范围变化和计算方法修订情况:

1984 年以前工业总产值不包括村办工业，村办工业总产值划归农业。1984 年以后工业总产值包括村办工业。

1995 年工业普查对工业总产值计算方法做了修订，即从 1995 年始按新修订(新规定)方法计算工业总产值。新规定与原规定的区别如下:

全价与加工费的计算原则不同：新规定为凡自备原材料，不论其生产繁简程度如何，一律按全价计算工业总产值；凡来料加工，允许按加工费计算工业总产值。原规定则视生产加工的繁简程度不同，规定哪些行业按全价，哪些行业按加工费计算工业总产值。

自制半成品、在产品期末期初差额价值的计算原则不同：新规定要求，凡会计产品成本核算时计算了成本的差额价值，总产值中就应包括，否则可不包括；原规定则按生产周期六个月的界限区分，凡生产周期六个月以上的企业，总产值计算中应包括这部分差额价值，否则可不包括。

计算价格不同：新规定按不含增值税(销项税额)的价格计算；原规定则按含增值税(销项税额)的价格计算。

工业增加值 指工业企业在报告期内以货币表现的工业生产活动的最终成果。

工业增加值有两种计算方法：一是生产法，即工业总产出减去工业中间投入加上应交增值税；二是收入法，即从收入的角度出发，根据生产要素在生产过程中应得到的收入份额计算，具体构成项目有固定资产折旧、劳动者报酬、生产税净额、营业盈余，这种方法也称要素分配法。本年鉴中的工业增加值是以生产法计算的。

生产法工业增加值的计算方法为:

工业增加值=工业总产出-工业中间投入+应交增值税

(1)工业总产出：指工业企业在一定时期内工业生产活动的总成果。工业总产出包括：成品生产价值，对外加工费收入，自制半成品、在产品期末期初差额价值。1995 年后用新规定计算的工业总产值代替。

(2)工业中间投入：指工业企业在工业生产活动中消耗的外购物质产品和对外支付的服务费用。服务费用包括支付给物质生产部门(工业、农业、批发零售贸易业、建筑业、运输邮电业)的服务费用和支付给非物质生产部门(如保险、金融、文化教育、科学研究、医疗卫生、行政管理等)的服务费用。工业中间投入的确定须遵循以下原则：必须从外部购入的，并已计入工业总产出的产品和服务价值；必须是本期投入生产，并一次性消耗掉(包括本期摊销的低值易耗品等)的产品和服务价值。

工业中间投入包括直接材料费用、制造费用中的工业中间投入、管理费用中的工业中间投入、销售费用中的工业中间投入和利息支出五部分。

资产总计 指企业拥有或控制的能以货币计量的经济资源，包括各种财产、债权和其他权利。资产按流动性分为流动资产、长期投资、固定资产、无形资产、递延资产和其他资产。该指标根据企业会计“资产负债表”中“资产总计”项目的期末数增列。

流动资产 指企业可以在一年内或者超过一年的一个生产周期内变现或者耗用的资产，包括现金及各种存款、短期投资，应收及预付款项、存货等。

流动资产平均余额 指企业在报告期内全部流动资产的平均余额。

固定资产原价 指企业在建造、购置、安装、改建、扩建、技术改造某项固定资产时所支出的全部货币总额。它一般包括买价、包装费、运杂费和安装费等。

固定资产净值年平均余额 指固定资产净值在报告期内余额的平均数。计算公式为：

$$\text{固定资产净值年平均余额}=\frac{\text{1至12月各月月初、月末固定资产净值之和}}{24}$$

该指标根据“资产负债表”中“固定资产原价”、“累计折旧”指标的期初、期末数计算填列。

固定资产净值指固定资产原价减去历年已提折旧额后的净额。计算公式为：

固定资产净值=固定资产原价-累计折旧

负债合计 指企业所承担的能以货币计量，将以资产或劳务偿付的债务，偿还形式包括货币、资产或提供劳务。负债一般按偿还期长短分为流动负债和长期负债。根据会计“资产负债表”中“负债合计”的年末数填列。

所有者权益 指企业投资人对企业净资产的所有权。企业净资产等于企业全部资产减去全部负债后的余额，包括企业投资人对企业的最初投入的实际到位的资产及资本公积金、盈余公积金和未分配利润。所有者权益合计数小于零，表示企业资不抵债。

主营业务收入 指企业销售产品和提供劳务等主要经营业务取得的收入。

主营业务成本 指企业销售产品和提供劳务等主要经营业务过程中的实际成本。

主营业务税金及附加 指企业销售产品和提供劳务等主要经营业务应负担的城市维护建设税、消费税、资源税和教育费附加。

利润总额 指企业生产经营活动的最终成果，是企业在一定时期内实现的盈亏相抵后的利润总额(亏损以“-”号表示)，它等于营业利润加上补贴收入加上投资收益加上营业外净收入再加上以前年度损益调整。

本年应交增值税 指企业在报告期内应交纳的增值税额。它等于本年销项税额加上出口退税加上进项税额转出数减去本年进项税额。小规模纳税企业直接按全年计税销售额乘以征收率计算取得。

从业人员平均人数 是指报告期内每天拥有的从业人员人数。其计算公式为：

$$\text{季平均人数}=\frac{\text{季内各月平均人数之和}}{3}$$

$$\text{月平均人数}=\frac{\text{报告月内每天实有人数之和}}{\text{报告月日历日数}}$$

$$\text{年平均人数}=\frac{\text{年内各月平均人数之和}}{12}$$

工业增加值率 指在一定时期内工业增加值占同期工业总产值的比重，反映降低中间消耗的经济效益。计算公式为：

工业增加值率（%）＝工业增加值（现价）／工业总产值（现价）×100%

总资产贡献率 反映企业全部资产的获利能力，是企业经营业绩和管理水平的集中体现，是评价和考核企业盈利能力的核心指标。计算公式为：

$$\text{总资产贡献率(\%)}=\frac{\text{利润总额}+\text{税金总额}+\text{利息支出}}{\text{平均资金总额}}\times100\%$$

公式中：税金总额为产品销售税金及附加与应交增值税之和；平均资产总额为期初期末资产之和的算术平均值。

资产负债率 该指标既反映企业经营风险的大小，也反映企业利用债权人提供的资金从事经营活动的能力。计算公式为：

$$\text{资产负债率(\%)}=\frac{\text{负债总额}}{\text{资产总额}}\times100\%$$

资产与负债均为报告期期末数。

流动资产周转次数 指一定时期内流动资产完成的周转次数，反映投入工业企业流动资金的周转速度。计算公式为：

$$\text{流动资产周转次数}=\frac{\text{产品销售收入}}{\text{全部流动资产平均余额}}$$

公式中：全部流动资产平均余额为期初和期末的流动资产之和的算术平均值。

成本费用利润率 反映企业投入的生产成本及费用的经济效益，同时也反映企业降低成本所取得的经济效益。计算公式为：

$$\text{成本费用利润率(\%)}=\frac{\text{利润总额}}{\text{成本费用总额}}\times100\%$$

公式中：成本费用总额为产品销售成本、销售费用、管理费用、财务费用之和。

产品销售率 该指标反映工业产品已实现销售的程度，是分析工业产销衔接情况，研究工业产品满足社会需求的指标。计算公式为：

$$\text{产品销售率(\%)}=\frac{\text{工业销售产值}}{\text{工业总产值(现价)}}\times100\%$$

全员劳动生产率 指根据产品的价值量指标计算的平均每一就业人员在单位时间内的产品生产量。是考核企业经济活动的重要指标，是企业生产技术水平、经营管理水平、职工技术熟练程度和劳动积极性的综合表现。目前，我国的全员

劳动生产率是将工业企业的增加值除以同一时期全部就业人员的平均人数来计算的。计算公式为:

$$全员员劳动生产率=\frac{工业增加值}{全部从业人员平均人数}$$

资本保值增值率 该指标反映企业净资产的变动状况，是企业发展能力的集中体现。计算公式为:

$$资本保值增值率（\%）=\frac{报告期期末所有者权益}{上年同期期末所有者权益}\times 100\%$$

工业经济效益综合指数 是综合衡量地区工业经济效益总体水平的一种特殊相对数，是反映一定时期工业经济运行质量的主要指标。工业经济效益综合指数由总资产贡献率、资本保值增值率、资产负债率、流动资产周转率、成本费用利润率、全员劳动生产率和产品销售率的实际数值分别除以该项指标的全国标准值，并乘以各自的权数，加总后除以总权数求得。该指标可从静态水平和动态趋势上较为全面地反映各地区工业经济效益的变化情况，并可在一定程度上消除地区对比的不可比因素。

Explanatory Notes on Main Statistical Indicators

Industry refers to the material production sector which is engaged in the extraction of natural resources and processing and reprocessing of minerals and agricultural products, including (1) extraction of natural resources, such as mining, salt production (but not including hunting and fishing); (2) processing and reprocessing of farm and sideline produces, such as rice husking, flour milling, wine making, oil pressing, silk reeling, spinning and weaving, and leather making; (3) manufacture of industrial products, such as steel making, iron smelting, chemicals manufacturing, petroleum processing, machine building, timber processing; water and gas production and electricity generation and supply; (4)repairing of industrial products such as the repairing of machinery and means of transport (including cars).

In industrial statistics surveys, the units of enquiry are corporate industrial enterprises with independent accounting systems.

Corporate industrial enterprises with independent accounting systems refer to enterprises engaging in industrial production activities, which meet the following requirements: (1) They are established legally, having their own names, organizations, location and able to take civil liability; (2) They possess and use their assets independently, assume liabilities and are entitled to sign contracts with other units; (3) They are financially independent and compile their own balance sheets.

Enterprises covered in the industrial statistics in the Yearbook include the following categories by their registration:

State-owned and State-holding Enterprises refer to state-owned enterprises plus State-holding enterprises. State-owned enterprises (originally known as State-run enterprises with ownership by the whole society) are non-corporate economic entities registered in accordance with the Regulation of the People's Republic of China on the Management of Registration of Legal Enterprises, where all assets are owned by the State. Included in this category are State-owned enterprises, State-funded corporations and State-owned joint-operation enterprises. Joint State-private industries and private industries, which existed before 1957, were transformed into state-run industries since 1957, and into State-owned industries after 1992. Statistics on those enterprises are included in the State-owned industries instead of being grouped them separately. State-holding enterprises are a sub-classification of enterprises with mixed ownership, referring to enterprises where the percentage of State assets (or shares by the State) is larger than any other single share holder of the same enterprise. This sub-classification illustrates the control of the State over a particular industry.

Collective-owned Enterprises refer to economic entities registered in accordance with the Regulation of the People's Republic of China on the Management of Registration of Legal Enterprises, where assets are owned collectively. Collective enterprises constitute an integral part of the socialist economy with public ownership. They include urban and rural enterprises invested collectively, and some enterprises registered in industrial and commercial administration agency as collective units where funds are pooled together by individuals who voluntarily give up their right of ownership.

Share-holding Cooperative Enterprises refer to economic units set up on a cooperative basis, with funding partly from employees of the enterprise and partly from outside investment, where the operation and management is decided by all the members who also participate in the production, and the distribution of income is based both on work (labour input) and on shares (capital input).

Joint-operation Enterprises refer to economic units that are established by joint investment by two or more corporate enterprises or institutions of the same or different types of ownership on voluntary, equal and mutual-beneficial basis. They include:

a) State-owned joint-operation enterprises (joint operation between State-owned enterprises);

b) Collective joint-operation enterprises (joint operation between collective enterprises; and

c) State-collective joint-operation enterprises (joint operation between state and collective enterprises).

Limited Liability Corporations refer to economic units registered in accordance with the Regulation of the People's Republic of China on the Management of Registration of Corporations, with capital from 2 to 49 investors, each investor bears limited liability to the corporation depending on his/her holding of shares, and the corporation bears liability to its debt to the maximum of its total assets.

Share-holding Corporations Ltd. refer to economic units registered in accordance with the Regulation of the People's Republic of China on the Management of Registration of Corporate Enterprises, with total registered capital divided into equal shares and raised through issuing stocks. Each investor bears limited liability to the corporation depending on the holding of shares, and the corporation bears liability to its debt to the maximum of its total assets.

Private Enterprises refer to economic units invested or controlled (by holding the majority of the shares) by natural persons who hire labours for profit-making activities. Included in this category are private limited liability corporations, private share-holding corporations Ltd., private partnership enterprises and private sole investment enterprises registered in accordance with the Corporation Law, Partnership Enterprise Law and Tentative Regulation on Private Enterprises.

Enterprises with Funds from Hong Kong, Macao and Taiwan refers to all industrial enterprises registered as the joint-venture, cooperative, sole (exclusive) investment industrial enterprises and limited liability corporations with funds from Hong Kong, Macao and Taiwan.

Foreign Funded Enterprises refer to all industrial enterprises registered as the joint-venture, cooperative, sole (exclusive) investment industrial enterprises and limited liability corporations with foreign funds.

Enterprises with Hong Kong, Macao, Taiwan and Foreign Fund refer to all the enterprises with funds from Hong Kong, Macao, Taiwan and foreign funded enterprises.

Light Industry refers to the industry that produces consumer goods and hand tools. It consists of two categories, depending on the materials used:

(1) Industries using farm products as raw materials. These are the branches of light industry which directly or indirectly use farm products as basic raw materials, including the manufacture of food and beverages, tobacco processing, textile, clothing, fur and leather manufacturing, paper making, printing, etc.

(2) Industries using non-farm products as raw materials. These are the branches of light industry which use manufactured goods as raw materials, including the manufacture of cultural, educational articles and sports goods, chemicals, synthetic fibre, chemical products for daily use, glass products for daily use, metal products for daily use, hand tools, medical apparatus and instruments, and the manufacture of cultural and office machinery.

Heavy Industry refers to the industry which produces capital goods, and provides various sectors of the national economy with necessary material and technical basis for production. It consists of the following three branches according to the purpose of production or the use of products:

(1) Mining, quarrying and logging industry, which refers to the industry that extracts natural resources, including extraction of petroleum, coal, metal and non-metal ores.

(2) Raw materials industry refers to the industry that provides various sectors of the national economy with raw materials, fuels and power. It includes smelting and processing of metals, coking and coke chemistry, chemical materials and building materials such as cement, plywood, and power, petroleum refining and coal dressing.

(3) Manufacturing industry which refers to the industry that processes raw materials. It includes machine-building industries which equip sectors of the national economy; industries producing metal structure and cement products; and industries producing means of agricultural production, such as chemical fertilizers and pesticides.

In accordance with the above principles of classification, the repairing trades, which are engaged primarily in repairing products of heavy industry, are classified as heavy industry while those which are engaged in repairing products of light industry are classified as light industry.

Gross Industrial Output Value

(1) Definition: Gross industrial output value is the total volume of final industrial products produced and industrial services provided during a given period. It reflects the total achievements and overall scale of industrial production during a given period.

(2) Principles for calculation:

Statistics on industrial production follow the principle that all products produced by the enterprises and accepted through quality check during the reference period are to be included no matter whether they are sold or not during the reference period.

Determination of final products follows the principle that all products that are included in the calculation of gross industrial output value are the final products of the enterprise which have been accepted through quality check and require no further processing. If an enterprise has intermediate (semi-finished) products to sell, these intermediate products are considered as the final products of the enterprise.

Gross industrial output value is calculated following the principle of factory approach, i.e. industrial enterprise is used as the basic accounting unit in calculating the gross industrial output value. By this approach, value of the same product is not to be double-counted, and the output value of different workshops (branch factories) within the enterprise should not be added. However, this approach allows the possibility of double counting between enterprises.

(3) Content and method of calculation: The old definition of gross industrial output value was modified during the 1995 National Industrial Census. The revised (new) definition of gross industrial output value consists of 3 components: value of the finished products during the reference period, income from processing for external parties, and value of change in semi-finished products between the end and the beginning of the reference period.

Value of finished products during the reference period: refers to the value of all finished (semi-finished) industrial products that are produced during the reference period without the need for further processing, checked for acceptance, packed and put into the warehouse of the enterprise, including the value of own-produced equipment and the value of products provided to the projects under construction of the enterprise, and to other non-industrial or welfare units. Value of finished products during the reference period is calculated by the quantity of products produced using own materials multiplied by the average unit prices at which products are sold (excluding value-added tax). Own-produced equipment and products produced for own use are valued at cost prices as in the case of enterprise accounting. Value of finished products does not include the value of finished products (semi-finished products) that are produced using the materials from the clients who place the orders.

Income from external processing: refers to income from contracted external processing of industrial products (including processing of industrial products using materials from the clients), and the income from industrial repairing work provided to other parties. Income from external processing is calculated using information from the item "products sales income" in the enterprise accounting at the prices with value-added tax excluded.

For income from services such as processing, repairing and installation of equipment provided to non-industrial units within the enterprise, if the accounting work of the enterprise is good enough to separate it from other records, and the share of such services is significant, it should also be included in the income from external processing.

Value of change in semi-finished products between the end and the beginning of the reference period: refers to the value of change in semi-finished products between the end and the beginning of the reference period, which generally can be obtained from accounting records of enterprises. If the enterprise accounting excludes the cost of semi-finished products, then it should not be included in the gross industrial output value, and the reverse if otherwise.

(4) Changes in the scope and method of calculation of the gross industrial output value

Prior to 1984, the value of rural industry run by villages was classified into agriculture instead of industry. Since 1984, it has been included in the gross industrial output value. Method of calculation for the gross industrial output value was modified in the industrial census in 1995. The difference in the new method as compared with the old one is outlined below:

Principle in using full value vs. processing fee: The new method stipulates that all products produced using own materials are to be calculated with full value in reporting the gross industrial output value irrespective of the complexity of production, and for external processing, it allows calculation using processing fee. In the old method, however, the use of full value or processing fee was determined by the degree of complexity of production in different branches of industries.

Principle in determining the value of change in semi-finished products: The new method requires that value of change in semi-finished products should be included in the gross industrial output value if it is included in the accounting record of the enterprise, otherwise it should not be included. In the old method, it is determined by the type of enterprises in terms of production cycle. If the production cycle is over 6 months, the value of change in semi-finished products is included in the gross industrial output value, otherwise it is not.

Difference in prices: The new method uses prices excluding value-added tax in the calculation of gross industrial output value, while the old method used prices including value-added tax.

Value-added of Industry refers to the final results of industrial production of industrial enterprises in money terms during the reference period.

Industrial value-added can be calculated by two approaches: the production approach, i.e. gross industrial output value minus intermediate input plus value-added tax, and the income approach, i.e. income for various factors used in the course of production, including depreciation of fixed assets, remuneration of labourers, net of production tax, and operating surplus. Value-added of industry in the Yearbook is calculated by the production approach as follows:

Value-added of industry = gross industrial output - industrial intermediate input + value-added tax

(1) Gross industrial output: refers to the total achievements of industrial production activities during a given period. Gross industrial output includes value of finished products, income from external processing, and value of change in semi-finished products between the end and the beginning of the reference period. Since 1995, the gross industrial output value obtained by the new method is used in the calculation.

(2) Industrial intermediate input: refers to purchased goods and paid services consumed during the industrial production of enterprises. Fees paid for services include fees paid for the services provided by material production sectors (industry, agriculture, wholesale and retail trade, construction, transport, post and telecommunications) and by non-material production sectors (insurance, banking, culture, education, scientific research, health and medical care, public administration, etc.). The determination of industrial intermediate input follows the principle that the goods and services must be purchased from outside and included in the gross industrial output, and that the goods and services are inputted into production and consumed (include low-value consumables) during the reference period.

Industrial intermediate input includes 5 components, namely direct consumption of materials, industrial intermediate input in manufacturing cost, industrial intermediate input in management cost, industrial intermediate input in marketing cost and expenditure on interest.

Total Assets refer to all economic resources, in monetary term, these are owned or controlled by enterprises, including properties, creditor's equity and other economic rights of all forms. Classified by the degree of liquidity, total assets include working capitals, long-term investment, fixed assets, intangible assets, deferred assets and other assets. Data on this indicator can be obtained by the year-end figures of total assets in the Assets and Liability Table of accounting records of enterprises.

Working Capital refers to capital that an enterprise can cash or use during one year or one production cycle that may exceed one year, including cash and savings deposits of various forms, short-term investment, money receivable and prepaid money, inventories, etc.

Annual Average Value of Working Capital refers to the average value of all working capital of the enterprise during the reference period.

Original Value of Fixed Assets refers to the total value, in monetary terms, that an enterprise spent on fixed assets, through construction, purchase, installation, transformation, expansion or technical upgrading. Generally, it covers cost of purchase, packing, transportation and installation, etc.

Annual Average of Net Value of Fixed Assets refers to the average of the net value of fixed assets during the reference period, calculated with the following formula:

$$\text{Annual Average of Net Value of Fixed Assets} = \frac{\text{sum of net value of fixed assets at the beginning and at the end of each month from January to December}}{24}$$

Information on this indicator can be obtained from the beginning and ending figures of the original value of fixed assets and cumulative depreciation from the Assets and Liability Table of enterprises.

Net value of fixed assets refers to the original value of fixed assets minus depreciation over the years, i.e.:

Net value of fixed assets = original value of fixed assets - cumulative depreciation

Total Liabilities refer to payable liabilities of enterprises that have to be repaid in terms of money, assets or labour services. In terms of payment, it can be divided into liquid liabilities and long-term liabilities. Data on this item is obtained from the ending figures on total liabilities from the Assets and Liability Table from the enterprises.

Owner's Equity refers to the ownership of net assets of enterprise by its investors. Net assets equal total assets minus total liabilities of the enterprise, including the actual assets invested into the enterprise by investors, accumulation of capital and operating surplus and non-distributed profits. The enterprise's assets are less than its liabilities if the sum of owner's equity is smaller than zero.

Revenue from Principal Business is obtained by deducting depreciation over years from the original value of fixed assets.

Cost of Principal Business refers to the revenue from the sales of products by industrial enterprises and the revenue from services provided and etc.

Tax and Extra Charges from Principal Business refers to the actual cost of products of industrial enterprises and industrial services provided, etc.

Total Profits refer to the final achievement of production and operation activities of the enterprises, represented by total profits after deducting losses (loss is expressed by the negative figure). It is the sum of profits from operation, income from subsidies, investment earnings, net income from activities other than operation, and adjustment of profits and losses of previous years.

Value-added Tax Payable in the Current Year refers to the amount of the value-added tax which should be paid by the enterprises during the reference period. It is the sum of tax on sales, export rebate, and transferred tax on purchases of the current year, minus the tax on purchases of the current year. Value-added tax payable of small-size enterprises is determined by the taxable sales of the year multiplied by the tax rate.

Average Annual Number of Employed Persons Employed persons refer to all those who are employed in enterprises and receive remunerations there from, including currently working employees, retirees who are re-employed, teachers of local-run schools, as well as foreigners, staff from Hong Kong, Macao and Taiwan, part-time employees and persons with second job who are employed by the enterprise, and employees of other units temporarily working in the enterprises, but excluding former employees who left the enterprise with their employment records still being kept by the enterprises.

Average number of employed persons refers to the number

of employee everyday during the reference period, calculated with the following formula:

$$\text{Monthly average number} = \frac{\text{sum of actual employees everyday in reference month}}{\text{number of calendar dates in reference month}}$$

$$\text{Quarterly average number} = \frac{\text{sum of monthly average number in reference quarter}}{3}$$

$$\text{Annual average number} = \frac{\text{sum of monthly average number in reference year}}{12}$$

Ratio of Value-added to Gross Industrial Output Value refers to the ratio of value added of industry in a given period to the gross output value in the same period, which reflects the economic efficiency of cutting down the intermediate input. It is calculated as follows:

Ratio of Value-added to Gross Industrial Output Value (%) =Value Added of Industry (at Current Prices)/Gross Output Value (at Current Prices) ×100%

Ratio of Profits, Taxes and Interests to Average Assets reflects the profit-making capability of all assets of the enterprise and is a key indicator manifesting the performance and management and evaluating the profit-making potential of the enterprise. It is calculated as follows:

$$\text{Ratio of Profits, Taxes and Interests to Average Assets (\%)} = \frac{\text{total profits + total taxes + interest payment}}{\text{average assets}} \times 100\%$$

In the above formula, total taxes is the sum of tax and extra charges on the sales of products and value-added tax payable; and average assets is the arithmetic mean of the sum of beginning assets and ending assets.

Ratio of Debts to Assets reflects both the operation risk and the capability of the enterprise in making use of the capital from the creditors. It is calculated as follows:

$$\text{Ratio of Debts to Assets (\%)} = \frac{\text{total debts}}{\text{total assets}} \times 100\%$$

Both assets and debts are figures at the end of the reference period.

Turnover of Working Capital refers to the number of times of turnover of working capital in a given period of time, which reflects the speed of the turnover of working capital of industrial enterprises, and is calculated as follows:

$$\text{Turnover of Working Capital} = \frac{\text{sales revenue of products}}{\text{average balance of total working capital}}$$

In the above formula, average balance of total working capital refers to the arithmetic mean of the sum of working capital at the beginning and at the end of the reference period.

Ratio of Profits to Total Industrial Costs refers to the ratio of profits realized in a given period to the total costs in the same period, which reflects the economic efficiency of input cost and is calculated as follows:

$$\text{Ratio of Profits to Total Industrial Cost (\%)} = \frac{\text{total profits}}{\text{total costs}} \times 100\%$$

Total costs in the above formula are the sum of cost of products sold, marketing cost, management cost and financial cost.

Sales Ratio of Products is an indicator reflecting the actual sale of industrial products, analyzing the production-selling and supply-demand relations. It is calculated as:

$$\text{Sales Ratio of Products (\%)} = \frac{\text{value of industrial sales}}{\text{gross industrial output value (current prices)}} \times 100\%$$

Overall Labor Productivity refers to the average output per employed person in industrial enterprises in value terms. At present, the value added and the average number of staff and workers of an industrial enterprises in a given period are used to calculate the overall labor productivity. It is calculated as:

$$\text{Overall Labor Productivity} = \frac{\text{Value Added of Industry}}{\text{Average Number of Staff and Workers}}$$

Changing Rate of Net Assets refers to the changes of an enterprise's net assets. It epitomizes the growth capability of an enterprise .Its calculating formula is:

$$\text{Changing Rate of Net Assets} = \frac{\text{Ownership equity at the end of the reporting period}}{\text{Ownership equity at same period of the previous year}} \times 100\%$$

Aggregate Index of Industrial Economic Efficiency is a special kind of relative figure to comprehensively measure overall economic efficiency of regional industry, showing the quality of industrial economic efficiency of the reference period. Industrial comprehensive index of economic efficiency is calculated with 7 items of ratio of total assets to industrial output value, ratio of creditors' equity of current year to that of previous year, ratio of liabilities to assets, turnover ratio of output value, circulating funds, ratio of profits to cost, overall labor productivity, ratio of sales to products. The actual figure of every indicator above is divided by responding national standard numerical value, and the results multiply correlative weight coefficients, then the total number is divided by general weight coefficient. The index comprehensively reflects the changes of regional industrial economic efficiency in static and dynamic status, eliminating the incomparable factors at a certain extent.

14

建筑业

CONSTRUCTION

◆349/368

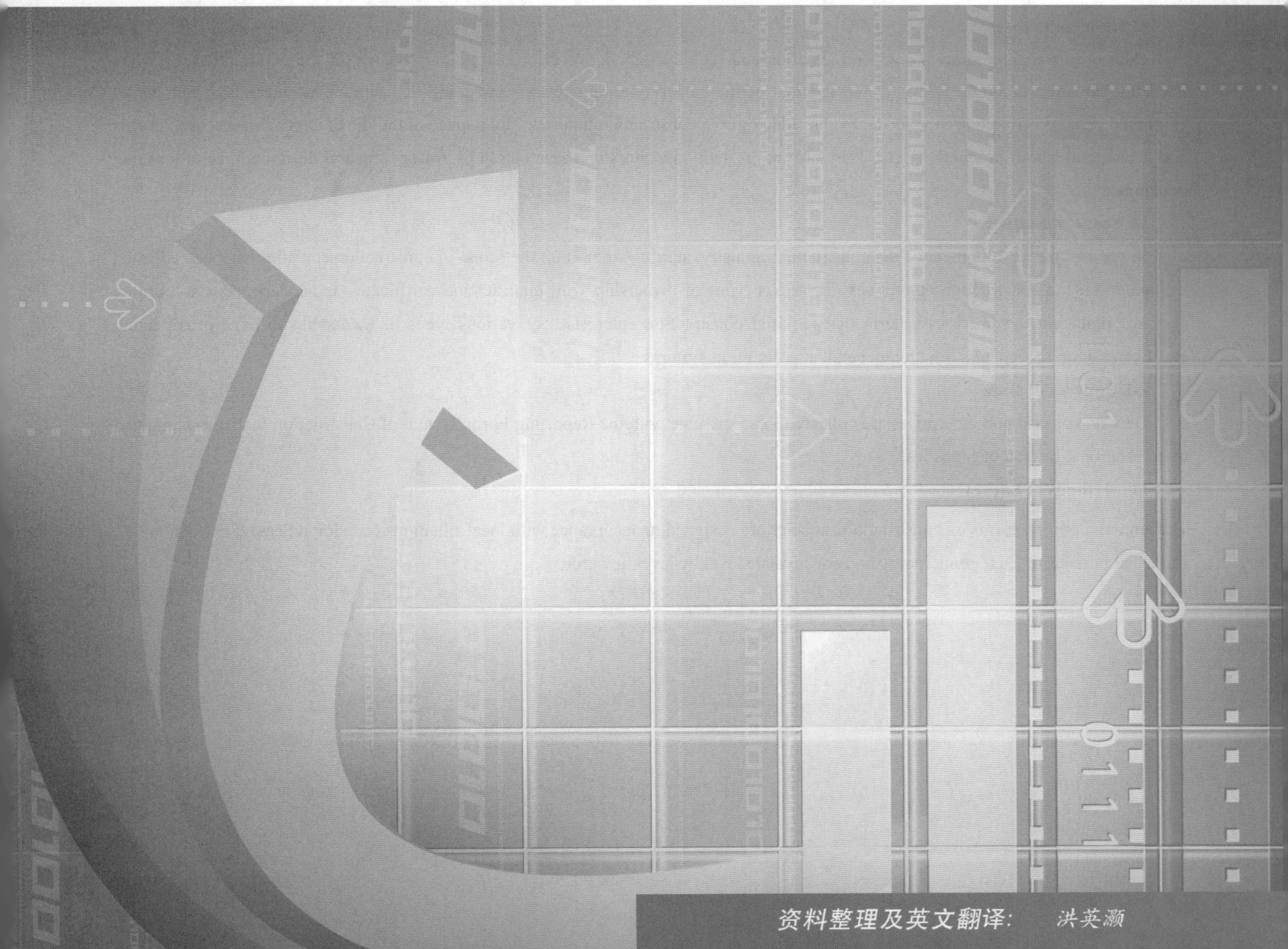

资料整理及英文翻译:　洪英灏

简要说明

一、本篇资料的主要内容

本篇资料反映全省建筑业概况和发展情况。包括建筑业企业基本情况和生产经营情况。主要指标有企业个数、从业人员数、建筑业总产值、房屋建筑面积、自有机械设备、资产负债、损益及分配、劳动生产率等。

二、本篇的统计范围

根据建筑业发展的实际情况，建筑业统计范围从2002年年报起由原具有建筑业资质等级四级及四级以上的独立核算建筑业企业调整为具有建筑业资质的独立核算建筑业企业。

三、本篇的资料来源

本篇建筑业企业统计数据是根据国家统计局制定的《建筑业统计报表制度》搜集资料，整理汇总的。

四、本篇的统计调查方法

由各级统计部门采取全面调查的方法布置、收集。

Brief Introduction

I. Main Contents

Data in this chapter show the general situation and the development of the construction industry for the whole province. They cover the situation of production and management of the construction enterprises, including the number of enterprises; number of employed persons; gross output value and value added of the construction industry; floor space of buildings under construction; profits and taxes ; and labour productivity etc. They also cover main indicators on the situation of prospecting and designing institutions and personnel.

II. Scope of Statistics

In view of the development of the construction industry, starting from 2002 the scope of construction statistics has been adjusted to include all the construction enterprises of various types of ownership with qualification certificates and independent accounting systems, replacing the previous criteria that required construction enterprises of various types of ownership to have qualification certificates at or above Class 4 with independent accounting systems.

III. Sources of Data

Data on construction enterprises are collected in accordance with the Reporting Form System of Construction Statistics stipulated by the National Bureau of Statistics.

IV.Methods of Survey

The annual reporting forms on construction statistics are designed in accordance with local situations for comprehensive collection by statistical bureaus of each municipality and conveyance level by level upwards.

14-1 建筑业主要经济指标

Main Economic Indicators on Construction

指　　标	Item	2010	2011
企业个数(个)	**Number of Enterprises(unit)**	**1391**	**1428**
建筑业合同情况(万元)	**Construction Contract(10000 yuan)**		
签订的合同额	Contract Value Signed	29450264	34449578
上年结转合同额	Contract Value on Hand last Year	10482006	12512699
本年新签合同额	Contract Value Newly Signed this Year	18968258	21936879
承包工程完成情况(万元)	**Conditions Finished of Contracted Projects(10000 yuan)**		
直接从建设单位承揽工程完成的产值	Completed Output Value of Projects Constracted Directly from Investors	16589619	20711750
自行完成施工产值	Own-completed output Value	16345356	20497706
分包出去工程的产值	Output Value of out-sourced Projects	244263	214044
从建设单位以外承揽工程完成的产值	Completed Output Value of Projects Constracted from Non-investors	569342	469458
建筑业总产值(万元)	**Gross Output Value(10000 yuan)**	**16914698**	**20967164**
#装饰装修产值	Building Decoration	646452	971852
在外省完成的产值	Output in Other Provinces	4643854	5794648
建筑工程产值	Construction	15235067	18546514
安装工程产值	Installation	1006093	1383015
其他产值	Others	673538	1037635
竣工产值(万元)	**Buildings Completed Output Value of Construction(10000yuan)**	**9879037**	**11809686**
房屋建筑施工及竣工面积(万平方米)	**Floor Space of Buildings Under Construction and Completed(10000 sq.m)**		
房屋建筑施工面积	Floor Space of Buildings Under Construction	13669.67	15514.26
#本年新开工面积	Floor Space Started this Year	7763.31	9064.83
实行投标承包面积	Floor Space Constructed through Bidding	10813.91	11496.74
#本年新开工	Started this Year	6700.25	7556.60
房屋建筑竣工面积	Floor Space of Buildings Completed	6488.09	7813.18
住宅房屋	Residential Buildings	4011.32	4914.99

14-1 续表1 continued

指　　标	Item	2010	2011
竣工房屋价值(万元)	**Value of Floor Space (10000 yuan)**	**5252408**	**6898773**
住宅房屋	Residential Buildings	3289745	4299695
年末自有机械设备	**Year-end Self-own Machinery and Equipment**		
净　值(万元)	Net Value of Machinery and Equipment Owned(10000 yuan)	567475	668953
总台数(台)	Number of Machinery and Equipment Owned(set)	185616	161961
总功率(万千瓦)	Total Power of Machinery and Equipment Owned (10000 kw)	261.22	305.84
劳动人员情况(万人)	**Labourers(10000 persons)**		
计算劳动生产率的平均人数	Staff and Workers Annual Average	90.38	83.10
期末从业人数	Number of Persons Engaged	86.10	85.02
#管理人员	Manager in Employed Persons at the Year-end	7.47	8.15
工程技术人员	Technologist in Employed Persons at the Year-end	12.49	14.13
年末资产负债(万元)	**Year-end Assets and Liabilities(10000 yuan)**		
流动资产合计	Total Circulating Funds	6330677	8652785
#存　货	Stock	1348936	1684747
固定资产合计	Total Fixed Assets	2232447	1877310
固定资产原值	Original Value of Fixed Assets	2326120	2169680
累计折旧	Total Depreciation	658427	662095
#本年折旧	Depreciation This Year	164909	110834
在建工程	Under Construction Project	178192	233440
资产合计	Total Assets	9494729	11262444
流动负债合计	Liquid Liabilities	5104727	6496621
负债合计	Total Liabilities	5457239	7013979
所有者权益合计	Total Creditors Equity	4003941	4242577
#实收资本	Capitals Hold	2851538	3031304
国家资本	State-owned	956670	630343
集体资本	Collective-owned	379489	351411
法人资本	Institutional Units	631116	927361
个人资本	Individuals	834597	1110347
港澳台资本	Funds from Hong Kong,Macao and Taiwan	38676	8706
外商资本	Foreign Funds	10990	289
损益及分配(万元)	**Loss-profit and Allocation(10000 yuan)**		
工程结算收入	Revenue of Project Settlement Accounts	13552639	17288819

14-1 续表2 continued

指　　标	Item	2010	2011
工程结算成本	Costs of Project Settlement Accounts	11912264	15348880
工程结算税金及附加	Taxes and Extra Charges on Project Settle Accounts	571069	629681
其他业务利润	Other Profit from Business	34885	33977
销售费用	Selling Expenses	92090	96463
管理费用	Management Fee	372461	485957
#税金	Taxes	28844	31693
差旅费	Travel Expense	21863	27437
工会经费	Trade Union Outlays	6578	7150
财务费用	Financial Expenses	69199	75054
#利息支出	Expenses of Interest	40157	36057
营业利润	Profits of Business	557853	604715
营业外收入	Nonoperating Income	8014	18430
营业外支出	Nonoperating Expense	8423	20568
利润总额	Total Profits	562790	624672
#应交所得税	Income Tax Payable	82278	129178
工资、福利费(万元)	**Wages,Welfare (10000 yuan)**		
应付职工薪酬	Payable Total Wages	1609673	2071473
其他	**Others**		
劳动生产率(按总产值计算)(元/人)	Overall Labor Productivity (In Terms of Gross Output Value)(yuan/person)	187151	252312
利税总额(万元)	Total Pre-Tax Profits(10000 yuan)	1162702	1286046
产值利润率(%)	Ratio of Profit to Gross Output Vaiue(%)	3.3	3.0
产值利税率(%)	Ratio of Pre-tax Profit to Gross Output Value(%)	6.9	6.1
资产负债率(%)	Assets-Liability Ratio(%)	57.5	62.3
技术装备率(元/人)	Value of Machinery per Laborer(yuan/person)	6591	7868
动力装备率(千瓦/人)	Power of Machinery per Laborer(kw/person)	3.0	3.6
房屋建筑面积竣工率(%)	Rate of Floor Space of Buildings Completed(%)	47.5	50.4

注：建筑业统计范围为具有建筑业资质等级的独立核算建筑业企业。

a) Statistics of Construction refers to enterprises with qualification and with independent accounting.

14-2 按登记注册类型分的建筑业企业主要经济指标（2011年）

指 标	Item	合 计 Total	内资企业 Domestic Funded
企业个数(个)	**Number of Enterprises(unit)**	**1428**	**1420**
建筑业合同情况(万元)	**Construction Contract(10000 yuan)**		
签订的合同额	Contract Value Signed	34449578	34251379
上年结转合同额	Contract Value on Hand last Year	12512699	12333374
本年新签合同额	Contract Value Newly Signed this Year	21936879	21918005
承包工程完成情况(万元)	**Conditions Finished of Contracted Projects(10000 yuan)**		
直接从建设单位承揽工程完成的产值	Contracted Directly from Fabricative Units Output Value Finished of Projects	20711750	20640123
自行完成施工产值	Output Value Self-Finished of Buildings Under Construction	20497706	20426079
分包出去工程的产值	Output Value of Projects Subcontracted	214044	214044
从建设单位以外承揽工程完成的产值	Contracted Directly Exceptant Fabricative Units Output Value Finished of Projects	469458	469458
建筑业总产值(万元)	**Gross Output Value (10000 yuan)**	**20967164**	**20895537**
#装饰装修产值	Building Decoration	971852	967863
在外省完成的产值	Output in Other Provinces	5794648	5742031
建筑工程产值	Construction	18546514	18533499
安装工程产值	Installation	1383015	1328530
其他产值	Others	1037635	1033508
竣工产值(万元)	**Buildings Completed Output Value of Construction(10000 yuan)**	**11809686**	**11717077**
房屋建筑施工及竣工面积(万平方米)	**Floor Space of Buildings Under Construction and Completed(10000 sq.m)**		
房屋建筑施工面积	Floor Space of Buildings Under Construction	15514.26	15508.73
#本年新开工面积	Floor Space Started this Year	9064.83	9064.14
实行投标承包面积	Floor Space of Enter a bid Contract	11496.74	11496.06
#本年新开工	Started this Year	7556.60	7555.92
房屋建筑竣工面积	Floor Space of Buildings Completed	7813.18	7808.33
住宅房屋	Residential Buildings	4914.99	4914.99
商业及服务用房屋	Buildings for Business and Service	337.50	337.50
商厦房屋(批发和零售用房)	Building for Wholesale and Retail	119.92	119.92
宾馆用房屋(住宿用房)	Accommodation Buildings	60.39	60.39
餐饮用房屋(餐饮用房)	Dinning Buildings	40.69	40.69
商务会展用房屋	Business Exhibition Building	4.54	4.54
其他商业及服务用房屋(居民服务业用房)	Other Buildings for Business and Service	111.96	111.96
办公用房屋	Office Buildings	652.41	647.57
科研、教育、医疗用房屋	Buildings for Scientific Research,Education and Medical Sevice	436.88	436.88
科学研究用房屋	Buildings for Scientific Research	27.24	27.24
教育用房屋	Education Building	309.35	309.35
医疗用房屋(卫生医疗用房)	Medical Buildings	100.30	100.30
文化、体育、娱乐用房屋	Buildings for Culture,Sports and Entertainment	67.57	67.57
厂房及建筑物	Factory Buildings	1033.10	1033.10
厂房	Factories	298.33	298.33
仓库	Warehouses	115.54	115.54
其他未列明的房屋建筑物	Other Buildings	255.18	255.18

Main Economic Indicators on Construction Enterprises by Registrtion Status (2011)

国有企业 State-owned	集体企业 Collective-owned	股份合作企业 Cooperative	联营企业 Joint Ownership Units	有限责任公司 Limited liability Enterprises	股份有限公司 Share-holding Corporations Ltd	私营企业 Private Enterprise	其他企业 Others	港澳台商投资企业 Funded from Hong Kong, Macao and Taiwan	外商投资企业 Foreign Funded
166	**200**	**22**	**5**	**465**	**101**	**452**	**9**	**7**	**1**
10882566	3329981	307080	16782	9824728	3323970	6532522	33750	197728	471
4483148	1058920	74702	5635	3564335	1563839	1580447	2348	179325	
6399418	2271061	232378	11147	6260393	1760131	4952075	31402	18403	471
4951397	2551173	240920	25867	5932134	1858337	5050150	30145	71156	471
4769034	2547118	240920	25789	5908841	1857244	5046988	30145	71156	471
182363	4055		78	23293	1093	3162			
226322	15428		11783	78304	3103	134518			
4995356	**2562546**	**240920**	**37572**	**5987145**	**1860347**	**5181506**	**30145**	**71156**	**471**
84374	81968	2698	3362	287640	59621	443310	4890	3989	
2199287	289654	7960	1764572	429239	1051319		52617		
4356680	2435729	179909	24194	5269777	1827849	4409534	29827	13015	
492934	83022	49284	13378	245544	25539	418785	44	54014	471
145742	43795	11727		471824	6959	353187	274	4127	
2480464	**1661811**	**158017**	**13409**	**3420305**	**734779**	**3232851**	**15441**	**92609**	
2510.05	2547.95	186.47	14.17	4964.03	1203.44	4078.28	4.34	5.53	
1440.78	1476.60	94.81	8.49	2852.96	780.95	2407.44	2.11	0.69	
2094.20	1772.22	115.90	7.73	3703.69	986.62	2813.13	2.57	0.68	
1247.01	1147.94	72.81	7.52	2488.84	682.76	1906.93	2.11	0.68	
988.96	1515.56	93.96	9.17	2250.77	610.72	2334.85	4.34	4.85	
656.34	1134.52	41.55	0.60	1288.78	388.98	1400.30	3.92		
35.69	63.62	1.00	1.75	91.97	21.46	122.01			
13.96	32.77	0.59		30.63	1.95	40.02			
0.15	8.00			19.69	8.40	24.15			
5.47	16.32			6.75	0.46	11.69			
				1.24	2.58	0.72			
16.11	6.53	0.42	1.75	33.65	8.07	45.43			
48.79	70.86	27.08	1.61	224.27	27.48	247.48		4.84	
50.56	54.19	3.82	5.21	158.29	23.15	141.66			
7.35	0.04			7.39	0.22	12.24			
28.08	45.50	3.82	5.21	106.62	19.23	100.89			
15.12	8.66			44.28	3.71	28.53			
4.53	2.16	7.72		31.73	2.07	19.36			
107.23	157.34	12.61		365.60	120.52	269.38	0.42		
30.89	36.56	11.56		107.71	26.53	85.08			
39.89	9.79			27.92	0.25	37.69			
45.92	23.07	0.17		62.23	26.81	96.98			

14-2 续表1

指　　标	Item	合　计 Total	内资企业 Domestic Funded
竣工房屋价值(万元)	**Value of Floor Space (10000 yuan)**	**6898773**	**6889473**
住宅房屋	Residential Buildings	4299695	4299695
商业及服务用房屋	Buildings for Business and Service	314236	314236
商厦房屋(批发和零售用房)	Building for Wholesale and Retail	130413	130413
宾馆用房屋(住宿用房)	Accommodation Buildings	57923	57923
餐饮用房屋(餐饮用房)	Dinning Buildings	37798	37798
商务会展用房屋	Business Exhibition Building	4682	4682
其他商业及服务用房屋(居民服务业用房)	Other Buildings for Business and Service	83420	83420
办公用房屋	Office Buildings	628208	618908
科研、教育、医疗用房屋	Buildings for Scientific Research,Education and Medical Sevice	440308	440308
科学研究用房屋	Buildings for Scientific Research	23178	23178
教育用房屋	Education Building	294747	294747
医疗用房屋(卫生医疗用房)	Medical Buildings	122384	122384
文化、体育、娱乐用房屋	Buildings for Culture,Sports and Entertainment	74451	74451
厂房及建筑物	Factory Buildings	818946	818946
厂房	Factories	262811	262811
仓库	Warehouses	110318	110318
其他未列明的房屋建筑物	Other Buildings	212611	212611
年末自有机械设备	**Year-end Self-own Machinery and Equipment**		
净　值(万元)	Net Value of Machinery and Equipment Owned (10000yuan)	668953	668490
总台数(台)	Number of Machinery and Equipment Owned (set)	161961	161818
总功率(万千瓦)	Total Power of Machinery and Equipment Owned (10000kw)	305.84	305.75
劳动人员情况(万人)	**Labourers(10000 persons)**		
计算劳动生产率的平均人数	Staff and Workers Annual Average	83.10	82.89
期末从业人数	Number of Persons Engaged at the Year-end	85.02	84.83
#管理人员	Manager in Employed Persons at the Year-end	8.15	8.13
工程技术人员	Technologist in Employed Persons at the Year-end	14.13	14.07
年末资产负债(万元)	**Year-end Assets and Liabilities(10000 yuan)**		
流动资产合计	Total Circulating Funds	8652785	8578392
#存　货	Stock	1684747	1677405
固定资产合计	Total Fixed Assets	1877310	1869176
固定资产原值	Original Value of Fixed Assets	2169680	2161391
累计折旧	Total Depreciation	662095	660731
#本年折旧	Depreciation this Year	110834	110343
在建工程	Under Construction Project	233440	232232
资产合计	Total Assets	11262444	11178704
流动负债合计	Liquid Liabilities	6496621	6423141
#应付账款	Payable Accounts	1562781	1547206
非流动负债合计	Non-current Liabilities	285066	284046
负债合计	Total Liabilities	7013979	6939241

continued

国有企业 State-owned	集体企业 Collective-owned	股份合作企业 Cooperative	联营企业 Joint Ownership Units	有限责任公司 Limited liability Enterprises	股份有限公司 Share-holding Corporations Ltd	私营企业 Private Enterprise	其他企业 Others	港澳台商投资企业 Funded from Hong Kong, Macao and Taiwan	外商投资企业 Foreign Funded
1017771	**1300550**	**104067**	**12133**	**1960631**	**500610**	**1988377**	**5334**	**9300**	
673390	980428	43254	610	1071037	335574	1190362	5040		
35467	65301	1760	1182	85260	23058	102208			
17094	37188	1007		28678	3217	43229			
130	7724			20732	8581	20756			
5601	15023			5083	339	11752			
				1360	1973	1349			
12642	5366	752	1182	29407	8949	25122			
60809	60996	30797	1125	206824	29368	228989		9300	
54627	44898	3394	9216	171605	20125	136443			
3001	43			5698	192	14244			
34938	36766	3394	9216	101700	17071	91662			
16689	8088			64209	2862	30536			
4932	687	9680		41419	1690	16043			
96722	125826	15109	300627	71759	208609	294			
34258	26450	13462		105915	24467	58259			
44365	7787			27402	150	30614			
47459	14627	73		56456	18887	75109			
166964	59369	6987	968	217305	61662	152459	2776	463	
27736	23758	2500	169	46590	20272	40430	363	143	
69.13	34.06	2.95	0.16	109.81	23.40	65.72	0.52	0.09	
16.24	11.22	1.14	0.15	27.21	6.22	20.55	0.16	0.21	
17.24	11.79	1.29	0.16	27.24	6.41	20.54	0.16	0.19	
1.44	0.96	0.14	0.01	2.69	0.71	2.17	0.01	0.02	
2.25	1.89	0.17	0.03	4.33	1.36	4.00	0.04	0.06	
2552229	644282	135241	9322	3025286	726741	1477347	7944	74393	
420312	144539	50510	3241	528006	197983	329489	2325	7342	
478799	211682	21800	7684	558786	141738	441397	7290	8084	50
604890	209869	28532	6530	671633	182833	448631	8473	8224	65
218342	55142	9012	2250	204043	63051	105913	2978	1349	15
34236	9050	1403	1338	32583	7357	23942	434	490	1
50019	45097	2061	969	70449	4702	57140	1795	1208	
3234082	972660	169863	19006	3736687	921808	2108146	16452	83690	50
2164817	481238	109166	8754	2194439	546633	913482	4612	73480	
572839	66810	13045	3011	480084	228824	181802	791	15575	
115322	10551	464	101884	26082	29454	289	1020		
2391007	540881	109629	8754	2339447	572774	971830	4919	74738	

14-2 续表2

指标	Item	合计 Total	内资企业 Domestic Funded
所有者权益合计	Total Creditors Equity	4242577	4233576
#实收资本	Capitals Hold	3031304	3014676
国家资本	State-owned	630343	629964
集体资本	Collective-owned	351411	351411
法人资本	Institutional Units	927361	919434
个人资本	Individuals	1110347	1110129
港澳台资本	Funds from Hong Kong,Macao and Taiwan	8706	891
外商资本	Foreign Funds	289	
损益及分配(万元)	**Loss-profit and Allocation(10000 yuan)**		
营业收入	Operational Revenue	17421495	17370290
工程结算收入	Revenue of Project Settlement Accounts	17288819	17237672
营业成本	Operational Cost	15515921	15470395
工程结算成本	Costs of Project Settlement Accounts	15348880	15303403
营业税金及附加	Operational Tax and Additional Expense	656147	654351
工程结算税金及附加	Taxes and Extra Charges on Project Settle Accounts	629681	627885
其他业务利润	Other Profit from Business	33977	33964
销售费用	Selling Expenses	96463	96447
管理费用	Management Fee	485957	484328
#税金	Taxes	31693	31413
差旅费	Travel Expense	27437	27320
工会经费	Trade Union Outlays	7150	7046
财务费用	Financial Expenses	75054	73777
#利息收入	Interest of Revenue	8719	8717
#利息支出	Expenses of Interest	36057	35578
营业利润	Profits of Business	604715	603750
补贴收入	Revenue of Subsidies	1384	1384
营业外收入	Nonoperating Income	18430	18271
营业外支出	Nonoperating Expense	20568	20309
利润总额	Total Profits	624672	623807
#应交所得税	Income Tax Payable	129178	128881
工资、福利费(万元)	**Wages,Welfare (10000 yuan)**		
应付职工薪酬	Payable Total Wages	2071473	2064698
其他	**Others**		
劳动生产率(按总产值计算)(元/人)	Overall Labor Productivity (In Terms of Gross Output Value)(yuan/person)	252312	252088
利税总额(万元)	Total Pre-Tax Profits(10000 yuan)	1286046	1283105
产值利润率(%)	Ratio of Profit to Gross Output Value(%)	3.0	3.0
产值利税率(%)	Ratio of Pre-tax Profit to Gross Output Value(%)	6.1	6.1
资产负债率(%)	Assets-Liability Ratio(%)	62.3	62.1
技术装备率(元/人)	Value of Machinery Per Laborer(yuan/person)	7868	7880
动力装备率(千瓦/人)	Power of Machinery Per Laborer(kw/person)	3.6	3.6
房屋建筑面积竣工率(%)	Rate of Floor Space of Buildings Completed(%)	50.4	50.3

continued

国有企业 State-owned	集体企业 Collective-owned	股份合作企业 Cooperative	联营企业 Joint Ownership Units	有限责任公司 Limited liability Enterprises	股份有限公司 Share-holding Corporations Ltd	私营企业 Private Enterprise	其他企业 Others	港澳台商投资企业 Funded from Hong Kong, Macao and Taiwan	外商投资企业 Foreign Funded
842959	431711	60234	10252	1394606	349034	1133247	11533	8951	50
591242	315898	44943	7169	988773	260016	796542	10093	16578	50
413664	2970			175046	36667	1617		379	
742	257772	24331	159	62399	5841	167			
175782	49735	3376	3717	311032	94762	277230	3800	7927	
965	5356	17236	3293	438702	122656	516129	5792	218	
				300	90		501	7815	
								239	50
4419270	1986239	180639	14063	5466007	1758664	3523915	21493	50893	312
4377721	1974761	179790	13313	5411271	1749562	3510137	21117	50835	312
4072502	1758739	147455	9114	4852295	1591726	3021209	17355	45238	288
4030997	1749602	146804	9115	4808800	1572391	2968643	17051	45189	288
138659	80598	8089	657	213800	61239	150736	573	1795	1
137946	80302	8054	657	199941	61201	139223	561	1795	1
7774	5238	423		10073	1487	8928	41	13	
6990	12935	1599	495	33237	9017	32108	66	16	
131840	52264	12969	1134	144341	37811	102479	1490	1629	
6356	3182	298	75	8497	4824	8155	26	280	
6036	3054	204	119	8347	2046	7474	40	117	
1256	1057	129	3	2294	689	1615	3	104	
18382	5877	269	74	25119	5041	18923	92	1277	
4467	-72	-108	30	2510	1099	791		2	
10982	2269	143	16	11246	2950	7935	37	479	
52340	77377	10274	1814	194857	53868	211323	1897	943	22
907				439	35	3			
4529	3447	1	5	5643	110	4535	1	159	
5526	2838	130		3668	476	7637	34	259	
52269	78360	10113	2959	201622	54932	221688	1864	843	22
14120	18748	758	305	44962	10566	39213	209	295	2
464177	274828	21256	6483	728648	166725	399997	2584	6768	7
307596	228391	211333	250480	220035	299091	252141	188406	338838	
196571	161844	18465	3691	410060	120957	369066	2451	2918	23
1.0	3.1	4.2	7.9	3.4	3.0	4.3	6.2	1.2	4.7
3.9	6.3	7.7	9.8	6.8	6.5	7.1	8.1	4.1	4.9
73.9	55.6	64.5	46.1	62.6	62.1	46.1	29.9	89.3	
9685	5036	5416	6050	7977	9620	7423	17350	2437	
4.0	2.9	2.3	1.0	4.0	3.7	3.2	3.3	0.5	
39.4	59.5	50.4	64.7	45.3	50.7	57.3	100.0	87.7	

14-3 各地区建筑业企业主要经济指标（2011年）

指标	Item	全省 Total	南昌市 Nanchang
企业个数(个)	**Number of Enterprises(unit)**	**1428**	**451**
建筑业合同情况(万元)	**Construction Contract(10000 yuan)**		
签订的合同额	Contract Value Signed	34449578	17753408
上年结转合同额	Contract Value on Hand last Year	12512699	7033294
本年新签合同额	Contract Value Newly Signed this Year	21936879	10720114
承包工程完成情况(万元)	**Conditions Finished of Contracted Projects(10000 yuan)**		
直接从建设单位承揽工程完成的产值	Contracted Directly from Fabricative Units Output Value Finished of Projects	20711750	10008114
自行完成施工产值	Output Value Self-Finished of Buildings Under Construction	20497706	9890515
分包出去工程的产值	Output Value of Projects Subcontracted	214044	117599
从建设单位以外承揽工程完成的产值	Contracted Directly Exceptant Fabricative Units Output Value Finished of Projects	469458	197364
建筑业总产值(万元)	**Gross Output Value (10000 yuan)**	**20967164**	**10087879**
#装饰装修产值	Building Decoration	971852	564668
在外省完成的产值	Output in Other Provinces	5794648	3605807
建筑工程产值	Construction	18546514	8750009
安装工程产值	Installation	1383015	708438
其他产值	Others	1037635	629432
竣工产值(万元)	**Buildings Completed Output Value of Construction(10000 yuan)**	**11809686**	**5149048**
房屋建筑施工及竣工面积(万平方米)	**Floor Space of Buildings Under Construction and Completed(10000 sq.m)**		
房屋建筑施工面积	Floor Space of Buildings Under Construction	15514.26	6996.82
#本年新开工面积	Floor Space Started this Year	9064.83	3443.17
实行投标承包面积	Floor Space of Enter a bid Contract	11496.74	5366.96
#本年新开工	Started This Year	7556.60	2977.77
房屋建筑竣工面积	Floor Space of Buildings Completed	7813.18	2837.17
住宅房屋	Residential Buildings	4914.99	1813.93
商业及服务用房屋	Buildings for Business and Service	337.50	120.11
商厦房屋(批发和零售用房)	Building for Wholesale and Retail	119.92	26.69
宾馆用房屋(住宿用房)	Accommodation Buildings	60.39	20.03
餐饮用房屋(餐饮用房)	Dinning Buildings	40.69	12.64
商务会展用房屋	Business Exhibition Building	4.54	0.96
其他商业及服务用房屋(居民服务业用房)	Other Buildings for Business and Service	111.96	59.78
办公用房屋	Office Buildings	652.41	347.41
科研、教育、医疗用房屋	Buildings for Scientific Research,Education and Medical Sevice	436.88	191.25
科学研究用房屋	Buildings for Scientific Research	27.24	19.57
教育用房屋	Education Building	309.35	112.66
医疗用房屋(卫生医疗用房)	Medical Buildings	100.30	59.03
文化、体育、娱乐用房屋	Buildings for Culture,Sports and Entertainment	67.57	40.21
厂房及建筑物	Factory Buildings	1033.10	231.97
厂房	Factories	298.33	70.23
仓库	Warehouses	115.54	15.81
其他未列明的房屋建筑物	Other Buildings	255.18	76.49

Main Economic Indicators on Construction by Region (2011)

景德镇市 Jingdezhen	萍乡市 Pingxiang	九江市 Jiujiang	新余市 Xinyu	鹰潭市 Yingtan	赣州市 Ganzhou	吉安市 Ji'an	宜春市 Yichun	抚州市 Fuzhou	上饶市 Shangrao
52	**83**	**140**	**67**	**39**	**133**	**104**	**141**	**86**	**132**
917039	715515	3729561	1537345	2521940	1541818	998588	1130837	1486371	2117156
614981	91179	1689702	891394	623424	332686	235604	189704	343681	467050
302058	624335	2039859	645952	1898517	1209132	762984	941133	1142690	1650105
210857	628147	2512873	725560	724116	1400707	769558	949074	1136258	1646486
210339	628147	2508698	666721	724116	1400707	765847	949012	1136235	1617369
518		4175	58840			3711	62	23	29116
500	1978	18998	66403	263	12360	547	1204	10027	159814
210839	**630125**	**2527696**	**733124**	**724379**	**1413067**	**766394**	**950216**	**1146262**	**1777183**
1087	20533	107687	6691	33972	46762	57768	61372	42377	28935
58625	2295	737023	194396	488941	77989	28032	95795	311379	194366
192389	599954	2407261	648714	642249	1164372	697494	880651	1074195	1489226
17693	20542	66154	48924	71546	176234	34561	45166	51189	142568
757	9629	54281	35486	10584	72461	34339	24399	20878	145389
173568	**221937**	**1104806**	**527419**	**336331**	**681713**	**580424**	**729418**	**948398**	**1356624**
449.16	364.40	1404.08	428.60	513.16	791.06	1003.04	1054.18	1177.66	1332.10
232.58	225.57	817.15	240.83	393.68	516.47	740.58	819.61	757.38	877.81
409.87	250.94	942.21	312.06	455.99	432.52	757.12	839.44	857.58	872.05
210.20	194.08	633.78	221.17	372.55	304.41	541.03	704.53	669.07	728.01
127.12	242.08	714.78	186.96	187.32	436.59	674.44	758.58	686.89	961.25
77.59	27.67	538.94	137.12	115.14	290.72	427.56	591.56	476.25	418.51
14.97	17.98	17.70	11.56	4.52	23.35	26.51	6.72	23.69	70.39
3.38	17.78	8.15		1.76	18.11	2.86	1.51	7.65	32.03
		1.20	2.71		0.79	10.15	0.74	8.17	16.60
5.15		2.43	5.30	0.25	3.14	0.75	0.98	1.59	8.46
					1.00				2.58
6.44	0.20	5.93	3.55	2.50	0.32	12.74	3.49	6.29	10.72
4.52	12.39	29.80	7.48	12.41	21.18	37.48	38.13	26.32	115.29
5.32	1.35	35.72	3.31	6.46	24.29	45.91	7.84	27.80	87.63
			0.39	2.95	0.27	0.04		0.13	3.89
4.32	1.17	28.75	2.36	2.61	19.25	39.45	3.61	25.06	70.11
1.00	0.18	6.97	0.56	0.90	4.77	6.42	4.22	2.61	13.64
		3.02	0.71		3.56	6.93	3.64	5.36	4.14
18.43	181.48	63.04	23.76	8.63	59.13	97.83	94.70	99.46	154.67
16.38	12.01	32.37	7.83	8.13	2.69	24.63	58.27	44.47	21.32
		9.12	0.25	29.72	1.99	4.33	1.60	18.55	34.17
6.29	1.21	17.44	2.77	10.44	12.37	27.89	14.38	9.47	76.43

14-3 续表1

指标	Item	全省 Total	南昌市 Nanchang
竣工房屋价值(万元)	**Value of Hoor Space (10000 yuan)**	**6898773**	**2820935**
住宅房屋	Residential Buildings	4299695	1765372
商业及服务用房屋	Buildings for Business and Service	314236	107264
商厦房屋(批发和零售用房)	Building for Wholesale and Retail	130413	27653
宾馆用房屋(住宿用房)	Accommodation Buildings	57923	26390
餐饮用房屋(餐饮用房)	Dinning Buildings	37798	14384
商务会展用房屋	Business Exhibition Building	4682	1529
其他商业及服务用房屋(居民服务业用房)	Other Buildings for Business and Service	83420	37308
办公用房屋	Office Buildings	628208	358948
科研、教育、医疗用房屋	Buildings for Scientific Research,Education and Medical Sevice	440308	237294
科学研究用房屋	Buildings for Scientific Research	23178	17904
教育用房屋	Education Building	294747	131930
医疗用房屋(卫生医疗用房)	Medical Buildings	122384	87460
文化、体育、娱乐用房屋	Buildings for Culture,Sports and Entertainment	74451	49094
厂房及建筑物	Factory Buildings	818946	215424
厂房	Factories	262811	90018
仓库	Warehouses	110318	17844
其他未列明的房屋建筑物	Other Buildings	212611	69694
年末自有机械设备	**Year-end Self-own Machinery and Equipment**		
净值(万元)	Net Value of Machinery and Equipment Owned(10000 yuan)	668953	216229
总台数(台)	Number of Machinery and Equipment Owned(set)	161961	42415
总功率(万千瓦)	Total Power of Machinery and Equipment Owned (10000 kw)	305.84	100.20
劳动人员情况(万人)	**Labourers(10000 persons)**		
计算劳动生产率的平均人数	Staff and Workers Annual Average	83.10	31.80
期末从业人数	Number of Persons Engaged at the Year-end	85.02	31.69
#管理人员	Manager in Employed Persons at the Year-end	8.15	31.69
工程技术人员	Technologist in Employed Persons at the Year-end	14.13	4.61
年末资产负债(万元)	**Year-end Assets and Liabilities(10000 yuan)**		
流动资产合计	Total Circulating Funds	8652785	4840215
#存货	Stock	1684747	806290
固定资产合计	Total Fixed Assets	1877310	729663
固定资产原值	Original Value of Fixed Assets	2169680	892215
累计折旧	Total Depreciation	662095	297785
#本年折旧	Depreciation this Year	110834	45205
在建工程	Under Construction Project	233440	110083
资产合计	Total Assets	11262444	5953848
流动负债合计	Liquid Liabilities	6496621	3840535
#应付账款	Payable Accounts	1562781	943944
非流动负债合计	Non-current Liabilities	285066	206893
负债合计	Total Liabilities	7013979	4093816

continued

景德镇市 Jingdezhen	萍乡市 Pingxiang	九江市 Jiujiang	新余市 Xinyu	鹰潭市 Yingtan	赣州市 Ganzhou	吉安市 Ji'an	宜春市 Yichun	抚州市 Fuzhou	上饶市 Shangrao
121445	**168267**	**621978**	**167706**	**168529**	**357654**	**463956**	**525514**	**652531**	**830258**
65521	30976	463982	120338	102692	242925	298614	408217	453362	347696
14076	32366	15133	8846	3252	18153	18849	4881	21663	69753
2674	32166	8384		1138	13685	1883	799	7816	34215
		960	2016		541	5334	431	8442	13809
3910		1214	4638	526	2386	441	636	1381	8282
					1180				1973
7492	200	4575	2191	1588	363	11191	3015	4024	11473
4402	10898	32659	7395	10303	20648	26614	28024	22972	105345
4225	1099	30045	2074	5491	17190	30378	4323	23851	84338
			252	2450	240	25		190	2117
3475	951	23878	1366	2434	12816	27160	2272	20894	67571
750	148	6168	456	606	4134	3193	2051	2768	14650
		6244	468		1844	5443	2178	4471	4709
19952	92185	54197	24778	5059	46307	63010	69136	103258	125640
17441	14989	24640	8442	4759	1818	16114	38368	32445	13777
		8910	150	31985	1620	3810	744	16637	28618
13267	744	10808	3657	9748	8967	17237	8013	6317	64159
15639	14170	86633	57181	35512	49552	27598	56693	63508	46238
2803	7207	23110	10370	3171	13348	15649	16258	16686	10944
5.51	10.70	42.41	20.95	6.85	27.57	18.53	25.95	24.91	22.26
1.80	3.72	8.06	2.87	3.15	5.99	4.46	5.33	6.89	9.03
1.86	3.70	9.34	3.11	3.40	5.08	4.98	5.61	7.13	9.12
1.86	3.70	9.34	3.11	3.40	5.08	4.98	5.61	7.13	9.12
0.39	0.54	1.42	0.76	0.54	1.10	0.88	1.20	1.05	1.64
132738	99064	1280743	410817	150909	418959	256429	388062	313020	361829
20082	35453	319413	63530	29738	105424	59083	68940	83394	93400
44957	58359	211162	88164	66246	96063	97865	143307	120803	220721
50093	84869	256641	73296	78456	121875	95597	156893	134457	225288
14156	32999	82515	23649	21617	36627	25725	35340	27215	64467
1952	7549	14310	2219	5354	4182	4643	5334	5932	14154
645	3953	29635	14126	1539	8435	16364	10850	12510	25300
194067	187777	1567968	518016	236882	569295	381318	549052	452134	652087
94693	91412	1046942	272519	121980	263011	138254	213457	190797	223021
8006	40444	353438	32705	18315	17034	22034	29712	11761	85388
5610	1862	21872	661	1642	7260	15321	3279	4485	16181
104844	93357	1157470	333586	125339	276935	153575	221318	199546	254193

14-3 续表2

指　　　标	Item	全　省 Total	南昌市 Nanchang
所有者权益合计	Total Creditors Equity	4242577	1855681
#实收资本	Capitals Hold	3031304	1338565
国家资本	State-owned	630343	392882
集体资本	Collective-owned	351411	172899
法人资本	Institutional Units	927361	422766
个人资本	Individuals	1110347	340650
港澳台资本	Funds from Hong Kong,Macao and Taiwan	8706	8706
外商资本	Foreign Funds	289	50
损益及分配（万元）	**Loss-profit and Allocation(10000 yuan)**		
营业收入	Operational Revenue	17421495	8711102
工程结算收入	Revenue of Project Settlement Accounts	17288819	8653312
营业成本	Operational Cost	15515921	7915194
工程结算成本	Costs of Project Settlement Accounts	15348880	7866786
营业税金及附加	Operational Tax and Additional Expense	656147	288088
工程结算税金及附加	Taxes and Extra Charges on Project Settle Accounts	629681	286174
其他业务利润	Other Profit from Business	33977	18698
销售费用	Selling Expenses	96463	22756
管理费用	Management Fee	485957	224554
#税金	Taxes	31693	10243
差旅费	Travel Expense	27437	12363
工会经费	Trade Union Outlays	7150	2311
财务费用	Financial Expenses	75054	34186
#利息收入	Interest of Revenue	8719	5647
#利息支出	Expenses of Interest	36057	18639
营业利润	Profits of Business	604715	223138
补贴收入	Profits of Business	1384	1283
营业外收入	Nonoperating Income	18430	9189
营业外支出	Nonoperating Expense	20568	11118
利润总额	Total Profits	624672	223548
#应交所得税	Income Tax Payable	129178	52573
工资、福利费（万元）	**Wages,Welfare (10000 yuan)**		
应付职工薪酬	Payable Total Wages	2071473	975058
其他	**Others**		
劳动生产率(按总产值计算)(元/人)	Overall Labor Productivity (In Terms of Gross Output Value) (yuan/person)	252312	317229
利税总额(万元)	Total Pre-Tax Profits(10000 yuan)	1286046	519965
产值利润率(%)	Ratio of Profit to Gross Output Value(%)	3.0	2.2
产值利税率(%)	Ratio of Pre-tax Profit to Gross Output Value(%)	6.1	5.2
资产负债率(%)	Assets-Liability Ratio(%)	62.3	68.8
技术装备率(元/人)	Value of Machinery per Laborer(yuan/person)	7868	6823
动力装备率(千瓦/人)	Power of Machinery per Laborer(kw/person)	3.6	3.2
房屋建筑面积竣工率(%)	Rate of Floor Space of Buildings Completed(%)	50.4	40.5

continued

景德镇市 Jingdezhen	萍乡市 Pingxiang	九江市 Jiujiang	新余市 Xinyu	鹰潭市 Yingtan	赣州市 Ganzhou	吉安市 Ji'an	宜春市 Yichun	抚州市 Fuzhou	上饶市 Shangrao
89223	94286	410428	184430	111543	292242	227743	327733	251377	397891
72715	65727	274745	140387	82020	189614	161838	233570	203483	268640
22266	752	40134	19470	24917	33773	25491	13364	38827	18467
18480	12815	38353	10784	2013	13388	28386	20713	21972	11608
15619	27444	112407	55552	18018	39824	53250	51199	42971	88311
16351	24508	83808	54581	37072	101847	54710	148294	98514	150012
7892		90				725			
									239
217608	556820	2202572	626431	711517	732955	670886	900342	966382	1124880
209519	531811	2194058	625269	710867	729276	667683	900016	949317	1117691
188708	416038	1976834	556190	664188	654179	563322	781678	885075	914515
188118	408974	1922662	555302	663252	651485	563262	776401	864197	888441
9199	26040	79333	18236	25298	40560	30112	40911	48594	49776
9183	25762	76004	18228	25241	29306	30111	40742	39381	49549
1402	2079	1685	512	391	993	304	3384	681	3848
6955	4413	4715	10171	1057	4589	7161	10277	1298	23071
6211	15547	75180	12820	10886	21642	24716	25172	20156	49073
376	1371	3999	937	589	1398	3632	2612	1247	5289
247	607	2805	1047	598	1576	1448	2327	1755	2664
48	162	664	522	533	315	452	674	966	503
344	3539	8294	1865	1104	3562	2853	5051	3508	10748
4	-2	1584	51	126	77	5	113	118	996
79	1336	4773	994	91	219	624	3179	2143	3980
7508	75583	58853	31458	8927	19845	42781	38717	17333	80572
35		17	10	7				32	
130		2152	2013	320	1014	13	465	26	3108
321	549	1298	152	47	252	45	1475	57	5254
7208	75035	59727	33824	9314	20919	42749	37707	17465	97176
1080	16225	8220	6044	2394	6546	11047	9412	3746	11891
40826	78179	198190	57811	95331	79342	82043	127965	151000	185728
117133	169388	313610	255444	229962	235904	171837	178277	166366	196809
16767	102168	139730	52989	35144	51623	76492	81061	58093	152014
3.4	11.9	2.4	4.6	1.3	1.5	5.6	4.0	1.5	5.5
8.0	16.2	5.5	7.2	4.9	3.7	10.0	8.5	5.1	8.6
54.0	49.7	73.8	64.4	52.9	48.6	40.3	40.3	44.1	39.0
8408	3830	9275	18386	10445	9754	5542	10106	8907	5070
3.0	2.9	4.5	6.7	2.0	5.4	3.7	4.6	3.5	2.4
28.3	66.4	50.9	43.6	36.5	55.2	67.2	72.0	58.3	72.2

14-4 劳务分包建筑业企业主要指标

Main Indicators of Labour Subcontractors in Construction Industry

指　　标	Item	2010	2011
企业个数(个)	Number of Construction Enterprises (unit)	47	36
建筑业总产值(万元)	Gross Output Value of Construction (10000 yuan)	14481	12471
#装饰装修产值	Output Value of Fitment	290	1330
计算劳动生产率的平均人数(人)	Staff and Workers Annual Average (person)	3004	1506
年末从业人员(人)	Number of Employed Persons at the Year-end (person)	3031	1501
工程技术人员	Technologist in Employed Persons at the Year-end	206	215
现场施工工人(人)	Builder in Employed Persons at the Year-end (person)	1071	998
固定资产原值(万元)	Original Value of Fixed Assets (10000 yuan)	12451	3656
#本年折旧	Draw Depreciation this Year	577	163
资产总计(万元)	Total Assets (10000 yuan)	43955	10039
负债合计(万元)	Total Liabilities (10000 yuan)	10406	4151
实收资本(万元)	Capitals Hold (10000 yuan)	30902	2848
营业收入(万元)	Total Revenue (10000 yuan)	13734	11582
#工程结算收入	Revenue of Project Settlement Accounts	13136	11458
工程结算成本(万元)	Costs of Project Settlement Accounts (10000 yuan)	12687	9167
工程结算税金及附加(万元)	Taxes and Extra Charges on Project Settle Accounts (10000 yuan)	1520	507
费用合计(万元)	Total Charges (10000 yuan)	1236	1173
营业利润(万元)	Profits of Business (10000 yuan)	942	908
利润总额(万元)	Total Profits (10000 yuan)	888	951
从业人员劳动报酬(万元)	Labour Reward of Employed Persons(10000 yuan)	2884	2964

主要统计指标解释

建筑业统计单位 指从事房屋、构筑物建造和设备安装活动的法人企业。建筑业法人企业应同时具备的条件是：① 依法成立，有自己的名称、组织机构和场所，能够承担民事责任；②独立拥有和使用资产，承担负债，有权与其他单位 签订合同；③独立核算盈亏，能够编制资产负债表。

建筑业总产值 是以货币形式表现的建筑业企业在一定时期内生产的建筑业产品和提供的服务的总和。建筑业总产值包括：

⑴建筑工程产值：指列入建筑工程预算内的各种工程价值。

⑵安装工程产值：指设备安装工程价值，不包括被安装设备本身的价值。

⑶其他产值：建筑业总产值中除建筑工程、安装工程以外的产值。包括房屋构筑物修理产值、非标准设备制造产值、总包企业向分包企业收取的管理费以及不能明确划分的施工活动所完成的产值。

a.房屋构筑物修理产值：指房屋和构筑物修理所完成的产值，但不包括被修理房屋、构筑物本身价值和生产设备的修理产值。

b.非标准设备制造产值：指加工制造没有定型的非标准生产设备的加工费和原材料价值(如化工厂、炼油厂用的各种罐、槽，矿井生产统一使用的各种漏斗、三角槽、阀门等)以及附属加工厂为本企业承建工程制作的非标准设备的价值。

建筑业增加值 指建筑业企业在报告期内以货币形式表现的建筑业生产经营活动的最终成果。

从 2004 年第一次全国经济普查开始，建筑业现价增加值按生产法和分配法(收入法)两种方法计算，以收入法的计算结果为准，即从收入的角度出发，根据生产要素在生产过程中应得的收入份额计算。具体计算方法：经济普查年度建筑业增加值按照《经济普查年度 GDP 核算方案》计算，非经济普查年度建筑业增加值按照《非经济普查年度 GDP 核算方案》计算。

房屋建筑施工面积 指在报告期内施工的全部房屋建筑面积，包括本期新开工的房屋面积、上期施工跨入本期继续施工的房屋面积、上期停缓建在本期恢复施工的房屋面积、本期竣工的房屋面积及本期施工后又停缓建的房屋面积。

房屋建筑竣工面积 指在报告期内房屋建筑按照设计要求全部完工，达到了住人和使用条件，经验收鉴定合格，正式移交使用单位的房屋建筑面积。

自有机械设备年末总台数 指归本企业所有，属于本企业固定资产的生产性机械设备年末总台数。包括施工机械、生产设备、运输设备以及其他设备。

自有机械设备年末总功率 指本企业自有施工机械、生产设备、运输设备以及其他设备等列为在册固定资产的生产性机械设备年末总功率，按设定能力或查定能力计算。包括机械本身的动力和为该机械服务的单独动力设备，如电动机等。计算单位用千瓦，动力换算可按 1 马力＝0.735 千瓦折合成千瓦数。电焊机、变压器、锅炉不计算动力。

工程结算收入 指企业承包工程实现的工程价款结算收入，以及向发包单位收取的除工程价款以外的按规定列作营业收入的各种款项，如临时设施费、劳动保险费、施工机械调迁费等以及向发包单位收取的各种索赔款。

工程结算利润 指已结算工程实现的利润，如亏损以“－”号表示。计算公式为：

工程结算利润＝工程结算收入－工程结算成本－工程结算税金及附加

Explanatory Notes on Main Statistical Indicators

Statistical Unit in Construction refers to corporate enterprise engaged in the construction of buildings and structures and in the installation of equipment. A corporate construction enterprise should meet the following 3 requirements:①being set up in line with relevant legal basis, having its full name, organization and location, and capable of taking civil liabilities;②independently possessing and using its assets and assuming its liabilities, and entitled to sign contracts with other institutions; and ③ making independent accounts of its profits and losses, and capable of compiling its own balance sheet

Gross Output Value of Construction refers to total of construction products and services, expressed in money terms, produced or rendered by construction and installation enterprises during a given period of time. It includes:

(1) Output value of construction projects: the value of projects covered by the project budgets;

(2) Output value of installation projects: the value of the installation of equipment, (excluding the value of the equipment to be installed);

(3) Other output values: the output value of construction industry apart from that of construction projects and installation projects. It includes: output value of repair of buildings and structures; output value of non-standard equipment manufacturing; overhead expenses received by contracted enterprises from the sub-contracted enterprises and the completed output value of construction activities for which there is no clear definition.

a. Output value of repair of buildings and structures: the value created through the repairs of buildings or structures. It does not include the value of buildings or structures being repaired and the value of the repair of production equipment;

b. Output value of manufactured non-standard equipment: the value of non-standard production equipment, including raw materials and manufacturing cost, made for the construction project (i.e., chemical plant; kettles or tanks used by refineries; various fillers, triangle tanks, valves used by mines). It also includes the output value of equipment manufactured by subsidiary workshops.

Value-added of Construction refers to the final result of the activities of production and operation of enterprises of the construction industry in monetary terms during the reference period.

Starting from the 2004 economic census, value-added of construction is calculated by both production approach and income approach, with the figures from the income approach as the final figures., Under the income approach,, calculation starts from the perspective of income and is based on the share of income derived from the production process by the relevant factors of production.. Specifically, value-added of construction for the Census years is calculated in accordance with the *Programme of Compi*lation of GDP and National Accounts for the Year of Economic Census, and value-added of construction for other years is calculated in accordance with the Programme of Compilation of GDP and National Accounts for the Non Economic Census Years.

Floor Space of Buildings Under Construction refers to floor space of buildings under construction during the reference period, including newly started buildings, buildings started earlier and continued during the reference period, and buildings suspended earlier but restarted during the reference period, buildings completed during the reference period, and buildings under construction and then suspended during the reference period.

Floor Space of Buildings Completed refers to the floor space of buildings that are completed in the reference period in accordance with the requirements of the design, up to the standard for putting them into use, and have been checked and accepted by concerned departments as qualified ones.

Total Number of Machinery and Equipment Owned by the End of Year refers to the number of machines and equipment owned by the enterprises, and listed as the fixed assets of the enterprises by the end of the year, including machinery and equipment for construction, production and transportation.

Total Power of Machinery and Equipment Owned by the End of Year refers to the total power of machinery and equipment owned by the enterprises, and listed as the fixed assets of the enterprises by the end of the year, including machinery and equipment for construction, production and transportation. The power of the machinery is calculated on basis of the designed or verified capacity, covering the power of the machinery/equipment and the separate power equipment serving the machinery/equipment (such as electric motors), but excluding welders, transformers and boilers. The unit used for the calculation of power is kilowatt, with horsepower converted to kilowatt by 1 horsepower=0.735 kilowatt.

Income from Settlement of Projects refers to the income received by the construction enterprise from the contracted project through settlement procedures, and other charges to the contractee as operational costs in addition to the value of the project, such as temporary facility fee, labour insurance premium, moving cost of construction equipment, as well as various types of claims to the contractee.

Profit from Settlement of Projects refers to profit realized through settled projects. It is calculated with the following formula:

Profit from Settlement of Projects=Income from Settlement of Projects−Settled Cost−Settled Taxes and Other Cost.

15

交通运输、邮电通讯业

TRANSPORTATION,POSTAL AND TELECOMMUNICATIONS

资料整理及英文翻译：周红、魏健

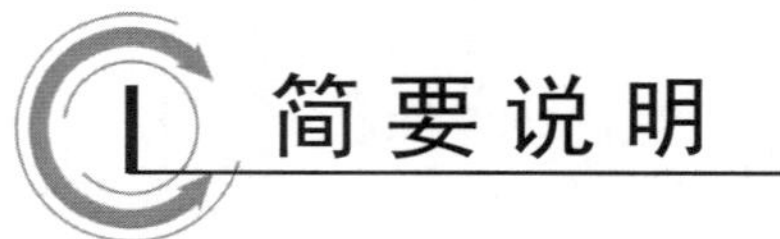

简要说明

一、本篇资料的主要内容

本篇资料反映了全省交通运输业和邮电通讯业发展的基本状况，主要包括各种运输方式的线路里程、各种运输方式完成的货物运输量和旅客运输量及周转量、邮政和电信基本情况、民用汽车拥有量等方面的内容。

二、本篇资料的来源

本篇资料中，交通运输资料分别来源于南昌铁路局、省交通厅、东方航空公司江西分公司、省公安厅交警总队，邮电通信业资料来源于省通信管理局和省邮政管理局。

Brief Introduction

Ⅰ.Main Contents

Data in this chapter present the development of transportation, post and telecommunication in Jiangxi province. They cover mainly the length of the routes of various means of transportation, freight traffic and passenger traffic accomplished by various means of transportation and turnover, basic conditions of post and telecommunications, and the possession of civil motor vehicles etc.

Ⅱ.Sources of Data

Data on transportation in this chapter are from Nanchang Railway Bureau, Jiangxi Provincial Communications Department, China Eastern Airlines Jiangxi Branch, and Jiangxi Provincial Department of Public Security Traffic Administrative Bureau. Data on post and telecommunication services come from Jiangxi Communication Administration, and Provincial Postal Administration.

15-1 运输线路长度
Length of Transportation Routes

单位：公里 (km)

指标	Item	1978	1980	1990	1995	2000	2005	2010	2011
铁路营业里程	Length of Railways in Operation	1184	1335	1581	1579	2197	2307	2734	2734
公路通车里程	Length of Highways	30245	29651	33203	34915	60292	62300	140597	146618
等级公路	Expressway and Class I to IV Highways		12096	18561	20942	34999	43523	101455	114449
#高速公路	Expressway					421	1559	3088	3603
一级公路	First Class Highways			15	15	314	565	1386	1428
二级公路	Second Class Highways		169	1105	1999	6471	8555	9340	9464
三级公路	Third Class Highways		521	2156	2571	5581	6193	6670	6867
等外公路	Highways Below Class IV		17559	14642	13973	25293	18777	39142	32169
内河通航里程	Length of Navigable Inland Waterways	6630	4937	4937	4937	5537	5560	5638	5638
等级航道	Standard Waterways					2343	2271	2349	2349
等外航道	Substandard Waterways					3194	3289	3289	3289

注：1.2000年的公路通车里程根据公路普查作了调整。
2.公路通车里程从2006年开始包括村道。

a) The total Length of highways is adjusted according to the Highways Census in 2000.

b) The total length of highways have included the village road since 2006.

15-2 交通运输工具年末实有数
Actual Number of Transportation Facilities at Year-end

指标	Item	1990	1995	2000	2005	2010	2011
民用汽车合计(辆)	Total Civil Motor Vehicles (unit)	110432	168979	247000	483613	1476011	1814205
#载货汽车	Trucks	74424	92904	131147	198925	401679	467559
载客汽车	Passenger Vehicles	29473	61934	100794	271758	956480	1229294
其他汽车	Other Vehicles	6535	14141	15059	12930	117852	117352
摩托车(辆)	Motorcycles(unit)	51630	173426	891179	2423762	4172862	4452317
汽车挂车(辆)	Trailers (unit)	5209	1460	1190	4699	39684	47898
运输船舶(艘)	Transport Vessels (unit)	8687	6719	4856	5545	4221	4165
机动船(艘)	Motor Vessels (unit)	8051	6215	4511	5418	4184	4127
(净载重量吨)	(Dead Weight Cargo Tonnage)	333989	322261	356441	1123023	1962783	2083040
(客位)	(Number of Seats)	13362	14059	16172	17345	11811	11614
驳　船(艘)	Barges (unit)	636	504	345	127	37	38
(净载重量吨)	(Dead Weight Cargo Tonnage)	76267	87794	74504	33073	17560	16840
补充资料:	Supplementary Information:						
汽车驾驶员(人)	Drivers (person)	168842	364366	791545	1089366	3911886	4531784

注：其他汽车从2006年起，将农业运输车放入民用汽车中其他汽车。

a) Since 2006,Other vehicles inclued farm vehicles.

15-3 公路里程年底到达数（2011年）

Length of Highways at Year-end (2011)

单位：公里 (km)

地区	Region	合计 Total	等级公路 Expressway and Class I to IV Highway	高速公路 Expressway	一级 First Class
全省	**Provincial Total**	**146632**	**114463**	**3603**	**1428**
南昌市	Nanchang	10273	8479	41	107
景德镇市	Jingdezhen	4293	3617		43
萍乡市	Pingxiang	6453	4903		51
九江市	Jiujiang	18206	12576	48	182
新余市	Xinyu	4131	3173		43
鹰潭市	Yingtan	3799	2795		25
赣州市	Ganzhou	26538	20359	227	260
吉安市	Ji'an	20729	18570		168
宜春市	Yichun	17190	12781		240
抚州市	Fuzhou	13206	10610		170
上饶市	Shangrao	18529	13313		139
省高管局	Jiangxi Expressway Administration Bureau	3287	3287	3287	

15-3 续表 continued

单位：公里 (km)

地区	Region	二级 Second Class	三级 Third Class	四级 Fourth Class	等外公路 Highway Below Class IV
全省	**Provincial Total**	**9464**	**6867**	**93100**	**32169**
南昌市	Nanchang	594	478	7258	1794
景德镇市	Jingdezhen	372	393	2809	676
萍乡市	Pingxiang	344	183	4324	1549
九江市	Jiujiang	787	864	10694	5631
新余市	Xinyu	308	311	2511	957
鹰潭市	Yingtan	136	381	2253	1004
赣州市	Ganzhou	1818	724	17330	6179
吉安市	Ji'an	1582	774	16046	2159
宜春市	Yichun	1453	836	10252	4409
抚州市	Fuzhou	552	849	9038	2596
上饶市	Shangrao	1516	1073	10584	5216
省高管局	Jiangxi Expressway Administration Bureau				

15-4 全社会运输量
Total Freight Traffic and Passenger Traffic

单位：万吨、万人 (10000 tons, 10000 persons)

指　　标	Item	2008	2009	2010	2011
货物运输量	**Freight Traffic**	**80332**	**85718**	**100339**	**111576**
民　航	Civil Aviation	2	2	2	1.4
铁　路	Railways	5389	5229	5379	5769.1
公　路	Highways	70270	75200	88445	98358
水　运	Waterways	4671	5287	6513	7447
内　河	Inland Waterways	4281	4895	6081	6947
沿　海	Coastal	357	359	412	481
远　洋	Ocean	33	33	20.0	19.0
旅客运输量	**Passenger Traffic**	**66261**	**70674**	**76633**	**79138**
民　航	Civil Aviation	169	178	186	208
铁　路	Railways	5214	5470	5588	6152.2
公　路	Highways	60573	64770	70628	72527
水　运	Waterways	305	256	231	251
内　河	Inland Waterways	305	256	231	251

15-5 全社会运输周转量
Total Freight Ton-kilometers and Passenger-kilometers

单位：万吨公里、万人公里 (10000 ton-km, 10000 passenger-km)

指　　标	Item	2008	2009	2010	2011
货物周转量	**Freight Ton-kilometers**	**22898520**	**23509074**	**27386993**	**30040231**
民　航	Civil Aviation	2089	1903	1923	1550
铁　路	Railways	6839417	6756730	7059000	7337700
公　路	Highways	14941575	15364575	18501965	20668297
水　运	Waterways	1115439	1385866	1824105	2032684
内　河	Inland Waterways	551403	829092	1147431	1267603
沿　海	Coastal	450524	478549	602711	694858
远　洋	Ocean	113512	78225	73963	70223
旅客周转量	**Passenger-kilometers**	**8070117**	**8072337**	**9127645**	**9625564**
民　航	Civil Aviation	159193	170974	171654	211766
铁　路	Railways	5299101	5105255	5648000	6001800
公　路	Highways	2606642	2792169	3304835	3409013
水　运	Waterways	5181	3939	3156	2985
内　河	Inland Waterways	5181	3939	3156	2985

15-6 铁路、港口主要指标
Main Indicators of Railways and Ports

指　　标	Item	2000	2005	2010	2011
铁　　路	**Railway Transport**				
货车周转时间(天)	Turning Around Time of Freight Cars Locomotives(day)	1.85	2.60	2.61	2.62
平均每日装车数(辆)	Average Daily Loading Coaches (coach)	1456	2155	4111.7	4274
货车平均静载重(吨)	Average Static Load of Freight Cars Locomotives (ton)	58.9		61.8	62.2
货物列车旅行速度(公里/小时)	Running Speed of Freight Trains (km/hour)	38.9	28.0	30.7	31.8
货运机车平均日产量(万吨公里)	Average Daily Ton-kilometers of Freight Locomotives (10000 ton-km)	107.0	106.0	109.7	112.5
内燃机车每万吨公里耗油(公斤)	Oil Consumption of Diesel Locomotives per 10000 ton-km(kg)	22.8	22.9	30	31.4
南 昌 站	**Nanchang Station**				
货物发送量(万吨)	Volume of Freight Dispatched (10000 tons)	1.30	0.40	12.4	40
旅客发送量(万人)	Number of Passenger Dispatched(10000 persons)	867.7	1217.7	1860.7	2105.7
平均每日装车数(车)	Daily Loading Coach (coach)	0.7	0.4	5.2	16.7
平均每日卸车数(车)	Daily Unloading Coach (coach)	8.5	8.9	34.8	51.2
南昌南站	**Southern Nanchang Station**				
货物发送量(万吨)	Volume of Freight Dispatched (10000 tons)	189.6	317.6	263.0	284.9
旅客发送量(万人)	Number of Passenger Dispatched(10000 persons)	0.73			0.2
平均每日装车数(车)	Daily Loading Coach (coach)	94.0	151.5	127.5	134
平均每日卸车数(车)	Daily Unloading Coach (coach)	304.0	443.1	555.6	587.1
平均每日办理车数(车)	Daily Transaction Coach (coach)	786.0	672.6		
向 塘 站	**Xiangtang Station**				
货物发送量(万吨)	Volume of Freight Dispatched (10000 tons)	7.45	19.90	21.2	19.1
旅客发送量(万人)	Number of Passenger Dispatched(10000 persons)	82.41	82.40	63.4	61.9
平均每日装车数(车)	Daily Loading Coach (coach)	3.6	9.3	10.9	9
平均每日卸车数(车)	Daily Unloading Coach (coach)	18.0	19.7	21.9	16.9
平均每日办理车数(车)	Daily Transaction Coach (coach)	11769	14644	12495	13366
鹰 潭 站	**Yingtan Station**				
货物发送量(万吨)	Volume of Freight Dispatched (10000 tons)	222.45	300.40	397.5	398.4
旅客发送量(万人)	Number of Passenger Dispatched(10000 persons)	363.97	376.60	459.9	487.8
平均每日装车数(车)	Daily Loading Coach (coach)	109.6	140.0	188.9	186.7
平均每日卸车数(车)	Daily Unloading Coach (coach)	174.0	283.3	240.4	279.5
平均每日办理车数(车)	Daily Transaction Coach (coach)	10473	10527	8773	8882
长航九江港务局	**Jiujiang Port Authority**				
旅客吞吐量(万人)	Volume of Passenger Traffic(10000 persons)	92.00	2.18	88.42	93.6
货物吞吐量(万吨)	Volume of Freight Handled(10000 tons)	623	928		3907

15-7 邮政电信业务主要指标
Principal Indicators of Postal and Telecommunications Services

指　　标	Item	1995	2000	2005	2010	2011
邮政业务总量(亿元)	Business Volume of Postal Services(100Billion yuan)		5.45	17.64	36.85	28.16
电信业务总量(亿元)	Business Volume of Telecommunications(100Billion yuan)		75.9	241.8	661.2	751.2
邮路总长度(公里)	Length of Postal Routes(km)	46182	119905	75355	98020	93086
#航空邮路	Aviation Routes	3788	73487	23431	28150	25952
铁路邮路	Railway Routes	5262	6507	7078	7113	7119
农村投递路线总长度(公里)	Length of Rural Delivery Routes(km)	120365	118555	114673	97950	96330
自备火车车厢(辆)	Owned Postal Railway Carriage(unit)	18	19	18	20	
邮政汽车(辆)	Postal Cars(unit)	498	1098	1149	2060	2495
函　件(万件)	Number of Letters(10000 pcs)	23254	14010	8983	17971	13168.1
包　裹(万件)	Package(10000 pcs)		247	182	121	124.8
报刊期发数(万份)	Issue of Newspapers and Magazines(10000 copies)	516	375	333	361	25.8
报刊累计数(万份)	Total Number of Newspapers and Magazines Subscribed(10000 copies)	56016	48881	46048	54433	56172
特快专递(万件)	Pieces of Express Mail Services(10000 pcs)	157	283	517	2351	3716
邮政储蓄年末收储余额(亿元)	Postal Saving Deposit Balance(100 million yuan)	41.2	132.6	497.0	1097.5	429.3
集　邮(万枚)	Stamps for Collection(10000 stamps)	9278	11127	3328	2540	
固定电话用户(万户)	Fixed Telephone Subscribers(10000 Subscribers)	74.1	354.1	829.0	709.6	673.9
#城市电话用户	Urban Fixed Telephone Subscribers	63.1	234.3	478.6	439.7	421.9
#住宅电话	Household Fixed Telephone Subscribers	45.7	191.4	345.4	235.6	230.9
农村电话用户	Rural Fixed Telephone Subscribers	11.0	119.8	350.6	269.8	252.0
#住宅电话	Household Fixed Telephone Subscribers		108.9	315.7	233.9	214.5
公用电话	Public Telephone	1.9	4.3	60.3	64.1	59.6
移动电话用户(万户)	Number of Mobile Telephone Subscribers (10000 Subscribers)		140	798	1811	2363
互连网宽带用户数(万户)	Number of DSL Services Subscribers (10000 Subscribers)		27.0	315.6	253.4	318.3
长途光缆线路长度(公里)	Length of Long-distance Optical Cable Lines(km)			16252	21201	21336
本地中继线光缆线路长度(公里)	Length of Local Optical Cable Lines(km)			110587	247494	280665
长途电话交换机容量(路端)	Capacity of Long Distance Telephone Exchanges (circuit)	118311	190330	400094	554829	438459
局用交换机容量(万门)	Capacity of Office Telephone Exchanges(10000 line)	174	439	1096	567	296
移动电话交换机容量(万门)	Capacity of Mobile Telephone Exchanges (10000 line)			951	3333	3811
已通电话行政村(个)	Number of Adminstrative Village with Telephone(unit)		18876	17354	17246	

注：1.2003年以后“固定电话用户”包括小灵通用户。

2.局用交换机容量包括接入网数据。

a) The fixed telephone subscribers includes PHS subscribers since 2003.

b) The capacity of office telephone exchanges includes the access network.

主要统计指标解释

铁路营业里程 指办理客货运输业务的铁路正线总长度。凡是全线或部分建成双线及以上的线路，以第一线的实际长度计算；复线、站线、段管线、岔线和特别用途线以及不计算运费的联络线都不计算营业里程。铁路营业里程是反映铁路运输业基础设施发展水平的重要指标，也是计算客货周转量、运输密度和机车车辆运用效率指标的基础资料。

公路里程 也称“公路通车里程”，是指实际达到《公路工程[WTB2]技术标准 JTJ01-88》规定的等级公路，并经主管部门的正式验收支付使用的公路里程数。它包括大中城市的郊区公路以及通过小城镇街道的公路里程，也包括桥梁、渡口的长度，但不包括城市的街道以及厂矿、林区和农业生产用道的里程。两条或多条公路共同经由同一路段，只计算一次，不重复计算里程长度。公路里程是反映公路建设发展规模的重要指标，也是计算运输网密度等指标的基础资料。

内河航道里程 也称“内河通航里程”，是指在枯水季节水深在０.３米及以上，能通航运输船舶及排筏的天然河流、湖泊水库、运河及通航渠道的长度。包括全年季节性通航累计三个月以上的航道，但不包括仅供零散流放竹木排的河道。内河航道里程是反映内河水运网规模、水平和发展情况的主要指标。

货（客）运量 指运输业实际运送的货物（旅客）数量。货运按吨计算，客运按人计算。货物不论运输距离长短，货物类别，均按实际重量统计；旅客不论行程远近或票价多少，均按一人一次作为客运量统计。半票价、小孩票，也按一人统计。货（客）运量是反映运输业为国民经济和人民生活服务的数量指标，也是制定和检查运输生产计划、研究运输展规模和速度的重要指标。

货物（旅客）周转量 指运输业运送的货物（旅客）数量与其相应运输距离的乘积之总和，通常以吨公里和人公里为计算单位。计算货物周转量通常按发出站与到达站之间的最短距离，也就是计费距离计算。它是反映运输业生产总成果的重要指标，也是编制和检查运输生产计划、计算运输效率、劳动生产率以及核算运输单位成本的主要基础资料。

铁路货运机车平均日产量 指平均每台货运机车在一昼夜内所完成的总重吨公里数。它既包括载运货物的重量，也包括车辆本身的自重，它是从时间和牵引能力两方面反映了机车运用效率的综合性指标。计算公式为：

$$\text{货运机车平均日产量} = \frac{\text{货运总重吨公里数}}{\text{货运机车台日数}}$$

邮电业务总量 指以货币表现的邮电部门为用户传递信息和提供其他邮电服务的总量。它用各种邮电分类业务量，如函件件数、电报份数、长话张数、市内电话和农村电话的年均户数、订销报刊累计份数等，分别乘以相应的不变单价加总后再加上出租电路和设备的收入、代用户维护电话交换机和线路等设备的收入、其他业务收入求得。邮电业务总量综合反映了一定时期邮电工作的总成果，是研究邮电业务量构成和发展趋势的重要指标。

Explanatory Notes on Main Statistical Indicators

Length of Railways in Operation refers to the total length of the trunk line for passenger and freight transportation (including both full operation and temporary operation). The calculation is based on the actual length of the first line if this line has a full or partial double (or more). Not included are double tracks, station sidings, tracks under the charge of stations, branch lines, special-purpose lines and non-payable connecting lines. The length of railways in operation is an important indicator to show the development of the infrastructure of railway transport. It is also essential data to calculate volume of passenger freight transport, traffic density and utilization efficiency of locomotives and carriages.

Length of Highways refers to the length of highways which are built in conformity with the grades specified by the highway engineering standard [Highways WTBZ-Technical Standard JTJ01-88]formulated by the Ministry of Communications, and have been formally checked and accepted by the departments of highways and put into use. The length of highways includes that of the suburb highways at large and medium-sized cities, highways passing through streets at small cities and towns, and also the length of bridges and ferry piers. It does not include the length of streets in big and medium-sized cities and highways built for the production purpose at factories, mines, forest areas and agricultural areas. If two or more highways go the same section of the way, the length of the section is only calculated for once and no duplication is allowed. The length of highways is an indicator to show the development of the scale of highway construction and to provide essential information to calculate the transport network density.

Length of Navigable Inland Waterways is an indicator reflecting the size and development of inland water network. It refers to the length of the natural rivers, lakes, reservoirs, canals, and ditches open to navigation during a given period, which enables transportation by ships and rafts. It includes the channels open to navigation for over an accumulated period of 3 months in a year, yet this does not include the river courses which are only used to float odd logs and bamboo rafts. This indicator can reflect the scale, level and development situation of the inland waterway network.

Freight (Passenger) Traffic refers to the volume of freight (passenger) transported with various means within a specific period of time. This indicator reflects the service of the transport industry towards the national economy and people's living conditions, as well as an important indicator used in formulating and monitoring transport production plans and research into the scale and pace of transport development. Freight transport is calculated in tons and passenger traffic is calculated in terms of number of persons. Freight transport is calculated in terms of the actual weight of the goods and takes no account of the type of freight and distance of travel. Passenger traffic is calculated by the principle that one person can be counted only once in one trip and takes no account of the travelling distance and ticket price. The passengers who travel with a half price ticket or a child's ticket is also calculated as one person.

Freight Ton-kilometres (Passenger-kilometres) refers to the sum of the product of the volume of transported cargo (passengers) multiplied by the transport distance. It is an important indicator to reflect the achievement of the transportation industry. This is an important indicator to show the total results of the transport industry; to prepare and examine the transport plan; and to serve as the main basic data for calculating the efficiency, labour productivity and unit cost of transport. Normally, the shortest distance between the departure station and the destination station (i.e., the payable distance) is the basis in calculating the freight ton-kilometres.

Average Daily Haul of Freight Locomotives refers to the average total ton-kilometres accomplished by each freight transport locomotive over one day and night during a given period of time. It includes both the weight of the goods carried and the dead weight of the train itself. It is a comprehensive indicator reflecting the locomotive efficiency in terms of both time and the pulling force.

$$\begin{array}{c}\text{Average daily haul of}\\ \text{freight transport locomotive}\\ \text{(ton - kilometre)}\end{array} = \frac{\begin{array}{c}\text{Total ton - kilometres}\\ \text{of freight}\end{array}}{\begin{array}{c}\text{Daily number of freight}\\ \text{transport locomotive}\end{array}}$$

Business Volume of Post and Telecommunications refers to the total amount of postal and telecommunication services, expressed in value terms, provided by the post and telecommunications departments for society. Postal and telecommunication services can be classified as letters, parcels, remittance, issue of newspapers and magazines, fast mail service, express mail service, savings deposits, stamps for collection, facsimiles, long-distance telephone service, leasing of telephone lines, mobile telephone service, data transmission, income from leasing, maintenance, etc. The accounting approach is to multiply the service products of all types with their average unit price (constant price) to get the total business value, and to add to it income from other services such as leasing of telephone lines and equipment and maintenance of telephone switchboards and lines on behalf of customers. This indicator reflects the overall results of postal and telecommunication services during a given period, and is important for studying the composition of business service and the trend of development of postal and telecommunication services.

16

国内贸易和旅游

DOMESTIC TRADE AND TOURISM

◆379/413

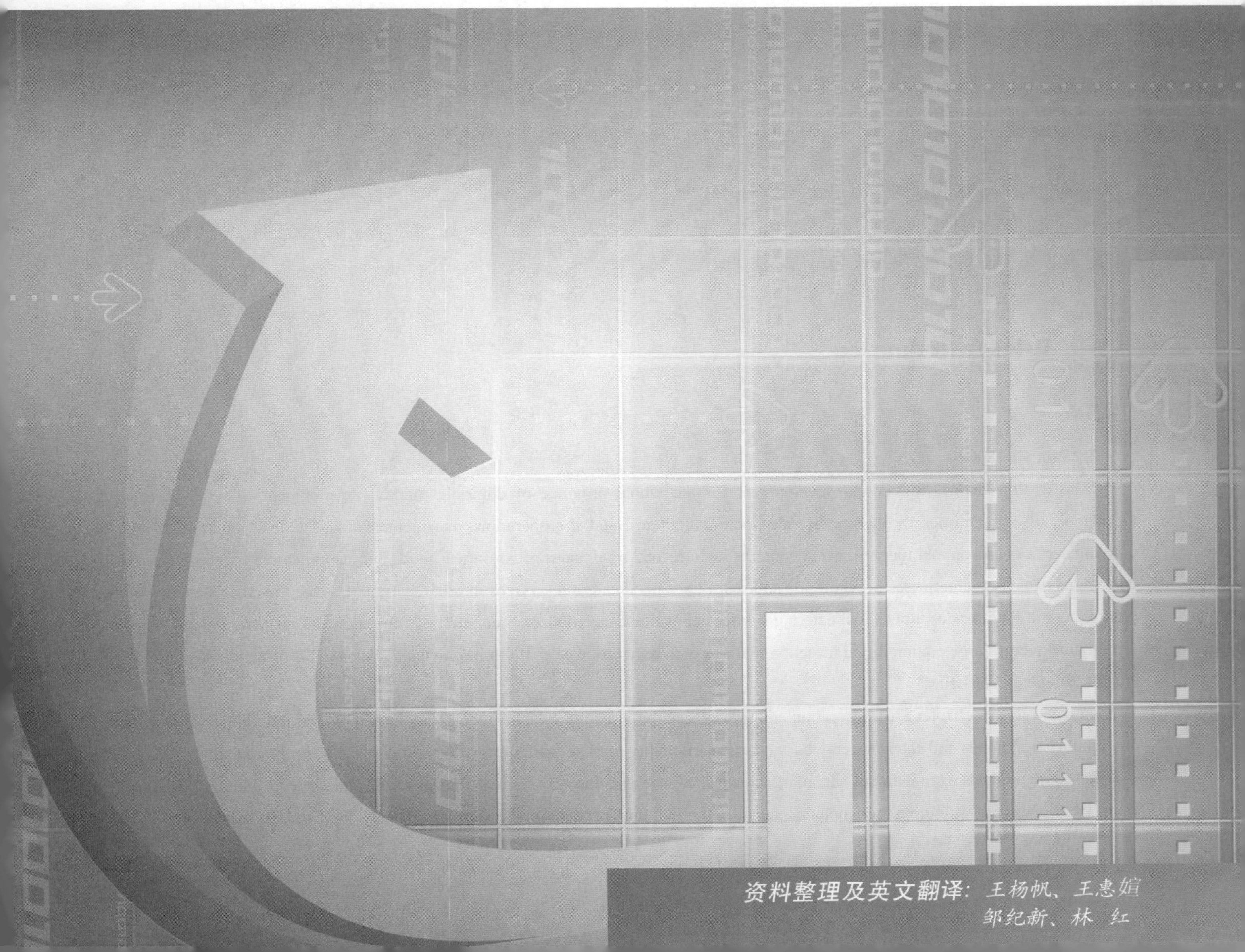

资料整理及英文翻译：王杨帆、王恚媗
邹纪新、林 红

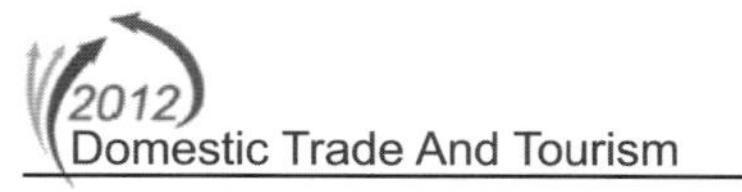

简要说明

一、本篇资料的主要内容

本篇资料主要反映全省国内贸易基本情况、零售市场的发展和批发和零售业商品流转情况、住宿和餐饮业经营情况以及主要财务状况；旅游的历年概况等。主要内容包括：社会消费品零售总额及其分组指标；城乡个体私营批发零售贸易、餐饮业基本情况；限额以上批发和零售业、住宿和餐饮业基本情况、商品流转和经营情况、财务状况；亿元商品交易市场成交情况；旅游统计资料等。

二、本篇资料的统计范围

从事批发和零售业、住宿和餐饮业的法人企业、产业活动单位和个体户，以及年成交额在亿元以上的商品交易市场。

根据国家统计局对社会消费品零售总额指标调整的要求，我们对社会消费品零售总额进行了调整，即：1993年以后社会消费品零售总额指标不包括农业生产资料；1997年以后社会消费品零售总额指标不包括居民购买住房；2003年以后社会消费品零售总额指标不包括有各种经济类型的制造业法人企业、产业活动单位和个体工业、直接售给城乡居民（包括本企业职工）和社会集团的商品以及农民在田间地头出售的农产品。

限额以上批发和零售业、住宿和餐饮业统计限额标准：批发业，年末从业人员20人及以上，年销售额2000万元及以上；零售业，年末从业人员60人及以上，年销售额500万元及以上；住宿业，有星级标志的宾馆、饭店；餐饮业，年末从业人员40人及以上，年营业额200万元及以上。

国际旅游和国内旅游资料。

三、本篇的资料来源

本篇资料国内贸易部分是江西省统计局贸易外经处根据国家统计局制定的《批发和零售业、住宿和餐饮业统计报表制度》进行搜集和加工整理而得；旅游资料来自省旅游局。

四、本篇的统计调查方法

本篇资料中限额以上批发和零售业、住宿和餐饮业法人企业资料和限额以下批发和零售业、住宿和餐饮企业及个体户的资料采用全面调查和抽样调查的方法，逐级汇总上报；城乡个体私营批发零售贸易、餐饮业基本情况资料由省工商局提供；国际、国内旅游收入和旅游人数等指标采取抽样调查方法取得。

Brief Introduction

I. Main Contents

Data in this chapter reflect the development for the whole province of domestic market, development of retail trade, and circulation of commodities through wholesale and retail trades, and the operation, management and financial situation of hotels catering services and annual tourism. Main contents include total retail sales of consumer goods and its indicators by group; the basic conditions of private enterprises in wholesale and retail trades and catering services in urban and rural areas; the basic statistics of the wholesale and retail trades, hotels and catering services above designated size; circulation of commodities (in operation and financial terms); turnover of large commodity transaction markets with transaction over 100 million yuan;. statistical information of tourism.

II. Scope of Statistics

Included in this chapter are corporation enterprises, economic active establishments and self-employed individuals of wholesale and retail trades; hotels and catering services and large commodity markets with transaction value over 100 million yuan.

Based on requests from national bureau of statistics, adjustments have been made for total retail sales of consumer goods. Starting from 1993, this indicator does not include means of agricultural production; starting from 1997, this indicator does not include purchase of houses by residents. Since 2003, this indicator does not include commodities sold to urban and rural households (including their own employees) and institutions directly by manufacturing corporations, establishments and individual manufacturers, nor farm products sold by farmers in the fields.

Criteria for wholesale and retail sale trades, hotels and catering services above designated size are as follows: wholesale trade, having 20 or more employees at year-end with annual sales over 20 million yuan; retail trade, having 60 or more employees at year-end with annual sales over 5 million yuan; hotels, certified hotels with star-ranking; catering services, having 40 or more employees with annual income over 2 million yuan.

Statistical information of home and aboard tourism.

III. Sources of Data

Data on domestic trade in this chapter are collected and processed in accordance with The Statistical Reporting Form System on Wholesale and Retail Trades, Hotels and Catering Services of the National Bureau of Statistics by the Department of Trade and External Economic Relations of Jiangxi Provincial Bureau of Statistics. Dta on tourism are provided by Tourism Bureau of Jiangxi Province.

IV. Methods of Survey

Data on basic conditions for all corporate enterprises of wholesale and retail trades, hotels and catering services above designated size and enterprises and individual enterprises below the designated size are collected through comprehensive reporting form system and sample surveys. Data are reported to their next higher level. Data on private enterprises in wholesale and retail trades and catering services in urban and rural areas are offered by Jiangxi Administration for Industry and Commerce.Data on revenue and population of home and aboard tourism are collected from sample surveys.

16-1 社会消费品零售总额
Total Retail Sales of Consumer Goods

单位：万元 (10000 yuan)

年份 Year	社会消费品零售总额 Total Retail Sales of Consumer Goods	按行业分 Gruped by Sector 批发零售贸易业 Wholesale and Retail Trades	住宿餐饮业 Hotels and Catering Services	制造业 Manufacturing Industry	其他行业 Others	按所在地分 Grouped by Location 市 City	县 County	县以下 Below County Level
1980	454837	394464	14716	11925	33732	136117	124878	193842
1985	857101	624672	29833	67896	134700	284121	241686	331294
1990	1519351	992798	67288	123838	335427	565455	416650	537246
1991	1691914	1104809	76691	124733	385681	652942	452991	585981
1992	1976150	1252247	95006	140292	488605	773815	552926	649409
1993	2436197	1558161	133924	182450	561662	993276	647603	795318
1994	3309488	2170230	190318	225022	723918	1417590	842239	1049659
1995	4108625	2621800	240923	339499	906403	1754824	1032896	1320905
1996	4904426	3097082	324083	415364	1067896	2136075	1160310	1608041
1997	5585484	3393320	434171	422694	1335299	2509674	1328683	1747127
1998	6050877	3663941	487089	455056	1444791	2783772	1416479	1850626
1999	6504678	3976504	529461	472388	1526325	3024481	1504438	1975759
2000	7048677	4332119	601080	482100	1633378	3336519	1597858	2114300
2001	7633414	4719534	668622	505988	1739270	3689149	1712064	2232201
2002	8327099	5208415	750374	533849	1834461	4062171	1867732	2397196
2003	9232088	8120182	852549		259357	4553077	2066072	2612939
2004	10744928	9516427	1064138		164363	5545548	2358081	2841299
2005	12448931	11020953	1270375		157603	6449814	2737685	3261432
2006	14481923	12805426	1512142		164355	7594410	3170514	3716999
2007	17189295	15175878	1834720		178697	9097512	3736589	4355194
2008	21417862	18879278	2335508		203076	11464236	4583190	5370436
2009	24844266	21855608	2785850		202808	13305829	5317196	6221240

16-1 续表 continued

单位：万元 (10000 yuan)

年份 Year	社会消费品零售总额 Total Retail Sales of Consumer Goods	按行业分 Gruped by Sector 批发业 Wholesale Trades	零售业 Retail Trades	住宿业 Hotels Services	餐饮业 Catering Services	按所在地分 Grouped by Location 城镇 City and Town	城区 County Proper	乡村 Below County Level
2010	29562073	4740892	21340866	358522	3121793	24659839	14614792	4902234
2011	34850588	6752635	23783941	473411	3840601	28868099	17644019	5982489
南昌市 Nanchang	9357004	1375551	6983454	104741	893258	8847132	6852528	509872
景德镇市 Jingdezhen	1666543	771818	683740	12982	198003	1453154	1415693	213389
萍乡市 Pingxiang	1846665	228852	1377568	19272	220973	1577122	849918	269543
九江市 Jiujiang	3323481	448559	2458433	51518	364972	1894724	1551195	1428757
新余市 Xinyu	1338508	259349	913471	18182	147506	1108738	677655	229770
鹰潭市 Yingtan	1040991	257479	631760	11976	139776	948683	809998	92308
赣州市 Ganzhou	4357432	1359846	2617599	42471	337516	3561430	1731602	796002
吉安市 Ji'an	2302774	446185	1571538	31281	253770	1674670	554846	628104
宜春市 Yichun	3122116	604940	2130702	42411	344063	2700425	1580652	421691
抚州市 Fuzhou	2682773	519813	1830871	36443	295647	2190971	909700	491802
上饶市 Shangrao	3812301	480244	2584805	102134	645118	2911050	710230	901251

注：2010年国家统计制度作了修订，社会消费品零售总额统计分组发生变化。
a)Data classify of Total Retail Sales of Consumer Goods have changed due to national statistical system in 2010 revised.

16–2 消费品市场情况
Consumable Markets in Urban and Rural Areas

年 份 Year	消费品市场数（个） Number of Consumable Markets (unit)		
	总 计 Total	城市市场 Urban Areas	农村市场 Rural Areas
1978	1192		
1979	1346	96	1250
1980	1401	104	1297
1981	1425	125	1300
1982	1475	125	1350
1983	1598	124	1454
1984	1858	201	1624
1985	2094	209	1775
1986	2234	256	1978
1987	2350	290	2060
1988	2440	321	2119
1989	2419	288	2131
1990	2406	299	2107
1991	2508	350	2158
1992	2567	367	2200
1993	2686	412	2274
1994	2720	426	2294
1995	2777	488	2289
1996	2852	559	2293
1997	2898	525	2373
1998	2936	568	2368
1999	2885	586	2299
2000	2374	440	1934
2001	2623	588	2035
2002	2522	515	2007
2003	2508	521	1987
2004	2009	589	1420
2005	2161	703	1458
2006	1602	553	1049
2007	1677	522	1155
2008	1396	468	928
2009	1668	588	1080
2010	1931	765	1166
2011	1642	661	981

16-3 限额以上批发零售贸易法人企业商品购进、销售、库存总额(2011)

单位：万元

指 标	Item	购进总额 Total Purchases	#进 口 Imports
总 计	**Total**	**19759690**	**240076**
批发业	**wholesale Trade**	**13227870**	**57954**
按登记注册类型分	**By Types of Registration**		
内资企业	Domestic Funded Enterprises	13103233	57954
国有企业	State-owned Enterprises	5824686	30530
集体企业	Collective-owned Enterprises	31246	
股份合作企业	Cooperative Enterprises	77299	
有限责任公司	Limited Liability Corporations	4908330	25698
国有独资公司	State Sole Funded Corporations	19795	
其他有限责任公司	Other Limited Liability Corporations	4888535	25698
股份有限公司	Share-holding Corporations Ltd.	260283	1701
私营企业	Private Enterprises	1760237	26
#私营有限责任公司	Private Limited Liability Corporations	1418281	26
私营股份有限公司	Private Share-holding Corporations Ltd.	107666	
其他企业	Other Enterprises	230719	
港澳台商投资企业	Enterprises with Funds from Hong Kong, Macao and Taiwan	109792	
与港澳台商合资经营企业	Joint-venture Enterprises	106873	
港澳台商独资企业	Enterprises with Sole Funds	879	
港澳台商投资股份有限公司	Share-holding Corporations Ltd. with Funds	2041	
外商投资企业	Foreign Funded Enterprises	14845	
#中外合资经营企业	Joint-venture Enterprises	13225	
外资企业	Enterprises with Sole Foreign Funds	1620	
按国民经济行业分	**By Sector**		
农畜产品批发业	Wholesale of Farm Produce and Livestock Products	254753	
食品、饮料及烟草制品批发业	Wholesale of Food, Beverages and Tobaccos	2341505	
#米、面制品及食用油批发业	Wholesale of Rice, Flour and Edible Oil	161485	
烟草制品批发业	Whole of Tobaccos	1861994	
纺织、服装及日用品批发业	Wholesale of Textiles, Garments and Daily Consumer Articles	226339	4769
#服装批发业	Wholesale of Garments	113249	2044
文化、体育用品及器材批发业	Wholesale of Culture, Sports Appliances and Equipments	36959	
医药及医疗器材批发业	Wholesale of Medicines and Medical Appliances	1601845	1701
矿产品、建材及化工产品批发业	Wholesale of Mineral Products, Building Materials and Chemical Products	6537836	51485
#煤炭及制品批发业	Wholesale of Coal and Related Products	1851902	
石油及制品批发业	Wholesale of Petrolem and Related Products	2035988	
金属及金属矿批发业	Wholesale of Metal Materials	1887042	30530
建材批发业	Wholesale of Building Materials	144241	26
化肥批发业	Wholesale of Chemical Fertilizer	56610	
机械设备、五金交电及电子产品批发业	Wholesale of Machinery, Hardware and Electronic Equipment	1299755	
#汽车、摩托车及零配件批发业	Wholesale of Motor Vehicles, Motorcycles and Parts	172453	
家用电器批发业	Wholesale of Household Electrical Appliances	663589	
计算机、软件及辅助设备批发业	Wholesale of Computer, Software and Assistant Appliances	56938	
贸易经纪与代理	Trade Broker and Agency	3084	
其他批发业	Other Wholesale not Classified Elsewhere	925794	

Total Purchases,Sales and Inventory of Enterprise above Designated Size in Wholesale and Retail Sale Trades(2011)

(10000 yuan)

销售总额 Total Sales	批发 wholesale Trade	#出口 Exports	零售 Retail Trade	年末库存总额 Inventory (year-end)
25216747	**15159057**	**675027**	**10057691**	**1505350**
17623008	**14248235**	**673454**	**3374774**	**867496**
17308880	13942650	509590	3366230	855176
7272918	6175941	100047	1096977	374397
33660	32943		717	5071
84895	67364		17531	2943
5188057	5051985	303310	136071	317933
29213	29083		130	1442
5158844	5022903	303310	135941	316491
2631721	656351	2998	1975370	58017
1840842	1702533	82355	138309	90064
1465063	1332280	77689	132782	72217
130237	126373	4666	3864	3442
247844	246589	20879	1255	3340
128014	128014	642		3984
125992	125992	642		3087
				879
2022	2022			19
186114	177570	163223	8543	8336
184224	175680	163223	8543	8320
1890	1890			16
287182	285256		1926	72565
3515948	3457936	988	58012	253912
170548	150765		19782	82770
2890234	2879844		10390	115353
291847	281350	196315	10498	9456
131373	122355	87692	9017	7858
42547	42124		424	2342
1673443	1540525	52716	132919	115464
9258068	6165245	164021	3092824	301162
1877960	1873615		4345	24876
4706794	1648587		3058208	121742
1905309	1890003	146809	15306	84945
149916	137732	2186	12184	23737
57724	57075		649	16376
1585098	1517329	256973	67768	77464
348092	323590	170925	24503	20894
711290	703167		8122	27235
61621	40557		21064	1679
4079	4079			122
964795	954391	2441	10404	35011

16-3 续表

单位：万元

指　　标	Item	购进总额 Total Purchases	#进　口 Imports
零售业	**Retail Trade**	**6531820**	**182122**
按登记注册类型分	**By Types of Registration**		
内资企业	Domestic Funded Enterprises	6268306	182122
国有企业	State-owned Enterprises	191320	
股份合作企业	Cooperative Enterprises	35276	
有限责任公司	Limited Liability Corporations	3463821	176435
国有独资公司	State Sole Funded Corporations		
其他有限责任公司	Other Limited Liability Corporations	3463821	176435
股份有限公司	Share-holding Corporations Ltd.	725589	
私营企业	Private Enterprises	1777517	5687
私营独资企业	Private-funded Enterprises	139256	49
私营合伙企业	Private Share-holding Corporations Ltd.	42240	
私营有限责任公司	Private Limited Liability Corporations	1397056	5638
私营股份有限公司	Private Share-holding Corporations Ltd.	198966	
其他企业	Other Enterprises	41149	
港澳台商投资企业	Enterprises with Funds from Hong Kong, Macao and Taiwan	35836	
#与港澳台商合资经营企业	Joint-venture Enterprises	7344	
港澳台商独资企业	Enterprises with Sole Funds	21495	
外商投资企业	Foreign Funded Enterprises	227678	
中外合资经营企业	Joint-venture Enterprises	7344	
中外合作经营企业	Cooperation Enterprises	4423	
外资企业	Enterprises with Sole Foreign Funds	21495	
外商投资股份有限公司	Share-holding Corporations Ltd. with Foreign Funds	2575	
按国民经济行业分	**By Sector**		
综合零售业	Integrated Retail	1622876	32206
#百货零售业	Retail of General Merchandise	909299	32157
超级市场零售业	Retail of Supermarkets	674163	49
食品、饮料及烟草制品专门零售业	Retail of Food, Beverages and Tobaccos	144194	
纺织、服装及日用品专门零售业	Special Retail of Textiles, Garments and Daily Consumer Articles	138333	
#服装零售业	Retail of Garments	102054	
文化、体育用品及器材专门零售业	Retail of Culture, Sports Appliances and Equipments	517689	
#图书零售业	Retail of Books	429019	
医药及医疗器材专门零售业	Retail of Medicines and Medical Appliances	456708	400
#药品零售业	Retail of Medicines	446342	
汽车、摩托车、燃料及零配件专门零售业	Retail of Motor Vehicles, Motorcycles, Fuel and Parts	2795702	149516
#汽车零售业	Retail of Motor Vehicles	2490015	149516
机动车燃料零售业	Retail of Fuel of Motor Vehicles	286411	
家用电器及电子产品专门零售业	Special Retail of Household Electric Appliances and Electronic Products	649438	
#家用电器零售业	Retail of Household Electric Appliances	404733	
计算机、软件及辅助设备零售业	Retail of Computer, Software and Assistant Appliances	190436	
通讯设备零售业	Retail of Communication Equipments	38451	
五金、家具及室内装修材料专门零售业	Special Retail of Hardware, Furniture and Decoration Materials	141475	
无店铺及其他零售业	Non-shop and Other Retails	65406	

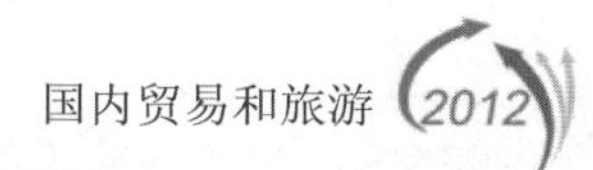

continued

(10000 yuan)

销售总额 Total Sales	批发 wholesale Trade	#出口 Exports	零售 Retail Trade	年末库存总额 Inventory (year-end)
7593739	**910822**	**1572**	**6682917**	**637854**
7273937	905590	1572	6368347	606545
209013	41526		167488	16269
39935	1992		37943	5169
3749734	477971		3271763	324836
3749734	477971		3271763	324836
1193964	211763		982201	66888
1991852	158953		1832899	182386
143424	7296		136128	19593
42233	6709		35525	3016
1526736	135220		1391515	144366
279459	9728		269731	15411
45917	10809	1572	35108	6488
33593	657		32937	5925
8627			8627	788
18611	572		18039	4495
286209	4575		281633	25384
8627			8627	788
4423			4423	
18611	572		18039	4495
1932	85		1847	643
1900572	112428		1788144	147444
1132924	91007		1041917	49486
727848	12740		715109	95572
157938	82226		75713	12627
135564	23935		111629	41802
95252	18263		76989	38179
530959	190648		340311	41547
425261	179439		245823	25047
479895	67756		412139	50463
469143	60510		408632	48653
3364064	276545	1572	3087519	245248
2711126	215625	1572	2495501	229828
634133	60338		573795	13142
784209	119344		664865	85676
541289	15416		525873	60010
185455	72784		112671	19379
40994	20665		20330	5006
176666	22259		154407	6075
63870	15682		48189	6972

16-4 限额以上批发零售贸易法人企业主要财务指标（2011年）

单位：万元

类　　别	Type	资产合计 Total Assets
总　计	**Total**	**8993197**
批发业	**Wholesale Trade**	**5735574**
按登记注册类型分	**By Types of Registration**	
内资企业	Domestic Funded Enterprises	5621652
国有企业	State-owned Enterprises	2252463
集体企业	Collective-owned Enterprises	14145
股份合作企业	Cooperative Enterprises	25709
有限责任公司	Limited Liability Corporations	2016708
国有独资公司	State Sole Funded Corporations	12815
其他有限责任公司	Other Limited Liability Corporations	2003893
股份有限公司	Share-holding Corporations Ltd.	547137
私营企业	Private Enterprises	727515
#私营独资企业	Private-funded Enterprises	128357
私营有限责任公司	Private Limited Liability Corporations	547730
港澳台商投资企业	Enterprises with Funds from Hong Kong, Macao and Taiwan	36159
#港澳台商独资企业	Enterprises with Sole Funds	1306
外商投资企业	Foreign Funded Enterprises	77763
#中外合资经营企业	Joint-venture Enterprises	76413
外资企业	Enterprises with Sole Foreign Funds	1350
按国民经济行业分	**By Sector**	
农畜产品批发业	Wholesale of Farm Produce and Livestock Products	252143
食品、饮料及烟草制品批发业	Wholesale of Food, Beverages and Tobaccos	1416436
#米、面制品及食用油批发业	Wholesale of Rice, Flour and Edible Oil	111976
烟草制品批发业	Wholesale of Tobaccos	1059682
纺织、服装及日用品批发业	Wholesale of Textiles, Garments and Daily Consumer Articles	116459
#服装批发业	Wholesale of Garments	61372
文化、体育用品及器材批发业	Wholesale of Culture, Sports Appliances and Equipments	18351
医药及医疗器材批发业	Wholesale of Medicines and Medical Appliances	777885
矿产品、建材及化工产品批发业	Wholesale of Mineral Products, Building Materials and Chemical Products	2390060
#煤炭及制品批发业	Wholesale of Coal and Related Products	535708
石油及制品批发业	Wholesale of Petrolem and Related Products	1065384
金属及金属矿批发业	Wholesale of Metal Materials	418521
建材批发业	Wholesale of Building Materials	60358
化肥批发业	Wholesale of Chemical Fertilizer	27536
机械设备、五金交电及电子产品批发业	Wholesale of Machinery, Hardware and Electronic Equipment	606595
#汽车、摩托车及零配件批发业	Wholesale of Motor Vehicles, Motorcycles and Parts	133444
家用电器批发业	Wholesale of Household Electrical Appliances	268417
计算机、软件及辅助设备批发业	Wholesale of Computer, Software and Assistant Appliances	9982
贸易经纪与代理	Trade Broker and Agency	682
其他批发业	Other Wholesale not Classified Elsewhere	156964

Main Financial Indicators of Enterprises above Designated Size in Wholesale and Retail Trade (2011)

(10000 yuan)

流动资产合计 Working Capitals	固定资产原价 Original Value of Fixed Assets	负债合计 Total Liabilities	所有者权益合计 Total Owners' Equities	主营业务收入 Revenue from Principal Business	主营业务成本 Cost of Principal Business
6576332	**1679228**	**5719320**	**3273877**	**22558055**	**20385828**
4406308	**938098**	**3641753**	**2093822**	**15760391**	**14272269**
4308824	926786	3566391	2055261	15461765	14004453
1601728	530895	974259	1278204	6360880	5495200
8147	3762	7675	6470	31942	27990
17227	4860	17537	8172	78438	73786
1787640	101741	1669707	347002	4701257	4388121
8803	4484	5688	7127	25278	17797
1778836	97257	1664018	339875	4675979	4370324
255489	236734	303993	243144	2340190	2181695
603844	45199	570089	157426	1696020	1599944
101131	2883	95078	33278	212286	204166
459115	40251	437982	109748	1334571	1268774
30577	7311	10218	25941	114185	94644
1130	85	1240	66		
66907	4001	65144	12619	184442	173172
66907	4001	64694	11719	182552	171471
		450	900	1890	1701
173928	69988	204565	47578	274991	263001
1017568	334760	322550	1093886	3124928	2280792
84122	32849	90224	21753	149016	137198
794124	251179	136883	922799	2530399	1846228
106424	4008	92474	23985	283333	257606
55366	2912	48254	13118	124220	110092
17847	837	14618	3733	37259	35112
658878	44222	620504	157381	1555490	1401161
1725958	457690	1741371	648689	8164275	7804888
499944	22587	476515	59193	1625119	1571485
530970	397987	602961	462423	4164252	3907008
350973	28497	341871	76650	1706322	1661050
43506	2889	38096	22261	143375	160968
22434	2807	21299	6237	57065	52300
562757	20205	529065	77530	1461004	1367145
118632	4896	117068	16375	336066	319167
261486	5032	238781	29636	658215	617848
8908	1160	6860	3122	54090	51156
644	50	317	365	4041	3764
142306	6338	116289	40675	855071	858800

16-4 续表1

单位：万元

类　　别	Type	资产合计 Total Assets
零售业	**Retail Trade**	**3257623**
按登记注册类型分	**By Types of Registration**	
内资企业	Domestic Funded Enterprises	3128364
国有企业	State-owned Enterprises	89024
股份合作企业	Cooperative Enterprises	21630
有限责任公司	Limited Liability Corporations	1458046
国有独资公司	State Sole Funded Corporations	
其他有限责任公司	Other Limited Liability Corporations	1458046
股份有限公司	Share-holding Corporations Ltd.	638791
私营企业	Private Enterprises	874001
私营独资企业	Private-funded Enterprises	43279
私营合伙企业	Private Partnership Enterprises	14031
私营有限责任公司	Private Limited Liability Corporations	659772
私营股份有限公司	Private Share-holding Corporations Ltd.	156919
其他企业	Other Enterprises	26577
港澳台商投资企业	Enterprises with Funds from Hong Kong, Macao and Taiwan	26849
#与港澳台商合资经营企业	Joint-venture Enterprises	4968
港澳台商独资企业	Enterprises with Sole Funds	14303
外商投资企业	Foreign Funded Enterprises	102409
中外合资经营企业	Joint-venture Enterprises	4968
外资企业	Enterprises with Sole Foreign Funds	14303
外商投资股份有限公司	Share-holding Corporations Ltd. with Foreign Funds	1323
按国民经济行业分	**By Sector**	
综合零售业	Integrated Retail	966989
#百货零售业	Retail of General Merchandise	660095
超级市场零售业	Retail of Supermarkets	300036
食品、饮料及烟草制品专门零售业	Retail of Food, Beverages and Tobaccos	88059
纺织、服装及日用品专门零售业	Special Retail of Textiles, Garments and Daily Consumer Articles	75270
#服装零售业	Retail of Garments	56249
文化、体育用品及器材专门零售业	Retail of Culture, Sports Appliances and Equipments	393300
#图书零售业	Wholesale of Coal and Related Products	312478
医药及医疗器材专门零售业	Retail of Medicines and Medical Appliances	236757
药品零售业	Retail of Medicines	232318
汽车、摩托车、燃料及零配件专门零售业	Retail of Motor Vehicles, Motorcycles, Fuel and Parts	1081493
#汽车零售业	Retail of Motor Vehicles	956046
机动车燃料零售业	Retail of Fuel of Motor Vehicles	119088
家用电器及电子产品专门零售业	Special Retail of Household Electric Appliances and Electronic Products	334734
#家用电器零售业	Retail of Household Electric Appliances	227629
计算机、软件及辅助设备零售业	Retail of Computer, Software and Assistant Appliances	79001
通讯设备零售业	Retail of Communication Equipments	20369
五金、家具及室内装修材料专门零售业	Special Retail of Hardware, Furniture and Decoration Materials	46715
无店铺及其他零售业	Non-shop and Other Retails	34306

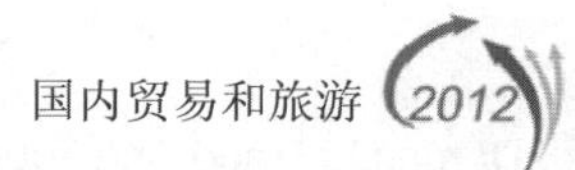

continued

(10000 yuan)

流动资产合计 Circulating Funds	固定资产原价 Original Value of Fixed Assets	负债合计 Total Liabilities	所有者权益合计 Total Creditors' Equity	主营业务收入 Revenue from Principal Business	主营业务成本 Cost of Principal Business
2170024	**741129**	**2077568**	**1180055**	**6797664**	**6113559**
2078976	702712	1972997	1155367	6516744	5872035
44452	31936	43733	45291	190251	177996
14395	5311	12936	8693	36127	31885
1020645	228400	926137	531909	3320062	2950533
1020645	228400	926137	531909	3320062	2950533
318528	267956	373789	265002	1049551	935139
648839	155826	585062	288939	1836318	1704326
27725	15610	20257	23022	136089	118492
8378	5354	5436	8595	41018	33496
506059	94389	451202	208570	1412967	1336219
106677	40473	108167	48753	246244	216120
20217	4501	19061	7516	43399	35896
12060	7561	16492	10357	23312	18396
4623	344	1326	3641	6962	4819
4273	2573	9222	5081	10004	8070
78988	30857	88078	14331	257608	223129
4623	344	1326	3641	6962	4819
4273	2573	9222	5081	10004	8070
1320	8	864	459	1932	1521
569407	350496	674371	292618	1684076	1448863
365324	246155	452842	207253	972474	842892
199187	102159	219107	80928	675790	572920
54265	24697	31926	56132	140787	114687
56844	6231	53522	21749	123756	105222
41537	4568	43517	12733	87684	75588
202353	80144	97675	295625	484446	382715
148269	52220	68033	244444	394422	308545
184147	44367	198359	38398	409231	364105
180101	44012	195283	37035	397997	353957
776378	185957	737610	343883	3025852	2864958
749133	118775	688567	267479	2453902	2323339
22184	65534	45131	73958	555084	526523
277479	32608	238877	95857	712385	641190
194934	25044	172647	54982	499140	453961
57542	6483	49749	29253	161981	142171
17561	830	13959	6410	35056	33442
24591	12801	25911	20804	157708	142819
24560	3828	19318	14988	59423	49001

16-4 续表2

单位：万元

类　　别	Type	主营业务税金及附加 Taxes and Other Charges on Principal Business
总　计	**Total**	**219938**
批发业	**Wholesale Trade**	**185661**
按登记注册类型分	**By Types of Registration**	
内资企业	Domestic Funded Enterprises	184950
国有企业	State-owned Enterprises	153023
集体企业	Collective-owned Enterprises	459
股份合作企业	Cooperative Enterprises	241
有限责任公司	Limited Liability Corporations	19156
国有独资公司	State Sole Funded Corporations	157
其他有限责任公司	Other Limited Liability Corporations	18999
股份有限公司	Share-holding Corporations Ltd.	2296
私营企业	Private Enterprises	8599
#私营独资企业	Private-funded Enterprises	1044
私营有限责任公司	Private Limited Liability Corporations	7000
港澳台商投资企业	Enterprises with Funds from Hong Kong, Macao and Taiwan	615
#港澳台商独资企业	Enterprises with Sole Funds	
外商投资企业	Foreign Funded Enterprises	96
#中外合资经营企业	Joint-venture Enterprises	62
外资企业	Enterprises with Sole Foreign Funds	34
按国民经济行业分	**By Sector**	
农畜产品批发业	Wholesale of Farm Produce and Livestock Products	99
食品、饮料及烟草制品批发业	Wholesale of Food, Beverages and Tobaccos	151647
#米、面制品及食用油批发业	Wholesale of Rice, Flour and Edible Oil	267
烟草制品批发业	Wholesale of Tobaccos	148671
纺织、服装及日用品批发业	Wholesale of Textiles, Garments and Daily Consumer Articles	246
#服装批发业	Wholesale of Garments	111
文化、体育用品及器材批发业	Wholesale of Culture, Sports Appliances and Equipments	68
医药及医疗器材批发业	Wholesale of Medicines and Medical Appliances	2923
矿产品、建材及化工产品批发业	Wholesale of Mineral Products, Building Materials and Chemical Products	20902
#煤炭及制品批发业	Wholesale of Coal and Related Products	2428
石油及制品批发业	Wholesale of Coal and Related Products	3527
金属及金属矿批发业	Wholesale of Metal Materials	14138
建材批发业	Wholesale of Building Materials	383
化肥批发业	Wholesale of Chemical Fertilizer	61
机械设备、五金交电及电子产品批发业	Wholesale of Machinery, Hardware and Electronic Equipment	1702
#汽车、摩托车及零配件批发业	Wholesale of Motor Vehicles, Motorcycles and Parts	137
家用电器批发业	Wholesale of Household Electrical Appliances	700
计算机、软件及辅助设备批发业	Wholesale of Computer, Software and Assistant Appliances	99
贸易经纪与代理	Trade Broker and Agency	56
其他批发业	Other Wholesale not Classified Elsewhere	8018

continued

(10000 yuan)

其他业务利润 Profits From Other Business	营业利润 Profits	利润总额 Total Profits	本年应交增值税 Valued Added Payable	利税总额 Total Pre-Tax Profits
70634	**678796**	**668743**	**452615**	**1341296**
13024	**561809**	**578244**	**299166**	**1063071**
12891	548636	566846	296590	1048386
7115	408395	417772	116643	687438
96	-21	83	711	1252
192	1124	1345	421	2007
4108	49628	63731	113585	196472
162	4429	4714	2857	7727
3946	45198	59017	110728	188745
47	72171	51274	20209	73779
1146	12014	25739	40815	75152
12	-1206	2661	6885	10590
1130	6702	16813	32856	56669
100	10586	11003	2490	14108
33	2587	396	86	577
33	2528	337	63	463
	58	58	22	114
3800	-4856	925	100	1125
2974	444158	449472	105089	706207
784	-2960	-222	853	898
1807	373805	376112	91061	615843
180	7675	3892	4314	8452
131	7693	3729	3906	7746
	-56	-59	738	747
2101	20913	20050	21303	44277
1419	99072	76974	65880	163756
398	9545	8669	10835	21931
-208	100761	80737	36468	120732
382	8070	10733	14947	39818
113	-25200	-28981	2342	-26256
36	163	328	58	446
2189	21348	19490	10358	31549
240	3397	1085	684	1906
668	13112	13557	6261	20518
160	503	496	141	736
	35	8	39	103
361	-26479	7492	91347	106857

16–4 续表3

单位：万元

类　　别	Type	主营业务税金及附加 Taxes and Other Charges on Principal Business
零售业	**Retail Trade**	**34277**
按登记注册类型分	**By Types of Registration**	
内资企业	Domestic Funded Enterprises	33296
国有企业	State-owned Enterprises	481
股份合作企业	Cooperative Enterprises	502
有限责任公司	Limited Liability Corporations	14818
国有独资公司	State Sole Funded Corporations	
其他有限责任公司	Other Limited Liability Corporations	14818
股份有限公司	Share-holding Corporations Ltd.	7291
私营企业	Private Enterprises	9413
私营独资企业	Private-funded Enterprises	1275
私营合伙企业	Private Partnership Enterprises	395
私营有限责任公司	Private Limited Liability Corporations	5619
私营股份有限公司	Private Share-holding Corporations Ltd.	2125
其他企业	Other Enterprises	536
港澳台商投资企业	Enterprises with Funds from Hong Kong, Macao and Taiwan	188
#与港澳台商合资经营企业	Joint-venture Enterprises	45
港澳台商独资企业	Enterprises with Sole Funds	43
外商投资企业	Foreign Funded Enterprises	793
中外合资经营企业	Joint-venture Enterprises	45
外资企业	Enterprises with Sole Foreign Funds	43
外商投资股份有限公司	Share-holding Corporations Ltd. with Foreign Funds	41
按国民经济行业分	**By Sector**	
综合零售业	Integrated Retail	13830
#百货零售业	Retail of General Merchandise	7704
超级市场零售业	Retail of Supermarkets	5868
食品、饮料及烟草制品专门零售业	Retail of Food, Beverages and Tobaccos	1036
纺织、服装及日用品专门零售业	Special Retail of Textiles, Garments and Daily Consumer Articles	893
#服装零售业	Retail of Garments	705
文化、体育用品及器材专门零售业	Retail of Culture, Sports Appliances and Equipments	2114
#图书零售业	Wholesale of Coal and Related Products	616
医药及医疗器材专门零售业	Retail of Medicines and Medical Appliances	886
#药品零售业	Retail of Medicines	839
汽车、摩托车、燃料及零配件专门零售业	Retail of Motor Vehicles, Motorcycles, Fuel and Parts	10746
#汽车零售业	Retail of Motor Vehicles	9937
机动车燃料零售业	Retail of Fuel of Motor Vehicles	570
家用电器及电子产品专门零售业	Special Retail of Household Electric Appliances and Electronic Products	2629
#家用电器零售业	Retail of Household Electric Appliances	1782
计算机、软件及辅助设备零售业	Retail of Computer, Software and Assistant Appliances	681
通讯设备零售业	Retail of Communication Equipments	104
五金、家具及室内装修材料专门零售业	Special Retail of Hardware, Furniture and Decoration Materials	1775
无店铺及其他零售业	Non-shop and Other Retails	369

continued

(10000 yuan)

其他业务利润 Profits From Other Business	营业利润 Profits	利润总额 Total Profits	本年应交增值税 Valued Added Payable	利税总额 Total Pre-Tax Profits
57610	**116987**	**90499**	**153449**	**278225**
52309	111475	84833	148722	266851
1288	-180	-78	3245	3648
680	1032	1063	756	2321
28144	74090	53773	76858	145449
28144	74090	53773	76858	145449
8542	36632	36094	27889	71273
13066	-1044	-6497	37655	40571
575	5424	3867	12030	17171
201	3176	1042	857	2294
7265	-16593	-17270	21596	9945
5025	6949	5864	3173	11161
225	-280	-296	1964	2203
1050	1081	1136	479	1803
54	912	909	283	1237
	130	191	78	312
4251	4431	4531	4248	9572
54	912	909	283	1237
	130	191	78	312
	234	234	44	319
34575	39175	33035	46957	93822
19283	14619	14540	26329	48573
15233	24005	17935	16862	40665
1438	11703	11809	5694	18538
693	1264	454	2281	3628
608	-1370	-2146	1601	160
3153	37364	34759	9548	46421
2686	30756	28212	8543	37371
1508	3951	2773	5088	8747
1494	3843	2691	4980	8509
7050	7280	-6627	58594	62713
6931	1766	-11554	44149	42532
12	5128	4546	14370	19486
8864	13495	13089	22345	38063
8563	7115	5961	19401	27143
59	6164	6687	1833	9201
236	-42	-35	559	628
328	2463	2114	1278	5166
2	293	-908	1664	1126

16–5 限额以上餐饮法人企业主要财务指标（2011年）

单位：万元

类别	Type	资产合计 Total Assets	流动资产合计 Working Capitals	固定资产原价 Original Value of Fixed Assets
总计	**Total**	**368412**	**141592**	**166531**
按登记注册类型分组	**By Types of Registration**			
内资企业	Domestic Funded Enterprises	308428	117575	140196
国有企业	State-owned Enterprises	13459	4912	8702
集体企业	Collective-owned Enterprises	3251	674	2577
股份合作企业	Cooperative Enterprises	9019	5417	3636
有限责任公司	Limited Liability Corporations	72566	28920	36029
其他有限责任公司	Other Limited Liability Corporations	72566	28920	36029
股份有限公司	Share-holding Corporations Ltd.	3953	1845	1707
私营企业	Private Enterprises	191408	70937	80747
私营独资企业	Private Limited Liability Corporations	49995	23385	24969
私营合伙企业	Private Partnership Enterprises	5955	1189	4032
私营有限责任公司	Private Limited Liability Corporations	121607	41871	48826
私营股份有限公司	Private Share-holding Corporations Ltd.	13851	4493	2920
其他企业	Other Enterprises	12822	4549	5447
港澳台商投资企业	Enterprises with Funds from Hong Kong, Macao and Taiwan	35649	17256	16806
#与港澳台商合资经营企业	Joint-venture Enterprises	13666	11950	2024
港澳台商独资企业	Enterprises with Sole Funds	20995	4777	14138
外商投资企业	Foreign Funded Enterprises	24336	6761	9530
中外合资经营企业	Joint-venture Enterprises	167	89	188
外资企业	Enterprises with Sole Foreign Funds	17789	3692	8358
外商投资股份有限公司	Share-holding Corporations Ltd. with Foreign Funds	4385	2894	515
按国民经济行业分组	**By Sector**			
正餐服务业	Dinner	343347	132091	156791
快餐服务业	Snack	20874	6180	8739

Main Financial Indicators of Enterprises above Designated Size in Catering Services (2011)

(10000 yuan)

负债合计 Total Liabilities	所有者权益合计 Total Owners Equity	主营业务收入 Revenue from Principal Business	主营业务成本 Cost of Principal Business	主营业务税金及附加 Taxes and Other Charges on Principal Business	其他业务利润 Profits From Other Business	营业利润 Profits	利润总额 Total Profits	利税总额 Total Pre-Tax Profits
204688	**163725**	**311700**	**176733**	**15824**	**1735**	**21616**	**17215**	**33039**
176592	131836	236791	136292	11579	1735	14974	10574	22153
5785	7674	12053	6560	549	676	458	285	834
1053	2198	3232	1462	181		207	207	388
5821	3198	9319	5740	516	107	488	434	950
44245	28321	43979	22393	2342	363	1800	1542	3884
44245	28321	43979	22393	2342	363	1800	1542	3884
1693	2260	10096	5853	717	3	902	761	1478
110114	81294	145637	86912	6463	547	10483	7062	13525
33345	16650	52174	33710	1825	121	4121	3630	5456
1307	4648	7627	4642	367	31	638	681	1048
70401	51206	78798	44015	3993	303	5126	2066	6059
5061	8790	7039	4545	278	93	599	684	962
7125	5697	10434	6013	675	39	378	284	959
19396	16253	17916	12283	1058		140	133	1191
9917	3749	14466	10215	759		-20	-22	736
9060	11935	1499	803	190		148	144	334
8700	15636	56993	28158	3187		6502	6508	9695
4	163	549	351	31		0		31
6344	11445	52304	25398	2926		6466	6466	9392
2300	2084	3831	2241	197		26	32	229
197526	145822	246074	142583	11966	1735	14120	9993	21959
7031	13844	58497	28596	3375		6981	6975	10349

16–6 限额以上住宿法人企业主要财务指标（2011年）

单位：万元

类　　别	Type	资产合计 Total Assets	流动资产合计 Working Capitals	固定资产原价 Original Value of Fixed Assets
总　　计	**Total**	**1319483**	**391142**	**799311**
按登记注册类型分组	**By Types of Registration**			
内资企业	Domestic Funded Enterprises	1210691	349992	727383
国有企业	State-owned Enterprises	329803	72214	230345
集体企业	Collective-owned Enterprises	8047	2765	7072
股份合作企业	Cooperative Enterprises	85202	11551	79461
联营企业	Joint Ownership Enterprises			
国有联营企业	State Joint Ownership Enterprises			
有限责任公司	Limited Liability Corporations	300313	107893	159291
其他有限责任公司	Other Limited Liability Corporations	293398	104069	158535
股份有限公司	Share-holding Corporations Ltd.	75720	20604	53369
私营企业	Private Enterprises	382553	126829	179293
私营独资企业	Private - Funded Enterprises	37862	12773	19366
私营合伙企业	Private Partnership Enterprises	13757	4871	9795
私营有限责任公司	Private Limited Liability Corporations	305328	102147	138416
私营股份有限公司	Private Share-holding Corporations Ltd.	25606	7037	11717
其他企业	Other Enterprises	29054	8136	18552
港澳台商投资企业	Enterprises with Funds from Hong Kong, Macao and Taiwan	57984	15966	23667
与港澳台商合资经营企业	Joint-venture Enterprises	7952	2722	7114
与港澳台商合作经营企业	Cooperation Enterprises	20688	6340	8180
港澳台商独资企业	Enterprises with Sole Funds	29345	6904	8373
港澳台商独资股份有限公司	Share-holding Corporations Ltd. with Funds			
外商投资企业	Foreign Funded Enterprises	50807	25184	48262
中外合资经营企业	Joint-venture Enterprises	19252	18168	1987
中外合作经营企业	Cooperation Enterprises	6907	403	7485
外资企业	Enterprises with Sole Foreign Funds	16246	3294	29671
外商投资股份有限公司	Share-holding Corporations Ltd. with Foreign Funds	8402	3320	9118
按国民经济行业分组	**By Sector**			
旅游饭店	Tourism Hotel	1120937	327312	706753
一般旅馆	General Hotel	186312	57687	89730
其他住宿服务	Other Residential Services	12234	6143	2828

Main Financial Indicators of Star-ranking Hotels (2011)

(10000 yuan)

负债合计 Total Liabilities	所有者权益合计 Total Owners Equity	主营业务收入 Revenue from Principal Business	主营业务成本 Cost of Principal Business	主营业务税金及附加 Taxes and Other Charges on Principal Business	其他业务利润 Profits From Other Business	营业利润 Profits	利润总额 Total Profits	利税总额 Total Pre-Tax Profits
781779	**537704**	**475514**	**176851**	**25494**	**2395**	**2843**	**-11840**	**13654**
709376	501316	448423	168885	24288	2255	3677	-10263	14025
154731	175072	105757	43102	5298	404	-55	-3321	1978
2534	5513	6072	2313	356		559	29	385
40640	44562	27758	10846	1629	-54	1447	-581	1049
216319	83994	136981	40280	7749	826	-3672	-5880	1869
213558	79840	134628	39844	7607	826	-3808	-6017	1590
44387	31333	28621	13865	1352	72	1187	815	2166
232108	150445	131161	52630	7348	721	3422	-1997	5351
20881	16982	20239	7584	1478	94	4338	-845	633
4646	9111	7900	3858	471		343	275	745
193317	112011	91499	35523	4793	490	-1186	-1351	3442
13265	12342	11524	5665	606	138	-72	-76	530
18657	10397	12073	5849	556	286	790	672	1228
34424	23561	12586	5073	711	81	-648	-630	80
4303	3648	4299	1231	213	51	187	148	361
9476	11212	1870	238	111		-76	-34	77
20645	8700	6418	3604	387	29	-759	-744	-357
37979	12828	14504	2893	496	60	-187	-946	-451
18937	315	4787	1011	266	49	-702	-700	-435
5031	1876	976	510	57	-1	-192	-192	-135
7862	8385	6700	839	65	12	686	-54	11
6150	2252	2042	533	108		21	1	108
663035	457902	392640	137313	21177	1425	2234	-11195	9983
114554	71758	77999	37852	4078	960	830	-416	3662
4190	8044	4875	1686	239	10	-221	-229	10

16–7 限额以上餐饮法人企业经营情况（2011年）

Catering Services Basic Conditions of Enterprises above Designated Size in (2011)

单位：万元 10000 yuan

类别	Type	法人企业（个）Number of Corporation (unit)	从业人数（人）Persons Employed (person)	营业额 Business Revenue	#客房收入 Revenue from Hotel Rooms	#餐费收入 Revenue from Meals	#商品销售收入 Revenue from Commodities
总计	**Total**	**251**	**24208**	**321057**	**29446**	**261381**	**27574**
按登记注册类型分	**By Types of Registration**						
内资企业	Domestic Funded Enterprises	238	19746	245709	28710	190794	23889
国有企业	State-owned Enterprises	13	1188	12053	3610	8167	234
集体企业	Collective-owned Enterprises	2	122	3994	1511	2412	71
股份合作企业	Cooperative Enterprises	10	653	9659	384	7455	1592
有限责任公司	Limited Liability Corporations	47	3701	44501	4865	33839	5261
其他有限责任公司	Other Limited Liability Corporations	47	3701	44501	4865	33839	5261
股份有限公司	Share-holding Corporations Ltd.	9	828	10177	673	7977	1528
私营企业	Private Enterprises	139	12238	151306	15237	120817	14039
私营独资企业	Private - Funded Enterprises	38	3841	56960	3346	46763	6151
私营合伙企业	Private Partnership Enterprises	15	809	8218	1219	6384	612
私营有限责任公司	Private Limited Liability Corporations	77	7087	79095	9886	61866	6833
私营股份有限公司	Private Share-holding Corporations Ltd.	9	501	7034	785	5805	444
其他企业	Other Enterprises	17	951	11979	1967	8698	1165
港澳台商投资企业	Enterprises with Funds from Hong Kong, Macao and Taiwan	8	1622	18354	583	15351	2300
#与港澳台商合资经营企业	Joint-venture Enterprises	4	961	14867	288	12551	1909
港澳台商独资企业	Enterprises with Sole Funds	3	508	1536	295	1240	2
外商投资企业	Foreign Funded Enterprises	5	2840	56993	153	55236	1385
中外合资经营企业	Joint-venture Enterprises	1	30	549		100	229
中外合作经营企业	Cooperation Enterprises						
外资企业	Enterprises with Sole Foreign Funds	1	2575	52304		52304	
外商投资股份有限公司	Share-holding Corporations Ltd. with Foreign Funds	2	199	3831		2675	1156
按国民经济行业分组	**By Sector**						
正餐服务业	Dinner	242	21108	255341	29446	196130	27195
快餐服务业	Snack	6	2860	58588		58123	379

16-8 限额以上住宿业经营情况（2011年）

Basic Conditions of Enterprises above Designated Size in Hotels (2011)

单位：万元　　10000 yuan

类别	Type	法人企业（个） Number of Corporation (unit)	从业人数（人） Persons Employed (person)	营业额 Business Revenue	#客房收入 Revenue from Hotel Rooms	#餐费收入 Revenue from Meals	#商品销售收入 Revenue from Commodities
总计	**Total**	**372**	**42644**	**487880**	**253817**	**186906**	**17015**
按登记注册类型分	**By Types of Registration**						
内资企业	Domestic Funded Enterprises	354	40383	460837	238414	177747	15943
国有企业	State-owned Enterprises	81	9390	108785	55227	43365	5099
集体企业	Collective-owned Enterprises	7	468	5599	3108	2452	26
股份合作企业	Cooperative Enterprises	19	1970	28511	13749	12250	1203
联营企业	Joint Ownership Enterprises						
国有联营	State Joint Ownership Enterprises						
有限责任公司	Limited Liability Corporations	79	12446	138668	71588	54894	4161
其他有限责任公司	Other Limited Liability Corporations	76	12324	136315	70290	53859	4161
股份有限公司	Share-holding Corporations Ltd.	24	2173	29138	16567	11213	715
私营企业	Private Enterprises	131	12797	136948	70775	48857	4328
私营独资企业	Private - Funded Enterprises	20	1713	20867	10120	7467	1080
私营合伙企业	Private Partnership Enterprises	12	657	7867	4729	2813	211
私营有限责任公司	Private Limited Liability Corporations	83	9203	95700	48674	33790	2948
私营股份有限公司	Private Share-holding Corporations Ltd.	16	1224	12514	7253	4787	88
其他企业	Other Enterprises	14	1139	13188	7400	4716	412
港澳台商投资企业	Enterprises with Funds from Hong Kong, Macao and Taiwan	9	1057	12538	7099	4821	162
与港澳台商合资经营企业	Joint-venture Enterprises	3	365	4230	2105	1897	107
与港澳台商合作经营	Cooperation Enterprises	1	182	1870	1266	402	30
港澳台商独资企业	Enterprises with Sole Funds	5	510	6439	3728	2522	25
港澳台商独资股份有限公司	Share-holding Corporations Ltd. with Funds						
外商投资企业	Foreign Funded Enterprises	8	1204	14504	8303	4338	910
中外合资经营企业	Joint-venture Enterprises	3	438	4787	2691	1422	474
中外合作经营企业	Cooperation Enterprises	1	191	976	333	162	263
外资企业	Enterprises with Sole Foreign Funds	3	385	6700	3645	2447	70
外商投资股份有限公司	Share-holding Corporations Ltd. with Foreign Funds	1	190	2042	1634	306	102
按国民经济行业分	**By Sector**						
旅游饭店	Tourism Hotel	279	34522	402096	205007	156977	13001
一般旅馆	General Hotel	86	7658	80873	46222	27896	3999
其他住宿服务	Other Residential Hotel	7	464	4910	2588	2033	14

16-9 各地区限额以上批发零售贸易法人企业基本情况（2011年）

Enterprises above Designated Size in Wholesale and Retail Sale Trade Region (2011)

地　区	Region	法人企业(个) Number of Corporation Unit	批发企业 Wholesale Trade	零售企业 Retail Trade	产业活动单位(个) Number of Economic Active Units(unit)	年末从业人数(人) Persons Employed (person)
全　省	**Provincial Total**	**1359**	**483**	**876**	**3599**	**130791**
南昌市	Nanchang	448	195	253	1146	46489
景德镇市	Jingdezhen	52	13	39	164	3679
萍乡市	Pingxiang	53	13	40	156	4426
九江市	Jiujiang	103	14	89	260	13631
新余市	Xinyu	50	18	32	107	3110
鹰潭市	Yingtan	50	30	20	116	2055
赣州市	Ganzhou	112	33	79	373	10904
吉安市	Ji'an	101	14	87	356	9828
宜春市	Yichun	112	49	63	337	15930
抚州市	Fuzhou	132	72	60	299	9998
上饶市	Shangrao	146	32	114	285	10741

16-9 续表 continued

地　区	Region	销售合计(万元) Total Purchase Value(10000yuan)	批发额(万元) Wholesale Value(10000yuan)	#出口 Exports	零售额(万元) Retail Value(1000 yuan)
全　省	**Provincial Total**	**25216747**	**15159057**	**675027**	**10057691**
南昌市	Nanchang	13004616	8296313	592520	4708303
景德镇市	Jingdezhen	590080	297632	76927	292448
萍乡市	Pingxiang	565070	240727		324343
九江市	Jiujiang	1428609	579423		849187
新余市	Xinyu	707823	358065		349758
鹰潭市	Yingtan	900640	698293		202347
赣州市	Ganzhou	1816631	672453		1144178
吉安市	Ji'an	1137825	775958		361867
宜春市	Yichun	2405959	1654882	4666	751077
抚州市	Fuzhou	1081025	644851	914	436173
上饶市	Shangrao	1578469	940461		638009

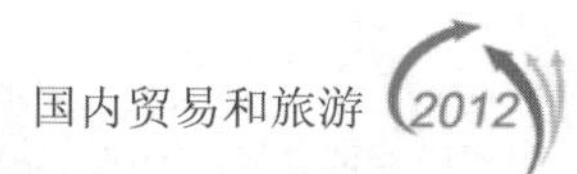

16−10 各地区限额以上住宿餐饮法人企业基本情况（2011年）

Basic Conditions of Enterprises above Designated Size in Hotels and Catering Sevices (2011)

地区	Region	法人企业(个) Number of Corporation Unit	住宿企业 Hotels	餐饮企业 Catering Sevices	产业活动单位(个) Number of Economic Active Units(unit)	年末从业人数(人) Persons Employed (person)
全省	**Provincial Total**	**623**	**372**	**251**	**713**	**66852**
南昌市	Nanchang	182	88	94	260	21773
景德镇市	Jingdezhen	38	24	14	38	3150
萍乡市	Pingxiang	20	7	13	20	1730
九江市	Jiujiang	56	33	23	63	7118
新余市	Xinyu	30	11	19	30	4161
鹰潭市	Yingtan	20	14	6	21	2565
赣州市	Ganzhou	69	42	27	70	6666
吉安市	Ji'an	62	51	11	62	4262
宜春市	Yichun	40	28	12	43	4959
抚州市	Fuzhou	28	21	7	28	3095
上饶市	Shangrao	78	53	25	78	7373

16−10 续表 continued

地区	Region	营业额 Business Revenue	#客房收入 Revenue from Hotel Rooms	#餐费收入 Revenue from Meals	#商品销售收入 Revenue from Commodities
全省	**Provincial Total**	**808936**	**283263**	**448286**	**44589**
南昌市	Nanchang	313324	90894	181257	31920
景德镇市	Jingdezhen	35752	15936	18710	359
萍乡市	Pingxiang	22931	5259	16265	1063
九江市	Jiujiang	70270	25293	36775	1956
新余市	Xinyu	63500	7979	54064	1115
鹰潭市	Yingtan	19901	7616	8729	2803
赣州市	Ganzhou	66353	25285	39255	254
吉安市	Ji'an	45404	26109	17110	346
宜春市	Yichun	44000	19375	16338	955
抚州市	Fuzhou	24586	10648	12865	186
上饶市	Shangrao	102918	48868	46920	3633

16-11 各地区限额以上批发零售法人企业主要财务指标（2011年）
Main Financial Indicators of Enterproses above Designated Size in Wholesale and Retail Sale Trade by Region(2011)

单位：万元 (10000yuan)

地　区	Region	主营业务收入 Revenue from Principal Business	主营业务成本 Cost of Principal Business	主营业务税金及附加 Taxes and Other Charges on Principal Business	营业利润 Profits
全　省	**Provincial Total**	**22558055**	**20385828**	**219938**	**678796**
南昌市	Nanchang	11362324	10490286	58864	222515
景德镇市	Jingdezhen	535845	477055	9762	18013
萍乡市	Pingxiang	487077	414717	10480	26827
九江市	Jiujiang	1313608	1160170	20466	59994
新余市	Xinyu	728369	648745	7260	42867
鹰潭市	Yingtan	786101	761168	10273	-10921
赣州市	Ganzhou	1692490	1540976	24408	33643
吉安市	Ji'an	1040830	910498	14833	42149
宜春市	Yichun	2243840	1908140	22251	139733
抚州市	Fuzhou	981431	848731	15286	44263
上饶市	Shangrao	1386140	1225342	26055	59713

16-12 各地区限额以上住宿餐饮法人企业主要财务指标（2011年）
Main Financial Indicators of Enterproses above Designated Size in Hotels and Catering Services by Region(2011)

单位：万元 (10000yuan)

地　区	Region	主营业务收入 Revenue from Principal Business	主营业务成本 Cost of Principal Business	主营业务税金及附加 Taxes and Other Charges on Principal Business	营业利润 Profits
全　省	**Provincial Total**	**787213**	**353584**	**41318**	**24459**
南昌市	Nanchang	309585	139415	15826	6596
景德镇市	Jingdezhen	35655	15524	2279	-93
萍乡市	Pingxiang	22834	11401	1042	1909
九江市	Jiujiang	68177	27239	3634	2705
新余市	Xinyu	59058	36206	2256	4702
鹰潭市	Yingtan	19365	7427	1078	-1231
赣州市	Ganzhou	66553	28543	3644	1756
吉安市	Ji'an	45045	18625	2439	251
宜春市	Yichun	42115	14631	2338	4343
抚州市	Fuzhou	23433	12805	1545	-1546
上饶市	Shangrao	95393	41767	5238	5067

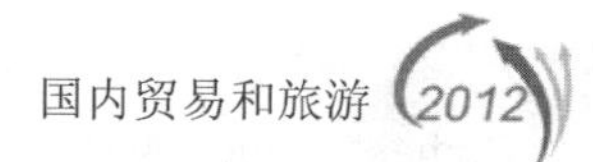

16−13 城乡个体批发和零售贸易、住宿餐饮业基本情况

Basic Conditions of Individual Wholesale and Retail Trades,Hotel and Catering Services in Both Urban and Rural Areas

指 标	Item	2000	2010	2011
户数合计(户)	**Units(unit)**	**340190**	**742972**	**805882**
城 镇	Urban Areas	171011	472175	528169
农 村	Rural Areas	169179	270797	277713
人数合计(人)	**Persons(person)**	**797020**	**1726322**	**2015857**
城 镇	Urban Areas	397949	1056969	1299167
农 村	Rural Areas	399071	669353	716690
销售额(营业收入)(万元)	**Revenue of Business (10000 yuan)**	**2282493**	**14583507**	**15688820**
城 镇	Urban Areas	1253638	9941210	12486154
农 村	Rural Areas	1028855	4642297	3202666

16−14 私营批发和零售贸易、住宿餐饮企业基本情况（2011年）

Basic Conditions of Private Enterprises in Wholesale and Retail Trade,Hotel and Catering Services in both Urban and Rural Areas (2011)

类 别	Type	户数(户) Number of Households (household)	投资者(人) Employers (person)	雇工人数(人) Persons Employed (person)	注册资本金(万元) Registration Funds (10000 yuan)
合 计	**Total**	**67636**	**140603**	**843123**	**11585423**
按经营地区分	**By Region**				
城 镇	Urban Areas	46745	90160	484133	3672720
农 村	Rural Areas	20891	50443	358990	7912703
按注册登记分	**By Status Registration**				
独资企业	Enterprises with Sole Funds	4349	4334	39199	271779
合伙企业	Cooperative Enterprises	1943	4074	15174	74004
有限责任公司	Limited Liability Cororations	61254	131969	786305	11145027
股份有限公司	Share--holding Corporations Ltd.	90	226	2445	94613

16-15　亿元以上商品交易市场摊位成交额情况（2011年）
Classification of Commodity Exchange Markets of Transaction Value over 100 Million Yuan (2011)

类　别	Classification	摊位数 (个) Number of Booths (unit)	成交额 (万元) Turnover (10000yuan)
全　省	**Total**	**64818**	**13171535**
食品、饮料、烟酒类	Food,Beverages,Tobacco and Liquor	21611	6086577
服装、鞋帽、针纺织品类	Clothing,shoes,Hats and Textiles	15740	2236322
化妆品类	Cosmetics	856	113624
金银珠宝类	Gold silver and Jeweller	55	6091
日用品类	Articles for Daily Use	3210	409012
五金、电料类	Hardware & Electrical Materials	1210	309030
体育、娱乐用品类	Sports & Recreational Articles	105	5194
书报杂志类	Newspapers and Magazines	92	10514
电子出版物及音像制品类	E-journal and Video Products	240	14949
家用电器和音像器材类	Household Appliances and Video Equipments	1671	277020
中西药品类	Traditional Chinese and Western Medicine	469	171868
文化办公用品类	Cultural and official Goods	1166	248788
家俱类	Furniture	2236	245003
通讯器材类	Communication Appliances	141	80913
木材及制品类	Wood and Wooden Products	446	38797
化工材料及制品类	Raw Chemical Materials and Related Products	352	37366
金属材料类	Metal Materials	1061	636570
建筑及装潢材料类	Building and Decoration Materials	7074	1077089
机电产品及设备类	Mechanical & Electrical Products	694	339749
汽车类	Automobile	2234	680290
种子饲料类	Seed and Feedstuff	148	17448
棉麻类	Cotton and Hemp	133	4755
其他类	Others	3874	124566

16-16　各地区亿元以上商品交易市场基本情况（2011年）
BasicStatistics on Commodity Exchange Markets of Transaction Value over 100Million Yuan by Region(2011)

地　区	Region	市场数量 (个) Number of Markets (unit)	摊位数 (个) Number of Booths (unit)	营业面积 (平方米) Operating Area (sq.m)	成交额 (万元) Turnover (10000yuan)
全　省	**Provincial Total**	**95**	**64818**	**3594187**	**13171535**
南昌市	Nanchang	34	26791	1411486	6932601
景德镇市	Jingdezhen	4	2887	284638	386404
萍乡市	Pingxiang	3	1773	36900	203075
九江市	Jiujiang	9	4590	485429	1527344
新余市	Xinyu	0			
鹰潭市	Yingtan	3	1930	34399	308400
赣州市	Ganzhou	13	6859	642456	1663197
吉安市	Ji'an	4	6110	193588	666764
宜春市	Yichun	7	4090	191626	674047
抚州市	Fuzhou	4	2483	60402	116713
上饶市	Shangrao	14	7305	253263	692990

16-17 旅游业发展情况
Development of Tourism

年份 Year	旅游总收入(亿元) Total Tourism Earnings (100 million yuan)	占全国旅游总收入比重(%) As Percentage of Total National Tourism Earnings(%)	为全省地区生产总值(%) As Percentage of the Province's GDP (%)	为全省地区生产总值中第三产业(%) As Percentage of Tertiary Industry in the Province's GDP(%)
1991	4.30	1.23	0.90	3.04
1992	4.81	1.03	0.84	2.79
1993	5.31	0.47	0.73	2.47
1994	6.33	0.38	0.67	2.14
1995	8.39	0.40	0.67	2.14
1996	50.15	2.02	3.31	10.27
1997	79.35	2.55	4.63	13.64
1998	81.64	2.37	4.41	12.35
1999	111.29	2.78	5.67	15.03
2000	134.6	2.98	6.72	16.47
2001	161.4	3.23	7.42	18.31
2002	191.1	3.43	7.80	19.85
2003	197.47	4.04	6.98	18.93
2004	240.81	3.52	6.97	19.65
2005	320.02	4.16	7.89	22.67
2006	390.89	4.37	8.37	25.00
2007	463.67	4.23	8.43	26.44
2008	559.38	4.83	8.63	27.90
2009	675.61	5.20	8.83	25.62
2010	818.32	5.21	8.66	26.22
2011	1105.93	4.92	9.45	28.20

16-18 国际旅游收入情况
Income from International Turism

单位：万美元 (USD 10000)

指标	Item	2010	2011
合计	**Total**	**34630**	**41500**
长途交通	Long Distance Transportation	11324	14899
民航	Civil Aviation	7792	9296
铁路	Railway	1420	2241
汽车	Highway	1281	2490
轮船	Waterway	831	872
游览	Sightseeing	1281	1992
住宿	Accommodation	3498	3984
餐饮	Food and Beverage	3047	2532
娱乐	Entertainment	2009	1411
购物	Shopping	9281	12409
邮电通讯	Post and Communication Services	623	871
市内交通	Local Transportation	693	705
其他	Others	2874	2697

16–19 入境旅游情况
Condition of Oversea Visitor Arrivals

指　　标	Item	2000	2005	2010	2011
旅游人数(人次)	**Number of Oversea Visitor Arrivals (Person-time)**	**163057**	**372513**	**1140792**	**1358265**
外 国 人	Foreigners	55411	136270	399449	439844
#印度尼西亚	Indonesia	239	1982	12251	13224
日　本	Japan	12282	23945	34956	32347
马来西亚	Malaysia	1256	3639	12113	14503
菲 律 宾	Philippines	270	1794	8320	10442
新 加 坡	Singapore	2018	8271	20249	21432
韩　国	Korea Rep.	1183	10809	36240	38936
泰　国	Thailand	2559	1716	4271	5781
英　国	United Kingdom	2966	11543	21613	24094
德　国	Germany	3080	5943	21689	23879
法　国	France	1212	6488	15299	18769
意 大 利	Italy	464	3320	9132	10256
西 班 牙	Spain	195	3757	5551	6309
瑞　典	Sweden	195	1131	6705	7428
瑞　士	Switzerland	236	364	6748	8479
俄 罗 斯	Russia	419	2329	16502	16860
加 拿 大	Canada	1069	4380	10886	12234
美　国	United States	11997	27235	52339	55799
澳大利亚	Australia	640	4622	11888	13330
新 西 兰	New Zealand	164	1486	2911	3465
港澳同胞	Chinese Compatriots from Hong Kong and Macao	69375	154885	534537	675287
台湾同胞	Chinese Compatriots fromTaiwan Province	38271	81358	206806	243134
旅游外汇收入(万美元)	**Foreign Exchange Earnings from International Tourism (USD 10000)**	**6234**	**10395**	**34630**	**41500**

注：外国人包括了华侨人数。

a) Overseas Chinese are included in foreigners.

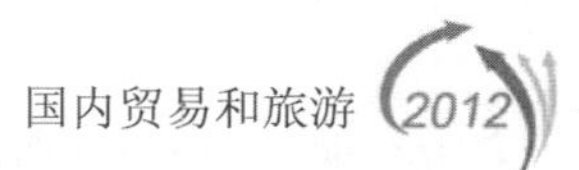

16-20 各地区旅游情况（2011年）

Condition of Oversea Visitor Arrivals by Region (2011)

地区	Region	入境旅游人数（万人次）Number of Oversea Visitor Arrivals (10000 Person-time)	国际旅游外汇收入（万美元）Foreign Exchange Earnings from International Tourism (USD 10000)	国内旅游人数（万人次）Number of Domestic Visitors (10000 Person-time)	国内旅游收入（亿元）Earnings from Domestic Tourism (100 million yuan)	星级饭店数（个）Number of Star-rated Hotel (unit)
全　省	**Provincial Total**	**135.83**	**41500**	**15854**	**1079**	**418**
南昌市	Nanchang	14.36	4011	2094	143	52
景德镇市	Jingdezhen	22.25	7195	1513	79	26
萍乡市	Pingxiang	5.98	1892	1055	64	12
九江市	Jiujiang	27.66	9399	2179	167	80
新余市	Xinyu	1.53	406	675	40	10
鹰潭市	Yingtan	5.87	1207	917	58	16
赣州市	Ganzhou	13.14	3576	1751	133	54
吉安市	Ji'an	18.06	5008	1911	140	68
宜春市	Yichun	5.85	1876	1037	61	38
抚州市	Fuzhou	5.88	1951	866	58	15
上饶市	Shangrao	15.25	4978	1856	136	47

16-21 各地区“春节、五一、十一”旅游情况（2011年）

Condition of Tourism by Region in Spring Festival, May Day or National Day Holidays (2011)

地区	Region	旅游人数（万人次）Number of Visitors (10000 person-times)			旅游收入（万元）Tourism Earnings (10000 yuan)		
		春节 Spring Festival	五一 Labor Day	十一 National Day	春节 Spring Festival	五一 Labor Day	十一 National Day
全　省	**Provincial Total**	**443.4**	**700.3**	**1777.4**	**143631**	**293357**	**701800**
南昌市	Nanchang	80.7	102.0	361.5	34180	39638	103700
景德镇市	Jingdezhen	27.1	76.7	139.3	3670	22900	41000
萍乡市	Pingxiang	11.3	48.6	120.9	4840	12132	42700
九江市	Jiujiang	40.5	80.5	206.7	11100	47800	113600
新余市	Xinyu	23.7	38.4	68.9	4862	9036	19700
鹰潭市	Yingtan	28.5	32.1	128.0	19700	9457	25700
赣州市	Ganzhou	103.2	59.7	154.1	27975	23522	47700
吉安市	Ji'an	22.5	78.3	180.6	8668	56854	83900
宜春市	Yichun	43.5	42.5	163.8	8671	11015	62300
抚州市	Fuzhou	22.3	28.9	75.0	6300	7203	29500
上饶市	Shangrao	40.0	112.6	178.6	13664	53800	132000

主要统计指标解释

社会消费品零售总额 指批发和零售业、餐饮业、新闻出版业、邮政业和其他服务业等，售予城乡居民用于生活消费的商品和社会集团用于公共消费的商品之总量。社会消费品零售总额包括：

一、批发和零售业企业（单位）：

1.售予城乡居民的各种生活消费品；

2.售予入境旅游的外国人、华侨、港澳台同胞的各类商品；

3.售予行政事业单位、社会团体、军队和武警等机构的商品，以及以零售方式售予各类企业的商品。具体包括：用于非生产和社会交往的办公用品，如通讯设备、计算器具和设备、电讯网络设备、文印设备、音像视听器材和设备、纸张、本册、文具及装订文印材料、家具、日用电器、针纺织品、清洁卫生用品、文体用品、奖品、纪念品、礼品等；供内部人员乘坐的交通工具和燃料；用于办公设施修缮的各类配件、材料、工具等；用于取暖和防暑降温的设备、燃料、材料及食品等；专用于教学的用品和设备；非营利医疗机构的中、西药品、中药材和医疗设备器材；非专用的劳动保护用品；不对外营业的内部食堂用的餐具、炊具、设备、清洁卫生工具和食品、燃料等；军队、武警用于其人员生活的衣着品和个人用品；其他各类非生产性设备和用品。

二、餐饮业出售的主食、菜肴、烟酒饮料和其他商品。

三、新闻出版业、邮政业售予城乡居民、企事业单位、军队和武警等机构的书报杂志、音像制品、邮品等。

四、其他服务业出售的食品、烟酒饮料、服装鞋帽、日常生活用品、医药保健用品、艺术品、工艺美术品、玩具、殡葬用品以及其他消费品。

批发零售贸易业商品购、销、存总额 指各种登记注册类型的批发、零售业企业(单位)以本企业(单位)为总体的，从国内、国外市场购进的商品总量，销售和出口的商品总量、库存商品总量等情况。该指标可以反映商品流转过程中商品的购进、销售、库存之间的比例关系和存在的问题。

商品购进总额 指从本企业(单位)以外的单位和个人购进(包括从境外直接进口)作为转卖或加工后转卖的商品总额。它反映批发零售贸易业从国内、国外市场上购进商品的总量。商品购进总额包括：(1)从工农业生产者购进的商品；(2)从出版社、报社的出版发行部门购进的图书、杂志和报纸；(3)从各种登记注册类型的批发零售贸易企业(单位)购进的商品；(4)从其他单位购进的商品，如从机关、团体、企业等单位购进的剩余物资，从餐饮业、服务业购进的商品，从海关、市场管理部门购进的缉私和没收的商品，从居民手中收购的废旧商品等；(5)从国(境)外直接进口的商品。不包括企业(单位)为自身经营用和未通过买卖行为而收入的商品以及销售退回、商品升溢等。

商品销售总额 指对本企业(单位)以外的单位和个人出售(包括对境外直接出口)的商品总额。它反映批发零售贸易业在国内市场上销售商品以及出口商品的总量。商品销售总额包括：(1)售给城乡居民和社会集团消费用的商品；(2)售给工业、农业、建筑业、运输邮电业、批发零售贸易业、餐饮业、服务业等作为生产、经营使用的商品；(3)售给批发零售贸易业作为转卖或加工后转卖的商品；(4)对国(境)外直接出口的商品。不包括出售本企业(单位)自用的废旧包装用品；未通过买卖行为付出的商品；经本单位介绍，由买卖双方直接结算，本单位只收取手续费的业务；购货退出的商品以及商品损耗和损失等。

批发零售贸易业库存 指报告期末各种登记注册类型的批发零售贸易企业(单位)已取得所有权的商品。它反映批发零售贸易企业(单位)的商品库存情况和对市场商品供应的保证程度。期末库存包括：(1)存放在批发零售贸易业经营单位(如门市部、批发站、经营处)仓库、货场、货柜和货架中的商品；(2)挑选、整理、包装中的商品；(3)已记入购进而尚未运到本单位的商品，即发货单或银行承兑凭证已到而货未到的部分；(4)寄放他处的商品，如因购货方拒绝承付而暂时存放在购货方的商品和已办完加工成品收回手续而未提回的商品；(5)委托其他单位代销(未作销售或调出)尚未售出的商品；(6)代其他单位购进尚未交付的商品。不包括所有权不属于本单位的商品、拨付除批发零售贸易业以外的其他行业所属独立核算加工厂等加工生产尚未收回成品的商品、代国家物资储备部门保管的商品等。

库存总额采用的计算价格是：农副产品采购单位按购进价计算；批发单位按进货价计算； 零售单位按核算价格计算，即按什么价格核算就按什么价格计算。

餐饮业商品零售额 指餐饮企业、产业活动单位或个体户直接对居民和社会集团零售的各种商品。包括：(1)经烹饪、调制加工后出售的各种食品，如主食、炒菜、凉拌菜等；(2)不经加工直接转卖的各种外购商品，如卷烟、酒、饮料、熟食、水果等；(3)附设非独立核算的专门销售商品的小卖部出售的各种食品及其他商品。

亿元商品交易市场成交额 指年销售额达到亿元以上，经工商部门批准、专门从事商品批发、零售业务活动的市场。其市场所有摊位销售总额称为商品交易市场成交额。

连锁企业（或称连锁店、连锁公司） 指在核心企业或总店的领导下，由分散的、经营同类商品或服务的企业或活动单位，采取共同方针，实行集中采购和分散销售的有机结合，通过规范化经营，实现规模效益的经济联合组织形式。一般连锁店应由若干个分店组成。其经营特征：（1）经营同类商品；（2）使用统一商号；（3）统一采购配送，采购与销售相分离（部分商品可根据物流合理和保质保鲜原则，由供应商直接送货到门店，其余均由总部统一配送）。

连锁门店包括下列两种形式：

直营连锁：指正规连锁。连锁门店均由总部独资或控股开设，在总部的直接领导下统一经营。

加盟连锁：指特许连锁。各连锁门店（被特许人）通过合同形式，取得使用总部（特许人）商标、商号、经营技术和销售总部开发的商品的特许权，各加盟连锁门店为独立法人，在总部指导下统一经营。

旅游人数

(1)入境旅游人数：指报告期内来我国观光、度假、探亲访友、就医疗养、购物、参加会议或从事经济、文化、体育、宗教活动的外国人、港澳台同胞等入境游客。统计时，外国人、港澳台同胞每入境一次统计1人次。

(2)国内旅游人数：指在报告期内在中国（大陆）观光游览、度假、探亲访友、就医疗养、购物、参加会议或从事经济、文化、体育、宗教活动的中国（大陆）居民人数，其出游的目的不是通过所从事的活动谋取报酬。统计时，国内游客按每出游一次统计1人次。

国际旅游(外汇)收入 指入境游客在中国（大陆）境内旅行、游览过程中用于交通、参观游览、住宿、餐饮、购物、娱乐等全部花费。

国内旅游收入 指国内游客在国内旅行、游览过程中用于交通、参观游览、住宿、餐饮、购物、娱乐等全部花费。

星级饭店 指设备、设施、服务符合《旅游饭店星级的划分与评定》（GB/T14308−2003），通过相关旅游管理部门评定，并取得星级饭店称号的饭店（含预备星级饭店）。

Explanatory Notes on Main Statistical Indicators

Total Retail Sales of Consumer Goods refer to the sum of retail sales of commodities sold by wholesale, retail, catering, publishing, post and telecommunications and other service industries to urban and rural households for private consumption and to social institutions for public consumption. Retail sales of consumer goods include:

1) Sales by wholesale and retail units:

a) of consumer goods sold to urban and rural households

b) of commodities sold to foreigners, overseas Chinese and Chinese compatriots from Hong Kong, Macao and Taiwan visiting in China

c) of commodities sold to government agencies, institutions, social organizations, military and armed police units, and commodities sold to enterprises in the form of retail sales. More specifically, they include: office facilities and articles for non-production purposes such as communications equipment, computing equipment and instruments, TV and network equipment, printing and copying equipment, audio-visual equipment and instruments, paper, notebooks, stationeries, furniture, electric appliances, knitwear, sanitation and cleaning articles, cultural and sport articles, articles for prizes, souvenirs, etc.; transport vehicles and fuels for employees; materials, spare parts and tools for the maintenance of office facilities; equipment, fuels, materials and food for winter heating or summer cooling purposes; articles and equipment for teaching purpose; Chinese and western medicines and medical equipment and facilities purchased by non profit-making medical institutes; non-specialized work safety articles; cooking utensils, tableware, equipment, cleaning articles, food and fuels purchased by internal cafeterias; clothes and personal articles purchased by military or armed police units for their officials and soldiers; and other equipment and articles for non-production purposes.

2) Sales of stable food, cooked dishes, beverages,

tobaccos and other articles by catering units.

3) Sales of books, newspapers, magazines, audio-visual products and post products by publishing, post and telecommunications departments to urban and rural households and to enterprises, institutions, military and armed police units.

4) Sales of food, beverages, tobaccos, clothing, hats, footwear, articles for daily use, medicines, medical and health articles, work of art, handicrafts, toys, funeral articles and other articles by other service industries.

Purchase, Sales and Stock of Commodities by Wholesale and Retail Trades refer to the total volume of commodities purchased, total volume of sales and exports, and the stock of commodities by wholesale and retail enterprises (establishments) of different status of registration from domestic and overseas markets. This indictor reflects the relationship among purchase, sales and stock of commodities in the circulation of goods and reveals the existing problems.

Total Purchases of Commodities refer to the total value of purchases of commodities by the enterprises (establishments) from other establishments or individuals (including direct import from abroad) for the purpose of re-selling, either with or without further processing of the commodities purchased. This indicator is used to show the total value of purchases of commodities by wholesale and retail establishments from domestic and overseas markets. The total purchases include: (1) agricultural and industrial products purchased from producers; (2) books, magazines and newspapers purchased from distribution departments of the publishers; (3) commodities purchased from wholesale and retail establishments of different status of registration; (4) commodities purchased from other units, such as surplus materials purchased from government agencies, enterprises or institutions, commodities purchased from catering and service establishments, confiscated goods purchased from customs authorities or market management agencies, second-hand goods and wastes purchased from residents; and (5) commodities directly imported from abroad. Excluded are commodities purchased by enterprises (establishments) for use in their own business operation, commodities obtained without buying or selling procedures, rejected commodities, etc.

Total Sales of Commodities refer to value of commodities sold by the establishments to other establishments and individuals (including direct export). This indicator is used to show the total value of sales of commodities at domestic markets and export. The total sales include: (1) commodities sold to urban and rural residents and social groups for their consumption; (2) commodities sold to establishments in industry, agriculture, construction, transportation, post and telecommunications, wholesale and retail trades, catering trade and public utility for their production and operation; (3) commodities sold to wholesale and retail establishments for reselling, with or without further processing; and (4)commodities for direct export to other countries. Excluded are selling of waste packaging materials used by the establishments (units) themselves, commodities transferred without buying or selling procedures, commission income from brokerage in transactions whose settlement is directly handled by buyers and sellers, rejected commodities in the purchase, loss in commodities, etc.

Commodity Stock of Wholesale and Retail Enterprises refers to total commodities possessed by wholesale and retail enterprises (units) of various types of registration status at the end of the reference period, which reflects the commodity stock level of various wholesale and retail enterprises and the potential for market supply. It includes: (1) commodities located in storage, garages, counters, and shelves of operating units (such as sale stores, wholesale centers, and operating offices) of wholesale and retail enterprises; (2) commodities in the process of selecting, sorting, and packing; (3) commodities not arrived but recorded as purchase in the account, i.e. commodities not arrived but payment receipts for the commodities from the sellers or the banks arrived; (4) commodities deposited in other places rather than places mentioned above, for instance: commodities in the hold of purchasers temporarily due to the refusal of payment and commodities not taken back after going through the formalities; (5) commodities entrusted to other units to sell but not sold yet; (6) commodities purchased for other units but not delivered yet. Commodities not included as stock are those not owned by the enterprises (units), those allocated to financially independent factories rather than wholesale and retail enterprises for processing but not taken back yet, and finally those put in stock by wholesale and retail enterprises on behalf of the state material reserves units.

For the calculation of the value of commodities stock, the value is calculated at purchasing prices in agricultural goods purchasing units and wholesale units, and at the accounting prices in retail units.

Retail Sales of Commodities in Catering Industry: refer to retail sales to residents and social groups by catering enterprises, establishments and individual, including: (1) various food sold after cooking and processing, such as: staple food, cooked dishes, cold and dressed dishes and so on. (2) re-selling commodities without further processing, such as beverages, tobaccos, cooked food, fruits and so on. (3) food and other commodities sold in affiliated shops without independent accounting system.

Volume of Transaction at Large Commodity Markets (with transaction value over 100 million yuan) refers to markets approved by the industrial and commercial administration departments, which specialize in wholesale and retail of commodities with an annual sales of over 100 million yuan. The sum of sales of all sellers in the markets makes up the transaction value of the markets.

Chain Enterprises (also called chain stores or chain corporations) refer to a form of joint economic entities under which scattered enterprises or establishments engaged in providing homogeneous commodities or services, with the central leadership of core enterprise or headquarters and guided by common policies, conduct centralized purchase and distributed selling of commodities, in order to gain better efficiency through standardized operation. Consisting of a number of branch stores, the chain stores have in general following features: 1) homogeneous commodities, 2) unique name of stores, 3) centralized purchase and delivery which is separated from distributed selling operation (most commodities are delivered from the headquarters except some items which, from logistics, quality or freshness considerations, might be delivered by the suppliers directly).

Chain stores have two categories:

a) Chain stores under direct management: These are formal chain stores invested or controlled by the headquarters. They operate under the direct and unified management from the headquarters.

b) Chain stores through license arrangement: Through contracts, chain stores (their owners) obtain licenses from the headquarters to use designated trade marks, names, operation know-how, and to sell the commodity developed by the headquarters. Under this arrangement, each store in the chain is an independent legal entity and operates under the guidance from the headquarters.

Number of Tourists

Ⅰ. Total Number of International Tourists Arrival to China: The number of inbound tourism: Refers to the period of China's tourism, vacation, Visiting Relatives and Friends and to seek medical treatment in convalescence and shopping, attend meetings or engage in economic, cultural, sports, religious activities of foreigners, the tourists Hong Kong and Macao compatriots and other immigrants、 Statistics、foreigners、immigrants Hong Kong and Macao compatriots every time a number of statistics.

Ⅱ. Total Number of Domestic Tourists: That during the reporting period in China (mainland) for sightseeing、holiday、to visit relatives and friends and to seek medical treatment in convalescence and shopping、attend meetings or engage in economic、cultural、sports、religious activities in China (mainland) the number of inhabitants, is not the purpose of its trips through Engaged in activities to seek compensation. Statistics, the domestic tourist trips per statistical first time.

International Tourism (Exchange) Earnings That inbound tourists in China (mainland) in travel, Tour for the process of transportation, sightseeing, accommodation, food and beverage, shopping, entertainment and all other spending.

Domestic Tourism Earnings That domestic tourists travel in the country, Tour for the process of transportation, sightseeing, accommodation, food and beverage, shopping, entertainment and all other spending.

Tourist Hotel Refers to equipment, facilities, services in line with 《the stars of tourist hotels and Evaluation》(GB/T14308-2003), through the relevant tourism management departments to inform and obtain the title of the hotel-Tourist Hotels (including the preparation Tourist Hotel)

17

金融业

FINANCIAL INDUSTRY

◆415/423

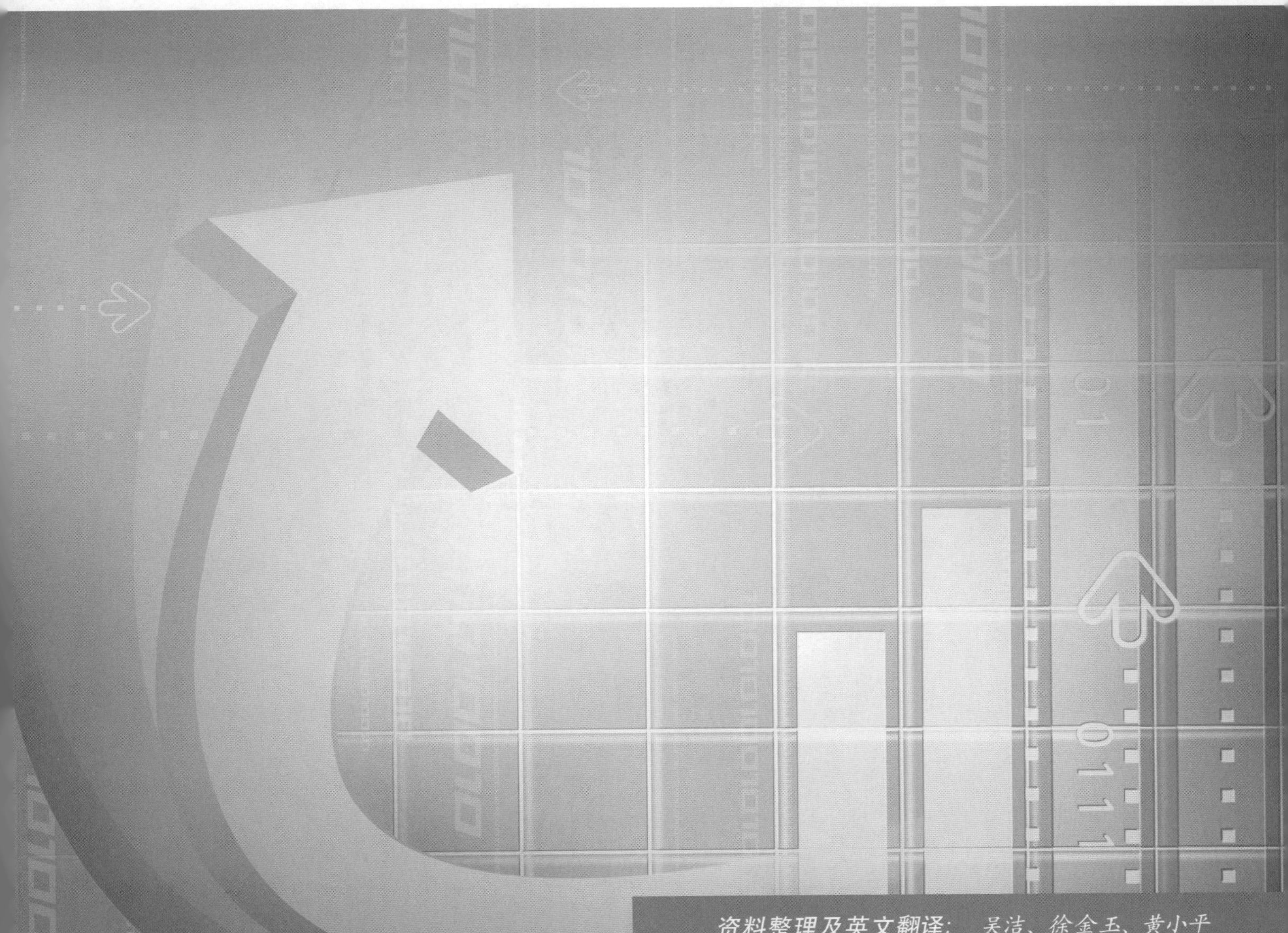

资料整理及英文翻译：吴洁、徐金玉、黄小平

简要说明

本篇资料主要反映全省金融、保险、证券等方面的基本情况。

金融资料由中国人民银行南昌中心支行提供。

保险业务资料由江西省保险学会提供。

证券资料由江西省证监局提供。

Brief Introduction

The data in this chapter show the basic conditions of local government banking，insurance and stocks of the whole province.

The data on banking are provided by Nanchang Branch of the People's Bank of China.

The data on insurance are provided by Insurance Institute of Jiangxi Province.

The data on stocks are provided by Securities Regulatory Bureau of Jiangxi Province.

17–1 金融机构本外币信贷资金平衡表年末余额
Balance Sheet of Credit Funds of RMB and Foreign Currency of Financial Institutions at Year-end

单位：万元 (10000 yuan)

指 标	Item	年末余额 Balance	比年初增减 Over Beginning of Year	比年初增长(%) Growth Rate (%)
各项存款	Total Deposits	143220489	24126830	20.3
单位存款	Corporate Deposits	64693527	12238648	23.3
#活期存款	Demand Deposits	36719185	5458434	17.5
定期存款	Time Deposits	12961649	3695944	39.9
个人存款	Personal Deposits	71774307	10346324	16.8
#储蓄存款	Savings Deposits	71531384	10159900	16.6
财政性存款	Fiscal Deposits	4998154	1381739	38.2
临时性存款	Temporary Deposits	279776	-4271	-1.5
委托存款	Designated Deposit	144772	-7828	-5.1
其他存款	Other Deposits	1329953	172217	14.9
各项贷款	Total Loans	93019480	14919841	19.1
境内贷款	Demestic Loans	92934065	14848997	19.0
#短期贷款	Short-term Loans	36654336	8013013	28.0
中长期贷款	Medium& Long-term Loans	54748245	7209908	15.2
票据融资	Bill Financing	1514548	-371959	-19.7
各项垫款	Miscellaneous Advances	16936	-1964	-10.4
境外贷款	Overseas Loans	85415	70845	486.2

注：本表统计口径包括中国人民银行、政策性银行、国有独资商业银行、邮政信汇局、其他商业银行、农村合作银行、城市信用社、农村信用社、信托投资公司、财务公司等金融机构。后同。

a) The statistical scope in the table include the People's Bank of China,policy banks,State-owned commercial banks,postal savings bureau,other commercial banks,rural cooperative banks,urban credit cooperatives,rural credit cooperatives,financial trust and investment companies,finance companies. The same applies to the following tables.

17–2 金融机构人民币信贷资金平衡表年末余额
Balance Sheet of Credit Funds of Financial Institutions at Year-end

单位：万元 (10000 yuan)

指 标	Item	年末余额 Balance	比年初增减 Over Beginning of Year	比年初增长(%) Growth Rate (%)
各项存款	**Total Deposits**	**142402908**	**23929794**	**20.2**
单位存款	Corporate Deposits	64185597	12074812	23.2
#活期存款	Demand Deposits	36348380	5385595	17.4
定期存款	Time Deposits	12875375	3621790	39.1
个人存款	Personal Deposits	71475283	10311269	16.9
#储蓄存款	Savings Deposits	71235286	10125492	16.6
财政性存款	Fiscal Deposits	4998154	1381837	38.2
临时性存款	Temporary Deposits	270616	-7635	-2.7
委托存款	Designated Deposit	144772	-7801	-5.1
其他存款	Other Deposits	1328485	177311	15.4
各项贷款	**Total Loans**	**91751587**	**14513505**	**18.8**
境内贷款	Demestic Loans	91734229	14502644	18.8
#短期贷款	Short-term Loans	35859690	7718532	27.4
中长期贷款	Medium& Long-term Loans	54343059	7158040	15.2
票据融资	Bill Financing	1514544	-371964	-19.7
各项垫款	Miscellaneous Advances	16936	-1964	-10.4
境外贷款	Overseas Loans	17359	10861	167.1

17–3 四家大型银行人民币信贷收支表(2011年)

Renminbi Balance of Credit on State-owned Commercial Banks(2011)

单位：万元 (10000 yuan)

指　标	Item	年末余额 Balance	比年初增减 Over Beginning of Year	比年初增长(%) Growth Rate (%)
各项存款	Total Deposits	65862362	8111082	14.0
单位存款	Corporate Deposits	30645609	4780523	18.5
#活期存款	Demand Deposits	18048491	2241442	14.2
定期存款	Time Deposits	6635858	1547684	30.4
个人存款	Personal Deposits	34154073	3276516	10.6
#储蓄存款	Savings Deposits	34082628	3205751	10.4
临时性存款	Temporary Deposits	150216	-56395	-27.3
其他存款	Others Deposits	912464	110437	13.8
各项贷款	Total Loans	40545950	4936220	13.9
境内贷款	Demestic Loans	40541552	4936134	13.9
短期贷款	Short-term Loans	12179743	2412499	24.7
中长期贷款	Medium& Long-term Loans	27608944	2718234	10.9
票据融资	Bill Financing	752123	-194599	-20.6
各项垫款	Miscellaneous Advances	742		
境外贷款	Overseas Loans	4398	86	2.0

17–4 各地区金融机构(含外资)本外币信贷主要指标 (2011年)

Main Indicators on RMB and Foreign Currency Trust of Financial Institutions (Foreign Capital Included) by Region(2011)

单位：亿元 (100 million yuan)

地　区	Region	各项存款 Savings Deposits in Various Forms			各项贷款 Loans in Various Forms		
		年末余额 Balance	比年初增减 Over Beginning of Year	增长(%) Growth Rate (%)	年末余额 Balance	比年初增减 Over Beginning of Year	增长(%) Growth Rate (%)
全　省	**Provincial Total**	**14322.05**	**2412.68**	**20.3**	**9301.95**	**1491.98**	**19.0**
南昌市	Nanchang	5120.13	854.40	20.0	4126.46	602.11	17.1
景德镇市	Jingdezhen	498.01	94.48	23.4	270.45	43.51	19.1
萍乡市	Pingxiang	469.39	79.25	20.3	259.33	31.95	14.0
九江市	Jiujiang	1255.13	167.84	15.4	804.33	156.33	23.9
新余市	Xinyu	527.72	93.11	21.4	426.03	67.44	18.8
鹰潭市	Yingtan	368.77	65.44	21.6	238.08	44.02	22.6
赣州市	Ganzhou	1855.50	343.41	22.7	1042.89	194.70	22.9
吉安市	Ji'an	1051.73	189.94	22.0	449.74	77.60	20.7
宜春市	Yichun	1211.01	219.20	22.1	596.78	91.52	18.0
抚州市	Fuzhou	788.91	131.22	20.0	380.83	59.58	18.3
上饶市	Shangrao	1168.69	188.25	19.2	696.06	122.39	21.2

17–5　财产保险公司主要指标

Main Indicators of Property Insurance Companies

单位：万元　　(10000 yuan)

指　标	Item	保费收入 Premium Income		赔款支出 Indemnity Expenditure	
		2010	2011	2010	2011
合　计	**Total**	**717783**	**884663**	**321627**	**425865**
企业财产保险	Enterprise Property Insurance	32529	39703	15591	14176
机动车辆保险	Motor Vehicle Insurance	569583	683282	254292	349931
货物运输保险	Freight Transport Insurance	6337	7846	2298	4129
责任保险	Liability Insurance	22490	30922	8644	12411
信用保证保险	ExportCredit Insurance	6831	16469	610	1738
农业保险	Agriculture Insurance	36073	49092	24468	22503
其它财产保险	Other Insurance	43939	57348	15724	20977

17–6　人寿保险公司主要指标

Main Indicators of Life Insurance Companies

单位：万元　　(10000 yuan)

指　标	Item	2007	2008	2009	2010	2011
保费收入合计	**Total Premium Income**	**843649**	**1361624**	**1410623**	**1814804**	**1637678**
团体业务	Group Business	74224	58428	67509	61673	35386
人寿保险	Life Insurance	26983	20342	21540	23175	4831
意外伤害保险	Accident Injury Insurance	19235	8508	9515	13249	16224
健康保险	Health Insurance	28006	29578	36454	25249	14331
个人业务	Personal Business	769425	1303093	1343247	1753131	1602292
人寿保险	Life Insurance	740451	1253220	1281201	1668886	1515036
意外伤害保险	Accident Injury Insurance	6428	18842	22519	18644	22367
健康保险	Health Insurance	22546	31031	39527	65601	64888
赔款支出合计	**Total Indemnity Expenditure**	**252246**	**307563**	**321740**	**297479**	**317214**
团体业务	Group Business	30235	30727	39037	40806	27627
年金给付	Annuity Payment	5225	3841	9408	5046	6202
满期给付	Mature Payment	2247	1717	1740	5037	5782
死伤医疗给付	Payment for Death ,Injury and Medical Treatment	2647	7039	8122	12928	1340
赔　款	Payment	20116	18130	19767	17795	14304
个人业务	Personal Business	222010	276836	282703	256673	289586
年金给付	Annuity Payment	8300	10639	21460	29061	29770
满期给付	Mature Payment	195541	239745	231314	191523	215792
死伤医疗给付	Payment for Death ,Injury and Medical Treatment	12428	14772	17605	22380	26107
赔　款	Payment	5741	11680	12323	13709	17916

17-7 各地区保险业务情况（2011年）

Insurance Business Conditions by Region (2011)

单位：万元 (10000 yuan)

地　区	Region	全部业务 Insurance Total Business		财产保险业务 Property Insurance Business		人身保险业务 Life Insurance Business	
		保费收入 Premium Income	比上年增长(%) Growth Rate over Preceding year (%)	保费收入 Premium Income	比上年增长(%) Growth Rate over Preceding year (%)	保费收入 Premium Income	比上年增长(%) Growth Rate over Preceding year (%)
全　省	**Provincial Total**	**25223**	**4.50**	**8513**	**22.94**	**16710**	**-2.96**
南昌市	Nanchang	622021	1.24	205377	27.01	416644	-7.97
景德镇市	Jingdezhen	88820	5.15	28930	22.06	59890	-1.45
萍乡市	Pingxiang	95305	2.49	34314	21.33	60991	-5.74
九江市	Jiujiang	227517	3.21	75922	24.85	151594	-5.04
新余市	Xinyu	97825	-2.17	36641	18.53	61184	-11.43
鹰潭市	Yingtan	76773	-4.11	27395	21.44	49378	-14.13
赣州市	Ganzhou	375731	9.25	118906	23.03	256825	3.86
吉安市	Ji'an	262082	9.52	69705	19.27	192376	6.38
宜春市	Yichun	283848	4.54	111467	16.84	172381	-2.12
抚州市	Fuzhou	159948	0.01	47526	18.38	112423	-6.15
上饶市	Shangrao	232471	12.10	95111	28.82	137360	2.85

17-7 续表 continued

地　区	Region	保险密度（元） Density of Insurance (yuan)			保险深度（%） Deep of Insurance (%)		
		全部业务 Total Insurance Business	财产险 Property Insurance	人身险 Life Insurance	全部业务 Total Insurance Business	财产险 Property Insurance	人身险 Life Insurance
全　省	**Provincial Total**	**561.96**	**189.66**	**372.30**	**2.18**	**0.73**	**1.45**
南昌市	Nanchang	1222.28	403.56	818.72	2.31	0.76	1.55
景德镇市	Jingdezhen	555.32	180.88	374.44	1.57	0.51	1.06
萍乡市	Pingxiang	510.33	183.74	326.59	1.45	0.52	0.93
九江市	Jiujiang	477.70	159.41	318.29	1.81	0.60	1.21
新余市	Xinyu	852.88	319.45	533.43	1.26	0.47	0.79
鹰潭市	Yingtan	677.03	241.59	435.44	1.80	0.64	1.16
赣州市	Ganzhou	445.83	141.09	304.74	2.81	0.89	1.92
吉安市	Ji'an	541.17	143.93	397.24	2.98	0.79	2.19
宜春市	Yichun	520.55	204.42	316.13	2.63	1.03	1.60
抚州市	Fuzhou	406.19	120.69	285.50	2.15	0.64	1.51
上饶市	Shangrao	350.98	143.60	207.38	2.09	0.86	1.23

注：保险密度=年保费收入/国民年平均人口；保险深度=年保费收入/年国内生产总值。

a) Density of insurance=The annualy premium income/The National annual owerage population.
Deep of insurance=The annualy premium income/The annual Gross Domestic Product.

17-8 上市公司数量
Number of Listed Companies

单位：个 (unit)

地　区	Region	2007	2008	2009	2010	2011
全　省	**Total**	**27**	**26**	**26**	**30**	**31**
南昌市	Nanchang	15	15	15	16	17
景德镇市	Jingdezhen	3	3	3	3	3
萍乡市	Pingxiang	1	1	1	1	1
九江市	Jiujiang	1	1	1		
新余市	Xinyu	1	1	1	2	2
鹰潭市	Yingtan	1	1	1	2	2
赣州市	Ganzhou	1	1	1	2	2
吉安市	Ji'an					
宜春市	Yichun	2	1	1	3	3
抚州市	Fuzhou					
上饶市	Shangrao	2	2	2	1	1

17-9 股票发行量和筹资额
Issued Share and Raised Capital

年份 Year	股票发行量（亿股）Issued Share (100million shares)	A股 A Shares	H股 H Shares	B股 B shares	股票筹资额（亿元）Raised Capital (100milln shares)	A股 A Shares	配股 Rights Issued	B股 B Shares
2007	14.43				141.61	141.61		
2008	0.28				3.10	3.10		
2009	2.50				20.86	20.86		
2010	10.74	10.74			153.00	153.00		
2011	5.04	5.04			49.50	49.50		

17–10 证券市场基本情况
General Statistics on Securities Markets

指　标	Item	2007	2008	2009	2010	2011
证券法人公司(个)	Securities Company corporation(unit)	2	2	2	2	2
证券营业部(个)	Security Exchange(unit)	60	60	87	122	126
投资者开户数(万户)	Total Investors (10000 units)	133.8	151.39	176.65	205.01	223.75
A股成交金额(亿元)	Stock A turnover value(100 million yuan)	10698.83	7864.18	16066.59	16932.95	13330.25
B股成交金额(亿元)	Stock B turnover value(100 million yuan)	48.34	10.15	18.93	19.25	12.88
上市公司总股本(亿股)	Total Share Capital of Listed Company(100 million shares)	128.58	136.22	151.25	183.13	194.99
A股	Stock A	111.27	118.31	133.94	162.81	177.68
B股	Stock B	3.44	3.44	3.44	3.44	3.44
流通股本(亿股)	Share Capital in Circulation(100 million shares)	61.19	74.48	113.03	141.31	156.97
股票市价总值(亿元)	Total Market Capitalization(100 million yuan)	3099.05	878.98	2717.56	3316.25	2189.29
A股	Stock A	2319.99	711.62	2086.83	2948.79	1959.27
B股	Stock B	37.5	13.83	45.68	65.8	41.27
股票流通市值(亿元)	Negotiable Market Capitalization(100 million yuan)	1562.91	491.63	1930.08	2857.14	1831.08
A股	Stock A	783.85	324.27	1299.35	2489.68	1601.06
B股	Stock B	37.5	13.83	45.68	65.8	41.27
股票成交金额(亿元)	Total Turnover(100 million yuan)	0.57	0.94	1.32	1.69	2.17
期货总成交量(万手)	Trading Volume of Future(10000 transactions)	412.75	799.78	1196.37	1994.93	1578.24
期货总成交额(亿元)	Trading Turnover of Future(100 million yuan)	2513.48	4416.9	7147.28	18384.63	20432.12

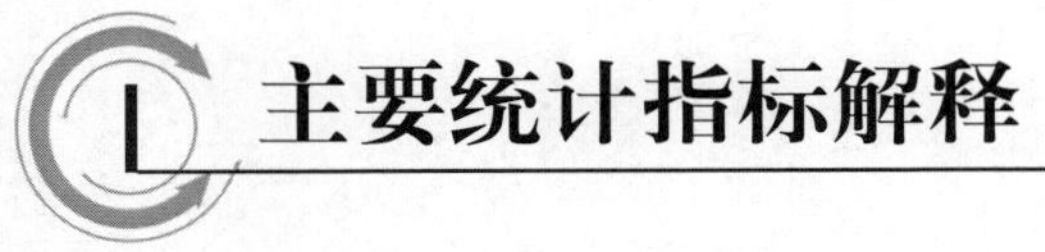

主要统计指标解释

信贷资金 国家银行用于发放贷款的资金叫信贷资金。中国人民银行信贷资金的来源有各项存款、对国际金融机构负债、流通中货币、银行自有资金及当年结益等。信贷资金的运用有各项贷款、黄金占款、外汇占款、财政借款及在国际金融机构中的资产等。

存款 企业、机关、团体或居民根据可以收回的原则，把货币资金存入银行或其他信用机构保管并取得一定利息的一种信用活动形式。根据存款对象的不同可划分：企业存款、财政存款、机关团体存款、对外贸易存款、城乡居民储蓄存款和农村存款等科目，它是银行信贷资金的主要来源。

贷款 银行或其他信用机构根据必须归还的原则，按一定利率，为企业、个人等提供资金的一种信用活动形式。我国银行贷款，分流动资金贷款、固定资产贷款、城乡个体工商户贷款以及农业贷款等科目。

保险金额 指保险人承担赔偿或者给付保险金责任的最高限额。

保费 指投保人为取得保险人在约定范围内所承担赔偿责任而支付给保险人的费用。

赔偿 指保险人根据保险合同的规定，向被保险人支付的赔偿保险责任损失的金额。

Explanatory Notes on Main Statistical Indicators

Credit Funds refer to the monetary funds accumulated and distributed in the means of credit by the financial institutions. The sources of credit funds include various deposits, financial bonds, liabilities to international financial institutions, currency in circulation, other items. The uses of credit funds include loans, securities and investment, position for bullion and silver purchase, position for foreign exchange purchase, advances to treasury, and assets with international financial institutions.

Deposit is a form of credit by which enterprises, institutions, organizations or households can put money into banks and other credit institutions for safekeeping and interest earning under the principle of free withdrawal. According to different depositors, deposits are divided into enterprise deposits, fiscal deposits, deposits of government agencies and organizations, savings deposits of rural and urban households, agricultural savings deposits, entrusted deposits and other deposits. Deposits are major sources of the credit funds of banks.

Loan is a form of credit by which banks and other credit institutions provide funds at certain interest rate to enterprises and individuals in the light of the principle of unconditional repayment. Loans from Chinese banks include short-term loan, medium- term and long-term loans, entrusted loans, and other loans.

Amount Insured refers to the maximum that the insurant will get for the claim of the case insured.

Premium is the fee paid by the insurant to the insurer to obtain the obligation of compensation from the insurance within the agreed terms.

Settled Claim is the compensation paid by the insurer to the insurant in accordance with the insurance contract.

18

房地产开发

REAL ESTATE DEVELOPMENT

◆425/440

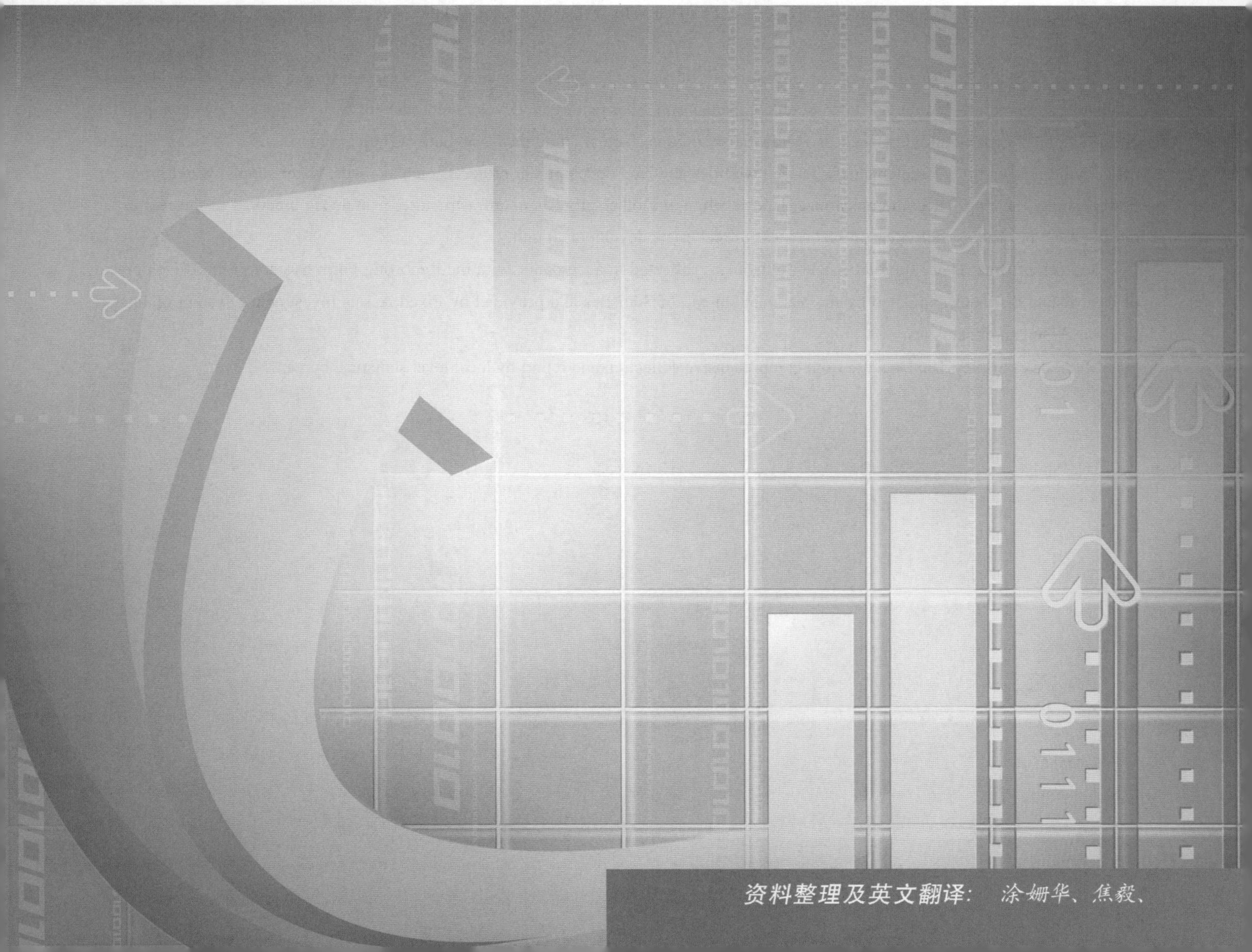

资料整理及英文翻译：涂姗华、焦毅、

简要说明

房地产开发统计资料的主要内容包括：全省房地产开发建设方面的基本情况，包括11个设区市的主要房地产统计数据。如：房地产开发投资额、房屋施工面积、房屋竣工面积、商品房销售面积、商品房销售额、房地产开发投资资金来源等。

统计范围：房地产开发投资统计的统计范围为各种登记注册类型的房地产开发公司、商品房建设公司及其他房地产开发单位统一开发的包括统代建、拆迁还建的住宅、厂房、仓库、饭店、宾馆、度假村、写字楼、办公楼等房屋建筑物和配套的服务设施、土地开发工程，如道路、给水、排水、供电、供热、通讯、平整场地等基础设施工程。包括实际从事房地产开发或经营活动的附营房地产开发单位。

资料来源：根据国家统计局制定的《房地产开发投资统计报表制度》搜集资料，由省统计局固定资产投资处整理汇总。

统计调查方法：由各级统计部门采取全面调查方法，是逐级上报的全面报表。

Brief Introduction

Main Contents of Real Estate Statistic: Datas in this chapter show the general situation and the development of real estate, They cover the situation of real estate of the 11 cities in the whole Jiangxi Province. For instance,the value of real estate development, floor space under construction, floor space completed, floor space sold, value of house sold,the sourse of funds for the development of construction.

Scope of Statistics: The scope of the development of real estate statistics covers the investment by the real estate development companies, commercial buildings construction companies and other real estate development units of various types of ownership in the construction of house buildings, such as residential buildings, factory buildings, warehouses, hotels, guesthouses, holiday villages, office buildings, and the complementary service facilities and land development projects, such as roads, water supply, water drainage, power supply, heating, telecommunications, land leveling and other projects of infrastructure. It includes practical in the real estate development or business activities of the business of real estate development unit.

Sources of Data: Datas on Real Estate Statistic are collected in accordance with the Reporting Form System of the Development of Real Estate Statistics stipulated by the National Bureau of Statistics and provided by Fixed Assets Investment Division of Jiangxi Provincial Bureau of statistics.

Methods of Survey The Data are from comprehensive collection and report by local level statistical bureans.

18-1 房地产开发与经营主要指标
Main Indicators of Enterprises for Real Estate Development

指　　标	Item	2000	2005	2010	2011
企业个数(个)	**Number of Enterprises**	**539**	**1824**	**2141**	**2099**
投资额和新增固定资产(万元)	**Investment and Newly Increased Fixed Assets (10000 yuan)**				
投资额	Investment	423705	3010982	7068222	8670285
#商品房建设投资额	Construction of Commercialized Buildings	290590	2144740		
土地开发投资额	Land Development	75072	230638		
按隶属关系分	Grouped by Administrative Relationship				
中　央	Central Investment	8476	63165	132468	113341
地　方	Local Investment	415229	2947817	6935754	8556944
按登记注册类型分	Grouped by Registration Status				
内　资	Domestic Funds	319440	2596827	6355494	7980127
#国　有	State-Owned Units	143139	201199	378676	310199
集　体	Collective-Owned Units	39137	33198	20283	12376
股份合作	Cooperative Units	16395	49932	31746	29596
联　营	Joint Ownership Units	627	4280	10683	44599
有限责任公司	Limited liability Corporations	29918	1053487	3037481	3819245
股份有限公司	Share-holding Corporations Ltd.	16114	333554	779993	673015
私　营	Private Enterprises	73810	854028	2033226	3007975
其　他	Others	300	67149	63406	83122
港澳台商投资	Funds from Hong Kong,Macao and Taiwan	63317	243112	552561	454623
外商投资	Foreign Funds	40948	171043	160167	235535
按构成分	Grouped by Use of Funds				
建筑工程	Construction	294410	2089989	4920441	5896033
安装工程	Installation	10658	97839	422486	553823
设备工器具购置	Purchase of Equipment and Instruments	2704	23842	135226	85147
其他费用	Others	115933	799312	1590069	2135282
#土地购置费	Land Purchase	66281	593283	1098952	1609430
按工程用途分	Grouped by Use of Projects				
住　宅	Residential Buildings	264555	2081628	5447742	6611398

18-1 续表 continued

指 标	Item	2000	2005	2010	2011
#别墅、高档公寓	Villas、High-grade Apartments	14316	55694	181581	323442
办公楼	Office Buildings	14324	44861	110064	203243
商业营业用房	Houses for Bussiness Use	67984	456512	781411	955386
其 他	Others	76842	427981	729005	900258
本年新增固定资产	Newly Increased Fixed Assets this Year	294124	1486566	3898732	4254697
土地开发(万平方米)	**Land Space Developed (10000 sq.m)**				
本年完成开发土地面积	Land Space Developed this Year	258.67	947.46		
本年购置土地面积	Land Space Purchased this Year	287.81	1517.92	777.15	1067.80
资金来源(万元)	**Sources of Funds(10000 yuan)**				
本年资金来源小计	Sources of Funds this Year	444086	3295995	10081606	12163508
国家预算内资金	State Budgetary Appropriation	620			
国内贷款	Domestic Loans	71414	460301	1464036	1486163
#银行贷款	Bank Loans		449328	1412902	1410879
非银行金融机构贷款	Non-banking Financial Institutions Loans		10973	51134	75284
债 券	Bonds	700			
利用外资	Foreign Investment	33925	38527	28979	64601
#外商直接投资	Foreign Direct Investment	32997	25605	28979	64601
自筹资金	Self-raising Funds	134697	1448201	3912925	4820400
#企事业单位自有资金	Enterprises and Institutions Self-own Fund	68906	969826	1688924	1850987
其他资金来源	Others	202730	1348966	4675666	5792344
#定金及预付款	Deposit and Advance Payment	164019	1091048	2542706	3075424
个人按揭贷款	Individual Credit		43322	1460827	1642244
房屋施工、竣工和销售、出租情况(平方米)	**Floor Space of Buildings Under Construction and Completed、 On Sale and for Rent(sq.m)**				
房屋施工面积	Floor Space under Construction	8966158	45081594	72299393	84613832
#新开工面积	Started this Year	4909155	24908244	23449792	34866674
房屋竣工面积	Floor Space Completed	4027996	15615388	18177356	19060642
商品房销售面积	Floor Space of Commercialized Buildings Sold	2866853	16501188	24697318	24168530
商品房销售额(万元)	Total Sales of Commercialized Buildings(10000 yuan)	272008	2522496	7764058	10024387
商品房出租面积	Floor Space of Commercialized Buildings for Rent	46719	1689358	236631	205784
商品房待售面积	Eloor Space of Commercialized Bulidings Lying Idle	1028965	2288859	3579863	4728023

18-2 房地产开发房屋施工、竣工、销售与出租情况（2011年）
Residential Buildings under Construction，Completed，Sale and for Rent of Real Estate Development (2011)

指 标	Item	合 计 Total	住 宅 Residential Budildings	#90平方米及以下住房 Housing of 90 Squre Metres and Below
房屋施工面积(平方米)	Floor Space under Construction(sq.m)	84613832	69997555	12799359
#新开工面积	Started this Year	34866674	28240119	4915002
房屋竣工面积(平方米)	Floor Space Completed(sq.m)	19060642	16226856	3247291
房屋竣工价值(万元)	Value of Buildings Completed(10000 yuan)	3483590	2926747	586153
商品房销售面积(平方米)	Floor Space of Commercialized Buildings Sold (sq.m)	24168530	21567717	3611592
#现房销售面积	Floor Space of Marketable Housing Sold	6339051	5317415	892763
期房销售面积	Floor Space of Futures Marketable Housing Sold	17829479	16250302	2718829
出租房屋面积(平方米)	Floor Space for Rent(sq.m)	205784	40710	21821
不可销售面积(平方米)	Floor Space Unsalable(sq.m)	321408	289460	131182
待售面积(平方米)	Floor Space Lying Idle (sq.m)	4728023	3385134	429320
商品房销售额(万元)	Total Sales of Commarcialized Buildings(10000 yuan)	10024387	8243172	1493977
#现房销售额	Sale of Marketable Housing	2537822	1714624	300606
期房销售额	Sale of Futures Marketable Housing	7486565	6528548	1193371

18-2 续表 continued

指 标	Item	#别墅、高档公寓 Villas, High-grade Apartments	#办公楼 Office Buildings	#商业营业用 房 Houses for Bussiness Use	其 他 Other
房屋施工面积(平方米)	Floor Space under Construction(sq.m)	2762059	1310322	8856053	4449902
#新开工面积	Started this Year	1295024	611117	3916035	2099403
房屋竣工面积(平方米)	Floor Space Completed(sq.m)	417593	71176	2155875	606735
房屋竣工价值(万元)	Value of Buildings Completed(10000 yuan)	95280	15439	442578	98826
商品房销售面积(平方米)	Floor Space of Commercialized Buildings Sold (sq.m)	550795	212779	1922428	465606
#现房销售面积	Floor Space of Marketable Housing Sold	200031	52144	843336	126156
期房销售面积	Floor Space of Futures Marketable Housing Sold	350764	160635	1079092	339450
出租房屋面积(平方米)	Floor Space for Rent(sq.m)		10211	154368	495
不可销售面积(平方米)	Floor Space Unsalable(sq.m)	17335	6777	7945	17226
待售面积(平方米)	Floor Space Lying Idle (sq.m)	233041	80548	1062024	200317
商品房销售额(万元)	Total Sales of Commarcialized Buildings(10000 yuan)	370697	194448	1440368	146399
#现房销售额	Sale of Marketable Housing	132373	25411	756738	41049
期房销售额	Sale of Futures Marketable Housing	238324	169037	683630	105350

18-3 按登记注册类型分的房地产开发投资（2011年）

单位:万元

指标	Item	合计 Total	内资 Domestic Funds	国有 State-Owned Units
投资总额	**Total Investment**	**8670285**	**7980127**	**310199**
按构成分	Grouped by Use of Funds			
建筑工程	Construction	5896033	5390147	246987
安装工程	Installation	553823	473011	19029
设备工器具购置	Purchase of Equipment and Instruments	85147	75132	4709
其他费用	Others	2135282	2041837	39474
按工程用途分	Grouped by Use of Projects			
住　宅	Residential Buildings	6611398	6087031	259895
#90平方米及以下住房	Housing of 90 square metres and below	1329484	1197747	75847
别墅、高档公寓	Villas、High-grade Apartments	323442	309812	1111
办公楼	Office Buildings	203243	171581	4504
商业营业用房	Houses for Bussiness Use	955386	844969	19044
其　他	Others	900258	876546	26756
本年资金来源合计	**Total Sources of Funds**	**15347468**	**13753257**	**503676**
上年末结余资金	Surplus Funds Last Year	3183960	2741183	120469
本年资金来源小计	Sources of Funds this Year	12163508	11012074	383207
国内贷款	Domestic Loans	1486163	1292275	38507
#银行贷款	Bank Loans	1410879	1216991	38214
非银行金融机构贷款	Non-banking Financial Institutions Loans	75284	75284	293
利用外资	Foreign Investment	64601	4620	
#外商直接投资	Foreign Direct Investment	64601	4620	
自筹资金	Self-raising Funds	4820400	4645431	150163
#企事业单位自有资金	Enterprises and Institutions Self-own Fund	1850987	1808999	34713
其他资金来源	Others	5792344	5069748	194537
#定金及预付款	Deposit and Advance Payment	3075424	2654790	98919
个人按揭贷款	Individual Credit	1642244	1488179	23239

Investment in Real Estate Development by Registration Status (2011)

(10000 yuan)

集 体 Collective-Owned Units	私营及个体投资 Private & Self-employed	联 营 Joint Ownership Units	股份有限公司 Share-holding Corporations Ltd.	其他内资 Others	港澳台商投资 Funds from Hong Kong, Macao and Taiwan	外商投资 Foreign Funds
12376	**3007975**	**44599**	**673015**	**83122**	**454623**	**235535**
10781	2008989	36497	518905	54952	325153	180733
850	161015	5815	43187	7693	53848	26964
115	28577	125	4674	1 248	7457	2558
630	809394	2162	106249	19229	68165	25280
10405	2277098	43130	507344	60081	310067	214300
4510	396854	27964	99427	10527	55104	76633
	125160		2651	5084	13630	
	34391		11778	2700	28007	3655
875	346408	1205	142343	9685	96035	14382
1096	350078	264	11550	10656	20514	3198
20358	**4950512**	**53899**	**1158375**	**171364**	**987941**	**606270**
1640	1056581	15789	193063	13074	336095	106682
18718	3893931	38110	965312	158290	651846	499588
550	466620	400	104154	17880	66288	127600
550	432416	400	104154	17880	66288	127600
	34204					
	800		3820		19560	40421
	800		3820		19560	40421
4400	1565084	1545	540357	52585	132719	42250
4000	677024		86293	24779	27548	14440
13768	1861427	36165	316981	87825	433279	289317
3868	1018194	18445	140136	44410	225321	195313
1790	571384	17520	123271	20745	86951	67114

18-4 各地区房地产开发和经营指标（2011年）

指 标	Item	全 省 Total	南昌市 Nanchang	景德镇市 Jingdezhen
企业个数(个)	**Number of Enterprises (unit)**	**2099**	**504**	**115**
投资额和新增固定资产(万元)	**Investment And Newly Increased Fixed Assets(10000 yuan)**			
投资额	**Investment**	**8670285**	**2798933**	**364502**
按登记注册类型分	Grouped by Registration Status			
内 资	Domestic Funds	7980127	2248980	341759
#国 有	State-Owned Units	310199	87831	4710
集 体	Collective-Owned Units	12376	10	3376
私营及个体	Individuals	3007975	510999	137611
联 营	Joint Ownership Units	44599		
股份有限公司	Share-holding Corporations Ltd.	673015	274801	13631
其他内资	Others	83122	10002	
港澳台商投资	Funded by Entrepreneurs from Hong Kong, Macao and Taiwa	454623	355869	14163
外商投资	Enterprises with Foreign Investment	235535	194084	8580
按构成分	Grouped by Use of Funds			
建筑工程	Construction	5896033	1779184	226876
安装工程	Installation	553823	266216	17295
设备工器具购置	Purchase of Equipment and Instruments	85147	29327	4366
其他费用	Others	2135282	724206	115965
#土地购置费	Land Purchase	1609430	599195	107734
按工程用途分	Grouped by Use of Projects			
住 宅	Residential Buildings	6611398	2065066	295465
#90平方米及以下住房	Housing of 90 Square Metres and below	1329484	681327	53424
别墅、高档公寓	Villas, High-grade Apartments	323442	138096	35201
办公楼	Office Buildings	203243	163509	723
商业营业用房	Houses for Bussiness Use	955386	319211	32569
其 他	Others	900258	251147	35745
本年新增固定资产(万元)	**Newly Increased Fixed Assets this Year (10000 yuan)**	**4254697**	**915536**	**207287**
土地开发情况(平方米)	**Land Space Developed(Hectare)**			
本年购置土地面积	Land Space Purchased this Year	10678014	2089261	1068479
资金来源(万元)	**Source of Funds(10000 yuan)**			
本年资金来源小计(万元)	**Source of Funds this Year (10000 yuan)**	**12163508**	**4414172**	**510759**
国内贷款	Domestic Loans	1486163	858222	58586
#银行贷款	Bank Loans	1410879	823912	58586
非银行金融机构贷款	Non-banking Financial Institutions Loans	75284	34310	
利用外资	Foreign Investment	64601	36741	7500
#外商直接投资	Foreign Direct Investment	64601	36741	7500
自筹资金	Self-raising Funds	4820400	1396878	303131
#企事业单位自有资金	Enterprises and Institutions Self-own Fund	1850987	555261	24186
其他资金来源	Others	5792344	2122331	141542
#定金及预付款	Deposit and Advance Payment	3075424	1193716	41339
个人按揭贷款	Individual Credit	1642244	444934	42466
房屋施工、竣工和销售、出租情况	**Floor Space of Buildings Under Construction and Completed, on Sale and for Rent**			
房屋施工面积(平方米)	**Floor Space of Buildings under Construction(sq.m)**	**84613832**	**26103430**	**4086976**
住 宅	Residential Buildings	69997555	21122899	3583970
#90平方米及以下住房	Housing of 90 square metres and below	12799359	6310424	685861
别墅、高档公寓	Villas, High-grade Apartments	2762059	1078298	161066
办公楼	Office Buildings	1310322	998162	17264
商业营业用房	Houses for Bussiness Use	8856053	2329592	437027
其 他	Others	4449902	1652777	48715

Development and Operating Indicators for Real Estate by Region (2011)

萍乡市 Pingxiang	九江市 Jiujiang	新余市 Xinyu	鹰潭市 Yingtan	赣州市 Ganzhou	吉安市 Ji'an	宜春市 Yichun	抚州市 Fuzhou	上饶市 Shangrao
111	**178**	**110**	**74**	**276**	**122**	**182**	**189**	**238**
167673	**608019**	**271139**	**215132**	**1306401**	**348465**	**735918**	**841084**	**1013019**
167673	598625	252416	209632	1273770	342207	732993	805074	1006998
4646	45515	17336	5004	50780	10326	50680	9095	24276
4300		2750				1940		
69814	184263	116931	65869	634582	170678	311557	238867	566804
						1910	2 262	40427
1000	3168	850	13942	55606	10193	10166	214719	74939
	9775			27476	4201	8 100	10990	12578
	100	9716		28511	5608	2925	31710	6021
	9294	9007	5 500	4120	650		4300	
119000	408309	211357	149542	913095	244498	500147	638870	705155
8441	28767	27437	9149	58875	29448	22711	32622	52862
370	4490	1545	1358	2608	2617	10440	3476	24550
39862	166453	30800	55083	331823	71902	202620	166116	230452
8639	131313	1474	46473	222465	42639	151957	146562	150979
122632	455249	209972	172925	918868	241363	606640	740864	782354
7217	126745	29858	31295	70524	36125	109815	57716	125438
4193	3168	11440	4407	65756	7368	4887	2638	46288
164	3039	888	940	15470	8385	2599	2358	5168
10273	51026	26510	24310	187325	66005	49291	65718	123148
34604	98705	33769	16957	184738	32712	77388	32144	102349
52613	**546067**	**368408**	**63985**	**479490**	**125520**	**714095**	**421354**	**360342**
143126	1014005	688363	311625	1353204	366086	1779960	758020	1105885
221104	**935146**	**578854**	**300499**	**1372391**	**486843**	**1074010**	**1109090**	**1160640**
20408	66070	69110	12131	107375	81452	80452	35416	96941
16679	61080	68960	11131	105371	79327	78652	28780	78401
3 729	4990	150	1000	2004	2125	1800	6636	18540
				4060			16 300	
				4060			16 300	
92840	504939	143736	171525	549989	138096	357407	683434	478425
74615	166840	80537	48766	232562	104678	218078	170868	174596
107856	364137	366008	116843	710967	267295	636151	373940	585274
67824	207900	206435	76019	316106	152015	365598	192489	255983
24879	120553	131742	34163	225397	81424	199350	147099	190237
1398551	**6660268**	**5254729**	**2049291**	**11531150**	**4735234**	**8259729**	**7592696**	**6941778**
1292094	5665380	4345392	1798738	8494928	3738110	7309229	6691540	5955275
232368	1226238	241349	265694	614925	353790	932089	1385812	550809
19235	49977	169249	80063	354165	401940	208661	20722	218683
	15746	40266	17246	81350	45974	23039	37024	34251
88951	713661	469944	143263	1799089	667573	699593	715221	792139
17506	265481	399127	90044	1155783	283577	227868	148911	160113

18-4 续表

指　标	Item	全　省 Total	南昌市 Nanchang	景德镇市 Jingdezhen
房屋新开工面积(平方米)	**Floor Space Started this Year(sq.m)**	**34866674**	**8642363**	**1707133**
住　宅	Residential Buildings	28240119	6639305	1583806
#90平方米及以下住房	Housing of 90 Square Metres and Below	4915002	1974121	322574
别墅、高档公寓	Villas、High-grade Apartments	1295024	519341	133605
办公楼	Office Buildings	611117	476636	930
商业营业用房	Houses for Bussiness Use	3916035	992668	106158
其　他	Others	2099403	533754	16239
房屋竣工面积(平方米)	**Floor Space Completed(sq.m)**	**19060642**	**4461808**	**984226**
住　宅	Residential Buildings	16226856	3892006	851933
#90平方米及以下住房	Housing of 90 Square Metres and Below	3247291	1652115	143729
别墅、高档公寓	Villas、High-grade Apartments	417593	190589	54422
办公楼	Office Buildings	71176	39075	997
商业营业用房	Houses for Bussiness Use	2155875	416797	130696
其　他	Others	606735	113930	600
竣工房屋价值(万元)	**Value of Buildings Completed(10000 yuan)**	**3483590**	**804588**	**176551**
住　宅	Residential Buildings	2926747	705822	146212
#90平方米及以下住房	Housing of 90 Square Metres and Below	586153	309462	20475
别墅、高档公寓	Villas、High-grade Apartments	95280	42186	19195
办公楼	Office Buildings	15439	8698	270
商业营业用房	Houses for Bussiness Use	442578	67506	29939
其　他	Others	98826	22562	130
商品房销售面积(平方米)	**Floor Space Sold of Commercialized Buildings(sq.m)**	**24168530**	**4991348**	**1188190**
住　宅	Residential Buildings	21567717	4360131	1089283
#90平方米及以下住房	Housing of 90 Squre Metres and Below	3611592	1455760	101107
别墅、高档公寓	Villas、High-grade Apartments	550795	186360	54028
办公楼	Office Buildings	212779	163596	3312
商业营业用房	Houses for Bussiness Use	1922428	450501	95295
其　他	Others	465606	17120	300
商品房出租面积(平方米)	**Floor Space for rent(sq.m)**	**205784**	**119361**	
住　宅	Residential Buildings	40710	8 530	
#90平方米及以下住房	Housing of 90 Squre Metres and Below	21821	121	
别墅、高档公寓	Villas、High-grade Apartments			
办公楼	Office Buildings	10211	8604	
商业营业用房	Houses for Bussiness Use	154368	102227	
其　他	Others	495		
商品房待售面积(平方米)	**Floor Space Lying Idle (sq.m)**	**4728023**	**606825**	**323711**
住　宅	Residential Buildings	3385134	427723	191564
#90平方米及以下住房	Housing of 90 Square Metres and Below	429320	154379	35937
别墅、高档公寓	Villas、High-grade Apartments	233041	56519	5 231
办公楼	Office Buildings	80548	42594	80
商业营业用房	Houses for Bussiness Use	1062024	93221	125142
其　他	Others	200317	43287	6925
商品房销售额(万元)	**Floor Space Sales(10000 yuan)**	**10024387**	**2964512**	**495304**
住　宅	Residential Buildings	8243172	2320749	353948
#90平方米及以下住房	Housing of 90 Square Metres and Below	1493977	688444	30129
别墅、高档公寓	Villas、High-grade Apartments	370697	191978	31734
办公楼	Office Buildings	194448	157596	4614
商业营业用房	Houses for Bussiness Use	1440368	473467	136642
其　他	Others	146399	12700	100

continued

萍乡市 Pingxiang	九江市 Jiujiang	新余市 Xinyu	鹰潭市 Yingtan	赣州市 Ganzhou	吉安市 Ji'an	宜春市 Yichun	抚州市 Fuzhou	上饶市 Shangrao
536952	**3918443**	**1924025**	**968309**	**5627082**	**1967819**	**4273264**	**2132312**	**3168972**
467849	3241573	1568398	799933	4112337	1402390	3803993	1914987	2705548
43085	751689	110538	122587	365665	125997	463836	296862	338048
	33931	83596	14909	113873	36979	133085	20 722	204983
	7381	9883	7594	53850	41855	4688	2187	6113
57496	432938	203146	96219	765191	364036	350008	162872	385303
11607	236551	142598	64563	695704	159538	114575	52266	72008
357875	**2029626**	**1744335**	**176399**	**2202155**	**847915**	**2848673**	**1546858**	**1860772**
335859	1806082	1400997	155804	1625664	652814	2537734	1377046	1590917
95511	416160	55616	11757	81169	55432	294253	269654	171895
	5900		17 736	68095	64143			16708
	1252	2000	3 850	16029		3848	1925	2200
19580	199793	198322	7637	377366	156121	273194	129171	247198
2436	22499	143016	9108	183096	38980	33897	38716	20457
50045	**410269**	**321247**	**28716**	**396305**	**85203**	**597958**	**268013**	**344695**
46817	363926	264892	26303	278901	67180	504591	233290	288813
10351	80162	9712	1823	13676	6129	54375	48291	31697
	1300		5 515	13996	7462			5626
	351	366	469	3573		649	493	570
2764	40830	35484	775	81650	14853	88154	27537	53086
464	5162	20505	1169	32181	3170	4564	6693	2226
443007	**3380232**	**1284666**	**654784**	**3197227**	**1072408**	**2768806**	**2893947**	**2293915**
413624	3046749	1227905	617936	2633688	970827	2526863	2682461	1998250
40326	767401	82373	64467	179793	89146	275646	313891	241682
9004	962	21389	19824	114335	35613	30934	21 100	57246
205	482		4228	26511			300	14145
25940	198120	42710	22475	397720	78721	198643	154375	257928
3238	134881	14051	10145	139308	22860	43300	56811	23592
		21000		**480**	**48594**			**16349**
				480	21700			10000
					21700			
								1 607
		21000			26894			4247
								495
185012	**317012**	**351302**	**156896**	**428535**	**520498**	**651558**	**217335**	**969339**
143236	249139	232874	129126	295097	269341	546563	147724	752747
26551	25074	1150	5225	47604	45633	32572	12993	42202
4021		55718		26698	22198	2170		60486
3529		5200		449			2 731	25965
29672	61788	104920	13460	94416	224470	95706	64069	155160
8575	6085	8308	14 310	38573	26687	9289	2811	35467
148637	**1241105**	**407541**	**231363**	**1394067**	**377151**	**925755**	**1045735**	**793217**
123623	1078225	379484	207884	1063265	330278	810941	936263	638512
13553	290782	27489	28199	87027	30501	119836	98975	79042
4942	403	10877	11831	64001	14180	8347	5 310	27094
40	367		1214	24503			125	5989
23775	124624	25742	19028	256519	39860	103505	94167	143039
1199	37889	2315	3237	49780	7013	11309	15180	5677

18-5 赣房景气指数
Housing Prosperous Index in Jiangxi

指　数	Index	2000	2005	2010	2011
赣房景气指数	**Housing Prosperous Index**	**98.92**	**97.67**	**99.20**	**98.46**
开发投资指数	Development and Investment	102.69	102.92	99.75	100.91
资金来源指数	Source of Funds	99.87	101.04	95.93	97.46
土地购置面积指数	Land Space Purchased	98.44	95.31	103.06	95.55
施工面积指数	Floor Space Under Construction	93.93	100.14	94.27	96.73
待售面积指数	Floor Space for Sale	100.14	95.59	100.32	98.24
销售价格指数	Selling Price	98.04	94.14	100.29	100.62

18-6 分季度赣房景气指数
Housing Prosperous Index by Quart in Jiangxi

指　数	Index	2000	2005	2010	2011
一 季 度	The First Quarter	99.23	95.90	98.89	100.27
二 季 度	The Second Quarter	101.06	95.11	98.94	101.28
三 季 度	The Third Quarter	100.87	95.68	98.46	100.92
四 季 度	The Fourth Quarter	98.92	97.67	99.20	98.46

18-7 赣房景气指数状况（2011年）

Condition of Housing Prosperous Index in Jiangxi(2011)

指数	Index	一季度 The First Quarter			二季度 The Second Quarter		
		指数值 Index Value	比上年同期增减 Fluctuation over the same period of Preceding Year	景气状况 Prosperity Condition	指数值 Index Value	比上年同期增减 Fluctuation over the same period of Preceding Year	景气状况 Prosperity Condition
赣房景气指数	**Housing Prosperous Index**	**100.27**	**1.38**	**景气 Prosperity**	**101.28**	**2.34**	**景气 Prosperity**
开发投资指数	Development and Investment	102.23	0.22	景气 Prosperity	105.68	3.91	景气 Prosperity
资金来源指数	Source of Funds	96.13	-5.52	不景气Depression	98.63	-1.29	不景气Depression
土地购置面积指数	Area of Land Purchased	104.25	3.80	景气 Prosperity	103.05	2.79	景气 Prosperity
施工面积指数	Floor Space Under Construction	93.68	-10.57	不景气Depression	95.96	-5.17	不景气Depression
待售面积指数	Area of Land for Sale	102.32	10.00	不景气Depression	101.28	5.60	不景气Depression
销售价格指数	Selling Price	101.10	4.05	景气 Prosperity	102.00	4.82	景气 Prosperity

18-7 续表 continued

指数	Index	三季度 The Third Quarter			四季度 The Fourth Quarter		
		指数值 Index Value	比上年同期增减 Fluctuation over the same period of Preceding Year	景气状况 Prosperity Condition	指数值 Index Value	比上年同期增减 Fluctuation over the same period of Preceding Year	景气状况 Prosperity Condition
赣房景气指数	**Housing Prosperous Index**	**100.92**	**2.46**	**景气 Prosperity**	**98.46**	**-0.74**	**不景气Depression**
开发投资指数	Development and Investment	105.75	6.19	景气 Prosperity	100.91	1.16	景气 Prosperity
资金来源指数	Source of Funds	98.19	-0.36	不景气Depression	97.46	1.53	不景气Depression
土地购置面积指数	Area of Land Purchased	101.00	1.65	景气 Prosperity	95.55	-7.51	不景气Depression
施工面积指数	Floor Space Under Construction	97.62	0.01	不景气Depression	96.73	2.46	不景气Depression
待售面积指数	Area of Land for Sale	99.62	2.34	景气 Prosperity	98.24	-2.08	景气 Prosperity
销售价格指数	Selling Price	102.48	3.92	景气 Prosperity	100.62	0.33	景气 Prosperity

主要统计指标解释

房地产业 是指从事房地产开发、建设、经营、租赁及维修等活动的经济部门。按照国民经济行业划分的规定，房地产业包括房地产开发与经营、房地产管理和房地产经纪与代理业三部分内容。

房地产开发业 是房地产业的一个重要组成部分，是指进行商品房屋建设和土地开发及经营活动的企业和单位。

房地产开发投资额 是以货币形式表现的房地产开发企业（单位）在一定时期内进行房屋建设及土地开发所完成的工作量及有关费用的总称。

商品房建设投资额 指房地产开发企业(单位)开发建设的供出售、出租用的商品住宅、厂房、仓库、饭店、度假村、写字楼、办公楼等房屋工程及其配套的服务设施所完成的投资额(含拆迁、回迁还建用房)。

建筑工程 指各种房屋、建筑物的建造工程，又称建筑工作量。这部分投资额必须兴工动料，通过施工活动才能实现。

安装工程 指各种设备、装置的安装工程，又称安装工作量。

设备、工器具购置 指工业企业生产的产品转化为固定资产的购置活动，包括建设单位或企、事业单位购置或自制的，达到固定资产标准的设备、工具、器具的价值。

商品住宅 指房地产开发企业(单位)建设并出售、出租给使用者，仅供居住用的房屋。

经济适用房 指根据地方经济适用房计划安排建设的政策性住宅。经济是指房屋建筑造价和销售价格低于一般商品住宅；适用是指适合中低收入家庭购买使用。经济适用房主要是由地方政府统一下达投资计划，房地产公司开发，对外销售；用地一般采用行政划拨或招标投标方式，免收土地出让金；对各种经批准的收费减半征收，开发利润不超过 3%；销售价格实行政府指导价。该指标可以分析房地产投资结构，反映中低收入家庭商品住宅的供求平衡情况。

别墅、高档公寓 指建筑造价和销售价格明显高于一般商品住宅的商品住宅。别墅一般指地处郊区，独立成栋的商品住宅；高档公寓一般指地处市内高尚社区，高层或多层的商品住宅。别墅、高档公寓的确定标准：一是经有房地产投资计划审批权的主管部门审批建设的别墅、高档公寓开发项目；二是销售价格高于当地同等地段商品住宅平均销售价格一倍以上的别墅、公寓开发项目。该指标可以分析房地产投资结构，反映高收入家庭商品住宅的供求平衡情况。

办公楼 指企业、事业、机关、团体、学校、医院等单位使用的各类办公用房(又称写字楼)。

本年新增固定资产 指在报告期已经完成建造和开发过程并交付使用的房屋和土地开发面积的价值。指房地产开发公司进行开发经营活动的最终成果，即为社会提供的固定资产，而且是在报告期内新增加的。不是反映房地产开发企业本身固定资产的增加。

本年资金来源合计 指房地产开发企业(单位)在本年内收到的可用于房地产开发和经营的各种资金来源数之和，包括上年末结余资金、本年度内拨入、借入或以各种方式筹集的资金。

上年末结余资金 指上年资金来源中没有形成投资额而结余的资金。包括尚未用到工程上去的材料价值、未开始安装的需要安装设备价值及结存的现金和银行存款等。可根据有关财务数字填报。上年末结余资金不能出现负数，即不能把上年应付工程、材料款作为上年末结余资金的负数来处理。

本年资金来源小计 指房地产开发企业(单位)实际拨入的，用于房地产开发的各种货币资金。包括国内贷款、利用外资、自筹资金和其他资金。

国内贷款 指报告期房地产开发企业(单位)向银行及非银行金融机构借入的用于房地产开发与经营的各种国内借款，包括银行利用自有资金及吸收的存款发放的贷款、上级主管部门拨入的国内贷款、国家专项贷款(包括煤代油贷款、劳改煤矿专项贷款等)，地方财政专项资金安排的贷款、国内储备贷款、周转贷款等。

银行贷款 指向各商业银行、政策性银行借入的用于房地产开发与经营的各项贷款。

利用外资 指报告期收到的用于房地产开发与经营的境外资金(包括外国及港澳台地区)，包括外商直接投资、对外借款(外国政府贷款、国际金融组织贷款、出口信贷、外国银行商业贷款、对外发行债券和股票)及外商其他投资(包括补偿贸易和加工装配由外商提供的设备价款、国际租赁)。不包括我国自有外汇资金(包括国家外汇、地方外汇、留成外汇、调剂外汇和中国银行自有资金发行的外汇贷款等)。各类外资按报告期的外汇牌价(中间价)折成人民币“万元”计算。

自筹资金 指各地区、各部门及企事业单位筹集用于房地产开发与经营的预算外资金。

其他资金来源 指在报告期收到的除以上各种资金之外其他用于房地产开发与经营的资金。包括国家预算内资金、债券、社会集资、个人资金、无偿捐赠的资金及用征地迁移补偿费、移民费等进行房地产开发的资金。

房屋施工面积 指报告期内施工的全部房屋建筑面积。包括本期新开工的面积和上年开工跨入本期继续施工的房屋面积，以及上期已停建在本期恢复施工的房屋面积。本期竣工和本期施工后又停建缓建的房屋面积仍包括在施工面积中，多层建筑应填各层建筑面积之和。

房屋竣工面积 指报告期内房屋建筑按照设计要求已全部完工，达到住人和使用条件，经验收鉴定合格或达到竣工验收标准，可正式移交使用的各栋房屋建筑面积的总和。

竣工房屋价值 指在报告期内竣工房屋本身的建造价值。竣工房屋的价值一般按房屋设计和预算规定的内容计算。包括竣工房屋本身的基础、结构、屋面、装修以及水、电、卫等附属工程的建筑价值，也包括作为房屋建筑组成部分而列入房屋建筑工程预算内的设备(如电梯、通风设备等)的购置和安装费用；不包括厂房内的工艺设备、工艺管线的购置和安装，工艺设备基础的建造；办公和生活用家具的购置等费用；购置土地的费用；迁移补偿费和场地平整的费用及城市建设配套投资。竣工房屋价值一般按结算价格计算。

出租房屋面积 指在报告期期末房屋开发单位出租的商品房屋的全部面积。

商品房销售面积 指报告期内出售商品房屋的合同总面积(即双方签署的正式买卖合同中所确定的建筑面积)。由现房销售建筑面积和期房销售建筑面积两部分组成。

商品房销售额 指报告期内出售商品房屋的合同总价款(即双方签署的正式买卖合同中所确定的合同总价)。该指标与商品房销售面积同口径，由现房销售额和期房销售额两部分组成。

空置面积 指报告期末已竣工的可供销售或出租的商品房屋建筑面积中，尚未销售或出租的商品房屋建筑面积，包括以前年度竣工和本期竣工的房屋面积，但不包括报告期已竣工的拆迁还建、统建代建、公共配套建筑、房地产公司自用及周转房等不可销售或出租的房屋面积。

本年完成开发土地面积 指报告期内对土地进行开发并已完成七通一平等前期开发工程，具备进行房屋建筑物施工或出让条件的土地面积。

本年购置土地面积 指在本年内通过各种方式获得土地使用权的土地面积。

Explanatory Notes on Main Statistical Indicators

Real Estate Industry refers to those engaged in real estate development,construction,management,leasing and maintenance activities in the sectors of the economy. In accordance with the provisions of the national economy sectors, the real estate industry including real estate development and management, property management and real estate brokers and agents part of the contents of the three.

Real Estate Development Industry is an important component of real estate industry ,refers to enterprises and units engaged in housing construction and land development and management.

Value of Real Estate Development Investment is in the form of money in real estate development enterprises (units) in a certain period for housing construction and land development by the workload and related costs.

Construction of Commercialized Buildings refer to the amount of commercial housing construction investment in real estate development enterprises (units) for the development and construction of the sale, rental of goods used in housing, factories, warehouses, hotels, resorts, office buildings, office buildings and other housing projects and supporting services and facilities by the amount of investment(include the demolition, relocation builings).

Construction refers to the construction of houses and buildings,also called work volume of construction.This part of investment can only be realized under construction.

Installation refers to the installation of various kinds of equipment and instruments,also called work volume of installation.

Purchase of Equipment and Instruments Purchase of equipment and instruments refers to the total value of equipment, tools, and instruments purchased or self-produced which come up to the cut-off point for fixed assets by the construction units or investing enterprises or institutions.

Residential Buildings refers to buildings built and sod, least to users, only used for living .

Economically Affordable Housing refers to housing constructed according to the State Plan for economically affordable housing. The features of houses of this category are low cost of construction and low prices, and therefore are affordable to mid-income and low income households. Economically affordable housing projects are developed by real estate companies under the State Investment Plan, with the land provided through government allocation or tendering procedures. Developers are exempted from land utilization fees and enjoy another 50% exemption of all other legitimate fees, while their profits are limited to less than 3%, and the completed houses are sold under government-guided prices. This indicator helps to analyze the investment structure of the real estate industry and the demand and supply of housing for mid-income and low income households

Villas、High-grade Apartments refers to commercial houses whose construction costs and marketing prices are significantly higher than ordinary housing.Villas are independent structures generally located in the suburbs;high-grade apartments are multi-story buildings located in elegant urban neighborhoods.Criteria for villas and high-grade apartments include:1）projects for the construction of villas or high-grade apartments have to be approved by comprtent departments in charge of real estate development and investment plans,and 2)prices for projects on villas or high-grade apartments are higher by over 100% compared with the average prices of ordinary commercial housing projects in similar location.This indicator helps to analyze the investment structure of the real estate industry and the demand and supply of housing for high-income households.

2)prices for projects on villas or high-grade apartments are higher by over 100% compared with the average prices of ordinary commercial housing projects in similar location.This indicator helps to analyze the investment structure of the real estate industry and the demand and supply of housing for high-income households.

Office Buildings refers to office space for enterprise, business, institutions, organizations, schools, hospitals and other units .

Newly Increased Fixed Assets This year refer to the newly increased value of fixed assets,constructed or purchased,that have been transferred to the investors.This is an indicator that demonstrates the results of investment in fixed assets in monetary terms,and an important indicator to reflect the speed of construction and to calculate the efficiency of investement.

Total source of funds refers to the various funds received by real estate enterprises in this year for the purpose of construction and purchase of investment in real estate. It includes balance of funds brought forward from the previous year, funds appropriated and brought in this year, and funds collected by various ways.

Surplus Funds Last Year refers to the surplus funds which didn't form the investment in fixed assets in the sources of funds in previous year. It includes material values that will be used in the projects, facilities values that must be and will be installed, and surplus cashes and deposits in bank.

Sources of Funds This Year refers to the monetary funds received by investing enterprises during the reference period for the purpose of investment in fixed assets. It includes funds from domestic loans, foreign investment, self-raised funds, and others.

Domestic Loans refer to loans of various forms borrowed by investing units from banks and non-bank financial institutions during the reference period, including loans issued by banks from their self-owned funds and deposit, loans appropriated by higher responsible authorities, special loans by government (including loan for substituting petroleum with coal, special loan for reform-through-labour coal mines), loans arranged by local government from special funds, domestic reserve loan, and working loan, etc.

Bank Loans refers to loans for real estate development and management brought from commercial banks and policy banks.

Foreign Investment refers to foreign funds received during the reference period for investment in fixed assets (covering equipment, materials and technology), including foreign direct investment, foreign borrowings (loans from foreign governments and international financial institutions, export credit, commercial loans from foreign banks, issuance of bonds and stocks overseas), and other foreign investment (covering facilities' funds provided by foreign investment by compensation trade and processing & assembly, as well as international lease).

Self-raising Funds refer to extra-budgetary funds for investment in fixed assets received by investing units from central government ministries, local governments, enterprises and institutions during the reference period.

Others Sources of Funds refer to funds for investment in fixed assets received from the sources other than those listed above, including funds raised from social and individuals, through donations, and funds transferred from other units.

Floor Space under Construction refers to total floor space of all buildings under construction during the reference period, including floor space of newly started buildings during the reference period, floor space of construction extended from the previous period to the current period, and floor space of construction suspended during the previous period and resumed in the current period. Floor space of construction completed in the current period, and floor space of construction started and then suspended in the current period are also included in the floor space under construction of the current year.

Floor Space Completed refers to the floor space of all buildings completed in the reference period, which have been appraised and accepted (or come up to the designed standards) and have been transferred to owner units.

Value of Buildings Completed refers to the intrinsic construction value of buildings completed in the reference period. It is figured by the rules of buildings design and budget, which not only includes the construction value of foundations, structure, furnishings, subsidiary projects such as water, electricity, toilet, etc. but also includes purchase and installation expenditures of facilities (such as lift, ventilation, etc.) listed into buildings budget as component of building construction. It excludes the purchase and installation of technical facilities, leads and lines in factories, construction of technical facilities' basis, expenditures of environment projects such as water, eructate, electricity, toilet, road projects, wall fended to earth outside, purchase of furniture in office or house, purchase of lands, as well as expenditures of move compensation and land leveling etc.

Floor Space of Buildings for rent refers to the total area for rent in the end of the reference period.

Floor Space of Commercialized Buildings Sold refers to total contracted area of commercialized housing (i.e. area of floor space as designated in the formal contracts signed by both sides) during the reference time. It constitutes floor space of completed housing and floor space of future housing.

Total Sales of Commercialized Buildings Sold refers to the total contracted value (i.e. value of sales/purchase for selling/purchase of commercialized housing as designated in the contract signed by both sides) during the reference time. This indicator has the same coverage as the area of commercialized housing sold, which constitutes floor space of completed housing and floor space of housing yet to be completed.

Floor Space Lying Idle refers he area has not yet sold or rent, including the housing area completed in the current period the previous year, but does not include demolition re-construction,united construction and the building of agents, public supporting the construction, real estate companies, such as swing space for personal use and not for sale or rental of housing area. has been completed in the reporting period.

Land Space Developed This Year refers to the land area of land development and prophase development projects completed, which can carry out construction or remise.

Land Space Purchased This Year refers to the land area accessible by various means in current year.

19

科技、教育、文化

SCI-TECH,EDUCATION AND CULTURE

资料整理及英文翻译：万玲、黄小平(女)、孙亚非

简要说明

本篇资料主要分为科技、教育、文化三部分。

科技统计资料主要内容包括：国有企事业单位专业技术人员情况；独立核算的科研机构、高校及各类企事业单位的科技活动人员、科技活动经费筹集及支出、研究与试验发展（R&D）活动、科技成果及奖励等情况；职务及非职务专利申请和授权情况；全省技术市场技术合同成交情况；科协系统科技活动情况；高新技术产业主要经济指标等。

统计范围：科技活动统计资料基本包括了全社会有科技活动的企事业单位，具体包括规模以上工业企业、独立核算的科研机构、普通高等学校以及国民经济其他行业中有研发活动的企业（单位）等。

资料来源：全省综合资料、各类企业资料和高新技术企业资料由省统计局调查提供；独立核算的科研机构资料、技术市场资料由省科技厅调查提供；高校科技活动资料由省教育厅调查提供；国防科研机构资料由省国防科工委调查提供；专业技术人员资料由省委组织部门和省人事厅调查提供；科协系统科技活动资料由省科协调查提供；专利由省知识产权局等部门调查提供。

统计调查方法：规模以上工业企业、独立核算的科研机构、高校的科技活动资料采用全数调查取得，国民经济其他行业中有研发活动的企业（单位）数据为第二次R&D资源清查资料。

教育统计资料包括研究生教育、高等教育(普通教育本专科、成人教育本专科)、中等教育(高中阶段教育和初中阶段教育)、初等教育(小学)、学前教育、特殊教育(盲聋哑和弱智儿童学校等)以及教育经费等资料。主要指标包括学校数、在校学生数、招生数、毕业生数、教职工数和专任教师数等。资料来源于省教育厅，技工学校资料来源于省劳动和社会保障厅。

文化统计资料主要包括艺术表演团体、艺术表演场所、公共图书馆、博物馆、文化馆、文化站、文物、文化产业、新闻出版、广播电视等资料，资料来源于省文化厅、省新闻出版局、省广播电视厅、省统计局。

Brief Introduction

This chapter includes three parts: technology, education and culture.

Data on technology mainly include: condition of professional scientific and technological personnel of state-owned enterprises and institutions; scientific and technological institutions with independent accounting system, scientific and technological personnel in universities and colleges and various enterprises or institutions, funds raising and expenditure on scientific and technological activities, activities of R&D and scientific and technological achievements and prizes; condition on applied and certified patent applications by services and non-services both domestically and overseas; the situation of signed technological contracts on technological market; scientific and technological activities within scientific and technological system; major economic indicators of high and new-tech industry.

Statistical scope: data on scientific and technological activities include all institutions of the society engaged in those activities, they are mainly: industrial enterprises above designed size, scientific and technological institutions with independent accounting system, universities and colleges,enterprises with scientific and technological activities in other national economic industries.

Sources of data: data on provincial level, various enterprises, medical and health care institutions and agricultural undertakings are from Jiangxi Bureau of Statistics; data on scientific and technologic research institutions, technological markets and high and new-tech industrial zones are from Bureau of Science and Technology; data on scientific and technological activities in universities and colleges are from Ministry of Education; data on scientific research institutions for defense are from Commission of Science, Technology and Industry for Provincial Defense. Department of Organization of the Communist Party of Jiangxi and Jiangxi Bureau of Statistics provide the data on the number of scientific and technological personnel. Jiangxi Science Association provides data on the scientific and technological activities. Data on supervision and checking of the products quality and patents are provided by Inspection and Quarantine and State Intellectual Property Office.

Statistical methodology: data on industrial enterprises above designed size, scientific and technological institutions with independent accounting system and scientific and technological activities of universities and colleges are collected through comprehensive reporting system. Data on enterprises with scientific and technological activities in other national economic industries are coilected through the 2rd R&D survey.

Changes of the statistical scope of data on scientific and technological activities: before 2000, data included only large and medium-sized industrial enterprises, scientific research institutions with independent accounting system, universities and colleges. Since 2000 (inclusive), data include: small industrial enterprises, construction sectors.

The data on education cover the situations on postgraduates, higher education (universities and colleges), secondary education (senior and junior high schools), elementary education (primary schools), preschool education, special education (schools for the blind, deaf-mutes, and the retarded) and expenditure on education. The main indicators cover the number of schools, the number of students enrolled, the number of new students enrolled, the number of graduates, the number of staff and workers, the number of full-time teachers, sources and outlay of education fund, education expenditure from the state budget. The data are mainly provided by Bureau of Education. Data on the technical training schools are provided by the Bureau of Labor and Social Security.

Data on culture industry include show groups, art places, public libratories, museums, culture centers, culture satiations, relics, publishing and broadcasting. Data source from Jiangxi Bureau of Culture, Bureau of Press and Publication, Bureau of Broadcasting, Bureau of Statistics.

19-1 科技活动人员情况（2011年）

Scientific Research Personnel (2011)

项　　目	Item	总　计 Total	企　业 Enterprises	#大中型 Large and Mediumsized Enterprises	科研机构 Science Institutions	高等院校 High Educations	其　他 Others
科技活动人员(人)	Scientific Research Personnel(person)	112165	62756	49764	8037	30861	10511
#大学本科及以上学历	University Graduate and Above	52038	17448	13438	5125	27015	2450

19-2 研究与试验发展(R&D)情况（2011年）

Basic Statistics on Research and Experimental Development (2011)

项　　目	Item	总　计 Total	企　业 Enterprises	#大中型 Large and Mediumsized Enterprises	科研机构 Science Institutions	高等院校 High Educations	其　他 Others
研究与试验发展(R&D)机构和人员	**Institutions and Personnel on R&D**						
单位数(个)	Number of Institutions (unit)	7253	6771	1476	116	113	253
#有R&D活动单位	R&D Institutions	672	464	203	72	50	86
R&D人员(人)	R&D Personnel (person)	56919	35062	28950	5216	9866	6775
#研究人员	Research Personnel (person)	28925	14283	11949	3357	7943	3342
全时人员	Full-time	34084	21576	18119	4418	4391	3699
非全时人员	Non Full-time	22835	13486	10831	798	5475	3076
R&D人员折合全时当量(人年)	Full-time Equivalent of R&D Personnels (person-year)	37517.2	24748.2	20636.8	4741.0	4606.0	3422.0
研究与试验发展(R&D)经费支出(万元)	**Expenditure on R&D(10000yuan)**						
R&D经费内部支出	R&D Interal Expenditure	967529.2	783482.1	667080.0	82488.0	79949.7	21609.4
日常性支出	Routine	816119.7	686164.5	592242.5	62322.0	53109.3	14523.9
人员劳务费	Labour	211353.6	161518.4	142056.5	24297.0	13900.9	11637.3
资产性支出	Asset	151409.5	97317.6	74837.5	20167.0	26839.4	7085.5
仪器和设备	Instruments and Facilities	136132.6	92070.0	70913.6	14873.0	22366.3	6823.3
政府资金	Government Funded	186629.8	52330.0	44633.5	71740.0	44921.8	17638.0
企业资金	Enterprises Funded	754233.8	723743.5	616702.5	84.0	27813.9	2592.4
境外资金	Overseas Fund	1483.3	1289.3	285.7		145.0	49.0
其他资金	Other funds	25183.3	6119.3	5458.3	10664.0	7070.0	1330.0
R&D经费外部支出	R&D Exteral Expenditure	92065.7	80002.1	76244.0	7077.0	4876.3	110.3
研究与试验发展(R&D)产出	**Output on R&D**						
专利申请数(件)	Numbers of Patent Applications (unit)	4082	2410	1744	95	1554	23
发明专利	Inventions	1524	893	627	65	550	16
专利授权数(件)	Numbers of Patent Applications Granted (unit)	809			68	732	9
发明专利	Inventions	187			27	154	6
有效发明专利数(件)	Number of Valid Patent Applications (unit)	2365	994	682	80	1257	34
发表科技论文(篇)	Number of S&T Paper Published (piece)	30849	2074	1713	1362	23936	3477
出版科技著作(种)	Number of S&T Works published (copy)	678	1		56	572	49

19-3 研究与试验发展(R&D)项目(课题)情况(2011年)
R&D Projects (2011)

指标	Item	项目(课题)数(项) Number of Projects (item)	项目(课题)参加人员折合全时当量(人年) Full-time Equivalent of Project Personnel (person-year)	项目(课题)经费内部支出(万元) Expenditure (10000 yuan)
总计	**Total**	**17722**	**31906.5**	**790820.3**
按执行部门分	**Grouped by Operating Department**			
企业	Enterprise	2811	20821.2	651091.9
#大中型	Large and Medium-sized Enterprise	2099	17430.7	554708.1
科研机构	Science Institution	731	4461.0	56446.0
高等院校	High Education	13523	4591.9	71180.0
其他	Others	657	2032.0	12102.4

19-4 研究机构情况(2011年)
Scientific Research Institutions (2011)

指标	Item	机构数(个) Number of Institutions (unit)	R&D人员(人) R&D Personnel (person)	博士毕业 Doctors Graduates	硕士毕业 Master Graduates	R&D经费支出(万元) Expenditure on R&D Graduates (10000 yuan)	科研用仪器设备原价(万元) Prime Cost of Research Instruments (10000 yuan)
总计	**Total**	**725**	**22451**	**836**	**2812**	**382431.7**	**432611.7**
按执行部门分	**Grouped by Operating Department**						
企业	Enterprise	402	15107	118	1387	280969.4	245364.0
#大中型	Large and Medium-sized Enterprise	184	12922	52	1182	247646.6	223423.3
科研机构	Science Institution	116	5216	132	831	82488.0	86889.0
高等院校	High Education	163	1387	569	480	15881.7	90434.9
其他	Others	44	741	17	114	3093.0	9924.8

19-5 规模以上工业企业科技活动情况(2011年)
S&T Activities of industrial Enterprises above Designated Size (2011)

指 标	Item	总计 Total	大中型 Large and Medium	小型 Small
科技活动人员情况(人)	**Personnel in S&T Activities(person)**			
科技活动人员合计	Number of S&T Personnel	58979	49442	9537
#参加科技项目人员	Project	41548	34262	7286
科技管理和服务人员	Management and Services	17431	15180	2251
#女性	Female	11727	9869	1858
#高中级技术职称人员	Senior and Medium	16734	14217	2517
#全时人员	Full-time	36501	30819	5682
科技活动费用情况(万元)	**S&T Expenditure(10000 yuan)**			
企业内部用于科技活动的经费支出	Internal Expenditure on S&T Activities	982669	841764	140905
人员人工费(包含各种补贴)	On Labour	218419	192180	26239
原材料费	On Raw Material Cost	426289	347125	79164
折旧费用与长期费用摊销	On Depreciation and Long-term Deferred Expenses	78262	67063	11199
无形资产摊销	On Amortization of Intangible Assets	42747	39746	3001
其他费用	On Others	216952	195651	21301
委托外单位开展科技活动的经费支出	Expenditure on Entrust S&T Activities	105911	101408	4503
#对国内研究机构支出	On Domestic Research Institution	46615	45230	1385
对国内高等学校支出	On Domestic Institution of Higher Learning	16043	14839	1203
对境外支出	On Overseas	36467	36459	8
当年形成的用于科技活动的固定资产	Present Year Fixed Assets on S&T Activites	210139	169455	40684
#仪器和设备	Instruments and Facilities	138097	105219	32878
使用来自政府部门的研究开发资金	R&D Fund from Government Departments	58668	49230	9438
科技项目情况	**S&T Projects**			
全部科技项目数(项)	Number of S&T Projects(unit)	4002	3144	858
全部科技项目经费内部支出(万元)	Internal Expenditure on S&T Projects(10000 yuan)	888110	744304	143806
企业办科技机构情况	**S&T institutions by Enterprises**			
机构数(个)	Number of Institutions(unit)	447	232	215
机构人员合计(人)	Number of Personnel(person)	21698	17678	4020
#博士毕业	Doctor Graduates	386	221	165
硕士毕业	Master Graduates	1968	1565	403
本科毕业	Under-graduates	13842	11536	2306
机构经费支出(万元)	Institutional Expenditure(10000 yuan)	413710	356900	56810
仪器和设备原价(万元)	Prime Cost of Instruments and Facilities(10000 yuan)	241966	222868	19098
#进口	Exports	312301	284407	27894
科技活动产出及相关情况	**Output of S&T Activities**			
自主知识产权情况	Intellectual Property Rights			
专利申请数(件)	Number of Patent Applications Examined(unit)	2363	1724	639
#发明专利	Inventions	874	624	250
有效发明专利数(件)	Numbers of Patent Applications Granted (unit)	975	678	297
#境外授权	Overseas	32	31	1
专利所有权转让及许可数(件)	Number of Patent Ownership Transfer and Application Grant (unit)	81	49	32
专利所有权转让与许可收入(万元)	Input on Patent Ownership Transfer and Application Grant (10000 yuan)	60	35	25
新产品生产及销售情况	Production and Marketing of New Product			
新产品产值(万元)	Output of New Product(10000 yuan)	9526524	8335157	1191367
新产品销售收入(万元)	Sales Revenue of New Product(10000 yuan)	9418710	8247874	1170836
#出口	Exports	1301038	1271758	29280
其他情况	Others			
发表科技论文(篇)	S&T Paper Published(unit)	1816	1711	105
拥有注册商标(件)	Registered Trademark (unit)	3437	2836	601
#境外注册	Overseas Registered	512	506	6
形成国家或行业标准(项)	Industrial or National Standard(unit)	210	137	73
其他相关情况(万元)	**Other relvances(10000 yuan)**			
政府相关政策落实情况	Government Policy Implement			
研究开发费用加计扣除减免税	Total R&D Expenditure minus Tariff Reductions	21118	20369	749
高新技术企业减免税	Tariff Reductions on High-tech Enterprises	45759	43942	1817
技术获取和技术改造情况	Technica Acquisition and Renovation			
引进国外技术经费支出	Expenditure on Acquisition of Foreign Technology	25418	23218	2200
引进技术的消化吸收经费支出	Expenditure on Assimilation of Technology	6127	4108	2019
购买国内技术经费支出	Expenditure on Purchase of Domestic Technology	31990	30780	1210
技术改造经费支出	Expenditure on Technical Renovation	657884	629195	28689

19-6 地方企事业单位专业技术人员(一)

Professional Technical Personnel in Local Institutions and Enterprises (I)

单位：人 (person)

类　别	Type	2000	2005	2010	2011
总　计	**Total**	**693530**	**693932**	**695946**	**708018**
工程技术人员	Engineering	91360	74607	67728	67570
农业技术人员	Agriculture	19470	19733	20391	20068
卫生技术人员	Health Care	99631	110834	119861	127586
科学研究人员	Scientific Research	2333	3840	2840	3235
教学人员	Teaching	360818	399404	414664	422996
其他人员	Others	119918	85514	70462	66563

19-7 地方企事业单位专业技术人员(二)

Professional Technical Personnel in Local Institutions and Enterprises (II)

类　别	Type	人　数 (人) Personnel (person)		比　重 (%) Percentage (%)		平均每万人口专业技术人员（人） Professional Technical Staff per 10000 Population (person)		平均每万在岗职工专业技术人员(人) Professional Technical Staff per 10000 Staff and Workers (person)	
		2010	2011	2010	2011	2010	2011	2010	2011
总　计	**Total**	**695946**	**708018**	**100**	**100**	**156**	**158**	**2489**	**2236**
工程技术人员	Engineering	67728	67570	9.7	9.5	15	15	242	218
农业技术人员	Agriculture	20391	20068	2.9	2.8	5	5	73	66
卫生技术人员	Health Care	119861	127586	17.2	18.0	27	27	429	385
科学研究人员	Scientific Research	2840	3235	0.4	0.5	1	1	10	9
教学人员	Teaching	414664	422996	59.6	59.7	93	92	1483	1332
其他人员	Others	70462	66563	10.1	9.5	16	18	252	226

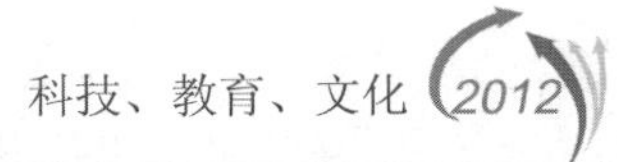

19–8 地方企事业单位分行业专业技术人员（2011年）

Professional Technical Personnel in Local Institutions and Enterprises by Sector (2011)

单位：人 (person)

行业	Sector	合计 Total	事业单位 Institutions	企业单位 Enterprises
总计	**Total**	**708018**	**639831**	**68187**
农、林、牧、渔业	Agriculture,Forestry,Animal Husbandry and Fishery	30334	23646	6688
采掘业	Mining	17020		17020
制造业	Manufacturing	15711	215	15496
电力、燃气及水的生产和供应业	Production and Supply of Electric Power,Gas and Water	1362	72	1290
建筑业	Construction	6508	305	6203
交通运输、仓储和邮政业	Transport,Storage and Post	13541	8304	5237
信息传输、计算机服务和软件业	Information Transmission,Computer Services and Software	794	684	110
批发和零售业	Wholesale and Retail Trade	2140	56	2084
住宿餐饮业	Hotel and Catering	367	243	124
金融业	Financial Intermediation	6717		6717
房地产业	Real Estate	2257	1832	425
租赁和商务服务业	Leasing and Business Services	1258	142	1116
科学研究、技术服务和地质勘查业	Scientific Research,Technical Service and Geologic Prospecting	17292	16073	1219
水利、环境和公共设施管理业	Management of Water Conservancy,Environment and Public Facilities	9100	8578	522
居民服务和其他服务业	Services to households and Other Services	2555	974	1581
教育	Education	422222	422222	
卫生、社会保障和社会福利业	Health, Social Security and Social Welfare	126527	126415	112
文化、体育和娱乐业	Culture, Sports and Entertainment	15304	13061	2243
公共管理和社会组织	Public Management and Social Organization	17009	17009	

19–9 地方企业单位按专业技术职务分专业技术人员（2011年）

Technical Personnel in Local Stated-owned Enterprises by Rank (2011)

单位：人 (person)

类别	Type	合计 Total	工程技术人员 Engineering	农业技术人员 Agriculture	科学研究人员 Scientific Research	卫生技术人员 Health Care	教学人员 Teaching	其他人员 Others
总计	**Total**	**68187**	**29501**	**2646**	**211**	**4156**	**888**	**30785**
高级职务	Senior	5027	2851	15	102	360	155	1544
#正高级	High Senior	284		1	93	55	86	49
中级职务	Middle	19274	7401	736	13	1771	285	9068
初级职务	Junior	35937	14568	1468	57	1824	366	17654
未聘任专业技术职务	Un-titled	7949	4681	427	39	201	82	2519

19–10 地方事业单位按学历分专业技术人员（2011年）

Technical Personnel in Local Institutions by Schooling and Profession (2011)

单位：人 (person)

类别	Type	合计 Total	工程技术人员 Engineering	农业技术人员 Agriculture	科学研究人员 Scientific Research	卫生技术人员 Health Care	教学人员 Teaching	其他人员 Others
总计	**Total**	**639831**	**38069**	**17422**	**3024**	**123430**	**422108**	**35778**
研究生	Postgraduate	20809	1214	127	877	3161	14859	571
大学本科	Undergraduate	225920	15495	3033	1423	33463	160153	12353
大学专科	Junior College	242522	13784	6787	511	45021	162103	14316
中专	Junior Secondary School	129153	5902	5447	161	35681	77006	4956
高中及以下	Senior Secondary School and below	21427	1674	2028	52	6104	7987	3582

19–11 地方事业单位按年龄分专业技术人员（2011年）

Technical Personnel in Local Institutions by Age and Profession (2011)

单位：人 (person)

年龄（岁） Age (year old)	合计 Total	工程技术人员 Engineering	农业技术人员 Agriculture	科学研究人员 Scientific Research	卫生技术人员 Health Care	教学人员 Teaching	其他人员 Others
总计 Total	**639831**	**38069**	**17422**	**3024**	**123430**	**422108**	**35778**
35岁及以下 35 and below	258169	16350	5289	1002	53449	169483	12596
36–40	111446	6929	3960	466	22039	70451	7601
41–45	98661	6294	3571	533	18859	62993	6411
46–50	83860	5101	2539	600	16901	53836	4883
51–54	50815	1902	1194	216	7388	37611	2504
55岁及以上 55 and over	36880	1493	869	207	4794	27734	1783

19–12 地方企业单位按学历分专业技术人员（2011年）
Technical Personnel in Local Enterprises by Schooling and Profession (2011)

单位：人 (person)

类别	Type	合计 Total	工程技术人员 Engineering	农业技术人员 Agriculture	科学研究人员 Scientific Research	卫生技术人员 Health Care	教学人员 Teaching	其他人员 Others
总计	**Total**	**68187**	**29501**	**2646**	**211**	**4156**	**888**	**30785**
研究生	Postgraduate	1468	744		20	28	20	656
大学本科	Undergraduate	21677	11081	327	129	1063	279	8798
大学专科	Junior College	25138	10801	998	15	1373	320	11631
中专	Junior Secondary School	11261	4294	1017	46	1479	159	4266
高中及以下	Senior Secondary School and below	8643	2581	304	1	213	110	5434

19–13 地方企业单位按年龄分专业技术人员（2011年）
Technical Personnel in Local Enterprises by Age and Profession (2011)

单位：人 (person)

年龄（岁）	Age (year old)	合计 Total	工程技术人员 Engineering	农业技术人员 Agriculture	科学研究人员 Scientific Research	卫生技术人员 Health Care	教学人员 Teaching	其他人员 Others
总计	**Total**	**68187**	**29501**	**2646**	**211**	**4156**	**888**	**30785**
35岁及以下	35 and below	20973	11933	385	30	1950	153	6522
36–40	36-40	12230	5139	441	40	545	136	5929
41–45	41-45	13365	5074	716	49	676	209	6641
46–50	46-50	12495	4401	590	51	676	235	6542
51–54	51-54	5648	1766	406	27	170	113	3166
55岁及以上	55 and over	3476	1188	108	14	139	42	1985

19–14 政府部门属科技机构情况（2011年）

Government Administratied Science Institutions (2011)

类别	Type	机构数（个）Number of Institutions (unit)	从业人员 总数（人）Total Number of Employees (person)	#单位在职科技活动人员 Personnel Engaged in S&T Activities	经费收入 总额（千元）Total Income (1000yuan)	经费支出 总额（千元）Total Expenditures (1000yuan)	#科技经费支出 On Science and Technology
总计	**Total**	**113**	**9333**	**5256**	**1105789**	**1072314**	**808313**
按隶属关系分	**Grouped by Jurisdiction of Management**						
中央部门属	Central Department Administratied	1	326	112	52462	52418	33999
省级部门属	Provincial Department Administratied	56	6060	3597	857180	830378	645187
地市级部门属	Municipal Departments Administratied	56	2947	1547	196147	189518	129127
按国民经济行业分	**Group by Sector**						
农、林、牧、渔业	Agriculture,Forestry,Animal Husbandry and Fishery	45	5055	2098	411435	396648	286186
采矿业	Mining	1	153	38	5562	3843	1755
制造业	Manufacturing	18	896	665	103209	101404	67761
建筑业	Construction	2	128	87	29649	30300	25685
交通运输、仓储和邮政业	Transport,Storage and Post	1	208	137	87640	86653	36098
信息传输、计算机服务和软件业	Information Transmission, Computer Services and Software	1	84	84	14956	10894	8540
科学研究、技术服务和地质勘查业	Scientific Research,Technical Service and Geologic Prospecting	36	2147	1637	275184	281554	248443
水利、环境和公共设施管理业	Management of Water Conservancy, Environment and Public Facilities	5	374	267	116754	108642	95900
卫生、社会保障和社会福利业	Health, Social Security and Social Welfare	4	288	243	61400	52376	37945
按学科领域分	**Grouped by Field of Study**						
自然科学领域	Natural Science	5	289	244	55136	45660	36627
农业科学领域	Agriculture Science	46	5309	2183	453934	430993	320086
医学科学领域	Medical Science	8	547	454	84850	76358	59134
工程科学与技术领域	Engineering Science and Technology	39	2669	1910	447357	430331	311204
社会、人文科学领域	Social and Human Science	15	519	465	64512	88972	81262
按地区分	**Grouped by Region**						
南昌市	Nanchang	56	5676	3534	810083	785224	629683
景德镇市	Jingdezhen	6	291	210	19021	20359	16147
萍乡市	Pingxiang	7	194	157	17288	15146	13484
九江市	Jiujiang	10	1103	356	81060	76463	34852
新余市	Xinyu	3	373	143	56702	56658	35989
鹰潭市	Yingtan	2	26	20	1874	2533	2207
赣州市	Ganzhou	10	782	351	54870	52516	33216
吉安市	Ji'an	5	299	125	15472	15137	7117
宜春市	Yichun	4	182	130	22413	22842	20180
抚州市	Fuzhou	6	178	106	10200	9625	7840
上饶市	Shangrao	4	229	124	16806	15811	7598

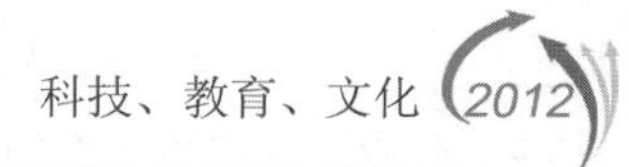

19-15 县以上政府部门属自然科学研究与开发机构情况（2011年）
County and above Departments Administratied Natural Science Research and Development Institutions (2011)

类　　别	Type	机构数（个）Number of Institutions (unit)	从业人员总数（人）Total Number of Employees (person)	#单位在职科技活动人员 Personnel Engaged in S&T Activities	经费收入总额（千元）Total Income (1000yuan)	经费支出总额（千元）Total Expenditures (1000yuan)	#科技经费支出 On Science and Technology
总　计	**Total**	**99**	**8803**	**4781**	**1038012**	**718870**	**981165**
按隶属关系分	**Grouped by Jurisdiction of Management**						
中央部门属	Central Department Administratied	1	326	112	52462	51262	52418
省级部门属	Provincial Department Administratied	53	5752	3308	811028	539516	757732
地市级部门属	Municipal Departments Administratied	45	2725	1361	174522	128092	171015
按国民经济行业分	**Group by Sector**						
农、林、牧、渔业	Agriculture,Forestry,Animal Husbandry and Fishery	45	5055	2098	411435	351537	396648
采矿业	Mining	1	153	38	5562	4813	3843
制造业	Manufacturing	18	896	665	103209	67305	101404
建筑业	Construction	2	128	87	29649	4920	30300
交通运输、仓储和邮政业	Transport,Storage and Post	1	208	137	87640	26599	86653
信息传输、计算机服务和软件业	Information Transmission, Computer Services and Software	1	84	84	14956	14832	10894
科学研究、技术服务和地质勘查业	Scientific Research,Technical Service and Geologic Prospecting	22	1617	1162	207407	150672	190405
水利、环境和公共设施管理业	Management of Water Conservancy, Environment and Public Facilities	5	374	267	116754	64850	108642
卫生、社会保障和社会福利业	Health, Social Security and Social Welfare	4	288	243	61400	33342	52376
按学科领域分	**Grouped by Field of Study**						
自然科学领域	Natural Science	4	249	209	48893	37957	40618
农业科学领域	Agriculture Science	46	5309	2183	453934	370834	430993
医学科学领域	Medical Science	8	547	454	84850	54521	76358
工程科学与技术领域	Engineering Science and Technology	39	2669	1910	447357	252707	430331
社会、人文科学领域	Social and Human Science	2	29	25	2978	2851	2865
按地区分	**Grouped by Region**						
南 昌 市	Nanchang	52	5328	3210	757688	494359	707536
景德镇市	Jingdezhen	5	266	188	17961	14582	19299
萍 乡 市	Pingxiang	6	179	142	16140	15813	13934
九 江 市	Jiujiang	9	1079	338	79710	61138	75213
新 余 市	Xinyu	2	354	129	55446	54246	55402
鹰 潭 市	Yingtan	1	13	10	624	525	578
赣 州 市	Ganzhou	9	757	326	53359	35239	51302
吉 安 市	Ji'an	4	288	115	13582	9121	13917
宜 春 市	Yichun	3	157	115	19320	19086	20007
抚 州 市	Fuzhou	5	166	97	8968	8188	8788
上 饶 市	Shangrao	3	216	111	15214	6573	15189

19–16 高等学校科技人力资源情况（2011年）
Basic Statistics on Higher Education for Human Resource (2011)

单位：人 (person)

类别	Type	合计 Total	自然科学 Natural Science	工程与技术 Engineering and Technology	医药科学 Medical Science	农业科学 Agricultural Science	其他 Others
合计	**Total**	**18984**	**3306**	**6559**	**7462**	**439**	**1218**
教师	Teacher	12081	2919	5311	2932	359	560
教授	Professor	1913	443	703	655	69	43
副教授	Associate Professor	3207	830	1336	770	116	155
讲师	Lecturer	4764	1191	2237	952	142	242
助教	Assistant	2082	427	971	536	31	117
其他	Others	115	28	64	19	1	3
其他技术职务系列人员	Others Technical Position Personnel	6903	387	1248	4530	80	658
高级	Senior	1137	126	275	614	42	80
中级	Medium	2505	156	528	1592	21	208
初级	Junior	2614	75	305	2056	16	162
其他	Others	191	8	45	90	1	47
辅助人员	Assistant	456	22	95	178		161

注：本表数据为高校理工院校。
a) The data refers to polytechnic colleges.

19–17 高等学校科技项目情况（2011年）
Statistics on Scientific Projects in Schools of Higher Education (2011)

类别	Type	课题数（项）Number of Project (item)	当年投入（万元）Input this Year (10000 yuan)	当年支出经费(万元) Expenditures this Year (10000 yuan)	当年投入人员（人年）Staff Input this Year (person-year)	高级职务 Senior Title	中级职务 Middle Title	初级职务 Junior Title	其他 Others
总计	**Total**	**8005**	**113108**	**93926**	**4260**	**1651**	**1766**	**809**	**34**
基础研究	Basic Research	2126	24067	19996	1156	450	464	235	7
应用研究	Applied Research	3408	37969	32839	2098	799	835	443	21
试验发展	Experimental Development	900	23644	16760	377	166	152	55	3
R&D成果应用	R&D Production Application	325	5467	4708	138	65	58	14	2
其他科技服务	Other Scientific Services	1246	21961	19623	491	171	257	62	1

注：本表数据为高校理工院校。
a) The data refers to polytechnic colleges.

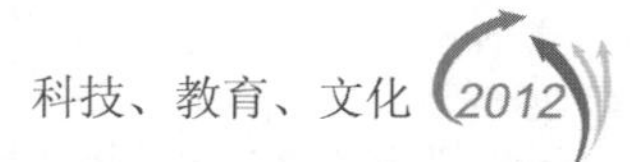

19–18 科协系统科技活动情况（2011年）
Basic Statistics on S&T Activities of S&T Associations (2011)

指标	Item	科协合计 Total Number of Associations	省科协 Provincial Associations	市科协 Prefectural Associations	县科协 County Associations	省学会合计 Total Number of Learned Societies
机构与人员	**Number of Associations or Academic Societies and Personnel**					
机构数(个)	Number of Associations (unit)	117	6	11	100	107
人员数(人)	Number of Personnel (person)	672	33	137	502	315
举办学术交流活动	**Academic Exchange**					
次数(次)	Number of Academic Meetings (time)	147	23	29	95	327
参加人数(人次)	Number of Participants (person-time)	18790	2400	10382	6008	35244
科普活动	**S&T Popularization Activities**					
科普讲座次数(次)	Number of S&T Popularization Lectures (time)	2304	261	339	1704	1052
听讲人次(人次)	Number of Participants (person-time)	1091687	229000	174856	687831	145463
科普展览次数(次)	Number of S&T Popularization Exhibitions (time)	3789	33	226	3530	506
参观人次(人次)	Number of Participants (person-time)	1778130	126000	338300	1313830	583723
咨询服务	**Advisory Services**					
完成技术咨询合同(项)	Technical Advisory Contracts Completed (piece)	277	202	38	37	220
咨询合同实现金额(万元)	The Amount of Technical Advisory Contracts Completed (10000 yuan)	3369.5	2160	5.5	1204	289.5
出版	**S&T Media**					
科技期刊种数(种)	Number of S&T Journals (kind)	16	2	1	13	32
科技期刊年发行总数(万册)	Printed Copies (10000 copies)	60.7	54.5	2	4.2	42.7
科技报纸种数(种)	Number of S&T Newspapers (kind)					5
科技报纸年发行总数(万份)	Printed Copies (10000 copies)					13.4
科技图书种数(种)	Number of S&T Books (kind)	50	3	3	44	17
科技图书年发行总数(万册)	Printed Copies (10000 copies)	19.9	5.5	2.5	11.9	2.1

19–19 技术市场基本情况（2011年）
Basic Statistics on Technology Market (2011)

类别	Type	项数（项） Item (item)	成交额（万元） Total Turnover (10000 yuan)
总计	**Total**	**2262**	**343193.06**
按签订的技术合同类别分	**Grouped by Signed Technological Contracts**		
技术开发合同	Technological Development Contract	1247	224778.14
技术转让合同	Technological Transfer Contract	217	81758.95
技术咨询合同	Technological Consultation Contract	217	3690.85
技术服务合同	Technological Service Contract	581	32965.12

19–20 专利申请受理量和授权量

Patents Application Accepted and Granted

单位：项 (unit)

类别	Type	受理量 Number of Patent Applications Examined				授权量 Number of Patent Applications Granted			
		2000	2005	2010	2011	2000	2005	2010	2011
总计	**Total**	**1557**	**2815**	**6307**	**9674**	**1072**	**1361**	**4351**	**5550**
按总类分	**Grouped by Types**								
发明	Inventions	267	713	1968	2796	67	142	411	679
实用新型	Utility Models	806	1280	2947	4699	690	717	2588	3088
外观设计	Designs	484	822	1392	2179	315	502	1352	1783
按申请者分	**Grouped by Applicants**								
个人	Individuals	1303	2180	2960	4108	854	1089	2313	2559
大专院校	Universities and Colleges	6	62	855	1271	6	12	428	607
科研单位	Research Institutions	18	19	90	184	11	11	58	106
工矿企业	Industrial and Mining Enterprises	222	546	2375	4066	193	247	1539	2264
机关团体	Government Agencies and Organizations	8	8	27	45	8	2	13	14

19–21 获国家级、省级科技奖项数

National-level and Provincial-level S&T Awards

单位：项 (item)

类别	Type	2005	2006	2007	2008	2009	2010	2011
国家级科学技术奖	National-level S&T Advancement Award	4	4	3	6	6	8	6
省级奖项合计	Total Provincial-level Awards	79	111	105	96	110	102	104
特别贡献奖	Special Contribution Award							1
国际合作奖	Znternational Cooperation Award							1
自然科学奖	Natural Science Award	8	15	12	11	13	11	17
一等奖	First Prize	1		1		2	2	2
二等奖	Second Prize	3	5	4	3	3	3	4
三等奖	Third Prize	4	10	7	8	8	6	11
技术发明奖	Technology Invention Award	2	2	2	1	5	5	7
一等奖	First Prize	1					1	1
二等奖	Second Prize		2	2		3	1	2
三等奖	Third Prize	1			1	2	3	4
科技进步奖	S&T Advancement Award	69	94	91	84	92	86	78
一等奖	First Prize	4	3	6	5	4	5	4
二等奖	Second Prize	17	24	23	24	31	19	21
三等奖	Third Prize	48		62	55	57	62	53

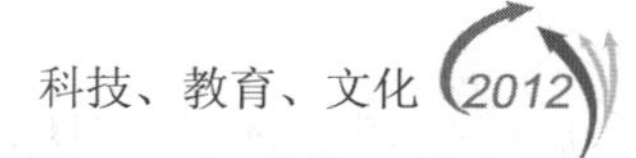

19–22 各类全日制学校基本情况（2011年）

Total Enrollment of Full-time Schools by Type of School (2011)

单位：人 (person)

类别	Type	学校数（所）Number of Schools (unit)	在校学生数 Total Enrollment	招生数 New Enrollment	毕业生数 Graduates	教职工数 Teachers and Staff	#专任教师 Full-time Teachers
研究生	Post-graduates		23824	8353	5791		4625
普通高等学校	Regular Institutions of Higher Education	86	819356	246790	222416	70472	49970
普通中等专业学校	Regular Specialized Secondary School	68	240788	86894	75625	8194	5660
中等技术学校	Technical Schools	63	223685	80015	71480	7359	4997
中等师范学校	Teacher Training Schools	5	17103	6879	4145	835	663
普通中学	Regular Secondary Schools	2554	2792600	984363	882275	201391	170394
高(完)中	Senior Secondary Schools	438	783497	308930	251060	79176	47583
初中	Junior Secondary Schools	2116	2009103	675433	631215	122215	122811
职业中学	Secondary Vocational Schools	307	328848	114763	112144	15814	11806
高(完)中	Senior Secondary Vocational Schools	306	328310	114603	112006	15768	11760
初中	Junior Secondary Vocational Schools	1	538	160	138	46	46
技工学校	Technical Schools	100	142489	54373	42206	10263	8413
小学	Primary Schools	11633	4340480	777955	667932	195620	204248
特殊教育学校	Special Education Schools	75	22577	3593	1917	990	885
幼儿园	Kindergartens	9431	1455048	894446	400046	86222	52895
工读学校	Schools for Juvenile Delinquents	1				4	4

19–23 各类全日制学校在校学生数

Total Enrollment of Full-time Schools by Type of School

类别	Type	1980	1990	2000	2005	2010	2011
研究生(人)	Post-graduates (person)	58	479	2118	9860	21313	23824
普通高等学校(人)	Regular Institutions of Higher Education (person)	35623	56608	144293	646086	816484	819356
普通中等专业学校(人)	Regular Specialized Secondary School (person)	40800	61675	160022	261404	238744	240788
中等技术学校	Technical Schools	25163	34921	128726	247872	224231	223685
中等师范学校	Teacher Training Schools	15637	26754	31296	13532	14513	17103
普通中学(万人)	Regular Secondary Schools (10000 persons)	154.86	181.06	259.22	286.15	273.96	279.26
高(完)中	Senior Secondary Schools	28.01	26.23	38.53	84.92	73.96	78.35
初中	Junior Secondary Schools	126.85	154.83	220.69	201.23	199.99	200.91
职业中学(万人)	Secondary Vocational Schools (10000 persons)	0.51	11.69	12.71	26.69	36.69	32.88
高(完)中	Senior Secondary Vocational Schools	0.15	9.17	10.72	26.56	36.64	32.83
初中	Junior Secondary Vocational Schools	0.36	2.52	1.99	0.13	0.05	0.05
技工学校(人)	Technical Schools (person)	13370	34237	34617	101252	169564	142489
小学(万人)	Primary Schools (10000 persons)	529.3	450.44	422.68	384.16	426.02	434.05
特殊教育学校(人)	Special Education Schools (person)	485	1195	13142	18805	23741	22577
幼儿园(万人)	Kindergartens (10000 persons)	30.61	36.26	62.06	71.68	123.51	145.50

19–24 各类全日制学校毕业生数
Graduates in Full-time Schools by Type of School

类别	Type	1980	1990	2000	2005	2010	2011
研究生(人)	Post-graduates (person)		215	409	1772	4568	5791
普通高等学校(人)	Regular Institutions of Higher Education (person)	3363	13616	24449	97781	225943	222416
中等专业学校(人)	Regular Specialized Secondary School (person)	11296	21040	45776	48084	70542	75625
中等技术学校	Technical Schools	2898	11717	33151	45086	66148	71480
中等师范学校	Teacher Training Schools	8398	9323	12625	2998	4394	4145
普通中学(万人)	Regular Secondary Schools (10000 persons)	34.82	49.02	73.79	98.22	79.92	88.23
高(完)中	Senior Secondary Schools	15.83	8.39	9.19	23.96	26.25	25.11
初中	Junior Secondary Schools	18.99	40.63	64.60	74.25	53.68	63.12
职业中学(万人)	Secondary Vocational Schools (10000 persons)	0.12	3.03	4.62	6.48	11.30	11.21
高(完)中	Senior Secondary Vocational Schools	0.08	2.39	3.88	6.41	11.27	11.20
初中	Junior Secondary Vocational Schools	0.04	0.64	0.74	0.07	0.03	0.01
技工学校(人)	Technical Schools(person)	297	9457	14740	26155	51359	42206
小学(万人)	Primary Schools (10000 persons)	60.89	86.02	85.61	64.88	67.85	66.79
特殊教育(人)	Special Education Schools (person)	65	98	1073	1551	2476	1917

19–25 各地区普通高等学校基本情况（2011年）
Basic Statistics on Colleges and University by Region (2011)

单位：人 (person)

地区	Region	学校数(所) Number of Schools(unit)	在校学生数 Total Enrollment	招生数 New Enrollment	毕业生数 Graduates	教职工数 Teachers and Staff	#专任教师 Full-time Teachers
全省	**Provincial Total**	**86**	**819356**	**246790**	**222416**	**70472**	**49970**
南昌市	Nanchang	50	481714	144920	131742	41977	29036
景德镇市	Jingdezhen	4	30101	7855	8659	2665	1770
萍乡市	Pingxiang	3	13839	3476	5639	1485	1085
九江市	Jiujiang	6	77887	25421	22005	5925	4710
新余市	Xinyu	5	27917	10419	7182	3054	2227
鹰潭市	Yingtan	1	4794	1688	1130	311	268
赣州市	Ganzhou	7	78248	22436	19276	6326	4651
吉安市	Ji'an	1	18373	4955	4665	1546	975
宜春市	Yichun	3	28545	8773	7124	2405	1855
抚州市	Fuzhou	4	37278	10776	9310	3306	2296
上饶市	Shangrao	2	20660	6071	5684	1472	1097

19–26 普通高等学校分学科学生情况（2011年）

Basic Statistics on Students in Regular Institutions of Higher Education by Field of Study (2011)

单位：人

类别	Type	在校学生数 Total Enrollment	招生数 New Enrollment	毕业生数 Graduates
总计	**Total**	**819356**	**246790**	**222416**
#女	Female	190783	53685	38851
本科	Undergraduate course	428600	118231	85014
#女	Female	190783	53685	38851
哲学	Philosophy	326	106	93
经济学	Economics	25706	6427	5891
法学	Law	12254	3427	2182
教育学	Education	14907	4050	2777
文学	Literature	85344	23556	18442
#外语	Foreign Language	30518	7856	6697
艺术	Art	36828	11270	7487
历史学	History	1855	448	249
理学	Science	33530	8583	6918
工学	Engineering	136127	38722	25891
农学	Agriculture	5289	1280	1056
医学	Medicine	34984	8989	6433
管理学	Management	78278	22643	15082
专科	Specialized Undergraduate Courses	390756	128559	137402
#女	Female	175902	55976	63127
农林牧渔大类	Farming,Forestry,Husbandry and Fishing	4304	1556	928
交通运输大类	Communication and Transportation	13809	4762	4298
生化与药品大类	Biochemistry and Medicine	3469	1019	1366
资源开发与测绘大类	Resources Exploitation,Surveying & Mapping	3956	1372	1273
材料与能源大类	Material and Energy	12215	3802	3050
土建大类	Civil Engineering	44171	18028	10581
水利大类	Water Conservancy	636	189	210
制造大类	Manufactures	56254	16836	22923
电子信息大类	Electronic Information	34395	10178	14446
环保、气象与安全大类	Environmental Protection,Meteorology & Safety	1979	639	531
轻纺食品大类	Industrial Textiles and Food	9326	3185	2533
财经大类	Financial Economics	85648	28510	30036
医药卫生大类	Medicine and Health	33045	11583	10135
旅游大类	Tourism	9251	3140	3791
公共事业大类	Public Affairs	2685	946	934
文化教育大类	Cultural Education	49851	15331	20345
艺术设计传媒大类	Art Design and Media	17346	5152	6602
公安大类	Public Security	2613	568	1137
法律大类	Law	5803	1763	2283

19–27 各地区中等专业学校基本情况（2011年）

Number of Students in Regular Specialized Secondary School by Field of Study (2011)

单位：人 (person)

类 别	Type	在校学生数 Total Enrollment	招生数 New Enrollment	#招收应届毕业生数 This Year's Graduates	#招收初中毕业生数 Junior Middle School Graduates	毕业生数 Graduates	专任教师 Full-time Teachers
总 计	**Total**	**240788**	**86894**	**79203**	**77427**	**75625**	**5660**
#女	Female	145800	53212	48533	47339	43160	2538
林牧渔类	Farming,Forestry,Husbandry and Fishing	13664	3340	3175	3154	4909	73
资源与环境类	Resources and Environment	1489	566	431	424	336	33
源与新能源类	Energy and New Energy	832	283	255	255	472	187
土木水利工程类	Civil and Hydraulic Engineering	10101	4580	3611	3559	1972	82
加工制造类	Manufacturing	34855	11234	10415	10150	11668	525
交通运输类	Communication & Transportation	5282	2237	2110	2093	705	19
信息技术类	Information Technologies	32499	10876	10530	10388	11679	794
医药卫生类	Medicine and Health	65160	22289	19992	19340	20900	447
财经商贸类	Finance Economics and Trade	18189	7248	6570	6293	5989	254
旅游服务类	Tourism and Service	3015	1288	1178	1144	964	71
文化艺术与体育类	Culture, Arts and Physical Education	7864	2768	2552	2518	2981	419
公共管理与服务类	Public Affairs and Services	2807	725	679	669	1393	60
教育类	Education	37777	17081	15603	15412	8754	257
其他	Others	2176	596	596	589	1205	77

注：专任教师其他中包括文化基础课、实习指导课老师。
a) Number of full-time teachers include the number of teachers of basic culture and intern guide.

19–28 各地区中等专业学校基本情况（2011年）

Basic Statistics on Regular Specialized Secondary School by Region (2011)

单位：人 (person)

地 区	Region	学校数(所) Number of Schools(unit)	在校学生数 Total Enrollment	招生数 New Enrollment	毕业生数 Graduates	教职工数 Teachers and Staff	#专任教师 Full-time Teachers
全 省	**Provincial Total**	**66**	**170708**	**60384**	**52981**	**8542**	**5830**
南 昌 市	Nanchang	29	68338	24521	20528	3800	2400
景德镇市	Jingdezhen	4	3922	1152	1702	523	371
萍 乡 市	Pingxiang	2	8126	3679	2134	458	365
九 江 市	Jiujiang	4	8869	3058	3077	380	262
新 余 市	Xinyu	5	7169	3646	3669	975	711
鹰 潭 市	Yingtan	1	4220	1698	1013	125	63
赣 州 市	Ganzhou	4	18995	7229	6914	574	437
吉 安 市	Ji'an	8	17224	6153	3510	575	432
宜 春 市	Yichun	1	9809	772	2372	121	48
抚 州 市	Fuzhou	1	2422	965	550	135	105
上 饶 市	Shangrao	7	21614	7511	7512	876	636

19-29 各地区普通中学基本情况（2011年）

Basic Statistics on Regular Secondary Schools (2011)

单位：人 (person)

类别	Type	学校数（所）Number of Schools (unit)	在校学生数 Total Enrollment	初中 Junior Secondary Schools	高中 Senior Secondary School	招生数 New Enrollment	初中 Junior Secondary Schools
全省	**Provincial Total**	**2554**	**2792600**	**2009103**	**783497**	**984363**	**675433**
#女	Female		1242860	917309	325551	437648	308490
南昌市	Nanchang	271	311490	217809	93681	106419	72814
景德镇市	Jingdezhen	99	95125	67351	27774	35518	22236
萍乡市	Pingxiang	114	107066	74756	32310	35900	23689
九江市	Jiujiang	306	298452	203500	94952	104700	66979
新余市	Xinyu	36	61221	41472	19749	22812	14214
鹰潭市	Yingtan	70	68055	52102	15953	22730	17248
赣州市	Ganzhou	446	549131	413139	135992	202417	143799
吉安市	Ji'an	305	270653	181158	89495	91421	58479
宜春市	Yichun	236	314793	229725	85068	109950	76678
抚州市	Fuzhou	212	262940	193542	69398	91587	65622
上饶市	Shangrao	459	453674	334549	119125	160909	113675

19-29 续表 continued

单位：人 (person)

类别	Type	高中 Senior Secondary Schools	毕业学生数 Graduates	初中 Junior Secondary Schools	高中 Senior Secondary Schools	教职工数 Teachers and Staff	#专任教师 Full-time Teachers
全省	**Provincial Total**	**308930**	**882275**	**631215**	**251060**	**201391**	**170394**
#女	Female	129158	392383	288594	103789	76510	61998
南昌市	Nanchang	33605	93370	68528	24842	23612	18295
景德镇市	Jingdezhen	13282	30991	21827	9164	7783	6725
萍乡市	Pingxiang	12211	33346	26368	6978	9332	7817
九江市	Jiujiang	37721	99114	65757	33357	21072	17974
新余市	Xinyu	8598	19342	11947	7395	5083	4389
鹰潭市	Yingtan	5482	19895	12835	7060	5484	4556
赣州市	Ganzhou	58618	166905	117514	49391	36756	31793
吉安市	Ji'an	32942	90698	62748	27950	21085	18486
宜春市	Yichun	33272	101572	72662	28910	20708	18727
抚州市	Fuzhou	25965	81703	59542	22161	16542	14713
上饶市	Shangrao	47234	145339	111487	33852	33934	26919

19–30 中等职业学校基本情况（2011年）

Basic Statistics on Schools, Students and Full-time Teacher in Vocational Secondary Education by Type of School(2011)

单位：人 (person)

类别	Type	学校数(所) Number of Schools (unit)	在校学生数 Total Enrollment	招生数 New Enrollment	毕业生数 Graduates	教职工数 Teachers and Staff	#专任教师 Full-time Teachers
总计	**Total**	**465**	**587317**	**211902**	**193413**	**26458**	**19026**
#女	Female		307530	112194	97794	10420	7668
全日制	Full-time		578083	204843	192216		
非全日制	Part-time		9234	7059	1197		
按办学类型分：	Grouped by School Types						
普通中等专业学校	Regular Specialized Secondary School	68	240788	86894	75625	8194	5660
中等技术学校	Technical Schools	63	223685	80015	71480	7359	4997
中等师范学校	Teacher Training Schools	5	17103	6879	4145	835	663
成人中等专业学校	Adult Specialized Secondary School	91	18219	10405	5782	2331	1473
职业高中学校	Vocational Junior Secondary School	306	328310	114603	112006	15768	11760
按举办部门分：	Grouped by Administrative Department						
中央部门	Central Department	1	386	125	64	40	19
地方部门	Regional Department	287	441338	160246	131129	18692	13963
教育部门	Educational Department	244	287811	104598	82672	13184	10371
非教育部门	Non-educational Department	43	153527	55648	48457	5508	3592
民办	Privately-run	177	145593	51531	62220	7726	5044

注：教职工、专任教师中不包括教学点，各项相加不等于总数。
a)The data Teachers and Staff and Full-time teachers do not include those from teaching stations,and the subentry figures do not add up to the total.

19–31 职业高中基本情况（2011年）

Basic Statistics on Vocational Secondary Schools (2011)

单位：人 (person)

地区	Region	学校数(所) Number of Schools (unit)	在校学生数 Total Enrollment	招生数 New Enrollment	毕业生数 Graduates	教职工数 Teachers and Staff	#专任教师 Full-time Teachers
全省	**Provincial Total**	**306**	**328310**	**114603**	**112006**	**15768**	**11760**
#女	Female		153741	54538	52130	5904	4512
南昌市	Nanchang	14	5376	1250	4517	476	385
景德镇市	Jingdezhen	20	3200	1125	1968	352	263
萍乡市	Pingxiang	26	26094	6905	5685	1503	1241
九江市	Jiujiang	32	30595	8171	10168	1527	1204
新余市	Xinyu	17	37740	11488	23574	2292	1412
鹰潭市	Yingtan	10	15700	2600	5924	925	579
赣州市	Ganzhou	51	77454	31895	20530	3396	2425
吉安市	Ji'an	43	27745	11812	8501	989	769
宜春市	Yichun	31	39871	11351	11675	1803	1475
抚州市	Fuzhou	24	29314	11251	8642	1151	962
上饶市	Shangrao	38	35221	16755	10822	1354	1045

19–32 职业高中分科学生情况（2011年）

Students of Senior Secondary Vocational School by Field of Study

单位：人 (person)

类别	Type	在校学生数 Total Enrollment	招生数 New Enrollment	毕业生数 Graduates
总计	**Total**	**328310**	**114603**	**112006**
#女	Female	153741	54538	52130
农林牧渔类	Farming,Forestry,Husbandry and Fishing	22733	5286	2920
土木水利工程类	Civil and Hydraulic Engineering	4313	1544	1899
加工制造类	Manufacturing	73048	27246	28626
交通运输类	Communication & Transportation	7616	3131	1347
信息技术类	Information Technologies	113510	38468	43838
医药卫生类	Medicine and Health	7244	2986	2550
财经商贸类	Finance Economics and Trade	17379	6380	7007
旅游服务类	Tourism and Service	13159	4262	3718
文化艺术与体育类	Culture, Arts and Physical Education	15139	5600	5769
公共管理与服务类	Public Affairs and Services	9706	3093	3852
教育类	Education	21171	8858	3653
其他	Others	2589	684	938

19–33 小学和特殊教育基本情况（2011年）

Basic Statistics on Primary Schools and Special Education (2011)

单位：人 (person)

类别	Type	学校数(所) Number of Schools (unit)	在校学生数 Total Enrollment	招生数 New Enrollment	毕业生数 Graduates	教职工数 Teachers and Staff	#专任教师 Full-time Teachers
小学	**Primary Schools**	**11633**	**4340480**	**777955**	**667932**	**195620**	**190482**
#女	Female		1950846	354970	303328	95842	94099
民办	Non-public	27	99413	14648	20220		
按城乡分	Grouped by Residence						
城市	Cities	709	673377	119080	107741	27559	26473
县镇	Counties and Towns	2397	1672485	278439	290716	72283	70035
农村	Rural Areas	8527	1994618	380436	269475	95778	93974
按地区分	Grouped by Region						
南昌市	Nanchang	1036	432848	71595	71439	18731	18002
景德镇市	Jingdezhen	486	144846	26678	22292	6622	6386
萍乡市	Pingxiang	420	150550	27222	22388	7179	7022
九江市	Jiujiang	1236	454728	89321	64145	19860	19380
新余市	Xinyu	161	94926	19356	14820	4906	4788
鹰潭市	Yingtan	348	110563	20589	17177	4945	4724
赣州市	Ganzhou	2336	930372	157656	143829	40397	38838
吉安市	Ji'an	1112	390052	72373	58768	18028	17728
宜春市	Yichun	1172	489271	89726	75175	23561	23239
抚州市	Fuzhou	1225	415217	73649	65539	19222	18936
上饶市	Shangrao	2101	727107	129790	112360	32169	31439
特殊教育	**Special Education**	**75**	**22577**	**3593**	**1917**	**990**	**885**
#女	Female		6643	1071	568		

19–34 平均每万人口在校学生数
Number of Students Per 10000 Population by Level

指　　标	Item	1980	1990	2000	2005	2010	2011
各类学校在校学生占全省人口比重(%)	Schools of All Types of Students in the Proportion of the Population of the Province (%)	21.21	17.28	17.57	18.51	22.34	23.14
平均每万人口在校学生数	Number of Students Per 10000 population by Level						
普通高等学校(人)	Regular Institutions of Higher Education (person)	10.91	14.98	35.29	149.86	187.98	189.93
中等学校(人)	Secondary Education (person)	491.67	530.97	702.41	809.75	788.66	780.91
中等专业学校	Specialized Secondary Schools	12.48	16.18	38.57	60.63	53.57	53.65
普通中学	Regular Secondary Schools	473.55	475.13	624.84	663.73	614.71	622.24
职业中学	Vocational Secondary Schools	1.55	30.68	30.65	61.90	82.33	73.27
技工学校	Technical Schools	4.09	8.98	8.35	23.49	38.05	31.75
小　学(人)	Primary Schools (person)	1618.56	1182.05	1018.85	891.06	955.90	967.13

注：普通高等学校包括研究生。后同。

a) Number of regular institutions of higher education include the number of post-graduates. The same applies to the tables following.

19–35 各类学校学生构成情况
Composition of Students by Type of School

单位：%　　(%)

类　　别	Type	1980	1990	2000	2005	2010	2011
各类学校学生占学生总数比重	**Schools of All Types of Students in Poportion of Students**						
普通高等学校	Regular Institutions of Higher Education	0.5	0.9	2.0	8.2	9.7	9.8
中 等 学 校	Sceondary Education	23.2	30.7	40.0	43.8	40.9	40.3
中等专业学校	Specialized Secondary Schools	0.6	0.9	2.2	3.3	2.8	2.8
普 通 中 学	Regular Secondary Schools	22.3	27.5	35.5	35.8	31.8	32.1
职 业 中 学	Vocational Secondary Schools	0.1	1.8	1.8	3.3	4.3	3.8
技 工 学 校	Technical Schools	0.2	0.5	0.5	1.3	2.0	1.6
小　　学	Primary Schools	76.3	68.4	58.0	48.1	49.5	49.9

19–36 初中毕业生、小学毕业生升学率
Proportion of Students Entering into Junior and Senior Secondary Schools

年 份 Year	初 中 Junior Secondary School			小 学 Primary School		
	毕业生数（万人）Graduates (10000 persons)	高级中等学校招生人数（万人）New Enrollment of Senior Secondary Schools (10000 persons)	升学率（%）Rate of Entering the Higher School (%)	毕业生数（万人）Graduates (10000 persons)	初级中等学校招生数（万人）New Enrollment of Junior Secondary Schools (10000 persons)	升学率（%）Rate of Entering the Higher School (%)
1978	41.77	20.69	49.53	72.03	56.36	78.25
1979	39.55	21.36	54.01	61.41	45.49	74.08
1980	19.03	10.78	56.65	60.89	41.23	67.71
1981	33.88	15.22	44.92	64.86	41.13	63.41
1982	31.71	12.40	39.10	67.30	39.89	59.27
1983	29.99	12.64	42.15	69.90	41.20	58.94
1984	28.75	14.26	49.60	67.85	42.58	62.76
1985	30.04	13.42	44.67	71.75	45.50	63.41
1986	34.07	14.68	43.09	76.41	50.10	65.57
1987	37.32	15.14	40.57	83.68	52.55	62.80
1988	40.35	15.46	38.31	88.94	54.07	60.79
1989	41.18	14.88	36.13	86.96	53.83	61.90
1990	41.27	15.88	38.48	86.02	56.65	65.86
1991	43.41	16.38	37.73	85.44	57.66	67.49
1992	45.83	17.10	37.31	79.45	57.18	71.97
1993	47.51	18.36	38.64	71.50	57.87	80.94
1994	48.44	19.26	39.76	67.99	58.23	85.64
1995	46.99	20.57	43.78	70.05	63.08	90.04
1996	51.27	20.96	40.88	73.70	68.44	92.86
1997	55.51	21.38	38.52	77.20	72.88	94.39
1998	59.55	21.99	36.92	80.35	75.70	94.21
1999	62.28	25.53	40.99	83.90	78.57	93.65
2000	65.34	26.57	40.67	85.61	81.23	94.89
2001	65.49	30.53	46.62	85.47	81.00	94.77
2002	67.15	38.81	57.80	82.15	81.25	98.91
2003	68.66	43.30	63.06	75.74	75.96	100.29
2004	72.42	48.69	67.23	67.68	67.72	100.06
2005	74.32	57.88	77.88	64.88	64.53	99.46
2006	69.48	57.63	82.94	53.84	53.54	99.44
2007	62.06	54.81	88.32	54.28	54.73	100.82
2008	60.09	55.90	93.03	65.48	66.83	102.06
2009	51.90	51.67	99.56	69.48	69.69	100.30
2010	53.68	49.05	91.37	67.85	68.39	100.80
2011	63.12	58.08	92.02	66.79	67.56	101.15

注：高级中等学校招生人数包括中等职业教育学校和高(完)中招生数。

a) Number of new Enroument of Senior Secondary Schools in 2009 include the number of Secondary Vocational Educations and Senior Secondary Schools.

19–37 小学学龄儿童数和入学率

Number of School-age Children and Rate of Entering the Primary Schools

单位：万人 (10000 persons)

年份 Year	学龄儿童数 School-age Children	#农村 Rural	已入学学龄儿童数 School-age Children Enrollment	#农村 Rural	入学率（%） Rate of Entering the Primary Schools(%)	#农村 Rural
1978	436.66	391.79	411.10	366.48	94.15	93.54
1979	441.58	398.05	410.82	367.76	93.03	92.39
1980	443.15	397.47	415.07	369.60	93.66	92.99
1981	445.81	398.40	416.46	368.27	93.42	92.44
1982	456.45	406.80	426.33	376.98	93.40	92.67
1983	462.17	413.08	437.56	388.56	94.67	94.06
1984	458.27	409.40	440.82	392.12	96.19	95.78
1985	464.66	412.84	450.19	398.32	96.89	96.48
1986	459.05	409.02	445.54	395.65	97.06	96.73
1987	435.42	385.39	423.66	373.92	97.30	97.02
1988	403.31	355.63	392.06	344.68	97.21	96.92
1989	378.45	328.56	370.01	320.33	97.77	97.50
1990	358.31	318.24	351.99	312.00	98.24	98.04
1991	349.80	264.94	343.78	260.00	98.28	98.14
1992	351.62	261.22	347.18	257.64	98.74	98.63
1993	363.71	258.84	359.45	255.31	98.83	98.64
1994	370.48	255.01	367.15	252.49	99.10	99.01
1995	389.04	257.54	386.78	255.89	99.42	99.36
1996	404.23	252.15	402.80	251.07	99.65	99.57
1997	413.80	244.25	411.99	243.08	99.56	99.52
1998	416.12	238.82	414.31	237.74	99.57	99.55
1999	405.52	223.09	403.96	222.11	99.61	99.56
2000	390.24	206.64	388.58	205.57	99.58	99.49
2001	370.61	208.59	359.15	204.23	96.91	96.41
2002	355.09	186.25	349.84	183.33	98.53	98.44
2003	350.83	205.58	347.34	203.57	99.01	99.00
2004	349.19	202.63	345.84	200.59	99.04	98.99
2005	348.46	233.24	345.02	230.92	99.01	99.00
2006	364.24	256.56	362.93	255.61	99.64	99.63
2007	378.85	246.15	378.22	245.69	99.83	99.81
2008	390.71	248.94	390.42	248.74	99.93	99.92
2009	396.68	267.64	396.26	267.35	99.89	99.89
2010	403.69	273.26	403.40	273.08	99.93	99.93
2011	416.09	195.83	415.11	191.17	99.76	97.62

注：因城镇化进程加快，大量农村儿童转入县镇，故农村入学率下降。

a) Speeding up of urbanization led to mass migration of rural students to cities, Which caused the fall of rural enrollment.

19–38 幼儿园基本情况
Basic Statstics on Kindergartens

单位：人 (person)

年 份 Year	幼儿园数（所） Number of Kindergartens(unit)	入园幼儿数 New Enrollment	在园幼儿数 Total Enrollment	教职工数 Teachers and Staff	#教 师 Teachers
1978	2104		105914	6278	4159
1979	3854		172476	8304	6509
1980	7204		306055	13565	11184
1981	6364		300231	14366	11853
1982	5488		300630	15638	12693
1983	1857		296400	16000	12923
1984	4987		310300	15257	13454
1985	5208		323021	14778	12998
1986	5866	190318	318347	17744	14147
1987	5406	194370	329718	18229	14259
1988	4547	182034	327540	18471	14579
1989	4520	187932	330680	18953	14574
1990	4827	208294	362621	19798	15492
1991	4141	283249	394487	20013	15780
1992	4490	294967	450005	21050	16983
1993	3856	337689	491055	21365	17271
1994	4123		505530	21058	17755
1995	4600	419190	525330	22284	18976
1996	5084	462715	584601	23757	19822
1997	5986	496134	609026	26124	21764
1998	6626	518683	619048	26879	22321
1999	7602	514200	626009	29179	24124
2000	6573	500453	620624	26472	21154
2001	2894	428073	488380	18519	12335
2002	3469	475561	574756	21526	14275
2003	4478	504672	633073	26515	17612
2004	4370	507222	658093	28406	18228
2005	4870	526960	716760	32367	20742
2006	5848	594627	806287	37453	24235
2007	6245	648555	881690	41853	27093
2008	6620	649104	924488	47920	30447
2009	8326	728337	1123138	60102	39541
2010	8518	812046	1235056	69186	43349
2011	9431	894446	1455048	86222	52895

19-39 幼儿园基本情况（2011年）
Basic Statstics on Kindergartens (2011)

单位：人 (person)

类别	Type	园数(所) Number of Kindergarten	入园幼儿数 New Enrollment	在园幼儿数 Total Enrollment	离园幼儿数 Dropout	教职工数 Teachers and Staff	#教师 Teachers
全省	**Provincial Total**	**9431**	**894446**	**1455048**	**400046**	**86222**	**52895**
#女	Female		388534	650526	171276	78775	51530
民办	Non-public	8857	612703	1072994	250024	74108	44802
按城乡分	**Grouped by Residence**						
城市	Cities	1686	131348	285661	73303	26878	15416
县镇	Counties and Towns	3706	452366	726368	191045	41385	26580
普通高等学校办成人教育	Adult Education Run by Regular Institutions of Higher Education	4039	310732	443019	135698	17959	10899
按地区分	**Grouped by Region**						
南昌市	Nanchang	675	71623	138485	29743	12143	6895
景德镇市	Jingdezhen	495	36230	47346	4884	2834	1835
萍乡市	Pingxiang	494	44376	68962	23878	3959	2380
九江市	Jiujiang	732	77720	128033	31075	8992	5119
新余市	Xinyu	229	17620	42025	10266	3998	2190
鹰潭市	Yingtan	91	19189	27093	9827	1779	1042
赣州市	Ganzhou	2667	207706	325144	90929	17422	11104
吉安市	Ji'an	1231	103024	168308	48678	9268	5658
宜春市	Yichun	1142	117860	195220	60877	10799	6557
抚州市	Fuzhou	358	57741	99871	31201	4909	3336
上饶市	Shangrao	1317	141357	214561	58688	10119	6779

19-40 成人教育基本情况（2011年）
Basic Statistics on Adult Educations (2011)

单位：人 (person)

类别	Type	学校数(所) Number of Schools(unit)	在校学生数 Total Enrollment	招生数 New Enrollment	毕业生数 Graduates	教职工数 Teachers and Staff	#专任教师 Full-time Teachers
成人高等学校	Institutions of Higher Education for Adults	**10**	**14641**	**6713**	**4819**	**2447**	**1496**
广播电视大学	Radio and Televison College	1	791	239	859	299	202
职工高等学校	Institutions of Higher Education for Workers	4	1895	1019	710	326	206
管理干部学院	School of Management Cadres off-job Courses	2	2342	1202	1386	889	442
教育学院	Educational School	3	9613	4253	1864	933	646
普通高等学校办成人教育	Adult Education Run by Regular Institutions of Higher Education	42	119848	43066	26426		
函授部	Department of Correspondence Education		81055	27346	16611		
业余大学	After-hours Higher Education		38178	15516	7101		
脱产班	Day-release Course		615	204	2714		
成人中等专业学校	Adult Specialized Secondary School	91	18219	10405	5782	2331	1473
成人中学	Secondary School for Adult	44	2073		1718	112	96
成人小学	Primary School for Adult	423	14850		12623	615	441
成人技术培训学校	Technical Training Schools for Adult	1119	181268		157707	3265	2109

19–41 成人教育基本情况
Basic Statistics on Adult Educations

单位：人 (person)

类　　别	Type	1990	2000	2005	2010	2011
成人高等学校	**Adult Institutions of Higher Education**					
学校数(所)	Number of Schools(unit)	28	18	11	9	10
在校学生数	Total Enrollment	37525	85953	101254	120348	134489
招生数	New Enrollment	14191	39761	43504	47336	49779
毕业生数	Graduates	11156	20461	39916	37056	31245
教职工数	Teachers and Staff	4732	4015	2704	2302	2447
#专任教师	Full-time Teachers	2165	1875	1389	1445	1496
成人中等专业学校	**Adult Specialized Secondary School**					
在校学生数	Total Enrollment	28215	27552	14605	12907	18219
招生数	New Enrollment	11318	7839	2603	5422	10405
毕业生数	Graduates	6822	12946	8449	5214	5782
成人中学	**Adult Institutions of Secondary Education**					
在校学生数	Total Enrollment	33492	4563	3003	8500	2073
招生数	New Enrollment	25627	3891			
毕业生数	Graduates	16125	4713	16217	1700	1718
成人初等学校	**Adult Institutions of Primary Education**					
在校学生数	Total Enrollment	277810	176278	118917	11458	14850
招生数	New Enrollment	205164	135331			
毕业生数	Graduates	122310	230159	134392	12521	12623
成人技术培训学校	**Adult Technical Training Schools**					
在校学生数	Total Enrollment	107932	1563308	389930	100491	181268
招生数	New Enrollment	89438	1495816			
毕业生数	Graduates	96023	1512540	487906	103756	157707

注：成人高等学校在校学生数、招生数、毕业生数包括普通高等学校的成人在校学生数、招生数和毕业生数。

a) Number of total Enrollment,New Enrollment,Graduates of Adult Institutions of Higher Education in 2009 do not include the number of institutions of Higher Education.

19-42 文化事业机构与人员数

Number of Institutions and Staff Personnel for Cultural Undertakings

指　标	Item	1980	1990	2000	2005	2010	2011
机构数(个)	**Number of Institutions (unit)**						
艺术表演团体	Art Performance Troupes	118	86	79	79	103	97
艺术表演场所	Art Performance Places	59	77	62	57	55	53
文化馆(站)	Cultural Centers (Station)	739	2084	1988	1544	1834	1934
文 化 馆	Cultural Centers	102	101	101	101	103	103
文 化 站	Cultural Stations	637	1983	1887	1433	1719	1831
群众艺术馆	Mass Art Centers	11	12	12	12	12	13
图 书 馆	Libraries	49	104	104	104	108	114
博 物 馆	Museums	52	82	81	82	102	108
文物保护管理所	Agencies of Historical Relics Preservation	10	33	44	68	65	69
文物科研机构	Scientific and Research Historical Relics Agencies				2	2	2
文物商店	Cultural Relic Shops	3	4	4	4	4	4
其他文物机构	Other Historical Relics Agencies		1	2	2	2	2
人员数(人)	**Number of Staff (person)**						
艺术表演团体	Art Performance Troupes	7747	4384	3949	3495	4082	3790
艺术表演场所	Art Performance Places	107	874	919	709	604	618
文 化 馆(站)	Cultural Centers (Station)	2296	5119	4080	3869	3960	3893
文 化 馆	Cultural Centers	1434	1484	1486	1378	1664	1275
文 化 站	Cultural Stations	862	3635	2594	2491	2296	2618
群众艺术馆	Mass Art Centers	244	369	340	322	337	390
图 书 馆	Libraries	475	1277	1462	1373	1426	1469
博 物 馆	Museums	764	1134	1324	1435	1917	2520
文物保护管理所	Agencies of Historical Relics Preservation	292	510	242	554	217	336
文物科研机构	Scientific and Research Historical Relics Agencies				42	44	53
文物商店	Cultural Relic Shops	47	136	126	42	69	63
其他文物机构	Other Historical Relics Agencies		280	292	292	316	461

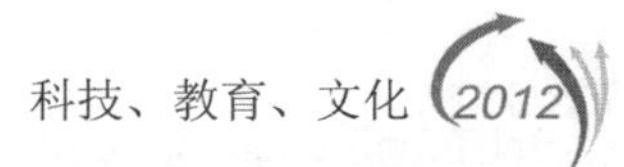

19–43 各地区文化事业单位数（2011年）

Number of Institutions for Cultural undertakings by Region (2011)

单位：个 (unit)

地　区	Region	艺术表演团体 Art Performance Troupes	艺术表演场所 Art Performance Places	群众艺术馆文化馆 Cultural Centers and Mass Art Centers	公共图书馆 Public Libraries	#总藏量（万册） Total Collections (10000 copies)	博物馆 Museums	文物保护管理所 Agencies of Historical Relics Preservation
全　省	**Provincial Total**	**97**	**53**	**116**	**114**	**1664.71**	**108**	**69**
南 昌 市	Nanchang	11	4	10	10	160.78	8	3
景德镇市	Jingdezhen	7	5	6	5	85.85	6	3
萍 乡 市	Pingxiang	5	2	6	6	76.26	3	5
九 江 市	Jiujiang	6	4	15	15	190.06	16	11
新 余 市	Xinyu	2	6	4	3	58.78	2	1
鹰 潭 市	Yingtan	2	1	4	4	30.69	3	5
赣 州 市	Ganzhou	19	2	19	19	218.44	17	12
吉 安 市	Ji'an	11	7	14	15	206.65	14	8
宜 春 市	Yichun	10	7	11	11	120.64	12	8
抚 州 市	Fuzhou	6	6	13	12	120.93	9	7
上 饶 市	Shangrao	12	3	13	13	107.29	13	6
省　级	Provincial	6	6	1	1	288.34	5	

注：文物保护管理所包括其它文物机构。
a) Data on agency of historical relics preservations include data on other historical relics institutions.

19–44 文化产业机构基本情况（2011年）

Basic Statistics on Cultural Industry Institutions (2011)

单位：个 (unit)

指　标	Item	合计 Total	文化部门 Culture Department	国有经济 State-owned Units	集体经济 Collective-owned Units	其他经济 Other Ownerships	其他部门 Other Departments
总　计	**Total**	**9567**	**4496**	**2605**	**7**	**1884**	**5071**
文化产业	Cultural Industry	9562	4491	2600	7	1884	5071
艺术业	Art Industry	151	137	131		6	14
图书馆业	Museum Industry	114	114	114			
群众文化业	Mass Art Industry	1947	1910	1895	2	13	37
艺术教育业	Art Education Industry	4	4	4			
文化市场经营业	The Cultural Market Management Industry	6877	1867	9	3	1855	5010
文艺科研	Art Research	14	14	14			
文物业	Cultural Relic Industry	185	183	181		2	2
其他文化产业	Other Cultural Industries	270	262	252	2	8	8
非文化产业	Non-cultural Industries	5	5	5			

注：有关文化产业的指标仅含文化厅本系统的数据。后同。
a) Data on indicators of cultural industry include only data from culture system.The same applies to the tables following.

19-45 文化产业从业人员基本情况（2011年）

Basic Statistics on Employed Persons of Cultural Industry (2011)

单位：人 (person)

指标	Item	合计 Total	文化产业 Cultural Industry	艺术业 Art Industry	图书馆业 Library	群众文化业 Mass Culture	艺术教育业 Art Education
总计	**Total**	**69935**	**69885**	**4412**	**1469**	**4283**	**215**
#高级职称	Senior Title	771	766	299	72	135	57
中级职称	Middle Title	2477	2466	1131	297	513	67
文化部门	**Cultural Department**	**45614**	**45564**	**4348**	**1469**	**4187**	**215**
#高级职称	Senior Title	770	765	299	72	134	57
中级职称	Middle Title	2456	2445	1118	297	509	67
国有经济	State-owned Units	35693	35643	4212	1469	4165	215
#高级职称	Senior Title	765	760	296	72	134	57
中级职称	Middle Title	2438	2427	1104	297	507	67
集体经济	Collective owned Units	44	44			4	
#高级职称	Senior Title						
中级职称	Middle Title						
其他经济	Other Ownerships	9877	9877	136		18	
#高级职称	Senior Title	5	5	3			
中级职称	Middle Title	18	18	14		2	
其他部门	**Other Departments**	**24321**	**24321**	**64**		**96**	
#高级职称	Senior Title	1	1			1	
中级职称	Middle Title	21	21	13		4	

19-45 续表 continued

单位：人 (person)

指标	Item	文化市场经营业 Cultural Market Management	文艺科研 Art research	文物业 Cultural Relic	其他文化产业 Other Cultural Industries	非文化产业 Non-cultural Industry
总计	**Total**	**32411**	**162**	**3433**	**23500**	**50**
#高级职称	Senior Title		24	141	38	5
中级职称	Middle Title		33	380	45	11
文化部门	**Cultural Department**	**9378**	**162**	**3401**	**22404**	**50**
#高级职称	Senior Title		24	141	38	5
中级职称	Middle Title		33	376	45	11
国有经济	State-owned Units	67	162	3374	21979	50
#高级职称	Senior Title		24	140	37	5
中级职称	Middle Title		33	374	45	11
集体经济	Collective owned Units	24			16	
#高级职称	Senior Title					
中级职称	Middle Title					
其他经济	Other Ownerships	9287		27	409	
#高级职称	Senior Title			1	1	
中级职称	Middle Title			2		
其他部门	**Other Departments**	**23033**		**32**	**1096**	
#高级职称	Senior Title					
中级职称	Middle Title			4		

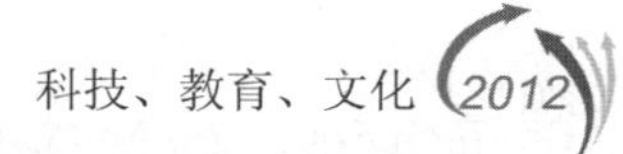

19-46 文化产业机构人员情况（2011年）

Basic Statistics on Personnel of Cultural Industry Institutions (2011)

单位：人 (person)

指　　标	Item	合　计 Total	文化部门 Culture Department	国有经济 State-owned Units	集体经济 Collective-owned Units	其他经济 Other Ownerships	其他部门 Other Departments
总　　计	**Total**	**69935**	**45614**	**35693**	**44**	**9877**	**24321**
文化产业	Cultural Industry	69885	45564	35643	44	9877	24321
艺术业	Art Industry	4412	4348	4212		136	64
图书馆业	Museum Industry	1469	1469	1469			
群众文化业	Mass Art Industry	4283	4187	4165	4	18	96
艺术教育业	Art Education Industry	215	215	215			
文化市场经营业	The Cultural Market Management Industry	32411	9378	67	24	9287	23033
文艺科研	Art Research	162	162	162			
文物业	Cultural Relic Industry	3433	3401	3374		27	32
其他文化产业	Other Cultural Industries	23500	22404	21979	16	409	1096
非文化产业	Non-cultural Industries	50	50	50			

19-47 各地区文化产业法人单位主营业务收入、增加值(2011年)

Legual Unit of Culture Industry Revenue from Principal Business and Value-added by Region(2011)

单位：万元 (10000 yuan)

地　　区	Region	主营业务收入 Revenue from Principal Business	增加值 Value-added by Region	增加值占地区生产总值比重（%） Value-added as Percentage of GDP (%)
全　省	**Total**	**10204394**	**2971126**	**2.54**
南昌市	Nanchang	3601562	887714	3.30
景德镇市	Jingdezhen	568426	156482	2.77
萍乡市	Pingxiang	502043	214002	3.25
九江市	Jiujiang	826830	247018	1.97
新余市	Xinyu	730672	222607	2.86
鹰潭市	Yingtan	336781	129716	3.04
赣州市	Ganzhou	861119	252632	1.89
吉安市	Ji'an	882304	268902	3.06
宜春市	Yichun	708389	214977	1.99
抚州市	Fuzhou	386091	167373	2.25
上饶市	Shangrao	875977	224373	2.02

注：本表数据为全省初步核算数据。下表同。
a) The data on this table are preliminarily accounted. The same below.

19–48 文化产业法人单位主营业务收入、增加值(2011年)

Legal Unit of Culture Industry Revenue from Principal Business and Value-added by Region(2011)

单位：万元 (10000 yuan)

分　类	Sector	主营业务收入 Revenue from Principal Business	增加值 Value-added by Region
总　计	**Total**	**10204394**	**2971126**
按部门分	**By Department**		
文化部门	Cultural Department	681692	371460
广电部门	Broadcasting and TV Department	366778	211153
新闻出版部门	Journalism and Publishing Department	3095228	764064
旅游部门	Tourist Department	862402	350506
其他	Others	5198294	1201444
按层次分	**By Structural Levels**		
核心层	Core	3606141	1059422
新闻服务	News Service	1270	2088
出版发行和版权服务	Publishing Distribution and Copyright Service	3065354	743854
广播、电视、电影服务	Broadcasting TV and Film Service	366778	211153
文化艺术服务	Cultural Art Service	172739	102327
外围层	Margin	1586787	726909
网络文化服务	Internet Service	28603	18121
文化休闲娱乐服务	Entertainment and Recreation Service	1313479	589356
其他文化服务	Other Cultural Services	244705	119432
相关层	Periphery	5011466	1112294
文化用品、设备及相关文化产品的生产	Manufaction of Cultural Goods Equipment and Related Product	4191372	1018527
文化用品、设备及相关文化产品的销售	Distribution of Cultural Goods Equipment and Related Product	820094	93767
构成(%)	**Composition (%)**	**100.00**	**100.00**
按部门分	**By Department**		
文化部门	Cultural Department	6.68	12.50
广电部门	Broadcasting and TV Department	3.59	7.11
新闻出版部门	Journalism and Publishing Department	30.33	25.72
旅游部门	Tourist Department	8.45	11.80
其他	Others	50.94	40.44
按层次分	**By Structural Levels**		
核心层	Core	35.34	35.66
新闻服务	News Service	0.01	0.07
出版发行和版权服务	Publishing Distribution and Copyright Service	30.04	25.04
广播、电视、电影服务	Broadcasting TV and Film Service	3.59	7.11
文化艺术服务	Cultural Art Service	1.69	3.44
外围层	Margin	15.55	24.47
网络文化服务	Internet Service	0.28	0.61
文化休闲娱乐服务	Entertainment and Recreation Service	12.87	19.84
其他文化服务	Other Cultural Services	2.40	4.02
相关层	Periphery	49.11	37.44
文化用品、设备及相关文化产品的生产	Manufaction of Cultural Goods Equipment and Related Product	41.07	34.28
文化用品、设备及相关文化产品的销售	Distribution of Cultural Goods Equipment and Related Product	8.04	3.16

19-49 报纸、杂志、图书出版种数
Publication of Newspapers, Magazines and Books

单位：种 (item)

指　　标	Item	1980	1990	2000	2005	2010	2011
报　　纸	Newspapers Published	6	28	65	65	63	74
综合报	General Newspapers	2	18	28	31	29	28
专业报	Special Newspapers	4	10	37	34	34	46
期　　刊	Magazines Published	84	141	167	163	163	164
综　　合	General Magazines	6	1	1	1	5	5
哲学、社会科学	Philosophy and General Social Sciences	10	33	52	42	39	40
自然科学、技术	Natural Sciences and Technology	47	63	78	73	71	71
文化、教育	Culture and Education	9	27	21	28	29	29
少年儿童读物	Children's Books	2	3	7	8	7	7
文学、艺术	Literature and Art	10	13	8	9	10	10
画　　刊	Picture Books		1		2	2	2
图　　书	Books	362	1264	2158	3011	3869	4263
#课　　本	Textbooks	134	329	583	839	689	695

注：2011年全省报纸出版种类数中，含各设区市广播电视报。
a)Radio& Television News of municipalities are included in publication of newspapers in 2011.

19-50 报纸、杂志、图书出版数量
Pieces of Newspapers, Magazines and Books Published

单位：万份 (10000 copies)

指　　标	Item	1980	1990	2000	2005	2010	2011
报　　纸	Newspapers Published	17048	58930	39929	62263	70449	74425
综合报	General Newspapers	16506	38936	33273	56059	60771	60538
专业报	Special Newspapers	542	19994	6657	6204	9678	13887
期　　刊	Magazines Published	584	2714	9060	5623	7060	7325
综　　合	General Magazines	23	54	2	48	46	74
哲学社会科学	Philosophy and General Social Sciences	18	933	3239	755	577	618
自然科学技术	Natural Sciences and Technology	119	241	830	506	576	574
文化、教育	Culture and Education	210	679	2401	1143	1696	1364
少年儿童读物	Children's Books	30	417	1850	2416	3715	4213
文学艺术	Literature and Art	184	384	738	667	420	434
画　　刊	Picture Books		6		89	30	48
图　　书	Books	8474	19216	20300	16907	16039	17201
#课　　本	Textbooks	4861	10935	10490	9953	6945	7194

19−51 广播、电视事业

Basic Statistics on Radio and Television Stations

指 标	Item	1980	2000	2005	2010	2011
广播台(站)	All Number of Broadcasting Stations (station)					
广播电台(座)	Number of Stations (set)	3	10	12	12	12
节目套数(套)	Number of Programs (set)	3	72	109	103	104
全年广播剧播出部数(部)	Pieces of Radio Seplay Programs (piece)			230	2359	
全年广播剧播出集数(集)	Episodes of Radio Seplay Programs (episode)			10168	30027	
中短波转播发射台(座)	FM&AM Radio Broadcasting Stations (set)	17	15	15	16	16
广播人口覆盖率(%)	Radio Coverage of Population (%)	38.5	89.49	93.22	96.78	97.06
#农村广播人口覆盖率(%)	Radio Coverage of Rural Population (%)				96.23	96.50
电视台(座)	Television Stations (set)	1	12	12	12	12
节目套数(套)	Number of Programs (set)		42	122	113	113
全年电视剧播出部数(部)	Pieces of TV Series Broadcast (piece)			10495	9318	9428
全年电视剧播出集数(集)	Episodes of TV Series Broadcast (episode)			217656	247239	269711
全年动画电视播出部数(部)	Pieces of Cartoons Broadcast (piece)			949	782	
全年动画电视播出集数(集)	Episodes of Cartoons Broadcast (episode)			8858	28192	
电视转播发射机台数(座)	TV Transmission Facilities (set)	58	493	349	301	297
电视人口覆盖率(%)	TV Coverage of Household (%)	50.5	92.67	95.44	97.96	98.18
#农村电视人口覆盖率	TV Coverage of Rural Household				97.55	97.81
广播电视卫星收转站(座)	TV Transmission Stations and Relaying Stations (set)		8315	9668	329759	
有线电视入户率(%)	CATV Coverage of Household (%)			26.90	34.00	41.19
#农村	Rural				21.56	

注：1.1995年以前中短波广播发射台数是指广播发射台及转播台数。
2.2000年以前电视台是指无线电视台，2001年无线电视台与有线电视台合并。

a) Before 1995,number of FM&AM Radio Broadcasting Stations refer to the number of both radio broadcasting stations and transmission stations.
b) Before 2000,number of TV Stations refer to number of Wireless TV. Wirless TV and CATV Merged in 2001.

19−52 测绘生产完成情况

Statistics on Projects Completed by Surveying and Mapping Departments

年 份 Year	大 地 测 量 Geodesy		测图合计	地图数字化	地图编制 Cartography		
	GPS测量 (点) Global Positioning System Survey (point)	水准测量 (公里) Leveling (kilometer)	(幅) Mapping (unit)	(幅) Digital Map (unit)	地形图 (幅) Topographic Map (unit)	专题地图 (幅/册) Special Map (unit/Volume)	地图集 (册) Atlas (Volume)
2001	528	336	1941	1416	440	61	2
2002	500	481	2219	1091		372	
2003	189	100	2068	1887		23	1
2004	796	5031	3051	2754		44	
2005	576	800	2509			36	
2006	1840	200	6418	999		35	
2007	1940	286	6127	288	10	30	1
2008	2150	400	13360	286	41	33	1
2009	632	1978	5114		25	607	2
2010	1009	2022	6971	4579	58	66	1
2011	62	943	3104	2078	194		

19-53 测绘资料提供情况
Statistics on Output of Surveying and Mapping Materials

年 份 Year	地形图合计 (张) Topographic Map (unit)	1:10000 (scale)	1:50000 (scale)	大地成果(点) Geodetic Results (point)	航摄成果(片) Aerial Photograph (piece)	挂 图(张) Wall Map (unit)	地 图 集 (册) Atlas (volume)
2000	8904	7266	1638	377	281		
2001	10704	8785	1919	1611		66	217
2002	8294	7287	1007	173	120	40	48
2003	10048	8656	1392	47372	8411		
2004	5868	3959	1909	563	29000		
2005	5815	4231	1584	1327	48126	5	
2006	7926	5058	2868	17010	15865	112	20
2007	15035	12754	2281	24221	22631		
2008	17352	15336	2016	7929	12355		
2009	5523	4909	614	5554	22803		
2010	5469	4441	1028	31121	5329	628	731
2011	8153	7498	655	3687	7994	12	15

19-54 各地区产品质量监督抽查情况（2011年）
Results of Supervision and Sampling Check on the Quality of Products by Region (2011)

地 区	Region	抽查产品 (种) Production Supervised (kinds)	抽查企业 (家) Number of Enterprises Supervised (units)	抽查产品 (批) Production Supervised(times)	不合格产品 (批) Production Unqualified (times)
全 省	**Provincial Total**	**514**	**9470**	**12348**	**2126**
本 省 级	Provincial Class	88	3206	3608	457
景德镇市	Jingdezhen	27	323	566	47
萍 乡 市	Pingxiang	33	862	906	113
九 江 市	Jiujiang	110	807	979	384
新 余 市	Xinyu	16	269	292	61
鹰 潭 市	Yingtan	40	220	230	20
赣 州 市	Ganzhou	45	697	2029	139
吉 安 市	Ji'an	35	1086	1250	117
宜 春 市	Yichun	30	566	609	43
抚 州 市	Fuzhou	29	421	421	21
上 饶 市	Shangrao	61	1013	1458	724

注：省本级数据中含南昌市产品质量监督抽查数据。
a)Data on results of supervision and sampling check of Nanchang were included in data on provincial class.

主要统计指标解释

科技活动 指在自然科学、农业科学、医药科学、工程与技术科学、人文与社会科学领域(简称科学技术领域)中，与科技知识的产生、发展、传播和应用密切相关的有组织的活动。可分为研究与试验发展(R&D)、研究与试验发展成果应用及相关的科技服务三类活动。该定义是联合国教科文组织考虑成员国特别是发展中国家开展科技统计工作的需要，而对科技活动所作的统计界定。

科技活动人员 指直接从事科技活动、以及专门从事科技活动管理和为科技活动提供直接服务，累计的实际工作时间占全年制度工作时间10%及以上的人员。(1)直接从事科技活动的人员包括：在独立核算的科学研究与技术开发机构、高等学校、各类企业及其他事业单位内设的研究室、实验室、技术开发中心及中试车间(基地)等机构中从事科技活动的研究人员、工程技术人员、技术工人及其它人员；虽不在上述机构工作，但编入科技活动项目(课题)组的人员；科技信息与文献机构中的专业技术人员；从事论文设计的研究生等。(2)专门从事科技活动管理和为科技活动提供直接服务的人员，包括：独立核算的科学研究与技术开发机构、科技信息与文献机构、高等学校、各类企业及其他事业单位主管科技工作的负责人，专门从事科技活动的计划、行政、人事、财务、物资供应、设备维护、图书资料管理等工作的各类人员，但不包括保卫、医疗保健人员、司机、食堂人员、茶炉工、水暖工、清洁工等为科技活动提供间接服务的人员。该指标用来反映投入科技活动人力的规模。

研究与试验发展(R&D) 指在科学技术领域，为增加知识总量，以及运用这些知识去创造新的应用进行的系统的创造性的活动，包括基础研究、应用研究、试验发展三类活动。国际上通常采用R&D活动的规模和强度指标反映一国的科技实力和核心竞争力。

基础研究 指为了获得关于现象和可观察事实的基本原理的新知识(揭示客观事物的本质、运动规律，获得新发现、新学说)而进行的实验性或理论性研究，它不以任何专门或特定的应用或使用为目的。其成果以科学论文和科学著作为主要形式。用来反映知识的原始创新能力。

应用研究 指为获得新知识而进行的创造性研究，主要针对某一特定的目的或目标。应用研究是为了确定基础研究成果可能的用途，或是为达到预定的目标探索应采取的新方法(原理性)或新途径。其成果形式以科学论文、专著、原理性模型或发明专利为主。用来反映对基础研究成果应用途径的探索。

试验发展 指利用从基础研究、应用研究和实际经验所获得的现有知识，为产生新的产品、材料和装置，建立新的工艺、系统和服务，以及对已产生和建立的上述各项作实质性的改进而进行的系统性工作。其成果形式主要是专利、专有技术、具有新产品基本特征的产品原型或具有新装置基本特征的原始样机等。在社会科学领域，试验发展是指把通过基础研究、应用研究获得的知识转变成可以实施的计划(包括为进行检验和评估实施示范项目)的过程。人文科学领域没有对应的试验发展活动。主要反映将科研成果转化为技术和产品的能力，是科技推动经济社会发展的物化成果。

专业技术人员 指从事专业技术工作和专业技术管理工作的人员，即企事业单位中已经聘任专业技术职务从事专业技术工作和专业技术管理工作的人员，以及未聘任专业技术职务，现在专业技术岗位上工作的人员。包括工程技术人员，农业技术人员，科学研究人员，卫生技术人员，教学人员，经济人员，会计人员，统计人员，翻译人员，图书资料、档案、文博人员，新闻出版人员，律师、公证人员，广播电视播音人员，工艺美术人员，体育人员，艺术人员及企业政治思想工作人员，共十七个专业技术职务类别。用来反映科技人力资源情况。

专利 是专利权的简称，是对发明人的发明创造经审查合格后，由专利局依据专利法授予发明人和设计人对该项发明创造享有的专有权。包括发明、实用新型和外观设计。反映拥有自主知识产权的科技和设计成果情况。

普通高等学校 指按照国家规定的设置标准和审批程序批准举办的，通过全国普通高等学校统一招生考试，招收高中毕业生为主要培养对象，实施高等教育的全日制大学、独立设置的学院和高等专科学校、高等职业学校和其他机构。

成人高等学校 指按照国家规定的设置标准和审批程序批准举办的，通过全国成人高等学校统一招生考试，招收具有高中毕业或同等学历的在职从业人员为主要培养对象，利用函授、业余、脱产等多种形式对其实施高等学历教育的学校。包括职工高等学校、农民高等学校、管理干部学院、教育学院、独立函授学院、广播电视大学、其他机构等。其他机构是承担国家成人招生计划任务不计校数的机构。

小学学龄儿童净入学率 指调查范围内已入小学学习的学龄儿童占校内外学龄儿童总数(包括弱智儿童，不包括盲聋哑儿童)的比重。计算公式为：

$$\text{小学学龄儿童净入学率}=\frac{\text{已入学的小学学龄儿童数}}{\text{校内外小学学龄儿童总数}}\times 100\%$$

文化事业机构 指从事专业文化工作和为专业文化工作服务的独立建制的单位。不包括这些单位另外举办独立核算的其他机构和各部门的业余文化组织。该指标主要反映文化事业机构发展规模水平。

艺术表演团体 指从事戏曲、音乐、舞蹈、杂技等专业艺术表演，有独立帐户的单位，不包括半工半艺、半农半艺和民间职业剧团。该指标主要反映全国专业艺术表演团体发展规模水平。

艺术表演观众人数(人次) 指售票、包场演出或民族地区免费演出的艺术表演观众人次数，不包括彩排审查和内部观摩演出的观看人次数。该指标主要反映全国观看专业艺术表演团体演出的效益规模。

Explanatory Notes on Main Statistical Indicators

Scientific and Technological Activities (S&T Activities) refer to organized activities which are closely related with the creation, development, dissemination and application of the scientific and technical knowledge in the fields of natural sciences, agricultural science, medical science, engineering and technological science, humanities and social sciences (referred to as scientific and technological fields). S&T activities can be classified into 3 categories: research and development (R&D) activities, application of R&D results, and related S&T services. This statistical definition is made by UNICHIEF for scientific and technological activities to meet the need of carrying out statistical work in this field for its member countries particularly the developing countries.

Personnel Engaged in S&T Activities refer to personnel directly engaged in S&T activities, in the management of S&T activities, and in providing direct service to S&T activities, with over 10% of the total working hours in a year spent on S&T activities. (1) Personnel directly engaged in S&T activities include researchers, engineers, technicians and other related personnel engaged in S&T activities in independent-accounting R&D institutions, institutions of higher learning, and in research institutes, laboratories, technology development centres and central experiment workshops under enterprises and institutions. Also included are people working in S&T research project teams, professional and technical personnel working in S&T information archiving institutes, and graduate students working on the design of their thesis. (2) Personnel engaged in the management of S&T activities and in providing direct service to S&T activities include senior management people responsible for S&T activities in independent-accounting R&D institutions, S&T information archiving institutes, institutions of higher learning and in enterprises and institutions where S&T activities are undertaken. Also included are people responsible for the planning, administration, personnel management, financial management, logistics supply, equipment maintenance, information and library management that are related with S&T activities. People providing indirect services are excluded, such as security, medical service, drivers, plumbers, cleaners and those providing catering and related service. This indicator reflects the size of personnel engaged in S&T activities.

Research and Development (R&D) refers to systematic and creative activities in the field of science and technology aiming at increasing the knowledge and using the knowledge for new application. R&D includes 3 categories of activities: basic research, applied research and experimentation for development. The scale and intensity of R&D are widely used internationally to reflect the strength of S&T and the core competitiveness of a country in the world.

Basic Research refers to empirical or theoretical research aiming at obtaining new knowledge on the fundamental principles regarding phenomena or observable facts to reveal the intrinsic nature and underlying laws and to acquire new discoveries or new theories. Basic research takes no specific or designated application as the aim of the research. Results of basic research are mainly released or disseminated in the form of scientific papers or monographs. This indicator reflects the innovation capacity for original knowledge.

Applied Research refers to creative research aiming at obtaining new knowledge on a specific objective or target. Purpose of the applied research is to identify the possible uses of results from basic research, or to explore new (fundamental) methods or new approaches. Results of applied research are expressed in the form of scientific papers, monographs, fundamental models or invention patents. This indicator reflects the exploration of ways to apply the results of basic research.

Experiments and Development refer to systematic activities aiming at using the knowledge from basic and applied researches or from practical experience to develop new products, materials and equipment, to establish new production process, systems and services, or to make substantial improvement on the existing products, process or services. Results of experiment and development activities are embodied in patents, exclusive technology, and monotype of new products or equipment. In social sciences, experiment and development activities refer to the process of converting the knowledge from basic or applied researches into feasible programmes (including conduct of demonstration projects for assessment and evaluation). There are no experiment and development activities in the science of humanities. This indicator reflects the capability of transferring the results of S&T into technique and products, and measures the realization of S&T in spearheading the economic and social development.

Professional and Technical Personnel refer to persons engaged in professional and technical work or in the management of professional and technical activities, i.e., people with professional or technical positions who are engaged in professional and technical work or in the management of professional and technical activities, and people without professional or technical positions but are working on professional or technical posts. They include professionals and technicians working in 17 categories of technical occupations including engineering, agriculture, scientific researches, medical service, teaching, economic research and application, accounting, statistics, translation, libraries, archives, cultural and museum service, journalism and publication, lawyers, notarization service, radio and television broadcasting, handicraft and fine arts, sports, performing art, and political workers in enterprises. This indicator reflects the condition of human resources in S&T.

Patent is an abbreviation for the patent right and refers to the exclusive right of ownership by the inventors or designers for the creation or inventions, given from the patent offices after due process of assessment and approval in accordance with the Patent Law. Patents are granted for inventions, utility models and designs. This indicator reflects the achievements of S&T and design with independent intellectual property.

Regular Institutions of Higher Learning refer to educational establishments set up according to the government evaluation and approval procedures, enrolling graduates from senior secondary schools and providing higher education courses and training for senior professionals. They include full-time universities, colleges, institutions of higher professional education, institutions of higher vocational education and others.

Institutions of Higher Learning for Adults refer to educational establishments, set up in line with relevant rules approved by the government, enrolling staff and workers with senior secondary school or equivalent education, and providing higher education courses in many forms of correspondence, spare time, or full time for adults. Professionals thus trained receive a qualification equivalent to graduates studying regular courses at regular universities, colleges and professional colleges. Institutions of higher learning for adults include schools of higher education for staff and workers, schools of higher education for peasants, colleges for management cadres, pedagogical colleges, independent correspondence colleges, Radio and TV universities and other educational establishments. Other educational establishments have undertakings to enrol adult students but not enumerated in the schools under the State Plan.

Enrolment Rate of Primary School Age Children refers to the proportion of school age children enrolled at schools to the total number of school age children both in and outside schools (including retarded children, but excluding blind, deaf and mute children). The formula is:

$$\begin{array}{c}\text{Enrolment Rate} \\ \text{of Primary} \\ \text{School-age Children}\end{array} = \frac{\begin{array}{c}\text{Total Primary School-age} \\ \text{Children at Schools}\end{array}}{\begin{array}{c}\text{Total Primary School-age} \\ \text{Children Whether or} \\ \text{Not Attending School}\end{array}} \times 100\%$$

Cultural Institutions refer to units which have their own organizational system and independent accounting system and specialize in cultural work or service cultural work. They do not include other establishments run by these units with separate accounting system and amateur cultural groups established by various departments. The statistics reflect the scale and level of development of institutions engaged in cultural undertakings.

Art Troupes refer to the troupes which are engaged in drama, opera, music, dance, acrobatics or other art performance, have independent accounts with banks and have self-supporting accounting system. Troupes which are engaged partly in industrial or agricultural activities, partly in art performance and the professional troupes organized by the mass are not included. The statistics reflect the scale and level of development of professional art troupes nationally.

Number of Audience at Art Performance refers to the number of spectators at commercial shows, privately organized shows or free shows given in ethnic minority areas, and does not include the number of spectators at rehearsals and internal viewings. This indicator mainly reflects the scale and effects of viewing of performances given by professional art troupes across the country.

20

卫生、体育、社会福利和其他

PUBLIC HEALTH,SPORTS,SOCIAL WELFARE AND OTHERS

◆479/506

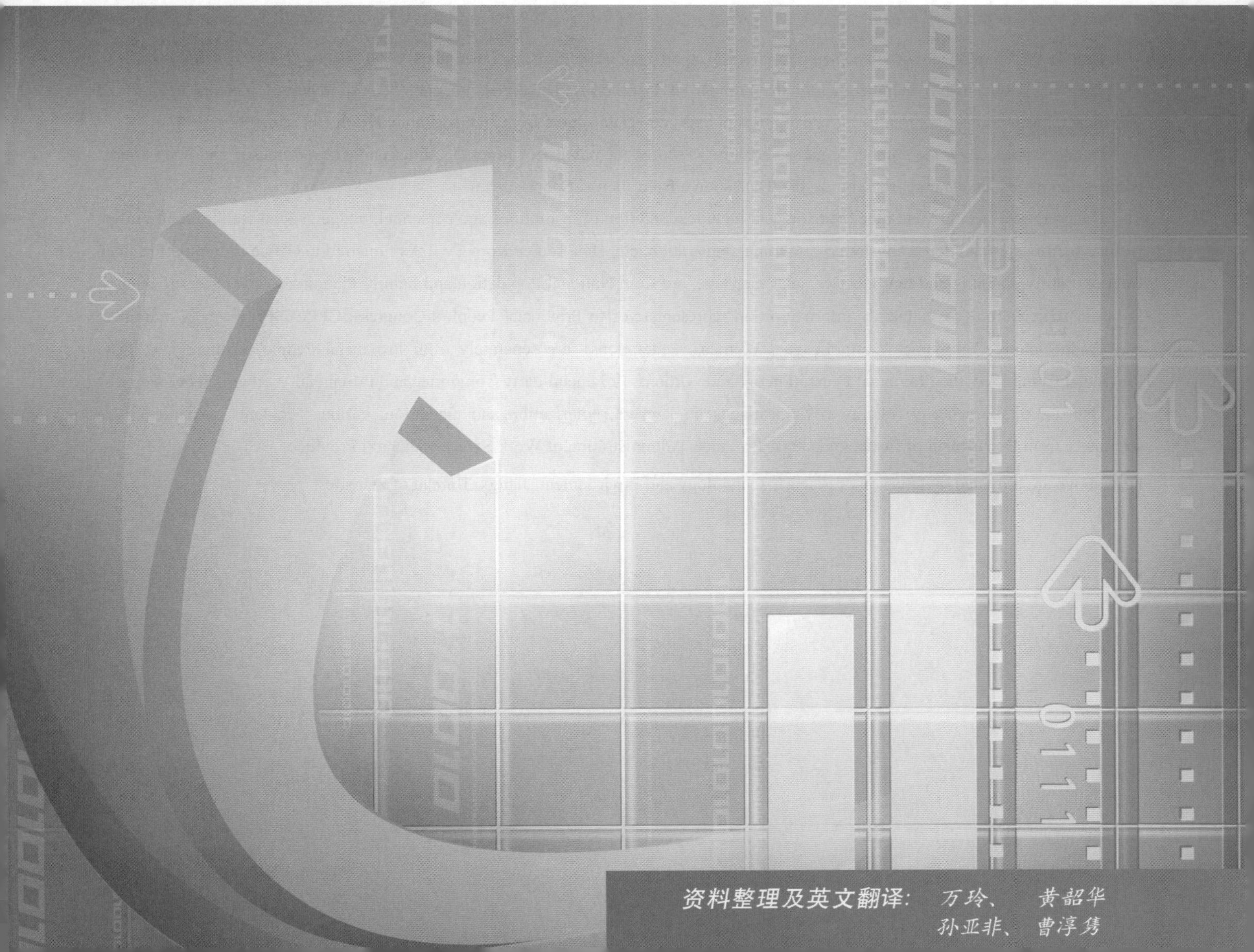

资料整理及英文翻译：万玲、 黄韶华
孙亚非、 曹淳隽

简要说明

本篇资料主要分为卫生、体育、社会福利及其他三部分。

卫生统计资料包括卫生机构、人员、床位数；医院门诊诊疗人次及入院人数；医院住院治疗情况；医院病床使用情况等，资料来源于省卫生厅。

体育统计资料包括举办运动会次数；全民健身活动人数；健身设施和俱乐部；国际国内比赛中获奖情况；少年儿童业余体校情况等，资料来源于省体育局。

社会福利及其他统计资料主要包括社会福利企事业机构、人员情况、优抚、福利类收养情况；社会救济情况；城镇社区服务情况；社会捐赠情况；福利彩票发行情况；婚姻登记情况等，资料来源于省民政厅。计划生育及育龄妇女节育、晚婚情况，资料来源于省人口和计划生育委员会。社会活动参与（包括全省人大代表和政协委员情况，工会组织情况，共青团组织情况，妇联系统组织情况），资料来源分别为省人大、省政协、省总工会、团省委、省妇联。

公检法司（包括律师、公证、调解工作情况，各类事故伤亡情况），资料来源分别为省司法厅、省安全生产监督管理局。

以上资料均由省统计局科技环保处整理提供。

Brief Introduction

Data in this chapter show statistics on public health, sports, social welfare and other statistic data.

Data on public health include mainly the number of institutions, personnel, hospital beds, number of patients treated and in-patients, hospital inpatient treatment; use of hospital beds, etc. Data source from Jiangxi Public Heath Department.

Data on sports cover the number of games held, mass sports, the number of fitness facilities and clubs; domestic and international competition prizes; amateur sports schools, etc. Data source from Jiangxi Sport Bureau.

Data on social welfare and other statistic data include: condition of institutions and personnel, budget, social welfare relief, urban welfare facilities, social donations, lottery, marriage registration, etc. Data source from Civil Administration Office in Jiangxi Province. Data on family planning and reproductive, later marriage, are from National Population and Family Planning Commission of Jiangxi. Data on participation (cover mainly information on representatives to Provincial People's Congress, CPPCC Provincial Committee, and Trade Unions Communist Youth League, Women's Federations). are separately from Provincial People's Congress, CPPCC Provincial Committee, the Provincial Federation of Trade Unions, Provincial Party Committee and Provincial Women's Federation.

Data on public security (mainly cover statistics on lawyers, notarization and mediation, various accidents casualties). Are separately from Department of Justice of Jiangxi Province, Administration of Work Safety of Jiangxi Province.

Data above are provided by Division of Science,Technology and Environment ,Jiangxi Bureau of Statistics.

20-1 卫生机构、床位及人员数

Number of Health Institutions, Beds and Personnels

年 份 Year	机构数(个) Number of Institutions (unit)	#医院卫生院 Hospitals and Health Centers	床位数(张) Number of Beds (unit)	#医院卫生院 Hospitals and Health Centers	人员数(人) Number of Personnels (person)	#卫生技术人员 Medical Technical Personnel	#医生 Doctor
1978	5178	2107	72289	65237	87018	70247	30430
1979	5268	2157	74314	67398	92090	73868	31054
1980	5373	2189	76924	69716	97831	79014	32675
1981	5474	2195	78630	70876	111364	90812	37021
1982	5615	2199	81011	72471	115000	93392	38578
1983	5624	2205	82098	72963	119748	97661	40628
1984	5587	2217	82623	73510	126059	100673	40865
1985	5538	2206	84134	75203	127679	102209	43322
1986	5597	2221	86431	76779	131342	105401	45012
1987	5614	2234	89227	79304	134846	108065	46109
1988	5583	2253	90151	80342	138238	111765	48801
1989	5613	2283	92194	82059	141587	114402	50525
1990	5632	2305	92274	82601	144583	116786	51994
1991	5632	2308	92745	83190	146418	117903	51893
1992	5620	2321	93291	83619	147375	118708	52304
1993	5389	2276	93315	82625	147217	118318	52619
1994	5432	2304	94372	83911	149247	120503	54212
1995	5423	2313	93669	83625	151246	122649	55095
1996	7966	2302	88509	81323	147057	118700	50876
1997	8056	2310	90251	82489	148605	120072	51864
1998	7972	2305	91641	83349	149356	121119	52498
1999	7953	2298	91230	82326	152264	122321	53147
2000	8048	2282	90930	83300	151985	123192	54437
2001	7594	2266	91091	83484	151518	122858	53717
2002	11286	2146	90019	83817	139076	114513	46756
2003	11401	2083	85537	79790	141287	117755	49289
2004	12080	2047	84036	78211	141244	118196	46468
2005	10664	2007	85086	79292	138697	115986	46093
2006	10210	2032	88260	81585	142682	119761	51436
2007	9456	2028	94862	85502	153238	126598	51828
2008	8229	2036	105156	93890	168472	139764	55187
2009	7102	2077	123086	104700	176720	146990	56325
2010	7172	2092	127915	103075	184139	154733	59264
2011	7121	2131	136512	132319	196317	166069	62888

注：1.从1996年起卫生年报统计口径变动，机构数中包括个体机构。
2.2002年卫生年报统计口径调整，数据变化较大。后同。
3.2007年卫生年报统计口径变动。后同。

a) Statistical standards in health report have changed since 1996, individual institutions are included in total number of institutions.
b) Statistical standards in health report have changed since 2002, there have been great amount of changes in data. The same applies to the following tables.
c) Statistical standards in health report have changed since 2007. The same applies to the following tables.

20－2 卫生机构、床位、人员数（2011年）

Number of Health Institutiors, Beds and Personnels by Type (2011)

类别	Type	机构数 (个) Total (unit)	#国有 State-owned	床位数 (张) Beds (unit)	#国有 State-owned	人员数 (人) Personnel (person)	#卫生技术人员 Medical Technical Personnel
全省	**Provincial Total**	**7121**	**3306**	**136512**	**122090**	**196317**	**166069**
医院	Hospital	540	361	87013	77093	110917	93039
#综合医院	General Hospital	356	244	62619	56159	80336	67966
中医医院	Hospital Specialized in Traditional	97	88	14276	13672	18972	16261
中西医结合医院	Combined Chinese and Western Medicine Hospital	8	5	743	631	1296	1096
专科医院	Specialized Hospital	79	24	9375	6631	10313	7716
疗养院	Sanatoriums	3	3	1810	1810	280	81
社区卫生服务中心(站)	Health Service Center for Community	624	627	3528	2453	7979	6935
卫生院	Township Hospital	1591	1436	35306	32159	43985	37855
门诊部	Outpatient Department	89	28	303	95	661	319
诊所、卫生所、医务室、护理站	Clinic, Medical Center, Nursing Station	3726	267			6372	3929
急救中心(站)	Emergency Center	8	8			161	65
采供血机构	Institution for Blood Collection and Supplyment	13	12			507	64
妇幼保健院(所、站)	MCH Center	112	111	6612	6540	8523	3225
专科疾病防治院(所、站)	Specialized Disease Prevention &Treatment Institute	110	108	1940	1940	2075	946
疾病预防控制中心(防疫站)	Disease Prevention & Control Center	115	113			3839	1987
卫生监督所	Health Supervision Institution	109	109			1593	
医学科学研究机构	Research Institution of Medical Science	5	5			214	104
医学在职培训机构	Medical-service Training Institution	3	3			3	2
健康教育所(站、中心)	Health Education Center	6	6			27	13
其他卫生机构	Other Health Institutions	64	62			328	131

20－3 卫生机构人员数

Number of Employed Persons in Health Institutions

单位：人 (person)

类别	Type	1990	1995	2000	2005	2010	2011
全省	**Provincial Total**	**144583**	**151246**	**151985**	**138697**	**184139**	**196317**
卫生技术人员	Medical Technical Personnel	116786	122649	123192	115986	154733	166069
执业医师	Certified Doctors	51994	55095	54437	39522	50737	53073
执业助理医师	Certified Assistant Doctors				10179	8527	9815
注册护士	Registerd Nurses	1774	1227	1764	35679	57703	64492
药剂师(士)	Pharmacists	1237	1057	611	11379	12223	12422
技师(士)	Technical Personnel					10584	10910
#检验师	Chemist	891	677	444	6254	7229	7659
其他	Others	5921	5914	4351	12973	14959	15357
其他技术人员	Other Technical Personnel	1229	2329	4340	5787	6523	6734
管理人员	Managerial Personnel		4464	5004	6233	7644	7460
工勤技能人员	Ground Skilled Staff	10498	10812	12903	10691	15239	16054
平均每千人中有卫生技术人员	Number of Medical Technical Personnel Per 1000 Population	3.06	3.02	2.97	2.69	3.47	3.70
#医生	Doctors	1.36	1.36	1.31	1.15	1.33	1.40

注：2007年卫生统计口径改变,故指标有所变化。

a) New statisic standard in health care varies in 2007, thus the indicators vary accordingly.

20-4 各地区卫生事业基本情况（2011年）

Basic Statistics on Health Institutions by Region (2011)

地区	Region	机构数（个）Total (unit)	#医院、卫生院 Hospitals and Health Centers	床位数（张）Number of Beds (unit)	#医院、卫生院 Hospitals and Health Centers	人员数（人）Number of Personnel (person)
全　省	**Provincial Total**	**7121**	**2131**	**136512**	**122319**	**196317**
南昌市	Nanchang	717	180	20876	19036	34580
景德镇市	Jingdezhen	348	71	5592	5095	7945
萍乡市	Pingxiang	334	80	6896	6168	11688
九江市	Jiujiang	787	263	16526	13025	22411
新余市	Xinyu	226	46	4393	3829	6300
鹰潭市	Yingtan	371	62	3264	3075	5208
赣州市	Ganzhou	1393	378	22874	20625	29250
吉安市	Ji'an	642	277	13179	12142	18130
宜春市	Yichun	811	221	16629	14646	22141
抚州市	Fuzhou	441	210	7829	7477	13217
上饶市	Shangrao	1051	343	18454	17201	25447

20-5 各地区卫生技术人员数（2011年）

Technical Personnel in Health Institutions by Region (2011)

单位：人　(person)

地区	Region	合计 Total	医生 Doctors	执业医师 Certified Doctors	执业助理医师 Certified Assistant Doctors	注册护士 Registerd Nurses	其他 Others
全　省	**Provincial Total**	**166069**	**62888**	**53073**	**9815**	**64492**	**38689**
南昌市	Nanchang	27966	10251	9379	872	11986	5729
景德镇市	Jingdezhen	6664	2460	2165	295	2758	1446
萍乡市	Pingxiang	9824	3642	3005	637	3884	2298
九江市	Jiujiang	18804	7412	6238	1174	7263	4129
新余市	Xinyu	5590	2018	1789	229	2430	1142
鹰潭市	Yingtan	4619	2155	1888	267	1480	984
赣州市	Ganzhou	25355	8866	6989	1877	9329	7160
吉安市	Ji'an	15614	6202	5149	1053	5625	3787
宜春市	Yichun	18936	6846	5809	1037	7403	4687
抚州市	Fuzhou	11341	4395	3760	635	4400	2546
上饶市	Shangrao	21356	8641	6902	1739	7934	4781

注：其他卫生技术人员中包括药师(士)、技师(士)和见习医师等。

a) Pharmacists, Technical Personnel and interns induded.

20–6 各类医院机构、床位及人员数（2011年）
Beds and Personnel in Health Institutions by Specializtions (2011)

类 别	Type	机构数 (个) Number of Institutions (unit)	床位数 (张) Number of Beds (unit)	人员数 (人) Number of Personnel (person)	#卫生技术人员 Medical Technical Personnel	执业医师 Certified Doctors	执业助理医师 Certified Assistant Doctors
全 省	**Provincial Total**	**7121**	**136512**	**196317**	**166069**	**53073**	**9815**
综合医院	General Hospital	356	626619	80336	67966	21450	1331
中医医院	Hospital Specialized in Traditional Chinese Medicine	97	14276	18972	16261	5513	446
中西医结合医院	Combined Chinese and Western Medicine Hospital	8	743	1296	1096	377	31
专科医院	Specialized Hospital	79	9375	10313	7716	2118	141
口腔医院	Stomatological Hospital	4	41	288	223	111	9
眼科医院	Ophtalmology Hospital	5	205	334	210	55	3
肿瘤医院	Tumor Hospital	3	2328	2333	1752	505	39
妇产(科)医院	Obstetrics and Gynecology Hospital	6	174	275	171	42	10
儿童医院	Children's Hospital	1	1124	1381	1121	299	1
精神病医院	Psychiatry Hospital	15	3179	1969	1472	337	19
传染病医院	Hospital for Infectious Diseases	3	359	271	228	64	
皮肤病院	Dermatology Hospital	4	137	516	373	143	5
结核病医院	Tuberculosis Hospital	2	453	777	610	152	1
骨科医院	Orthopedics Hospital	6	317	378	316	74	21
康复医院	Rehabilitation Hospital	2	110	35	25	13	3
美容医院	Plastic Surgery Hospital	2	38	145	80	24	3
其他专科医院	Other Specialized Hospitals	25	832	1485	1070	286	27

20–7 各类医疗机构病床使用情况（2011年）
Bed Utilization of Medical Institutions (2011)

类 别	Type	实际开放总床日数(日) Actual Number of Bed-opening Days (day)	病床周转次数(次) Hospital Bed Turnover (time)	病床工作日(日) Hospital Bed Using Days (day)	病床使用率(%) Utiliza-tion Rate (%)	出院者平均住院日(日) Average Staying Days in Hospital (day)	出院者占用总床日数(日) Total Number of Bed-occupying Days (day)
全 省	**Provincial Total**	**47100939**	**43.70**	**313.7**	**85.94**	**6.83**	**38519914**
医 院	Hospital	30504510	35.88	343.3	94.04	9.18	27537106
综合医院	General Hospital	22040648	37.58	343.4	94.08	8.75	19863923
中医医院	Hospital Specialized in Traditional Chinese Medicine	5092687	35.87	340.5	93.28	9.20	4604686
中西医结合医院	Combined Chinese and Western Medicine Hospital	271095	26.58	299.5	82.06	11.02	217606
专科医院	Specialized Hospital	3100080	24.69	350.7	96.07	13.60	2850891
口腔医院	Stomatological Hospital	14965	16.80	180.0	49.30	10.60	7306
眼科医院	Ophtalmology Hospital	72892	46.89	204.6	56.05	3.02	28253
肿瘤医院	Tumor Hospital	802720	27.25	352.9	96.69	12.88	771665
妇产(科)医院	Obstetrics and Gynecology Hospital	46635	21.27	54.7	14.98	4.49	12208
儿童医院	Children's Hospital	255500	84.55	655.2	179.51	7.70	455759
精神病医院	Psychiatry Hospital	1096395	5.62	359.7	98.54	58.40	986469
传染病医院	Hospital for Infectious Diseases	131035	13.48	135.3	37.08	9.69	46914
皮肤病医院	Dermatology Hospital	49945	33.47	268.7	73.62	8.12	37171
结核病医院	Tuberculosis Hospital	165345	33.73	421.7	115.53	12.10	184945
骨科医院	Orthopedics Hospital	115705	25.76	266.6	73.04	9.73	79498
康复医院	Rehabilitation Hospital	40150	38.93	349.3	95.69	6.77	28987
美容医院	Plastic Surgery Hospital	10210	4.29	20.1	5.51	4.69	563
其他专科医院	Other Specialized Hospitals	277109	28.01	251.0	68.76	9.11	193812
疗养院	Sanitarium	587650	29.20	206.7	56.62	3.62	170073
社区卫生服务中心(站)	Health Service Center for Community	1036858	24.82	164.7	45.12	4.51	317921
卫生院	Township Hospital	11945220	64.87	268.7	73.60	3.96	8400902
#中心卫生院	Center Township Hospital	5580496	64.01	277.0	75.89	4.09	3999114
乡卫生院	Rural Township Hospital	6345102	65.76	261.5	71.65	3.84	4394418
门诊部	Clinic	83905	33.35	215.8	59.14	5.91	45336
妇幼保健院(所、站)	Maternity and Child Care Center (Station)	2314847	53.80	286.8	78.58	5.10	1741227
#妇幼保健院	Maternity and Child Care Center	2042560	54.03	296.9	81.35	5.30	1601202
专科疾病防治院(所、站)	Specialized Disease Prevention & Treatment Institute	627949	29.56	191.7	52.52	6.04	307349

20-8 各类医疗机构门诊诊疗情况（2011年）

Out-patient Clinics in Hospitals in Medical Institutions(2011)

类别	Type	诊疗人次（万人次） Visits (10000 persons-time)	#门、急诊 Clinics	门急诊人次占总人次(%) Percentage of Out-patients in Total Number (%)	观察室留观病人(人) Patients in Observation Room (person)	观察室病死率(%) Observation Room Mortality (%)	健康检查(人) Health Examine (person)
全　省	**Provincial Total**	**18042.91**	**16795.20**	**93.08**	**2190493**	**0.01**	**10460894**
医　院	Hospital	4693.91	4473.53	95.31	1253511	0.02	2731554
综合医院	General Hospital	3397.25	3208.14	94.43	901789	0.03	1845410
中医医院	Hospital Specialized in Traditiona Chinese Medicine	966.53	950.16	98.31	240151	0.01	717858
中西医结合医院	Combined Chinese and Western Medicine Hospital	61.66	61.42	99.61	34782		53722
专科医院	Specialized Hospital	268.47	253.81	94.54	76789		114564
口腔医院	Stomatological Hospital	18.12	18.12	100.00			387
眼科医院	Ophtalmology Hospital	9.55	9.36	98.06	520		5542
肿瘤医院	Tumor Hospital	29.33	17.05	58.12	510		16939
妇产(科)医院	Obstetrics and Gynecology Hospital	3.17	2.84	89.64			
儿童医院	Children's Hospital	85.71	85.71	100.00	56238		42475
精神病医院	Psychiatry Hospital	26.62	26.60	99.93	46		5162
传染病医院	Hospital for Infectious Diseases	9.59	9.59	100.00	18622		10215
皮肤病医院	Dermatology Hospital	33.04	33.04	100.00			
结核病医院	Tuberculosis Hospital	14.57	14.57	100.00	97		5000
骨科医院	Orthopedics Hospital	8.81	8.45	95.97	244		16800
康复医院	Rehabilitation Hospital	1.44	1.01	70.26			600
美容医院	Plastic Sergury Hospittal	0.75	0.75	100.00			
其他专科医院	Other Specialized Hospitals	25.86	25.04	96.80	512		11444
疗养院	Sanitarium	5.41	5.41	92.25	107		87
社区卫生服务中心(站)	Health Service Center for Community	636.59	576.85	90.62	307944		1580991
卫生院	Township Hospital	2479.68	2256.37	90.99	391120	0.01	5486799
#中心卫生院	Center Township Hospital	1159.07	1020.11	88.01	159824	0.01	2133248
乡卫生院	Rural Township Hospital	1315.75	1231.42	93.59	231143	0.01	3341151
门诊部	Clinic	59.03	57.77	97.87	226		7911
诊所、卫生所、医务室	Clinic, Medical Center, Nursing Station	979.74	939.46	100.00			
妇幼保健院(所、站)	Maternity and Child Care Center (Station)	613.53	607.08	93.00	234366		608796
#妇幼保健院	Maternity and Child Care Center	535.50	530.71	92.93	205749		447933
专科疾病防治院(所、站)	Specialized Disease Prevention & Treatment Institute	106.03	98.53	98.34	3219		44756

20—9 各类医疗机构住院治疗情况（2011年）

Basic Statistics on Inpatients Treatments in inedical Institutions(2011)

类　　别	Type	入院人数 (人) Inpatients (person)	出院人数 (人) Out-patients (person)	治愈率 (%) Cure Rate (%)	好转率 (%) Improve-ment Rate (%)	死亡率 (%) Mortality Rate (%)	住院病人手术人次 (人次) Inpatients Operation (person-time)	危重病人抢救成功率 (%) Critically Ill Patients Survival Rate (%)
全　省	**Provincial Total**	**5589572**	**5639348**	**71.79**	**26.17**	**0.22**	**844350**	**91.77**
医　院	Hospital	2990077	2999032	57.00	39.92	0.39	742727	91.58
综合医院	General Hospital	2256524	2269099	57.58	39.20	0.42	557933	91.25
中医医院	Hospital Specialized in Traditional Chinese Medicine	502104	500508	57.73	39.57	0.30	122441	92.54
中西医结合医院	Combined Chinese and Western Medicine Hospital	19830	19738	70.49	27.73	0.60	6362	90.25
专科医院	Specialized Hospital	211619	209687	47.63	49.61	0.25	55991	93.97
口腔医院	Stomatological Hospital	701	689	98.69	1.31		608	
眼科医院	Ophtalmology Hospital	9404	9365	96.75	3.08		3903	
肿瘤医院	Tumor Hospital	61051	59932	41.84	54.39	0.49	15258	83.86
妇产(科)医院	Obstetrics and Gynecology Hospital	2721	2718	99.96	0.04		921	
儿童医院	Children's Hospital	59436	59186	28.87	67.77	0.22	14393	96.42
精神病医院	Psychiatry Hospital	17393	16891	40.60	57.18	0.15	367	84.44
传染病医院	Hospital for Infectious Diseases	4855	4841	54.04	41.13	0.43	186	66.67
皮肤病医院	Dermatology Hospital	4673	4580	88.45	10.83		58	
结核病医院	Tuberculosis Hospital	15404	15281	5.22	90.50	0.29	831	96.48
骨科医院	Orthopedics Hospital	8204	8167	71.73	27.64	0.02	4527	96.30
康复医院	Rehabilitation Hospital	4288	4282	90.50	9.50			
其他专科医院	Other Specialized Hospitals	20999	21265	89.75	9.78		13069	100.00
疗养院	Sanitarium	47232	47011	99.49	0.50		215	100.00
社区卫生服务中心	Health Service Center for Community	67068	70509	88.62	10.50	0.07		
卫生院	Township Hospital	2090107	2123062	88.89	10.23	0.02		
#中心卫生院	Center Township Hospital	968213	978667	88.55	10.68	0.02		
乡卫生院	Rural Township Hospital	1120653	1143154	89.18	9.85	0.01		
门诊部	Clinic	7524	7666	88.81	10.33	0.05	795	96.88
妇幼保健院(所、站)	Maternity and Child Care Center (Station)	343036	341206	87.80	11.51	0.07	97673	96.15
#妇幼保健院	Maternity and Child Care Center	304246	302356	87.45	11.78	0.07	89767	96.50
专科疾病防治院(所、站)	Specialized Disease Prevention & Treatment Institute	44528	50862	71.61	27.52	0.14	2940	83.22

20-10 各地区医院门诊诊疗情况（2011年）
Out-patient Clinics in Hospitals by Region (2011)

地 区	Region	诊疗人次 (万人次) Visits (10000 persons-time)	#门、急诊 Clinics	门急诊人次占总人次 (%) Percentages of Out-patients in Total Number (%)	观察室留观病人 (人) Patients in Observation Room (person)	观察室病死率 (%) Observation Room Mortality (%)	健康检查 (人) Health Examine (person)
全 省	**Provincial Total**	**4693.91**	**4473.53**	**95.31**	**1253511**	**0.02**	**2731554**
南昌市	Nanchang	1107.30	1017.57	91.90	229111	0.06	489573
景德镇市	Jingdezhen	172.03	170.86	99.32	128473		85791
萍乡市	Pingxiang	261.38	219.58	84.01	64343		176902
九江市	Jiujiang	474.46	453.87	95.66	65865	0.01	307363
新余市	Xinyu	171.30	170.24	99.38	67015		201214
鹰潭市	Yingtan	103.73	101.58	97.93	90290		82785
赣州市	Ganzhou	755.10	748.20	99.09	115984	0.08	332828
吉安市	Ji'an	415.22	402.34	96.90	67680	0.02	230875
宜春市	Yichun	440.06	431.83	98.13	333231		283091
抚州市	Fuzhou	355.46	342.72	96.42	36744	0.02	405174
上饶市	Shangrao	437.87	414.75	94.72	54775	0.01	135958

20-11 各地区医院病床使用情况（2011年）
Utilization of Hospital Beds by Region (2011)

地 区	Region	医院 Total			#政府办医院 Government-conducted Hospital		
		病床周转次数 (次) Hospital Bed Turnover (time)	病床使用率 (%) Utilization Rate (%)	出院者平均住院日 (日) Average Staying Days in Hospital (day)	病床周转次数 (次) Hospital Bed Turnover (time)	病床使用率 (%) Utilization Rate (%)	出院者平均住院日 (日) Average Staying Days in Hospital (day)
全 省	**Provincial Total**	**35.88**	**94.04**	**9.18**	**37.40**	**99.86**	**9.40**
南昌市	Nanchang	32.97	101.95	10.95	34.90	109.50	11.20
景德镇市	Jingdezhen	32.94	81.89	8.63	33.40	85.92	9.00
萍乡市	Pingxiang	34.95	100.84	10.01	38.50	100.71	9.40
九江市	Jiujiang	34.45	99.24	9.96	35.30	105.59	10.40
新余市	Xinyu	25.85	85.85	10.61	31.80	95.11	10.20
鹰潭市	Yingtan	25.92	82.78	10.79	31.80	99.68	11.10
赣州市	Ganzhou	35.76	92.47	9.27	36.60	95.69	9.40
吉安市	Ji'an	38.21	86.89	7.77	38.00	89.58	8.20
宜春市	Yichun	37.59	104.62	10.02	38.70	108.09	10.10
抚州市	Fuzhou	44.51	84.66	6.91	45.60	85.76	6.90
上饶市	Shangrao	41.07	87.45	7.29	43.50	98.53	7.70

20−12 各地区育龄妇女节育、晚婚情况（2011年）
Birth-Control and Later-Marriage of Childbearing-age Women by Region (2011)

地　区	Region	已婚育龄妇女人数（人）Married Childbearing-age Women (person)	采取各种节育措施人数（人）Number of Women Taking Birth-Control (person)	节育率（%）Birth-Control Rate (%)	晚婚人数（人）Number of Later-Marriage (person)	晚婚率（%）Later-Marriage Rate (%)
全　省	**Provincial Total**	10441783	9844902	94.28	157493	45.70
南昌市	Nanchang	1145025	1073812	93.78	17552	49.16
景德镇市	Jingdezhen	375960	353442	94.01	3987	39.05
萍乡市	Pingxiang	420564	400990	95.35	7179	56.22
九江市	Jiujiang	1126986	1054565	93.57	20079	49.23
新余市	Xinyu	268794	246030	91.53	3278	51.40
鹰潭市	Yingtan	272050	256816	94.40	3793	41.30
赣州市	Ganzhou	1960785	1881210	95.94	29804	44.82
吉安市	Ji'an	1064409	997719	93.73	17244	49.77
宜春市	Yichun	1227420	1145961	93.36	18574	44.68
抚州市	Fuzhou	937687	881115	93.97	11585	38.38
上饶市	Shangrao	1642103	1553242	94.59	24418	43.05

20−13 各地区计划生育情况（2011年）
Basic Statistics on Family Planning by Region (2011)

地　区	Region	现有一孩育龄妇女人数（人）Married Childbearing-age Women with One Child (person)	现有一孩育龄妇女占已婚育龄妇女比重(%) Percentage of Married Childbearing-age Women with One Child in Total Married Women (%)	累计领取独生子女证人数（人）Number of Women Receiving Single-Child Permit (person)	领取独生子女证人数占一孩育龄妇女比重(%) Percentage of Women Receiving Single-Child Permit in Married Childbearing-age Women with One Child (%)	出生政策符合率（%）Birth-Control Rate (%)
全　省	**Provincial Total**	4045533	38.74	1989180	49.17	84.01
南昌市	Nanchang	545048	47.60	297915	54.66	85.13
景德镇市	Jingdezhen	175234	46.61	110247	62.91	81.78
萍乡市	Pingxiang	196588	46.74	94093	47.86	85.02
九江市	Jiujiang	457177	40.57	214190	46.85	86.05
新余市	Xinyu	148735	55.33	92665	62.30	91.00
鹰潭市	Yingtan	109002	40.07	56282	51.63	85.01
赣州市	Ganzhou	636423	32.46	343593	53.99	84.01
吉安市	Ji'an	429874	40.39	235605	54.81	86.02
宜春市	Yichun	438010	35.69	202667	46.27	84.03
抚州市	Fuzhou	351417	37.48	168417	47.93	81.01
上饶市	Shangrao	558025	33.98	173506	31.09	81.53

注：国家人口计生委在2008年将“计划生育率”指标改为“出生政策符合率”。
a)"Birth-Control Rate" instead of " Plan-Birth" after 2008.

20-14 体育事业基本情况

Basic Statistics on Sports

指标	Item	1990	1995	2000	2005	2010	2011
群众体育活动次数(次)	Mass Sport Event (time)				1920	13105	4697
群众体育活动人数(万人)	Population Paticpated in Mass Sport Event (10000 persons)				287.8	521.82	336.41
青少年俱乐部(个)	Youth Club (unit)				64	108	128
等级裁判员发展人数(人)	Ranked Referees Developed (person)	2008	1523	2223	1465	567	643
等级运动员发展人数(人)	Ranked Athletes Developed (person)	1517	1222	1624	785	195	692
在国际国内比赛中获奖牌数(枚)	Medals Won in National and International Competitions (piece)	90	88	71	80	95	168
金牌	Gold	28	24	25	44	36	61
银牌	Silver	33	40	27	21	26	45
铜牌	Bronze	29	24	19	15	33	62

注："群众体育活动"2007年以前为"举办全民健身活动"。

a)Before 2007, mass sport event refered to national fit-keeping event.

20-15 少年儿童业余体育学校基本情况

Basic Statistics on Amateur Sports School for Children and Adolescents

指标	Item	1990	1995	2000	2005	2010	2011
学校数(所)	Number of Schools (unit)	133	99	105	92	89	89
在校学生数(人)	Total School Enrollments (person)	7122	5174	7417	8955	10113	9517
专职教练员人数(人)	Full-time Coaches (person)	400	398	439	436	462	482
#专科以上	Above Specialized Courses			238	330	410	398

20-16 历届全省人民代表大会的代表人数
Number of Deputies to All the Previous Provincial People's Congresses

届 别	Congress	年 份 Year	代表总数（人） Total Number of Deputies (person)	#女代表 Female Deputies	占代表总数(%) As Percentage to Total Deputies (%)	#少数民族代表 Ethnic Minority Deputies	占代表总数(%) As Percentage to Total Deputies (%)
一 届	First Congress	1954	404				
二 届	Second Congress	1958	500	76	15.2		
三 届	Third Congress	1963	613	129	21.0	7	1.1
五 届	Fifth Congress	1978	1200	261	21.8	9	0.8
六 届	Sixth Congress	1983	958	184	19.2	17	1.8
七 届	Seventh Congress	1988	583	99	17.0	15	2.6
八 届	Eighth Congress	1993	615	108	17.6	12	2.0
九 届	Ninth Congress	1998	603	136	22.6	11	1.8
十 届	Tenth Congress	2003	604	146	24.2	14	2.3
十一届	Eleventh Congress	2008	608	148	24.3	16	2.6

注：1968年1月成立的江西省革命委员会作为江西省第四届人民代表大会的届次计算。
a) Revolutionary Committee of Jiangxi Province which was founded in Jun.1968 is complied as 4th Provincial People's Congresses.

20-17 历届全省政治协商会议的委员人数
Number of Deputies to All the Previous Provincical People's Political Consultative Conferences

届 别	Congress	年 份 Year	委员总数（人） Total Number of Deputies (person)	#中国共产党委员 Deputies from the Communist Party of China	占委员总数(%) As Percentage to Total Deputies (%)	#少数民族委员 Ethnic Minority Deputies	占委员总数(%) As Percentage to Total Deputies (%)
一 届	First Congress	1955	159	50	31.5	6	3.8
二 届	Second Congress	1959	571	227	39.8	11	1.9
三 届	Third Congress	1964	601	266	44.3	10	1.7
四 届	Fourth Congress	1978	752	340	45.3	12	1.6
五 届	Fifth Congress	1983	760	259	34.1	17	2.2
六 届	Sixth Congress	1988	755	258	36.0	22	2.9
七 届	Seventh Congress	1993	704	281	39.9	17	2.4
八 届	Eighth Congress	1998	649	274	42.2	19	2.9
九 届	Ninth Congress	2003	683	273	40.0	16	2.4
十 届	Tenth Congress	2008	690	276	40.0	13	1.9

20-18 工会组织情况

Basic Statistics on Trade Unions

年份 Year	工会基层组织数(万个) Number of Grassroots Trade Unions (10000 units)	全省已建工会组织的基层单位的职工和会员人数(万人) Membership and Staff and Workers in Grassroot Trade Unions (10000 persons)				工会专职工作人员人数(万人) Full-time Staff (10000 persons)
		职工人数 Staff and Workers	#女职工 Female	会员人数 Membership	#女会员 Female	
1980	1.28	193.33	57.67	162.17		0.70
1985	1.78	260.16	90.84	229.87	77.46	1.55
1986	1.87	265.37	90.04	234.39	79.74	1.28
1987	1.95	274.43	96.85	243.38	84.88	1.29
1988	2.01	283.54	101.39	250.24	89.69	1.29
1989	2.10	293.33	102.66	260.64	93.71	1.45
1990	2.14	299.93	107.36	271.76	97.41	1.56
1991	2.16	305.12	111.02	278.47	100.88	1.60
1992	2.19	311.86	115.47	282.70	102.99	1.66
1993	2.14	300.12	111.29	272.28	99.72	1.58
1994	2.14	312.54	116.58	289.86	102.84	1.61
1995	2.01	306.17	112.10	281.77	100.15	0.91
1996	2.14	318.51	120.94	286.57	107.94	1.37
1997	1.76	243.00	91.08	222.57	81.72	1.40
1998	1.70	251.32	94.22	232.77	86.34	1.18
1999	1.56	242.01	88.92	230.59	80.78	1.16
2000	1.82	267.12	82.61	237.31	74.71	1.79
2001	3.84	288.89		273.76		1.79
2002	2.21	513.82	152.96	363.01	116.65	1.44
2003	2.24	288.55	100.68	260.36	92.68	1.04
2004	3.08	373.30	116.26	347.41	109.06	0.97
2005	3.77	391.00	139.14	375.89	131.48	1.11
2006	4.11	459.93	157.68	438.81	149.97	1.32
2007	4.60	517.76	158.07	495.92	151.9	1.55
2008	5.17	572.04	203.97	551.60	199.17	1.80
2009	5.54	600.01	218.20	581.00	212.82	2.60
2010	5.92	647.16	242.81	611.04	231.69	3.81
2011	6.48	673.36	250.61	646.86	240.67	5.42

注：2001年为工会四季度报表数据,空白指标数据未作统计。

a) In 2001,the data is fourth quarter of Trade Union.Blanks have no Statistic.

20–19 共青团组织情况

Basic Statistics on the Communist Youth League

年份 Year	基层团支部 (万个) Grassroot CYL Branch (10000 units)	共青团员 (万人) CYL Members (10000 persons)	#女团员 Female	专职团干部 (人) Full-time Cadres (person)
1978	11.10	133.22	49.87	4342
1979	11.51	125.81		
1980	10.56	124.04	41.80	4732
1981	8.75	123.62	46.22	5323
1982	6.47	124.05	45.27	5713
1983	6.26	126.96	46.66	5839
1984	6.12	131.67	46.23	5903
1985	6.48	152.69	53.00	6473
1986	6.64	169.37	56.83	6729
1987	6.75	183.48	60.62	6542
1988	6.78	181.34	58.23	6337
1989	6.88	161.66	50.39	6074
1990	6.75	162.03	53.60	6725
1991	6.77	160.19	55.06	7156
1992	6.39	157.53	52.54	6821
1993	6.55	156.32	53.66	6801
1994	10.31	238.38	83.32	10339
1995	10.40	248.42	85.93	8752
1996	12.00	219.78	81.46	7855
1997	11.13	222.37	78.98	9759
1998	8.52	212.80	72.73	7909
1999	6.98	187.68	68.39	7362
2000	6.80	187.98	68.53	7015
2001	6.83	182.30	68.27	6627
2002	7.49	191.29	79.50	7444
2003	3.83	194.10	42.81	7444
2004	6.15	213.63	68.73	15680
2005	6.41	246.62	71.42	10370
2006	6.42	248.61	72.41	10370
2007	6.42	248.71	72.41	10370
2008	6.42	248.79	72.42	10470
2009	6.53	250.75	83.57	11812
2010	6.51	240.12	81.76	11756
2011	5.81	440.17	181.54	12888

20−20 妇联系统组织情况

Basic Statistics of Women's Federations

单位：个 (unit)

年份 Year	基层妇代会 Grassroot Women's Conference	城市 Urban	农村 Rural	机关、事业单位妇委会 Women's Federations of Institutions and Agencies
1987	23635	1938	21697	718
1988	21214	2274	18940	980
1989	23870	2146	21724	1714
1990	22941	1843	21098	1555
1991	22849	2132	20717	1733
1992	22931	2086	20845	2366
1993	22477	1656	20821	1766
1994	22898	2159	20739	2481
1995	22871	2054	20817	2408
1996	22643	2237	20406	2494
1997	22815	2226	20589	2610
1998	22802	2211	20591	2982
1999	22297	2081	20216	2836
2000	22727	2445	20282	3484
2001	21519	1747	19772	
2002	19691	1695	17996	3069
2003	19189	2181	17008	2252
2004	18591	2761	15830	2539
2005	17474	2010	15464	4333
2006	18753	1830	16923	3737
2007	18695	2250	16445	3714
2008	18805	2627	16178	3911
2009	19878	2397	17481	4523
2010	19881	2399	17483	4521
2011	18222	2410	15812	4682

注：2011年妇联统计制度改革，相关指标统计口径有所调整。
a)Due to variation of statistical system of women's federations in 2011, statistical standard changed accordingly.

20−21 各地区城镇社区服务情况（2011年）

Basic Conditions of Urban Community Service by Region (2011)

单位：个 (unit)

地区	Region	城镇社区服务设施 Urban Community Service Facilities	从业人员数（人） Number of Employed Persons (person)	城镇便民利民服务网点 Convenience Stores in Urban Areas	社区服务志愿者组织数 Voluntary Organizations for Community Services
全省	**Provincial Total**	**3205**	**18544**	**3594**	**1433**
南昌市	Nanchang	348	210	887	76
景德镇市	Jingdezhen	90	6	290	
萍乡市	Pingxiang	54	943	54	297
九江市	Jiujiang	362	62	4	4
新余市	Xinyu	51	826	12	6
鹰潭市	Yingtan	451	5388	256	141
赣州市	Ganzhou	354	699	824	376
吉安市	Ji'an	302	152	225	57
宜春市	Yichun	647	4405	59	15
抚州市	Fuzhou	436	4274	906	53
上饶市	Shangrao	110	1579	77	408

20–22 社会福利事业基本情况
Basic Statistics on Social Welfare

指　　标	Item	1990	2000	2005	2010	2011
优抚类收养性机构(个)	Residential Institutions for Serviceman (unit)	285	271	273	226	227
#光荣院	Homes for Disabled Veterans		268	270	223	223
年末在院人数(人)	Number of Persons Adopted or Housed at Year-end (person)		9105	12060	10970	11278
#光荣院	Residential Institutions for Serviceman		8570	11562	10225	10475
福利类收养性机构(个)	Residental Institutions of Social Welfare (unit)		2318	1793	1693	1691
#社会福利院	Social Welfare Homes	92	91	99	102	103
养老服务机构	Residental Institutions for Aging Population	1978	1953	1689	1585	1582
#农村	Rural		1219	1337	1359	1358
年末在院人数(人)	Number of Persons Adopted or Housed at Year-end (person)	3968	6316	81011	143402	133745
#社会福利院	Social Welfare Homes		4717	9530	11279	11111
养老服务机构	Residental Institutions for Aging Population		41929	70918	120612	121782
#农村	Rural		26317	56036	114335	115547
收养类社会服务机构床位数(张)	Number of Beds in Residental Institutions (unit)		65787	108390	148910	150687
社会福利企业(个)	Social Welfare Enterprises (unit)	212	731	391	334	332
年末职工人数(人)	Number of Staff & Workers at Year-end (person)	12536	16513	14493	24048	26950
#残疾职工人数	Number of Disabled Staff & Workers at Year-end	4411	6426	7349	12689	12761
社会救济总人数(人)	Total Number of Social Salvation (person)					
城镇居民最低生活保障人数(人)	Number of Persons Receiving Minimum Living Allowance in Urban Areas (person)		98099	1000819	981136	981270
城市医疗救助(人次)	Number of Persons Receiving Medical Salvation (person-time)			102191	207136	365362
城市资助参加医疗保险人数(人)	Number of Persons Receiving Medical Salvation in Urban (person-time)				1053390	983701
城市临时救济(人次)	Number of Persons Receiving Temporary Relief in Urban Areas (person-time)		41620	28422	6035	11680
农村居民最低生活保障人数(人)	Number of Persons Receiving Minimum Living Allowance in Rural Areas (person)		89295	1245909	1497473	1501378
农村医疗救助(人次)	Number of Persons Receiving Medical Salvation (person-time)			234569	416141	632236
农村资助参加合作医疗人数(人)	Number of Persons Receiving Cooperative Medical Services in Rural (person)				1652254	1664037
农村五保户集中、分散供养人数(人)	Number of Persons Receiving Livelihood Guaranteed in Five Aspects in Rural Areas (person)			214495	228607	228608
农村临时救济(人次)	Number of Poor Persons Receiving Temporary Relief in Rural Areas (person-time)		275933	216227	29111	30155

注：1.从1995年按2006年新口径调整福利企业数据。
2.2005年前农村居民最低生活保障为农村定期救济人数。
3.2005年农村定期救济人数中包括农村五保户供养人数。

a) Data of welfare enterprises are adjusted according to 2006's new statistic standard since 1995.
b) Persons receiving minimum living allowance in urban areas refered to regular receivers before 2005.
c) Poor persons receiving regular relief in rural areas included those receiving livelihood guaranteed in five aspects in rural areas before 2005.

20−23 各地区社会捐赠情况（2011年）
Basic Statistics on Social Donations by Region (2011)

地 区	Region	直接接收捐赠 Directly accepting donations			间接接收捐赠 Indirectly accepting donations		受益人次数（人次） Beneficiaries (person-time)	社会捐赠接收工作站、点(个) Social Donations Receiving Centers(stations) (unit)	#社会捐赠接收工作站 Social Donations Receiving Stations
		捐赠款（万元） Donations (10000 yuan)	捐赠衣被（万件） Donated Clothing (10000 pieces)	#棉衣被 Cotton Clothing	捐赠款（万元） Donations (10000 yuan)	捐赠衣被（万件） Donated Clothing (10000 pieces)			
全 省	**Provincial Total**	**9115**	**268.0**	**161.0**	**185.0**	**0.4**	**334801**	**493**	**212**
省本级	Provincial	1726	3.1				130000		
南昌市	Nanchang	1095					30240	243	23
景德镇市	Jingdezhen	77					210	7	1
萍乡市	Pingxiang	138					41400	20	13
九江市	Jiujiang	851	102.9	0.3	177.6		61319	67	54
新余市	Xinyu	225					2150		
鹰潭市	Yingtan	76					3800	41	41
赣州市	Ganzhou	2610	0.1	0.1	7.0	0.4	20004	36	19
吉安市	Ji'an	439	1.4	0.2	0.4		5280	62	47
宜春市	Yichun	60					1000	1	1
抚州市	Fuzhou	824	160.5	160.4			39398	16	13
上饶市	Shangrao	993							

20−24 各地区福利彩票发行情况（2011年）
Statistics on Welfare Lottery by Region (2011)

地 区	Reigon	机构数（个） Number of Institutions (unit)	年末职工人数(人) Number of Staff and Workers at Year-end (person)	增加值（万元） Value Added (10000 yuan)	收入（万元） Revenues (10000 yuan)	支出（万元） Expenditures (10000 yuan)
全 省	**Provincial Total**	**52**	**216**	**3370**	**23871**	**23614**
省本级	Provincial	1	40	2931	22204	22355
南昌市	Nanchang	1	5	87	124	127
景德镇市	Jingdezhen	4	10	10	99	99
萍乡市	Pingxiang	2	12	3	104	104
九江市	Jiujiang	6	18	78	185	185
新余市	Xinyu	2	6	17	39	39
鹰潭市	Yingtan	4	9	29	40	40
赣州市	Ganzhou	13	57	192	495	477
吉安市	Ji'an	3	5	4	13	13
宜春市	Yichun	5	20	11	502	108
抚州市	Fuzhou	3	12	5	62	62
上饶市	Shangrao	8	22	2	6	6

20-25 社会保障情况

Situations of Social Security

单位：万人 (10000 persons)

年份 Year	养老保险 Pension Insurance		失业保险 Unemployment Insurance		医疗保险参保人数 Number of Joining Medical Care Insurance
	职工人数 Number of Staff and Workers	离退休、退职人数 Number of Retired Persons	参加失业保险人数 Number of Joining Unemployment Insurance	领取失业保险金人数 Number of Beneficiaries of Unemployment Insurance	
1990	144.65	29.21	153.96		
1991	146.59	30.05	158.29	0.01	
1992	204.22	42.40	167.15	0.08	
1993	205.92	45.20	166.60	0.16	
1994	199.96	45.21	170.92	0.43	
1995	193.32	45.09	183.44	0.14	
1996	203.25	47.45	183.03	0.56	
1997	196.14	48.50	152.24	0.39	
1998	235.67	64.06	182.76	0.80	
1999	246.53	66.72	209.60	0.96	
2000	254.85	72.58	231.59	0.81	61.44
2001	250.60	78.16	234.53	2.52	71.62
2002	257.13	82.65	226.67	5.16	106.60
2003	262.51	88.44	215.54	5.91	188.21
2004	271.83	99.92	226.56	10.18	250.42
2005	281.96	105.48	230.74	10.61	276.74
2006	303.34	111.63	241.05	9.98	313.34
2007	356.53	118.50	251.46	8.73	403.42
2008	421.87	128.46	266.29	6.79	503.16
2009	446.02	135.91	275.47	6.41	515.12
2010	462.08	145.52	265.33	10.69	532.13
2011	484.31	168.72	263.48	8.83	535.85
南昌市 Nanchang	85.27	30.70	56.68	3.52	79.47
景德镇市 Jingdezhen	27.23	9.01	11.96	0.25	26.60
萍乡市 Pingxiang	24.56	7.14	14.00	1.54	46.69
九江市 Jiujiang	55.23	16.87	33.00	0.27	58.81
新余市 Xinyu	20.07	7.23	11.98	0.39	26.67
鹰潭市 Yingtan	12.62	4.11	7.09	0.17	13.22
赣州市 Ganzhou	49.48	15.96	34.10	0.90	61.68
吉安市 Ji'an	42.94	11.10	21.07	0.67	51.28
宜春市 Yichun	45.96	15.60	25.00	0.31	66.27
抚州市 Fuzhou	35.31	10.92	19.77	0.49	36.59
上饶市 Shangrao	46.71	20.17	28.82	0.32	59.82

20-26 各地区行政事业单位离退休费和企业单位养老金平均水平(2011年)

Average Expenditure for Retired Persons in Administrative Department and Average Pension in Enterprise by Region(2011)

单位：元/人月 (yuan/person·month)

地区	Region	行政事业单位离退休费和企业单位养老金平均水平 Average Expenditure for Retired Persons in Administrative Department and Average Pension of Enterprise	企业单位养老金平均水平 Average Pension of Enterprise
全省	**Provincial Total**	**1655**	**1229**
南昌市	Nanchang	1902	1327
景德镇市	Jingdezhen	1565	1194
萍乡市	Pingxiang	1538	1249
九江市	Jiujiang	1574	1183
新余市	Xinyu	1722	1160
鹰潭市	Yingtan	1571	1123
赣州市	Ganzhou	1582	1196
吉安市	Ji'an	1585	1211
宜春市	Yichun	1583	1143
抚州市	Fuzhou	1477	1104
上饶市	Shangrao	1430	915

20-27 劳动争议处理基本情况(2011年)

Basic Situations of Disposal of Labor Disputes(2011)

指标	Item	合计 Total	国有企业 State-owned Enterprises	集体企业 Collective-owned Enterprises	港澳台及外资企业 Enterprises with Funds from Hong Kong, Macao&Taiwan and Foreign Funded Enterprises	私营企业 Private Enterprises	其他 Others
案件受理情况	**Situations of Cases Accepted**						
案件数(件)	Number of Cases (case)	6650	509	220	469	4854	598
#劳动者申诉案件数	Number of Casess Appealed by Laborer	6506	502	220	451	4760	573
劳动者当事人人数(人)	Number of Laborers Involved(Person)	10025	1066	282	919	6936	822
#集体争议数	Number of Collective Disputes						
争议原因(件)	**Reasons of Disputes(case)**						
#劳动报酬	Earning	1593	154	64	101	1182	92
保险	Insurance	2404	182	108	167	1765	182
解除劳动合同	Relief from the Labor Contract	1185	84	9	81	924	87
案件处理情况(件)	**Disposal of Cases(case)**						
结案案件数	Number of Cases Settled this Period	8102	551	219	464	6263	605
用人单位胜诉	Recovered by Units	840	79	24	99	546	92
劳动者胜诉	Recovered by Laborers	4436	289	139	244	3528	236
双方部分胜诉	Recovered Partly by Both Parties	2486	166	45	100	1964	211
本期未结案数	Number of Cases Unsettled this Period	188	37	12	7	109	23

20–28 律师、公证及调解工作基本情况

Basic Statistics on Lawyers, Notarization and Mediation

指 标	Item	1990	2000	2005	2010	2011
律师工作	**Lawyers**					
律师事务所(个)	Number of Law Offices (unit)	118	272	282	332	345
律 师(人)	Number of Lawyers (person)	1820	2830	1963	3247	3267
#专职律师	Full-time Lawyers	792	1618	1869	2800	2791
担任法律顾问(家)	Legal Adivisors (unit)	4124	8218	6184	7536	8318
民事案件诉讼代理(件)	Agent of Civil Cases (case)	11688	11197	17857	26618	33560
行政案件诉讼代理(件)	Agent of Adminmstrative Action (case)		513	970	1574	1385
刑事诉讼辩护及代理(件)	Defender and Agent of Criminal Cases (case)	7952	8202	8434	14125	28003
非诉讼法律事务(件)	Agent of Non-Litigious Legal Affairs (case)	32652	28850	14844	14108	8119
解答法律咨询(万人次)	Legal Advisory Services (10000 person-cases)	9.20	6.10	12.10	8.91	9.13
代写法律事务文书(万件)	Agent of Legal Doucuments Written on Behalf of Chients (10000 cases)	2.00	2.10	3.46	1.49	1.88
公证工作	**Notarization**					
公证处(个)	Number of Notary Offices (unit)	104	111	111	111	111
#涉外公证处	Number of Foreign-related Notary Offices	12	27	45	55	56
公证人员(人)	Notarial Personnel (person)	537	603	557	559	606
#公证员	Nortaries	331	382	351	319	323
公证员助理(人)	Assistant Nortaries (person)	74	43	52	87	107
办理公证文书(件)	Number of Notarized Documents (case)	221620	222407	257375	164764	162066
国内公证文书	Number of Domestic Notarization	218416	193717	216375	123881	122332
涉外公证文书	Number of Foreign-related Notarization	3204	25053	36572	35091	34603
港台澳公证文书	Number of Hong Kong,Macao, Taiwan Notarization		3637	4428	5792	5131
基层工作	**People's Mediation**					
法律服务所(个)	Agent of Legal Affairs (unit)		1178	686	666	602
法律工作者(人)	Personnel of Legal Affairs (person)		3126	2153	1789	2002
法律服务所调解民间纠纷(件)	Number of Civil Disputes Mediated (case)		38004	28263	23995	30570
司法所(个)	Number of Judicial Offices (unit)		1188	1629	1630	1647
司法人员(人)	Judicial Personnel (person)		3113	3888	3139	3538
#专职司法助理员	Number of Full-time Judicial Assistants	1461	1604	1831	2042	2866
协助基层政府处理民间纠纷(件)	Help Grass-roots Government's Handling of Civil Disputes (case)		28256	17319	24124	23581
#处理成功率(%)	Success Rate (%)			94.61	96.7	96.5
人民调解委员会(万个)	Number of People's Mediation Committees (10000 units)	2.70	2.70	2.27	2.3	2.4
调解人员(万人)	Number of Mediators (10000 persons)	20.90	24.50	11.86	14.35	12.34
司法所调解民间纠纷(万件)	Number of Civil Disputes Mediated (10000 case)		13.17	11.44	13.83	22.60
#调解成功率(%)	Success Rate (%)	96.50	93.00	97.69	97.71	96.21

20–29 婚姻登记情况

Numbers of Marrages and Divorces

年份 Year	准予登记结婚 (对) Total Number of Registered Marriage (couple)	初婚 (人) First Marriage (person)	再婚 (人) Re-marriage (person)	离婚 (对) Divorces (couple)
1978	159661	150186		7387
1979	127242	239747	14737	6844
1980	148365	284253	12477	10200
1981	210132	402171	18093	5717
1982	213296			6487
1983	174610			4791
1984	223765			5666
1985	232469	453632	11306	11113
1986	231917	453021	10813	11241
1987	258275	504338	12212	12473
1988	250353	488228	12478	14063
1989	283406	551914	13075	16391
1990	334773	652052	17494	17637
1991	261054	508724	13384	17376
1992	255777	496201	15353	17682
1993	236384	458275	14493	19291
1994	249091	483833	14349	18979
1995	260573	502791	18355	19751
1996	271049	526016	16082	20037
1997	272364	525087	19641	21087
1998	278088	539122	17054	21502
1999	289370	558788	17454	26935
2000	295766	570202	18296	24229
2001	293852	548757	35569	26090
2002	283391	540779	21617	31762
2003	269708	507607	27805	29700
2004	296058	560260	28418	39897
2005	295282	553628	36936	39441
2006	315513	594219	36807	45291
2007	356154	665248	47060	51240
2008	391221	719684	62758	56030
2009	408061	738330	77792	45495
2010	361099	695884	26134	48891
2011	373001	703739	42263	54360

注：1.1978、1979年和1981年至1984年离婚对数中未包括法院离婚数。

2.1999年以后华侨、港澳台居民登记结婚中未分初婚、再婚人数。后同。

a) Number of divorced Couples in 1978,1979,1981 and 1984 didn't include number of court divorces.

b) Since 1999,Number of registered marriage of overseas Chinese, Hong Kong, Macao residents do not distinct first-marriage and re-marriage.The same applies to the tables following.

20-30 各地区婚姻登记情况（2011年）

Number of Marriages and Divorces by Region (2011)

地区	Region	准予登记结婚（对） Total Number of Registered Marriage (couple)	#内地居民 Registered Marriages of Mainland	准予登记结婚（人） Total Number of Registered Marriage (person)	初婚 First Marriage	再婚 Re-marriage	#恢复结婚（对） Resumption of Marriage(couple)	离婚（对） Divorces (couple)
全省	**Provincial Total**	**373001**	**371974**	**746002**	**703739**	**42263**	**2481**	**54360**
南昌市	Nanchang	35536	35536	71072	66334	4738	534	7760
景德镇市	Jingdezhen	10352	10352	20704	20104	600	84	2535
萍乡市	Pingxiang	13589	13589	27178	25449	1729	21	2398
九江市	Jiujiang	45073	45073	90146	84404	5742	287	8098
新余市	Xinyu	7906	7906	15812	15104	708	106	1643
鹰潭市	Yingtan	9959	9959	19918	16895	3023	171	1595
赣州市	Ganzhou	82044	82044	164088	155881	8207	440	9495
吉安市	Ji'an	37975	37975	75950	72779	3171	143	4744
宜春市	Yichun	36762	36762	73524	69262	4262	236	5221
抚州市	Fuzhou	41113	41113	82226	77263	4963	95	4420
上饶市	Shangrao	51665	51665	103330	98933	4397	348	6383

注：各设区市离婚人数未包括法院调解、判决离婚人数，故小于总计。
a) Divorce number by region does not include divorce number of court order,thus less than provincial total number.

20-31 各类事故伤亡情况

Basic Statistics on Accidents

指标	Item	1990	2000	2005	2010	2011
事故死亡总人数(人)	**Total (person)**		**4543**	**3321**	**1924**	**1797**
#工矿商贸企业事故死亡人数	Mortality of Industry, Mining, Commerce and Trade Enterprises	396	531	365	233	200
铁路交通事故死亡人数	Mortality of Railway Traffic Accident		695	438	58	44
水上交通事故死亡人数	Mortality of Water Traffic Accident		20	17	9	8
道路交通事故情况	**Traffic Accidents**					
起数(起)	Traffic Accidents (case)	5326	17591	8585	4126	3354
死亡人数(人)	Mortalities (person)	1387	3222	2428	1603	1507
受伤人数(人)	Injures (person)	3343	13988	8370	4938	3910
经济损失(万元)	Losses Converted into Cash (10000 yuan)	573	7225	7698	4184	4857
火灾情况	**Fire Accidents**					
起数(起)	Fire Accidents (case)	896	5354	6105	4721	4563
死亡人数(人)	Mortalities (person)	63	93	42	21	38
受伤人数(人)	Injures (person)	87	137	51	11	14
经济损失(万元)	Losses Converted into Cash (10000 yuan)	1139	4039	3355	8074	8395

20-32 各地区工矿商贸企业、火灾、道路交通事故情况（2011年）

Industry, Mining, Commerce and Trade Enterprises Accidents, Fire Accidents and Traffic Accidents by Region (2011)

地 区	Region	工矿商贸企业事故死亡人数（人） Mortality of Industry, Mining,Commerce and Trade Enterprises Accidents (person)	火 灾 Fire Accidents				道路交通事故 Traffic Accidents			
			起 数 (起) Fire Accidents (case)	死亡人数 (人) Mortality (person)	受伤人数 (人) Injures (person)	经济损失 (万元) Losses Converted into Cash (10000 yuan)	起 数 (起) Fire Accidents (case)	死亡人数 (人) Mortality (person)	受伤人数 (人) Injures (person)	经济损失 (万元) Losses Converted into Cash (10000 yuan)
全 省	**Provincial Total**	**200**	**4563**	**38**	**14**	**8395**	**3354**	**1507**	**3910**	**4857**
南 昌 市	Nanchang	20	1364	21	1	2386	329	230	246	61
景德镇市	Jingdezhen	6	56			292	80	42	64	5
萍 乡 市	Pingxiang	5	250	1	1	635	107	35	121	55
九 江 市	Jiujiang	24	358		1	361	266	108	291	78
新 余 市	Xinyu	11	47	3	3	299	63	26	62	31
鹰 潭 市	Yingtan	4	147	3	1	356	81	28	86	25
赣 州 市	Ganzhou	51	188	1	4	858	813	267	1031	130
吉 安 市	Ji'an	21	468			605	254	107	345	300
宜 春 市	Yichun	15	787	3	1	1280	185	106	178	125
抚 州 市	Fuzhou	5	430	3	1	421	159	90	163	117
上 饶 市	Shangrao	33	468	3	1	901	397	109	426	129
高速公路	Expressway						620	359	897	3801

注：各设区市工矿商贸企业事故死亡人数不包括省煤炭集团,故小于总计。

a) Number of mortality of mining and trading enterprise by region does not include the number of mortality of Provincical Coal Cooperation.

20-33 各地区安全生产四项相对控制指标情况（2011年）

Four Safe Production Relatively Control Targets by Region (2011)

地 区	Region	亿元GDP生产安全事故死亡率 Billion GDP Production Safety Accidents Mortality Rate	工矿商贸企业从业人员10万人生产安全事故死亡率 Production Safety Accidents Mortality Rate in per Hundred Thousand Industry, Mining, Commerce and Trade Enterprises Employees	道路交通万车死亡率 Traffic Accident Mortality Rate Per 10 Thousand Vehicles	煤矿百万吨死亡率 Coal Mining Mortality Rate Per Million Tons
全 省	**Provincial Total**	**0.16**	**1.21**	**2.49**	**1.28**
南 昌 市	Nanchang	0.09	0.85	4.37	
景德镇市	Jingdezhen	0.09	0.85	3.02	
全 省	Pingxiang	0.06	0.61	0.98	0.2
九 江 市	Jiujiang	0.11	1.18	1.85	7.43
新 余 市	Xinyu	0.05	2.88	1.02	3.41
鹰 潭 市	Yingtan	0.07	0.9	2.18	
赣 州 市	Ganzhou	0.24	1.7	1.66	3.15
吉 安 市	Ji'an	0.15	1.51	1.67	1.48
宜 春 市	Yichun	0.11	0.81	1.14	0.43
抚 州 市	Fuzhou	0.13	0.41	1.66	
上 饶 市	Shangrao	0.13	1.19	1.86	2.63
省煤炭集团	Provincical Coal Cooperation				0.58

20-34 妇女儿童基本状况

Basic Statistics on Women and Children

指　　标	Item	2010	2011
经济与人口	**Economy and Population**		
人均地区生产总值(元)	Per Capita Gross Regional Product (yuan)	21225	25884
城镇居民人均可支配收入(元)	Per Capita Annual Disposable Income of Urban Households (yuan)	15481	17495
农村居民家庭人均纯收入(元)	Per Capita Annual Net Income of Rural Households (yuan)	5789	6892
国家财政性教育经费(亿元)	Government Appropriation for Education (100 million yuan)	297.5	474.4
卫生经费(亿元)	Expenditure for Public Health (100 million yuan)	150	196
妇幼保健经费(万元)	Expenditure for Women and Children Health Care (10000 yuan)	25439	31681
防治防疫经费(万元)	Expenditure for Health and Epidemic Prevention (10000 yuan)	33401	47291
计划生育事业费(万元)	Expenditure for Family Planning (10000 yuan)	258134	321053
人口总数(万人)	Population (10000 persons)	4456.8	4488.4
#女　性	Female	2148.3	2175.1
0-4岁人口(万人)	Aged 0-4 (10000 persons)	346.7	348.2
#女　性	Female	150.6	151.1
0-17岁人口(万人)	Aged 0-17 (10000 persons)	1173.8	1174.5
#女　性	Female	515.5	515.4
育龄妇女人口(15-49岁)(万人)	Childbearing Women (Aged 15-49) (10000 persons)	1242.4	1222.7
人口自然增长率(‰)	Natural Population Growth Rate (‰)	7.7	7.5
出生人口性别比(以女孩为100)	Sex Ratio of Born Population (female=100)	123.0	119.3
卫生保健	**Health Care**		
婴儿死亡率(‰)	Infant Mortality Rate (‰)	11.76	10.07
城　市	Urban	6.14	5.03
农　村	Rural	12.81	10.94
5岁以下儿童死亡率(‰)	Mortality Rate Under 5 (‰)	17.69	16.85
城　市	Urban	7.83	7.11
农　村	Rural	19.53	18.55
孕产妇死亡率(1/10万)	Maternal Mortality Rate (per 100000 persons)	12.95	13.93
城　市	Urban	12.02	12.52
农　村	Rural	13.55	14.30
卡介苗接种率(%)	BCG (%)	99.85	99.83
脊髓灰质炎疫苗接种率(%)	OPV3 (%)	99.81	99.83
百白破三联制剂接种率(%)	DPT3 (%)	99.81	99.82
麻疹疫苗接种率(%)	Measles (%)	99.70	98.55
乙肝疫苗接种率(%)	Hepatitis (%)	98.32	99.86
甲肝疫苗接种率	Hepatitis A (%)	99.51	99.73
乙脑疫苗接种率	Epidemic Encephalitis B (%)	99.78	99.78
A群流脑疫苗接种率	Epidemic Cerebrospinal Meningitis A (%)	99.79	99.81
百破疫苗接种率	Diphtheria Pertussis Tetanus (%)	99.57	99.65
5岁以下儿童中、重度营养不良患病率(%)	Malnutrition, Moderate and Severe under 5 (%)	2.30	2.27
7岁以下儿童保健管理率(%)	Health Care Coverage for Children Aged under 7 (%)	82.77	84.15
住院分娩率(%)	Hospital Delivery Rate (%)	99.36	99.52
农村孕产妇住院分娩率(%)	Hospital Delivery Rate for Rural Pregnant Women (%)	99.24	99.49
农村高危孕产妇住院分娩率(%)	Hospital Delivery Rate for Rural High-risk Pregnant Women (%)	99.38	99.97
非住院分娩中新法接生率(%)	New Method Delivery for Births Not Delivered at Hospitals (%)	98.70	99.21
孕妇产前医学检查率(%)	Ante-natal Medical Examination Rate (%)	94.05	94.55
孕产妇系统管理率(%)	Pregnant Women System Care Rate (%)	82.31	82.81
城　市	Urban	89.17	87.92
农　村	Rural	79.28	80.53

20−34 续表1 continued

指　　标	Item	2010	2011
婚前医学检查率(%)	Pre-marital Examination (%)	16.64	37.03
城　市	Urban	23.57	48.31
农　村	Rural	13.21	31.55
当年报告艾滋病病毒感染例数(例)	HIV Infections Reported at Current Year (case)	791	518
#女　性	Female	210	138
已婚育龄妇女综合避孕率(%)	General Contraceptive Rate of Married Women (%)	93.65	94.28
教　育	**Education**		
在园幼儿数(万人)	Kindergarten Enrollment (10000 persons)	123.5	145.5
#女　童	Female	53.1	65.1
学前教育毛入园率(%)	Pre-primary Enrollment of 3 years in Pre-primary (%)	51.87	60.37
学前一年毛入园率(%)	Pre-primary Enrollment of 1 year in Pre-primary (%)	110.72	105.41
小学学龄儿童净入学率(%)	Primary Net Enrolment (%)	99.93	99.76
男　生	Male	99.92	99.73
女　生	Female	99.93	99.80
小学五年巩固率(%)	Consistant Rate of 5 Years in Primary School (%)	89.44	87.63
男　生	Male	89.13	87.15
女　生	Female	89.81	88.23
初中阶段毛入学率(%)	Secondary Gross Enrollment (%)	116.05	113.49
男　生	Male	116.79	114.08
女　生	Female	115.17	112.80
初中三年巩固率(%)	Consistant Rate of 3 Years in Junior Secondary School (%)	93.41	93.28
男　生	Male	93.29	92.96
女　生	Female	93.56	93.67
特殊教育在校学生数(人)	Special Education School Enrollment (person)	23741	23741
#女　生	Female	7179	7179
高中阶段毛入学率(%)	High School Gross Enrollment (%)	76.00	77.50
男　生	Male	79.31	80.03
女　生	Female	71.45	73.29
平均受教育年限(年)	Average Education Year (year)	8.57	8.73
男　性	Male	8.89	9.07
女　性	Female	8.31	8.46
成人识字率(%)	Adult Literacy Rate (%)	96.86	96.97
男　性	Male	98.69	98.73
女　性	Female	94.90	95.02
青壮年识字率(15−50岁)(%)	Young Adult Literacy Rate (Aged 15-50)(%)	98.99	99.05
男　性	Male	99.50	99.58
女　性	Female	98.42	98.49

20–34 续表2 continued

指 标	Item	2010	2011
就业与社会保障	**Employment and Social Security**		
就业人员(万人)	Employed Persons (10000 persons)	2498.8	2532.6
#女 性	Female	1113.7	1158.7
城镇单位就业人员(万人)	Urban Employed Persons (10000 persons)	297.4	344.4
#女 性	Female	127.6	157.4
城镇登记失业人员(万人)	Urban Registration Unemployment (10000 persons)	26.3	37.1
#女 性	Female	9.8	9.1
参加基本养老保险人数(万人)	Basic Pension Insurance Contributors (10000 persons)	607.6	652.9
参加基本医疗保险人数(万人)	Basic Medical Care Insurance Contributors (10000 persons)	1326.0	1330.4
参加失业保险人数(万人)	Unemployment Insurance Contributors (10000 persons)	265.3	262.7
参加工伤保险人数(万人)	Work Injury Insurance Contributors (10000 persons)	371.7	387.9
参加生育保险人数(万人)	Maternity Insurance Contributors (10000 persons)	170.0	200.3
#女 性	Female	71.8	85.0
生育保险覆盖率(%)	Coverage Rate of Maternity Insurance (%)	32.3	36.7
农村社会养老保险参保人数(万人)	Rural Basic Pension Insurance Contributors (10000 persons)	442.4	1298.7
城镇居民最低生活保障人数(万人)	Persons Receiving Lowest Cost-of-living in Urban Area (10000 persons)	95.0	93.0
农村居民最低生活保障人数(万人)	Persons Receiving Lowest Cost-of-living in Rural Area (10000 persons)	150.0	150.0
妇女参政议政	**Women Empowerment**		
省(区、市)人大代表数(人)	Provincial(Regional and Municipal)NPC Deputies(person)	608	603
#女 性	Female	148	145
省(区、市)政协委员数(人)	Provincial(Regional and Municipal)CPPCC Deputies (person)	690	682
#女 性	Female	132	133
省级党委领导班子中女干部配备数(人)	Number of women cadres in Provincial Party Organs (person)	1	1
省级政府领导班子中女干部配备数(人)	Number of women cadres in Provincial Government Organs (person)	1	1
地级党委领导班子中女干部配备率(%)	Rats of women cadres in Prefecture Party Organs (%)	81.82	100
地级政府领导班子中女干部配备率(%)	Rats of women cadres in Prefecture Government Organs (%)	90.91	90.91
县级党委领导班子中女干部配备率(%)	Rats of women cadres in County Party Organs (%)	84.85	96.97
县级政府领导班子中女干部配备率(%)	Rats of women cadres in County Government Organs (%)	79.80	96.97
村民委员会成员中女性比重(%)	Percentage of Females in Villater's Committees (%)	21.09	26.27
居民委员会成员中女性比重(%)	Percentage of Females in Neighborhood Committees (%)	61.05	70.31
保护妇女儿童的人身权利(起)	**Human Rights Protection of Women and Children (case)**		
破获强奸案件数	Rape Cases Solved	613	616
破获拐卖妇女案件数	Abducting Women Cases Solved	15	142
破获拐卖儿童案件数	Abducting Children Cases Solved	50	57
破获组织、强迫、引诱、容留妇女卖淫案件数	Prostitution-involved Cases Solved	261	343
生存环境和社会福利	**Living Environment and Social Welfare**		
农村改水受益率(%)	Benefit Rate of Rural Water Improvement (%)	99.64	100.74
农村自来水普及率(%)	Rate of Population With Access to Tap Water, Rural (%)	59.14	62.89
农村卫生厕所普及率(%)	Rate of Population With Access to Sanitary Latrines, Rural (%)	77.74	81.23
农村累计粪便无害化处理率(%)	Treatment Rate of Faeces Sanitary, Rural (%)	50.36	46.81
城市污水处理率(%)	Treatment Rate of Waste Water, Urban (%)	80.83	83.69
城市生活垃圾无害化处理率(%)	Treatment Rate of Consumption Wastes,Urban (%)	85.89	88.37
城镇社区服务设施数(个)	Service Facilities, Urban (unit)	3079	3205
城镇便民、利民网点数(个)	Service Centers, Urban (unit)	3935	3594

主要统计指标解释

卫生机构 包括医疗机构、疾病预防控制中心(防疫站)、采供血机构、卫生监督及监测(检验)机构、医学科研和在职培训机构、健康教育所等。

医疗机构 包括医院、社区卫生服务中心(站)、疗养院、卫生院、门诊部、诊所(卫生所、医务室)、妇幼保健院(所、站)、专科疾病防治院(所、站)、急救中心(站)和临床检验中心。医疗机构分为非赢利性医疗机构和赢利性医疗机构。

医院 包括综合医院、中医医院、中西医结合医院、民族医院、各类专科医院和护理院。

卫生技术人员 指卫生机构中医生、护理人员 、药剂人员、检验人员等卫生技术人员。

医生 指在医疗、预防保健机构工作且取得《执业医师证书》的执业医师和执业助理医师。

社会福利事业单位 指集中收养社会孤老、残、幼的机构，包括由民政部门管理的社会福利院、儿童福利院、精神病人福利院和城镇集体举办的福利院及农村集体举办的敬老院以及优抚医院和具有收养能力的社区服务中心等。该指标主要反映我国社会福利性单位的投入水平。

社会福利事业单位收养人数 包括民政部门管理和城镇、农村集体举办的社会福利事业单位中收养的老人、少年儿童、缺乏生活自理能力的残疾人员和精神病人。该指标主要反映收养性社会福利单位的收养能力。

社会福利企业单位 指以安置城镇有一定劳动能力的盲、聋、哑和肢体残疾人员就业为目的，享受国家减免税待遇的国有或集体企业。包括福利工厂、福利商业和服务业、假肢厂和安置农场等单位。该指标主要反映我国对残疾人照顾的特殊政策。

行政事业单位离退休费和企业单位养老金平均水平 行政、事业和企业单位离休、退休、退职人员在一定时期内平均每人所得离休金、退休金、退职生活费用和养老金。

$$\text{行政事业单位离退休费和企业单位养老金平均水平} = \frac{\text{报告期行政、事业和企业单位实际支付的离休金、退休金、退职生活费用和养老金总额}}{\text{报告期行政、事业和企业单位离退休人员平均人数}}$$

律师 指依法取得律师执业证书，担任法律顾问，民事(刑事、行政)案件代理人、刑事案件辩护人、办理非诉讼业务，解答法律询问，代写法律事务文书等，为社会提供法律服务的人员。

公证人员 指在公证处工作的人员总称，包括公证处主任、副主任、公证员、公证员助理(助理公证员)和其他从事辅助性工作的人员。

公证文书 指公证处根据当事人申请，依照事实和法律，按照法定程序制作的，具有法律效力的司法证明文书。根据公证书用途和使用地，公证书分为国内公证书、国内经济公证书、涉外民事公证书、涉外经济公证书四类。

调解员 指在人民调解委员会担负调解民间纠纷工作的人员，包括调解委员会的委员和调解小组的调解员。该指标主要反映从事人民调解工作的人员数量。

调解民间纠纷 指调解委员会按照法律规定，根据自愿原则，用说服教育的方法调解民间发生的有关民事权利和义务争执的件数，包括调解成功数和调解未成功数。该指标主要反映人民调解委员会的工作量。

Explanatory Notes on Main Statistical Indicators

Health Care Institutions include: medical institutions, disease prevention and control centres (epidemic prevention stations), blood gathering and supplying institutions, health supervision and inspection (check up) institutions, medicinal scientific research and on-job training institutions, health education centres and so on.

Medical Organizations include: hospitals, health service centres (stations) in communities, sanatoria, health centres, out-patient clinics, clinics (health stations and infirmaries), maternity and child care agencies (centres and stations), special disease prevention and curing agencies (centres and stations), first aid centres (stations) and clinical inspection centres.

Medical organizations are grouped by two types: profit-making and non-profit-making medical organizations.

Hospitals include: polyclinics, traditional Chinese medical hospitals, hospitals integrating traditional Chinese therapeutics and western therapeutics, ethnic hospitals, various specialist hospitals and nursing homes.

Medical Technical Personnel refers to doctors, nurses, pharmacists and laboratory technicians working in medical institutions.

Doctors refer to certified physicians and certified assistant physicians with certifications working in medical and health care and prevention agencies.

Social Welfare Institutions refer to institutions taking care of old people without children, handicapped people and orphans. They include social welfare institutions run by civil affairs departments, children welfare institutions, social welfare institutions for mental patients, collective-owned old people's homes in rural areas, convalescent homes and community service centers with the capacity of receiving those people. This indicator reflects the input in social welfare institutions.

Number of People Accommodated by Social Welfare Institutions refers to the number of old people, children, totally dependent handicapped people and mental patients Accommodated by social welfare institutions run by civil affairs departments and those run by collective units in urban and rural areas. This indicator reflects the capacity of social welfare institutions.

Social Welfare Enterprises are collective-owned enterprises which employ the blind, deaf-mute, and physically disabled people who are able to work in cities and towns and enjoy exemption from State taxes. They include welfare plants, welfare commercial services, artificial limb plants and farms, etc. This indicator reflects the preferential policies toward disabled persons.

Average Expenditure for Retired Persons in Administrative Department and Average Pension of Enterprise refers to average level of retirement pension, expenditures for living consumption after retirement and pension in money terms per person in the administrative department, institution and enterprise during a certain time of period.

$$\begin{array}{c}\text{Average Expenditure}\\ \text{for Retired Persons}\\ \text{in Administrative}\\ \text{Department and Average}\\ \text{Pension of Enterprise}\end{array} = \frac{\begin{array}{c}\text{Total Expenditure for Retired}\\ \text{Persons and Pension in}\\ \text{Administrative Department Institution}\\ \text{and Enterprise at Reference Period}\end{array}}{\begin{array}{c}\text{Average Number of}\\ \text{Retirees in Administrative}\\ \text{Department, Institution}\\ \text{and Enterprise at Reference Period}\end{array}}$$

Lawyers are certified legal workers according to law, and who are employed by legal counselling firms to act as legal advisers; agents in criminal or civil lawsuits; and defenders in criminal lawsuits; or to handle non-litigious legal affairs, to advise on matters of law or to write legal papers for others and provide service to the public.

Notary Personnel refers to people working for notary offices including: directors, deputy directors, notaries, assistant notaries and other people providing assistance.

Notary Documents refer to the judicial notary documents drawn up at the request of the interested party and are in accordance with facts and the law and following certain legal proceedings. According to usage and locality, notary documents are divided into the following 4 types: domestic notary documents, domestic economic notary documents, foreign-related civil notary documents and foreign-related economic notary documents.

Mediators refer to workers on people's mediation committees responsible for mediating in civil disputes and cases of slight infraction of the law. They include members of the mediation committees and mediators of mediation groups. This indicator reflects the number of people engaged in mediation.

Mediation of Civil Disputes refers to number of cases made by mediation committees in mediating in civil disputes concerning civil rights and duties through persuasion and education in accordance with the provisions of law on a voluntary basis, so as to solve disputes by helping the parties involved come to an agreement and understanding, including those unsuccessful ones. This indicator reflects the workload of the mediation committees.

21

企业调查

ENTERPRISE INVESTIGATION

◆507/530

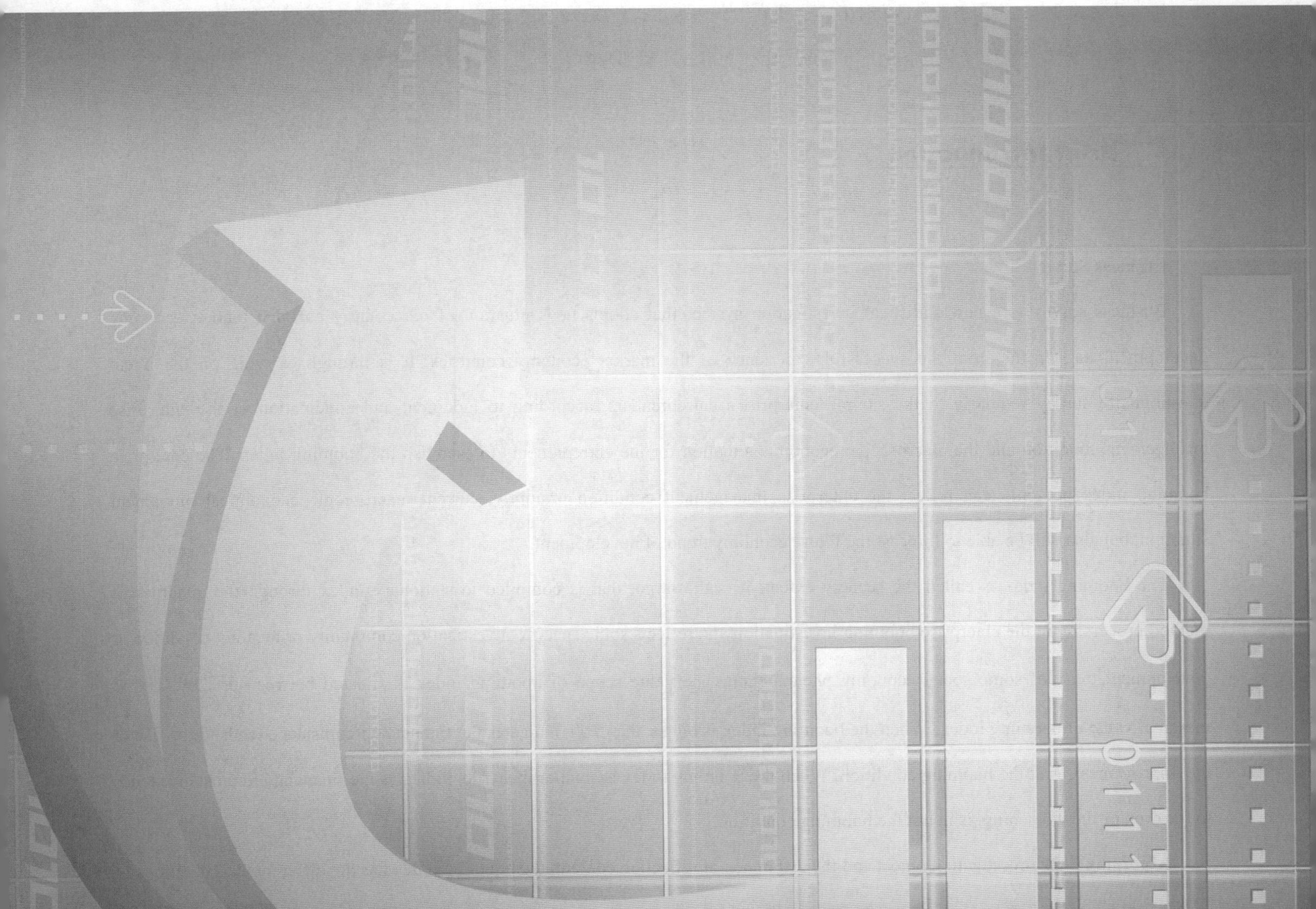

资料整理及英文翻译：陈佳、陈翠妤

Ⅰ 简要说明

企业景气调查

企业景气调查是适应我国社会主义市场经济发展的新形势，借鉴市场经济国家的成功经验而建立起来的一项新的统计调查制度。它是通过对样本企业的企业家定期进行意向性问卷调查，并根据企业家对企业经营状况及宏观经济形势的判断和预期来编制景气指数。企业景气指数不仅能够及时反映企业经营状况，当前宏观经济运行态势，而且能够预测未来经济发展趋势。

景气指数又称景气度，它是对企业景气调查中的定性指标通过定量方法加工汇总，综合反映某一特定调查群体或某一社会经济现象所处的状态或发展趋势的一种指标。景气指数的数值范围介于0～200之间，100为景气指数的临界值；当景气指数大于100时，表明经济状况趋于上升或改善，处于景气状态；当景气指数小于100时，表明经济状况趋于下降或恶化，处于不景气状况。

景气指数根据其调查对象和反映内容的不同，有宏观和微观等不同分类。企业家信心指数是根据企业家对宏观经济环境信心预期的判断而编制的；企业景气指数是根据企业家对本企业当前综合经营状况的判断和未来发展的预计而编制的指数。

企业景气调查包括工业；建筑业；交通运输、仓储和邮政业；批发和零售业；房地产业；信息传输、计算机服务和软件业；住宿和餐饮业；社会服务业八大行业门类。我省于1998年正式开展企业景气调查，2011年全省每季度进行调查的企业1000家，基本涵盖全部大型及特大型企业、省重点企业、上市公司和部分中小企业，具有较强的代表性。

Ⅰ Brief Introduction

Business Survey

Business survey is a new statistical investigation system that adopts new situation of our country socialist market economy development and profits from the successful experience of the market economy countries. It is through carrying on the intent questionnaire survey regularly to the sample enterprise's entrepreneurs, according to judgment and anticipation of the enterprise management condition and the macroscopic economic situation for the entrepreneurs to establish the booming index. The enterprise booming index not only can reflect the enterprise management condition promptly, current macroscopic economical movement situation, but also will be able to forecast the future economy trend of development.

The booming index is called the scenery extent, it is the target that is compiled to stationary index through the quantitative method processing in the enterprise booming investigation and reflects some specific investigation community or locating condition or development trend of some social economy phenomenon. The value scope of booming index is situated between 0～200, 100 is marginal value of booming index; When the booming index is bigger than 100, indicates the financial circumstance tends to the rise or the improvement, is at the booming condition; When the booming index is smaller than 100, indicates the financial circumstance tends to the drop or the worsening, is in not the booming condition.

According to its investigation object and the difference of reflection content, the booming index has the different classifications of

macroscopic and microscopic. The confidence index of entrepreneurs is established according to the judgment of entrepreneurs to the macroscopic economic environment confidence anticipation; the business climate index is established according to judgment of current comprehensive management condition and the estimate of future development.

Business survey includes industry; construction; transportation, storage and telecommunications; whole sale and retail trade; real estate; information transmission, computer services and software; hotel and catering services; social service eight big profession classes. Shandong business survey was developed in 1998 officially, there are 1000 investigation enterprises that are carried on each quarter in entire province in 2011, cover completely large-scale and the extra large type enterprise, the province key enterprises, listed company and the partial small and medium-sized enterprises basically, have the strong representation.

21-1 企业家信心指数(2011年)

Confidence Index of Entrepreneurs (2011)

类　　别	Classification	一季度 Quarter1	二季度 Quarter2	三季度 Quarter3	四季度 Quarter4
总体状况	**Overall**	**139.6**	**135.0**	**133.5**	**130.7**
按行业门类分	**Grouped by Sector**				
工业	Industry	138.8	134.7	132.8	128.5
采矿业	Mining	148.8	129.9	156.6	143.1
制造业	Manufacturing	135.9	134.7	129.6	127.1
电力、燃气及水的生产和供应业	Production and Supply of Power，Gas & Water	152.9	140.4	144.5	133.5
建筑业	Construction	134.4	132.6	122.8	119.6
交通运输、仓储及邮政业	Transport, Storage and Postal Service	149.6	138.1	144.6	146.8
批发和零售业	Wholesale and Retail Trade	150.6	145.5	151.7	154.0
房地产业	Real Estate Trade	117.1	110.6	110.2	92.2
社会服务业	Social Services	135.7	139.3	128.6	139.3
信息传输、计算机服务和软件业	Information Transmission, Computer Service and Software Services	183.1	166.4	177.5	184.0
住宿和餐饮业	Accommodation and Catering Services	130.0	120.7	121.1	126.3
按企业登记注册类型分	**by Status of Registration**				
国有企业	State-owned Enterprises	138.3	137.4	137.4	134.0
集体企业	Collective-owned Enterprises	125.2	122.6	122.6	120.0
股份合作企业	Cooperative Enterprises	134.9	138.9	124.6	131.7
联营企业	Joint Ownership Enterprises	150.0	100.0	100.0	150.0
有限责任公司	Limited Liability Corporations	140.8	135.0	132.7	130.8
股份有限公司	Share-holding Corporations Limited	148.4	137.6	138.8	139.8
私营企业	Private Enterprises	121.7	123.2	133.3	122.1
港、澳、台商投资企业	Enterprises with Funds from Hongkong,Macao and Taiwan	140.9	130.0	128.4	130.1
外商投资企业	Enterprises with Funds from Foreign	152.6	131.6	139.6	129.1
按企业规模分	**Grouped by Size of Enterprises**				
大型	Large-sized	143.9	122.6	121.8	118.4
中型	Medium-sized	150.1	142.6	142.9	135.4
小型	Small-sized	131.1	129.2	128.9	129.1
特殊分组	**Special Group**				
国家重点企业	Province key Enterprises	155.1	125.0	180.1	166.5
出口企业	Export Enterprises	135.9	129.7	124.5	123.8
上市公司	Companies Listed in Stock Exchange	163.5	127.0	133.7	130.7
国有控股企业	Stateholding Enterprises	145.3	136.3	139.9	134.2

21-2 企业景气指数(2011年)
Business Climate Index (2011)

类别	Classification	一季度 Quarter1	二季度 Quarter2	三季度 Quarter3	四季度 Quarter4
总体状况	**Overall**	**133.1**	**133.7**	**133.6**	**130.6**
按行业门类分	**Grouped by Sector**				
工业	Industry	130.6	133.5	132.1	128.9
采矿业	Mining	127.7	132.3	135.3	140.0
制造业	Manufacturing	128.2	134.3	130.9	128.5
电力、燃气及水的生产和供应业	Production and Supply of Power，Gas & Water	146.6	131.1	138.0	125.0
建筑业	Construction	126.6	128.9	123.4	125.2
交通运输、仓储及邮政业	Transport, Storage and Postal Service	140.6	137.9	137.9	133.5
批发和零售业	Wholesale and Retail Trade	155.8	149.2	151.6	154.1
房地产业	Real Estate Trade	128.5	118.4	124.9	104.4
社会服务业	Social Services	121.4	125.0	132.1	114.3
信息传输、计算机服务和软件业	Information Transmission, Computer Service and Software Services	169.2	169.2	180.3	178.4
住宿和餐饮业	Accommodation and Catering Services	120.0	106.9	121.1	135.1
按企业登记注册类型分	**by Status of Registration**				
国有企业	State-owned Enterprises	137.3	134.8	133.3	135.3
集体企业	Collective-owned Enterprises	114.9	114.9	122.6	120.0
股份合作企业	Cooperative Enterprises	135.7	131.7	157.1	135.7
联营企业	Joint Ownership Enterprises	150.0	150.0	100.0	150.0
有限责任公司	Limited Liability Corporations	132.4	129.8	129.8	129.5
股份有限公司	Share-holding Corporations Limited	147.1	149.7	152.6	140.8
私营企业	Private Enterprises	118.8	126.1	126.1	123.5
港、澳、台商投资企业	Enterprises with Funds from Hongkong,Macao and Taiwan	126.9	133.4	129.0	127.5
外商投资企业	Enterprises with Funds from Foreign	134.2	139.5	134.4	134.4
按企业规模分	**Grouped by Size of Enterprises**				
大型	Large-sized	148.2	141.7	146.8	127.8
中型	Medium-sized	141.0	143.1	141.9	136.2
小型	Small-sized	124.6	124.3	125.6	126.6
特殊分组	**Special Group**				
国家重点企业	Province key Enterprises	161.4	180.1	180.1	186.4
出口企业	Export Enterprises	130.9	136.8	133.6	130.2
上市公司	Companies Listed in Stock Exchange	154.7	166.1	163.2	134.6
国有控股企业	Stateholding Enterprises	140.6	139.1	141.6	137.8

21-3 企业生产经营状况景气指数

时间序列	Time	企业家信心指数 Confidence Index of Entrepreneurs	企业景气指数 Business Climate Index	生产总量景气指数 Climate Index of Total Output	盈利(亏损)变化景气指数 Climate Index of Profit(loss) Variation
2000年1季度	Quarter1,2000	98.1	101.7	109.7	92.0
2000年2季度	Quarter2,2000	100.3	97.4	111.6	85.2
2000年3季度	Quarter3,2000	103.1	96.8	116.4	91.8
2000年4季度	Quarter4,2000	104.6	100.8	116.8	95.1
2001年1季度	Quarter1,2001	117.1	107.6	106.0	97.3
2001年2季度	Quarter2,2001	111.2	110.0	114.9	98.7
2001年3季度	Quarter3,2001	112.0	109.0	114.8	94.9
2001年4季度	Quarter4,2001	111.6	106.5	110.0	96.5
2002年1季度	Quarter1,2002	120.4	112.5	104.5	98.3
2002年2季度	Quarter2,2002	115.5	111.6	117.2	101.6
2002年3季度	Quarter3,2002	116.2	113.1	118.3	107.9
2002年4季度	Quarter4,2002	120.7	117.2	123.5	108.1
2003年1季度	Quarter1,2003	125.1	119.6	112.3	107.8
2003年2季度	Quarter2,2003	113.6	105.1	105.9	94.5
2003年3季度	Quarter3,2003	128.1	120.6	126.6	112.6
2003年4季度	Quarter4,2003	127.1	126.7	128.8	116.9
2004年1季度	Quarter1,2004	135.3	129.0	116.3	112.4
2004年2季度	Quarter2,2004	130.5	126.4	122.8	110.9
2004年3季度	Quarter3,2004	128.2	122.3	125.1	112.7
2004年4季度	Quarter4,2004	130.1	128.1	135.1	123.1
2005年1季度	Quarter1,2005	132.4	124.3	106.0	110.2
2005年2季度	Quarter2,2005	129.5	126.9	122.5	110.7
2005年3季度	Quarter3,2005	130.7	128.5	125.7	116.1
2005年4季度	Quarter4,2005	132.6	134.6	128.4	125.2
2006年1季度	Quarter1,2006	134.7	129.8	111.0	110.8
2006年2季度	Quarter2,2006	128.3	131.8	123.2	119.6
2006年3季度	Quarter3,2006	130.6	133.9	124.6	119.5
2006年4季度	Quarter4,2006	133.4	135.6	133.1	127.0
2007年1季度	Quarter1,2007	144.2	140.2	109.5	113.5
2007年2季度	Quarter2,2007	141.0	143.5	129.5	123.6
2007年3季度	Quarter3,2007	138.5	137.7	126.3	118.6
2007年4季度	Quarter4,2007	135.7	140.1	129.5	120.2
2008年1季度	Quarter1,2008	136.8	128.5	101.2	100.7
2008年2季度	Quarter2,2008	130.3	128.9	125.9	112.8
2008年3季度	Quarter3,2008	120.6	123.6	115.5	103.5
2008年4季度	Quarter4,2008	103.0	111.8	95.5	85.5
2009年1季度	Quarter1,2009	107.1	110.7	89.0	88.6
2009年2季度	Quarter2,2009	113.6	114.6	111.9	102.0
2009年3季度	Quarter3,2009	121.9	125.8	125.4	115.9
2009年4季度	Quarter4,2009	131.6	131.4	129.6	124.2
2010年1季度	Quarter1,2010	136.9	130.0	107.6	107.9
2010年2季度	Quarter2,2010	130.7	130.8	128.4	115.1
2010年3季度	Quarter3,2010	135.1	130.9	127.9	116.4
2010年4季度	Quarter4,2010	138.9	138.9	129.8	125.9
2011年1季度	Quarter1,2011	139.6	133.1	110.7	109.4
2011年2季度	Quarter2,2011	135.0	133.7	127.4	117.9
2011年3季度	Quarter3,2011	133.5	133.6	121.6	113.1
2011年4季度	Quarter4,2011	130.7	130.6	115.6	108.6

Business Operating and Managing Climate Indices

流动资金 景气指数 Climate Index of of Liquid Capital	货款拖欠 景气指数 Climate Index on Overdue Obligations to Suppliers	劳动力需求 景气指数 Climate Index of Labor Demand	固定资产投资 景气指数 Climate Index on Fixed Assets Investment	产品订货 景气指数 Climate Index of Order Financing	企业融资 景气指数 Climate Index of Enterprises Financing
50.1	104.8	69.3	104.1		
46.5	92.0	76.6	104.2		
49.3	98.8	74.3	105.6		
53.2	98.1	78.0	108.6		
62.3	102.2	81.3	109.5		
60.9	99.8	84.0	112.0		
59.7	95.2	84.1	112.1		
61.4	101.8	84.4	109.0		
66.6	105.2	84.0	100.1		
66.6	102.9	89.2	111.2		
63.8	97.7	90.3	112.5		
66.7	98.5	92.3	114.0		
77.6	100.2	91.8	106.4		
70.8	99.7	87.4	109.9		
72.7	99.1	94.3	116.7		
76.1	100.7	96.3	116.0		
81.3	108.1	97.5	116.4	115.3	77.4
75.3	104.4	101.4	117.4	109.2	73.5
73.7	104.6	103.1	115.6	109.7	68.8
74.3	106.9	107.1	116.4	118.5	74.1
82.0	108.5	99.9	104.1	113.8	78.9
78.5	101.7	106.5	112.3	118.7	75.0
79.8	96.5	108.2	113.0	115.5	74.2
83.2	101.3	109.2	119.5	118.0	77.2
85.3	107.9	102.8	110.0	112.7	79.5
90.1	104.6	109.3	114.5	114.9	77.9
84.6	102.8	109.7	115.3	115.4	77.3
87.5	105.5	114.0	114.3	121.5	79.5
99.5	107.9	109.8	112.9	113.9	86.1
98.6	107.1	114.8	114.5	116.4	87.3
95.8	102.0	112.6	111.4	119.5	85.0
93.1	106.9	113.0	114.4	120.8	80.8
90.6	110.1	108.1	109.8	109.0	80.2
86.5	101.0	110.7	116.1	115.7	79.2
83.0	96.4	106.1	113.2	105.4	78.4
84.4	93.7	88.9	104.2	89.3	77.1
88.7	94.7	93.1	96.9	90.9	80.6
87.5	99.9	100.1	105.1	99.8	80.4
93.0	96.6	103.8	114.9	107.8	81.7
99.8	103.2	108.9	117.4	117.4	85.1
101.2	104.7	110.3	110.7	108.5	89.1
99.5	106.7	110.7	115.6	113.7	88.5
101.7	105.1	112.0	118.5	117.2	89.3
103.1	106.8	117.4	119.6	121.5	90.4
103.0	102.9	116.4	113.6	111.7	89.6
101.4	100.1	115.7	116.3	117.7	85.5
101.0	98.2	117.0	117.6	111.9	86.1
100.8	99.3	112.6	116.1	107.6	84.3

21-4 工业企业生产经营状况景气指数

时间序列	Time	企业家信心指数 Confidence Index of Entrepreneurs	企业景气指数 Business Climate Index	生产总量景气指数 Climate Index of Total Output	盈利(亏损)变化景气指数 Climate Index of Profit(loss) Variation
2000年1季度	Quarter1,2000	90.3	100.2	115.0	85.0
2000年2季度	Quarter2,2000	95.3	93.8	110.3	82.4
2000年3季度	Quarter3,2000	95.9	96.9	128.0	94.7
2000年4季度	Quarter4,2000	104.7	105.8	119.1	98.8
2001年1季度	Quarter1,2001	115.7	107.3	102.4	95.6
2001年2季度	Quarter2,2001	111.4	110.1	118.4	105.6
2001年3季度	Quarter3,2001	105.1	105.5	114.8	92.9
2001年4季度	Quarter4,2001	102.2	101.3	112.6	94.5
2002年1季度	Quarter1,2002	111.4	104.9	101.1	88.5
2002年2季度	Quarter2,2002	109.8	110.3	128.9	109.0
2002年3季度	Quarter3,2002	110.7	111.0	122.4	110.3
2002年4季度	Quarter4,2002	120.4	117.4	122.1	111.5
2003年1季度	Quarter1,2003	122.8	116.6	106.6	98.3
2003年2季度	Quarter2,2003	120.7	118.9	129.9	109.8
2003年3季度	Quarter3,2003	126.2	119.3	124.2	109.9
2003年4季度	Quarter4,2003	126.8	129.3	127.4	121.4
2004年1季度	Quarter1,2004	136.4	127.4	121.6	112.1
2004年2季度	Quarter2,2004	131.0	128.0	133.2	111.6
2004年3季度	Quarter3,2004	126.6	122.5	128.8	114.3
2004年4季度	Quarter4,2004	129.6	127.1	131.3	119.8
2005年1季度	Quarter1,2005	129.0	117.6	101.0	104.4
2005年2季度	Quarter2,2005	126.5	127.2	130.3	115.4
2005年3季度	Quarter3,2005	128.5	130.4	130.6	119.9
2005年4季度	Quarter4,2005	130.4	135.2	125.6	129.1
2006年1季度	Quarter1,2006	134.1	126.6	110.6	112.2
2006年2季度	Quarter2,2006	129.7	133.8	134.5	126.6
2006年3季度	Quarter3,2006	132.8	134.1	132.5	130.2
2006年4季度	Quarter4,2006	136.4	136.1	137.4	134.5
2007年1季度	Quarter1,2007	145.9	140.2	109.0	118.9
2007年2季度	Quarter2,2007	141.4	143.9	137.3	131.2
2007年3季度	Quarter3,2007	139.6	136.5	123.7	122.1
2007年4季度	Quarter4,2007	138.1	143.2	127.6	128.8
2008年1季度	Quarter1,2008	136.0	123.8	96.9	98.5
2008年2季度	Quarter2,2008	131.3	130.0	136.7	124.5
2008年3季度	Quarter3,2008	118.8	124.4	112.7	106.5
2008年4季度	Quarter4,2008	94.0	103.3	87.9	76.4
2009年1季度	Quarter1,2009	96.9	101.9	88.8	82.4
2009年2季度	Quarter2,2009	108.4	108.5	117.9	105.8
2009年3季度	Quarter3,2009	118.6	122.5	124.8	117.6
2009年4季度	Quarter4,2009	128.9	127.6	131.2	127.5
2010年1季度	Quarter1,2010	136.7	128.3	107.3	107.4
2010年2季度	Quarter2,2010	131.8	132.0	139.4	124.5
2010年3季度	Quarter3,2010	135.3	131.8	131.6	121.7
2010年4季度	Quarter4,2010	140.4	141.2	130.1	131.8
2011年1季度	Quarter1,2011	138.8	130.6	105.3	108.1
2011年2季度	Quarter2,2011	134.7	133.5	134.1	124.3
2011年3季度	Quarter3,2011	132.8	132.1	122.6	117.4
2011年4季度	Quarter4,2011	128.5	128.9	110.0	109.1

Operating and Managing Climate Index of Industrial Enterprise

流动资金 景气指数 Climate Index of of Liquid Capital	货款拖欠 景气指数 Climate Index on Overdue Obligations to Suppliers	劳动力需求 景气指数 Climate Index of Labor Demand	固定资产投资 景气指数 Climate Index on Fixed Assets Investment	产品订货 景气指数 Climate Index of Order Financing	企业融资 景气指数 Climate Index of Enterprises Financing
44.8	110.5	68.8	99.8	94.4	
42.3	86.4	78.3	108.5	95.5	
49.4	95.3	71.9	104.0	92.1	
54.1	98.6	81.8	111.2	89.5	
59.3	103.8	78.2	106.4	95.0	
59.4	97.7	83.5	107.1	93.9	
58.6	99.1	75.9	108.6	91.8	
60.5	102.7	81.1	110.4	95.0	
61.5	109.2	83.7	101.5	86.9	
64.0	101.3	94.1	115.0	87.7	
64.2	96.7	87.3	116.7	86.1	
71.3	97.9	91.2	119.1	91.0	
79.3	105.1	95.6	109.7	109.8	
79.4	100.9	92.7	119.9	101.9	
79.4	105.4	92.9	119.8	116.8	
83.3	110.4	97.0	125.5	121.3	
80.7	109.4	106.8	123.8	122.5	82.5
73.7	101.5	105.0	121.7	117.9	76.3
74.2	103.7	104.8	123.4	114.9	71.9
74.4	110.7	101.5	123.4	118.5	73.1
75.2	104.2	106.1	108.1	120.4	75.6
75.6	103.5	107.9	116.9	124.5	70.3
78.8	98.8	105.4	121.5	119.0	71.8
81.2	103.9	101.6	128.1	120.4	71.4
84.1	108.1	110.3	116.6	116.2	79.6
87.0	108.1	109.8	123.2	125.3	78.6
86.1	104.3	111.0	117.2	119.2	74.5
88.4	108.3	115.3	118.0	128.8	80.1
93.1	106.0	111.5	121.2	112.6	84.1
101.0	108.7	113.3	117.1	118.6	86.7
96.2	105.7	108.9	118.8	119.4	82.6
92.6	109.2	111.2	119.5	123.5	78.2
87.9	110.1	114.0	114.4	113.0	82.0
84.1	102.3	112.9	124.5	123.9	77.8
79.9	98.6	103.2	118.9	105.8	77.0
81.8	93.3	78.9	107.9	83.5	78.7
89.9	94.2	93.0	95.7	88.2	84.5
85.3	99.9	99.8	110.0	98.3	80.0
90.3	93.4	102.0	120.1	104.2	80.6
96.8	100.7	109.8	122.4	115.9	83.8
98.3	103.1	118.6	113.8	112.5	87.8
96.3	104.0	117.3	122.7	122.9	90.0
99.5	105.3	115.0	126.6	120.3	88.6
100.9	109.3	121.5	125.4	126.2	89.9
99.5	101.8	120.7	114.5	113.0	90.2
98.2	99.8	119.7	122.7	125.5	85.0
99.0	98.7	119.0	120.6	110.3	87.9
98.4	99.5	113.7	119.1	107.1	82.7

21-5 建筑业企业生产经营状况景气指数

时间序列	Time	企业家信心指数 Confidence Index of Entrepreneurs	企业景气指数 Business Climate Index	生产总量景气指数 Climate Index of Total Output	盈利(亏损)变化景气指数 Climate Index of Profit(loss) Variation
2000年1季度	Quarter1,2000	86.6	92.2	83.1	103.2
2000年2季度	Quarter2,2000	91.2	86.1	121.0	89.1
2000年3季度	Quarter3,2000	93.3	80.6	103.9	101.2
2000年4季度	Quarter4,2000	84.3	97.6	114.8	88.5
2001年1季度	Quarter1,2001	98.1	75.0	78.6	85.6
2001年2季度	Quarter2,2001	92.5	98.9	119.3	102.2
2001年3季度	Quarter3,2001	105.7	100.4	117.4	86.9
2001年4季度	Quarter4,2001	102.5	96.6	111.0	111.7
2002年1季度	Quarter1,2002	113.9	97.1	78.5	81.8
2002年2季度	Quarter2,2002	96.0	100.8	112.2	85.5
2002年3季度	Quarter3,2002	104.9	94.5	116.2	96.8
2002年4季度	Quarter4,2002	101.2	102.1	128.1	113.8
2003年1季度	Quarter1,2003	109.0	97.2	84.4	94.7
2003年2季度	Quarter2,2003	114.1	102.6	113.5	94.9
2003年3季度	Quarter3,2003	121.6	112.5	127.6	115.4
2003年4季度	Quarter4,2003	119.8	117.8	135.4	107.2
2004年1季度	Quarter1,2004	120.7	107.9	86.3	71.9
2004年2季度	Quarter2,2004	119.2	116.3	122.4	97.9
2004年3季度	Quarter3,2004	114.5	107.8	128.0	95.3
2004年4季度	Quarter4,2004	122.1	112.6	141.0	125.7
2005年1季度	Quarter1,2005	127.2	112.7	84.8	95.7
2005年2季度	Quarter2,2005	126.2	113.5	123.9	104.8
2005年3季度	Quarter3,2005	126.7	111.8	123.5	113.0
2005年4季度	Quarter4,2005	131.6	127.0	144.1	122.1
2006年1季度	Quarter1,2006	123.7	121.1	79.8	89.2
2006年2季度	Quarter2,2006	118.1	119.3	128.1	104.9
2006年3季度	Quarter3,2006	119.7	122.0	111.8	104.8
2006年4季度	Quarter4,2006	118.5	133.3	152.7	128.4
2007年1季度	Quarter1,2007	133.3	126.0	69.5	89.8
2007年2季度	Quarter2,2007	122.9	131.0	129.7	114.2
2007年3季度	Quarter3,2007	126.2	126.3	133.0	106.9
2007年4季度	Quarter4,2007	123.8	129.7	146.6	101.7
2008年1季度	Quarter1,2008	122.9	124.0	73.2	84.9
2008年2季度	Quarter2,2008	119.3	121.7	120.2	91.2
2008年3季度	Quarter3,2008	117.9	117.5	132.6	89.0
2008年4季度	Quarter4,2008	108.0	131.5	121.1	112.0
2009年1季度	Quarter1,2009	118.9	119.8	62.4	89.8
2009年2季度	Quarter2,2009	123.8	126.2	124.9	101.9
2009年3季度	Quarter3,2009	123.1	129.1	136.4	108.3
2009年4季度	Quarter4,2009	134.0	133.1	145.1	122.8
2010年1季度	Quarter1,2010	139.4	126.3	82.9	91.7
2010年2季度	Quarter2,2010	126.7	134.9	131.0	111.4
2010年3季度	Quarter3,2010	131.3	128.2	135.0	107.0
2010年4季度	Quarter4,2010	137.6	139.1	141.7	125.5
2011年1季度	Quarter1,2011	134.4	126.6	92.3	88.9
2011年2季度	Quarter2,2011	132.6	128.9	123.6	103.0
2011年3季度	Quarter3,2011	122.8	123.4	120.5	98.0
2011年4季度	Quarter4,2011	119.6	125.2	120.7	107.6

Operating and Managing Climate Index of Construction Enterprise

流动资金 景气指数 Climate Index of of Liquid Capital	货款拖欠 景气指数 Climate Index on Overdue Obligations to Suppliers	劳动力需求 景气指数 Climate Index of Labor Demand	固定资产投资 景气指数 Climate Index on Fixed Assets Investment	产品订货 景气指数 Climate Index of Order Financing	企业融资 景气指数 Climate Index of Enterprises Financing
52.0	87.9	72.4	102.4	65.9	
51.4	76.1	93.5	92.6	70.5	
50.3	80.7	90.0	101.8	93.5	
61.0	73.2	85.8	98.3	92.5	
58.0	65.7	80.7	103.9	85.4	
50.8	82.3	99.8	99.3	96.4	
30.3	59.0	103.7	103.1	97.7	
42.0	79.7	96.9	90.4	87.7	
57.8	91.2	67.6	77.1	94.0	
49.0	79.2	92.4	89.0	98.6	
40.0	62.1	102.1	92.3	111.7	
49.3	59.4	110.8	100.3	119.4	
57.7	66.2	74.4	91.2	94.1	
55.2	66.8	105.1	97.8	96.8	
48.2	66.4	118.5	101.7	112.9	
54.3	60.9	123.4	98.7	107.8	
62.9	94.4	80.7	103.6	87.2	50.2
60.6	96.6	105.2	115.5	96.9	50.2
56.2	80.2	121.0	104.7	102.1	42.8
51.6	78.4	123.6	103.7	119.3	62.3
73.0	101.6	79.8	93.5	93.1	63.5
62.4	72.2	122.2	111.9	125.8	62.9
63.1	67.2	127.9	104.2	111.5	54.8
68.3	80.3	142.9	114.9	121.2	65.0
66.5	102.5	80.3	88.2	91.6	54.3
74.6	89.8	117.3	103.9	110.3	56.3
68.7	73.2	118.5	105.3	100.4	56.2
68.1	71.6	136.8	117.1	123.1	53.5
89.1	108.0	89.2	95.0	83.6	67.5
80.5	98.0	131.8	107.6	120.1	68.2
82.7	88.9	131.1	100.5	117.6	72.4
72.7	91.4	133.4	100.3	127.2	60.3
82.8	109.3	71.6	92.4	74.0	59.6
76.0	90.2	115.8	102.4	114.6	63.7
73.9	72.1	125.9	104.8	114.3	59.2
77.7	75.6	113.4	100.5	97.8	56.0
70.5	83.1	80.4	92.4	82.9	62.0
77.4	83.9	119.6	100.1	118.9	66.4
84.1	90.4	129.1	103.4	115.6	65.5
93.1	98.1	129.8	112.0	124.4	66.6
87.1	105.0	93.2	93.4	86.9	67.2
92.0	111.6	119.3	102.7	109.8	73.3
89.8	89.1	132.2	107.3	125.3	77.2
89.0	88.9	133.2	109.4	132.6	82.2
96.6	94.7	105.4	106.4	93.2	67.7
92.6	86.0	123.9	98.5	107.1	64.4
85.9	80.1	130.0	108.4	113.4	59.4
88.3	85.7	120.8	100.9	99.0	70.0

21–6 交通运输、仓储和邮政业企业生产经营状况景气指数

时间序列	Time	企业家信心指数 Confidence Index of Entrepreneurs	企业景气指数 Business Climate Index	生产总量景气指数 Climate Index of Total Output	盈利(亏损)变化景气指数 Climate Index of Profit(loss) Variation
2000年1季度	Quarter1,2000	127.1	136.9	141.4	127.5
2000年2季度	Quarter2,2000	124.0	127.5	127.6	106.3
2000年3季度	Quarter3,2000	127.5	113.2	120.4	113.2
2000年4季度	Quarter4,2000	124.9	110.0	147.0	121.1
2001年1季度	Quarter1,2001	133.0	132.9	141.4	105.3
2001年2季度	Quarter2,2001	119.2	111.1	113.6	74.5
2001年3季度	Quarter3,2001	124.7	122.1	134.6	103.4
2001年4季度	Quarter4,2001	133.0	131.1	121.8	84.9
2002年1季度	Quarter1,2002	133.1	141.0	128.9	133.2
2002年2季度	Quarter2,2002	127.9	115.8	101.5	88.3
2002年3季度	Quarter3,2002	127.9	131.6	118.4	110.4
2002年4季度	Quarter4,2002	134.2	129.0	122.6	96.4
2003年1季度	Quarter1,2003	138.0	140.3	134.2	134.7
2003年2季度	Quarter2,2003	81.3	60.3	40.8	40.9
2003年3季度	Quarter3,2003	141.3	128.3	138.6	113.7
2003年4季度	Quarter4,2003	124.3	136.4	125.6	114.5
2004年1季度	Quarter1,2004	142.0	152.1	155.7	148.9
2004年2季度	Quarter2,2004	142.1	134.1	113.8	109.6
2004年3季度	Quarter3,2004	142.1	130.9	133.2	123.9
2004年4季度	Quarter4,2004	143.0	146.8	155.9	116.8
2005年1季度	Quarter1,2005	142.2	151.0	168.0	149.9
2005年2季度	Quarter2,2005	139.9	142.1	109.8	100.9
2005年3季度	Quarter3,2005	137.6	139.9	131.1	104.4
2005年4季度	Quarter4,2005	130.2	143.6	125.5	120.2
2006年1季度	Quarter1,2006	140.8	142.2	148.4	130.2
2006年2季度	Quarter2,2006	116.6	126.3	100.1	102.9
2006年3季度	Quarter3,2006	130.8	142.2	141.6	88.0
2006年4季度	Quarter4,2006	135.2	139.9	106.2	109.2
2007年1季度	Quarter1,2007	154.2	153.1	158.3	109.2
2007年2季度	Quarter2,2007	158.4	159.8	103.5	96.6
2007年3季度	Quarter3,2007	139.7	148.9	125.6	85.9
2007年4季度	Quarter4,2007	137.4	125.5	116.3	81.7
2008年1季度	Quarter1,2008	155.4	144.2	151.0	112.5
2008年2季度	Quarter2,2008	141.9	130.7	107.6	87.5
2008年3季度	Quarter3,2008	130.5	116.0	119.1	85.1
2008年4季度	Quarter4,2008	123.7	110.1	94.1	62.3
2009年1季度	Quarter1,2009	137.3	130.7	132.6	116.7
2009年2季度	Quarter2,2009	124.9	116.1	81.7	74.9
2009年3季度	Quarter3,2009	129.7	127.7	127.3	115.6
2009年4季度	Quarter4,2009	143.3	132.0	126.7	110.8
2010年1季度	Quarter1,2010	134.2	134.5	143.2	125.0
2010年2季度	Quarter2,2010	134.2	111.5	99.9	72.3
2010年3季度	Quarter3,2010	136.5	120.6	114.1	95.6
2010年4季度	Quarter4,2010	141.0	127.4	115.8	95.3
2011年1季度	Quarter1,2011	149.6	140.6	153.3	133.0
2011年2季度	Quarter2,2011	138.1	137.9	108.4	88.2
2011年3季度	Quarter3,2011	144.6	137.9	124.0	101.7
2011年4季度	Quarter4,2011	146.8	133.5	119.5	94.9

Operating and Managing Climate Index of Transport, Storage and Postal Service Enterprises

流动资金 景气指数 Climate Index of of Liquid Capital	货款拖欠 景气指数 Climate Index on Overdue Obligations to Suppliers	劳动力需求 景气指数 Climate Index of Labor Demand	固定资产投资 景气指数 Climate Index on Fixed Assets Investment	产品订货 景气指数 Climate Index of Order Financing	企业融资 景气指数 Climate Index of Enterprises Financing
55.5	103.3	58.7	136.6		
43.6	106.9	46.9	104.0		
32.5	118.6	57.6	107.6		
30.4	103.6	59.7	108.7		
54.9	107.3	77.6	114.6		
60.7	101.7	55.4	135.7		
74.4	86.6	68.1	127.5		
62.8	104.9	75.5	122.9		
63.2	105.2	93.7	101.6		
72.6	125.3	70.0	116.8		
67.3	124.7	75.3	116.2		
49.4	112.5	83.1	113.1		
60.1	112.8	88.0	118.0		
43.9	99.9	57.8	101.5		
55.7	112.4	74.7	123.7		
61.6	101.6	79.6	119.5		
69.3	118.6	92.2	128.1	151.2	68.6
55.7	111.4	97.7	121.6	111.6	64.0
58.0	125.6	86.0	119.4	132.7	67.2
67.5	123.3	104.6	123.4	144.5	80.1
76.1	117.8	88.1	109.8	156.8	84.8
78.2	125.4	90.3	112.1	109.8	78.1
75.9	115.6	99.2	111.2	129.0	87.8
75.1	111.1	92.5	123.1	125.5	96.7
70.3	106.8	104.0	119.9	139.2	80.5
93.6	94.9	109.1	107.5	97.8	70.9
61.2	123.3	99.4	130.1	132.4	91.9
74.9	104.6	101.7	114.3	104.4	89.6
94.7	106.8	117.4	105.9	157.8	85.6
93.1	114.0	103.3	137.2	102.8	82.9
81.9	100.0	104.7	97.2	121.0	85.1
80.0	100.0	104.6	113.2	111.7	80.6
76.1	109.1	127.2	121.7	136.3	79.6
73.9	97.8	104.6	117.0	86.2	80.7
64.8	95.5	104.6	115.8	106.9	79.6
55.7	93.2	93.2	104.5	104.4	71.5
78.7	97.7	110.9	122.5	116.2	72.3
75.4	109.4	86.2	90.6	72.6	75.0
75.4	109.4	91.1	111.1	115.9	81.8
84.5	111.4	93.3	117.9	119.9	90.5
93.6	113.9	107.0	127.3	125.0	93.2
86.8	116.2	95.6	115.3	93.0	93.0
93.6	111.4	102.4	131.2	111.8	86.1
91.3	106.8	97.9	127.3	106.7	93.0
96.1	113.3	115.8	134.8	133.3	93.3
98.3	122.2	104.6	116.8	108.5	99.6
96.1	126.7	111.3	130.3	122.0	92.8
96.1	115.6	106.8	141.7	113.0	90.8

21-7 批发和零售业企业生产经营状况景气指数

时间序列	Time	企业家信心指数 Confidence Index of Entrepreneurs	企业景气指数 Business Climate Index	生产总量景气指数 Climate Index of Total Output	盈利(亏损)变化景气指数 Climate Index of Profit(loss) Variation
2000年1季度	Quarter1,2000	82.5	83.6	97.7	76.8
2000年2季度	Quarter2,2000	79.3	84.9	90.9	81.2
2000年3季度	Quarter3,2000	77.2	83.1	81.5	63.1
2000年4季度	Quarter4,2000	79.0	80.6	94.4	72.9
2001年1季度	Quarter1,2001	101.8	104.4	108.1	107.3
2001年2季度	Quarter2,2001	90.0	103.1	89.9	85.0
2001年3季度	Quarter3,2001	92.5	96.5	85.9	86.8
2001年4季度	Quarter4,2001	95.8	101.7	96.1	94.2
2002年1季度	Quarter1,2002	105.4	109.5	106.6	103.6
2002年2季度	Quarter2,2002	102.7	105.9	90.9	92.0
2002年3季度	Quarter3,2002	99.8	110.1	106.5	105.3
2002年4季度	Quarter4,2002	106.3	114.6	117.4	108.7
2003年1季度	Quarter1,2003	117.5	124.5	123.1	122.0
2003年2季度	Quarter2,2003	106.2	102.1	85.8	97.0
2003年3季度	Quarter3,2003	106.4	110.9	104.3	101.4
2003年4季度	Quarter4,2003	119.8	120.5	132.1	120.8
2004年1季度	Quarter1,2004	124.0	127.5	108.4	127.3
2004年2季度	Quarter2,2004	113.5	115.2	96.8	111.4
2004年3季度	Quarter3,2004	121.9	126.3	113.5	123.5
2004年4季度	Quarter4,2004	118.0	130.1	132.4	134.4
2005年1季度	Quarter1,2005	128.2	136.3	111.3	124.8
2005年2季度	Quarter2,2005	125.4	135.7	104.5	111.8
2005年3季度	Quarter3,2005	129.8	134.4	122.3	125.6
2005年4季度	Quarter4,2005	135.1	139.7	132.1	135.1
2006年1季度	Quarter1,2006	132.2	137.0	109.3	121.4
2006年2季度	Quarter2,2006	129.9	131.8	97.7	122.8
2006年3季度	Quarter3,2006	126.7	133.2	100.6	126.0
2006年4季度	Quarter4,2006	131.0	137.1	120.0	128.3
2007年1季度	Quarter1,2007	141.7	147.9	114.0	123.0
2007年2季度	Quarter2,2007	146.1	147.7	124.9	139.3
2007年3季度	Quarter3,2007	133.8	140.1	122.9	131.1
2007年4季度	Quarter4,2007	131.1	142.1	142.9	132.5
2008年1季度	Quarter1,2008	142.8	144.6	115.8	116.5
2008年2季度	Quarter2,2008	131.3	136.2	108.7	113.5
2008年3季度	Quarter3,2008	139.5	136.9	121.6	127.1
2008年4季度	Quarter4,2008	132.4	132.5	108.8	113.3
2009年1季度	Quarter1,2009	123.7	131.6	89.1	106.3
2009年2季度	Quarter2,2009	126.9	133.6	102.6	111.6
2009年3季度	Quarter3,2009	131.4	133.7	127.2	123.9
2009年4季度	Quarter4,2009	136.7	143.9	121.2	126.3
2010年1季度	Quarter1,2010	142.7	145.6	124.6	130.6
2010年2季度	Quarter2,2010	145.5	150.4	120.0	125.5
2010年3季度	Quarter3,2010	147.8	146.3	126.7	131.2
2010年4季度	Quarter4,2010	147.5	151.2	141.3	139.8
2011年1季度	Quarter1,2011	150.6	155.8	137.7	130.8
2011年2季度	Quarter2,2011	145.5	149.2	129.0	130.2
2011年3季度	Quarter3,2011	151.7	151.6	123.9	126.9
2011年4季度	Quarter4,2011	154.0	154.1	136.2	128.6

Operating and Managing Climate Index of Wholesale and Retail Trade Enterprises

流动资金 景气指数 Climate Index of of Liquid Capital	货款拖欠 景气指数 Climate Index on Overdue Obligations to Suppliers	劳动力需求 景气指数 Climate Index of Labor Demand	固定资产投资 景气指数 Climate Index on Fixed Assets Investment	产品订货 景气指数 Climate Index of Order Financing	企业融资 景气指数 Climate Index of Enterprises Financing
55.3	114.2	65.0	88.5		
53.1	118.1	68.9	93.5		
48.1	122.8	68.4	92.8		
51.6	115.4	73.8	102.2		
69.9	113.2	78.2	109.0		
64.1	115.4	78.9	109.6		
60.8	120.1	84.4	114.5		
66.8	115.9	83.6	108.3		
77.5	111.4	80.2	109.4		
69.3	116.2	73.3	110.3		
70.3	112.0	76.8	108.9		
68.5	114.4	82.8	114.1		
86.3	109.5	89.7	110.4		
77.1	112.2	78.9	107.3		
81.7	98.7	76.3	110.7		
83.1	110.3	84.0	103.6		
99.3	115.4	86.2	108.9	96.7	92.0
102.0	117.6	87.8	111.1	98.1	93.7
99.0	113.2	93.4	107.7	95.1	78.9
99.0	122.9	100.8	107.6	99.2	85.9
109.4	118.7	102.6	102.1	111.3	93.7
107.6	124.8	95.0	105.4	105.5	88.1
110.6	112.0	106.0	104.6	109.4	90.7
110.1	117.1	108.4	106.7	109.6	91.8
111.1	114.7	101.3	105.9	105.2	96.5
112.3	117.5	97.4	99.2	104.0	95.2
114.6	113.8	107.7	109.5	107.1	98.2
111.0	126.9	104.3	104.4	112.6	97.0
125.7	113.6	120.5	105.4	128.7	101.4
115.4	111.6	103.5	106.1	123.6	113.3
112.8	103.7	102.7	104.9	113.9	96.2
115.0	110.8	108.1	111.4	116.3	98.2
123.0	110.8	110.8	105.8	117.8	91.8
119.7	115.9	102.3	108.9	112.3	99.6
123.0	111.3	106.9	107.6	114.2	100.5
124.7	109.2	104.4	103.5	103.2	100.7
125.4	112.6	99.0	100.6	99.3	100.5
129.8	110.4	94.0	106.7	103.6	104.4
125.1	106.7	97.7	114.0	105.5	103.2
130.0	113.8	98.0	110.2	112.7	104.5
127.8	115.5	104.9	112.6	109.0	113.4
130.8	117.8	101.2	110.8	107.2	105.0
135.2	115.8	106.3	110.7	109.8	105.5
128.3	116.1	110.9	113.7	117.4	107.0
127.3	116.2	106.8	114.2	125.1	103.1
127.7	107.3	103.4	112.3	110.9	101.6
131.7	105.0	105.6	115.3	114.1	103.3
129.2	108.9	104.6	113.1	122.2	105.1

21-8 房地产业企业生产经营状况景气指数

时间序列	Time	企业家信心指数 Confidence Index of Entrepreneurs	企业景气指数 Business Climate Index	生产总量景气指数 Climate Index of Total Output	盈利(亏损)变化景气指数 Climate Index of Profit(loss) Variation
2000年1季度	Quarter1,2000	125.6	74.4	71.8	79.5
2000年2季度	Quarter2,2000	127.0	97.3	105.4	81.1
2000年3季度	Quarter3,2000	151.4	111.4	117.1	97.1
2000年4季度	Quarter4,2000	142.9	100.0	100.0	91.2
2001年1季度	Quarter1,2001	144.4	117.8	102.2	120.0
2001年2季度	Quarter2,2001	133.3	120.0	106.7	104.4
2001年3季度	Quarter3,2001	144.4	111.1	106.8	108.9
2001年4季度	Quarter4,2001	137.8	106.7	100.0	120.0
2002年1季度	Quarter1,2002	154.2	120.8	110.4	108.3
2002年2季度	Quarter2,2002	151.1	114.9	121.3	100.0
2002年3季度	Quarter3,2002	153.2	114.9	114.9	104.3
2002年4季度	Quarter4,2002	148.9	117.0	131.9	106.4
2003年1季度	Quarter1,2003	149.0	124.5	128.6	118.4
2003年2季度	Quarter2,2003	149.0	122.5	126.5	118.4
2003年3季度	Quarter3,2003	150.0	122.9	133.3	127.1
2003年4季度	Quarter4,2003	147.9	116.7	125.0	114.6
2004年1季度	Quarter1,2004	165.4	140.0	102.6	124.8
2004年2季度	Quarter2,2004	152.0	127.4	107.4	109.4
2004年3季度	Quarter3,2004	155.4	125.4	102.6	112.6
2004年4季度	Quarter4,2004	146.6	124.0	111.4	121.4
2005年1季度	Quarter1,2005	156.8	131.3	92.2	127.5
2005年2季度	Quarter2,2005	133.3	113.7	105.8	100.0
2005年3季度	Quarter3,2005	136.0	117.9	102.0	86.0
2005年4季度	Quarter4,2005	137.2	125.4	103.9	109.8
2006年1季度	Quarter1,2006	146.2	130.8	90.4	107.7
2006年2季度	Quarter2,2006	136.6	128.9	105.8	113.5
2006年3季度	Quarter3,2006	134.6	123.1	86.6	109.6
2006年4季度	Quarter4,2006	138.5	119.2	117.3	107.7
2007年1季度	Quarter1,2007	143.6	129.1	95.0	113.5
2007年2季度	Quarter2,2007	134.8	135.0	112.1	110.8
2007年3季度	Quarter3,2007	158.6	139.6	123.6	131.6
2007年4季度	Quarter4,2007	147.6	136.6	109.6	121.6
2008年1季度	Quarter1,2008	126.2	118.8	88.6	98.2
2008年2季度	Quarter2,2008	109.6	107.6	96.2	75.1
2008年3季度	Quarter3,2008	90.3	107.5	90.4	82.5
2008年4季度	Quarter4,2008	88.4	90.1	68.6	74.5
2009年1季度	Quarter1,2009	88.3	83.7	72.1	61.4
2009年2季度	Quarter2,2009	97.0	98.8	76.8	85.0
2009年3季度	Quarter3,2009	112.4	124.7	87.8	108.7
2009年4季度	Quarter4,2009	124.7	129.3	93.5	116.1
2010年1季度	Quarter1,2010	130.9	120.8	92.5	102.6
2010年2季度	Quarter2,2010	103.6	109.9	88.1	93.5
2010年3季度	Quarter3,2010	124.4	129.9	106.2	108.1
2010年4季度	Quarter4,2010	124.1	131.5	107.4	124.9
2011年1季度	Quarter1,2011	117.1	128.5	107.1	111.6
2011年2季度	Quarter2,2011	110.6	118.4	100.1	102.5
2011年3季度	Quarter3,2011	110.2	124.9	97.7	95.7
2011年4季度	Quarter4,2011	92.2	104.4	101.5	69.7

Operating and Managing Climate Index of Real Estate Enterprise

流动资金 景气指数 Climate Index of of Liquid Capital	货款拖欠 景气指数 Climate Index on Overdue Obligations to Suppliers	劳动力需求 景气指数 Climate Index of Labor Demand	固定资产投资 景气指数 Climate Index on Fixed Assets Investment	产品订货 景气指数 Climate Index of Order Financing	企业融资 景气指数 Climate Index of Enterprises Financing
56.4	100.0	71.8	76.9	69.2	
56.8	116.2	91.9	91.9	91.9	
71.4	120.0	94.3	117.1	100.0	
62.9	120.0	91.4	105.7	108.6	
66.7	129.6	95.6	111.1	102.2	
57.8	125.0	102.2	104.6	113.3	
64.4	125.0	100.0	104.4	102.2	
62.2	126.7	88.9	97.8	100.0	
75.0	112.5	108.3	114.6	102.1	
76.6	112.8	100.0	121.3	106.4	
72.3	106.4	106.4	110.6	125.5	
83.0	125.5	102.1	114.9	119.2	
93.9	100.0	102.0	104.1	100.0	
81.6	132.7	104.1	100.0	104.1	
72.9	110.4	93.8	129.2	116.7	
68.8	114.6	79.2	116.7	125.0	
95.4	118.6	101.4	100.0	109.4	90.0
84.8	120.8	96.0	103.4	95.4	83.4
75.4	128.0	88.6	109.4	82.6	78.0
73.4	118.0	99.4	109.4	104.8	64.0
84.3	125.5	105.8	98.0	90.1	78.4
80.3	115.7	84.3	107.8	91.9	76.4
69.9	118.0	92.1	110.0	83.9	62.0
80.3	107.8	90.2	98.0	92.1	74.5
86.5	115.4	102.0	92.2	94.2	75.0
88.4	125.0	98.1	103.9	92.2	75.0
80.8	119.2	100.0	98.0	100.0	71.1
75.0	126.9	96.2	92.2	98.1	67.3
103.1	136.8	98.7	97.9	102.4	85.9
96.1	126.9	97.5	99.9	96.4	77.3
101.0	127.5	105.6	110.0	121.6	77.4
94.5	127.6	105.6	110.0	101.6	84.5
83.0	126.5	84.8	90.6	78.7	62.3
77.0	117.4	82.7	86.5	77.1	67.4
67.2	119.5	86.5	80.7	54.8	70.9
72.3	113.7	70.4	62.8	54.0	54.8
44.6	95.8	66.0	64.4	79.8	40.8
61.8	123.3	75.9	83.3	105.1	64.0
93.2	115.1	79.3	87.5	105.7	67.3
91.2	122.6	86.0	85.6	101.9	70.0
102.9	132.0	83.4	93.5	99.0	89.1
94.6	129.9	73.5	80.0	68.1	74.6
103.6	133.5	84.4	85.5	88.1	87.3
103.7	126.7	90.7	91.8	93.4	78.6
105.8	121.8	101.2	87.2	81.3	87.0
92.4	108.3	82.9	82.8	84.8	74.7
95.8	109.6	89.8	82.8	77.5	64.7
85.5	105.6	81.4	83.9	65.0	63.8

21-9 社会服务业企业生产经营状况景气指数

时间序列	Time	企业家信心指数 Confidence Index of Entrepreneurs	企业景气指数 Business Climate Index	生产总量景气指数 Climate Index of Total Output	盈利(亏损)变化景气指数 Climate Index of Profit(loss) Variation
2000年1季度	Quarter1,2000	140.0	100.0	60.0	60.0
2000年2季度	Quarter2,2000	120.0	100.0	60.0	60.0
2000年3季度	Quarter3,2000	140.0	80.0	60.0	40.0
2000年4季度	Quarter4,2000	80.0		40.0	
2001年1季度	Quarter1,2001	150.0	100.0	50.0	
2001年2季度	Quarter2,2001	166.7	133.3	150.0	133.3
2001年3季度	Quarter3,2001	183.3	183.3	133.3	116.7
2001年4季度	Quarter4,2001	200.0	116.7	66.7	66.7
2002年1季度	Quarter1,2002	185.7	128.6	71.4	57.1
2002年2季度	Quarter2,2002	171.4	142.9	100.0	142.9
2002年3季度	Quarter3,2002	157.1	128.6	128.6	157.1
2002年4季度	Quarter4,2002	142.9	114.3	114.3	71.4
2003年1季度	Quarter1,2003	153.9	138.5	153.9	123.1
2003年2季度	Quarter2,2003	53.9	38.5	30.8	46.2
2003年3季度	Quarter3,2003	146.2	138.5	138.5	130.8
2003年4季度	Quarter4,2003	138.5	123.1	100.0	92.3
2004年1季度	Quarter1,2004	155.0	150.0	115.0	145.0
2004年2季度	Quarter2,2004	165.0	170.0	155.0	150.0
2004年3季度	Quarter3,2004	150.0	150.0	130.0	125.0
2004年4季度	Quarter4,2004	140.0	145.0	135.0	125.0
2005年1季度	Quarter1,2005	144.4	138.9	105.6	72.2
2005年2季度	Quarter2,2005	155.6	155.6	133.3	122.2
2005年3季度	Quarter3,2005	150.0	155.6	127.8	138.9
2005年4季度	Quarter4,2005	133.3	144.4	127.8	122.2
2006年1季度	Quarter1,2006	143.8	125.0	137.5	81.3
2006年2季度	Quarter2,2006	150.0	162.5	118.8	131.3
2006年3季度	Quarter3,2006	143.8	162.5	131.3	125.0
2006年4季度	Quarter4,2006	137.5	125.0	118.8	100.0
2007年1季度	Quarter1,2007	141.2	135.3	117.7	88.2
2007年2季度	Quarter2,2007	146.8	140.9	129.4	117.3
2007年3季度	Quarter3,2007	135.3	141.2	141.2	129.4
2007年4季度	Quarter4,2007	123.5	135.3	94.1	105.9
2008年1季度	Quarter1,2008	155.6	133.3	111.1	116.7
2008年2季度	Quarter2,2008	138.9	127.8	116.7	133.3
2008年3季度	Quarter3,2008	105.6	116.7	111.1	116.7
2008年4季度	Quarter4,2008	83.3	122.2	83.3	83.3
2009年1季度	Quarter1,2009	95.2	109.5	81.0	81.0
2009年2季度	Quarter2,2009	100.0	109.5	109.5	109.5
2009年3季度	Quarter3,2009	114.3	123.8	109.5	109.5
2009年4季度	Quarter4,2009	123.8	133.3	95.2	100.0
2010年1季度	Quarter1,2010	124.0	116.0	84.0	72.0
2010年2季度	Quarter2,2010	120.0	112.0	124.0	104.0
2010年3季度	Quarter3,2010	128.0	104.0	108.0	96.0
2010年4季度	Quarter4,2010	120.0	108.0	116.0	92.0
2011年1季度	Quarter1,2011	135.7	121.4	107.1	100.0
2011年2季度	Quarter2,2011	139.3	125.0	103.6	114.3
2011年3季度	Quarter3,2011	128.6	132.1	107.1	85.7
2011年4季度	Quarter4,2011	139.3	114.3	114.3	107.1

Operating and Managing Climate Index of Social Services Enterprise

流动资金 景气指数 Climate Index of of Liquid Capital	货款拖欠 景气指数 Climate Index on Overdue Obligations to Suppliers	劳动力需求 景气指数 Climate Index of Labor Demand	固定资产投资 景气指数 Climate Index on Fixed Assets Investment	产品订货 景气指数 Climate Index of Order Financing	企业融资 景气指数 Climate Index of Enterprises Financing
100.0	100.0	60.0	140.0		
80.0	80.0	80.0	120.0		
100.0	80.0	100.0	120.0		
120.0	75.0	40.0	80.0		
133.3	116.7	100.0	116.7		
133.3	100.0	133.3	116.7		
133.3	83.3	133.3	116.7		
133.3	66.7	100.0	100.0		
142.9	100.0	71.4	100.0		
142.9	83.3	114.3	114.3		
100.0	100.0	142.9	128.6		
114.3	100.0	42.9	100.0		
130.8	123.1	92.3	107.7		
61.5	107.7	38.5	92.3		
107.7	123.1	123.1	107.7		
115.4	92.3	84.6	100.0		
130.0	135.0	125.0	130.0	150.0	100.0
110.0	79.0	125.0	130.0	145.0	100.0
100.0	100.0	120.0	105.0	130.0	105.0
100.0	115.0	135.0	120.0	120.0	85.0
122.2	133.3	133.3	105.6	88.9	111.1
105.6	111.1	127.8	111.1	127.8	116.7
100.0	83.3	111.1	105.6	144.4	122.2
111.1	88.9	111.1	122.2	116.7	111.1
118.8	125.0	106.3	125.0	125.0	112.5
100.0	100.0	125.0	112.5	118.8	100.0
93.8	100.0	112.5	131.3	131.3	87.5
118.8	125.0	93.8	100.0	106.3	106.3
129.1	129.4	123.5	117.7	112.1	111.8
82.4	105.6	152.9	94.1	117.3	100.0
82.4	82.4	147.1	111.8	141.2	111.8
111.8	135.3	100.0	123.5	105.9	105.9
88.9	100.0	133.3	116.7	122.2	100.0
83.3	66.7	127.8	105.6	127.8	100.0
94.4	94.4	100.0	105.6	105.6	105.6
94.4	116.7	100.0	100.0	83.3	83.3
66.7	95.2	109.5	95.2	71.4	76.2
76.2	95.2	109.5	85.7	81.0	76.2
95.2	81.0	100.0	114.3	114.3	100.0
104.8	104.8	100.0	100.0	114.3	109.5
104.0	72.0	104.0	100.0	84.0	91.7
96.0	84.0	96.0	112.0	128.0	68.0
80.0	104.0	80.0	84.0	108.0	84.0
112.0	92.0	96.0	104.0	92.0	76.0
96.4	81.5	121.4	111.1	107.4	84.6
103.6	92.6	117.9	114.3	103.7	84.6
100.0	78.6	107.1	122.2	123.1	88.9
100.0	100.0	110.7	117.9	107.4	89.3

21-10 信息传输、计算机服务和软件业企业生产经营状况景气指数

时间序列	Time	企业家信心指数 Confidence Index of Entrepreneurs	企业景气指数 Business Climate Index	生产总量景气指数 Climate Index of Total Output	盈利(亏损)变化景气指数 Climate Index of Profit(loss) Variation
2000年1季度	Quarter1,2000	128.6	171.4	171.4	142.9
2000年2季度	Quarter2,2000	142.9	142.9	171.4	71.4
2000年3季度	Quarter3,2000	150.0	150.0	150.0	66.7
2000年4季度	Quarter4,2000	142.9	171.4	157.1	142.9
2001年1季度	Quarter1,2001	138.3	158.2	175.0	144.8
2001年2季度	Quarter2,2001	150.0	154.9	170.0	120.6
2001年3季度	Quarter3,2001	140.0	140.7	165.0	113.2
2001年4季度	Quarter4,2001	135.0	143.2	170.0	100.6
2002年1季度	Quarter1,2002	156.8	171.6	179.7	159.1
2002年2季度	Quarter2,2002	161.6	162.1	160.6	137.0
2002年3季度	Quarter3,2002	147.3	152.6	151.1	121.4
2002年4季度	Quarter4,2002	151.9	157.1	155.9	121.4
2003年1季度	Quarter1,2003	157.0	171.8	163.3	136.4
2003年2季度	Quarter2,2003	162.1	175.9	127.4	112.1
2003年3季度	Quarter3,2003	160.5	177.8	156.9	117.1
2003年4季度	Quarter4,2003	165.7	174.3	168.8	141.2
2004年1季度	Quarter1,2004	174.1	180.3	160.0	142.4
2004年2季度	Quarter2,2004	156.4	167.2	146.3	165.1
2004年3季度	Quarter3,2004	162.5	162.6	150.9	123.6
2004年4季度	Quarter4,2004	165.5	182.3	165.5	159.5
2005年1季度	Quarter1,2005	159.9	166.0	147.1	145.5
2005年2季度	Quarter2,2005	163.6	156.9	131.1	116.6
2005年3季度	Quarter3,2005	166.7	165.3	150.6	148.2
2005年4季度	Quarter4,2005	172.7	168.4	150.8	142.4
2006年1季度	Quarter1,2006	164.7	172.4	163.6	147.1
2006年2季度	Quarter2,2006	163.3	162.7	121.5	129.4
2006年3季度	Quarter3,2006	160.9	162.7	159.8	131.5
2006年4季度	Quarter4,2006	167.7	174.5	150.9	131.5
2007年1季度	Quarter1,2007	166.5	181.0	161.3	154.5
2007年2季度	Quarter2,2007	169.3	168.7	135.1	120.9
2007年3季度	Quarter3,2007	169.7	180.0	153.1	149.7
2007年4季度	Quarter4,2007	169.0	189.7	159.4	150.8
2008年1季度	Quarter1,2008	174.9	176.9	154.3	144.1
2008年2季度	Quarter2,2008	173.5	171.0	134.4	129.7
2008年3季度	Quarter3,2008	164.7	171.0	125.9	117.3
2008年4季度	Quarter4,2008	161.2	164.5	144.7	127.0
2009年1季度	Quarter1,2009	165.7	173.4	149.2	127.7
2009年2季度	Quarter2,2009	161.2	166.4	120.6	103.7
2009年3季度	Quarter3,2009	172.6	166.8	152.3	113.8
2009年4季度	Quarter4,2009	167.6	175.9	170.2	141.1
2010年1季度	Quarter1,2010	172.6	176.1	166.1	138.5
2010年2季度	Quarter2,2010	152.0	152.0	110.8	80.3
2010年3季度	Quarter3,2010	165.0	162.1	143.3	110.1
2010年4季度	Quarter4,2010	160.9	160.9	158.2	111.9
2011年1季度	Quarter1,2011	183.1	169.2	147.6	114.8
2011年2季度	Quarter2,2011	166.4	169.2	142.8	120.4
2011年3季度	Quarter3,2011	177.5	180.3	172.0	148.1
2011年4季度	Quarter4,2011	184.0	178.4	175.6	136.0

Operating and Managing Climate Index of Information Transmission, Computer Services and Software Enterprise

流动资金 景气指数 Climate Index of of Liquid Capital	货款拖欠 景气指数 Climate Index on Overdue Obligations to Suppliers	劳动力需求 景气指数 Climate Index of Labor Demand	固定资产投资 景气指数 Climate Index on Fixed Assets Investment	产品订货 景气指数 Climate Index of Order Financing	企业融资 景气指数 Climate Index of Enterprises Financing
28.6	71.4	114.3	157.1	100.0	
28.6	42.9	100.0	128.6	100.0	
33.3	16.7	83.3	166.7	100.0	
28.6	100.0	71.4	171.4	100.0	
83.1	116.3	98.2	147.5	100.0	
83.1	106.3	98.2	160.0	100.0	
73.1	76.3	114.9	146.9	100.0	
93.1	101.3	104.9	146.9	100.0	
85.9	77.5	94.6	120.8	100.0	
82.9	90.0	108.9	100.2	100.0	
92.4	93.5	124.4	138.1	100.0	
87.5	107.5	124.4	122.7	100.0	
120.2	103.3	120.2	95.2	130.5	
120.9	103.6	112.1	112.2	119.8	
129.3	100.0	120.9	119.1	129.5	
127.8	98.4	124.3	114.0	144.8	
130.7	80.6	112.8	117.3	137.9	114.3
138.2	109.9	100.7	113.6	116.3	111.8
141.2	122.0	111.3	123.3	126.0	112.4
147.9	103.8	124.9	123.9	136.6	129.4
138.7	115.3	114.3	123.6	123.6	133.1
117.5	100.1	109.8	98.8	126.4	132.4
126.0	115.9	109.8	104.5	137.8	119.0
129.7	127.2	103.8	112.4	134.8	116.0
128.6	99.4	92.0	109.0	126.7	118.0
133.6	102.4	109.7	126.7	112.1	126.8
124.7	120.0	106.7	114.9	123.9	118.0
133.6	114.3	115.6	137.3	148.0	112.1
152.2	74.6	122.7	127.2	139.2	127.0
142.3	81.8	122.4	116.7	120.0	131.7
143.4	96.8	116.4	109.7	128.5	129.9
143.6	92.1	113.4	110.5	139.9	132.7
156.4	115.5	123.3	116.8	145.9	138.6
149.4	115.0	126.4	112.4	135.9	129.8
137.4	97.7	114.2	125.1	121.4	126.9
158.0	115.6	126.2	128.8	143.3	127.5
158.6	104.2	117.9	114.0	143.5	116.5
149.3	104.4	108.4	126.4	138.3	131.9
144.0	109.1	114.1	130.6	121.8	127.1
157.8	97.3	111.4	138.8	157.8	130.0
156.2	91.3	112.3	134.7	156.4	136.4
140.1	76.4	107.1	130.1	120.1	125.1
146.4	93.8	96.8	117.4	133.3	142.3
156.0	94.1	107.6	137.1	143.4	131.9
160.3	81.4	115.3	134.9	141.8	140.6
152.6	89.3	114.3	129.8	142.1	136.1
143.2	83.1	120.4	130.9	166.8	135.1
156.5	94.2	118.6	119.5	164.8	132.3

21-11 住宿和餐饮业企业生产经营状况景气指数

时间序列	Time	企业家信心指数 Confidence Index of Entrepreneurs	企业景气指数 Business Climate Index	生产总量景气指数 Climate Index of Total Output	盈利(亏损)变化景气指数 Climate Index of Profit(loss) Variation
2000年1季度	Quarter1,2000	108.8	97.1	111.8	88.2
2000年2季度	Quarter2,2000	106.1	93.9	115.2	78.8
2000年3季度	Quarter3,2000	103.0	87.9	103.0	69.7
2000年4季度	Quarter4,2000	112.1	87.5	106.1	75.8
2001年1季度	Quarter1,2001	101.9	87.0	98.2	74.1
2001年2季度	Quarter2,2001	111.1	98.1	98.2	90.8
2001年3季度	Quarter3,2001	101.8	96.3	88.9	87.0
2001年4季度	Quarter4,2001	100.0	90.7	74.0	85.1
2002年1季度	Quarter1,2002	112.7	96.4	100.0	96.4
2002年2季度	Quarter2,2002	105.5	107.3	105.5	103.7
2002年3季度	Quarter3,2002	105.5	109.1	87.3	81.8
2002年4季度	Quarter4,2002	94.6	110.9	105.5	100.0
2003年1季度	Quarter1,2003	89.1	94.6	80.1	76.3
2003年2季度	Quarter2,2003	48.0	30.1	16.1	12.5
2003年3季度	Quarter3,2003	103.4	112.5	136.4	114.6
2003年4季度	Quarter4,2003	96.1	105.3	109.3	96.1
2004年1季度	Quarter1,2004	98.4	101.7	91.5	77.6
2004年2季度	Quarter2,2004	107.1	103.6	103.5	110.6
2004年3季度	Quarter3,2004	85.7	91.1	89.2	92.8
2004年4季度	Quarter4,2004	96.3	98.2	105.6	103.9
2005年1季度	Quarter1,2005	100.0	100.5	88.1	80.9
2005年2季度	Quarter2,2005	103.0	104.8	113.2	115.5
2005年3季度	Quarter3,2005	100.0	111.4	88.6	102.9
2005年4季度	Quarter4,2005	118.2	107.1	102.9	96.9
2006年1季度	Quarter1,2006	112.7	111.3	98.4	91.7
2006年2季度	Quarter2,2006	102.0	109.3	105.3	112.6
2006年3季度	Quarter3,2006	90.9	112.5	92.0	97.9
2006年4季度	Quarter4,2006	95.6	113.1	112.5	113.0
2007年1季度	Quarter1,2007	115.2	115.5	106.8	93.5
2007年2季度	Quarter2,2007	118.6	115.6	100.9	95.1
2007年3季度	Quarter3,2007	115.7	106.7	95.7	92.0
2007年4季度	Quarter4,2007	109.9	117.9	106.3	112.4
2008年1季度	Quarter1,2008	107.4	116.0	100.6	86.9
2008年2季度	Quarter2,2008	113.3	114.0	92.8	82.9
2008年3季度	Quarter3,2008	109.5	113.0	86.0	106.0
2008年4季度	Quarter4,2008	100.0	104.4	101.5	108.9
2009年1季度	Quarter1,2009	114.7	115.0	80.8	88.8
2009年2季度	Quarter2,2009	91.7	103.3	81.7	83.3
2009年3季度	Quarter3,2009	111.7	118.3	120.0	106.7
2009年4季度	Quarter4,2009	111.7	125.0	108.3	113.3
2010年1季度	Quarter1,2010	115.0	116.7	93.3	103.3
2010年2季度	Quarter2,2010	116.7	113.3	88.3	93.3
2010年3季度	Quarter3,2010	108.5	110.2	111.9	98.3
2010年4季度	Quarter4,2010	114.0	114.0	101.8	91.2
2011年1季度	Quarter1,2011	130.0	120.0	105.0	103.3
2011年2季度	Quarter2,2011	120.7	106.9	93.1	94.8
2011年3季度	Quarter3,2011	121.1	121.1	108.8	98.3
2011年4季度	Quarter4,2011	126.3	135.1	119.3	110.5

Operating and Managing Climate Index of Accommodation and Catering Trade Enterprise

流动资金景气指数 Climate Index of of Liquid Capital	货款拖欠景气指数 Climate Index on Overdue Obligations to Suppliers	劳动力需求景气指数 Climate Index of Labor Demand	固定资产投资景气指数 Climate Index on Fixed Assets Investment	产品订货景气指数 Climate Index of Order Financing	企业融资景气指数 Climate Index of Enterprises Financing
55.9	79.4	97.1	102.9		
54.6	75.8	84.9	118.2		
48.5	81.3	78.8	112.1		
57.6	64.5	75.8	112.5		
42.6	81.5	94.4	112.9		
44.4	66.6	79.6	109.3		
51.8	90.6	85.1	105.5		
44.4	81.1	81.4	109.2		
51.0	96.3	72.8	83.6		
47.3	89.1	81.8	120.0		
49.1	83.4	80.0	112.7		
45.5	81.2	80.0	105.6		
64.1	100.0	92.4	89.5		
33.9	93.1	24.8	110.5		
57.9	67.3	92.7	108.9		
60.9	87.3	96.3	109.0		
69.1	82.8	91.3	101.7	79.3	74.3
61.6	87.7	89.6	101.8	98.1	59.7
55.4	80.2	89.2	103.7	82.0	64.4
65.0	68.4	98.2	107.5	94.4	59.3
73.4	84.6	106.4	94.8	88.1	74.5
68.0	80.9	97.1	96.6	102.5	66.7
76.5	88.9	92.5	100.6	86.7	74.0
85.4	91.5	107.3	102.4	108.3	66.7
81.3	82.1	111.6	110.9	99.3	75.9
75.7	79.5	96.5	99.4	97.9	66.7
75.7	66.7	101.6	121.1	93.8	65.9
70.7	93.6	100.4	98.2	108.1	62.5
81.4	88.9	112.2	98.3	96.1	81.4
73.2	83.7	93.3	105.0	102.7	60.6
87.2	88.0	99.7	101.7	95.7	72.4
81.4	96.4	110.0	108.9	108.1	65.9
82.1	85.5	108.5	100.7	99.9	71.4
84.5	82.5	102.3	95.6	86.2	72.2
90.8	84.0	100.2	101.6	90.4	71.0
76.5	60.0	94.6	107.0	96.1	81.4
92.7	81.7	89.0	95.0	74.7	84.5
78.3	78.3	88.3	95.0	83.3	83.1
98.3	105.0	105.0	103.3	118.3	79.7
105.0	95.0	108.3	106.7	116.7	89.8
101.7	71.7	106.7	108.3	96.7	83.3
106.7	81.7	103.3	111.7	85.0	86.7
94.9	76.3	108.5	111.9	111.9	79.7
101.8	96.5	117.5	108.8	101.8	84.2
101.7	103.3	120.0	105.0	100.0	86.7
101.7	96.6	113.8	110.3	86.2	81.0
94.7	93.0	124.6	112.3	110.5	82.5
107.0	77.2	142.1	117.5	121.1	87.7

主要统计指标解释

企业家信心指数 是根据企业家对企业外部市场经济环境与宏观政策的认识、看法、判断与预期而编制的指数，用以综合反映企业家对宏观经济环境的感受与信心。分行业企业家信心指数为各行业企业家对本行业企业外部市场经¬济环境与宏观政策的认识、看法、判断与预期。其表现形式为纯正数，以 100 作为景气指数的临界值，其数值范围在 0–200 之间。

企业景气指数 是根据企业家对本企业综合生产经营情况的判断和预期而编制的指数，用以综合反映企业的生产经营状况。分行业企业景气指数用以反映各行业企业的生产经营状况。其表现形式为纯正数，以 100 作为景气指数的临界值，其数值范围在 0–200 之间。

Explanatory Notes on Main Statistical Indicators

Confidence Index of Entrepreneurs is an index made according to the entrepreneur's understanding, view, judgment and forecast of the market economic environment out of the enterprise and macroscopic policy. It reflects the entrepreneur's feeling and confidence in macroeconomic environment comprehensively. The enterprise confidence index by sectors is a reflection of the entrepreneur's understanding, view, judgment and forecast of the market economic environment out of his own sector. It is expressed by a pure positive number between 0 and 200 with 100 as the boundary value of climate index.

Business Climate Indices is an index made according to the entrepreneur's judgment and forecast of the comprehensive production and management. The climate index by sectors reflects the production and management of each sector comprehensively. It is expressed by a pure positive number between 0 and 200 with 100 as the boundary value.

22

各省、市、自治区主要经济指标

MAIN ECONOMIC INDICATORS OF PROVICES, AUTONOMOUS REGIONS AND MUNICIPALITIES DIRECTLY UNDER THE CENTRAL GOVERNMENT

◆531/545

资料整理及英文翻译：洪安、林红

22–1 各省(市、区)年末总人口

Total Population at Year-end of Provinces, Autonomous Regions and Municipalities

单位：万人 (10000 persons)

地 区	Region	2005	2006	2007	2008	2009	2010	2011
全 国	**National Total**	**130756**	**131448**	**132129**	**132802**	**133450**	**134091**	**134735**
北 京	Beijing	1538	1581	1633	1695	1755	1962	2019
天 津	Tianjin	1043	1075	1115	1176	1228	1299	1355
河 北	Hebei	6851	6898	6943	6989	7034	7194	7241
山 西	Shanxi	3355	3375	3393	3411	3427	3574	3593
内蒙古	Inner Mongolia	2403	2415	2429	2444	2458	2472	2482
辽 宁	Liaoning	4221	4271	4298	4315	4341	4375	4383
吉 林	Jilin	2716	2723	2730	2734	2740	2747	2749
黑龙江	Heilongjiang	3820	3823	3824	3825	3826	3833	3834
上 海	Shanghai	1890	1964	2064	2141	2210	2303	2347
江 苏	Jiangsu	7588	7656	7723	7762	7810	7869	7899
浙 江	Zhejiang	4991	5072	5155	5212	5276	5447	5463
安 徽	Anhui	6120	6110	6118	6135	6131	5957	5968
福 建	Fujian	3557	3585	3612	3639	3666	3693	3720
江 西	**Jiangxi**	**4311**	**4339**	**4368**	**4400**	**4432**	**4462**	**4488**
山 东	Shandong	9248	9309	9367	9417	9470	9588	9637
河 南	Henan	9380	9392	9360	9429	9487	9405	9388
湖 北	Hubei	5710	5693	5699	5711	5720	5728	5758
湖 南	Hunan	6326	6342	6355	6380	6406	6570	6596
广 东	Guangdong	9194	9442	9660	9893	10130	10441	10505
广 西	Guangxi	4660	4719	4768	4816	4856	4610	4645
海 南	Hainan	828	836	845	854	864	869	877
重 庆	Chongqing	2798	2808	2816	2839	2859	2885	2919
四 川	Sichuan	8212	8169	8127	8138	8185	8045	8050
贵 州	Guizhou	3730	3690	3632	3596	3537	3479	3469
云 南	Yunnan	4450	4483	4514	4543	4571	4602	4631
西 藏	Tibet	277	283	287	292	297	301	303
陕 西	Shaanxi	3690	3699	3708	3718	3727	3735	3743
甘 肃	Gansu	2545	2547	2548	2551	2555	2560	2564
青 海	Qinghai	543	548	552	554	557	563	568
宁 夏	Ningxia	596	604	610	618	625	633	639
新 疆	Xinjiang	2010	2050	2095	2131	2159	2185	2209

注：全国数据包括中国人民解放军现役军人数，但不包括香港、澳门特别行政区和台湾省数据；分省数据中未包括中国人民解放军现役军人数。

a) The military personnel were included in the national total population,but excluded in the regional total population.The national total population excluded the population of HongKong SAR, Macao SAR and Taiwan Province.

22-2 各省(市、区)生产总值

GDP of Provinces,Autonomous Regions and Municipalities

单位：亿元 (100 million yuan)

地区	Region	2005	2006	2007	2008	2009	2010	2011
全国	**National Total**	**184937.4**	**216314.4**	**265810.3**	**314045.4**	**340902.8**	**401512.8**	**471563.7**
北京	Beijing	6969.5	8117.8	9846.8	11115.0	12153.0	14113.6	16011.4
天津	Tianjin	3905.6	4462.7	5252.8	6719.0	7521.9	9224.5	11191.0
河北	Hebei	10012.1	11467.6	13607.3	16012.0	17235.5	20394.3	24228.2
山西	Shanxi	4230.5	4878.6	6024.5	7315.4	7358.3	9200.9	11100.2
内蒙古	Inner Mongolia	3905.0	4944.2	6423.2	8496.2	9740.3	11672.0	14246.1
辽宁	Liaoning	8047.3	9304.5	11164.3	13668.6	15212.5	18457.3	22025.9
吉林	Jilin	3620.3	4275.1	5284.7	6426.1	7278.8	8667.6	10530.7
黑龙江	Heilongjiang	5513.7	6211.8	7104.0	8314.4	8587.0	10368.6	12503.8
上海	Shanghai	9247.7	10572.2	12494.0	14069.9	15046.5	17166.0	19195.7
江苏	Jiangsu	18598.7	21742.1	26018.5	30982.0	34457.3	41425.5	48604.3
浙江	Zhejiang	13417.7	15718.5	18753.7	21462.7	22990.4	27722.3	32000.1
安徽	Anhui	5350.2	6112.5	7360.9	8851.7	10062.8	12359.3	15110.3
福建	Fujian	6554.7	7583.8	9248.5	10823.0	12236.5	14737.1	17410.2
江西	**Jiangxi**	**4056.8**	**4820.5**	**5800.3**	**6971.1**	**7655.2**	**9451.3**	**11583.8**
山东	Shandong	18366.9	21900.2	25776.9	30933.3	33896.7	39169.9	45429.2
河南	Henan	10587.4	12362.8	15012.5	18018.5	19480.5	23092.4	27232.0
湖北	Hubei	6590.2	7617.5	9333.4	11328.9	12961.1	15967.6	19594.2
湖南	Hunan	6596.1	7688.7	9439.6	11555.0	13059.7	16038.0	19635.2
广东	Guangdong	22557.4	26587.8	31777.0	36796.7	39482.6	46013.1	52673.6
广西	Guangxi	3984.1	4746.2	5823.4	7021.0	7759.2	9569.9	11714.4
海南	Hainan	898.0	1044.9	1254.2	1503.1	1654.2	2064.5	2515.3
重庆	Chongqing	3467.7	3907.2	4676.1	5793.7	6530.0	7925.6	10011.1
四川	Sichuan	7385.1	8690.2	10562.4	12601.2	14151.3	17185.5	21026.7
贵州	Guizhou	2005.4	2339.0	2884.1	3561.6	3912.7	4602.2	5701.8
云南	Yunnan	3461.7	3988.1	4772.5	5692.1	6169.8	7224.2	8751.0
西藏	Tibet	248.8	290.8	341.4	394.9	441.4	507.5	605.8
陕西	Shaanxi	3933.7	4743.6	5757.3	7314.6	8169.8	10123.5	12391.3
甘肃	Gansu	1934.0	2276.7	2702.4	3166.8	3387.6	4120.8	5000.5
青海	Qinghai	543.3	648.5	797.4	1018.6	1081.3	1350.4	1634.7
宁夏	Ningxia	612.6	725.9	919.1	1203.9	1353.3	1689.7	2060.8
新疆	Xinjiang	2604.2	3045.3	3523.2	4183.2	4277.1	5437.5	6474.5

注：本表按当年价格计算。
a) Data in this table are calculated at current prices.

22-3 各省(市、区)生产总值指数

GDP Index of Provinces, Autonomous Regions and Municipalities

(上年=100) (preceding year=100)

地 区	Region	2005	2006	2007	2008	2009	2010	2011
全 国	**National Total**	111.3	112.7	114.2	109.6	109.2	110.4	109.2
北 京	Beijing	112.1	113.0	114.5	109.1	110.2	110.3	108.1
天 津	Tianjin	114.9	114.7	115.5	116.5	116.5	117.4	116.4
河 北	Hebei	113.4	113.4	112.8	110.1	110.0	112.2	111.3
山 西	Shanxi	113.5	112.8	115.9	108.5	105.4	113.9	113.0
内蒙古	Inner Mongolia	123.8	119.1	119.2	117.8	116.9	115.0	114.3
辽 宁	Liaoning	112.7	114.2	115.0	113.4	113.1	114.2	112.1
吉 林	Jilin	112.1	115.0	116.1	116.0	113.6	113.8	113.7
黑龙江	Heilongjiang	111.6	112.1	112.0	111.8	111.4	112.7	112.2
上 海	Shanghai	111.4	112.7	115.2	109.7	108.2	110.3	108.2
江 苏	Jiangsu	114.5	114.9	114.9	112.7	112.4	112.7	111.0
浙 江	Zhejiang	112.8	113.9	114.7	110.1	108.9	111.9	109.0
安 徽	Anhui	111.0	112.5	114.2	112.7	112.9	114.6	113.5
福 建	Fujian	111.6	114.8	115.2	113.0	112.3	113.9	112.2
江 西	**Jiangxi**	**112.8**	**112.3**	**113.2**	**113.2**	**113.1**	**114.0**	**112.5**
山 东	Shandong	115.0	114.7	114.2	112.0	112.2	112.3	110.9
河 南	Henan	114.2	114.4	114.6	112.1	110.9	112.5	111.6
湖 北	Hubei	112.1	113.2	114.6	113.4	113.5	114.8	113.8
湖 南	Hunan	112.2	112.8	115.0	113.9	113.7	114.6	112.8
广 东	Guangdong	114.1	114.8	114.9	110.4	109.7	112.4	110.0
广 西	Guangxi	113.1	113.6	115.1	112.8	113.9	114.2	112.3
海 南	Hainan	110.5	113.2	115.8	110.3	111.7	116.0	112.0
重 庆	Chongqing	111.7	112.4	115.9	114.5	114.9	117.1	116.4
四 川	Sichuan	112.6	113.5	114.5	111.0	114.5	115.1	115.0
贵 州	Guizhou	112.7	112.8	114.8	111.3	111.4	112.8	115.0
云 南	Yunnan	108.9	111.6	112.2	110.6	112.1	112.3	113.7
西 藏	Tibet	112.1	113.3	114.0	110.1	112.4	112.3	112.7
陕 西	Shaanxi	113.7	113.9	115.8	116.4	113.6	114.6	113.9
甘 肃	Gansu	111.8	111.5	112.3	110.1	110.3	111.8	112.5
青 海	Qinghai	112.2	113.3	113.5	113.5	110.1	115.3	113.5
宁 夏	Ningxia	110.9	112.7	112.7	112.6	111.9	113.5	112.0
新 疆	Xinjiang	110.9	111.0	112.2	111.0	108.1	110.6	112.0

注：本表按不变价格计算。

a) Data in this table are calculated at constant prices.

22-4 各省(市、区)人均生产总值

Per-capita GDP of Provinces, Autonomous Regions and Municipalities

单位：元 (yuan)

地区	Region	2005	2006	2007	2008	2009	2010	2011
全国	**National Total**	**14185**	**16500**	**20169**	**23708**	**25608**	**30015**	**35083**
北京	Beijing	45993	52054	61274	66797	70452	75943	80394
天津	Tianjin	37796	42141	47970	58656	62574	72994	84337
河北	Hebei	14659	16682	19662	22986	24581	28668	33571
山西	Shanxi	12647	14497	17805	21506	21522	26283	30974
内蒙古	Inner Mongolia	16285	20523	26521	34869	39735	47347	57515
辽宁	Liaoning	19074	21914	26057	31739	35149	42355	50299
吉林	Jilin	13348	15720	19383	23521	26595	31599	38321
黑龙江	Heilongjiang	14440	16255	18580	21740	22447	27076	32615
上海	Shanghai	49649	54858	62041	66932	69164	76074	82560
江苏	Jiangsu	24616	28526	33837	40014	44253	52840	61649
浙江	Zhejiang	27062	31241	36676	41405	43842	51711	58665
安徽	Anhui	8631	9996	12039	14448	16408	20888	25340
福建	Fujian	18353	21105	25582	29755	33437	40025	46972
江西	**Jiangxi**	**9440**	**11145**	**13322**	**15900**	**17335**	**21253**	**25884**
山东	Shandong	19934	23603	27604	32936	35894	41106	47260
河南	Henan	11346	13172	16012	19181	20597	24446	28981
湖北	Hubei	11554	13360	16386	19858	22677	27906	34131
湖南	Hunan	10562	12139	14869	18147	20428	24719	29828
广东	Guangdong	24647	28534	33272	37638	39436	44736	50295
广西	Guangxi	8590	10121	12277	14652	16045	20219	25315
海南	Hainan	11165	12810	14923	17691	19254	23831	28797
重庆	Chongqing	12404	13939	16629	20490	22920	27596	34500
四川	Sichuan	9060	10613	12963	15495	17339	21182	26133
贵州	Guizhou	5394	6305	7878	9855	10971	13119	16413
云南	Yunnan	7809	8929	10609	12570	13539	15752	18957
西藏	Tibet	8939	10285	11898	13588	15008	17027	20077
陕西	Shaanxi	10674	12840	15546	19700	21947	27133	33142
甘肃	Gansu	7477	8945	10614	12421	13269	16113	19517
青海	Qinghai	10045	11889	14507	18421	19454	24115	28891
宁夏	Ningxia	10349	12099	15142	19609	21777	26860	32392
新疆	Xinjiang	13108	15000	16999	19797	19942	25034	29496

注：本表按当年价格计算。
a) Data in this table are calculated at current prices.

22-5 各省(市、区)人均生产总值指数

Per-capita GDP Index of Provinces, Autonomous Regions and Municipalities

(上年=100) (preceding year=100)

地区	Region	2005	2006	2007	2008	2009	2010	2011
全国	**National Total**	**110.7**	**112.0**	**113.6**	**109.1**	**108.7**	**109.9**	**108.7**
北京	Beijing	109.1	109.8	111.1	105.4	106.3	102.4	
天津	Tianjin	113.1	112.0	111.7	111.4	111.1	111.7	110.8
河北	Hebei	112.7	112.6	112.0	109.3	109.3	110.6	109.7
山西	Shanxi	112.8	112.1	115.3	107.9	104.9	111.2	110.4
内蒙古	Inner Mongolia	123.4	118.5	118.6	117.1	116.2	114.4	113.8
辽宁	Liaoning	112.6	113.5	114.0	112.8	112.5	113.4	111.6
吉林	Jilin	111.9	114.7	115.8	115.7	113.4	113.6	113.4
黑龙江	Heilongjiang	111.6	112.1	111.9	111.7	111.4	112.6	112.0
上海	Shanghai	107.4	109.0	110.3	105.1	104.6	106.4	105.0
江苏	Jiangsu	113.5	113.9	113.9	111.9	111.8	112.0	109.7
浙江	Zhejiang	111.2	112.2	112.8	108.6	107.7	109.5	107.1
安徽	Anhui	110.9	114.1	114.2	112.4	112.8	118.8	112.6
福建	Fujian	110.9	114.1	114.5	112.3	111.6	113.2	111.4
江西	**Jiangxi**	**112.1**	**111.6**	**112.5**	**112.4**	**112.3**	**113.2**	**111.8**
山东	Shandong	114.2	113.9	113.5	111.4	111.6	111.3	109.9
河南	Henan	113.8	113.7	114.7	111.9	110.2	112.6	112.2
湖北	Hubei	111.8	113.2	114.7	113.2	113.3	114.7	113.5
湖南	Hunan	110.6	111.2	114.7	113.6	113.2	112.9	111.2
广东	Guangdong	112.7	112.8	112.1	107.9	107.1	109.5	108.0
广西	Guangxi	112.3	112.3	113.8	111.7	112.9	113.9	112.0
海南	Hainan	109.4	112.0	114.7	109.2	110.4	115.0	111.1
重庆	Chongqing	111.8	112.2	115.5	113.9	114.1	116.2	115.2
四川	Sichuan	111.6	113.0	115.1	111.2	114.0	115.7	115.9
贵州	Guizhou	117.9	113.1	116.4	112.8	112.9	114.7	116.1
云南	Yunnan	107.9	110.7	111.4	109.8	111.4	111.6	113.0
西藏	Tibet	112.1	113.3	114.0	110.1	112.4	112.3	112.7
陕西	Shaanxi	113.5	113.7	115.6	116.1	113.3	114.4	113.7
甘肃	Gansu	111.2	111.4	112.3	110.1	110.2	111.6	112.3
青海	Qinghai	111.2	112.3	112.6	112.9	109.6	114.5	112.3
宁夏	Ningxia	109.4	111.2	111.4	111.3	110.6	112.2	110.8
新疆	Xinjiang	108.8	108.7	109.9	108.9	106.5	109.2	112.0

注：本表按不变格计算。

a) Data in this table are calculated at constant prices.

22–6 各省(市、区)地方财政收入

Local Financial Revenue of Provinces, Autonomous Regions and Municipalities

单位：亿元 (100 million yuan)

地 区	Region	2005	2006	2007	2008	2009	2010	2011
全 国	**National Total**	**15100.8**	**18303.6**	**23572.6**	**28649.8**	**32602.6**	**40613.0**	**52434.0**
北 京	Beijing	919.2	1117.2	1492.6	1837.3	2026.8	2353.9	3006.3
天 津	Tianjin	331.9	417.0	540.4	675.5	821.4	1068.8	1454.9
河 北	Hebei	515.7	620.5	789.1	944.6	1066.2	1330.8	1737.4
山 西	Shanxi	368.3	583.4	597.9	747.9	805.8	969.7	1213.2
内蒙古	Inner Mongolia	277.5	343.4	492.4	649.6	850.8	1070.0	1358.9
辽 宁	Liaoning	675.3	817.7	1082.7	1356.1	1591.0	2004.8	2640.5
吉 林	Jilin	207.2	245.2	320.7	422.8	487.1	602.4	850.1
黑龙江	Heilongjiang	318.2	386.8	440.5	578.4	641.6	755.6	997.4
上 海	Shanghai	1417.4	1576.1	2074.5	2358.7	2540.3	2873.6	3429.8
江 苏	Jiangsu	1322.7	1656.7	2237.7	2731.1	3228.6	4079.9	5147.9
浙 江	Zhejiang	1066.6	1298.2	1649.5	1933.1	2142.4	2608.5	3150.8
安 徽	Anhui	334.0	428.0	543.7	724.6	863.9	1149.4	1463.4
福 建	Fujian	432.6	541.2	699.5	833.3	932.3	1151.5	1501.2
江 西	**Jiangxi**	**252.9**	**305.5**	**389.9**	**488.6**	**581.3**	**778.1**	**1053.4**
山 东	Shandong	1073.1	1356.3	1675.4	1956.9	2198.5	2749.3	3455.7
河 南	Henan	537.7	679.2	862.1	1009.1	1126.1	1381.0	1721.6
湖 北	Hubei	375.5	476.1	590.4	710.2	800.4	1011.3	1470.5
湖 南	Hunan	395.3	477.9	606.6	722.7	845.0	1081.7	1456.1
广 东	Guangdong	1807.2	2179.5	2785.8	3310.0	3649.2	4515.7	5513.7
广 西	Guangxi	283.0	342.6	418.8	518.7	620.8	772.3	947.6
海 南	Hainan	68.7	81.8	108.3	145.0	178.2	271.1	340.1
重 庆	Chongqing	256.8	317.7	442.7	577.2	655.6	1018.3	1488.3
四 川	Sichuan	479.7	607.6	850.9	1041.7	1174.2	1561.0	2044.4
贵 州	Guizhou	182.5	226.8	285.1	349.5	416.5	533.9	773.2
云 南	Yunnan	312.6	380.0	486.7	613.6	698.2	871.2	1110.8
西 藏	Tibet	12.0	14.6	20.1	24.9	30.1	36.7	54.7
陕 西	Shaanxi	275.3	362.5	475.2	591.3	733.9	957.9	1499.1
甘 肃	Gansu	123.5	141.2	190.9	264.9	286.7	353.6	450.4
青 海	Qinghai	33.8	42.2	56.7	71.6	87.7	110.2	151.8
宁 夏	Ningxia	47.7	61.4	80.0	95.0	111.5	153.6	220.0
新 疆	Xinjiang	180.3	219.5	285.9	361.1	388.8	500.6	720.9

22-7 各省(市、区)全社会固定资产投资

Investment in Fixed Assets of Provinces, Autonomous Regions and Municipalities

单位：亿元 (100 million yuan)

地区	Region	2005	2006	2007	2008	2009	2010	2011
全国	**National Total**	**88773.6**	**109998.2**	**137323.9**	**172828.4**	**224598.8**	**278121.9**	**311021.9**
北京	Beijing	2827.2	3296.4	3907.2	3814.7	4616.9	5403.0	5578.9
天津	Tianjin	1495.1	1820.5	2353.1	3389.8	4738.2	6278.1	7067.5
河北	Hebei	4139.7	5470.2	6884.7	8866.6	12269.8	15083.4	16404.3
山西	Shanxi	1826.6	2255.7	2861.5	3531.2	4943.2	6063.2	7072.8
内蒙古	Inner Mongolia	2643.6	3363.2	4372.9	5475.4	7336.8	8926.5	10403.9
辽宁	Liaoning	4200.4	5689.6	7435.2	10019.1	12292.5	16043.0	17726.3
吉林	Jilin	1741.1	2594.3	3651.4	5038.9	6411.6	7870.4	7436.7
黑龙江	Heilongjiang	1737.3	2236.0	2833.5	3656.0	5028.8	6812.6	7523.8
上海	Shanghai	3509.7	3900.0	4420.4	4823.1	5043.8	5108.9	4879.2
江苏	Jiangsu	8165.4	10069.2	12268.1	15300.6	18949.9	23184.3	26678.6
浙江	Zhejiang	6520.1	7590.2	8420.4	9323.0	10742.3	12376.0	14185.1
安徽	Anhui	2525.1	3533.6	5087.5	6747.0	8990.7	11542.9	12433.8
福建	Fujian	2316.7	2981.8	4287.8	5207.7	6231.2	8199.1	9926.4
江西	**Jiangxi**	**2169.0**	**2683.6**	**3301.9**	**4745.4**	**6643.1**	**8772.3**	**9087.6**
山东	Shandong	9307.3	11111.4	12537.7	15435.9	19034.5	23280.5	26770.7
河南	Henan	4311.6	5904.7	8010.1	10490.6	13704.5	16585.9	17766.8
湖北	Hubei	2676.6	3343.5	4330.4	5647.0	7866.9	10262.7	12585.7
湖南	Hunan	2629.1	3175.5	4154.8	5534.0	7703.4	9663.6	11833.7
广东	Guangdong	6977.9	7973.4	9294.3	10868.7	12933.1	15623.7	17158.5
广西	Guangxi	1661.2	2198.7	2939.7	3756.4	5237.2	7057.6	7973.6
海南	Hainan	367.2	423.9	502.4	705.4	988.3	1317.0	1669.5
重庆	Chongqing	1933.2	2407.4	3127.7	3979.6	5214.3	6688.9	7472.6
四川	Sichuan	3585.2	4412.9	5639.8	7127.8	11371.9	13116.7	14239.8
贵州	Guizhou	998.3	1197.4	1488.8	1864.5	2412.0	3104.9	3943.5
云南	Yunnan	1777.6	2208.6	2759.0	3435.9	4526.4	5528.7	6185.3
西藏	Tibet	181.4	231.1	270.3	309.9	378.3	462.7	516.3
陕西	Shaanxi	1882.2	2480.7	3415.0	4614.4	6246.9	7963.7	9445.8
甘肃	Gansu	870.4	1022.6	1304.2	1712.8	2363.0	3158.3	3961.7
青海	Qinghai	329.8	408.5	482.8	583.2	798.2	1016.9	1435.7
宁夏	Ningxia	443.3	498.7	599.8	828.9	1075.9	1444.2	1639.1
新疆	Xinjiang	1339.1	1567.1	1850.8	2260.0	2725.5	3423.2	4632.1
不分地区	Not Classified by Region	1677.9	1947.6	2530.8	3734.9	5779.7	6759.1	5384.6

注：从2011年起，固定资产投资项目统计起点由过去的计划投资50万元及以上提高到计划投资500万元及以上。

a)From 2011 onwards, the statistical starting point of the fixed assets investment projects from the previous plan to invest 500,000yuan and above to plans to invest 5,000,000 million and above.

22-8 各省(市、区)居民消费价格指数

Consumer Price Index of Provinces,Autonomous Regions and Municipalities

(上年=100) (preceding year=100)

地区	Region	2005	2006	2007	2008	2009	2010	2011
全国	**National Total**	**101.8**	**101.5**	**104.8**	**105.9**	**99.3**	**103.3**	**105.4**
北京	Beijing	101.5	100.9	102.4	105.1	98.5	102.4	105.6
天津	Tianjin	101.5	101.5	104.2	105.4	99.0	103.5	104.9
河北	Hebei	101.8	101.7	104.7	106.2	99.3	103.1	105.7
山西	Shanxi	102.3	102.0	104.6	107.2	99.6	103.0	105.2
内蒙古	Inner Mongolia	102.4	101.5	104.6	105.7	99.7	103.2	105.6
辽宁	Liaoning	101.4	101.2	105.1	104.6	100.0	103.0	105.2
吉林	Jilin	101.5	101.4	104.8	105.1	100.1	103.7	105.2
黑龙江	Heilongjiang	101.2	101.9	105.4	105.6	100.2	103.9	105.8
上海	Shanghai	101.0	101.2	103.2	105.8	99.6	103.1	105.2
江苏	Jiangsu	102.1	101.6	104.3	105.4	99.6	103.8	105.3
浙江	Zhejiang	101.3	101.1	104.2	105.0	98.5	103.8	105.4
安徽	Anhui	101.4	101.2	105.3	106.2	99.1	103.1	105.6
福建	Fujian	102.2	100.8	105.2	104.6	98.2	103.2	105.3
江西	**Jiangxi**	**101.7**	**101.2**	**104.8**	**106.0**	**99.3**	**103.0**	**105.2**
山东	Shandong	101.7	101.0	104.4	105.3	100.0	102.9	105.0
河南	Henan	102.1	101.3	105.4	107.0	99.4	103.5	105.6
湖北	Hubei	102.9	101.6	104.8	106.3	99.6	102.9	105.8
湖南	Hunan	102.3	101.4	105.6	106.0	99.6	103.1	105.5
广东	Guangdong	102.3	101.8	103.7	105.6	97.7	103.1	105.3
广西	Guangxi	102.4	101.3	106.1	107.8	97.9	103.0	105.9
海南	Hainan	101.5	101.5	105.0	106.9	99.3	104.8	106.1
重庆	Chongqing	100.8	102.4	104.7	105.6	98.4	103.2	105.3
四川	Sichuan	101.7	102.3	105.9	105.1	100.8	103.2	105.3
贵州	Guizhou	101.0	101.7	106.4	107.6	98.7	102.9	105.1
云南	Yunnan	101.4	101.9	105.9	105.7	100.4	103.7	104.9
西藏	Tibet	101.5	102.0	103.4	105.7	101.4	102.2	105.0
陕西	Shaanxi	101.2	101.5	105.1	106.4	100.5	104.0	105.7
甘肃	Gansu	101.7	101.3	105.5	108.2	101.3	104.1	105.9
青海	Qinghai	100.8	101.6	106.6	110.1	102.6	105.4	106.1
宁夏	Ningxia	101.5	101.9	105.4	108.5	100.7	104.1	106.3
新疆	Xinjiang	100.7	101.3	105.5	108.1	100.7	104.3	105.9

22-9 各省(市、区)城镇居民家庭人均可支配收入
Per Capita Disposable Income of Urban Households of Provinces, Autonomous Regions and Municipalities

单位：元 (yuan)

地　区	Region	2005	2006	2007	2008	2009	2010	2011
全　国	**National Total**	**10493.0**	**11759.5**	**13785.8**	**15780.8**	**17174.7**	**19109.4**	**21809.8**
北　京	Beijing	17653.0	19977.5	21988.7	24724.9	26738.5	29072.9	32903.0
天　津	Tianjin	12638.6	14283.1	16357.4	19422.5	21402.0	24292.6	26920.9
河　北	Hebei	9107.1	10304.6	11690.5	13441.1	14718.3	16263.4	18292.2
山　西	Shanxi	8913.9	10027.7	11565.0	13119.1	13996.6	15647.7	18123.9
内蒙古	Inner Mongolia	9136.8	10358.0	12377.8	14432.6	15849.2	17698.2	20407.6
辽　宁	Liaoning	9107.6	10369.6	12300.4	14392.7	15761.4	17712.6	20466.8
吉　林	Jilin	8690.6	9775.1	11285.5	12829.5	14006.3	15411.5	17796.6
黑龙江	Heilongjiang	8272.5	9182.3	10245.3	11581.3	12566.0	13856.5	15696.2
上　海	Shanghai	18645.0	20667.9	23622.7	26674.9	28837.8	31838.1	36230.5
江　苏	Jiangsu	12318.6	14084.3	16378.0	18679.5	20551.7	22944.3	26340.7
浙　江	Zhejiang	16293.8	18265.1	20573.8	22726.7	24610.8	27359.0	30970.7
安　徽	Anhui	8470.7	9771.1	11473.6	12990.4	14085.7	15788.2	18606.1
福　建	Fujian	12321.3	13753.3	15506.1	17961.5	19576.8	21781.3	24907.4
江　西	**Jiangxi**	**8619.7**	**9551.1**	**11222.0**	**12866.4**	**14021.5**	**15481.1**	**17494.9**
山　东	Shandong	10744.8	12192.2	14264.7	16305.4	17811.0	19945.8	22791.8
河　南	Henan	8668.0	9810.3	11477.1	13231.1	14371.6	15930.3	18194.8
湖　北	Hubei	8785.9	9802.7	11485.8	13152.9	14367.5	16058.4	18373.9
湖　南	Hunan	9524.0	10504.7	12293.5	13821.2	15084.3	16565.7	18844.1
广　东	Guangdong	14770.0	16015.6	17699.3	19732.9	21574.7	23897.8	26897.5
广　西	Guangxi	9286.7	9898.8	12200.4	14146.0	15451.5	17063.9	18854.1
海　南	Hainan	8123.9	9395.1	10996.9	12607.8	13750.9	15581.1	18369.0
重　庆	Chongqing	10243.5	11569.7	12590.8	14367.6	15748.7	17532.4	20249.7
四　川	Sichuan	8386.0	9350.1	11098.3	12633.4	13839.4	15461.2	17899.1
贵　州	Guizhou	8151.1	9116.6	10678.4	11758.8	12862.5	14142.7	16495.0
云　南	Yunnan	9265.9	10069.9	11496.1	13250.2	14423.9	16064.5	18575.6
西　藏	Tibet	9431.2	8941.1	11130.9	12481.5	13544.4	14980.5	16195.6
陕　西	Shaanxi	8272.0	9267.7	10763.3	12857.9	14128.8	15695.2	18245.2
甘　肃	Gansu	8086.8	8920.6	10012.3	10969.4	11929.8	13188.6	14988.7
青　海	Qinghai	8057.9	9000.4	10276.1	11640.4	12691.9	13855.0	15603.3
宁　夏	Ningxia	8093.6	9177.3	10859.3	12931.5	14024.7	15344.5	17578.9
新　疆	Xinjiang	7990.2	8871.3	10313.4	11432.1	12257.5	13643.8	15513.6

22-10 各省(市、区)农村居民家庭人均纯收入
Per Capita Net Income of Rural Households of Provinces, Autonomous Regions and Municipalities

单位：元 (yuan)

地 区	Region	2005	2006	2007	2008	2009	2010	2011
全 国	**National Total**	**3254.9**	**3587.0**	**4140.4**	**4760.6**	**5153.2**	**5919.0**	**6977.3**
北 京	Beijing	7346.3	8275.5	9439.6	10661.9	11668.6	13262.3	14735.7
天 津	Tianjin	5579.9	6227.9	7010.1	7910.8	8687.6	10074.9	12321.2
河 北	Hebei	3481.6	3801.8	4293.4	4795.5	5149.7	5958.0	7119.7
山 西	Shanxi	2890.7	3180.9	3665.7	4097.2	4244.1	4736.3	5601.4
内蒙古	Inner Mongolia	2988.9	3341.9	3953.1	4656.2	4937.8	5529.6	6641.6
辽 宁	Liaoning	3690.2	4090.4	4773.4	5576.5	5958.0	6907.9	8296.5
吉 林	Jilin	3264.0	3641.1	4191.3	4932.7	5265.9	6237.4	7510.0
黑龙江	Heilongjiang	3221.3	3552.4	4132.3	4855.6	5206.8	6210.7	7590.7
上 海	Shanghai	8247.8	9138.7	10144.6	11440.3	12482.9	13978.0	16053.8
江 苏	Jiangsu	5276.3	5813.2	6561.0	7356.5	8003.5	9118.2	10805.0
浙 江	Zhejiang	6660.0	7334.8	8265.2	9257.9	10007.3	11302.6	13070.7
安 徽	Anhui	2641.0	2969.1	3556.3	4202.5	4504.3	5285.2	6232.2
福 建	Fujian	4450.4	4834.8	5467.1	6196.1	6680.2	7426.9	8778.6
江 西	**Jiangxi**	**3265.5**	**3585.0**	**4049.0**	**4697.2**	**5075.0**	**5788.6**	**6891.6**
山 东	Shandong	3930.5	4368.3	4985.3	5641.4	6118.8	6990.3	8342.1
河 南	Henan	2870.6	3261.0	3851.6	4454.2	4807.0	5523.7	6604.0
湖 北	Hubei	3099.2	3419.4	3997.5	4656.4	5035.3	5832.3	6897.9
湖 南	Hunan	3117.7	3389.6	3904.2	4512.5	4909.0	5622.0	6567.1
广 东	Guangdong	4690.5	5079.8	5624.0	6399.8	6906.9	7890.3	9371.7
广 西	Guangxi	2494.7	2770.5	3224.1	3690.3	3980.4	4543.4	5231.3
海 南	Hainan	3004.0	3255.5	3791.4	4390.0	4744.4	5275.4	6446.0
重 庆	Chongqing	2809.3	2873.8	3509.3	4126.2	4478.4	5276.7	6480.4
四 川	Sichuan	2802.8	3002.4	3546.7	4121.2	4462.1	5086.9	6128.6
贵 州	Guizhou	1877.0	1984.6	2374.0	2796.9	3005.4	3471.9	4145.4
云 南	Yunnan	2041.8	2250.5	2634.1	3102.6	3369.3	3952.0	4722.0
西 藏	Tibet	2077.9	2435.0	2788.2	3175.8	3531.7	4138.7	4904.3
陕 西	Shaanxi	2052.6	2260.2	2644.7	3136.5	3437.6	4105.0	5027.9
甘 肃	Gansu	1979.9	2134.1	2328.9	2723.8	2980.1	3424.7	3909.4
青 海	Qinghai	2151.5	2358.4	2683.8	3061.2	3346.2	3862.7	4608.5
宁 夏	Ningxia	2508.9	2760.1	3180.8	3681.4	4048.3	4674.9	5410.0
新 疆	Xinjiang	2482.2	2737.3	3183.0	3502.9	3883.1	4642.7	5442.2

22-11 各省(市、区)社会消费品零售总额
Total Retail Sales of Consumer Goods of Provinces, Autonomous Regions and Municipalities

单位：亿元 (100 million yuan)

地区	Region	2005	2006	2007	2008	2009	2010	2011
全国	**National Total**	**68352.6**	**79145.2**	**93571.6**	**114830.1**	**132678.4**	**156998.4**	**183918.6**
北京	Beijing	2911.7	3295.3	3835.2	4645.5	5309.9	6229.3	6900.3
天津	Tianjin	1201.6	1383.1	1650.6	2078.7	2430.8	2860.2	3395.1
河北	Hebei	2969.5	3435.7	4053.8	4991.1	5764.9	6821.8	8035.5
山西	Shanxi	1410.7	1635.4	1953.3	2421.1	2809.0	3318.2	3903.4
内蒙古	Inner Mongolia	1358.1	1628.6	1964.0	2463.0	2855.3	3384.0	3991.7
辽宁	Liaoning	3014.4	3471.6	4097.8	5032.4	5812.6	6887.6	8095.3
吉林	Jilin	1470.3	1697.6	2038.3	2549.2	2957.3	3504.9	4119.8
黑龙江	Heilongjiang	1773.8	2029.0	2386.2	2928.3	3401.8	4039.2	4750.1
上海	Shanghai	2979.5	3375.2	3873.3	4577.2	5173.2	6070.5	6814.8
江苏	Jiangsu	5735.5	6706.2	7985.9	9905.1	11484.1	13606.8	15988.4
浙江	Zhejiang	4645.9	5358.0	6271.3	7533.3	8622.3	10245.4	12028.0
安徽	Anhui	1776.7	2056.5	2451.9	3045.2	3527.8	4197.7	4955.1
福建	Fujian	2351.7	2717.6	3212.3	3866.7	4481.0	5310.0	6276.2
江西	**Jiangxi**	**1244.9**	**1448.2**	**1718.9**	**2141.8**	**2484.4**	**2956.2**	**3485.1**
山东	Shandong	6166.9	7217.1	8607.5	10658.8	12363.0	14620.3	17155.5
河南	Henan	3380.9	3932.6	4690.3	5815.4	6746.4	8004.2	9453.6
湖北	Hubei	2985.9	3461.1	4115.8	5109.7	5928.4	7013.9	8275.2
湖南	Hunan	2474.3	2869.4	3419.2	4222.6	4913.7	5839.5	6884.7
广东	Guangdong	7915.5	9194.3	10731.3	12986.6	14891.8	17458.4	20297.5
广西	Guangxi	1405.5	1620.3	1932.7	2395.8	2790.7	3312.0	3908.2
海南	Hainan	270.8	313.4	370.9	463.2	537.5	639.3	759.5
重庆	Chongqing	1227.8	1431.5	1711.1	2147.1	2479.0	2938.6	3487.8
四川	Sichuan	3003.5	3472.5	4105.6	4944.8	5758.7	6810.1	8044.6
贵州	Guizhou	615.7	710.0	858.2	1075.2	1247.3	1482.7	1751.6
云南	Yunnan	1041.3	1204.8	1422.5	1764.7	2051.1	2542.4	3000.1
西藏	Tibet	73.2	90.0	112.6	130.0	156.6	185.3	219.0
陕西	Shaanxi	1331.3	1542.4	1837.3	2317.1	2699.7	3195.7	3790.0
甘肃	Gansu	638.1	729.5	854.4	1023.6	1183.0	1394.5	1648.0
青海	Qinghai	161.6	182.6	212.6	259.7	300.5	350.8	410.5
宁夏	Ningxia	175.8	202.5	239.5	295.4	339.3	403.6	477.6
新疆	Xinjiang	640.2	733.2	857.5	1041.5	1177.5	1375.1	1616.3

22-12 各省(市、区)进出口总额

Total Imports & Exports of Provinces,Autonomous Regions and Municipalities

单位：亿美元 (USD 100 million)

地区	Region	2005	2006	2007	2008	2009	2010	2011
全国	**National Total**	**14219.1**	**17604.4**	**21765.7**	**25632.6**	**22075.4**	**29740.0**	**36418.7**
北京	Beijing	1255.1	1580.4	1930.0	2716.9	2147.3	3017.2	3895.6
天津	Tianjin	532.8	644.6	714.5	804.0	638.3	821.0	1033.8
河北	Hebei	160.7	185.3	255.2	384.2	296.3	420.6	536.0
山西	Shanxi	55.5	66.3	115.8	144.0	85.7	125.8	147.4
内蒙古	Inner Mongolia	48.8	59.6	77.4	89.2	67.7	87.3	119.3
辽宁	Liaoning	410.1	483.9	594.7	724.3	629.3	807.1	960.4
吉林	Jilin	65.3	79.1	103.0	133.3	117.4	168.5	220.6
黑龙江	Heilongjiang	95.7	128.6	173.0	231.3	162.3	255.2	385.2
上海	Shanghai	1863.4	2275.2	2828.5	3220.6	2777.1	3689.5	4375.5
江苏	Jiangsu	2279.2	2839.8	3494.7	3922.7	3387.4	4658.0	5395.8
浙江	Zhejiang	1073.9	1391.4	1768.5	2111.3	1877.3	2535.3	3093.8
安徽	Anhui	91.2	122.5	159.3	201.8	156.8	242.7	313.1
福建	Fujian	544.1	626.6	744.5	848.2	796.5	1087.8	1435.2
江西	**Jiangxi**	**40.6**	**61.9**	**94.5**	**136.2**	**127.8**	**216.1**	**314.7**
山东	Shandong	767.4	952.1	1224.7	1584.1	1390.5	1891.6	2358.9
河南	Henan	77.2	97.9	127.9	174.8	134.8	178.3	326.2
湖北	Hubei	90.5	117.6	148.7	207.1	172.5	259.3	335.9
湖南	Hunan	60.0	73.5	96.9	125.5	101.5	146.6	189.4
广东	Guangdong	4279.6	5272.0	6341.9	6849.7	6110.9	7849.0	9134.7
广西	Guangxi	51.8	66.7	92.6	132.4	142.5	177.4	233.6
海南	Hainan	25.4	28.5	35.1	45.3	48.8	86.5	127.6
重庆	Chongqing	42.9	54.7	74.4	95.2	77.1	124.3	292.1
四川	Sichuan	79.0	110.2	143.8	221.1	241.7	326.9	477.2
贵州	Guizhou	14.0	16.2	22.7	33.7	23.0	31.5	48.9
云南	Yunnan	47.4	62.2	87.9	96.0	80.5	134.3	160.3
西藏	Tibet	2.1	3.3	3.9	7.7	4.0	8.4	13.6
陕西	Shaanxi	45.8	53.6	68.9	83.3	84.1	121.0	146.5
甘肃	Gansu	26.3	38.2	55.2	61.0	38.7	74.0	87.3
青海	Qinghai	4.1	6.5	6.1	6.9	5.9	7.9	9.2
宁夏	Ningxia	9.7	14.4	15.8	18.8	12.0	19.6	22.9
新疆	Xinjiang	79.4	91.0	137.2	222.2	139.5	171.3	228.2

22-13 各省(市、区)入境旅游情况
Condition of Overseas Visitor Arrivals of Provinces, Autonomous Regions and Municipalities

地 区	Region	入境旅游人数（万人次） Number of Overseas Visitor Arrivals (10000 Person-times)			外汇收入（万美元） Foreign Exchange Earnings from International Tourism (USD 10000)		
		2009	2010	2011	2009	2010	2011
北 京	Beijing	412.51	490.07	520.40	435668	504461	541600
天 津	Tianjin	141.02	166.07	73.06	118264	141951	175553
河 北	Hebei	84.22	97.74	114.14	30781	35071	44765
山 西	Shanxi	106.78	130.29	155.32	37794	46460	56719
内蒙古	Inner Mongolia	128.96	142.80	151.52	55831	60190	67097
辽 宁	Liaoning	293.20	361.80	405.33	185621	225933	271314
吉 林	Jilin	68.05	82.01	99.32	24294	30492	38528
黑龙江	Heilongjiang	142.51	172.42	206.52	63868	76250	91762
上 海	Shanghai	533.39	733.72	668.61	474402	634092	575118
江 苏	Jiangsu	556.83	653.55	737.33	401601	478343	565297
浙 江	Zhejiang	570.64	684.71	773.69	322358	393020	454173
安 徽	Anhui	156.16	198.42	262.87	56584	70898	117918
福 建	Fujian	312.03	368.14	427.42	259923	297824	363444
江 西	**Jiangxi**	**96.43**	**113.97**	**135.83**	**28975**	**34603**	**41500**
山 东	Shandong	310.04	366.79	424.23	176530	215504	255076
河 南	Henan	125.85	146.84	168.29	43303	49877	54903
湖 北	Hubei	133.46	181.74	213.52	51020	75116	94018
湖 南	Hunan	130.87	189.87	227.63	67270	90622	101434
广 东	Guangdong	2747.80	3140.93	3331.63	1002813	1238261	1390619
广 西	Guangxi	209.85	250.24	302.79	64334	80615	105188
海 南	Hainan	55.15	66.33	81.43	27666	32236	37615
重 庆	Chongqing	104.81	137.02	186.40	53721	70320	96806
四 川	Sichuan	84.99	104.93	163.97	28856	35409	59383
贵 州	Guizhou	39.95	50.01	58.52	11044	12958	13507
云 南	Yunnan	284.49	329.15	395.38	117221	132365	160861
西 藏	Tibet	17.49	22.83	27.08	7873	10359	12963
陕 西	Shaanxi	145.08	212.17	270.41	77107	101596	129505
甘 肃	Gansu	6.07	7.02	9.11	1254	1481	1740
青 海	Qinghai	3.61	4.67	5.17	1542	2045	2659
宁 夏	Ningxia	1.45	1.80	1.95	443	599	620
新 疆	Xinjiang	35.49	50.94	56.37	13663	18542	46519

2011年江西统计调查工作大事记

1月

1月1日 江西调查总队启用农产品价格调查新网点。

1月1日 江西调查总队启用新的房地产价格统计报表制度和工业生产者价格统计调查制度。

1月10日 省委书记苏荣作出批示，高度赞扬省统计局的工作。

1月12日－13日 省政府召开全省统计调查工作会议，省政府副秘书长朱希主持会议，常务副省长凌成兴出席会议并讲话。

1月18日 省委办公厅就信息工作分别致函王建农局长和邓盛平总队长，充分肯定省统计局和江西调查总队去年的信息工作，感谢对省委办公厅工作的大力支持。

1月27日 省委书记苏荣对省统计局撰写的《2010年江西工业节能顺利收官》一文作出批示。

1月28日 省统计局、江西调查总队联合召开2010年全年经济形势分析会。

2月

2月17日 省政府任命曹青云为省统计局总统计师（试用期一年）。

2月18日 江西调查总队下发《2011年党风廉政建设学习安排和党风廉政建设工作要点》。

3月

3月1日 全省统计系统党风廉政建设工作会议在南昌召开。

3月23日 省统计局、江西调查总队联合发布江西省2010年国民经济和社会发展统计公报。

3月24日 经省统计局党组会议研究，调整局领导分管工作。

3月31日 国家统计局任命胡水泉为江西调查总队巡视员。

4月

4月1日 江西调查总队下发《农业调查网点管理办法》和《农业调查辅助调查员管理办法》。

4月6日 江西调查总队首次开展部分服务业调查联网直报工作。

4月8日 江西调查总队、省发改委、省民政厅、省财政厅、省人力资源和社会保障厅联合下发《江西省社会救助和保障标准与物价上涨挂钩机制的实施意见》。

4月11日 省统计局局长王建农、副局长孙菊生、总统计师曹青云、副巡视员黄奕祯率领企业一套表相关处室负责人，赴湖北省统计局学习调研。

4月13日 江西调查总队成立江西调查队系统统计新闻宣传工作领导小组及办公室。

4月13日 省委常委、省委宣传部部长刘上洋受省委书记苏荣嘱托，在一季度劳动工资统计信息快报提要上作出批示。

4月14日 王建农局长、曹青云总统计师就当前节能形势向吴新雄省长作专题汇报，吴新雄当即在汇报材料上作出批示。

4月19日 省委书记苏荣在省统计局上报的《一季度江西经济扎实起步》信息上作出批示。

4月25日 国家统计局局长马建堂应邀为江西省委中心组作题为《关于中国当前经济形势》的辅导报告。

5月

5月9日 全国公路、水路和港口能源消费调查数据联审暨业务培训会议在景德镇召开。

5月11日 省统计局召开新闻发布会，发布江西省第六次全国人口普查主要数据公报。

5月12日 省统计局副巡视员、省第六次人口普查办公室主任韩志生做客大江网直播室，在线为网友解读人口普查数据及热点问题。

5月17日 省统计局印发《江西省“十二五”时期统计发展和改革规划纲要》。

5月18日—19日 国家统计局副局长李强赴江西督察“三上”企业基本情况和主要数据核查工作。

5月25日 省政府办公厅发出《关于进一步做好统计工作的通知》(赣府厅字［2011］90号)。

6月

6月1日 省统计局成立新闻宣传工作领导小组及办公室。

6月14日 省统计局决定在鹰潭进行企业一套表试点，并成立试点工作领导小组及办公室。

6月20日 江西调查总队与省农业厅联合下发《关于做好2011年江西省粮食高产创建整建制推进地区测产验收工作的通知》。

6月30日 省委书记苏荣分别对省统计局撰写的《破解“四大瓶颈”促进“又快又好”》一文，和刊登在省委办公厅《今日信息》上的关于工业企业应收账款和产成品库存占用资金情况的信息作出批示。

6月30日 省统计局召开庆祝中国共产党成立90周年大会。

7月

7月4日 省统计局发出《关于进一步加强统计新闻宣传工作的若干意见的通知》。

7月14日 王建农局长就江西上半年经济发展形势接受江西电视台卫星频道采访。

7月20日—21日 省统计局在鹰潭召开企业一套表试点动员暨综合培训会议。

7月21日 代省长鹿心社主持召开第52次省政府常务会议，决定建立鄱阳湖生态经济区建设统计调查工作联席会议制度。

7月27日 代省长鹿心社对江西调查总队撰写的《小企业融资缘何难上加难》一文作出批示。

8月

8月2日 省统计局撰写的《江西工业经济利润高速增长背后的隐忧》一文，先后获代省长鹿心社和副省长洪礼和批示。

8月5日 省委书记苏荣分别在省统计局撰写的《江西工业经济利润高速增长背后的隐忧》和江西调查总队撰写的《抓好五大工程建设加快江西绿色崛起》上作出批示。

8月10日 江西调查总队成立江西省主要畜禽监测调查样本轮换工作领导小组。

8月11日 省政府办公厅转发国家统计局等八部委《关于建立保障性安居工程统计制度的通知》。

8月11日 江西调查总队下发《市、县级调查队贯彻落实“三重一大”决策制度的规定》。

8月12日 江西调查总队开展全国组织工作满意度民意调查。

8月17日 省委书记苏荣对江西调查总队撰写的《上半年江西农业农村经济形势简析》一文作出批示。

8月18日 全省第二次R&D资源清查总结表彰会议在南昌召开。

8月22日 江西调查总队布置以县为总体的粮食产量抽样调查试点工作。

8月24日 省统计局、省发改委、省财政厅、省国土资源厅、省住建厅、省农业厅、人民银行南昌支行、省林业厅联合下发《保障性安居工程统计工作组织实施方案》(赣统字[2011]159号)，并成立保障性安居工程统计工作协调小组。

8月30日 省政府办公厅下发《关于成立江西省企业一套表统计改革领导小组的通知》(赣府厅字〔2011〕138号)，凌成兴常务副省长任组长。

8月31日 省政府办公厅下发《关于认真做好企业一套表统计改革工作的通知》(赣府厅字〔2011〕140号)。

9月

9月6日 省统计局成立全省统计“六五”普法工作领导小组。

9月6日 省统计局下发《全省统计法制教育“六五”普法规划》。

9月8日 省第六次人口普查领导小组、省统计局在南昌联合召开全省第六次人口普查总结和表彰会。

9月13日 江西调查总队和省统计局联合召开“中国统计开放日”媒体与基层调查人员座谈会。

9月19日 江西调查总队下发《国家统计局江西调查队系统2011—2015年统计法制宣传教育规划》。

9月26日 常务副省长凌成兴主持召开省企业一套表统计改革领导小组第一次全体会议。

9月30日 国家统计局任命：刘文峰为江西调查总队副总队长，章勤为江西调查总队党组成员、纪检组组长，林美江为江西调查总队副巡视员，梁冰为湖北调查总队党组成员、纪检组组长。

10月

10月9日 江西调查总队组织开展2011年国有企业反腐倡廉民意调查。

10月11日 省统计局召开全省企业一套表试点工作总结会。

10月19日 省统计局在上饶市召开全省经济形势分析会。

10月21日 省政府召开全省企业一套表统计改革工作会议，省政府副秘书长朱希主持会议，常务副省长凌成兴出席会议并讲话。

10 月 21 日 王建农局长、邓盛平总队长当选中国共产党江西省第十三次代表大会代表。

10 月 24 日–28 日 江西调查总队在清华大学举办江西调查队系统处级干部公共管理高级课程研修班。

10 月 30 日 在中共江西省第十三次代表大会上，王建农局长当选中共江西省第十三届委员会委员。

11 月

11 月 1 日 江西调查总队、省统计局、省畜牧局联合召开主要畜禽监测调查新样本网点启动暨摸底培训工作会议。

11 月 8 日—10 日 全国统计分类标准培训会议在新余召开。

11 月 17 日 省统计局下发《关于进一步做好“三上”企业和房地产开发经营企业审批工作的通知》。

11 月 18 日 省政府办公厅下发《关于进一步加强和改进统计调查工作的通知》(赣府厅字〔2011〕191 号)。

11 月 21 日 省统计局与省工信委联合下发《关于认真做好工业企业一套表统计改革工作的通知》(赣统字[2011]198 号)。

11 月 22 日 省统计局成立鄱阳湖生态经济区建设统计工作领导小组及其办公室，王建农局长任组长，彭道宾副局长任副组长兼办公室主任。

12 月

12 月 2 日 华东地区调查总队纪检监察工作联席会议在江西召开，国家统计局党组纪检组长罗兰出席会议并讲话。

12 月 3 日 国家统计局纪检组长罗兰一行，在江西调查总队邓盛平总队长、省统计局纪检组长姚睿钦陪同下，到玉山县调研企业一套表统计改革开展情况。

12 月上旬 中央电视台新闻频道连续两期播出江西统计调查系统 CPI 采价员及农村住户记账户专题报道。

12 月 19 日—23 日 国家统计局投资司分两期在南昌举办全国建设领域统计暨企业一套表培训班。

12 月 24 日 省政府召开鄱阳湖生态经济区建设推进大会，王建农局长代表省政府在会上对正式实施鄱阳湖生态经济区建设统计调查制度进行动员部署。

12 月 27 日 省统计局、江西调查总队联合召开全省统计信息系统建设基本情况调查方案培训暨工作会议。

12 月 31 日 江西调查总队下发《规模以下工业数据质量控制办法（试行)》。